作者简介：

## 张培：

经济学博士，武汉大学经济与管理学院金融系讲师。主要研究方向为衍生金融工具、金融工程与风险管理。主持教育部人文社会科学研究青年项目1项，在《金融研究》、《管理世界》等刊物上公开发表学术论文10余篇。

## 胡燕：

经济学博士，任职于中国银监会政策研究局，主要研究方向为商业银行监管、金融风险管理。

## 叶建刚：

中国银行湖北省分行高级产品经理，会计师，高级经济师，高级经营师，海军工程大学管理工程本科学历，长期从事金融工作，在银行公司业务、财务管理、产品开发、风险管理等方面有着丰富的实践经验。

## 叶永刚：

经济学博士，武汉大学经济与管理学院教授，博士生导师，武汉大学中国金融工程与风险管理研究中心主任，是国内较早从事金融工程研究的金融学家之一。

本书受到教育部人文社会科学研究青年基金项目“基于无标度网络的主权信用风险传染及应对策略研究”（项目编号：13YJC790199）的资助

# 中国商业银行操作风险管理研究、设计与实施

张培　胡燕　叶建刚　叶永刚 等 著

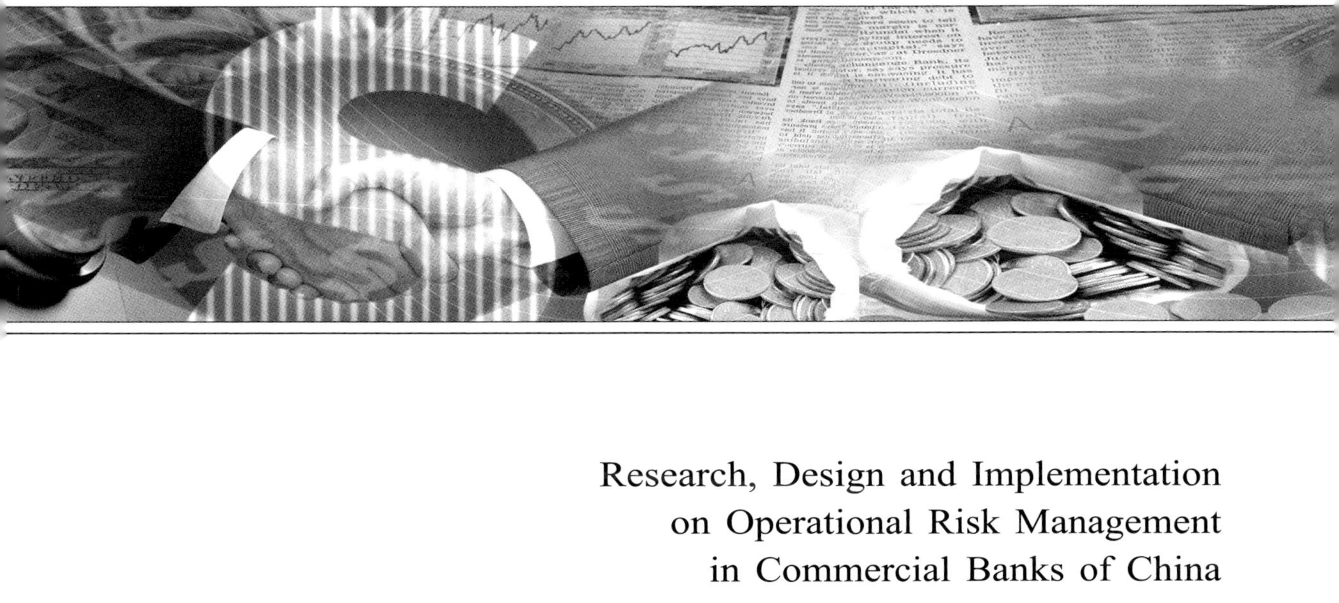

# Research, Design and Implementation on Operational Risk Management in Commercial Banks of China

WUHAN UNIVERSITY PRESS
武汉大学出版社

**图书在版编目(CIP)数据**

中国商业银行操作风险管理研究、设计与实施/张培等著. —武汉：武汉大学出版社,2014.10
ISBN 978-7-307-14343-2

Ⅰ.中… Ⅱ.张… Ⅲ.商业银行—银行管理—风险管理—研究—中国
Ⅳ.F832.33

中国版本图书馆 CIP 数据核字(2014)第 213434 号



责任编辑:唐 伟　　责任校对:汪欣怡　　版式设计:马 佳

---

出版发行:**武汉大学出版社**　(430072 武昌 珞珈山)
(电子邮件：cbs22@whu.edu.cn 网址：www.wdp.com.cn)
印刷:湖北省荆州市今印印务有限公司
开本：787×1092 1/16　印张:31.25　字数:741 千字　插页:2
版次:2014 年 10 月第 1 版　2014 年 10 月第 1 次印刷
ISBN 978-7-307-14343-2　定价:60.00 元

---

# 走进商业银行操作风险管理深处
# （代序）

由张培、胡燕、叶建刚和我一起组织大家编写的这篇书稿，终于问世了。捧着这部书稿，我们内心深处真有说不出的高兴。

我们对于中国商业银行的系统研究始于2005年，我们当时系统地学习和梳理了商业银行操作风险管理的相关文献，深入一家商业银行的基层银行进行了深入的调查和研究，在此基础上，我们设计了该基层银行的操作风险管理体系。

2006年，我们又在前期对于基层商业银行进行研究的基础上，针对一家总分行制的商业银行在操作风险管理方面进行了全面、系统的研究、设计与实施。

完成了这两家银行的管理方案研究和实践之后，我们又在理论方面进行了系统的探讨和分析，最后完成了这部书稿的写作。

这部书稿主要研究中国商业银行操作风险的识别、计量和管理。全书可以划分为三个主要部分。第一部分为理论编。除了引言部分之外，共由六章构成。本部分探讨商业银行风险管理一般理论，商业银行操作风险管理一般理论和中国商业银行操作风险管理理论和方法。本部分第一至六章内容全部由胡燕负责写作。

第二部分为设计编。本部分由十章构成。主要针对基层商业银行的操作风险管理进行具体的研究和设计。第七章，余享华负责；第八章，李海云负责；第九章，涂德君负责；第十章，范春燕负责；第十一章，钟颖、裴雪负责；第十二章，鲍松柏负责；第十三章，喻文洁、文琳负责；第十四至十六章，张培、欧杰等人负责。

第三部分为实施编。本部分以一家总分行制的商业银行为例，进行全面系统的操作风险管理研究、设计与实施。本部分由十七章构成。主要由胡燕、张培和叶建刚等人完成。

张培、胡燕、叶建刚和叶永刚负责全书的策划、组织和协调工作。其他人员负责该书的写作工作，书稿初稿完成后，张培对全书进行了系统的整理和润色，叶建刚对于银行实务进行认真的审阅和修正。本书的完稿倾注了许多人的智慧、汗水和心血。我们要特别感谢各家商业银行的领导和员工对于我们的调研工作和写作工作所给予的支持和帮助。我们要特别感谢武汉大学出版社对于该书出版所给予的关照和厚爱。我们更要感谢我们团队的各位老师和同学们的研究和建议。如果我们在本书中对大家的努力有所遗漏，希望得到大家的宽恕和谅解。

我们真诚地希望本书能够带着大家走进商业银行风险管理的深处，能够给予各位读者有益的启示和收获，并希望大家能够提出宝贵的批评和建议，以便我们将今后的工作做得更好！

**叶永刚**

二〇一四年三月二十七日

于武昌珞珈山

# 目 录

## 第一编 理 论 编

## 第二编　实　践　编

# 第一编　理　论　编

# 引　言

## 一、研究背景与意义

### （一）选题的理论意义

风险管理越来越受到金融机构的重视。金融机构面临的主要风险可以概括为市场风险（market risk）、信用风险（credit risk）以及操作风险（operational risk）。市场风险和信用风险已经有了较为成熟的风险管理技术。虽然操作风险是商业银行经营活动中面临的最古老的风险种类，但将其与其他两种风险并列为金融机构面临的三种主要风险则是近几年的事情。理论界对操作风险的理解、认识、度量和管理都处于起步阶段。

### （二）选题的实践意义

金融管制的放松、金融全球化、金融服务产品的日益丰富以及金融技术的进步，使得金融机构的活动日趋复杂，操作风险在金融实践中的地位日益彰显。在巴塞尔委员会2002年举行的全球操作风险调查中，被调查银行共计报告47269起损失金额超过1万欧元的操作性风险事件，平均每家银行发生操作风险事件528起①。操作风险频繁出现，破坏力量之大令人震惊，建立和完善操作风险管理体系已经成为现代商业银行急需解决的重大课题。

目前我国正处在经济转轨过程之中，外部金融生态环境较差；同时，我国金融机构的管理方法相对落后，管理经验不足，软硬件设备不够先进，发现风险和应对风险的能力均相对低下。2004年山西11.25亿元金融票据诈骗案，2005年中国银行10亿元存款“高山案”等都有操作风险的影子。严峻的操作风险形势正使中国银行业声誉受到前所未有的挑战，操作风险已成为我国金融机构面临的主要风险（刘明康，2005）。

随着我国金融市场与金融机构的不断发展，一方面操作风险管理所处的地位越来越重要，另一方面监管机构也对操作风险管理提出了更高的要求。针对中国商业银行大案要案的频频曝光，中国银行业监督管理委员会出台了《商业银行内部控制评价试行办法》（2005）、《关于防范操作风险的13条指导意见》（2005）、《商业银行操作风险管理指引》（2007）等规章制度，要求各大银行加强操作风险专项治理，建立案件专项治理工作会议制度，按月分析，按季总结。因此，深入研究商业银行操作风险，理解操作风险的含义并

---

① Basel Committee on Banking Supervision, March, 2003. *The 2002 loss data collection exercise for Operational Risk: Summary of the Data Collected*. Basel.

在金融机构内部建立一个完整、有效的操作风险管理框架业已成为中国商业银行风险管理活动的当务之急。

## 二、国内外研究综述与趋势

对于风险管理的研究，主要有两种思路：一种是从传统的阿罗德布鲁范式出发，探讨现实经济活动中的“风险管理悖论”，论证企业为什么要进行风险管理。另一种思路则是从实务操作的角度探讨企业如何进行风险管理。

对于前一种思路，围绕企业风险管理是一种价值增值活动，其主要的经典研究文献有：（1）交易成本与风险管理（Smith 和 Stulz，1985；Froot、Scharfstein 和 Stein，1993；Stulz，1996；Graham 和 Rogers，1999）。（2）税收与风险管理（Smith 和 Stulz，1985；Ross；1997；Leland，1998；Graham 和 Rogers，2002）。（3）投融资政策协调与风险管理（Froot、Scharfstein 和 Stein，1993）。（4）代理成本与风险管理（Myers，1977；Jensen 和 Meckling，1976；Stulz，1985，1996）。

更进一步的，对于金融机构为什么要进行风险管理，一般可以将之归结为：（1）银行业的特殊性要求银行必须进行风险管理（Freeman，1993；Ross，1989）。（2）风险管理已经成为银行的一种核心功能（Merton，1989；Allen 和 Santomero，1998）。

第二种思路主要从银行经营管理实践出发，研究银行如何进行风险管理。这方面的研究主要以几个著名跨国金融组织的相关协议和业务规范为蓝本，指导银行的风险管理实践。对银行风险管理的认识经历了从强调信用风险、市场风险到强调操作风险乃至全面风险管理的过程。由于目前对信用风险和市场风险的管理技术已经相当成熟，更由于操作风险在银行风险管理中越来越举足轻重的地位，本书的研究主要聚焦于操作风险的管理研究。

操作风险不是一种新的风险，但操作风险管理作为新兴研究领域，形成自己的管理框架、工具和流程等才刚刚起步（BBA，2002）。目前国际上对操作风险的研究主要沿两种思路进行：一是从 2001 年 9 月《资本计量和资本标准的国际协议：修订框架（咨询意见稿）》（以下简称“新巴塞尔协议”）的资本要求出发，研究操作风险的度量模型，计算操作风险的资本要求。二是沿着 2003 年 COSO 的《企业全面风险管理框架》，从企业风险管理的角度研究操作风险的控制管理框架，将操作风险的管理分为识别、测量、控制与报告等步骤，形成一个自我循环、自我完善提高的 PDCA 控制体系。无论从哪个思路出发，对操作风险的度量始终是操作风险控制管理的核心。操作风险的度量依赖于操作风险的定义与识别，操作风险度量的水平又直接影响着操作风险的控制与报告。所以这两种思路并不矛盾，而是一个有机的统一体，二者相得益彰。下面我们对完整的操作风险管理过程的各要素分别进行综述和研究展望。

定义不仅给研究对象提供了一个进行统一认识的平台，也给相关职业领域的实践划定了界限（Abbott，1998），甚至会产生新的方式来引导经济生活（Tribe，1978）。同样，对操作风险的定义也不是简单地贴上标签，它是不同利益分歧的汇聚。会计上的内控概念仅是理解操作风险控制作为综合职能部门的一个起点（Wilson，2001）。利用 BBA、ISDA 和 RMA 1999 年的研究成果，新巴塞尔协议最终将操作风险定义为“由于不完善或失灵的内部控制、人为的错误以及外部事件，给商业银行带来损失的可能性”。这一定义明确地排除了银行的声誉风险和战略风险，从损失产生的原因的角度定义了操作风险。该定义认为银行操作风险是“损失”（downside loss），是一种纯粹风险，具有单测性，而不是一个简单的银行收入随期望的波动（Gigerenzer，2002），这与一般的风险定义有着显著的区别。随着对操作风险定义的不断扩展，越来越多的风险来源被包括在操作风险中，操作风险管理活动突破了银行现有任何一个部门风险管理工作的范围，操作风险管理活动越来越多地涉及银行组织架构的变化和其他很多方面的工作（Jameson，2001）。

对操作风险的度量无疑是操作风险研究中最浓墨重彩的一笔。研究中一般将操作风险度量模型分为三大类：自下而上的方法、自上而下的方法和利用外部数据的方法。在自下而上的度量方法中，银行在对每一个业务单元的操作风险进行识别的基础上，估计其发生的概率与潜在损失。通过加总各业务单元的风险值得到银行整体范围内的操作风险经济资本要求。按照这种思路建立的操作风险定量模型主要有：被新巴塞尔协议推荐的高级法如内部计量法、损失分布法和计分卡法。另外，被普遍认为比较有用的方法还包括：极值理论法、精算损失模型、随机模型、压力测试、操作清单等。

另一些银行倾向于采用自上而下的宏观操作风险度量方法，直接选取关键风险指标（key risk indicator，KRI）计算银行的经济资本要求，或者将操作风险看作除信用风险和市场风险以外的银行残差风险。这一类的模型包括证券因素模型、收入模型、开支模型、操作杠杆模型、情景分析、风险概括模型。

为了克服操作风险数据的不足以及过于依赖内部数据造成的操作风险资本要求可比性差的问题，操作风险的度量需要采用外部数据。英国银行家协会（BBA）建立了全球银行操作风险数据库，实务界因为资本分配的需要也开始在实践中倾向于在咨询公司的帮助下利用同行的操作风险数据。

尽管对操作风险的度量正取得重大突破，但对于操作风险度量质疑的声音也越来越大。Elizabeth Sheedy（1999）指出，对所有类型的操作风险都进行定量研究是一个不现实的目标。Coopers & Lybrand（1998）则指出，对并不适合进行精确度量的风险过分强调度量会误入歧途并引发道德风险，超过一定的临界点，风险度量将非常困难，以致我们可以认为超过该范围，过分地强调风险度量会得不偿失。

具体来讲，操作风险度量模型使用存在如下问题：（1）操作风险低频高损事件的数据极其缺乏。（2）并不清楚任何一个损失数据库与内部环境的关系，因为严重的操作风险损失都不只与交易本身相关。（3）如果银行的内控环境在不断得到完善，那么，历史数据对计算经济资本的可用性值得怀疑。建立在对具体的事后事件、直接损失和会计账面价值减损若干指标的加权计算基础上的操作风险度量模型与风险是对未来损失的度量理念相悖。（4）损失数据并不总能说明问题，很多时候我们仅从损失数据中难以发现问题的因果关系。（5）概率测度不仅仅是一项技术，而且应该是一项艺术。在新巴塞尔协议的第二支柱中，巴塞尔委员会强调操作风险管理与公司治理相关，在英国的 Turnbull 报告（ICAEW，1999）中也提到这一点，而且良好的公司治理和内部控制是操作风险高级度量法的前提。

除上述原因外，现行的操作风险度量方法还难以对风险的管理和降低提供较好的激励。如果风险报告会增加业务单元的资本要求，那么他们很有可能没有激励去报告真实的风险情况。相反，也有可能银行内部为了获取更多的资源而夸大风险。数据收集本来是为了限制风险的发生，在极端的情况下，却反过来激励了风险的发生（Goodhart，2001）。而且，不论何种风险度量模型都难以全面涵盖银行经营活动的方方面面，对操作风险控制环境的改善做出敏感反应，因此，过分强调对操作风险的度量只会降低操作风险管理的积极性。自上而下的方法这方面的缺点尤为明显。自下而上的方法尽管能在一定程度上克服该问题，但这种方法过于繁琐昂贵，并且从变化到调整有一个"时滞"，因此同样不能从根本上克服该问题。

对操作风险度量研究质疑的声音还来自于操作风险数据收集面临的困难。在确立基本的操作风险度量模型后，对模型数据的收集就成为一个更基础的问题。数据的收集直接与操作风险的定义、识别相关，正是数据收集工作使企业的潜在危险变成了风险，纳入公司的整体决策管理活动中（Luhmann，1992）。哪些数据与操作风险及其管理相关？利用公司内部的历史损失数据还是行业数据？Vaughan（2002）认为组织如何定义和清洗失误（cleanse errors）更多的是一种管理艺术，巴塞尔委员会也认为：在识别损失和成本的流程中存在很大程度上的含糊不清（Basel，2001）。一些风险事件可能会突破现有概念的界定职责范围（Cagan，2001）。而且，对操作风险数据的收集也与现行的会计体系相冲突：现行的会计体系强调真实损失和预期损失，而操作风险则潜在地包括更广泛的损失事件范围，主要是包括非预期损失和间接损失（near misses）。而且操作风险的数据库建设也很虚弱（Goodhart，2001），这不仅仅因为在操作风险的定义上存在含糊之处，还因为纯粹定义的操作风险损失事件太少。

针对操作风险度量面临的困难，有两种不同的对待操作风险度量问题的思路：

（1）实用主义。认为数据并不一定要反映真实的确切情况，只要能表明指示方向即可。风险评分体系可以满足风险管理的需要，可以指示管理活动向正确的方向发展。实用主义的代表方法是 Simons（1999）发展的风险算子技术（risk calculator technology）和澳洲 ANZ 银行的风险计分卡法（scorecard approach）。

（2）理想主义。要求所得数据要反映高频数据下的经济资本真实情况，并根据这些风险度量技术进行准确的风险管理活动。理想主义的代表方法主要有损失分布法和极值理论等。

操作风险度量不同于操作风险管理。对操作风险进行定量然后只依靠定量而忽视其他部分不是一种好的实践做法（Cagan，2001）。考虑到操作风险计量的难度，仅仅依靠计量的一个数据进行风险管理本身是一种更大的操作风险（Wilson，2001）。

基于管理的目标，操作风险管理中对定量结果的看待有不同的思路（Porter，1994）。在信用风险和市场风险度量模型的比照下，追求度量结果的准确性是显而易见的。但也有一些人认为操作风险度量模型并不成熟，因此，准定量（semi-quantitative）方法的采用是必需的（Wilson，1995）。Ernst 和 Young（2001）认为应该把操作风险管理与公司治理问题结合起来，操作风险管理是对风险管理的管理（the management of risk management），是与市场风险和信用风险管理部门相比更高层次的风险管理活动。

综合实用主义和理想主义的思路，对操作风险管理目前普遍被认可的方法是：建立包括基于风险度量的经济资本风险弥补、完善内部控制的风险预防、利用外部保险的风险转移以及风险管理失效后的危机管理在内的立体综合操作风险管理网。

目前国内对企业风险管理尤其是银行风险管理理论方面的研究还非常有限。但从风险管理实践角度对银行操作风险的研究正日益丰富。这也与我国正处于一个快速发展期，急需各项研究紧密联系实际、加强对实践的指导有关。目前，国内学者对操作风险管理的研究主要沿着如下思路：（1）对新巴塞尔协议的吸收与借鉴（巴曙松，2002，2003；樊欣，2003；周效东、汤书昆，2003；田玲，2003；赵家敏，2004；钟伟、王元，2004；王方宏，2004；王旭东，2004）。（2）操作风险度量方法研究（全登华，2002；田玲、蔡秋杰，2002；陈学华等，2003；樊欣、杨晓光，2003，2004，2005；钟伟，2004；钟伟、沈闻一，2004；赵家敏、张倩，2004；张宏毅，2004；方芳、秦天保，2005；陈思等，2005；唐国储、刘京军，2005；王光升等，2005）。（3）操作风险管理手段研究（田玲、黄斌，2003；王建伟、彭建刚，2005；张中朝、张丽坤，2005；胡燕，2005；刘超；2005；张雪葳，2005；叶永刚、胡燕，2006）。（4）中国商业银行操作风险成因与管理对策（绕育蕾、贺雪迎，2000；刘正良、刘厚俊，2005；万辉等，2005；万杰、苗文龙，2005；胡燕、邵百权，2006）。还有一些学者开始对操作风险的数据收集问题展开研究（李志辉、范洪波，2005）。

## 三、研究目标、研究思路与相关概念

### （一）研究目标

鉴于操作风险研究的理论意义和实践意义，作者拟运用现代金融理论和管理学相关知识，利用统计分析决策软件，在充分阅读国内外相关经典文献和进行扎实的实践调研的基础上，对中国商业银行操作风险管理框架及其具体内容进行深入的研究，并希望能结合中国商业银行的具体特点，对中国商业银行操作风险管理有所创新。

### （二）研究思路

考虑到操作风险的特点，本书在总结前人研究工作的基础上，基于系统论和过程管理的思想，在充分认识风险管理动因的前提下，结合新巴塞尔协议和COSO的全面风险管理框架，构建一个包括识别、度量、管理在内的PDCA循环，促进中国商业银行操作风险过程管理的自我完善和提高。并在此基础上，结合中国商业银行操作风险的现状与特点，试图提出一个新的研究视角和相应的风险管理框架与具体着力点。

### （三）相关概念简要说明

我们首先对书中的相关概念进行界定与释义。书中的操作风险是指由不完善或有问题的内部程序、人员及系统或外部事件所造成损失的风险。不包括战略风险和声誉风险，但包括法律风险。这一概念与新巴塞尔协议中对操作风险的界定相同。

对于风险管理的理解则要相对复杂。目前对风险管理主要有两种认识：狭义的风险管理和广义的风险管理。狭义的风险管理是人们对风险管理最早、最朴素的认识，仅指风险的应对与控制，包括风险的预防、吸收、转移与报告。在一些情况下还包括例外的危机管理活动。广义的风险管理与COSO的《全面风险管理框架》相对应，从过程论的角度强调风险管理是一个全面的管理过程，包括风险管理环境、风险管理计划、风险的识别、度量、管理和控制、风险报告和风险的评估与改进。广义的风险管理体现了最现代的风险管理理念和方法，因此本书中采用广义的风险管理概念，强调风险管理是一个全面风险管理过程。但在本书的第五章中，为了更好地反映风险控制活动的最新进展，作者采用了狭义的风险管理定义。对风险管理在研究中还有更狭义的理解，认为风险管理是“金融风险管理”，即利用金融衍生工具进行风险对冲活动。这一概念与操作风险的特征相差较大，而且不利于指导我国目前的操作风险管理实践，因此，对这一概念本书没有过多关注。

目前学术界对“风险管理”与“内部控制”的关系问题也有较多争议。在本书中我们采用大“风险管理”、小“内部控制”的做法，认为内部控制是狭义的风险管理的重要手段与工具。而且，由于内部控制作为最古老的风险管理手段，著述较多，而且涉及较多的银行具体业务流程，因此，本书并没有将内部控制活动作为行文的重点。但这并不否认内部控制是中国商业银行操作风险管理的主要手段，而且，作者通过两个定量研究方法阐明：内部控制对中国商业银行操作风险管理举足轻重。

### 四、本编的主要内容

本编的主要内容安排如下：

第一章主要是风险管理理论综述，这是我们研究中国商业银行操作风险管理的理论基础，主要从理论上回答了企业特别是银行为什么要进行风险管理的问题。本章回顾了企业风险管理动因的一般理论，认为与传统的金融理论相悖，交易成本、税收、投融资决策和代理成本存在，企业有强烈的风险管理动机，风险管理是一种企业价值增值行为。具体到本书的特殊研究对象——银行，银行业作为一个高风险敏感度、高杠杆率和不透明、牌照价值巨大的特殊行业，本身有着强烈的风险管理内在需求。而随着银行业和金融市场变革的推进以及人们社会生活的变化导致参入成本上升，风险管理更成为银行的主要核心功能之一，银行存在强烈的风险管理外在驱动。基于内部和外部原因的共同作用，风险管理对银行业更是举足轻重。

第二章主要是对银行操作风险管理主要框架的研究，这是我们研究中国商业银行操作风险管理的实践指南，主要通过对国际银行业操作风险管理先进母本的解读描述了银行操作风险管理的一般过程。随着金融管制的放松、金融全球化、金融服务产品的日益丰富以及金融技术的日益复杂，金融机构的活动花样繁多，日趋复杂，操作风险在金融实践中的地位日趋彰显。围绕操作风险的管理，主要有两份具有里程碑意义的国际文献：一是2001年9月《资本计量和资本标准的国际协议：修订框架（咨询意见稿）》（以下简称“新巴塞尔协议”）；二是2002年COSO的《全面风险管理框架》。新巴塞尔协议首次正式提出操作风险的概念并对操作风险设置资本要求，直接推动了国际社会对操作风险研究的深入。COSO的《全面风险管理框架》则认为企业的风险管理是一个包含三个维度、四个目标和八个模块的立体风险管理体系。本章在全面解读这两份国际文件的基础上提出了操作风险的过程管理，强调操作风险管理是一个包含识别、度量、管理和报告的PDCA循环。本章也是全编的纲，第三章、第四章和第五章的研究都在该框架下展开。

第三章是中国商业银行操作风险的识别。这是操作风险具体管理过程的起点。只有正确地进行操作风险识别才可能运用科学、现代的方法进行操作风险的度量与管理。但目前国际银行研究理论界和实务界对操作风险并没有一个统一的界定，这也正是操作风险管理的难点之一。作者在广泛收集操作风险定义的同时，以新巴塞尔协议对操作风险的界定为母本，详细列举了操作风险包括的主要事件类型，在利用全球操作风险损失数据库的基础上构建了中国商业银行操作风险数据收集的基本方法与相应的数据库建立指南。最后作者对深入研究操作风险的识别问题进行了展望。

第四章是中国商业银行操作风险的度量。风险量化是现代风险管理的基本趋势。市场风险和信用风险已经有了非常成熟的度量技术，但遗憾的是，由于种种原因，操作风险度量才刚刚起步。本章对操作风险自上而下和自下而上的度量模型进行了介绍和评述，并在此基础上，选用 ANP 方法运用 Super Decision 管理决策分析软件对中国两家商业银行的操作风险进行了量化实证比较。这种方法可以有效地利用专家的判断对银行操作风险的大小进行排序比较，并可以揭示出各风险因素对操作风险影响的权重，从而据此进行银行操作风险管理资源配置。

第五章是中国商业银行操作风险量化管理方法研究。此处的管理是狭义的风险管理控制活动。在论述操作风险的基本管理原则和管理方法后，围绕操作风险的常规管理，作者认为对于银行风险容忍度范围内、银行不得不被动承担或自身进行风险管理具有比较优势的可度量风险，银行应该在进行准确的风险度量的基础上利用经济资本进行风险补偿，并且银行要积极地建立 RAROC 绩效评估体系对银行该部分风险的管理进行激励和约束；对于银行暂时不具有风险承担比较优势的可保险风险，银行应积极地利用保险等风险缓释手段进行风险转移。良好的风险管理还必须辅以科学的风险报告体系。最后，对于操作风险常规管理的失败以及操作风险巨灾发生的情况，银行还要建立相应的例外危机管理体系。值得注意的是，该部分风险管理方法都建立在上一步骤对操作风险进行科学量化的基础上。

第六章是中国商业银行操作风险管理新思考与启示。本章是作者长期的中国商业银行操作风险研究心得的突出表现。首先，不同于一般的利用内外部操作风险损失事件统计数据获取操作风险现状的方法，作者采用管理学常用的问卷调查方法，对长期在中国商业银行从事内部控制、信贷审批的专家 137 人进行操作风险调查，利用 SPSS 统计软件得出中国商业银行操作风险的现状与特征。针对中国商业银行的特点，作者从委托代理理论视角对适合于应用委托代理理论处理的操作风险进行了界定，探究了其内在生成机理，并在此基础上提出了委托代理框架下中国商业银行的“积极”操作风险管理。沿着委托代理理论，作者进一步提出：形式控制权与实际控制权分离下的内部控制难题是当前中国商业银行操作风险大案要案频发的最主要根源。解决问题不仅要依靠前述的操作风险过程管理，更要靠过程管理之外的银行组织架构扁平化来解决内部信息不畅、信息不对称的问题，以从根本上抑制内部控制难题，中国商业银行操作风险需要进行综合治理。

## 五、本书的主要特点、创新、不足与展望

### （一）本书的主要特点与创新

本书在充分借鉴前人研究的基础上，主要在以下几个方面做了一些努力和创新：

（1）对相关领域的文献、资料进行了较为全面的综述、梳理。特别是对风险管理理论从企业一般理论到银行风险管理特殊性等问题进行了较充分的梳理；由于操作风险管理的实践操作性特别强，在研究中国商业银行操作风险管理的过程中，作者通过大量详细阅读国内外操作风险纲领性文件和良好银行操作风险管理实践总结文献，对中国商业银行操作风险的过程管理进行了较完整的阐述，在相关的资料收集整理上做了较多的工作。

（2）为了更好地研究操作风险，作者在运用新的研究方法上作了一些尝试。首先，作者利用 ANP 方法选取国内两家银行运用 Super Decision 管理决策分析软件进行操作风险的量化实证研究，通过这种方法，我们可以对各银行操作风险的大小进行比较，有利于监管资源的高效配置。同时，还可以获得操作风险各风险因素对操作风险的贡献率，从而使银行的操作风险管理有所侧重。

其次，不同于常见的利用内外部操作风险损失事件统计数据获取操作风险现状的方法，作者借用管理学中常用的问卷调查方法，回收 137 份专家调查问卷，利用 SPSS 统计软件分析中国商业银行操作风险的特点。这种方法充分利用了专家的理性与感性认识，避免了内外部统计数据某些客观原因可能造成的以偏概全。

（3）在充分认识操作风险特点的基础上，作者尝试从委托代理理论视角界定委托代理型操作风险，指出其内在生成机理，并提出相应的“积极”操作风险管理框架，沿着委托代理理论，指出控制权分离条件下产生的“内部控制难题”是中国商业银行操作风险大案要案频发的根本原因，不仅要依靠前述的操作风险过程管理，更要靠过程管理之外的银行组织架构扁平化来解决内部信息不畅、信息不对称的问题，以从根本上抑制内部控制难题。中国商业银行操作风险需要进行综合治理。

（4）研究的难点主要在于操作风险作为一种刚刚引起重视的风险，相关研究还比较缺乏和零散，相关内容争议很多；操作风险内生性的特点则更是使得准确的理想化的操作风险度量困难重重。

### （二）本书的不足与展望

在本书中，我们力求将操作风险的最新研究进展和我们的研究心得展现出来，但由于作者水平和研究现状的限制，本书的不足也是相当明显：在操作风险研究过程中尽管我们竭力追求理想主义，但最终我们又不得不接受现实主义哲学。

（1）本书的重点在于对中国商业银行操作风险整体管理体系和过程的研究，研究各组成模块，内容较为全面，但各模块的研究则显得单薄，对各模块的深入研究还有待后续的努力。

（2）尽管作者力求将中国商业银行操作风险管理体系与过程完整地展现在本书中，但在行文过程中，我们发现需要研究的问题太多而不得不做出取舍。如对银行风险管理文化、风险偏好、风险管理战略等问题，作者并没有单独进行详细论述。这主要是因为相关的研究并不深入，涉及面过宽，其决策关系到银行方方面面的权衡，在目前缺乏可操作性。但这些问题对操作风险的研究非常重要，亟待进一步研究。

（3）在研究方法上，拘于个人水平和现实条件，本书在操作风险度量问题上采用了现实主义哲学，没有就精确的操作风险度量模型展开更多的讨论与实证，这也有待后续研究的充实。

## 六、研究框架与章节安排

本编的主要研究框架和章节安排可以用下图表示：

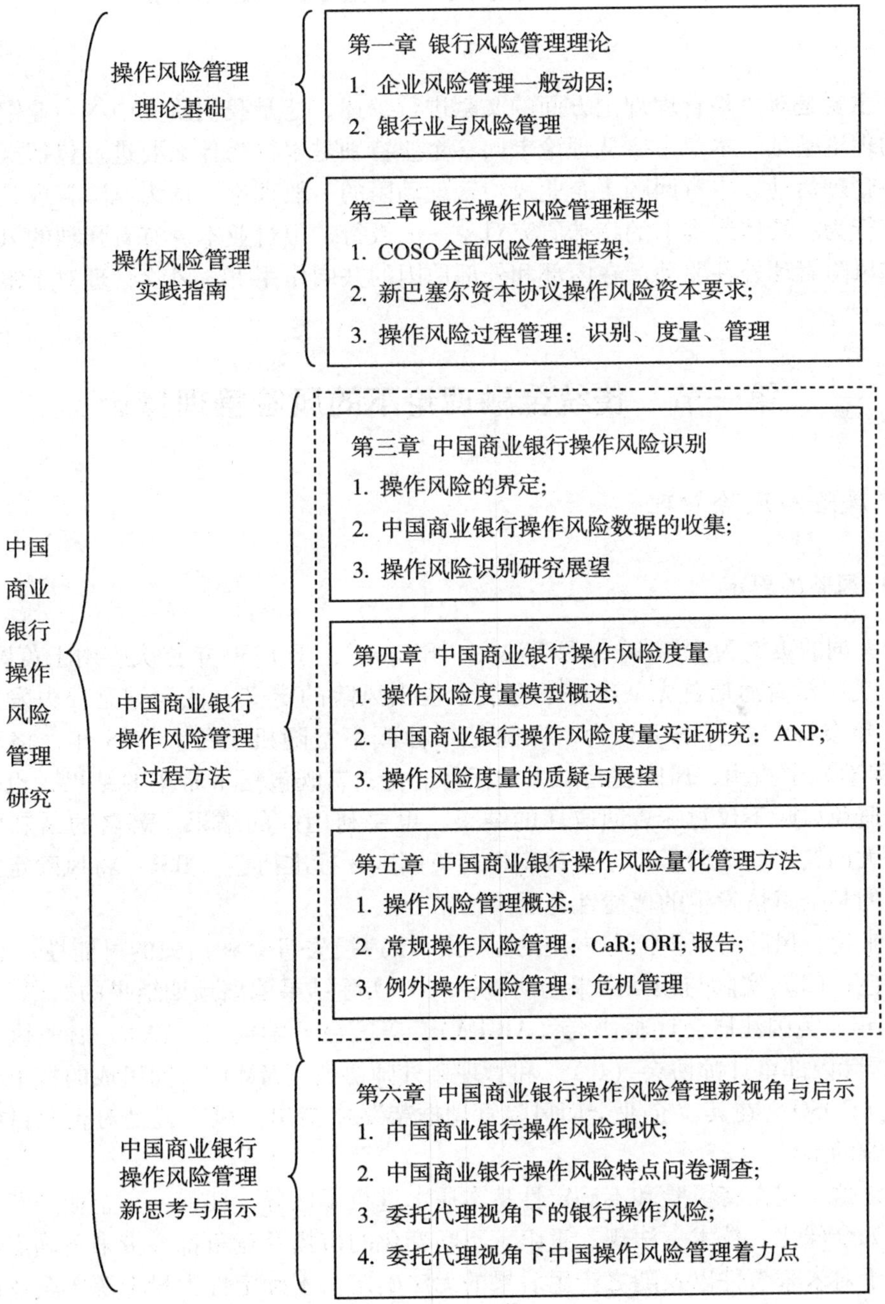

# 第一章　银行风险管理理论

本章主要是对风险管理理论方面的文献进行综述，这是我们研究中国商业银行操作风险管理的理论基础。本章主要从理论上回答企业特别是银行为什么要进行包括操作风险在内的风险管理活动。本章回顾了企业风险管理动因的一般理论，认为风险管理是一种企业价值增值行为。具体到本书的特殊研究对象——银行，银行业本身有着强烈的风险管理内在需求和风险管理外在驱动。在内部和外部原因的共同作用下，风险管理对于银行业更是举足轻重。

## 第一节　传统金融理论下的风险管理悖论

### 一、风险与风险管理

#### （一）风险的界定

风险一词的英文为“Risk”，源于法文“Risque”，于1830年首次应用于英国保险业。1895年，美国学者海斯首先从经济学意义上提出风险的定义，认为它是损失发生的可能性。1921年奈特在其著作中认为，风险是一种概率型随机事件。1998年，格利茨在其《金融工程学》中指出，风险是指结果的任何变化，它既包括不希望的结果，也包括希望的结果，避免风险不仅意味着回避坏的结果，也要利用好的结果。著名的《新帕尔格雷夫经济学大词典》将风险等同于不确定性。英国国际标准协会（BSI）将风险定义为对目标有影响的某个事情发生的可能性与后果的结合。

一般来说，风险有以下四种常用的定义：（1）损失机会和损失的可能性；（2）损失的不确定性；（3）实际与预期结果的离差；（4）实际结果偏离预期结果的概率。

2004年，美国注册会计师协会（AICPA）、美国会计学会（AAA）、财务执行官协会（FEI）、国际内部审计师协会（IIA）和管理会计师协会（MM）共同组成的特里德资助银行委员会（COSO）在其“企业全面风险管理框架”中指出：风险就是对企业目标实现产生负面影响的事件。

首先，这一定义将风险和不确定性从本质上进行了区分，任何一个企业经营所处的环境因素，如全球化、技术、法规、重组、不断变化的市场及竞争都会带来不确定性。不确定性来自于对未来事件以及随之产生后果的无法确定。不确定性大量来源于企业内部与外部的事件，它对企业既有潜在的负面影响，又有潜在的正面影响，有时甚至是正负面影响的结合。

其次，风险不同于损失。风险仅仅是损失的可能性，是潜在的损失，并非现实的损失。银行已经形成的损失并不是风险研究的问题，也不应该成为风险管理的对象。风险仅指对企业有潜在负面影响的事件，风险是负面影响的不确定性。这是当前实务界和理论界的主流观点，有助于我们明确风险管理的目标和内容，因此，本书中我们一般采用 COSO 的风险定义。

银行风险根据不同的分类标准有不同的分类结果，但一般可以分为如下几类：

（1）信用风险，指客户发生违约（default）或信用等级下降给银行可能带来的潜在损失。违约会导致银行所借出金额遭受全部或部分损失。

（2）市场风险，指在交易平仓变现（liquidate）所需的期间内，交易组合的市值发生负面变化给银行可能带来的潜在损失。

（3）操作风险，指由于以不当或不足的方式操作业务或外部事件而对银行业务带来负面影响的可能性。这是本书的主要研究对象。

（4）偿付力风险，指资本金无法抵偿由各种风险产生的亏损的风险。换句话说，偿付力风险就是银行违约的风险。

### （二）风险管理的界定

风险管理作为一种特殊的管理活动，它是人类为追求安全和幸福的目标，结合前人的经验和近代的科学成就而发展起来的一门新的管理科学。风险管理（risk management）这一概念最早是美国宾夕法尼亚大学所罗门·许布纳博士 1930 年在美国管理协会发起的一项保险问题会议上提出的。第二次世界大战后，尤其是 60 年代以来，风险管理为越来越多的企业所重视，从而作为一门管理学科迅速发展起来。

对于风险管理，当前有不同的观点。几种有代表性的看法是：

（1）“风险管理是对经营风险、财务风险和业务风险的综合管理，从而化风险为企业的股东价值最大化”（James Lam，2006）。

（2）“风险管理是贯穿于整个组织的对风险的确认、计量和处理的一贯方法”（AON Website，2008）。

（3）魏灿秋（2003）从风险交易出发，将风险管理定义为风险的面临者在风险交易市场上进行交易，从而改变自己面临的风险状况以满足自己的偏好。风险的市场交易是风险管理的本质。

（4）“风险管理是一个由董事会、管理层和其他员工共同参与的，应用于企业战略制定和企业内部各个层次和部门的，用于识别可能对企业造成潜在影响的事项并在其风险偏好范围内管理风险的，为企业目标的实现提供合理保证的过程”（COSO）。①

COSO 的风险管理是更为广义的定义，反映了风险管理的一些基本特征：（1）企业风险管理是一个过程，并且是实现结果的一种方式；（2）企业风险管理被人影响，它不仅仅是政策，还涉及整个组织各个层级的人；（3）企业风险管理应用于企业的战略制定；（4）企业风险管理影响整个企业的所有层级和单位；（5）企业风险管理旨在识别影响组

---

① 朱荣恩，贺欣．内部控制的新发展——企业风险管理框架［J］．审计研究，2003（6）．

织的事件并在组织的风险偏好范围内管理风险；（6）企业风险管理为组织的管理层和董事会提供合理保证；（7）企业风险管理从一个或多个分开但重叠的方面实现目标。这个定义十分宽泛。它抓住了一些公司或其他组织管理风险的重要概念，因此可以运用于不同类型的组织、不同行业和不同部门，它直接针对组织目标的实现。这个概念还是定义企业风险管理有效性的基础，并为管理层提供了一个框架，能有效地应对风险，使风险和机会相结合，提升企业创造价值的能力。

## 二、银行风险管理目标和悖论

当前越来越多的学术争论集中于企业要不要进行风险管理以降低企业价值的波动率或企业未来现金流的波动率，企业的风险管理能不能增进企业价值。

讨论企业风险管理活动能否增进企业价值首先要讨论企业价值的决定因素，企业价值是企业未来预期现金流的折现值，因此企业的价值增值或者通过提高企业的未来预期现金流，或者通过降低企业要求的收益率两个途径实现。

尽管很多企业管理人员认为可以通过降低企业未来现金流的波动率来增进企业股东的价值是毋庸置疑的常识，但公司金融领域的研究文献表明并不必然如此。

很多惨痛的事实表明风险管理不仅没有增进企业价值反而给企业带来了灾难。历史上风险管理失误带来的惨痛教训不一而足，风险管理是一件实施难度相当高的活动，需要良好的公司治理和流程控制的配合，对企业风险点的具体把握以及风险大小的度量更是当前的普遍难题。

在学术研究上，对风险管理增进企业价值论断持否定意见最有说服力的论据来自于MM定理、金融市场价值的可加性和金融市场风险的可分散性，企业承担风险不应获得任何风险补偿。

1. MM定理下的风险管理无关论

MM定理是完美市场企业资本结构理论中最重要的结论。Fama（1978）证明了如果满足下述完美市场的诸多条件，则企业的资本结构与企业价值无关，即企业风险管理中持有的风险资本与企业价值无关：

（1）无摩擦市场。即没有交易成本和税收，所有的资产都可以被完美地分割和交易。

（2）信息有效。即所有的投资人、企业和企业的经理人都拥有相同的信息，并对这些信息如何影响资产的市场价格形成一致的预期。

（3）投资决策既定。投资决策是既定的给定条件，并且各投资决策在募集新的外部资金问题上相互独立。

（4）相同的进入条件。即所有的市场参与者都可以以相同的条件发行证券。

MM定理的核心在于企业的资本结构与企业价值无关，因为投资人可以自行通过调整自己持有的投资组合来安排获取自己需要的现金流。

由MM定理也可以得出企业的风险管理在完美市场中无关紧要的结论。企业没有必要去对冲其面临的风险，因为投资人完全可以通过调整自身的投资组合来对冲其持有的企业证券面临的风险。因此，在完美市场中，当MM定理成立时，我们不能假设企业是风险厌恶的。Smith和Stulz（1985）指出在完美金融市场中，对冲风险不会增加企业的价值，这也是 MM 定理结论在风险管理活动中的自然扩展。

2. 价值可加性下的风险管理无关论

完美市场中企业的金融决策有一个非常重要的性质：价值的可加性。价值可加性等价于企业风险管理无关（Culp，2001）。假设随机变量 $X$ 代表企业在 1 期的支付现金流。企业现金流 $X$ 的波动可以通过市场远期合约交易完全对冲掉。在完美市场中，远期合约的远期交割价为 $F$，则远期合约的 $\text{NPV} = F - X = 0$，即：

$$0 = \frac{E[F - X] - \gamma\text{cov}(F - X, r_M)}{1 + r_f}$$

由此可得远期合约的交割价 $F$：

$$F = E[X] - \gamma\text{cov}(X, r_M)$$

设企业风险被对冲后的价值为 $P'$，则：

$$P' = P(F) = \frac{E[F] - \gamma\text{cov}(F, r_M)}{1 + r_f} = \frac{F}{1 + r_f} = \frac{E[X] - \gamma\text{cov}(X, r_M)}{1 + r_f} = P(X)$$

因此，一旦 $X$ 的风险被完全对冲掉，则企业风险被对冲后的价值 $P' = P(X)$，即由于具有价值可加性，企业的风险管理活动并不能增加企业的价值。当价值可加性成立时，企业的风险管理是无关紧要的。

3. 金融市场风险可分散性下的风险管理无关论

研究风险管理和资本结构如何影响企业的价值，我们需要计算企业未来现金流的现值，即企业的价值。我们还可采用 CAPM 来决定企业未来不确定现金流的现值。

假设一个两期的模型，0 期和 1 期。在 CAPM 中，（1）式表明对于给定的资产 $i$ 的收益率 $r_i$ 与市场投资组合的收益率 $r_M$ 之间的关系：

$$E[r_i] = r_f + \beta_i(E[r_M - r_f]) \tag{1}$$

其中，$\beta_i = \text{cov}(r_i, r_M)/\text{var}(r_M)$。

又由 $r_i$ 的定义知：

$$1 + E[r_i] = E[X_i]/P(X_i) \tag{2}$$

将（2）式代入（1）式可得：

$$P(X_i) = \frac{E[X_i] - \gamma\text{cov}(X_i, r_M)}{1 + r_f} \tag{3}$$

其中，$\gamma = (E[r_M] - r_f)/\text{var}(r_M)$。

即 CAPM 模型认为资产的预期要求收益率等于无风险利率加风险升水。风险升水仅仅由该资产收益率与市场投资组合收益率的协方差决定。其他的风险并不能影响该资产的收益率。市场投资组合的协方差和对应的 $\beta$ 值描绘了该资产的系统风险，这种系统风险是不能通过分散化策略来消除的。在这个模型中，资产组合可以通过分散化策略移除的风险并不能产生风险升水或风险补偿，因此对企业可分散风险的管理并不能降低企业的资产预期收益率，即企业未来现金流的折现率。

而且，在金融市场效率的假设下，风险管理也不能增加企业未来的预期现金流。这是因为风险管理时资产的买卖价格为资产的预期价格。因此，当风险可分散时，风险管理既不能改变资产的预期要求收益率也不能改变资产的预期现金流。金融市场作为一个开放性市场，个人和企业都可以容易地进出该市场，在这种情况下投资者个人完全可以自行进行风险管理，而不用借助企业进行风险管理。

## 第二节　企业风险管理的经济学解释

### 一、古典金融风险管理悖论批判

古典金融理论从完美市场（perfect market）和完全市场（complete market）的假设出发，认为风险管理与企业价值无关。Modigliani 和 Miller（1958）的无关性定理意味着在市场完美的条件下，企业的财务决策与企业价值无关，企业的财务决策不会影响证券持有人的福利（Fama，1978）。在无套利情况下，投资人完全可以自己利用多元化投资策略对冲其持有证券的风险，企业没有必要对其可交易风险进行对冲。

传统观点对上述标准金融理论的批评主要从市场不完全的角度出发，因为在上述均衡情况下，需要市场上存在大量的证券。但随着期权定价和连续时间金融技术在一般均衡理论中的应用，上述批评难以成立。动态交易策略使得即使市场上只存在有限的证券，市场仍然有效，即市场不完全的缺陷可以通过动态交易策略弥补（Merton，1990）。

但风险管理无关的论断显然与事实不符。早期关于企业风险管理动因的研究大多假设企业是风险厌恶的。尽管这些文献为一些小型的股权集中度很高的家族企业或合伙、私营、个体企业的风险管理活动奠定了理论基础，但对于占主流地位的大型公众公司的解释力却很有限，因为这些企业的股东和债券持有人可以通过组合的分散化达到风险管理的目的，与厂商理论相一致，企业被认为是风险中性的。

具有里程碑意义的是 1984 年 Stulz 的一篇文献。在该篇论文中，立足于不完美市场，Stulz 较完整和科学地阐述了代表股东利益的管理者为什么在重视企业预期利润的同时还考虑企业利润围绕其期望收益的分布，即企业收益变动的风险问题。他通过论证企业目标函数的凹性，证明了企业有利用风险管理规避风险的动机。他的这篇论文被认为是企业风险管理动机研究的开山之作，从此以后，各种不同的理论和解释特别是交易成本理论和信息经济学都开始涉足该领域。下面拟从四个方面对近期的风险管理理论文献进行综述：（1）交易成本；（2）税收函数的凸性；（3）协调企业投融资政策；（4）代理成本。

### 二、交易成本与风险管理

#### （一）破产成本和财务危机成本

因为企业未来的现金流不确定性，所以可能出现企业未来的现金流并不满足企业未来所有固定支付合约的情况，破产成本或财务危机成本就会产生。

Smith 和 Stulz（1985）构建了一个简单的考虑破产成本的企业风险管理模型。用 $P_i$ 表示风险折现因子，即定价核，企业发行的折现债券面值为 $F$，企业的税后价值为 $V(F)$，企业的破产成本为 $C(V_i) \leqslant V_i$。

企业可以通过风险管理建立对冲投资组合，在企业出现不利情况时从对冲组合中获得正的收益，从而降低企业的破产成本。假设对冲组合的支付现金流如下：在状态 $g$ 时支付的现金流为 $H_g < 0$，在状态 $m$ 时支付的现金流为 $H_m > 0$。假设该组合是自融资的，净现值为0，即 $P_gH_g + P_mH_m = 0$，而且 $V_g + H_g > F$，$V_m + H_m > F$，其中 $V_g < F$。假设负债企业风险管理后的价值为 $V^H(F)$，税率为常数T，则：

$$V^H(F) - V(F) = P_gC(V_g) + P_g\mathrm{T}(F - V_g)$$

因为 $C(V_g) > 0$ 且 $V_g < F$，因此 $V^H(F) - V(F) > 0$，风险管理使企业获得了破产成本现值的好处和过度负债带来节税现值的好处。

在不确定环境下，企业财务危机的期望成本由破产的真实成本和企业陷入流动性危机的概率共同决定。上述模型只是从风险管理降低企业破产概率的角度出发，考察基于破产成本的企业风险管理动机，并没有考虑风险管理对企业真实破产成本大小的影响。企业真实的破产成本主要包括直接成本和间接成本：前者包括与清偿或重组相关的法律、会计和管理费用；后者则指财务困境对企业经营能力的伤害，包括对企业产品需求的减少，债权人介入导致的管理决策权部分丧失，管理层为解决财务困境所花费的时间和精力以及企业外部融资成本上升导致的投资不足等。

后续研究进一步考察了风险管理对真实破产本身的影响。Froot、Scharfstein 和 Stein（1993）在内化破产成本和外部融资无谓成本（deadweight cost）的情形下认为风险管理可以缓解破产企业投资不足的问题。Stulz（1996）则强调风险管理通过降低企业“低尾”（lower-tail）不利结果出现的概率，减少了高额外部融资成本带来的投足不足问题。

### （二）企业风险管理的规模经济和信息优势

实证研究表明企业风险管理和使用衍生工具的情况与企业规模存在正相关关系（Graham 和 Rogers，1999）。这一结论可以用大企业的规模经济现象来解释。除了日常可变的风险管理成本外，企业还面临着风险管理的固定成本，如企业为风险管理建立信息系统、招募员工，大企业在风险管理上可获得规模经济的好处（Géczy、Minton 和 Schrand，1997）。

公司在风险管理活动上还具有信息优势。与个人投资者相比，公司拥有公司风险暴露情况最广泛的信息，这是有效、高效风险管理活动所必需的。这些信息包括企业的生产投资计划、企业产品当前和未来的价格走势、企业的成本和销售情况或企业的负债情况。因此，由于存在信息不对称，企业较个人进行风险管理更有优势（DeMarzo 和 Duffie，1991）。

Stulz（1996）进一步指出一些企业对特定的风险承担具有比较优势，企业应对风险进行区别管理。Schrand 和 Unal（1998）在此基础上进一步提出企业整体风险可以分为核心业务风险（core-business risk）和同质性风险（homogeneous risk），企业风险管理应该是对风险内部构成进行重新分配（allocation），并不必然降低整体风险（total risk）。

## 三、税收与风险管理

税收的存在是企业进行风险管理的一个重要原因。如图1-1所示，税收对风险管理的激励主要有两个途径：（1）税收函数的凸性使得企业可以通过风险管理降低应税收入的波动率，从而降低企业的期望税赋；（2）通过风险管理降低企业收益的波动率可以提高企业的举债能力，债务的税盾作用会增加企业的价值。

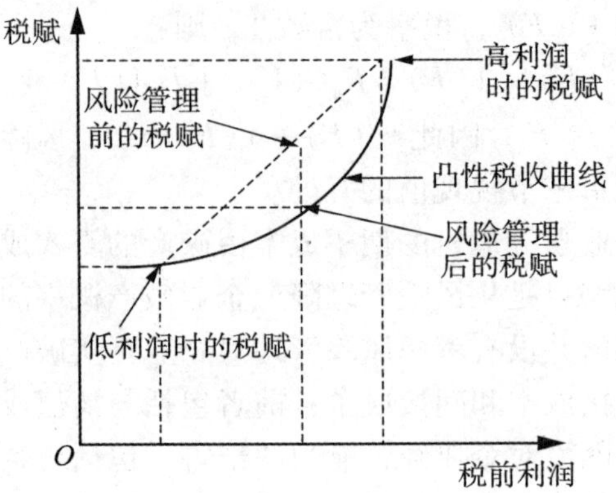


图 1-1　风险管理与税赋

Smith 和 Stulz（1985）认为现行税制使企业税收函数具有凸性，因此根据 Jensen 不等式可知企业可以通过降低企业收入的波动率来降低企业的平均税赋。例如，企业未来可能收入 10000 美元和损失 10000 美元，按照 35% 的税率，在没有对未来收入进行风险对冲的情况下，尽管企业的期望收益为 0，但企业的期望税赋为 3500 美元。如果通过风险对冲消除未来收入的波动，期望收益和期望税赋都可以为 0。因此，税收函数的凸性使企业有风险管理的冲动。

从风险管理提高企业举债能力的角度，Stulz（1996），Ross（1997）和 Leland（1998）的模型证明，通过风险管理降低企业收入的波动率和降低企业财务危机的概率可以提高企业的举债能力从而增加企业价值。Stulz（1996）把风险管理看作企业购买的虚值看跌期权，认为风险管理可以降低企业出现“低尾”结果的概率，从而提高企业的举债能力，获得更多的利息抵税好处。Ross（1997）和 Leland（1998）认为风险管理增加企业价值主要通过两条不同的途径：首先，最主要的收益来自于低收益波动率下更高财务杠杆获得的利息抵税好处；其次，风险管理可以提高企业的未使用举债能力，从而降低企业的预期破产概率和破产成本。Graham 和 Rogers（2002）的实证研究表明风险管理使企业举债能力有 3% 的增长，由此带来的税盾好处为企业价值的 1. 1% 。

## 四、投融资政策协调与风险管理

在资本市场不完美的情况下，企业的风险管理有利于协调企业的投融资政策提高决策效率（Froot、Scharfstein 和 Stein，1993）。Froot et al.（1993）在 Myers（1977）破产成本模型基本范式的基础上重新解释了企业风险管理的原因。该理论主要是基于下述考虑：企业价值的增加源于企业的 NPV≥0 的项目投资。但 NPV≥0 的项目只在融资得到满足的情况下实施。企业预期现金流的非预期波动，可能使企业的盈利项目不能及时得到所需的内部资金。

不完美资本市场下，外源融资边际成本递增，企业的融资通常遵循以下顺序：内源融资>债务融资>股权融资（Myers 和 Majluf，1984）。因此，内部流动性的缺乏会导致较高的资本成本和机会成本，出现投资不足的情况。通过风险管理，企业可以使企业的内部资金与投资需求相一致，在保证企业投资项目资金需求的同时降低企业的资本成本，从而提高企业的价值（Froot、Scharfstein 和 Stein，1993）。

## 五、代理成本与风险管理

代理理论对金融经济学理论产生了重大影响，分析委托人和代理人之间的关系在很多情况下都赋予了经济现象以新的解释。代理理论的中心问题是分析不同利益、不同信息集和不同行为方式主体间的相互关系并设计最优的激励契约和结构。前面我们对企业风险管理动机的研究主要是从企业价值最大化尤其是股东价值最大化的目标出发，假设企业是一个“黑箱”，但现代企业理论认为，企业是契约的结合体，在委托代理关系下，企业内部的股东、债权人、经理人和供应商、雇员等企业利益相关者间既存在着共同利益也存在着利益冲突和代理成本，作为目标函数的企业价值最大化相应也应该做多元理解。操作风险是一种与组织内部委托代理关系密切相关的组织个体风险，代理成本的引入对操作风险管理具有更强的解释力。

### （一）投资不足和资产替代问题

Black 和 Scholes（1973）首次提出普通股可以看作一个看涨期权，股权的价值可用下式表示：

$$E = V - D = V - D_{\text{riskfree}} + P(V, \sigma, t, F)$$

企业的最优投资决策由 $dV/dI = 1$ 决定，但由于 $\partial P/\partial V < 0$，企业在该均衡点的投资只能增加债权人的价值，Myers（1977）指出：此时代表股东利益的企业经理人可能会放弃一些 NPV≥0 的项目而宁可发放现金股利，从而出现投资不足（underinvestment）。

股东和债权人的利益存在不一致还表现为资产替代（asset substitution）问题。由于 $\partial P/\partial \sigma > 0$，项目风险主要由债权人承担，企业可能过度从事于风险项目来增加企业股东的价值（Jensen 和 Meckling，1976），甚至这个风险项目可以 NPV≤0。当企业拥有很高的财务杠杆、企业价值急剧波动时，股东和债权人间的利益冲突、投资不足、资产替代问题尤为严重。

在企业债权人阻止企业财富与风险转移的过程中会发生代理成本，债权人往往不得不要求较高的贷款定价补偿（Myers，1977）。企业事前置信的风险管理承诺，让企业债券的潜在投资人相信企业会进行风险管理，企业的破产成本并不像企业投资决策所显示的那样大，可以有效地抑制股东潜在的机会主义行为，降低企业代理成本（Smith 和 Stulz，1985）。Bessembinder（1991）也认为对企业融资决策置信的风险对冲可以降低企业债券价值对新增投资决策的敏感性从而弱化企业投资不足的问题。

市场至少有两种力量可以驱使企业进行置信的风险管理（Smith 和 Stulz，1985）。首先，如果企业需要在市场上频繁借贷，建立良好的风险管理声誉有利于企业，因为这将有利于提高企业新债的价格。其次，风险管理降低了企业因为债券限制性条款带来的破产成本。企业债券持有人为防止企业出现不利于债权人利益的行为，通常会在债券合同中加入限制性条款，风险管理有利于降低触发这些限制性条款的可能性。

### （二）风险偏好分歧、管理补偿与管理信号

企业的经理人、雇员、供应商和顾客因为资产专用性的关系往往不能像股东一样有效地分散风险，作为风险厌恶者，这些利益相关者通常会要求额外的补偿来弥补其承担的企业特质风险。企业可以通过风险管理降低企业利益相关者承担的风险和相应的补偿要求（Stulz，1985，1996）。企业通过风险管理来防止风险损失引发的现金流波动可用图 1-2 描述。

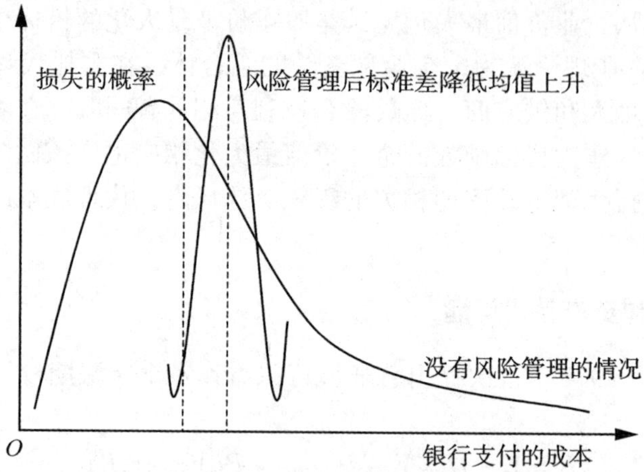


图 1-2 风险管理平滑现金流的作用

Smith 和 Stulz（1985）运用一个简单的模型刻画了经理人风险厌恶条件下企业的最优风险管理决策。设企业的对冲组合在状态 $i$ 时的支付现金流为 $H_i$，$H_i = \sum_j N_j \cdot Q_{ij}$。其中，$N_j$ 是购买的第 $j$ 种资产的份额，$Q_{ij}$ 是第 $j$ 种资产在状态 $i$ 时的支付现金流。

为了求解最优对冲组合，考察一个两期的模型，经理人期末的财富 $W_i$ 等于他获得的金钱补偿和他在企业的不可交易性投资带来的收入，状态 $i$ 时企业全部价值为 $V_i + H_i$，经理人的间接效用函数为：$U_i = U(W(V_i + H_i))$，$i = 1$，…，$S$。

经理人是风险厌恶的，因此上述间接效用函数是严格凹的，经理人的目标函数是预期效用函数最大化，即：

$$\text{Max}U = \sum_i P_i \cdot U(W(V_i + H_i))$$

其中，$P_i$ 为风险中性概率。

预算约束条件为：

$$\sum_j N_j \cdot Q_{0j} = 0$$

其中，$Q_{0j}$ 为资产 $j$ 在期初的价格。

为了求解最优的对冲组合 $N_j$，我们求解上述优化问题的一阶条件：

$$\sum_i P_i \frac{\partial U}{\partial W} W' \frac{Q_{ij}}{Q_{0j}} = \sum_j P_i \frac{\partial U}{\partial W} W' \frac{Q_{ik}}{Q_{0k}}, \forall j,k$$

上述一阶条件说明购买一美元 $j$ 资产给经理人带来的预期边际效用的增加要等于购买一美元 $k$ 资产给经理人带来的预期边际效用的增加。

通过对上述最优对冲组合问题的求解，我们可以得到一些有用的结论：

（1）如果经理人期末的财富是企业期末价值的凹函数，根据 Jensen 不等式，最优的风险管理策略是在可行的情况下完全对冲风险，这与 Arrow 定理（1963）的结论相符。

（2）如果经理人期末的财富是企业期末价值的凸函数，但经理人的期望效用函数仍然是企业期末价值的凹函数，最优的风险管理策略是进行局部风险管理，对冲部分风险。

（3）如果经理人的期望效用函数是企业期末价值的凸函数，Jensen 不等式表明如果经理人完全不进行风险管理，期末他会获得更高的期望效用。

奖金或股票期权等管理补偿激励措施可以使经理人的期望效用函数成为企业期末价值的凸函数。此时，即使经理人的期望效用函数仍然是经理人期末财富的凹函数，经理人也往往会表现出风险偏好者的行为特征，甚至可能实施“逆风险管理”（reverse-hedge）的行为，使得企业的价值特别依赖于某些状态的发生。Tufano（1996）对金矿企业的实证研究也表明拥有期权激励的经理人往往较少关注黄金的价格风险。

股东通过选择企业的管理补偿激励契约可以有效地影响经理人的风险管理决策。当经理人的财富是企业价值的凹函数时，引导企业进行风险管理对一个拥有负债或其他固定支付义务的企业非常重要，因为只要这项激励契约生效，企业就可以置信地进行风险管理。但另一方面，股东一般不希望经理人把企业的有限资源过多地用在风险管理上，使企业经理人补偿报酬对企业的价值具有更强的凸性是一个可行的办法。这也是“奖金文化”盛行下企业风险管理难以奏效的深层次原因所在。

另外，企业的风险管理活动还有重要的“信号显示”功能，有利于信息不对称条件下企业管理补偿的确定，提高企业激励结构的有效性。DeMarzo 和 Duffie（1995），Breeden 和 Viswanathan（1998）认为风险管理具有信息效应（informational effect），通过剔除企业经营中的外部“噪声”，风险管理降低了企业收益的波动，大大提高了企业利润反映的信息质量，提高了企业经营绩效和管理战略间的相关性，从而有利于股东做出最优投资组合决策，有利于经理人声誉和未来薪金的提高，会计准则关于风险管理信息披露的要求对企业最优风险管理决策有重大影响。实证研究也证明了企业的风险管理可以提高企业未来收入预测的准确性和一致性，缓解企业的信息不对称（Dadalt、Gay 和 Nam，2002）。

## 六、结论

从古典金融理论的风险管理悖论出发，本节对近期出现的风险管理动因理论进行综述，围绕企业为什么进行风险管理的问题指出，市场不完美是企业风险管理的根本原因。

上述理论解释了公司为何愿意从事风险管理活动。但目前大多只讨论了风险管理的好处，而没有考虑风险管理的成本，如直接的交易成本和风险管理的代理成本。直接的交易成本包括我们进行对冲交易的交易手续费成本，还有我们为正确地对冲头寸而建立的昂贵的信息系统的成本。而且风险管理活动还可能带来巨大的委托代理成本。巴林银行等事件带来的巨额损失都是风险管理代理成本的典型例证，这种成本不容小觑。

如果考虑风险管理的成本，上述企业风险管理动因的解释就值得进一步考证。非线性税收是最弱的解释，代理成本以及投融资政策协调的解释似乎更合理，但是不是风险管理的收益超过成本仍不得而知。股东可以通过各种管理补偿激励措施阻止经理人进行风险管理活动来提高风险对自身收益的补偿。由于进行收益平滑而可以从事的 NPV 为正的项目要考虑其收益能否补偿风险管理的成本。破产成本似乎是风险管理最强有力的证据，但我们并不清楚，当风险管理也有成本时，企业为何不采取减少债务或采用其他不会导致企业破产的工具来降低企业破产的可能性。对上述问题的回答有待于相关理论和实证研究的进一步深入。风险管理业已成为金融中介的核心功能之一，对金融中介为什么尤为注重风险管理的研究也还有待加强。

企业风险管理动因研究对我国经济的改革和发展有着重要启示。当前风险管理受到了空前重视，但如果不清楚风险管理的影响因素而盲目地进行风险管理只会是事倍功半，特别值得注意的是在企业“奖金文化”这种管理补偿方式盛行的情况下，单纯地加强企业风险管理基础设施的建设似乎显得有些治标不治本。

## 第三节 银行风险管理动因的特殊性

### 一、银行业的特殊性

在新古典 MM 定理的框架下，银行是多余的机构，是没有必要存在的（Freixas 和 Rochet，1998）。理解银行存在的必要性、功能角色和其金融决策的关键是理解交易成本经济学和不对称信息经济学。关于金融中介存在意义的文献并没有采用与新古典经济学相同的范式与框架（Baltensperger 和 Milde，1987；Freixas 和 Rochet，1998；Merton，1995；Schrand 和 Unal，1998；Bhattacharya 和 Thakor，1993；Diamond，1984，1996；Kashyap et al.，2002；Allen 和 Santomero，1998，2001）。他们认为：

（1）银行的资产转换服务使银行拥有大量非流动性甚至是不可交易的长期资产。

（2）银行一部分非流动性资产具有很强的信息敏感度。这主要是因为银行作为委托监督人拥有相对的信息优势。例如，银行对其信贷资产的破产概率与回收率拥有更多的信息。这种专有信息通过银行与借款人建立的长期信贷关系得到进一步加强（Boot，2000；Diamond 和 Rajan，2000）。

（3）高破产成本。与其他企业相比，银行的负债不仅是作为一种融资来源，更是银行业务必不可少的一部分：存款人对银行提供的与存款相关的服务支付或明或暗的各项收费（清算、支付、流动性转换等服务性收费）。这使得银行的资产负债杠率非常高，破产成本极高。

（4）银行业具有内在的脆弱性。银行的存款可以随时支取，存款合约的顺序服务原则和银行偿债能力的不确定性会使银行陷入“挤兑”的境地：所有的存款人在同一时间支取存款，唯恐落后。银行挤兑的威胁使得银行业具有内在的脆弱性（Diamond 和 Dybvig，1983；Jacklin 和 Bhattacharya，1988）。

这些特征使得银行与其他企业有着显著的区别：与其他企业相比，银行主要是通过存款的形式融资。在破产的时候银行的资产会遭受极大的损失。存款人立即支取存款并挤兑要求银行立即出售非流动性和信息敏感性资产，这会导致巨大的破产成本（Diamond 和 Rajan，2001，2000；Shrieves 和 Dahl，1992；James，1991）。但银行的这一重要特征被很多文献所忽略，把银行的风险管理决策与一般的非金融机构等同处理。

黄宪（2004）也认为商业银行是从事货币和资金经营的特殊企业，并把银行作为特殊企业的“特殊性”概括为以下几个方面：①

1. 高杠率与资产负债不匹配

在所有的行业中，银行业的负债率是最高的，普遍高于90%。而且，银行的资产负债期限结构不匹配，“借短贷长”是银行资金配置的特征，这个特征对银行风险管理提出了极高的要求。

2. 银行能够创造货币

在所有金融机构中，一般只有商业银行才能够合法吸收活期存款，因此，在一定的法定准备金制度下，商业银行的存贷款活动在实质上参与了货币创造。

3. 银行业是高风险行业

银行产品面临严重的“信息不对称”，致使其中充满了逆向选择和道德风险，银行业必须重视风险管理才可以在激烈的市场竞争中存活、发展、壮大。

4. 银行业是外部性极强的行业

工商企业的经营不善和倒闭，一般只是影响到该企业的上游或下游相关企业，而银行的资金来源于社会上的千家万户和广泛的渠道，再加上银行又是社会清算和支付中心，一家银行的倒闭会对社会产生广泛的影响，甚至导致整个银行业出现系统性风险。

## 二、银行业的特殊性与银行风险管理

前面我们综述了企业的一般风险管理理论，而风险管理作为金融中介的首要核心功能（Merton，1995），研究其风险管理的特殊原因尤为必要。

### （一）信用敏感性业务与银行风险管理

获取可信度（creditworthiness）或降低信用风险（credit risk）是所有企业和家庭风险管理的直接原因。对于以对顾客发行状态依存的支付合约为主要业务的金融中介，可信度至关重要。较一般的非金融中介机构业务，金融中介主要业务的信用敏感性（credit-sensitive）要强得多，这是金融中介机构和非金融中介结构的关键区别。获取或发行金融绩效保证书是金融中介的首要经营活动，而在一般企业，这只是其众多经营活动中的一个专业化交易种类。

对金融中介发行证券合约未来违约风险的担忧会极大地降低这些合约事前的效率，从

① 黄宪，赵征，代军勋．银行管理学［M］．武汉：武汉大学出版社，2004.

而极大地降低金融中介主要经济功能的有效性。与大多数一般企业不同，很多金融中介机构核心业务活动的效率取决于其顾客负债的无违约风险（default-free）。

正确认识一家企业顾客（customers）和投资人（investors）的区别有助于我们探寻金融中介为什么比一般企业更重视可信度。对于一般企业来说，顾客和投资人的区别是显而易见的。但金融机构的顾客却有其特殊之处，他们当前支付一定的金额从金融机构购买满足他们需要的金融凭证，获取的金融服务是承诺未来某一时间得到一定的支付。这些承诺的未来支付都构成金融机构的负债。因此，对于金融中介机构，顾客和投资人的区别并不明显。

而且，顾客持有公司的负债是因为顾客严格偏好于合约约定的未来支付，金融机构的顾客大多是金融机构未来价值的固定收入索取者。由于顾客的金融合同涉及的金额较大、期限较长，金融机构对客户的违约风险是第一位要考虑的问题。因此，金融机构的经营，除了要对金融产品进行准确定价，还要注意给客户足够的信心。

一般用信用敏感性来描述那些受顾客对中介信用等级评价影响的金融中介业务。一般来讲，那些要求顾客持有中介负债合约的业务通常都表现出较强的信用敏感性。Freeman（1993）对于国际银行业风险管理功能的不断提升给出了一篇很好的综述。Rawls 和 Smithson（1990）对风险管理作为一种企业战略工具进行了深入的探讨。另外，Froot、Scharfstein 和 Stein（1993）以及 Hindy（1995）也对金融机构风险管理问题进行了研究。

### （二）银行业务的不透明性与银行风险管理

一般来说，金融中介都不会详细地披露其资产和经营活动，因此，金融中介业务对其顾客和投资人来说具有很强的不透明性（Ross，1989）。而且，金融中介的资产负债表一般具有相对较强的流动性，资产情况变动剧烈。金融中介的这种严重的信息不对称会提高金融中介外源融资的成本（Myers 和 Majluf，1984）。因此，金融中介较一般企业面临更大的外部融资成本高昂的问题。

### （三）银行的破产成本与银行风险管理

金融中介的主要顾客同时也是他们的主要债权人。当金融机构的破产风险加大时，金融中介的顾客会转向其他金融中介，这会同时减少金融中介的利润，增加金融中介破产风险的间接成本。正是由于金融中介顾客的强破产风险敏感性，使得金融中介的破产成本比非金融中介的破产成本更大。而且，由于金融中介市场的进入壁垒，金融中介破产还包括巨大的金融执照价值损失，使得金融中介的风险管理活动更为迫切。

## 三、银行功能观与银行风险管理

在过去 30 年里，随着交易成本、信息成本的降低，金融市场得到了大大的延展和扩张，但并没有出现与之相伴的金融中介的减少。恰恰相反，金融市场广度与深度的扩展正是金融中介机构和企业大量创新和运用新型金融工具的结果。金融市场的扩大不但没有降低人们对金融中介的依赖程度，反而使个人参与金融市场的方式更多地转向通过各种金融中介间接参与。正是在此背景下，针对金融中介类型和业务的变化，Allen 和 Santomero

(1997)对金融中介的新业务进行了归纳后认为，风险管理已经成为银行和其他金融中介的主要业务。金融中介的风险管理与参入成本理论也已成为金融中介理论的重要组成部分。

Santomero(1984)从Tobin—Markowitz资产组合模型出发，发现金融中介在风险管理方面具有比较优势。由于投资者的风险偏好不同，金融中介可以在投资者之间发挥风险转移的功能，从而使整个社会的风险下降或处于一个相对稳定的水平。Merton(1989)从金融中介的业务技术层面出发，发现金融中介具有将风险打包或拆分(bundling or unbundling)的优势，从而使风险以最低成本分散。Allen和Santomero(1998)认为，尽管现有的金融中介理论对此涉及很少，但金融中介具有转移风险及处理日益复杂的金融工具的推进作用。针对金融中介类型和业务的变化，Allen和Santomero(1997)对金融中介的新业务进行了归纳后认为，风险管理已经成为银行和其他金融中介的主要业务。Scholtens和Van Vensveen(1999)则认为，风险管理从诞生起就是银行的核心业务，银行总是持有一定的风险资产。随着银行新业务的拓展和衍生金融工具的出现，银行管理风险资产的职能大大加强。

总的来说，银行具有风险转移优势、风险管理技术优势，随着衍生金融工具的兴起，银行等金融中介的发展与衍生工具市场的发展相得益彰。由于参与成本(participation costs)概念的引进，风险管理更被认为是银行的核心功能。

传统中介理论强调所有的投资者都能无成本地参与金融交易，即所谓的“完全参与”市场。而现实中的市场是“有限参与”，而且参与市场交易还存在着“参与成本”。所谓参与成本有两方面的含义：(1)投资者花在参与风险管理和决策上的时间。Allen和Santomero(2001)指出，最近20年来，随着人们特别是中产阶级的单位时间收入的提高，他们花在风险管理和决策上的时间机会成本大大提高；(2)随着金融创新、金融工具越来越复杂，非金融从业人员了解金融风险交易和风险管理的难度也大大增加。这两方面的原因使得投资者个人参与金融市场进行风险资产交易和风险管理的成本大幅度上升。这样，虽然交易成本下降，但投资者个人仍仅能持有有限的金融资产。金融中介作为专业机构，可以利用其专业优势，代理投资者进行风险交易和管理，并可以通过创造现金流量稳定分布的金融产品为投资者节约参与成本(Allen和Santomero，2001)。在这里，金融中介的主要功能是代理金融资产交易和风险管理，银行具有风险管理的比较优势。参与成本逐渐成为理解现代中介行为，特别是风险管理的关键所在。金融中介通过降低投资者的参与成本实现了自身的价值增值。

## 第四节 银行风险管理决策

Froot和Stein(1998)建立了银行的最优资本分配、资本预算和风险管理决策模型。他们认为银行关心风险管理是因为银行外源融资的成本凸性。这导致了银行目标函数在内部风险厌恶的情况下呈现凹性。银行外部融资越困难，银行的风险厌恶越严重。一家上市交易的公众银行在完整有效的市场上降低风险并不会牺牲股东的收益。因此，风险管理总是必要的，最优的风险管理决策是“完全套期保值”。但他们忽略了银行股权的有限责任特征和股东与债权人之间的委托代理问题。在该模型中，作者忽略了存款债务，因此没有考虑银行挤兑对银行资本结构和风险管理策略的影响。

## 一、模型的建立

该模型分为三期：0 期、1 期、2 期。在前两期，银行选择资本结构，然后做出资本预算和对冲决策。这两期是模型分析的关键。最后一期银行得出最后的考虑股东价值最大化与风险管理两因素的目标函数。

1. 0 期，银行选择其资本结构

0 期，银行拥有最初的组合暴露 $P$，该组合收益在 2 期末实现，收益为 $Z_p$。$Z_p$是服从正态分布的随机变量，$Z_p = \mu_p + \varepsilon_p$，其中 $\varepsilon_p$ 是 0 均值的干扰项。为简化处理，假设该组合 0 期不需要净融资，即该组合 0 期净值为 0。

在 0 期唯一要做的决策是银行需要持有多少资本 $K$。银行筹集的资本需要成本 $\tau K$，其中，$\tau$ 为持有现金的净税收效应。①

尽管股本融资有成本，但银行一般并不会倾向于持有 0 资本。因为持有资本会提高银行的风险容忍能力，提高其对产品的定价能力。

因而，在 0 期：资产负债表上银行拥有因股权融资产生的现金资产 $K$，同时，银行还拥有一项表外或有项目——组合 $P$。

我们的目标是确定银行长期的资本结构目标，即银行如何实现自己的 AAA 或 BBB 评级目标，也即确定该银行的风险偏好（risk appetite）。

2. 1 期，银行投资于新的产品并做出对冲决策

在 1 期，银行面临两项决策：（1）投资决策 $\alpha$ 的确定。1 期银行有机会投资于新的风险资产组合 $N$。② 新资产在 2 期末实现收益 $Z_N$。$Z_N$ 是服从正态分布的随机变量，$Z_N = \mu_N + \varepsilon_N$，其中 $\varepsilon_N$ 是 0 均值的干扰项。银行在该项风险资产上的投资为 $\alpha$，由银行 1 期的投资决策决定。为简化处理，采用与组合 $P$ 相同的处理，该风险资产在 1 期净资产为 0，不需要新的净现金流量。③

（2）对冲决策 $H$ 的确定。在 1 期银行必须决定如何对银行初始的投资组合和银行新增的投资组合的风险进行对冲操作。我们假设 2 期银行的总对冲头寸价值为 $H$，该对冲组合的收益为 $Z_H$。

此时可推知，2 期银行可实现的现金流 $w$ 可用下式表示：

$$w = Z_P + \alpha Z_N + Z_H + K(1 - \tau) \quad (1)$$

即：在 2 期银行的现金流依赖于初始组合的价值，依赖于新的风险资产的价值，依赖于对冲头寸和 0 期银行募集的资本。

3. 2 期，银行对其实现的现金流做出反应

为了把银行的风险管理加入银行的决策模型，让银行关注 $w$ 的分布，沿用 Froot、

① 银行股票融资的税收成本指的是因为股本不具有债务的“抵税”作用而产生的成本。

② 为简化问题，此处只讨论仅有一种风险资产可供投资的情形。

③ 远期等衍生工具的投资都可以达到这个要求，因为这种资产的清算支付在到期日。

Scharfstein 和 Stein（1993）的 FSS 模型。特别是，假定当 $w$ 实现后，银行有新的非随机投资机会，如有一笔新的贷款发放。① 这笔贷款投资机会需要银行投入的现金为 $I$，总收益为 $F(I)$，$F(I)$ 是递增的凹函数。这笔资金可以从两个渠道筹集，一是内源融资，企业前期积累的现金流 $w$；二是外源融资，从金融市场借贷，数额为 $e$。故可知，$I=w+e$。外源融资的成本为 $C(e)$，为凸函数。②

基于以上分析，可知上述决策问题可用如下关系表达：

$$\begin{cases}\max \quad F(I) - I - C(e) \\ \text{s. t.} \quad I = w + e\end{cases} \tag{2}$$

为方便处理，记 $P(w)=\max F(I) - I - C(e)$。FSS 模型论证过 $P(w)$ 一般情况下是一个递增的凹函数，因此 $P'_w > 0$，$P''_{ww} < 0$。正是 $P(w)$ 函数的凹性保证了银行风险管理的必要性。而 $P(w)$ 函数的凹性又是由于 $C(e)$ 函数的凸性与 $F(I)$ 函数的凹形的相互作用。③ 一般来说，2 期银行外源融资越困难，银行越厌恶 2 期内部资产价值波动的风险。

4. 对模型结构的分析

如果剔除 1 期，仅考虑 0 期与 2 期，上述问题就变成了标准的顺序服务类型的公司投资与融资问题。在 2 期，外源融资递增的成本会使得“投资不足”（underinvestment）的问题存在。投资不足的问题可以通过期初的股权融资得到部分缓解。因此，即使期初的股权融资是有成本的，保留一定的股权融资也是有必要的。这是经典的公司金融理论的结论（Myers，1984；Myers 和 Majluf，1984）。

在这个模型中，其独特之处在于考虑了 1 期的情况。特别的，除了简单地持有股权资本外，银行还拥有两项新的工具来抵消外源融资成本导致的投资不足的问题：（1）银行可以通过对冲组合 $H$ 调整其风险暴露；（2）银行还可以通过改变在 1 期新的风险资产上的投资 $\alpha$ 调整其风险暴露。因此，银行可以通过调整三个决策变量 $K$、$H$ 和 $\alpha$ 来实现目标函数的优化。正是在这种情况下，银行的资本结构、风险管理和资本预算有机地结合在一起。

## 二、模型求解

为求解上述模型，最简单的方法是采用倒退法（backward）。当给定 $F(I)$ 和 $C(e)$ 后，任何在 2 期实现的 $w$ 都可以投射到一个非随机的收益函数值 $P(w)$。因此，随后的问题是：(1) 在 1 期，$w$ 作为一个随机变量，此时银行的市场价值为多少？（2）给定上述估值函数，银行如何进行对冲操作和做出资本预算决策以保证银行实现自身的价值最大？即银行应该如何选择 $H$ 和 $\alpha$？

1. 1 期对银行进行估值

在 1 期，银行的最终价值 $P(w)$ 为随机变量。为对此变量进行估值，我们考虑引进一

① 主要作用在于将随机变量 $w$ 转化为对应的确定性等价。

② FSS（1993），Townsend（1979），Gale-Hellwig（1985）和 Stein（1995）都论证过外源融资成本函数的凸性。

③ FSS 模型中有详细的论证。

个定价模型。不失一般性的，我们假定资产的价值由单因素模型决定。根据单因素的定价核公式，银行的价值 $V$ 可写为下式：

$$V = \{EP(w) - \gamma \mathrm{cov}(P(w), M)\}/(1 + r) \tag{3}$$

其中 $M$ 为定价核，也可看作市场投资组合，$\gamma$ 是均衡条件下单位方差的超额收益，$\gamma = \{EP(w) - E(M)\}/\mathrm{var}(M)$，$r$ 为无风险利率。

2.1 期的最优对冲决策

讨论使股东价值最大化的风险管理决策，我们首先假设可将银行的全部风险资产分为两类，完全可交易的(perfectly tradable)和完全不可交易的(perfectly non-tradable)。风险资产的“完全可交易”是指给定这些风险与定价核的关系，这些风险都可以无摩擦地以公平定价在市场上出售。风险资产的“完全不可交易”是指银行的该部分风险资产只能保留在银行内部，这类风险一般指的是类似于中小企业贷款某些信息密集型(information-intensive)的资产。其收益可用下式表示：

$$\varepsilon_P = \varepsilon_P^T + \varepsilon_P^N \tag{4}$$

$$\varepsilon_N = \varepsilon_N^T + \varepsilon_N^N \tag{5}$$

其中，$\varepsilon_P^T$ 是 $\varepsilon_P$ 的可交易部分，$\varepsilon_P^N$ 是 $\varepsilon_P$ 的不可交易部分。假定定价核 $M$ 是完全可交易的，故：$\mathrm{cov}(\varepsilon_P^N, M) = \mathrm{cov}(\varepsilon_N^N, M) = 0$。

设银行对冲组合内各资产的份额为 $h_i$，完全市场的可交易资产状态价格有 $S$ 种，定价核分别为 $x_i$，$i=1$，…，$S$，故对冲组合 $H$ 的收益为 $Z_H = \sum h_i x_i$。假定最后一种状态价格为市场投资组合，即 $x_S = M$。我们通过简单的一元回归分析证明银行会对所有的风险资产进行对冲风险，即：

$$Z_p + \alpha Z_N + K(1 - \tau) = \sum h_i x_i$$

这种对冲是完全的，对冲后在第 2 期每一个可交易的资产之间互不相关，银行资产收益方差达到最小。证明如下：

首先，银行要选择使其资产价值达到最大的对冲组合，根据(3)可得：

$$\text{F. O. C} \quad \frac{\mathrm{d}V}{\mathrm{d}h_i} = \frac{\mathrm{d}E(P(w))}{\mathrm{d}h_i} - \gamma \frac{\mathrm{dcov}(P(w), M)}{\mathrm{d}h_i} = 0$$

其中，$\mathrm{d}h_i$ 代表在第 $i$ 种资产上套期保值比率的变化。根据协方差的定义有：

$$\frac{\mathrm{d}V}{\mathrm{d}h_i} = E(P'_w)E\left(\frac{\mathrm{d}w}{\mathrm{d}h_i}\right) + \mathrm{cov}\left(P'_w, \frac{\mathrm{d}w}{\mathrm{d}h_i}\right) - \gamma \frac{\mathrm{dcov}(P(w), M)}{\mathrm{d}h_i}$$

因为 $w$ 服从正态分布，根据两个正态分布的随机变量 $x$、$y$，有 $\mathrm{cov}(f(x), y) = E(f'_x)\mathrm{cov}(x, y)$ 的性质，上式可变形为：

$$\frac{\mathrm{d}V}{\mathrm{d}h_i} = E(P'_w)E\left(\frac{\mathrm{d}w}{\mathrm{d}h_i}\right) + E(P''_{ww})\mathrm{cov}\left(w, \frac{\mathrm{d}w}{\mathrm{d}h_i}\right) - \gamma \frac{\mathrm{d}(E(P'_w)\mathrm{cov}(w, M))}{\mathrm{d}h_i}$$

如果银行在一个强有效市场中进行对冲活动，则风险的变化与收益间必存在以下关系：

$$E\left(\frac{\mathrm{d}w}{\mathrm{d}h_i}\right) = \gamma \frac{\mathrm{dcov}(w, M)}{\mathrm{d}h_i}，\text{同时} \frac{\mathrm{d}w}{\mathrm{d}h_i} = x_i。$$

因此我们可以得到：

$$\frac{\mathrm{d}V}{\mathrm{d}h_i}=E(P''_{ww})\mathrm{cov}(w,\ x_i)-\gamma E(P''_{ww}x_i)\mathrm{cov}(w,\ x_S)=0$$

$P(w)$是凹的，故 $P''_{ww}<0$，$S$ 个等式求解 $S$ 个未知量 $h_i$。要使上式成立，必有 $\mathrm{cov}(w,\ x_i)=0$，$i=1,\ \cdots,\ S$，即完全市场可交易的定价核与银行的内部资产无关。这只能通过将银行资产中所有的可交易风险资产从银行的风险资产组合中对冲掉来实现。

从中我们可以得出以下结论：银行总是倾向于对冲掉所有的可交易风险，即银行会选择使对冲组合 $H$ 的收益 $Z_H=-\varepsilon_P^T-\alpha\varepsilon_N^T+k$ 的组合，其中 $k$ 为常数。

Froot 和 Stein(1996)考虑极端情况，如果银行的所有资产均为完全可交易资产，则银行会通过完全对冲来实现自身价值的最大化，即银行会选择使对冲组合 $H$ 的收益 $Z_H=-\varepsilon_P-\alpha\varepsilon_N+k$ 的组合，其中 $k$ 为常数。

从上述的分析中，我们似乎可以得出银行在资本市场上的行为有些类似于“风险厌恶者”。这种说法并不完全正确。一般来说，风险厌恶者并不会完全对冲掉所有的系统性风险，因为这意味着减少投资收益。一般的，风险厌恶者会选择承担一部分系统性风险。但这对于我们讨论的上市银行并不成立。只要交易在强有效的市场中进行，对冲交易的净现值均为0，银行通过牺牲收益来减少风险并不会减少银行股东的价值。因为在这种假设条件下，降低风险是不需要成本的，$P(w)$ 的凹性使得我们只是享受着风险降低的好处，因此，降低风险的行为总是被接受的。

3.1 期的资本预算决策

(1)单一投资决策。

在讨论完银行的对冲决策后我们进一步讨论银行的资本预算决策问题。在1期银行应该投资多少在该新风险资产上(即 $\alpha$ 的选择问题)？新风险资产的风险与收益状况如何影响银行 $\alpha$ 的选择？

首先，根据前面的对冲决策，银行会对自身资产进行完全对冲，则2期银行资产的现金流 $w$ 可改写如下：

$$w=\mu_P+\varepsilon_P^N+\alpha(\mu_N+\varepsilon_N^N)+k+K(1-\tau) \tag{6}$$

(6)式表明所有的可交易风险都被对冲到 $w$ 之外，仅剩下不能被对冲的部分，其中，k 是对冲交易的期望收益。假设这些交易的净现值均为0，则期望收益刚好抵消系统性风险，故：

$$k=-\gamma(\mathrm{cov}(\varepsilon_P^T,\ M)+\alpha\mathrm{cov}(\varepsilon_N^T,\ M)) \tag{7}$$

把(7)式代入(6)式得：

$$w=\mu_P+\varepsilon_P^N+\alpha(\mu_N+\varepsilon_N^N)-\gamma(\mathrm{cov}(\varepsilon_P^T,\ M)+\alpha\mathrm{cov}(\varepsilon_N^T,\ M))+K(1-\tau) \tag{8}$$

因此银行的目标函数为(3)式，同时要求满足约束条件(8)式。

为了简化问题，我们假定银行只是一个价格接收者，故 $\mu_N$ 是一个外生的参数，银行的决策变量为 $\alpha$。因此，要解决上述优化问题可采用如下方法：

F. O. C $$\frac{\mathrm{d}V}{\mathrm{d}\alpha}=\frac{\mathrm{d}E(P(w))}{\mathrm{d}\alpha}-\gamma\frac{\mathrm{dcov}(P(w),\ M)}{\mathrm{d}\alpha}=0$$

上式可以被改写成：

$$\operatorname{cov}\left(P_w, \frac{dw}{d\alpha}\right) + E(P'_w)E\left(\frac{dw}{d\alpha}\right) - \gamma E\left(P''_{ww}\frac{dw}{d\alpha}\right)\operatorname{cov}(w, M) - \gamma\frac{d(E(P'_w)\operatorname{cov}(w, M))}{d\alpha} = 0$$

再次运用 $w$ 服从正态分布，则两个正态分布的随机变量 $x$、$y$，有 $\operatorname{cov}(f(x), y) = E(f'_x)\operatorname{cov}(x, y)$ 的性质，上式可变形为：

$$\frac{dV}{d\alpha} = E(P'_w)\left(E\left(\frac{dw}{d\alpha}\right) - \gamma\frac{d\operatorname{cov}(w, M)}{d\alpha}\right) + E(P''_{ww})\left(\operatorname{cov}\left(w, \frac{dw}{d\alpha}\right) - E\left(\frac{dw}{d\alpha}\right)\gamma\operatorname{cov}(w, M)\right)$$

$$- E(P'''_{www})\left(\gamma\operatorname{cov}(w, M)\operatorname{cov}\left(w, \frac{dw}{d\alpha}\right)\right) = 0$$

又由于：

$$\frac{dw}{d\alpha} = \mu_N + \varepsilon_N^N - \gamma\operatorname{cov}(\varepsilon_N^T, M)$$

$$E\left(\frac{dw}{d\alpha}\right) = \mu_N - \gamma\operatorname{cov}(\varepsilon_N^T, M)$$

$$\operatorname{cov}\left(w, \frac{dw}{d\alpha}\right) = \operatorname{cov}(\varepsilon_N^N, \varepsilon_P^N) + \alpha\operatorname{var}(\varepsilon_N^N)$$

$$\frac{d\operatorname{cov}(w, M)}{d\alpha} = \operatorname{cov}(\varepsilon_N^N, M)$$

故：

$$\mu_N = \gamma\operatorname{cov}(\varepsilon_N^T, M) + \gamma\operatorname{cov}(\varepsilon_N^N, M) + G^M(\operatorname{cov}(\varepsilon_N^N, \varepsilon_P^N) + \alpha\operatorname{var}(\varepsilon_N^N))$$

其中， $$G^M = \frac{-(E(P''_{ww}) - \gamma E(P'''_{www})\operatorname{cov}(w, M))}{E(P'_w) - \gamma E(P''_{ww})\operatorname{cov}(w, M)}$$ 。

又由于银行会对其可交易资产进行完全的套期保值，故 $\operatorname{cov}(\varepsilon_N^N, M) = 0$，$\operatorname{cov}(w, M) = 0$。

此时整理得：$\alpha^* = \{(\mu_N - \gamma\operatorname{cov}(\varepsilon_N^T, M)) - G\operatorname{cov}(\varepsilon_N^N, \varepsilon_P^N)\}/G\operatorname{var}(\varepsilon_N^N)$ (9)

其中，$G \equiv G^M = -EP''_{ww}/EP'_w$ 用来度量银行风险厌恶的效果。

不同于个人投资者，银行的风险厌恶 $G$ 是一个内生变量。特别的，$G$ 依赖于银行所拥有的资本额。考虑极限的情况，当 $K$ 无限大时，对于任何成本函数都有 $G$ 趋向于0。也即当银行拥有无限大的资本时，银行变得风险中性，这与传统的公司金融理论相一致。这是因为在这种情况下，银行不会考虑进行外源融资。同时，FSS 模型还证明了，这种收敛关系总是单调的，即 $dG/dK \leqslant 0$ 处处成立。

从(9)式中可知，在 $G = 0$ 的极端情况，$\alpha$ 趋向于无穷大，即银行会无限投资于任何收益超过市场风险收益的投资项目。但当 $G>0$ 时，并且银行存在着非可交易性风险，银行会变得相对保守。新的非交易性风险使银行投资组合总非可交易性风险的方差越大，银行就会越保守。

当 $G > 0$ 时，(9)式表明银行的投资决策不能仅由一个门槛利率(hurdle rate)决定，这与通常的公司资本预算决策不符。这主要是因为银行的风险厌恶使得银行要求的收益是银行新增投资的增函数。但在极端的情况下，当 $\alpha$ 趋向于0，银行同样存在一个单一的“代表门槛利率”(hurdle rate representation)，银行可以对极小的固定投资机会做出接受或拒绝的投资决策。此时的代表门槛利率为：

$$\mu_N = \gamma \text{cov}(\varepsilon_N^T, M) + G\text{cov}(\varepsilon_N^N, \varepsilon_P^N) \tag{10}$$

(10)式可以看作一个简单的两因素定价模型。前一项是标准的市场风险因素。该定价模型的新颖之处在于后一项。银行通常拥有不可交易性风险，我们可以通过考虑这些风险 $\varepsilon_N^N$ 与银行前期拥有的资产组合中的不可交易性风险 $\varepsilon_P^N$ 间的相关度来进行定价。并且，单位不可交易风险由 $G$ 决定，即非可交易性风险的定价取决于影响 $P(w)$ 函数曲率的因素，也即由 $F(I)$、$C(e)$ 的函数以及银行的初始资本额决定。

(2)多元投资决策。

到目前为止我们仅考虑了银行在1期只有一个投资机会的情况。该部分我们把情况拓展到多元投资决策的情形。假设1期市场上有 $n$ 个新的投资机会，用 $i$ 表示。为了简化处理，我们仅考虑投资超过市场风险的溢价部分，记 $\pi_i \equiv \mu_{N_i} - \gamma\text{cov}(\varepsilon_{N_i}^T, M)$。优化问题的最优解变为：

$$\alpha_i^* = \{\pi_i - G\text{cov}(\varepsilon_{N_i}^N, \varepsilon_P^N + \sum \alpha_j^* \varepsilon_{N_j}^N)\} / G\text{var}(\varepsilon_{N_i}^N) \tag{11}$$

其中，$i = 1, \cdots, n$，且 $j \neq i$。

(11)式与(9)式在形式上极为相似，唯一的区别在于对第 $i$ 个新资产的投资决策不仅依赖于该资产与银行前期拥有的非可交易性资产的协方差，还依赖于与其他1期新资产间的协方差。在此情况下对最优化投资决策问题的求解如下：

$$\alpha^* = \Omega^{-1}\{\pi - GC_{NP}\} / G \tag{12}$$

其中，$\alpha^*$ 与 $\pi$ 均为 $n$ 维向量，$\Omega_{n\times n}$ 是新非可交易资产的协方差矩阵，

$\Omega_{ij} = \text{cov}(\varepsilon_{Ni}^N, \varepsilon_{N_j}^N)$，$C_{NP}$ 是 $n$ 维向量，$C_i = \text{cov}(\varepsilon_{Ni}^N, \varepsilon_P^N)$。

对(12)式可做如下解释：$\pi - GC_{NP}$ 是新产品的净收益向量，其中已扣除了这些产品的市场风险和它们与银行前期资产的协方差风险的收益。

(11)式与(12)式表明多元投资使公司的资本预算框架更为复杂。在一般框架下，投资决策之间相互独立——每个项目都有固定的现金流，对 $i$ 项目的偏好不会影响对 $j$ 项目的选择。而在多元投资环境下，这并不成立。上述依赖关系可以分成两个部分：①协方差溢出效应；②银行资本成本效应。

①协方差溢出效应。即假设 $G$ 固定，如果存在一个与新投资 $i$ 正相关的非可交易性风险 $j$，则会降低人们对投资 $i$ 的偏好。因此若新投资有非0的协方差，则投资决策 $\alpha_i$ 不仅依赖于该投资项目本身的收益 $\pi_i$，还依赖于银行其他资产的超额收益 $\pi$。

②银行资本成本效应。即使所有资产的协方差均为0，即 $\Omega$ 为正交矩阵，各投资决策间也会存在相关关系，因为各投资决策会影响 $G$ 的大小。因此，如果银行投资于某一大的风险头寸，即使这项资产与其他银行资产间完全正交，这项投资活动也会提高 $G$ 的值而降低银行对其他风险资产的需求。

银行各投资组合间的相关关系意味着银行要做出最优的投资决策必须进行集中决策。如果单个产品经理只知道自己开发的产品的 $\pi$ 值而对其他产品的 $\pi$ 值一无所知，在这种情况下即使我们不考虑代理问题，也不能授权该产品经理进行投资决策。单个经理的信息必须进行汇集。

在实践中，这种决策的集中管理方式会面临很多方面的问题。特别是当我们要进行频繁的项目投资决策时，如银行交易员几乎是在连续的时间内不间断地对头寸进行重新估值，这种集中管理会增加信息的传输成本并延误决策时机。

由此提出的一个问题是人们能否在分散的业务组织结构安排下近似地估计集中管理下的投资最优解。在这种分散的业务组织结构下，产品经理的决策不需要依赖于对银行其他资产收益信息的了解。考虑单一新产品投资的情况，为了简化处理我们可以考虑一个极端的 $\alpha$ 趋向于0的情况。在这种情况下，(12)式变为：$\pi^* = GC_{NP}$，即(10)式的向量形式。在这种情况下，银行在所有新产品上的投资都非常小，此时，人们可以像只有一项单一的投资活动一样设定一个由两因素决定的“门槛收益率”，独立地做出各部门的投资决策。当然，如果新的投资不够小，则这种分散化决策的近似效果就会大打折扣。

通过以上分析我们可以发现，问题的关键并不是银行是否应该对决策进行集中化管理，而是银行总部应该多长时间进行一次信息收集并利用这些收集的信息指导投资决策。因此，银行总部应该建立一个动态的信息收集模型，每隔一段时间，银行更新一次信息，根据新的信息调整银行对其 $G$ 值和银行原有资产组合随机特征的估计。估计参数的更新随后传送到单独的产品经理，形成投资“门槛收益率”，产品经理据此估计并做出独立的最优投资决策，直到下一次信息收集活动的开始。

尽管我们未对这个动态模型做出正式的分析，但我们估计在这个过程中可能会存在下述基本问题：一方面，缩短信息收集间的时间间隔会减少分散决策的误差；另一方面，这也会增加相应的信息传输成本。①

4. 0期的最优资本结构决策

在这一部分我们考虑0期银行的最优资本结构决策问题，即如何选择合适的 $K$ 值。$K$ 值的选择同样面临两方面问题的考虑。一方面，较大的 $K$ 值可以降低银行的风险厌恶 $G$，从而在事前能够让银行采用更为积极的投资策略，即更多的投资于 $\pi$ 值较高的资产，获取更高的超过市场的收益水平。另一方面，较高的 $K$ 值又伴随着较高的成本 $\tau K$。

为说明前一个问题我们可以考虑一下只有一个新投资机会，且在该金融产品上的投资很小的情形。在这种情况下，根据(10)式我们可以很清楚地得出银行“门槛利率”与资本 $K$ 间的关系：

$$d\mu_N^* / dK = \text{cov}(\varepsilon_N^N, \varepsilon_P^N)dG/dK = (\pi_N^*/G)dG/dK \tag{13}$$

因为 $dG/dK \leqslant 0$，(13)式表明如果最初门槛利率高于市场要求的收益，即 $\pi_N^* > 0$，则门槛利率随银行的资本 $K$ 的增加而递减，即更多的资本让银行拥有更强、更进取的投资决策。

对于0期，银行的目标函数是选定一个最优的 $K$ 值最大化 $V - K$，其中 $V$ 是 $K$ 的函数，$V = V(w(\alpha^*(K), K))$。即，$K$ 一方面通过影响银行在2期的可得内部融资直接影响 $w$，另一方面又通过影响最优投资决策 $\alpha^*$ 间接影响 $w$。运用包络定理对上述优化问题求解可得：

$$EP_w = 1/(1 - \tau) \tag{14}$$

① 分析中我们依旧不考虑委托代理问题。

对(14)式可做如下理解。银行拥有两个选择：在0期拥有较多的资本 $K$ 或是在2期进行更多的外源融资。我们要设定最优的 $K$ 值使得2期外源融资的成本与0期持有资本的成本相等。在 $\tau = 0$ 的极端情况下，持有资本是不需要支付成本的，银行会持有任意大的资本。这使得银行外源融资 $EP_w$ 趋于1，$G$ 趋于0。此时，与经典的金融理论相一致，银行会仅按照市场因素的定价模型来进行资本预算。相反，当 $\tau > 0$ 时，银行趋向于持有较少的资本，这会提高银行的风险厌恶 $G$，银行的资本预算会较大地偏离经典的资本预算模型。

## 三、结论与启示

通过对银行风险管理决策模型的研究，我们可以得到以下结论与启示：

(1)风险管理总是必要的，最优的风险管理决策是“完全风险管理”。

(2)在一般框架下，投资决策之间相互独立；而在考虑风险的环境下，这并不成立。项目投资决策间存在：①协方差溢出效应；②银行资本成本效应。

(3)银行各投资组合间的相关关系意味着银行要做出最优的投资决策必须进行集中决策。

(4)银行存在一个单一的“代表门槛利率”，银行可以据此做出接受或拒绝的投资决策。

# 第二章　银行操作风险管理框架

本章是对银行操作风险管理主要框架的研究，是我们研究中国商业银行操作风险管理的实践指南。通过对国际银行业操作风险管理先进母本的解读回答了银行操作风险管理的一般过程，强调操作风险管理是一个包含识别、度量、管理和报告等环节的PDCA循环。本章也是全书的纲，后面第三章、第四章和第五章的研究都在该框架下展开。

## 第一节　银行操作风险研究背景

### 一、银行业新趋势与操作风险

近年来，银行业一些新的发展趋势对银行经营的影响日益上升，给银行业带来了严重的操作风险隐患：

(1)全球化带来了金融市场竞争的日益白热化。全球化的发展使得全球范围内银行业的经营日益艰难，在激烈的竞争条件下，一些违规不法行为极易产生，给银行带来灾难性后果。

(2)银行业务电子化、自动化程度的提高。信息技术在银行业的广泛应用，使得银行经营的电子化、自动化程度不断提高，也使银行在各个地区的经营和各项产品的经营越来越紧密地联系在一起，因此，如果银行的电子化处理系统出现问题，很可能会导致严重的，甚至是灾难性的后果。

(3)银行产品复杂程度的提高。首先是产品种类迅速增长，越来越多的银行开始进行混业经营，建设金融超市，银行经营已经涉及越来越多的领域，其中包括相当多的全新的领域；其次，为了更好地满足客户需求，银行产品越来越去标准化，个性化、量身定做的产品越来越多，银行产品的操作风险在加大。

(4)银行业务专业化程度的提高。由于银行规模的不断膨胀和经营领域的增加，银行内部的分工越来越专业化，内部价值创造链条拉长，业务的处理被分散到了更多的环节和部门，交流和协调的需求急剧上升。

(5)银行业务的外部联系越来越强。电子化的清算系统、经营业务的全球化，使得不同银行间资金转移和流动的速度越来越快，频率越来越高。银行业务处理交易中出现的失误将迅速波及更多的银行甚至整个银行体系。

(6)银行业务外包的出现。按照比较优势的原则，银行逐渐将一部分非核心业务外包给其他公司，接受外包业务的公司在经营中如果出现问题，将影响到银行。银行的操作风险已经不仅仅限于银行内部，而是逐步扩展到了银行外部。

(7)大规模的并购活动。无论是兼并还是收购，不同的两个机构整合为一个机构涉及很多方面的操作，如果整合失败，将给银行造成严重后果。

(8)突发式灾难性事件的发生。近几年外部灾难性事件发生的概率与以往相比大大提高，比如“9·11”事件、美国加利福尼亚州大面积长时间的停电事件，都是一些突发的灾难性事件，给当地的银行造成巨大损失。

(9)法律诉讼事件的增多。因为银行业天然的脆弱性和银行倒闭引发的系统性危机，金融业的监管法规越来越复杂。而公众维权意识的增强则直接导致了近年来银行法律诉讼案件数量的不断攀升，银行因法律诉讼遭受的损失也越来越大。

这些风险因素引起了银行业监管机构的高度重视，最终又反过来促使银行加大对操作风险的管理和测量。正是在这一背景下，银行业操作风险问题在全球范围内引起了从监管当局到银行业自身的广泛关注。

目前银行业操作风险损失明显增长，操作风险给银行经营造成了越来越多的损失。自20世纪80年代以来，商业银行因操作风险遭受的损失估计已超过了2000亿美元。英国银行家协会(BBA)以及Coopers & Lybrand曾在BBA成员中进行了一次调查，针对45个BBA成员的报告显示，多于67%的银行认为操作风险与市场风险和信用风险同样(或更加)显著，24%的银行在过去3年中遭受过大于100万英镑的损失。① 国际银行业巨额损失事件实例见表2-1。

表2-1　**国际银行业巨额损失事件实例**

| 损失事件 | 损失金额(亿美元) | 资本损失 | 违规内容 | 风险来源 |
|---|---|---|---|---|
| 国际商业信贷银行(1991年) | 10 | 约100% | 欺诈性贷款、虚假存款和洗钱 | 合法合规性 |
| 长期资本管理公司(1998年) | 4.4 | 44% | 过度使用金融衍生工具，使主权、流动性等风险过度暴露 | 模型调整和压力测试不充分；对可变参数评估的技巧缺乏 |
| 日本住友商业会社(1996年) | 2.6 | 45% | 越权进行资金交易达10年以上 | 内控和审计松懈；管理汇报系统不完善；没有电子化交易报告链接；雇员失败(欺诈) |
| Metallgesellscha(1993年) | 1.6 | 约100% | 掩盖过度对冲风险 | 政策缺乏连贯性；缺乏对技能和方法的了解 |
| 奥兰治县银行(1991年) | 1.6 | 约100% | 没有披露巨额和潜在亏损 | 政策不完善；代理机构风险；错误的交易战略 |

① 钟伟，沈闻一. 新巴塞尔协议和操作风险监管原则，http://www.doctor-cafe.com/.

续表

| 损失事件 | 损失金额（亿美元） | 资本损失 | 违规内容 | 风险来源 |
| --- | --- | --- | --- | --- |
| 巴林银行（1995年） | 1.3 | 100% | 未经授权和潜在的期货、期权交易 | 职责不清；制约不力；雇员不当（技能差） |
| 国民西敏寺银行（1997年） | 0.2 | 可忽略 | 未经授权的互换交易、蓄意的价格操纵 | 合法合规性；过度依赖软件所作的评估；雇员失败（欺诈） |
| 大和银行（1995年） | 1.1 | 24% | 后台伪造恶文件及越权交易 | 违反政策；代理机构风险；雇员不当和雇员失败 |

## 二、操作风险管理国际指南

各国政府和金融机构也逐渐将操作风险监管提上议程。新近各国在操作风险监管原则方面较为重要的实践包括：

（1）1995年，澳大利亚标准委员会和新西兰标准委员会成立联合技术委员会，制定和出版了世界第一个“国家”风险管理标准——《澳大利亚/新西兰风险管理标准》（AS/NZS4360：1995），并于1999年重新修订。该标准为各行业、各部门的风险管理提供了一个共同框架。此外，澳大利亚标准委员会和新西兰标准委员会还制定了一套辅助性的标准，例如《1999年金融风险指南》（*SAA HB*141—1999）、《2000年信息安全风险指南》（*SAA HB*231—2000）和《紧急风险管理》（*Emergency Risk Management-Application Guide*）等，这些标准与澳大利亚/新西兰风险管理标准相辅相成，更增加了其实用性和广泛适用性。

（2）其他一些国家性风险管理标准还包括：加拿大风险管理标准《决策者的指南：加拿大国家风险管理指南》（CAN-Q850-97）、英国风险管理标准《项目管理第三篇：与商业相关的项目风险管理指南》（BS-6079-3：2000）和日本风险管理标准（JISQ2001：2001）。

（3）2002年6月，美国的Sarbanes-Oxley法案第302条提出建立有效的控制程序以确保提交资料的正确性，并对有权签字官员的职责提出了一系列的要求；第404条提出建立有效的控制程序以确保财政报告的准确性。

（4）2002年7月英国金融服务管理局FSA（Financial Service Authority）在一系列咨询文件的基础上，发布了关于操作风险系统和控制的文件，简称CP142，准备在综合各方意见后实施。文件的内容主要涉及对操作风险的内容管理和流程管理。在内容管理上，CP142采用SYSC（Senior Management Arrangements，Systems and Controls）的方法来管理、控制形成操作风险的因素。在流程管理上，FSA建议使用IPS（Integrated Prudential Sourcebook）方法，主要包括风险识别、评估、监测、控制和记录。

（5）2003年7月，美国著名的职业监管机构COSO（Committee of Sponsoring Organizations of the Treadway Commission）在1992年公布的《内部控制统一框架》基础上，公

布了《全面风险管理框架》(*Enterprise Risk Management Framework*)，并公开向业界征求意见。

(6)2004 年，巴塞尔委员会在新巴塞尔协议中，正式将操作风险与信用风险和市场风险并列，把操作风险纳入统一的资本要求框架中。

在上述众多的操作风险监管文件中，以新巴塞尔协议和 COSO 的《全面风险管理框架》影响最为广泛，本章主要就这两个文件的操作风险管理要求展开。

## 第二节　新巴塞尔协议操作风险资本要求

### 一、巴塞尔委员会的风险监管历程

20 世纪 70 年代以来，全球经济一体化的趋势不断加强，金融领域的创新活动日渐活跃。国际上，跨国银行开始扮演越来越重要的角色，为了避免银行危机的连锁反应，统一国际银行监管被提上了议事日程。

巴塞尔协议的出台源于两家著名国际性银行①的倒闭，它使监管机构开始全面审视拥有国际业务的银行的监管问题。1974 年 9 月由国际清算银行发起召集 G10② 中央银行监督官员在巴塞尔开会，商讨成立了“巴塞尔银行监管委员会”(The Basle Committee On Banking Supervision)，讨论跨国银行的国际监督与管理问题。

委员会的宗旨是为国际银行业监管问题提供一个正式讨论场所，以加强各国金融监管当局间的合作，堵塞国际监管中的漏洞。委员会并不具备任何凌驾于国家之上的正式监管特权；委员会虽鼓励采用共同的方法和标准，但并不强求成员国在监管技术上的一致性。相反，它通过制定广泛的监管标准和指导原则，提倡最佳监管做法，期望各国采取措施，指引各国金融监管当局根据其自身情况运用具体的立法或其他安排。

委员会在开展工作中始终遵循两项基本原则：没有任何境外银行机构可以逃避监管；监管必须是充分有效的。巴塞尔委员会成立以后取得的第一个工作成果是 1975 年达成并于 1983 年进行修改的被誉为“神圣条约”的“巴塞尔协定”(The Basle Concordat)，又称库克协议。它对海外银行监管责任进行了明确的分工，规定了跨国银行东道国与母国监管当局之间分享监管权力的“双重监管”原则，这是国际银行业监管机关第一次联合对国际商业银行实施监管。1990 年 4 月，为了改善审慎信息在各国间的交流，巴塞尔委员会发布了对 1983 年协定的补充规定。1992 年 7 月，“巴塞尔协定”的某些原则又被重新整理为“最低标准”(Minimum Standards)予以公布并推动执行。

这一成果对完善国际银行业务监管具有重要作用，但它把监管合作内容仅局限于清偿力监管。事实上，国际银行机构所面临的风险并非只是流动性风险，信用风险、交易风险

---

①　两家银行分别是联邦德国赫尔斯塔银行(Herstatt Bank)和美国富兰克林国民银行(Franklin National Bank)。

②　这次会议的成员是美国、英国、法国、德国、意大利、日本、荷兰、加拿大、比利时、瑞典十国集团。

等是最常存在也是最主要的风险，但却没有列入监管合作的内容之内，因而这种“双重监管”并不是全面监管，不足以保证国际银行机构的安全运营。

1988 年 7 月，巴塞尔委员会颁布了《关于统一国际银行资本衡量和资本标准的协议》(*International Convergence of Capital Measurement and Capital Standards*)，即通常所说的“巴塞尔协议”。它的功绩主要在于建立了一套国际通用的、以加权方式衡量表内与表外风险的资本充足率标准，有效地扼制了银行资产盲目扩张带来的风险。

随后几十年来，巴塞尔协议的内容不断丰富，所体现的监管思想和风险控制内容也不断深化。2004 年 6 月 26 日，新巴塞尔协议正式发布，并于 2006 年末在成员国开始执行。

除上述重要文件外，被提及较多的文件还包括《有效银行监管的核心原则》(1997)等。事实上，委员会还关注并研究过大量其他的监管问题，如对银行外汇头寸的监管、银行国际贷款的管理、银行表外业务风险的监管、大额风险的管理、衍生产品的风险管理、利率风险管理以及防止犯罪分子利用银行系统洗钱等，并发布了相关的文件。近年来，委员会更加注重与证监会国际组织、国际会计师协会、国际商会、国际审计事务委员会等国际性专业组织的合作，共同致力于对金融集团监管、风险管理以及与报告、披露和会计有关的问题的研究，并取得了一定成果。

在推进监管原则传播的过程中，委员会采取了相当灵活的方式，在促进建立全球范围内稳健的监管标准方面的作用日趋加强，其发布的规则也越来越受到包括大量非成员国在内的众多国家的重视和遵循。可以说，巴塞尔委员会已经成为国际金融领域一个不可或缺的重要国际组织。

## 二、新巴塞尔协议与操作风险

作为银行风险监管的“圣经”，巴塞尔协议对操作风险的认识也经历了一个过程。1988 年巴塞尔协议没有提及针对操作风险的资本要求；直到 1999 年 6 月新巴塞尔协议的建议草案中，巴塞尔委员会才明确把操作风险列为继市场风险和信用风险之后的第三大风险，并酝酿施加资本要求；2001 年 1 月公布的意见稿(第二稿)将其主要支柱的资本充足率计算公式进行了变化，① 对操作风险的度量提出了具体要求。随后 2003 年 4 月公布的征求意见稿(第三稿)对此进一步给予充分肯定，对操作风险计量起到了巨大推动作用，2004 年 6 月，新巴塞尔协议正式定稿，操作风险成为与信用风险和市场风险并列的三大风险之一。

### (一)巴塞尔操作风险核心文件索引

1998 年　　关于操作风险的讨论。

1999 年 6 月　新巴塞尔协议框架第一次讨论稿，提出用新的框架代替旧的资本要求框架，并提出将操作风险引入资本要求的建议。

2001 年 1 月　新巴塞尔协议第二次讨论稿，正式将操作风险纳入资本要求框架。

---

① 原来的公式：资本充足率=资本/风险加权资产。现在的公式：资本充足率=资本/(信用风险加权资产+12.5 市场风险资本要求+12.5 操作风险资本要求)。

2001 年 9 月　操作风险工作论文。

2002 年 7 月　操作风险管理与监督的稳健做法。

2003 年 2 月　操作风险管理与监督的稳健做法。①

**(二)操作风险的稳健做法**

巴塞尔风险管理小组操作风险管理纲领性文件《操作风险管理与监督的稳健做法》正式提出了银行有效操作风险管理的基本框架。巴塞尔监管当局意识到尽管单个银行由于各自规模和银行业务的复杂程度等原因可能选用不同的操作风险管理方法，但对于任何规模和业务的银行来说，在操作风险的管理中都有一些共性的要求：清晰的战略、强有力的操作风险管理和内部控制文化、通畅的内部报告体系和应急管理。

在该文件中，巴塞尔委员会对银行操作风险的管理主要包括以下内容:②

1. 营造适宜的风险管理环境

董事会与高级管理层都有责任营造一种将有效的操作风险管理与坚持稳健的营运控制确立为重中之重的企业文化。当一家银行的文化以高标准的道德操守严格要求各级管理者时，操作风险的管理才会最为有效。董事会与高级管理层应通过各种活动和言语，努力促进这种企业文化的建立，使全体员工在从事银行业务中遵守统一的行为规范。

(1)董事会应了解本行的主要操作风险所在，把它作为一种必须管理的主要风险类别，核准并定期审核本行的操作风险管理系统。该系统应对存在于本行各类业务中的操作风险进行界定，并制定识别、评估、监测与控制/缓释操作风险所应依据的原则。

(2)董事会要确保本行的操作风险管理系统受到内审部门全面、有效的监督。内审部门必须拥有一支独立运作、训练有素、业务精良的内审队伍。内审部门不应直接负责操作风险的管理。

(3)高级管理层应负责执行经董事会批准的操作风险管理系统。该系统应在银行内各部门得以持续地贯彻执行，并且各级员工也应了解自己在操作风险管理中的责任。高级管理层还应负责制定相关政策、程序和步骤，以管理存在于银行重要产品、活动、程序和系统中的操作风险。

2. 风险管理：识别、评估、监测和控制/缓释

(1)银行应该识别和评估所有重要产品、活动、程序和系统中固有的操作风险。银行还应该确保在引进或采取新产品、活动、程序和系统之前，其中固有的操作风险经过足够的评估步骤。银行用于识别、评估操作风险的工具包括：自我或风险评估、风险对应关系(确定风险映射)、风险指标、计量。

(2)银行应该制定一套程序来定期监测操作风险状况和重大损失风险。对积极支持操作风险管理的高级管理层和董事会，应该定期报告有关信息。

(3)银行应该制定控制/缓释重大操作风险的政策、程序和步骤。银行应该定期检查其风险限度和控制战略，并根据其全面的风险喜好和状况，通过使用合适的战略，相应地

---

① *Sound Practices for the Management and Supervision of Operational Risk*, 2003.

② *Sound Practices for the Management and Supervision of Operational Risk*, 2003.

调整其操作风险状况。银行应该制定控制程序和步骤，并且制定一套书面的制度以确保遵循有关风险管理系统的内部政策。

除了职责分解之外，银行还应该确保制定了其他内部做法来适当控制操作风险。这些做法的实例包括：密切监测遵守指定风险限度或门槛的情况；对接触和使用银行资产的记录进行安全防卫。

(4)确保员工拥有适当的技能和培训；识别某些回报似乎与合理预期不符的业务系列或产品；定期对交易和账户进行复核和对账。

(5)银行应该制订应急和连续营业方案，以确保在严重的业务中断事件中连续经营并控制住损失。由于存在银行不可控制的因素，当银行的物资、电信或信息技术基础设施严重受损或不可用时，银行可能会无力履行部分或全部业务职责，结果给银行带来重大经济损失，或通过诸如支付系统等渠道而造成更广的金融系统瘫痪。这种可能性的存在要求银行建立灾难恢复和业务连续方案，即考虑银行可能遭遇的各种情形，方案还应该与银行经营的规模和复杂性相适应。

3. 监管者的作用

(1)银行监管者应该要求所有的银行，不管其大小，制定有效的制度来识别、评估、监测和控制/缓释重大操作风险，并且将其作为全面风险管理方法的一部分。

(2)监管者应该直接或间接地对银行有关操作风险的政策、程序和做法进行定期的独立评估。监管者应该确保有适当的机制保证他们知悉银行的进展情况。监管者独立评估操作风险的内容应该包括：银行风险管理程序的有效性，以及有关操作风险的全面控制环境；银行监测和报告其操作风险状况的方法，包括操作风险损失数据和其他潜在操作风险指标；银行及时、有效地处理操作风险事件和薄弱环节的步骤；银行为保证全面操作风险管理程序完整性的内控、审查和审计程序；银行努力缓释操作风险的效果，例如使用保险的效果；银行灾难恢复和业务连续方案的质量和全面性；银行根据其风险状况和内部资本目标(如果适合的话)，评估操作风险的整体资本充足率水平。

4. 信息披露的作用

银行应该进行足够的信息披露，允许市场参与者评估银行的操作风险管理方法。

巴塞尔委员会认为，银行对公众进行及时和经常的相关信息披露，可以提高市场约束力，促成更加有效的风险管理。信息披露数量应与银行经营的规模、风险状况和复杂性相适应。

操作风险披露领域目前尚未规定好，主要是因为银行还在开发操作风险评估的技巧。然而巴塞尔委员会认为，一家银行应该对其操作风险管理框架进行一定的披露，并且足以使投资者和交易对手判断这家银行是否有效地识别、评估、监测和控制/缓释操作风险。

### (三)新巴塞尔协议关于操作风险的主要内容

新巴塞尔协议的主要内容可概括为三部分：一是最低资本要求(Minimum Capital Requirement)，包括信用风险、市场风险和操作风险三大风险；二是监管检查(Supervisory Review of Capital Adequacy)；三是市场纪律(Market Discipline)，这就是互为补充的三大支柱。

新巴塞尔协议的三大支柱都对操作风险有相关规定。在第一支柱中，巴塞尔委员会借由操作风险最低资本要求规范和一系列风险测量与管理的定性和定量规范，判定银行是否取得特定评估方法的使用资格。在第二支柱中，巴塞尔委员会建议，监管机构应通过第二支柱，对各个机构控制环境进行评估，并加以定量规范。在第三支柱中，市场纪律强调通过资本配置和其他监管途径，提升银行和金融体系安全和稳健运营的能力。

1. 操作风险监管和新巴塞尔协议第一支柱

在第一支柱中，新巴塞尔协议明确提出将操作风险纳入资本监管的范畴，即将操作风险作为银行资本比率分母的一部分。新巴塞尔协议提供了三种计算操作风险资本金的方法：基本指标法（Basic Indicator Approach）、标准法（Standardized Approach），以及高级衡量法（Advanced Measurement Approach，AMA）。监管当局的任务是根据严格的标准认定银行使用操作风险资本计提的资格，并始终监管其操作风险资本配置过程。

实施标准法的前提是必须满足一系列标准，以便监管部门监管。大致而言，可分为以下七个方面：（1）银行的操作风险管理系统必须对操作风险管理进行明确的职责界定。（2）作为银行内部操作风险评估系统的一部分，银行必须系统地跟踪与操作风险相关的数据，包括各业务类别发生的巨额损失。（3）必须定期向业务管理层、高级管理层和董事会报告操作风险暴露情况，包括重大操作损失。（4）银行的操作风险管理系统必须文件齐备。（5）银行的操作风险管理流程和评估系统必须接受验证和定期独立审查。（6）银行操作风险评估系统（包括内部验证程序）必须接受外部审计师和/或监管当局的定期审查。（7）关于如何将当前业务类别总收入列入标准法规定的类别，银行必须制定具体的政策和成文标准。

第三种操作风险资本配置要求是高级衡量法（AMA）。AMA 包括内部衡量法（Internal Measurement Approach）、损失分布法（Loss Distribution Approach）和计分卡法（Scorecard Approach）。

在运用 AMA 的定性和定量原则方面，考虑到操作风险分析方法的连续发展，巴塞尔委员会没有具体指定 AMA 的使用条件，以使商业银行在运用 AMA 时具有充分弹性。但是，在运用 AMA 的进程中，银行必须严格保持方法的设计及验证两套体系的独立性。巴塞尔委员会将在 2006 年复查各个银行的执行情况。

除了与标准法相近的一系列定性原则，在定量原则方面，新巴塞尔协议指出了使用 AMA 等的监管过程细节，即：（1）内部数据，当银行首次使用 AMA 的时候，至少需要三年的历史数据。（2）外部数据，这些外部数据库应该包括损失的真实量，时间造成影响的范围、原因和环境因素等信息。（3）情景分析，银行必须使用专家通过外部数据分析得出的情景分析来衡量自身遭受严重损失的可能性。（4）风险缓释，在使用 AMA 时，银行必须被允许使用保险来缓解风险以满足最低资本要求。但用作缓冲基金的资金不能超过银行最低资本准备的 20%。（5）保险工具的运用，新巴塞尔协议要求保险公司的评级至少是 A，且保险政策至少已经有一年的实践期。

在部分运用 AMA 的定性和定量原则方面，如果银行符合下列条件，新巴塞尔协议允许银行针对部分业务使用 AMA，而对其余业务使用基本指标法或标准法：（1）银行全球并表业务的所有操作风险均无遗漏。（2）银行所有适用 AMA 法的业务都符合 AMA 法的定性标准；而适用较简单方法的业务也符合相应方法的要求。(3)银行实施 AMA 时，大部分操作风险应由 AMA 计算。(4)银行向监管当局提供在所有重要的法人机构和业务部门计划推行 AMA 的时间表。银行提出该计划的动机，应当是今后实施 AMA 既现实又可行，而非出于其他动机。

在运用 AMA 时加强跨国监管合作方面，鉴于完全或部分实施 AMA 的严格标准，有资格使用 AMA 的银行一般是大型银行，尤其以跨国活跃银行为主，因此，巴塞尔委员会考虑到在使用 AMA 时，需要进一步加强母国和东道国监管当局之间的合作与协调，具体措施包括：(1)使用 AMA 计算资本要求必须与巴塞尔委员会的《跨境实施巴塞尔新资本协议的高级原则》相一致。(2)董事会和高级管理层有责任理解各个层次的操作风险概况，并且保证各种风险被合理地管理，资本计提是合理的。(3)如有可能，监管者应当在本原则和跨境范围内实行 AMA 的成本最小化的目标间求得平衡。

2. 操作风险监管与新巴塞尔协议第二支柱

第二支柱在新巴塞尔协议规范中的重要性，可直接落实在操作风险规范上。监管程序除了确保银行计提适当资本要求作为机构操作风险的后盾外，还鼓励银行开发或提升风险管理的能力，使银行自身的风险管理措施与监管者的监管措施形成良好的补充。另外，第二支柱十分强调有关银行内部资本评估程序，并订定银行特定风险概况和控制环境所需资本目标额等的重要性。这些内部程序必须接受监管机构的审查与干预。

就操作风险和监管原则的关系而言，任何对于操作风险的监管评估都必须包括：(1)反映行业真实情况并且与良好的行业实践一致。(2)从监管者的角度来看是可行的。任何可行的操作风险监管措施必须考虑到一系列高级但又基础的因素。关键的监管措施应该符合六个方面的原则。

第一，可测量性。无论是对于小型机构还是大型机构，监管方法必须是可行的，并且复杂程度有所区别。另外，一些国家可能在全部银行和证券行业范围内实行新巴塞尔协议，其他国家可能只在部分范围内实施，所以：(1)监管方法应当不以机构大小而是以机构的复杂程度为基础进行区分；(2)它允许机构选择最适合本机构及其发展的定量工具；(3)它允许机构在不同的业务类型上选择不同的定量工具。这意味着机构可以因详细划分不同的业务类型受到监管者的认可。

第二，执行条件。监管方法必须在不同文化环境和法律环境的国家中都适用，并且依据不同的处理方法使用不同的监管工具。这些方法应该：(1)不预先设定一种特定的监管工具，而是使其与监管实践和政权体制相一致；(2)提供一种清晰透明的机制，使得监管者可以判断机构的操作风险控制情况；(3)鼓励机构更加了解自身状况，开发出与示范实践相一致的风险控制方法；(4)与巴塞尔委员会提出的原则和方法相一致。

第三，平等的竞争环境。各银行正倾向于使用监管者所制定的风险管理方法，因此必须最大限度地保证监管者的判断和执行方法在其权限范围内保持一致，以提高政府及受监管部门对监管方法的置信度。具体来说：(1)监管方法应提供一种清晰透明的方法使机构和监管者可以识别操作风险，并且决定其在资本配置中的大小；(2)个别监管者可以自由制定其监管政策，从一种定量工具转换到另一种定量工具的标准可以不受前一种监管政策的影响；(3)必须看到绝大多数的机构将会使用基本指标法和标准法，在这两种方法之间转换的定性标准应当以明确的清单表示。

第四，灵活性。考虑到一系列可能潜在的方法，监管方法可以灵活地实行：(1)监管者应认识到达成一个目标可以使用多种不同的方法；(2)银行可以使用独立的内部信息诸如内部审计和监察功能。

第五，简易性与复杂性的平衡。一种过度技术性的方法可能给机构和监管者带来负担，而不是相应地增加监管益处。与此同时，监管方法又要求足够复杂以区别不同机构的风险：(1)不同的监管者和机构可以使用不同的方法或不同方法的混合以保证达到相同的目标；(2)机构可以选择对不同的业务类型使用不同的工具，这取决于机构在特定领域的风险控制能力和提高业务复杂性的成本效益分析。

第六，良好的风险管理动机。在机构中鼓励稳健的风险管理，需要清晰地展示通过风险控制的改进而获得的益处。同样的，监管方法需要与在操作风险领域新兴的行业标准相一致。

选择实行良好风险管理的机构可以以获准使用更复杂的工具来计算资本要求作为回报。由于使用复杂方法计算出的资本要求小于一般的资本要求，这些机构便可以少保留一些资本。监管当局也可以使用内部数据和系统来调整监管方法。监管者十分欢迎这种方法，相比于由监管者制定的资本计提方法，使用自身的内部数据对各机构更有意义。

银行要达到使监管者认可的上述操作风险管理标准，必须有一个有效、合理的内部控制框架，该框架至少包括三个要素：(1)组织结构，包括董事的角色和责任，公司治理机制和操作风险管理的分工以及职能部门；(2)操作风险管理的战略和政策；(3)操作风险管理流程，包括识别风险、评估风险、管理和缓释风险以及监测和报告风险的全过程。

3. 操作风险独立评估框架与新巴塞尔协议第三支柱

巴塞尔委员会十分重视银行系统的内部监管，但是监管者的独立评估仍然必不可少。监管者应该直接或间接地对银行有关操作风险的政策、程序和做法进行定期的独立评估，确保有适当的机制保证他们知悉银行的进展情况。监管者独立评估操作风险的内容应该包括：

第一，银行风险管理程序的有效性，以及有关操作风险的全面控制环境。银行监测和报告其操作风险状况，包括操作风险损失数据和其他潜在操作风险指标；银行及时、有效地解决操作风险事件和薄弱环节的步骤；银行为保证全面操作风险管理程序的完整性的内控、审查和审计程序；银行努力缓释操作风险的效果，例如使用保险的效果；银行灾难恢复和业务连续方案的质量和全面性；银行根据其风险状况和其内部资本目标评估操作风险整体资本充足率水平。

第二，如果银行是一家金融集团的一部分，监管者应该努力确保它已经采取了一些措施来保证操作风险的管理适宜于整个集团并且得到有机结合。在执行此类评估时，有必要根据现有步骤与其他监管者进行合作和信息交流。一些监管者或许会选择外部审计师来完成这些评估程序。

第三，监管检查中发现的缺陷应该通过一系列行动来处理。监管者应该挑选最适合银行特殊情况和经营环境的工具。为了使监管者及时收到有关操作风险的信息，可以提出直接与银行和外部审计师建立报告机制，银行内部有关操作风险管理的报告可以定期呈送监管者。

4. 操作风险监管与新巴塞尔协议的第三支柱

迄今为止，巴塞尔委员会关于操作风险和第三支柱之间的关系，规定得不够充分，它反映了巴塞尔委员会试图确立一个使信息披露数量与银行经营的规模、风险状况和复杂性相适应的激励相容框架。在第三支柱中，巴塞尔委员会提出全面信息披露的理念，认为不仅要披露风险和资本充足状况的信息，而且要披露风险评估和管理过程、资本结构以及风险与资本匹配状况的信息；不仅要披露定性的信息，而且要披露定量的信息；不仅要披露核心信息，而且要披露附加信息；不仅要考虑强化市场约束，规范经营管理的因素，而且要考虑到信息披露的安全性与可行性。另外，巴塞尔委员会还要求监管机构对信息披露本身也加强监管，并对银行的信息披露体系进行评估。

操作风险的披露领域目前尚未规定好，主要是因为银行正在开发操作风险评估的技巧，但一家银行始终应当向公共披露的信息包括：为每种业务类型配置的监管资本；计量资本配置的具体方法；管理和控制操作风险过程的详细信息(包括风险管理组织结构和风险缓释政策)。还应当披露损失的信息，损失为何会发生及失败的原因。

## 第三节 COSO的全面风险管理框架

2003年7月，美国COSO在普华永道的协助下首次提出了《全面风险管理框架》(*Enterprise Risk Management Framework*，ERM)报告，报告首次从体系上规范了企业全面风险管理的目标、要素和层次，将全面风险管理从理念发展到了实践操作层面。

### 一、商业银行全面风险管理的内涵

COSO报告认为，商业银行全面风险管理是由若干风险管理要素组成的一个有机体系，这个体系可以将风险和收益、风险偏好和风险策略紧密结合起来，增强风险应对能力，尽量减少操作失误和因此造成的损失；准确判断和管理交叉风险，提高对多种风险的整体反应能力；最终，能根据风险科学分配经济资本，抓住商业机会，确保银行各项业务持续健康发展。具体而言，银行全面风险管理的内涵包括以下几个方面：①

(1)银行全面风险管理是一个过程。风险管理不是一个独立的管理活动，也不是银行新增加的一项管理活动，它是渗透到银行经营管理活动中的一系列行为，内生于银行各项经营管理的流程之中，风险管理本身也有输入和输出的要素，具有规范的管理流程。

(2)银行全面风险管理必须依靠全体员工。全面风险管理不仅意味着大量的风险管理

① 黄宪，金鹏．商业银行全面风险管理体系及其在我国的构建[J]．中国软科学，2003(11)．

政策、报告和规章，而且包含银行各个层面员工的“知”和“行”，正是银行的董事会、管理层以及员工决定了银行的风险管理文化、风险偏好、风险管理目标和政策，风险管理流程也必须依靠全体员工才能运行，强调全员风险管理至关重要。

(3)银行全面风险管理涵盖了银行各层次的各类风险。根据新巴塞尔协议，银行的各类业务风险都可以归结为信用风险、市场风险和操作风险三类风险。全面风险管理就是要对所有影响银行目标的风险进行系统识别、评估、报告和处置，它必须考虑银行所有层面的活动，从总行层面的战略规划和资源分配，到各业务单元的市场和产品管理，风险都应得到有效控制。

## 二、商业银行全面风险管理体系的模块与框架

COSO认为，商业银行全面风险管理体系可以用“348”来表示，即三个维度、四个目标和八个模块。全面风险管理体系相互联系的八个模块分别是风险管理环境、风险管理目标与政策设定、风险监测与识别、风险评估、风险定价与处置、内部控制、风险信息处理和报告、后评价和持续改进，各模块具体内容如下：

(1)风险管理环境。风险管理环境是全面风险管理的基础，具体包括银行价值取向、管理风格、风险管理组织结构、风险管理文化等。其中，风险管理文化是全面风险管理的核心，它影响到目标设定、风险识别和评估、风险处置等各个层面的活动；风险管理组织结构是全面风险管理得以实施的组织保障和支撑，风险管理职能必须保持一定的独立性。

(2)风险管理目标与政策设定。风险管理必须能为银行管理层提供一种设定目标的科学程序，银行要将风险管理的要求贯穿于银行各项目标之中，通过选定风险偏好和风险容忍度，制定明确、统一的风险管理政策，包括信用风险管理政策、市场风险管理政策、操作风险管理政策等，以实现风险管理和银行目标的紧密结合。

(3)风险监测与识别。风险监测和识别包括通过贷后管理来监测和识别客户信用风险，根据国家宏观政策、行业状况、金融市场以及监管法规等有关情况识别市场风险和操作风险。对风险的识别是准确度量风险的前提。

(4)风险评估。风险评估可从定性和定量两个方面进行，但新巴塞尔协议颁布之后，风险测度偏重于定量分析，要求尽量量化地确定受险程度。在建立信用风险内部评级系统和市场风险评估系统的基础上，应努力将操作风险的内部计量包括进来，建立一体化的风险管理体系，使风险分析的结果能相互比较以利于决策，合理地在不同业务间配置经济资本。

(5)风险定价和处置。对于预期风险，可通过风险定价和适度的拨备来抵御，对于非预期风险，银行必须通过资本管理来提供保护，对于异常风险，可采取保险等手段解决。银行可用资产组合管理消除非系统性风险，通过兼并来吸收风险，通过辛迪加贷款来分散风险，通过贷款出售、资产证券化等手段转移风险，通过衍生交易来对冲风险。

(6)内部控制。银行应建立健全的内部控制体系以防范操作风险，通过制定和实施一系列制度、程序和方法，对风险进行事前防范、事中控制、事后监督和纠正，确保国家法律规定和商业银行内部规章制度的贯彻执行，确保操作的规范性和得到有效监督。

(7)风险信息处理和报告。银行要建立科学、灵敏的风险报告制度，对银行的风险现

状进行汇总、分析，对各种风险管理政策的实施效果进行分析，形成定期、不定期综合及专题报告，按照一定程序报送各级风险决策机构；要针对不同类型的风险来区分不同的报告渠道和风险报告的职责分工。

(8)后评价和持续改进。银行风险管理部门应该对全行规章制度、信贷管理流程、风险管理流程的执行情况进行后评价，并建立相应的授权调整和问责制度，确保风险管理体系的运行。同时，风险管理部门应根据外部环境、监管当局要求以及后评价中发现的问题，对风险管理体系中的有关内容提出调整和完善意见，由银行决策层来对全面风险管理体系进行持续改进。

风险管理体系的八个模块相互独立又相互制约，共同构成了全面风险管理这一有机体系。风险管理环境是全面风险管理的平台，风险管理理念和风险偏好影响决定了风险管理目标和风险管理政策的制定；风险管理目标与政策设定是风险识别、风险评估和风险应对的前提，具体风险管理战略和流程都要符合风险管理政策的要求，实现风险管理的目标；风险识别、风险评估、风险定价与处置是风险管理的具体实施流程，是对风险管理政策的细化和执行；内部控制是风险管理目标实现和风险管理流程有效运行的保障；风险信息处理和报告是保障银行全面实施风险管理的媒介，风险管理的各项活动都要形成风险信息并通过风险报告机制传递；后评价和持续改进是对风险管理体系进行再控制和再完善，以保持风险管理体系的科学性和适宜性。

结合银行经营目标和组织结构，全面风险管理体系从整体框架上看有三个维度，第一维是银行的目标，包括战略目标、经营目标、报告目标和合规目标；第二维是全面风险管理的八个模块；第三维是银行的各个层级，包括银行整体、各分支机构、各条业务线及所属子公司。全面风险管理体系三个维度的关系是：全面风险管理的八个模块都是为四个目标服务的，银行各个层次都要坚持同样的四个目标，每个层次都必须就以上八个模块进行风险管理。商业银行全面风险管理体系整体框架见图 2-1。

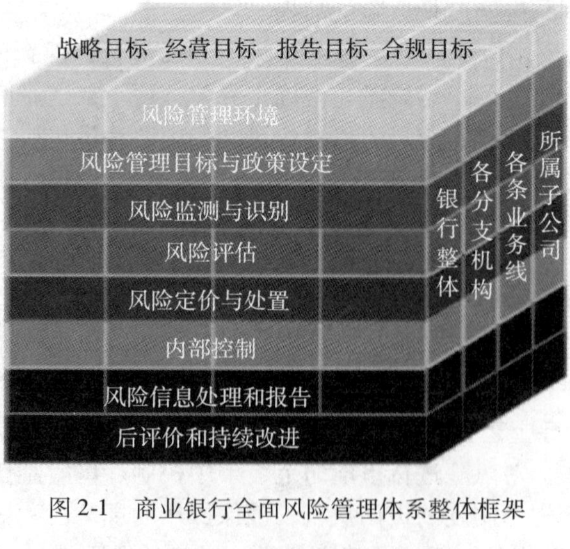


图 2-1 商业银行全面风险管理体系整体框架

## 第四节　银行操作风险管理过程方法

根据COSO报告对企业风险管理的定义，结合新巴塞尔协议的有关要求，我们认为，操作风险管理不是一个独立的管理活动，也不是银行新增加的一项管理活动，它是渗透到银行经营管理活动中的一系列行为，内生于银行各项经营管理的流程之中，而且操作风险管理本身也有输入和输出的要素，具有规范的流程。操作风险管理是一个过程，这个过程由银行董事会、高级管理层以及各级员工，在各项业务、管理活动和战略制定中运行。

### 一、过程管理方法基本内容

国际标准化组织(International Organization for Standardization，ISO)在修订ISO 9000(质量管理体系的国际标准)并正式颁布ISO 9000：2000(2000版本)时，要求组织在建立和完善质量管理体系时，始终贯彻“过程方法”这一原则，以便更有效地实现预期目标。过程方法的管理是建立在“过程式思维”的基础上，将组织的各项活动通过一系列相关的输入和输出联系起来，进行输入、输出、资源、程序、职责等方面的有效、系统的管理，使“过程”和“结果”有机结合，形成管理的良性循环。

#### (一)过程管理的内涵

过程(process)是“一组将输入转化为输出的相互关联或相互作用的活动”。任何一个过程都有输入和输出，输入是实施过程的基础，输出是完成过程的结果，即有形或无形的产品，也就是任务式管理中的“结果”。组织的任何一项任务都可以看作一个过程，一个过程的输入通常是其他过程的输出。“组织内由所有过程构成的系统应用，以及对这些过程及其相互作用的识别和管理，就是过程方法”。过程方法可用图2-2描述。

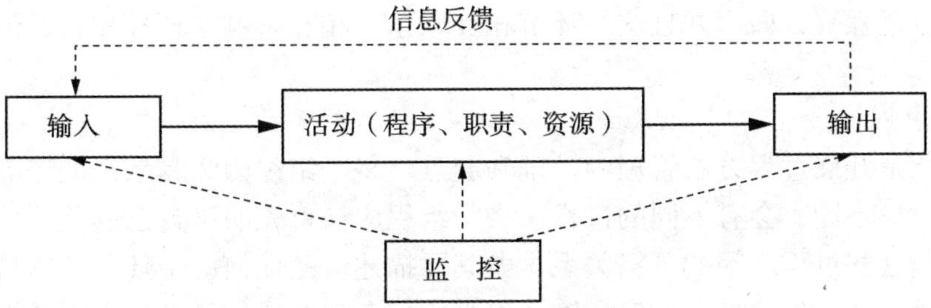


图2-2　过程方法图解

从图2-2可以看出，一个过程是由输入、输出、程序、资源、活动、监控等要素构成的，过程方法中要求对输入的信息进行评审，配备的资源要充分适宜，输出要进行评审和确认，以满足输入的要求、用户的要求以及下一过程的要求。要对所有的活动进行监视、测量和分析，使整个体系得以持续改进。

在组织管理中，过程方法具有以下特征：

(1)关联性。一个过程的输入通常是其他过程的输出，这样形成相互关联、纵横交错的过程连锁体系。比如生产企业中，市场调研——产品设计——材料采购——产品生产——成品检测——销售服务，形成纵向过程链；技术管理——生产管理——财务管理——销售管理等环节构成横向过程链。纵横交错的过程关联成生产企业整体系统。过程方法的管理可将企业所有的活动关联起来，既重视“过程”又重视“结果”。

(2)循环性。采用过程方法管理可形成不同层次的循环路线，从小的层次看，由于输入和输出的“串联”，形成一个个小的过程循环子系统，子系统的有机联系形成过程网络。在每一个循环系统中，过程方法管理可运用PDCA(Plan-Do-Check-Action)循环原理，保证有序地展开组织的业务活动，组织通过过程网络管理，使过程的输出能更有效地达到预期目标。

(3)互应性。采用过程管理方法对活动进行管理，可使过程的输出与过程的输入相互呼应，“结果”建立在有效的计划、组织、监控“过程”的基础上，实现了“结果”的可预见性、受控性和稳定性；而“过程”由明确的方向和目标来引导，使目标与实现目标的途径通过过程方法有机联系起来。

(4)可控性。过程方法运用系统原理，可以实现输入有评审，输出有审核，资源有效整合，相关的支持性子系统有接口，权责有专人，过程风险可预测和防范。这样使活动在纵横交错的监控下进行，保证了组织活动的可控性。

(5)可改进性。过程方法管理可随时发现活动阶段的缺陷或不足，进行企业过程再造或业务流程重组(Business Process Reengineering，BPR)，有针对性地提出相应的解决措施，及时纠正偏差并总结经验，进而指导以后的工作，使组织的业务体系得到持续改进和不断完善。

### (二)过程管理的步骤

组织实施过程方法管理，应该涉及识别过程、明确职责、匹配资源、管理过程、监控过程以及改进过程等方面，并且这些环节相互联系、相互影响、环环相扣，形成一个完整的系统。

1. 识别过程

识别过程是开展过程方法管理的基础和起点。每个组织因为其生产的产品不同，或服务的内容和对象不同，会有不同的过程。一个组织应该首先明确自己的业务体系由哪些过程组成，明确这些过程之间的逻辑关系，尤其要描述清楚任何一个环节的支持性过程的接口。接口处理不好，极容易造成信息输入失真、信息遗漏或信息处理方面的空洞，并由此引发一系列后续问题，直接影响输出的准确性和有效性。因此，识别组织的关键特征，确定实现最终“结果”所需要的过程，全面考虑相关的支持性过程，确定过程的步骤、活动、流程、资源和控制手段，是整个过程连锁体系形成良性循环的基础。过程的确认和安排可以以业务流程为主线，同时考虑相关的支持性过程，将过程接口对接好，也可以根据组织的关键特征来确定和安排其过程链。组织也可以采用网络技术(PERT)，来确定其过程网络体系。

2. 明确职责

组织的全部活动可以看作由各个过程连接成的过程网络，组织的任何一个任务都可以当作一个过程去处理，每个过程都有输入和输出，都要消耗各自的资源，都有自己的活动内容和活动程序。为了使得整个过程网络体系良好运行，必须规范好每一个过程的职责和权限，尤其在过程的接口处，职责要清晰，相关关系要理顺，还要建立和完善职责沟通的信息平台。对这些工作可以通过组织机构图以及部门和岗位责任书来规定。

3. 匹配资源

过程是输入转化为输出的活动，进行活动必然要消耗资源。资源是一个很广泛的概念，包括人力资源、过程设备、工作场所和相关设施、支持性服务等基础设施，此外工作环境也是活动的资源。组织实施过程方法的管理，应该确认并提供所需各种资源，保证每个过程所需要的各种资源在数量和质量上得到合理的配置。对于人力资源、信息资源等“软资源”还要进行不断的开发，以推动组织的管理水平得到持续提高。

4. 管理“过程”

实施过程方法的管理，要求管理者除了识别过程、规范职责、配置资源外，还应对过程的输入与输出、过程的活动和程序、过程的监视和控制等进行管理，这是过程管理的重点之一。

(1)输入前评审。

过程的输入指活动信息和相关资源的输入。以金融产品服务的开发为例，其信息输入包括以下几个方面：用户对产品服务功能和性能的要求，相应的法律和法规的要求，以以前类似的设计信息作为参照，本企业规定的其他要求。信息输入在某种程度上决定了过程输出能达到的水平，也影响到该组织对过程的控制手段和方法。所以对输入的信息要进行评审，以确保其充分性、适宜性和合理性；其他资源的输入包括人力、设备、工作环境等，组织应该对这些进行确认，及时提供资源并实施控制。

(2)程序要规范。

对过程活动的管理，主要是规定活动的计划、程序、职责和资源，并对之有效地进行控制。以生产型组织的技术开发为例，要明确技术开发的程序，规范技术开发部门的分工，划分该项目开发的阶段，规定各阶段各部门的职权与责任、工作内容和任务进度，安排所需的支持性过程以及接口的管理，规定不同阶段采用的评审和验证活动，有效地提供技术开发所需的工作条件、工作环境和人力资源，并对整个活动进行监控。

(3)输出后考核。

过程的输出其实就是活动的“结果”，也就是组织活动要达到的目标。组织最终目标的实现建立在各个过程目标实现并增值的基础上。在过程链中，每一个过程的输出所达到的水平，直接影响到过程链中后续过程的输入，所以要对输出进行审核。还是以技术开发为例，输出考核主要考核设计输出是否实现了设计输入的要求，是否给采购、生产和服务等相关过程提供准确的信息，是否为安全生产产品和安全使用产品提供了相关的产品特性的信息。在确认其符合要求后，应经过授权人员批准才能转入下一个过程。对输出环环把关，可以确保组织预期目标的顺利实现。

(4)过程要控制。

为了确保过程输出的有效性，应该对过程进行严格的控制。这包括输入前的控制(前馈控制)、活动程序中的控制(事中控制)、输出后的控制(反馈控制),也可以采用规范岗位职责权限、时间控制、信息反馈控制等方法进行控制,要动态地评估过程中可能的风险,及时纠正过程偏差,使过程始终处在受控状态下。

5. 持续改进"过程"

组织采用过程方法不是重"过程"而忽视"结果",恰恰相反,过程方法管理的最终目的,是要通过规范的过程管理,持续地收到更为有效的结果。因而,为了使结果更有效、更充分,要对过程管理进行持续改进,使过程网络更简捷,过程的费用更少,输出增值的空间更大。在更为有效地实现组织最终目标或结果的同时,过程的持续改进可以使得组织的管理更为有序,管理水平和整体素质持续提高,这也是过程方法的管理优于任务式管理的原因所在。过程需要改进的信息可能来自于这些方面:外部环境的变化、组织内部因素的重大调整、顾客或后续过程职工的抱怨、联系或沟通不顺畅、组织工作效率的下降、监控过程中发现的过程管理的不足之处,等等。组织要探索过程中存在不足的原因,分析过程改进的机会,适时进行业务流程重组。要对制定的任何改进措施进行动态跟踪,使过程得到持续改进,不断优化。

## 二、操作风险管理 PDCA 循环链

在前述研究基础上,我们认为,商业银行操作风险管理体系本身作为一个风险管理过程,应该满足过程管理的要求,主要包括以下环节:风险监测与识别、风险评估与度量、风险管理与控制、风险信息处理和报告、后评价和持续改进,上述五个环节构成一个完整的 PDCA 循环链。

(1)操作风险管理环境。风险管理文化是操作风险管理的基础,具体包括银行价值取向、管理风格、风险管理组织结构、风险管理理念等。风险管理文化是操作风险管理的核心,它影响到目标设定、风险识别和评估、风险处置等各个层面的活动。风险管理组织结构是操作风险管理得以实施的组织保障和支撑,风险管理职能必须保持一定的独立性。

(2)操作风险管理目标与政策设定。银行的目标体系主要包括战略目标、操作目标、报告目标和合规目标,风险管理本身不是目标,而只是实现上述目标的手段,风险管理必须能为银行管理层提供一种设定目标的科学程序。银行要将风险管理的要求贯穿于银行各项目标之中,通过选定风险偏好和风险容忍度,制定明确、统一的操作风险管理政策,以实现银行操作风险管理和银行目标的紧密结合。

(3)操作风险识别与数据的收集。银行应建立科学的操作风险识别程序并建立相应的风险监测和识别系统,通过银行总部各部门之间横向沟通和各业务线纵向交流,汇总可能影响操作风险管理目标实现的内部和外部事件,使管理层获得宽泛、有效的风险信息,妥善把握各类操作风险事件的性质及其相互间的内在联系,为风险的评估准备数据信息基础。对操作风险的识别是准确度量操作风险的前提,我们必须通过监测系统保持对内外部事件的敏锐性,首先做出事件"是否为操作风险,是什么类型的操作风险"的判断,才能对风险程度和大小进行分析,并在此基础上进行风险预警和处置。

(4)操作风险的评估。通过风险识别,商业银行在准确判明自己所承受的风险在性质上是何种具体形态之后,需要在量上确定这些风险影响目标实现的程度。风险评估可从定

性和定量两个方面进行，但新巴塞尔协议颁布之后，风险测度偏重于定量分析，要求尽量量化地确定受险程度。

(5)操作风险管理。对于操作风险，银行首先可以运用内部控制的手段进行风险预防。对于预期风险，可通过风险定价和适度的拨备来抵御，对于非预期风险，银行必须通过资本管理来提供保护，对于异常风险可采取保险等手段。

(6)操作风险报告。银行要建立科学、灵敏的风险报告制度，对银行的风险现状进行汇总、分析，对各种风险管理政策的实施效果进行分析，形成定期、不定期的综合及专题报告，按照一定程序报送各级风险决策机构。要针对不同类型的风险来区分不同的报告渠道和风险报告的职责分工。

(7)后评价和持续改进。银行风险管理部门应该对全行规章制度、信贷管理流程、风险管理流程的执行情况进行后评价，并建立相应的授权调整和问责制度，确保风险管理体系的运行。同时，风险管理部门应根据外部环境、监管当局要求以及后评价中发现的问题，对风险管理体系中的有关内容提出调整和完善意见，由银行决策层来对操作风险管理体系进行持续改进。

风险管理体系的七个模块相互独立、相互联系又相互制约，共同构成了操作风险管理体系这一有机体。风险管理环境，包括风险管理文化和风险管理组织结构，是风险管理的基础和保障；风险管理目标与政策设定是风险管理的出发点，是对风险管理手段的设计和总要求；操作风险识别与数据的收集、操作风险的评估和操作风险管理是操作风险管理的具体实施流程；操作风险报告是对整个风险管理进行控制的重要手段；后评价和持续改进有助于对风险管理体系的再控制和再完善。银行操作风险管理模块之间的关系如图 2-3 所示。

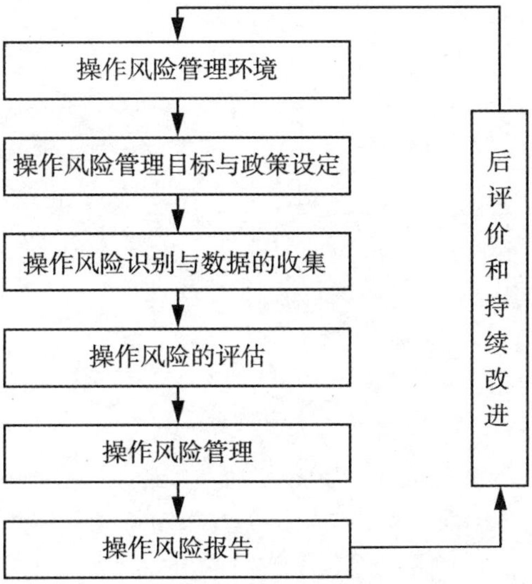


图 2-3　银行操作风险管理体系模块集成图

操作风险管理的每一个模块都是一个相对独立的过程，七个过程共同构成一个过程网络，这个网络就是操作风险管理体系的平面图。在操作风险管理的过程网络中，一个模块过程的输出可成为另一个模块过程的输入，如风险监测与识别的输出就是风险评估的输入，风险评估的输出又成为风险定价和处置的输入，风险管理流程的输出实际上又是后评价和持续改进的输入。这些过程实际上构成了一个循环，风险管理过程在循环中可以不断实现自我更新和完善。后面各章分别对操作风险管理过程的各环节展开具体研究。

# 第三章　中国商业银行操作风险识别

本章主要研究中国商业银行操作风险的识别。这是操作风险具体管理过程的起点。作者在广泛收集操作风险定义的同时，以新巴塞尔协议对操作风险的界定为母本，详细列举了操作风险的主要事件类型，在利用全球操作风险损失数据库的基础上构建了中国商业银行操作风险数据收集的基本方法与相应的数据库建立指南。最后作者对深入研究操作风险的识别问题进行了展望。

## 第一节　操作风险的界定

### 一、操作风险的定义

作为一种新型的风险类型，对操作风险目前并没有一个统一、绝对的定义：

(1)最早的研究把操作风险定义为除信用风险和市场风险以外的所有风险。这种定义虽然简单，但对操作风险的识别、衡量和管理而言几乎没有意义。

(2)Laycock(1998)指出操作风险是指由于顾客、不足的内部控制、系统或控制失败以及不可控制的事件所引起的收入或者现金流的波动。

(3)J. P. Morgan 对于操作风险的定义是，操作风险是各公司业务和支持活动中内生的一种风险因素，这类风险表现为各种形式的错误、中断或停滞，可能导致财务损失或者给公司带来其他方面的损害。这种观点认为只有金融机构中与运营部门有关的风险才是操作风险，即由于眼控制、系统及运营过程中的错误或疏忽而可能引致潜在损失的风险。这是最狭义的操作风险定义。

(4)英国银行家协会(BBA)的定义更具有代表性：“所谓操作风险是指由于内部流程、人员行为和系统失当或失败，以及由于外部事件而导致直接和间接损失的风险。”

(5)2001 年 1 月披露的新巴塞尔协议的建议草案中，巴塞尔委员会基本上采用了英国银行家协会的定义。巴塞尔委员会在协议第 644 段指出操作风险是指由不完善或有问题的内部程序、人员及系统或外部事件所造成损失的风险。

该定义强调了操作风险的操作导向，或操作相关性。这里的操作既包括内部流程，尤其是人员素质和人员行为、冒险行为、冒险动机、利益冲突和人为错误等，也包括机构针对特定事件反应和决策的外部风险问题。前者主要指操作失败或失误风险，包括人员风险、流程风险和技术风险；后者指操作策略风险，指在应对外部事件或外部环境时，如政治、税收、监管、政府、社会、市场竞争等，由于采取了不适当的策略而导致损失的风险。前者主要与内部控制效率或管理质量有关，又称内部风险；后者主要与外部时间有关，又称外部事件或外部依存风险。

巴塞尔操作风险的定义中不包括战略风险和声誉风险，但包括法律风险。就一般意义而言，一家银行不断地出现这样或那样由于操作原因而导致的损失，必然会对该银行的声誉产生负面影响。而委员会提出操作风险不包括策略风险和声誉风险的主要考虑是，经营策略不当和声誉出现问题所引起的损失增加或收益下降在现阶段是无法量化的，所以不纳入风险资本的监管范围。从委员会给出的定义可以看出，操作风险损失是指与操作风险事件相联系，并且按照通用会计准则被反映在银行财务报表上的财务损失，包括所有与该操作风险事件有联系的成本支出，但不包括机会成本、损失挽回、为避免后续操作风险损失而采取措施所带来的相关成本。

目前，国际金融界关于操作风险应当包含的内容，也依然存在相当明显的争论和分歧，新巴塞尔协议(意见咨询稿)(2001)将其归结为三个方面：(1)基本认同的内容：清算失误、交易记录错误、火灾和洪灾等灾害、系统故障。(2)部分认同的内容：内部舞弊、外部舞弊、虚假交易、不适当的销售技术、战略决策失误(如进入边际收益已经很低的业务领域)。(3)少数认同的内容：市场逆转时导致的损失、交易对手违约。

## 二、操作风险的分类

从广义来说，操作风险可以分为内部风险和外部风险。内部风险主要是指由金融机构的内部因素引起的操作风险，这些内部因素主要包括处理流程、信息系统、人事等方面的失误。因此，内部风险包括流程风险、技术风险和人员风险。流程风险分为流程设计不合理和流程执行不严格两种情况；技术风险包括系统失灵和系统漏洞两种情况；人员风险包括操作失误、违法行为(员工内部欺诈或内外勾结)、违反用工法、关键人员流失等情况。外部风险主要是指外部因素引起的操作风险，如外部冲击导致金融机构收益的减少，这些外部冲击包括税制和政治方面的变动、监管和法律环境的调整、竞争者的行为和特性的变化等。内部风险主要与内部控制效率或管理质量有关，而外部风险与外部欺诈、突发事件以及银行经营环境的不利变化等有关。

目前常见的操作风险分类有两种，一种是四分法，另一种是略微细致化的七分法。四分法从操作风险的定义出发，将操作风险分为内部操作流程的缺陷、人为因素、信息技术系统因素和外部事件四类，风险因素与风险事件的关系可用表 3-1 表示。

表 3-1 **操作风险四分法**

| 原因 | 定　义 | 举　例 |
|---|---|---|
| 内部操作流程的缺陷 | 失败的交易，账户，结算和日常的业务操作过程 | 数据录入，未评估资产，客户争端，客户资产损失 |
| 人为因素 | 雇员及相关人员造成(有意的和无意的)，或者由于公司与其客户、股东、第三方或者监管者之间的关系造成的损失 | 歧视性交易，未授权交易，关联交易，内部诈骗等 |

续表

| 原因 | 定　义 | 举　例 |
|---|---|---|
| 信息技术系统因素 | 业务的分离或者基础框架或者电子技术的故障 | 硬件或者软件的崩溃，电子商务问题，程序错误，电脑病毒 |
| 外部事件 | 第三方造成的损失，比如外部诈骗、撤资、监管的变化使得业务发生变化 | 自然灾害，恐怖袭击，勒索，信用卡欺诈，电脑犯罪 |

七分法将操作风险划分为以下类型：①（1）内部欺诈；（2）外部欺诈；（3）雇员活动和工作场所安全；（4）客户、产品和业务活动；（5）实物资产的损坏；（6）业务中断和系统错误；（7）行政、交付和过程管理。具体研究中又细分为20类二级目录事件和若干三级目录事件，具体内容如下：

1. 内部欺诈

内部欺诈是指故意骗取、盗用财产或违反监管规章、法律或公司政策导致的损失，此类事件至少涉及内部一方，但不包括性别/种族歧视事件。著名的案例有：爱尔兰联合银行事件，损失6.91亿美元；巴林银行事件，损失10亿美元；大和银行事件，损失14亿美元。

具体来讲，因内部欺诈引起的操作风险损失事件包括：

（1）未经授权的活动：①交易不报告（故意）；②交易品种未经授权（存在资金损失）；③头寸计价错误（故意）。

（2）盗窃和欺诈：①欺诈/信贷欺诈/假存款；②盗窃/勒索/挪用公款/抢劫；③盗用资产；④恶意损毁资产；⑤伪造；⑥多户头支票欺诈；⑦走私；⑧窃取账户资金/假冒开户人，等等；⑨违规纳税/逃税（故意）；⑩贿赂/回扣和内幕交易（不用企业的账户）。

2. 外部欺诈

外部欺诈是指第三方故意骗取、盗用财产或逃避法律导致的损失。著名的案例有：纽约公众公司（Republic New York Corp）因保管业务上的外部欺诈发生了6.11亿美元的操作风险损失。

具体来讲，外部欺诈引起的操作风险损失事件包括：

（1）盗窃和欺诈：①盗窃/抢劫；②伪造多户头；③支票欺诈。

（2）系统安全性：①黑客攻击损失；②盗窃信息（存在资金损失）。

3. 就业政策和工作场所安全性

就业政策和工作场所安全性是指违反就业、健康或安全方面的法律或协议，个人工伤赔付或者因性别/种族歧视事件导致的损失。著名的案例有：美林公司因性别歧视导致的法律诉讼操作风险损失2.5亿美元。

具体来讲，因就业政策和工作场所安全性引起的操作风险损失事件包括：

---

① 操作风险七分法被巴塞尔委员会在2004年发布的新巴塞尔协议中采用，将操作风险分为七大类，20个二级目录和若干三级目录事件。

(1)劳资关系：①薪酬，福利，雇佣合同终止后的安排；②有组织的劳工行动。

(2)安全性环境：①一般责任(滑倒和坠落，等等)；②违反员工健康及安全规定的事件；③工人的劳保开支。

(3)性别及种族歧视事件：主要是所有涉及歧视的事件。

4. 客户、产品及业务操作

客户、产品及业务操作是指因疏忽而未对特定客户履行分内义务(如信托责任和适当性要求)或产品性质或设计缺陷导致的损失。著名的案例有：国际房屋公司(Household International)因不适当的借贷行为发生了4.84亿美元的操作风险损失；Providian金融公司(Providian Financial Corp.)因不适当的产品销售和支票行为发生了4.05亿美元的操作风险损失。

具体来讲，客户、产品及业务操作原因造成的操作风险损失事件包括：

(1)适当性、披露和信托责任：①违背信托责任/违反规章制度；②适当性/披露问题(了解你的客户等)；③违规披露零售客户信息；④泄露私密；⑤冒险销售；⑥为多收手续费，反复操作客户账户；⑦保密信息使用不当；⑧贷款人责任(lender liability)。

(2)不良的业务或市场行为：①反垄断；②不良交易/市场行为；③操纵市场；④内幕交易(不用企业的账户)；⑤未经当局批准的业务活动；⑥洗钱。

(3)产品瑕疵：①产品缺陷(未经授权等)；②模型误差。

(4)客户选择、业务提起和风险暴露：①未按规定审查客户；②超过客户的风险限额。

(5)咨询业务：主要是由咨询业务产生的各种纠纷。

5. 实体资产损坏

实体资产损坏是指实体资产因自然灾害或其他事件丢失或毁坏导致的损失。著名的案例有："9·11"事件中，纽约银行固定资产的损失高达1.4亿美元。

具体来讲，因实体资产损坏造成的操作风险损失事件主要包括灾害和其他事件：①自然灾害损失；②外部原因(恐怖袭击、故意破坏)造成的人员伤亡。

6. 业务中断和系统失败

业务中断和系统失败是指业务中断或系统失败导致的损失，主要原因在于系统失败。著名的案例有：所罗门兄弟公司因计算机系统故障引起的"账户余额差错"(unreconciled balances)，发生了3.03亿美元的损失。

具体来讲，业务中断和系统失败引起的操作风险损失主要包括：①硬件；②软件；③电信；④动力输送损耗/中断。

7. 执行、交割及流程管理

执行、交割及流程管理是指交易处理或流程管理失败和交易对手方及外部销售商关系导致的损失。著名的案例有：美洲银行因系统整合失败发生了2.25亿美元的损失；Wells Fargo银行因错误的交易流程发生了1.5亿美元的损失。

具体来讲，执行、交割及流程管理引起的操作风险损失主要包括：

(1)交易认定、执行和维持：①错误传达信息；②数据录入、维护或登载错误；③超过最后期限或未履行义务；④模型/系统误操作；⑤会计错误/交易方认定记录错误；⑥其他任务履行失误；⑦交割失败；⑧担保品管理失败；⑨交易相关数据维护。

(2)监控和报告：①未履行强制报告职责；②外部报告失准(导致损失)。

(3)招揽客户和文件记录：①客户许可/免责声明缺失；②法律文件缺失/不完备。

(4)个人/企业客户账户管理：①未经批准登录账户；②客户记录错误(导致损失)；③客户资产因疏忽发生的损失或毁坏。

(5)交易对手方：①非客户对手方的失误；②与非客户对手方的纠纷。

(6)外部销售商和供应商：①外包；②与外部销售商的纠纷。

操作风险七分法如表3-2所示。

表3-2　**操作风险七分法**

| 事件类型(1级目录) | 2级目录 | 业务举例(3级目录) |
| --- | --- | --- |
| 内部欺诈 | 未经授权的活动 | 交易不报告(故意)<br>交易品种未经授权(存在资金损失)<br>头寸计价错误(故意) |
| | 盗窃和欺诈 | 欺诈/信贷欺诈/假存款<br>盗窃/勒索/挪用公款/抢劫<br>盗用资产<br>恶意损毁资产<br>伪造<br>多户头支票欺诈<br>走私<br>窃取账户资金/假冒开户人，等等<br>违规纳税/逃税(故意)<br>贿赂/回扣<br>内幕交易(不用企业的账户) |
| 外部欺诈 | 盗窃和欺诈 | 盗窃/抢劫<br>伪造多户头<br>支票欺诈 |
| | 系统安全性 | 黑客攻击损失<br>盗窃信息(存在资金损失) |
| 就业政策和工作场所安全性 | 劳资关系 | 薪酬，福利，雇佣合同终止后的安排<br>有组织的劳工行动 |
| | 安全性环境 | 一般责任(滑倒和坠落，等等)<br>违反员工健康及安全规定的事件<br>工人的劳保开支 |
| | 性别及种族歧视事件 | 所有涉及歧视的事件 |

续表

| 事件类型（1级目录） | 2级目录 | 业务举例（3级目录） |
|---|---|---|
| 客户、产品及业务操作 | 适当性、披露和信托责任 | 违背信托责任/违反规章制度<br>适当性/披露问题(了解你的客户等)<br>违规披露零售客户信息<br>泄露私密<br>冒险销售<br>为多收手续费，反复操作客户账户<br>保密信息使用不当<br>贷款人责任(lender liability) |
| | 不良的业务或市场行为 | 反垄断<br>不良交易/市场行为<br>操纵市场<br>内幕交易(不用企业的账户)<br>未经当局批准的业务活动<br>洗钱 |
| | 产品瑕疵 | 产品缺陷(未经授权等)<br>模型误差 |
| | 客户选择、业务提起和风险暴露 | 未按规定审查客户<br>超过客户的风险限额 |
| | 咨询业务 | 咨询业务产生的纠纷 |
| 实体资产损坏 | 灾害和其他事件 | 自然灾害损失<br>外部原因(恐怖袭击、故意破坏)造成的人员伤亡 |
| 业务中断和系统失败 | 系统 | 硬件<br>软件<br>电信<br>动力输送损耗/中断 |
| 执行、交割及流程管理 | 交易认定、执行和维持 | 错误传达信息<br>数据录入、维护或登载错误<br>超过最后期限或未履行义务<br>模型/系统误操作<br>会计错误/交易方认定记录错误<br>其他任务履行失误<br>交割失败<br>担保品管理失败<br>交易相关数据维护 |

续表

| 事件类型（1级目录） | 2级目录 | 业务举例（3级目录） |
|---|---|---|
| 执行、交割及流程管理 | 监控和报告 | 未履行强制报告职责<br>外部报告失准（导致损失） |
| | 招揽客户和文件记录 | 客户许可/免则声明缺失<br>法律文件缺失/不完备 |
| | 个人/企业客户账户管理 | 未经批准登录账户<br>客户记录错误（导致损失）<br>客户资产因疏忽导致的损失或毁坏 |
| | 交易对手方 | 非客户对手方的失误<br>与非客户对手方的纠纷 |
| | 外部销售商和供应商 | 外包<br>与外部销售商的纠纷 |

Peter Burchett 和 Wendy Dowd（2001）认为从操作风险定义出发的操作风险四分法与从操作风险事件类型出发的操作风险七分法存在如表 3-3 所示的对应关系。①

表 3-3　**操作风险四分法与七分法的关系**

| 定义 | | 事件类型 |
|---|---|---|
| 操作风险 | 人 | 内部欺诈 |
| | | 雇员活动和工作场所安全 |
| | | 客户、产品和业务操作 |
| | 流程 | 行政、交付和过程管理 |
| | 系统 | 业务中断和系统错误 |
| | 外部事件 | 实物资产的损坏 |
| | | 外部欺诈 |

另有一种对操作风险的分类如下：②

（1）客户满意度风险。缺乏对客户的关注会威胁到企业满足并超越客户预期的能力。

（2）人力资源风险。企业的关键人员缺乏必需的知识、技能与经验，会威胁到企业执

① Peter Burchett, Wendy Dowd. *Consultative Document on Operational Risk*. Basel Committee on Banking Supervision, January 2001.

② 参见中国保险网：http://www.rmic.cn/action/news/newsContentAction?newsID=11892.

行其经营模式并实现关键性经营目标的能力。

(3)知识资本风险。在企业内进行学习并使其制度化的过程如果不存在或不能有效运转，则会导致企业反应迟缓、成本高、重复犯错、发展缓慢、增长受到限制，雇员的积极性也会受到打击。

(4)产品开发风险。产品开发效率低下会威胁到企业长期内满足客户需要与希望的能力。

(5)效率风险。低效率的运作会威胁到企业按照或以低于其竞争对手或世界级公司的成本水平生产产品与服务的能力。

(6)能力风险。能力不足会使企业难以满足客户需要，而能力过剩又使企业难以形成竞争性的边际收益。

(7)业绩缺口风险。内部运营水平低下或外部联系不足所导致的企业无法在质量、成本、周转时间等指标上表现出世界级的业绩，会降低对企业产品与服务的需求。

(8)周转时间风险。不必要的行动会延长企业开发、生产与运输产品的时间。

(9)来源风险。能源、原材料、中间产品与零部件的来源受到限制，会影响到企业及时地以竞争性价格生产高质量产品的能力。

(10)渠道效率风险。低效率的营销、分配渠道会影响到企业有效地接触现有及潜在的客户与最终消费者的能力。

(11)合作伙伴风险。企业的战略联盟、合资企业、子公司和其他外部联系的效率低下，会影响到企业的竞争力；当企业选择了错误的合作伙伴与合作模式，在合作中额外多获得了收益（导致合作伙伴受损）以及没有利用合作机会的时候，这种不确定性就会提高。

(12)服从(监管机构或其他要求)风险。如果不服从客户需要、企业政策与程序，不服从法律与规章要求的话，就会导致低质量、高成本、丧失收益、出现不必要的延迟或受到处罚等后果。

(13)业务中断风险。无法得到原材料、信息技术、有技能的工人、相应的便利条件或其他资源而导致的业务中断会威胁到企业继续运营的能力。

(14)产品服务失败风险。产品或服务方面的缺陷会使企业受到客户的抱怨、品质投诉、修理、退货、承担负债、诉讼等方面的威胁并会损失收益、市场份额与商誉。

(15)环境风险。对环境有害的行为会使企业可能承受对健康伤害的赔偿、消除损害所支付的成本以及财产赔偿和惩罚性赔偿等。

(16)健康与安全风险。不能为其员工提供安全的工作环境会使企业额外作出补偿、丧失声誉及承担其他成本。

(17)商标品牌侵权风险。长期内，商标或品牌的侵权行为会威胁到对企业产品与服务的需求，并损害其实现增长的目的。

## 三、操作风险的特点

从操作风险的识别中可以发现，操作风险与商业银行其他几种风险相比，有着较为显著的特点：

(1)内生性。除了风暴等自然灾害以及一些不可测的意外事件，大部分的操作风险是内生风险。从操作风险的引发因素来看，主要因内部因素而引发，如内部程序、人员和系统的不完备或失效；银行工作人员越权或从事职业道德不允许的或风险过高的业务，因此操作风险具有很强的内生性。

信用风险和市场风险则主要是外生性风险，风险主要产生于银行外部。市场风险是因市场价格的不利变动而使银行表内和表外业务发生损失的风险，发生风险的因子主要是利率、汇率、股票价格和商品价格的变动等外部因素。信用风险是指债务人不能履行合约而给债权人造成损失的可能性，发生风险的因子主要是债务人的履约能力等外部因素，如借款企业遭受重大的资产损失而导致借款无法正常归还。

(2)分散性。一个银行要利用人、流程和技术来实现业务计划，这些因素中的每一个都可能产生一些类型的失败，因此操作风险具有普遍性，操作风险发生的可能性遍布银行的所有业务环节，涵盖所有的部门。操作风险既包括那些发生频率高，可能造成相对较低损失的日常业务流程处理上的小错误，也包括那些发生频率低，可能导致相对较高损失的自然灾害、大规模舞弊等原因造成的损失。而且，操作风险与其他各类风险相互交叠，涉及面广，因此，试图用一种方法来覆盖操作风险管理的所有领域几乎是不可能的。

操作风险的分散性使得操作风险的管理不可能由一个部门完成，银行具体的业务部门应当承担第一责任。而信用风险和市场风险发生的环节仅限于与之相关的部分业务环节，如发放贷款、吸收存款，主要涵盖业务开拓部门和业务管理部门。一般来说，后勤保障部门基本不涉及信用风险和市场风险。因此对于操作风险的管理必须贯彻三全原则(全面性、全员性和全程性)。如果说市场风险和信用风险的管理日趋集中化的话，那么，操作风险的管理则更应该强调分散化。

(3)难以度量性。操作风险难以度量主要是基于以下几个方面的原因：①操作风险包括许多不同的种类，如控制风险、信息技术风险、欺诈风险以及法律和商誉风险等，这使得操作风险成为一个很难界定的残值风险范畴，很多新的风险会不断地归并到其中，操作风险的识别较为困难。②不同于信用风险和市场风险，操作风险的损失往往不仅仅局限在一个账户中，所以很多操作风险的损失额和损失频率通常难以准确确定。③与市场风险和信用风险不同的是，影响操作风险的因素基本上在银行内部，并且风险因素与发生的可能性和损失大小之间不存在清晰的联系(通常操作风险以不经常发生的离散事件等形式出现)，对于许多操作风险，描绘完整的概率分布太复杂，难以实现。④历史数据匮乏，虽然经过近几年对操作风险测量技术的研究，积累了一定的历史数据，但国际银行业对操作风险的严重性计量还主要依赖于业务管理者的经验，因为发生较大损失的经验和时间序列数据对于大多数银行而言都是不足的，远没有产生一些标准的模型。而市场风险和信用风险量化技术目前基本成熟，基本采用数据模型进行风险的计量。

(4)风险按照损失与收益的关系可以分为纯粹风险和投机风险。操作风险是一种纯粹的风险，承担这种风险不能带来任何收入，而信用风险和市场风险存在着风险与报酬的一一对应关系，因此是一种投机性风险。

操作风险、信用风险以及市场风险的区别如表 3-4 所示。

表3-4 三种风险的区别

| | 市场风险 | 信用风险 | 操作风险 |
|---|---|---|---|
| 风险发生的领域 | 交易部门/资产组合 | 信用资产组合 | 各业务线 |
| 风险种类 | 利率、汇率等风险因子 | 信用等级 | 损失事件的种类 |
| 组合构成元素 | 证券 | 信用 | 流程 |
| 最大损失额 | 市值(不包括卖空和衍生交易) | 授信额 | 银行清算价值 |
| 最大损失次数 | 证券数目 | 授信笔数 | 无限次 |

资料来源：KPMG International，2005.

## 第二节 中国商业银行操作风险的识别与数据收集

### 一、操作风险数据收集概况

搜集操作风险损失事件资料是完善与健全操作风险管理的要件之一。在第三次征求意见稿(CP3)中，损失数据用来校验风险估计，并成为风险报告和操作风险高级法的关键输入变量。巴塞尔委员会为了让业界在搜集损失资料时有所依凭，将起因于人员、系统及操作流程不当或失误的损失事件，予以明确定义并区分为七大类。

操作风险损失资料散见于整个组织，为了让所搜集的资料能够作为后续分析与建立量化模型之用，资料搜集的内容除需包含损失事件的发生日(occurred)、发现日(discovered)、解决日(solved)及登录日(booked)之外，对事件的描述(description)与损失事件类型、发生的业务别(business line)与成因、解决方式、原始损失金额及通过保险或其他方式所收回的金额(recoveries)等，也是不可或缺的信息。

到目前为止，多数银行刚开始内部操作风险损失数据的搜集，尚未建立起内部操作风险损失数据库，已经建立起来的数据库中多数为高频、低损的损失事件。内部操作数据的不足使得各银行难以精确计算操作风险资本要求，尤其是对于低频高损的事件类型。然而，人们已经认识到低频高损事件构成了操作风险资本要求的主体(Baud、Frachot和Roncalli，2002)。要提高资本度量的精度，银行需要从公共或者行业数据库中获取外部数据以补充自身的数据。

然而，使用外部数据度量操作风险会产生内外数据的不同质和缺乏兼容性等一系列问题，其根源在于操作风险损失数据的产生过程，而这与数据的收集途径有关。外部数据库一般只记录极端损失，即损失额最高的部分，并且没有经过严格的统计处理。这样综合了内外部数据进行的损失分布估计会偏向于高额损失，因而计算出来的操作风险资本要求会严重高估。多数案例中，只有超过阈值以上的损失数据才会计入损失数据库中，而各家银行内部、行业和公共的损失数据库的阈值水平不一致，公共数据库中的损失值往往高于其他两个。

操作风险数据特征比较如表3-5所示。

表 3-5 操作风险数据特征比较

| 数据属性 | 优 势 | 劣 势 |
|---|---|---|
| 内部数据 | (1)可以直接反映银行的操作风险历史损失；<br>(2)数据搜集较为容易，成本较低 | (1)过去的损失经验难以涵盖尾部损失；<br>(2)过于内部导向，缺乏与外界的连接互动 |
| 外部数据 | (1)可以提供内部损失数据库较难掌握的资讯，如低频高损事件；<br>(2)其他机构的操作风险成因和解决方式可供借鉴 | (1)外部数据未必与银行直接相关，因此必须加以筛选；<br>(2)资料的收集和管理较为困难 |
| 整合内外部数据 | 可以提高模型预测力 | 数据的管理整合难度提高 |

资料来源：李志辉，范洪波．商业银行操作风险损失数据分析[J]．国际金融研究，2005(12).

银行广泛使用两种方法来处理外部数据。第一种是定量方法，直接将外部数据导入模型。例如，对于内部数据中很少或没有的低频高损损失类型，美洲银行和花旗银行的员工采用外部数据来估计其操作风险暴露。他们使用“relative relationship”技术修正报告偏差和银行控制环境中的差异。其他使用定量法处理外部数据的银行有瑞典银行、意大利联合商业银行和意大利圣保罗意米银行。

第二种是定性方法，引入外部数据进行参照。大通曼哈顿银行要求其风险管理人员参照其他商业银行相应业务部门的操作风险损失数据来模拟自身可能的损失。可以想象，如果某种低频高额损失过去 10 年中在多家银行发生，风险经理就很难再假定在该银行发生的概率很小。许多银行使用情景分析时也常用外部数据作为参照。

## 二、全球操作风险损失数据库

李志辉、范洪波(2005)对全球操作风险损失数据库进行了较细致的研究，现实中的操作风险损失数据库主要有两种类型：第一类数据库资料来源于公开披露的操作风险损失数据，该类数据库是由达到一定金额(阈值)而需要向公众披露的损失数据组成。普华永道(PwC)开发的第一版的 OpVar 数据库是这一类数据库的典型代表。截至 2000 年，OpVar 数据库包含 4700 个损失事件，每笔损失金额超过 100 万美元。

第二类操作风险损失数据库包括近期发展起来的建立在银行公会基础上的操作风险损失数据库。在一定的保密原则下，通过签订协定，银行将其内部损失数据提交给银行同业公会以建立起损失数据库。作为回报，各参与其中的银行可以利用其中的数据补充自身的内部数据。英国银行家协会(BBA)于 2000 年 6 月建立的全球操作风险损失数据库(GOLD)是典型的此类数据库。

第一类数据库由于只记录公开披露的损失数据，因此其阈值远高于第二类数据库。例如，OpVar 数据库只记录超过 100 万美元的损失，而基于银行公会的数据库对损失额超过 25000 美元的损失事件都进行记载(Peemoller，2002)。而且，这两类数据库不但阈值水平相差悬殊，设定的置信水平也不相同。

由 OpVantage 和 PwC 推行的操作风险数据交流(Operational Risk Exchange, ORX)项目是另一类型的数据库，OpVantage 是数据库的管理机构，PwC 是数据库的托管人。ORX 的数据收集始于 2002 年 1 月，以对现有商业数据专业分析为基础。参与银行①按照一定标准提交数据；托管人按客户要求将数据匿名化、整理和标准化；管理机构将操作风险数据合并，按客户的需求进行分析并提供报告。之后，经过比例调整或其他的处理后，管理机构提供标准报告。最后，参与银行根据业务部门和/或区域和/或损失事件接收数据(Peemoller, 2002)。相对而言，操作风险 ORX 数据库的运作更为严格，还需要对数据进行调整和校验。如果一家银行想成为操作风险 ORX 协会的会员，这家银行就必须论证自己有足够的数据收集能力。

近年来，随着银行对操作风险关注的提高，新的操作风险损失数据库不断涌现。2003 年，包括花旗集团、高盛、瑞士信贷第一波士顿、美洲银行、摩根士丹利及瑞士银行在内的 20 家全球最大的金融机构已开始组建全球监管信息数据库。这个数据库利用了全球 2 万多个信息来源和数据库，其中包括过去 30 年美国监管机构所采取的惩戒措施，这些监管机构包括证券交易委员会、全美证券交易商协会和纽约证券交易所等。

Shih 等(2000)利用 OpVar 数据库的数据，使用 OLS 和 WLS 验证了银行规模(资产、业务和员工人数)与操作风险损失间的相关性，发现：三个规模变量同操作风险损失金额都相关，其中以收入相关性最强，取对数后的规模变量间的显著性强于未取对数时的显著性，这表明操作风险损失与规模变量的关系是非线性的。

Fontnouvelle 等(2003)使用 OpVar 数据库和 OpRisk 数据库，在校正了外部数据的报告偏差(reporting bias)后，估计结果同一些国际大银行目前分配的操作风险资本水平一致，为 20 亿 ~70 亿美元。这一结论同 RMG 所作的调查结果基本一致，RMG(2002)发现：平均而言，银行提取的操作风险资本约为总资本的 15%。

Cummins 等(2004)使用 OpVar 数据库，采用事件分析法研究操作风险损失事件对银行和市场价值的影响，实证结果显示，上市银行的股价同操作风险损失事件的披露存在显著的负相关关系，市场价值的损失会显著高于披露的操作风险损失。对于托宾 Q 比例高的银行，损失的比例也会偏高，这意味着对于高成长性的银行，操作风险损失事件对市值的影响较大。

## 三、中国商业银行操作风险数据收集表设计

新巴塞尔协议在多处提及操作风险损失数据问题。在“稳健操作报告”中，操作风险损失数据的收集被视为风险识别和风险监控的基本要素。搜集操作风险内部损失资料(internal operational risk loss data)是健全与完善操作风险管理的关键。合理的操作风险损失数据搜集需要注意以下几个方面的问题：

① 首批参与银行包括：德意志银行(Deutsche Bank)、摩根大通(J. P. Morgan Chase)、荷兰银行(ABN-AMRO)、德国巴伐利亚洲银行(Bayerische Landesbank)、法国巴黎银行(BNP-Paribas)、德国商业银行(Commerzbank)、欧洲债券结算系统(Euroclear)、丹麦银行(Danske Bank)、富通银行(Fortis Bank)、德国抵押联合银行(HypoVerreins bank)、荷兰国际集团(ING)和意大利圣保罗意米银行(Sanpaolo IMI)。

1. 明确的操作风险定义与分类

操作风险内部损失资料搜集的首要步骤是给予操作风险损失资料明确的定义，以利于损失事件的判定与归类。对此，巴塞尔委员会将操作风险定义为起因于内部操作、人员及系统的不当或失误，或外部事件所造成的损失，并进一步将操作损失事件类型区分为七大类。

在对操作风险定义的把握上，要特别注意新巴塞尔协议只要求收集和获取直接损失事件的数据，直接损失包括以下内容：

- 资产核销
- 监管性、违规的罚款
- 法律事务支出（包括所有的诉讼成本）
- 追索损失
- 客户赔偿
- 实物资产损失

2. 订定合理的损失资料确认门槛

在明确定义操作风险损失事件的同时，需订定合理（reasonable）的损失资料确认门槛（data threshold）。关于确认门槛的订定可依据不同产品类型、业务类别、地理区域或其他因素来决定，必须包括重要的损失事件，掌握银行操作风险损失的重要部分。

3. 损失事件信息的完整性

操作风险损失资料的搜集内容，所揭露的信息必须相当完整（comprehensive）。除了损失金额外，还应搜集有关损失事件的成因（cause）与结果（effect）、损失事件类型类别、发生日期、发现日期、结束日期、管理层采取的行动、保险或其他方式回收的损失金额等描述性信息（descriptive information）。

从国际监管要求和同业的普遍经验来看，损失事件信息应包括但不限于如下数据：

- 事件发生的日期
- 发现事件的日期
- 事件核销的日期
- 事件发生的地域
- 对事件承担责任的机构和个人
- 损失会计处理时所归属的法律和国别
- 承担损失的部门
- 事件类别
- 事件损失金额
- 回收金额及日期
- 回收类型
- 对损失是否与信用、市场风险损失相联系的说明（避免双重计算），如是，则不应记为操作风险损失金额
- 对该损失是否牵涉到更大的损失事件的说明
- 对事件原因、失职或系统失效等的描述
- 在银行总账上所记入的损失数据

● 该事件进行后续跟踪时的联系人或机构

4. 额外信息的收集

此外，出于管理目的，还应搜集一些额外信息。例如，没有造成任何财务损失的事件资料，或具有信用风险特性的损失事件资料，包括与诈欺相关的信用损失(credit related fraud loss)等。虽然这些损失事件资料无需列入操作风险监管资本的计算中，但从操作风险管理的层面来看，仍有搜集的必要。

5. 数据收集的一致性

在搜集损失事件资料时，可依其目的不同，区分为监管资本需求与风险管理需求。但前提是损失事件资料搜集需以一致性的方式进行，与先进、完善的资料搜集系统相配合，可针对损失事件资料的类型与搜集目的做出有效划分。

事实上，内部损失事件资料的完善(integrity)与否关键在于资料搜集过程的一致性(consistency)与完整性(completeness)。管理层除确认操作风险损失事件信息的搜集涵盖组织内所有重要业务单位、事件、产品类型及地理区域外，也应建立与损失资料搜集相关的政策与程序，如指派对操作风险及相关资料搜集充分了解的适当人员来管理内部损失资料。

综上所述，搜集操作风险内部损失资料除可强化组织内部对操作风险的了解与认识外，通过分析过去的损失经验与采取的改善行动，有助于掌握操作风险的整体风险暴露，更可全面提升操作风险管理的品质。

根据英国银行家协会的数据收集表，中国商业银行的操作风险数据收集表主要架构可以进行如下设计(见表3-6)：

表3-6 **中国商业银行操作风险数据收集表主要架构**

| 序列号 | 时间 | 风险种类 | 风险要素(第二层) | 风险要素(第三层) | 损失描述 | 总损失(美元) | 主要影响 | 软损失 | 业务单元 | 区域 |
|---|---|---|---|---|---|---|---|---|---|---|
| | 内部确认损失的时间 | 人、流程、系统、外部 | | 归因为一个基础的风险要素 | 可选项，可以包括：(1)第二层次的风险要素；(2)简要的损失描述 | 直接损失要过最低阈值(零售业务超过5万美元；批发业务超过10万美元) | 仅列举主要影响 | 主观性因子(0～5)描述事件对银行声誉的影响 | 遭受损失的业务单元 | |

## 四、中国商业银行操作风险数据收集决策树

在中国商业银行的操作风险数据收集过程中，为了更好地确定操作风险损失事件分类，满足数据收集的国际一致性，我们完全可以借用巴塞尔委员会的数据收集决策树(LDCE，2002)，作为中国商业银行的操作风险数据收集过程中确定操作风险损失事件类

型的依据，具体如图 3-1 所示。

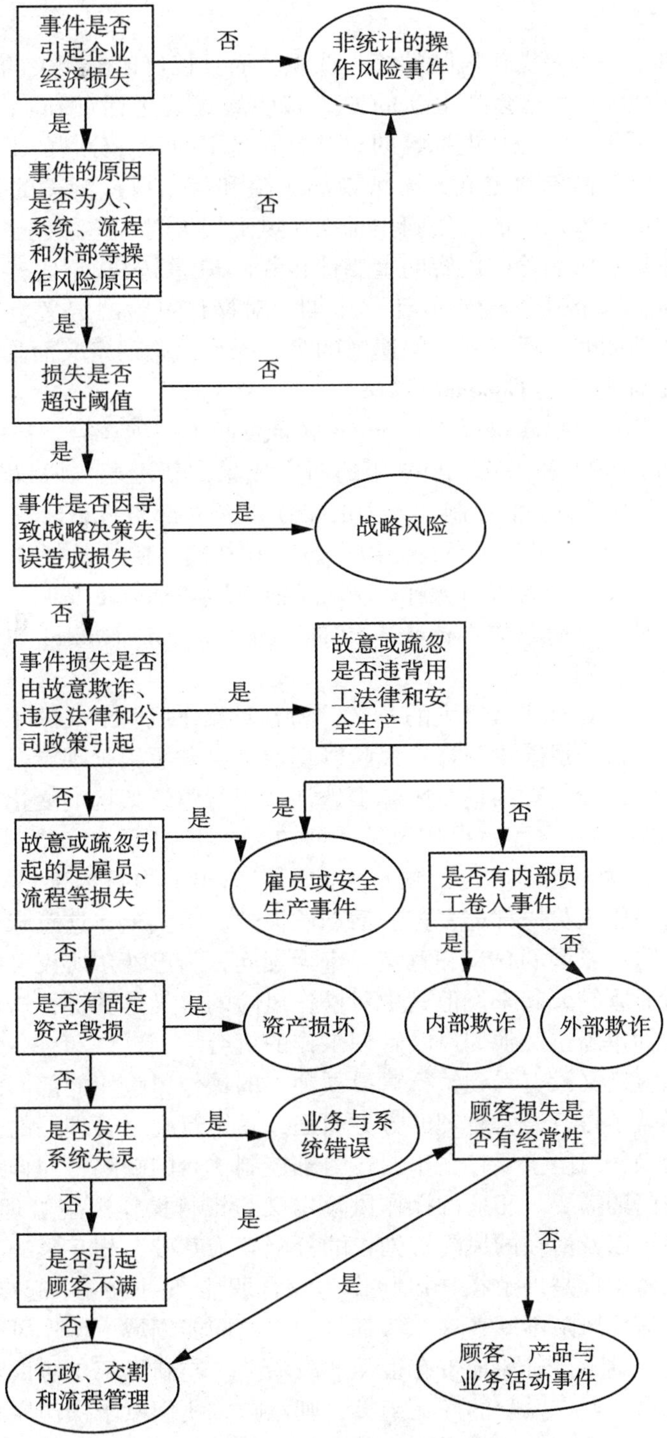


图 3-1　操作风险数据收集决策树

## 第三节 对操作风险识别研究的展望

定义不仅提供了一个对操作风险的统一认识，而且也可以给相关的职业领域的实践划定界限(Abbott，1998)，甚至会产生新的方式来引导经济生活(Tribe，1978)。因此，对操作风险的定义并不是简单地加上标签的问题，它是不同利益分歧的汇聚。

早期，操作风险被简单地定义为未被市场风险和信用风险涵盖的其他残值风险。因此，在将一些大的历史事件中的损失归类于操作风险损失时，这种过于简单和低等的操作风险定义越来越不与它所涵盖的内容的重要性相称。20 世纪 90 年代初，一些内部审计人员开始使用操作风险这个概念。到 90 年代中期，对操作风险的定义边界研究和金融机构的操作风险实践活动同时广泛展开，但遗憾的是，操作风险的定义面临一个重大难题：操作风险非常难以准确地界定(Goodhart，2001)。

1997 年 3 月，BBA 和 Coopers & Lybrand 联合发起了一项调查，研究对操作风险的不同定义。利用 BBA，ISDA 和 RMA 1999 年的研究成果，新巴塞尔协议最终将操作风险定义为“由于不完善或失灵的内部控制，人为的错误以及外部事件，给商业银行带来损失的可能性”。这一定义明确地排除了银行的声誉风险和战略风险，从损失产生的原因的角度定义了操作风险。该定义认为银行操作风险是“损失”(downside loss)，是一种纯粹风险，具有单测性；而不是一个简单的银行收入随期望的波动(Gigerenzer，2002)，这与一般的风险定义有着显著的区别。

对操作风险的定义具有非常重大的意义，随着对操作风险定义的不断扩展，越来越多的风险来源被包含在操作风险中，操作风险管理活动突破了银行现有任何一个部门风险管理工作的范围，操作风险管理活动越来越多地涉及银行组织架构的变化和其他很多方面的工作(Jameson，2001)。一方面，操作风险表现在银行信息系统和支付系统的技术故障；另一方面，1995 年的大和银行和巴林银行实践所揭露出的银行内部员工越权交易和隐藏问题又显示出银行高管人员内部监督控制活动的失效。事实上，这意味着对于银行不同的管理层级，操作风险有不同的含义和意义。毫无疑问，新巴塞尔协议又把银行风险管理与公司治理以及银行监管结合起来。但其中对操作风险的定义是关键，这也给银行的内部职员，如律师和会计师重新定义他们风险管理工作的机会。

广义的操作风险定义没有看到银行对设立独立的操作风险职能部门的需要而一味地认为操作风险管理涵盖了银行经营管理的方方面面，是银行高级管理层的重要职责；狭义的操作风险定义认为操作风险主要存在于银行内部控制体系的缺陷，同样忽略了银行对独立的操作风险职能部门的需要。相应的操作风险定义与银行操作风险管理部门职责的设定、对失误和损失的界定以及潜在的风险管辖权的分配互为基础，相互影响。

会计上的内控概念仅是理解操作风险作为综合职能部门的一个起点(Wilson，2001)。与定义市场风险和信用风险不同，这二者都是独立的职能领域，操作风险的定义作为不同职能部门联合体的基础不可避免地带有很强的政治性。与新巴塞尔协议对操作风险的定义不同，一旦我们沿用对操作风险的广义定义，则意味着我们赋予操作风险管理以更高的风险管理层级，操作风险管理是更高层次的风险管理。例如，压力测试是市场风险管理的一种方法，但市场风险压力测试对极端市场风险情况预测的失效则属于操作风险的范畴。从这个角度看，操作风险不仅仅是一种残值风险，操作风险管理还可以被认为包括对市场和信用风险管理等组织环境等方面的管理。

数据的搜集直接与操作风险的定义、识别相关，正是数据收集工作使企业的潜在危险变成了风险，纳入公司的整体决策管理活动中(Luhmann，1992)。正如 Vaughan(2002)认为的组织如何定义和清洗失误(cleanse errors)更多的是一种管理艺术，巴塞尔委员会也认为：在识别损失和成本的流程中存在很大程度的含糊不清(Basel，2001)。一些风险事件可能会突破现有界定的概念职责范围(Cagan，2001)。

而且，对操作风险的数据的收集也与现行的会计体系相冲突。现行的会计体系强调真实损失和预期损失，而操作风险则潜在地包括更广泛的损失事件范围，主要包括非预期损失和间接损失(near misses)。而且操作风险的数据库建设也很虚弱(Goodhart，2001)，这不仅仅是因为在操作风险的定义上存在含糊，还因为纯粹定义的操作风险损失事件太少。

# 第四章　中国商业银行操作风险度量模型

本章研究中国商业银行操作风险的度量方法。风险量化是现代风险管理的基本趋势，操作风险度量才刚刚起步。本章对操作风险度量模型进行了介绍和评述，并在此基础上，利用 ANP 分析方法，运用 Super Decision 管理决策分析软件对中国两家商业银行的操作风险进行了量化实证比较。通过这种方法，我们可以对各银行操作风险的大小进行比较，有利于监管资源的高效配置。同时，还可以获得操作风险各风险因素对操作风险的贡献率，从而指导银行的操作风险管理有所侧重。

## 第一节　操作风险度量模型概述

对银行风险进行度量，在正确度量风险的基础上管理风险是当今国际上的通用做法。但与市场风险和信用风险相比，操作风险因为大多是由一些低频高损失事件引起，并经常与信用风险、市场风险交互发生作用，因此损失资料更加难以收集，损失程度难以确定。尽管已有很多公司开发出不同的操作风险管理模型，但还远没有达成共识。

巴塞尔委员会关于操作风险的测度报告指出："很多银行都表示已经确定对于研究操作风险的测度十分必要的一些相关概念和数据需求。与市场风险和信用风险不同的是，影响操作风险的因素基本上是在银行内部，并且风险因素与发生的可能性和损失大小之间不存在清晰的联系。发生较大损失的经验和时间序列数据对于大多数银行而言都是不足的，而整个行业现在还远远没有产生一些标准的模型（与市场风险和信用风险领域相比），已经或正在建立模型的银行所使用的模型都基于一些非常相似的风险因素集合。这些风险因素包括内部审计报告、内部控制自我评价、操作指标（如数额、余额或错误几率）、损失经验以及收益的波动度等。"①

在新巴塞尔协议第一支柱的资本要求中，对操作风险的度量是关键，巴塞尔委员会推荐了三种度量方法，从基本指标法（basic indicator approach）到标准法（standardized approach）再到高级计量法（Advanced Measurement Approach，AMA），逐步提高资本对风险的敏感度，其中，AMA 法又包括内部衡量法（internal measurement approach）、损失分布法（loss distribution approach）和计分卡法（scorecard approach）。学术界一般将众多的操作风险度量模型分为三大类：自下而上的方法（bottom-up）、自上而下的方法（top-down）和利用外部数据的方法。下面对这些度量方法的思想进行介绍并逐一评价。

---

① ［英］马克·洛尔，列夫·博罗多夫斯基．金融风险管理手册［M］．陈斌等，译．机械工业出版社，2002：367.

## 一、自上而下的方法

自上而下的方法着眼点在于总体的目标(如净收入、净资产)，然后考虑风险因素和损失事件对其造成的影响。采取自上而下的方法的模型，一般的步骤是：(1)确定目标变量；(2)确定可以影响目标变量的因素和事件；(3)建立模型，反映目标变量和因素、事件的关系；(4)计算变量的方差，将其中不能被外部因素解释的部分或者能被风险因素解释的部分作为操作风险。这一类的模型包括证券因素模型、收入模型、开支模型、操作杠杆模型、情景分析、风险概括模型。

1. 基本指标法

基本指标法是新巴塞尔协议提供的操作风险度量的第一种最简单的方法，它属于收入模型的一种，其基本思路是银行的操作风险资本要求等于前三年总收入的平均值乘上一个固定的比例。资本计算公式如下：

$$K_{\mathrm{BIA}} = \mathrm{GI} \times \alpha$$

这种方法运用管理学上常用的80/20原则，强调选取一个关键风险指标(KRI)来度量整个银行的风险暴露，操作非常简便，但利用单一的KRI能在多大程度上涵盖操作风险值得怀疑，在基本指标与模型参数的选择上带有很强的主观性，所以它的使用范围非常有限，巴塞尔委员会仅推荐业务范围小的银行采用这种方法。

2. 标准法

标准法计算操作风险的基本思路是银行的操作风险应该按照不同的业务类别分别计算。对每一个业务类别分别选取一个关键风险指标计算各业务类别的操作风险资本要求然后在银行业类别间进行资本要求的简单加总得到该银行的操作风险资本要求。巴塞尔委员会通过对商业银行的广泛调研，将银行业务分为8个业务类别，并选取相应的能够体现业务单元操作风险特征的 $\beta_i$ 。标准法资本计算公式如下：

$$K_{\mathrm{TSA}} = \sum_{i=1}^{8} \mathrm{EI}_i \times \beta_i$$

与基本指标法相比，标准法注意到银行不同业务单元各自操作风险的特点，对操作风险的度量进行了细化，从而能更好地体现银行业务的不同风险层面。但是标准法仍然存在模型的主观性较强的问题，对操作风险的度量仍比较粗略。

3. 证券因素模型(stock factor model)

证券因素模型可以用来分析上市公司的操作风险。选取的目标变量是股票的市值，解释变量是一些影响股票市值的因素。其模型结构如下：

$$r_t = \alpha + b_1(\Delta P_t^1/P_t^1) + b_2(\Delta P_t^2/P_t^2) + b_3(\Delta P_t^3/P_t^3) + K + \varepsilon_t$$

其中，$r_t$ 是公司股票的收益率，$\Delta P_t^i/P_t^i$ 是第 $i$ 个风险因素的收益率，$b_i$ 代表了对这些因素的敏感程度。我们在确定了影响股票收益的因素以后，可以通过数据回归出模型，然后将股票收益率的方差中不能被模型解释的部分作为企业内部管理因素而导致的风险，即操作风险。

4. 收入模型(income-based models)

收入模型的着眼点在于企业的收入。它将企业的历史收入作为目标变量，将企业外部的一些风险因素作为解释变量。这些因素可以是市场因素、行业因素以及信用因素等。与前面的证券模型相同，将这些外部因素不能解释的收入的方差值作为企业的操作风险。在很多情况下，历史数据可能不足，这时可以选取季度甚至月份的收入数据。

5. 开支模型(expense-based models)

开支模型将企业的历史开支和操作风险联系起来。首先收集企业历史上的开支数据，然后调整这些数据以反映企业内部发生的结构性变化，最后将这些开支数据的波动率作为操作风险值，因为开支的波动可能来自操作失误、罚款、经营中的损失。开支模型的特点是简单易行，但是它只能反映部分操作风险，对于信誉风险、机会成本以及影响收入的损失则没有考虑。

6. 操作杠杆模型(operating leverage models)

在企业的经营中，一般可变成本近似地与收入同步增长，因此它对净收入的波动率没有太大的影响。操作杠杆风险是指由于收入波动率和开支波动率的不同所引起的风险，它依赖于资产与运营开支的比率。一般我们选取固定资产和运营开支的简单函数来代表操作杠杆。例如，银行可以将操作杠杆定义为10%的固定资产加上25%的3个月的运营开支。操作杠杆风险是操作风险的一个重要组成部分，但是它丢掉了很多其他方面的操作风险。

7. 情景分析(scenario analysis)

情景分析也是一种自上而下的分析方法，它可以帮助我们定性地理解一些严重的风险因素、损失事件可能对企业带来的冲击，然后制定相应的应急措施以备使用。

8. 风险概况模型(risk profiling models)

风险概况模型则是选取一些可以反映企业运行风险状况的指标，连续跟踪这些指标的值，但是并不把它们和某种目标变量联系起来。例如这些指标可以是交易量、操作不当引起的损失、意外报告的数目、人员流失比率、人员空缺率等，所有可以反映或者预测运行异常的指标都可以包括进来。

## 二、自下而上的方法

自下而上的方法首先考虑企业运转的一些基本要素(如资产、负债、重要的经营过程、重要的资源等)，然后考虑这些因素的潜在变化可能会对目标变量(以市场方式标价的资产价值、净收入等)带来怎样的影响。模型中一般使用风险因素或特定的损失事件来代表潜在的变化。建立一个由下至上模型的步骤包括：(1)确定目标变量，一般为损益值、成本、净资产价值。(2)确定一些重要的过程和资源或者一些重要的资产和负债。在此过程中，应该注意：往往大部分的风险蕴涵在很少的几个重要过程和资源中。(3)将这些过程和资源映射到一系列我们已经掌握了历史数据的风险因素和损失事件。(4)模拟一定时间范围内的风险因素和损失事件的可能变化，同时也要考虑这些因素和事件之间的依赖关系。对于它们的统计分布，可以使用参数估计，也可以使用蒙特卡罗(Monte Carlo)模拟。(5)使用模拟得出的分布和前面使用的映射关系，给出对目标变量的可能影响。经常使用的自下而上的模型包括新巴塞尔协议中推荐的高级法如内部计量法、损失分布法和计分卡法，普遍被认为比较有用的方法还包括：极值理论法、精算损失模型、随机模型、操作方差、压力测试、操作清单等。

1. 内部计量法(internal measurement approach)

内部计量法的基本思路是操作风险按业务类别按风险种类加总。首先，银行的业务活动被分为八大业务单元和七大操作风险损失类型；若干业务领域，在每个业务领域中定义不同的损失类型，并规定相应的风险暴露指标(EI)；其次，银行对每个业务领域和损失类型的组合，规定相应的风险暴露指标并利用自己的内部数据计算损失概率(PE)和损失率(LGE)，根据 EI×PE×LGE 得到组合的预期损失；然后，由于风险资本是对非预期损失的抵补，监管者还需规定每一个组合预期损失与非预期损失的转换系数( $\gamma$ )，根据以下公式得出风险资本：

$$K_{\mathrm{IMA}}=\sum_{i=1}^{8}\sum_{j=1}^{7}\gamma_{i,j}\times \mathrm{EI}_{i,j}\times \mathrm{PE}_{i,j}\times \mathrm{LGE}_{i,j}$$

其中，$i$ 为银行的八大类业务类型；$j$ 为操作风险的七大类事件类型；$\gamma$ 为将预期损失转换成资本要求的转换因子；EL 为操作风险的预期损失；EI 为操作风险的损失风险暴露；PE 为损失事件发生的概率；LGE 为给定事件概率下每个损失事件的平均损失比率。

考虑到各银行的损失分布未必与和银行业整体的损失分布相同，为解决这个问题，巴塞尔委员会引入了风险特征指数 RPI(Risk Profile Index)来进一步调整不同银行的操作风险资本要求。风险特征指数 RPI 反映了各银行具体风险状况与行业风险的区别，运用 RPI 对操作风险定价的调整计算公式如下：

$$K_{\mathrm{IMA}}=\sum_{i=1}^{8}\sum_{j=1}^{7}\gamma_{i,j}\times \mathrm{EI}_{i,j}\times \mathrm{PE}_{i,j}\times \mathrm{LGE}_{i,j}\times \mathrm{RPI}_{i,j}$$

当某银行和全行业的操作风险损失分布相同时，RPI = 1，不可预期损失 UL = $\gamma$×EL；当某银行和全行业的操作风险损失分布有偏移，且该银行的损失分布是厚尾分布(fatter tail)时，RPI>1，不可预期损失 UL = $\gamma$×EL×RPI，显示该银行承受的不可预期操作风险损失高于行业平均水平；当某银行和全行业的操作风险损失分布有偏移，且该银行的损失分布是薄尾分布(less fat tail)时，RPI<1，不可预期损失 UL = $\gamma$×EL×RPI，显示该银行承受的不可预期操作风险损失低于行业平均水平。

与初级度量法相比，内部度量法使银行朝着更加精确的操作风险度量前进了一步。它按照不同的损失类型对风险暴露指标进一步细化，能完整地描绘出银行业务的风险全貌，其参数设置也更加科学，有利于银行建立自己的损失数据库；转换系数 $\gamma$ 被定义为在一定置信区间下每一特定持有期的最大损失。该系数是根据不同的业务领域和损失类型组合的操作风险损失分布图确定的，考虑了银行业务之间的相关性造成的所需风险资本的减少；内部度量法要求银行使用内部数据，因而对操作风险的度量更具针对性，风险的防范更具可靠性。但是，内部度量法的使用仍然存在一定的局限性。首先，该方法要求银行具备收集整理内部数据的能力，并建立自己的损失数据库，而目前能满足这一要求的银行并不多；其次，选取单一的、有代表性的风险暴露指标仍然比较困难，不能够排除今后采用多种指标组合的可能性；最后，在使用内部度量法初期，业务领域和损失类型以及各种参数的标准化，限制了银行衡量自身操作风险并计算风险资本的能力，随着银行和监管者对内部测量法的熟悉和损失数据收集整理的积累，银行可以更多地采用自己确定的业务领域和损失类型度量操作风险，使其更具有针对性。

2. 损失分布法

在损失分布法中，银行收集过去较长时间内的损失事件，并剔除市场风险和信用风险所造成的损失之后建立资料库，根据每一种业务类别的损失特征选取拟合度最优的模型对损失发生的概率和损失程度作出假设，得到操作风险损失在未来时期内的可能分布。一般假设损失发生的概率服从泊松分布，而损失的程度服从对数正态分布，以此来估计该类业务操作风险所需资本金。整个银行操作风险要求的资本金总额是各个业务类别资本金的加总。

损失分布法是内部计量法的更高级版本，损失分布法潜在的优势是可以提高风险敏感度，它与内部计量法主要有三个方面的不同：(1)损失分布法不是假设预期损失和意外损失之间的关系，而是直接估算意外损失。(2)在损失分布法中，业务类型和事故类型的结构由银行自定，监管当局无须确定乘法因数 $\gamma$，能较好地体现银行的业务特性。(3)损失分布法强调建立模型，而不像后者是运用统计原理将历史数据作为未来预期的无偏估计，虽然对数学的使用更加复杂，但更具有前瞻性。

作为内部衡量法的高级版本，损失分布法与内部衡量法之间存在着一定的联系。在 LDA 中假设损失频率服从泊松分布(参数为 $\lambda$)、损失额服从对数正态分布(参数为 $\sigma$)的情况下，IMA 中描述银行个体风险状况与行业风险区别的风险特征指数 RPI 可量化表示出来。

$$\mathrm{RPI}=\frac{1+\varphi^{-1}(\alpha)\dfrac{\exp(\frac{1}{2}\sigma^{2})}{\sqrt{\lambda}}}{1+\varphi^{-1}(\alpha)\dfrac{\exp(\frac{1}{2}\sigma^{*2})}{\sqrt{\lambda^{*}}}}$$

其中，$\sigma$、$\lambda$ 为银行内部参数，$\sigma^{*}$、$\lambda^{*}$ 为行业参数，$\alpha$ 为置信区间。

目前理论界和金融机构发展出多种计量操作风险的损失分布法，比如神经网络模型、因子模型以及可靠性理论模型等。但由于对操作风险的进一步分类还没有完成，并且假设的分布与实际仍存在一定偏差，目前尚未形成行业标准。

3. 极值理论法

极值理论(Extreme Value Theory，EVT)在新巴塞尔协议中并未提及，但由于其较好的适用性在理论界得到认可。由于部分引致操作风险损失的事件发生的频率低，而造成的损失巨大，从分布形态上看具有强烈的厚尾分布特征，极值理论法作为一种研究极端值的分布情况的参数估计方法，可以在总体分布未知的情况下，仅依靠样本数据，得到总体中极值的变化性质。其关键在于根据阀值 $u$ 通过条件过量分布函数(conditional excess distribution function)模拟厚尾分布，对样本数据使用极大似然估计获得参数。

操作风险的资本要求即为超过阈值 $u$ 的非预期损失，计算资本要求需要确定两个主要变量：超过阈值 $u$ 的平均超额损失和单位时间损失发生的频率。

(1)超过阈值 $u$ 的平均超额损失。

$$E(X-u\mid X>u)=\frac{\beta_{u}+\xi u}{1-\xi}$$

其中，$\beta=\sigma+\xi(u-\mu)$ 。

(2)单位时间内损失发生的频率。服从以 $\lambda_{u}$ 为参数的 Poisson 分布 ，即：

$$\lambda_{u}=\left(1+\xi\frac{u-\mu}{\sigma}\right)^{-\frac{1}{\xi}}$$

(3)单位时间内的操作风险的资本要求，即：

$$\lambda_u E(X - u \mid X > u) = \lambda_u \frac{\beta_u + \xi u}{1 - \xi}$$

其中，$u$、$\beta$、$\xi$、$\lambda$ 是 POT 中的待定参数。

极值理论的优势在于它直接处理损失分布的尾部，且没有对损失数据预先假设任何的分布，而是利用数据本身说话。但这一方法仍存在缺陷：首先参数估计存在不可消除的标准误差；其次模型具有不确定性，且难以设定最优阈值；最后由于只有少数点进入尾部区域，很难获得充分的数据。

4. 精算损失模型(actuarial loss model)

精算损失模型主要被保险公司采用，用来估计现金的流入和流出。保险公司根据自己丰富的客户损失记录，可以计算出很多特定的损失事件的频率以及损失程度的分布，然后利用这些数据估计未来的保费收入以及赔偿支出。

5. 随机模型(casual model)

随机模型把历史的损失数据和主观的对损失事件的因果关系假设结合起来，来估计当某一事件发生时特定损失事件发生的条件概率。一般的随机模型包括过错树(fault tree)、事件树(event tree)、事件模拟(event simulation)等。

6. 操作差异(operational variance)

操作差异经常被管理会计用来衡量标准的成本以及实际消耗的成本。我们将实际消耗的成本和标准成本的差异作为操作风险。这样对这个差异进行分析，一方面可以帮助企业控制成本，另一方面也可以从某一特别的差异查找出可能有潜在问题的部门。在实际中，经常将操作差异细分为由交易量引起的差异和每个单位的差异。

7. 压力测试(stress test)

压力测试是一种极端的测试方法，它通过对风险因素或者损失事件的值给定某个极端的值，然后考察在这样的压力下公司的操作风险管理会出现什么样的问题，以检验管理中可能存在的不足。在检验过程中，通常可以忽略风险因素之间的相关性。

8. 计分卡法

计分卡法是新巴塞尔协议中提高的高级计量法中的第三种方法。计分卡法是一种定性分析方法，有利于将良好的操作经验从一个地方推广到另外一个地方。这个过程中通常会用到操作清单(operational checklist)，它可以为经理提供一系列问题，通过回答问题可以发现为什么会出错、这些错误会发生在什么地方、它们的重要性以及如何处理它们。它要求在确定银行各业务部门各业务种类基本的操作风险基准值后采用计分卡的专家打分方法度量控制银行的操作风险，还可以通过对计分卡历史数据的把握进一步完善银行的数据收集，完善银行对各类型操作风险的损失分布，为其他度量方法的采用奠定良好的基础。

与其他高级衡量法相比，计分卡法较少依赖于历史数据，而更多偏重于全面的定性分析，用银行的风险控制能力来反映其资本水平。同时，作为高级衡量法的一种，记分卡法必须建立在良好的定量基础之上，并通过历史数据来确证其风险评估。用记分卡法计算操作风险的方法可以表示为：

$$K_{SA} = \sum_i \sum_j EI_{i,j} \times \omega_{i,j} \times RS_{i,j}$$

其中，EI 代表风险暴露，RS 代表风险评分(risk score)，$\omega$ 是一个比例因子(scaling

factor)。但是计算的基础仍然建立在银行的高级管理层所提供的信息之上，计分卡方法目前已经在商业银行中得到广泛运用，银行的大部分自动计分授权问答卷设计，都可以视为计分卡法的运用 。计分卡方法较好地利用了专家的经验，是一种具有前瞻性(forward looking)的操作风险度量方法。

## 三、外部数据的内部化

如果自下而上的日益复杂的内部模型法继续发展，那么银行的风险定价和资本配置将成为非常“个性化”的东西，除非商业银行乐意充分披露其运用内部模型法的细节，否则，即便在巴塞尔委员会的原则指导下实施内部模型法，也可能造成银行间资本充足率的可比性越来越差，并带来日益严重的监管资本套利。此外，单个银行的内部数据，通常不足以支撑该银行构建基于统计分析的 AMA 模型，尤其是一些低频高危事件的处理方面，作为银行业整体难免有类似巴林银行这样的事件发生，但单个银行未必必然发生类似事件；另外，银行因开拓新业务也会带来操作风险，但对新业务根本就难有历史数据来支撑 AMA，此时也需要银行考虑同业伙伴在开拓类似新业务时，已有的一些外部数据和风险处理模式。

正是基于上述考虑，巴塞尔委员会在运用 AMA 衡量操作风险时，还引进了平衡单个银行和行业整体之间损失概率差异的调整因子 $Z$，这样就能将行业的外部数据内部化，以从行业角度去修正银行各自计算出来的 PE 值。此外，这也是为了克服另一个困难，即由于每个银行的内部损失数据都不可能非常全面，特别是对于内部控制较好的大银行，其损失数据更少，正是由于这个原因，新巴塞尔协议要求使用 AMA 的银行使用外部数据作为内部数据的补充。为此需要进行估计结果的可靠性分析，把根据内部损失历史数据得到的 PE、LGE 与行业 PE、LGE 进行对比，以克服内部数据不充分可能带来的局限性。当考虑到行业整体的 PE 情况时，修正的单一银行 PE 计算公式为：

$$\mathrm{PE}=Z\times \mathrm{PE}_{\text{内部}}+(1-Z)\times \mathrm{PE}_{\text{行业}}$$

如果某银行还规定，在进行高级计量法时，还必须进行情景分析，则考虑到行业整体的 PE，融入情景分析后的 PE 计算公式为：

$$\mathrm{PE}=Z\times \mathrm{PE}_{\text{内部}}+(1-Z)\times \mathrm{PE}_{\text{行业}}+Z_{\text{情景分析}}\times \mathrm{PE}_{\text{情景分析}}$$

上述对 PE 的修正中，银行所选取的 Z 值越大，则表明该银行的损失概率和行业整体的损失概率偏移越大，该银行运用同行数据的合适程度就越低，所进行的情景模拟就越个性化(而不是标准化)。

## 四、操作风险定量方法评价

在 BBA、ISDA、RMA 所作的全球性调查中(该调查覆盖了 54% 的全球性大规模银行，5% 的投资银行，5% 的资产管理公司，9% 的财务公司和 27% 的现金中心和零售银行)，发现已有 84% 的银行实行了操作风险管理，其中 30 家机构有自己的操作风险定义和政策，24 家机构对跨国公司操作风险进行评估，22 家机构将操作风险与信用风险和市场风险相联系，19 家机构执行和发展了操作风险自我评估体系，18 家机构进行了操作风险管理训练。有 80% 的机构发展了量化操作风险的方法。但金融机构对操作风险定量管理仍然持相当保守的态度，有 24 家机构认为定性方法有益于操作风险评估，但却只有 15 家机构认为定量方法有益于操作风险评估。

尽管没有任何一种操作风险计量方法被普遍接受，但是大多数机构将量化操作风险作为未来的选择，并试图将其纳入全面风险管理的框架中。面对众多的操作风险度量方法，笔者认为判断一种度量方法对该银行是否有效，应满足以下四条标准：(1)是否有利于提高银行一段时期内操作风险暴露发展趋势的预测能力，有利于银行的风险识别——提高银行的风险识别能力；(2)是否能从根源上提供激励降低银行的操作风险，并落实相应的风险责任——管理指导与激励；(3)是否能够为银行操作风险管理提供更多有用的定量定性信息；(4)经济性。下面我们围绕这四条标准对现行的操作风险度量模型进行一个简单的评析。

### (一)自下而上的方法

在自下而上的度量方法中，银行在对每一个业务单元的操作风险进行识别的基础上，估计其发生的概率与潜在损失。通过加总各业务单元的风险值得到银行整体范围的操作风险经济资本要求。内部衡量法将银行操作风险分为八大业务部门、七大事件类型，是最基本、最简单的自下而上的方法。

但这种方法在具体实施过程中会遇到以下几个方面的困难：(1)在操作风险的微观识别过程中，因为存在员工的委托代理问题，有经验的员工可能不愿意说真话，因为彻底揭露风险状况会降低该部门的风险调整收益从而影响员工奖金。(2)风险在各业务单元的加总要充分考虑不同业务单元间的相关度，风险分散化的好处难以准确把握，总行层面的操作风险度量在很大程度上仍然依赖于主观假设。(3)自下而上度量方法具体实施的流程非常复杂繁琐，依赖全行人员的参与，实施成本高且用时较长，灵活性较差，一旦情况发生变化很难及时低成本地做出调整。

### (二)自上而下的方法

另一些银行倾向采用自上而下的宏观操作风险度量方法。最简单的自上而下方法是基本指标法，它直接选取关键风险指标(Key Risk Indicator，KRI)计算银行的经济资本要求。但由于这种方法过于主观粗糙，更具代表性的是残差方法。操作风险包括银行除市场风险和信用风险以外的其他一切风险，因此，在银行能够准确度量市场风险和信用风险资本要求的情况下，获取历史上的操作风险资本配置数据就是一个简单的减法问题。通过获取操作风险资本配置的历史数据我们可以预测未来的操作风险资本要求。

该方法在逻辑上似乎很有说服力，但在实施过程中仍然存在诸多困难：(1)每家机构都只有很少的历史数据集可供分析使用。而且随着公司开发新的金融产品、全球化、管制的放松和兼并收购，银行操作风险损失的基础分布形态可能相应变动，历史数据难以涵盖新的问题。在这种动态的环境变化中，小规模数据对操作风险度量的作用非常有限。(2)这种方法假设公司历史上对市场风险和信用风险的度量是准确的，但事实上，市场风险度量方法也只是在近几年才达成共识，对信用风险的度量仍然存在诸多争论。

### (三)利用外部数据资源(external data)

由于内部可用数据的匮乏，一些机构转向利用外部数据。英国银行家协会建立了全球银行操作风险数据库，一些银行的高管因为资本分配的需要而倾向于在咨询公司的帮助下利用同行的操作风险数据。

这种方法致命的弱点在于忽视了操作风险强烈的内生性特点，世界上没有任何两家机构的操作风险是完全相同的。即使两家机构相同业务单元的操作流程基本相近，它们在公司文化、高管人员素质、员工招募与培训政策以及激励报告措施等风险管理环境方面也可能千差万别。而且将同业的操作风险作为“基准”还面临着目标机构操作风险度量的可信度问题。

总之，期望利用一个统一的模型来度量所有的操作风险类型至少现在还面临很大的困难。对于目前操作风险的量化趋势，只有25%的银行认为，操作风险应该像信用或市场风险那样采用模型数理技术进行量化(王卫东，2001)。即使在强调风险度量管理的新巴塞尔协议中，其第二支柱和第三支柱也强调定性方法的使用(陈忠阳，2004)。

自上而下模型与自下而上模型的优缺点如表4-1、表4-2所示。

表4-1　**自上而下的模型**

| 模型类别 | 模型的优点 | 模型的缺点 |
|---|---|---|
| 证券因素模型 | 使用外部数据，经济，较少的假定 | 不够准确，不关注风险管理 |
| 收入模型 | 关注损益表管理，较少的假定，经济 | 对风险管理难以提供较多的帮助 |
| 费用模型 | 强调成本管理，简单经济 | 忽略扭曲非费用项目，逆风险管理 |
| 营运杠杆 | 简单经济 | 忽略可变成本部分的风险 |
| 情景分析 | 关注长期战略，简单经济 | 很强的主观性和耗时间 |
| 风险概况模型 | 很难理解，与风险管理相关 | 容易目标分散，有一定的随意性 |

表4-2　**自下而上的模型**

| 模型类别 | 模型的优点 | 模型的缺点 |
|---|---|---|
| 资产负债模型 | 关注资产负债表管理，相对准确，长期 | 复杂，需要较多的数据 |
| 市场因素 | 关注市场风险管理，相对准确，短期 | 较多的数据要求，需要预期收益和协方差方面的信息 |
| 精算损失模型 | 准确确定损失事件频率，关注风险管理 | 需要大量的数据，特别需要损失的频率与损失额的数据 |
| 因果模型 | 风险关注程度最高 | 需要清晰的事件因果链，特别对硬件系统有效，极其复杂 |
| 方差模型 | 简单，关注风险管理 | 单纯考虑成本，对预算过于敏感 |
| 压力测试 | 简单，可以发现系统的结构缺陷 | 忽视风险要素的相关性，在风险要素、水平流程上带有主观性 |
| 操作清单 | 把当前的营运与一个标准的基准相比较，与风险管理高度相关 | 主观性，依赖于基准的选择，过于简单而难以有效地发挥作用 |

# 第二节　中国商业银行操作风险度量：ANP 方法

## 一、ANP 方法简介

由于操作风险理想度量方法不利于当前对中国商业银行操作风险的度量，本节作者选用 ANP 方法对中国商业银行操作风险进行量化实证研究。近年来，常规的层次分析法(AHP)已在系统决策分析中得到了广泛的应用。AHP 方法的核心是将系统划分层次且只考虑上层元素对下层元素的支配作用。在同一层次总的元素被认为是彼此独立的。这种递阶层次虽然给处理系统问题带来了方便，但同时也限制了它在复杂决策问题中的应用。在许多实际问题中，各层次内部元素往往是相互依存的，低层次元素对高层次元素也有支配作用，即存在反馈。此时，系统地结构更类似于网络结构。网络分析法(ANP)正是满足这种需要，由 AHP 延伸发展得到的系统决策方法。

早在 20 世纪 80 年代，Saaty 就提出了反馈 AHP，它是 ANP 的前身。1996 年 Saaty 在 ISAHP 上较为系统地提出了 ANP 的理论与方法。

1. ANP 结构分析

ANP 首先将系统元素划分为两大部分，第一部分称为控制因素层，包括问题目标及决策准则。所有的决策准则均被认为是彼此独立的，且只受目标元素支配。控制因素中可以没有决策准则，但至少有一个目标。控制层中每个准则的权重均可用传统 AHP 方法获得。第二部分为网络层，它是由所有受控制层支配的元素组组成的，其内部是互相影响的网络结构，图 4-1 是一个典型的 ANP 结构图。

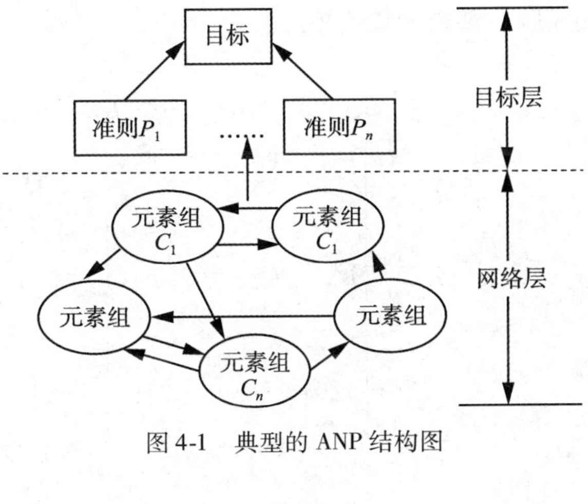


图 4-1　典型的 ANP 结构图

2. 优势度

AHP 的一个重要步骤就是在一个准则下，受支配元素进行两两比较，由此获得判断矩阵。但在 ANP 中被比较元素之间可能不是独立的，而是相互依存的，因而这种比较将以两种方式进行：(1)直接优势度：给定一个准则，两元素对于该准则的重要程度进行比较。(2)间接优势度：给出一个准则，两个元素在准则下对第三个元素(称为次准则)的影响程度进行比较。前一种比较适用于元素间互相独立的情形，第二种比较适用于元素间互相依存的情形。

3. ANP 结构的超矩阵

设 ANP 的目标层为 $g$，网络层有元素集 $C_1$，$C_2$，…，$C_N$，其中 $C_i$ 包括元素 $e_{i1}$，$e_{i2}$，…，$e_{in_i}$。以中目标 $g$ 为准则，以 $C_j$ 中的元素 $e_{jl}(l=1，\cdots，n_j)$ 为次准则，元素集 $C_i$ 中的元素相对于 $e_{jl}$ 的重要度进行比较，按照 1 ~ 9 的标度构造判断矩阵：

| $e_{jl}$ | $e_{i1}$，$e_{i2}$，…，$e_{in_i}$ | 归一化特征向量 |
|---|---|---|
| $e_{i1}$ | | $w_{i1}^{(jl)}$ |
| $e_{i2}$ | | $w_{i2}^{(jl)}$ |
| … | | … |
| $e_{in_i}$ | | $w_{in_i}^{(jl)}$ |

根据一致性检验，如果上述特征向量满足相容性条件，则可以得到元素集 $C_i$ 中的元素相对于 $e_{jl}$ 的重要度排序向量(若 $C_i$ 中某元素对 $e_{jl}$ 没有影响，则其权重分配为0)；同理，可以得到相对于其他元素的排序向量，这些向量组合得到一个矩阵为：

$$w_{ij}=\begin{vmatrix} w_{i1}^{j1} & w_{i1}^{j2} & \cdots & w_{i1}^{n_j} \\ w_{i2}^{j1} & w_{i2}^{j2} & \cdots & w_{i2}^{n_j} \\ \vdots & \vdots & \vdots & \vdots \\ w_{in_i}^{j1} & w_{in_i}^{j2} & \cdots & w_{in_i}^{n_j} \end{vmatrix}$$

矩阵的列向量代表的是元素 $e_{i1}$，$e_{i2}$，…，$e_{in_i}$ 对 $C_j$ 中元素 $e_{j1}$，$e_{j2}$，…，$e_{jn_j}$ 的重要度排序向量。把所有网络层元素的相互影响的排序向量组合起来(即把所有 $W_{ij}$ 组合起来)就得到一个在目标 $g$ 下的超矩阵，即未加权超矩阵：

$$\begin{array}{c} \qquad G_1 \qquad\qquad\qquad G_2 \qquad\quad \cdots \qquad\quad G_n \\ G_{11}，G_{12}，\cdots，G_{n1}，G_{11}，G_{22}，\cdots，G_{21}，\cdots，G_{n1}，G_{n2}，\cdots，G_{NN_N} \end{array}$$

$$w=\begin{array}{c} G_1 \begin{array}{c} e_{i1} \\ e_{i2} \\ \vdots \\ e_{in_1} \end{array} \\ G_2 \begin{array}{c} e_{21} \\ e_{22} \\ \vdots \\ e_{2n_2} \end{array} \\ \vdots \\ G_n \begin{array}{c} e_{j1} \\ e_{j2} \\ \vdots \\ e_{jn_j} \end{array} \end{array} \begin{vmatrix} w_{11} & w_{12} & \cdots & w_{1N} \\ w_{21} & w_{22} & \cdots & w_{2N} \\ \vdots & \vdots & \vdots & \vdots \\ w_{N1} & w_{N2} & \cdots & w_{NN} \end{vmatrix}$$

4. ANP 结构的加权超矩阵

上述未加权超矩阵 $W$ 的子块 $W_{ij}$ 是列归一化的，但 $W$ 却不是列归一化的，为此以总目标 $g$ 为主准则，以元素集 $C_j(j=1，2，\cdots，N)$ 为子准则，其他元素集根据对 $C_j$ 的影响两两比较，得到一个归一化的元素集排序向量，其中与 $C_j$ 无关的元素集对应的排序向量分量为零。

| $c_1$ | $c_1, \cdots, c_N$ | 归一化特征向量 |
| --- | --- | --- |
| $c_1$ | | $a_{11}$ |
| $\vdots$ | | $\vdots$ |
| $c_N$ | | $a_{N_1}$ |

将所有元素集排序向量组合起来，得到一个元素集权重矩阵：

$$A = \begin{vmatrix} a_{11} & \cdots & a_{1N} \\ \vdots & \vdots & \vdots \\ a_{N1} & \cdots & a_{NN} \end{vmatrix}$$

把矩阵 $A$ 与 $W$ 相乘得到列和为 1 的加权超矩阵：

$$\bar{w} = (a_{ij}, w_{jj}) \qquad i = 1, \cdots, N; \quad j = 1, \cdots, N$$

5. ANP 结构的极限超矩阵

在网络分析中，加权超矩阵需要做一个稳定处理，即计算极限超矩阵：

$$\bar{w}^{\infty} = \lim_{1 \to \infty} w^{-1}$$

这个极限值如果收敛，而且唯一，并且各列向量完全相同，则 $\bar{\omega}^{\infty}$ 的列向量代表了所有元素的全局权重向量。

## 二、操作风险 KRI 和 KRD 研究回顾

由于影响商业银行操作风险的因素众多，许多因素间存在相互依赖的情况，因此使用 ANP 方法进行评价是合适的。运用 ANP 法的关键是找出影响商业银行操作风险的关键风险指标（KRI）或关键风险诱因（KRD）。Robert Hubner（2001）通过建立操作风险等级制度给出了如下操作风险关键风险指标，具体如图 4-2 所示。①

Carol Alexander（2003）同时引入了关键风险诱因和关键风险指标两个概念，认为操作风险关键指标主要包括：未成功的交易数量、员工跳槽比率以及严重失误发生的频率（或强度）等。而引起风险的随机因素或风险特性，则可以用关键风险诱因来定义。管理者可以通过控制关键风险诱因来控制风险。KRD 和 KRI 具体内容如表 4-3 所示。

Jack King（2001）将操作风险分层次，深层分析操作风险的生成缘由，构建了操作风险基于价值的层次结构。Jack King 认为企业的价值层次结构包括企业的核心竞争力以及那些管理层认为对提升公司价值非常重要的可发展的能力。将价值赋予价值层次结构的各项，可以进而将损失的原因分布在层次结构上。Jack King 关于操作风险损失分类的基于价值的层次结构具体划分情况如图 4-3 所示。②

① ［英］休伯纳．金融机构操作风险新论．李雪莲，王志宏，译．天津：南开大学出版社，2005：114.

② ［美］杰克·L. 金．运作风险：度量与建模．陈剑，柳克俊，陈剑锋，译．北京：中国人民大学出版社，2004：26.

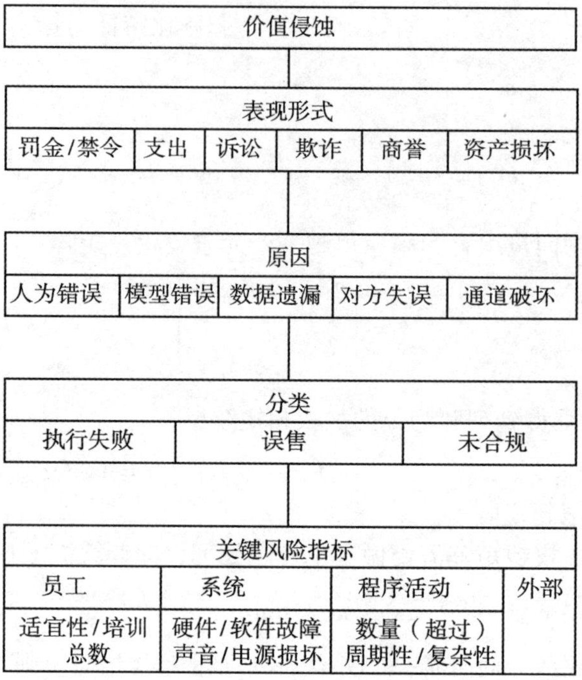


图 4-2　操作风险关键指标

表 4-3　**操作风险 KRD 和 KRI**

| 风险事件 | 关键风险诱因 | 关键风险指标 |
| --- | --- | --- |
| 内部欺诈 | 管理与监督<br>人事政策(监管方面)<br>薪酬结构(奖金计划) | 前台操作时滞 |
| 外部欺诈 | 系统质量(认证过程) | 非授权交易数量 |
| 顾客、产品与业务活动 | 产品复杂性<br>销售人员培训 | 顾客投诉数量<br>非正确操作罚款 |
| 人事与工作场所安全 | 人事政策(等级方面)<br>薪酬结构<br>安全措施 | 员工投诉数量<br>员工跳槽率<br>工作拖延 |
| 实体资产损失 | 建筑物位置 | 保险金 |
| 业务损失及系统失败 | 系统质量<br>支持政策<br>持续经营计划 | 系统延误时间 |

续表

| 风险事件 | 关键风险诱因 | 关键风险指标 |
| --- | --- | --- |
| 执行、交割及过程管理 | 管理与监督<br>人事政策(资格方面)<br>交易数量<br>后台部门员工培训<br>薪酬结构 | 失败交易数量<br>解决延迟<br>交易过程失误 |

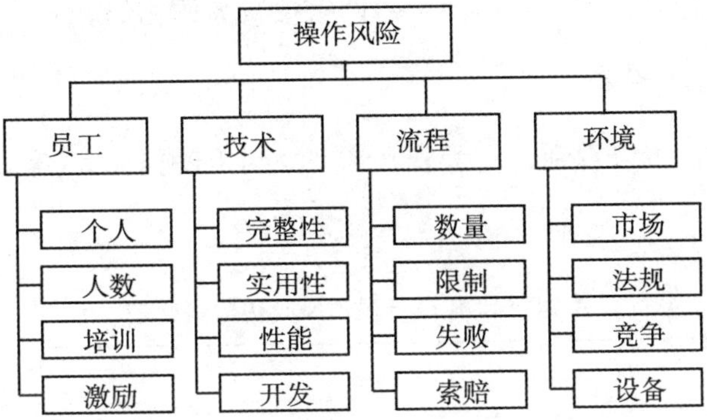


图 4-3　操作风险基于价值的层次结构

方芳、秦天保（2005）将操作风险的原因归纳为：人、流程、系统和组织。人为因素下又分为七小类关键风险诱因，分别为：(1）内部欺诈；(2）外部欺诈；(3）人员培训；(4）人员稳定性；(5）工作负荷；(6）员工业务素质；(7）员工道德素质。流程因素下分为九个关键风险诱因，分别为：(1）模型识别错误；(2）模型方法错误；(3）执行错误；(4）产品复杂性；(5）账户错误；(6）清算错误；(7）文档与合同风险；(8）越权；(9）数量风险。系统因素下又分为八个风险诱因，分别为：(1）系统失效；(2）系统漏洞；(3）系统操作失误；(4）内部入侵；(5）外部入侵；(6）程序错误；(7）信息风险；(8）通信失效。组织因素下又可分为四个风险诱因，分别为：(1）组织文化；(2）治理结构；(3）内控制度；(4）薪酬制度。

## 三、两家中国商业银行操作风险 ANP 模型的建立

### （一）研究目标

有两家银行 A 和 B，我们需要对它们的操作风险管理进行评级，以督促各银行重视操作风险，并对操作风险管理进行指导。目前两家银行均没有建立充足的操作风险数据库，但我们对两家银行的具体内部经营情况有一定了解：(1）人员稳定性 A 银行优于 B 银行；(2）员工素质 B 银行优于 A 银行；(3）薪酬制度 B 银行较 A 银行更注重“奖金激励”；(4）人事制度 B 银行强调引起外部人才，内部升迁相对较难；(5）流程复杂性方面由于 A 银行网点规模庞大，内部流程较为复杂，B 则为一家较小的银行，流程相对简单；(6）

在人员负荷上，B银行远大于A银行；（7）两家银行都比较注重人员培训，但A银行相比于B银行更注重培训；（8）技术整合度，A银行由于网点规模庞大，内部组织层级多，各地银行独立性较强，因此在技术开发上存在一定的“各自为政”，而B银行则更强调由总行统一进行技术系统开发上线；（9）二者都很注意技术安全性；（10）组织文化由于B银行是一家股份制银行，强调“股东利益最大化”，强调在控制风险的前提下开拓业务，而A银行作为一家国有银行，内部委托代理问题严峻，风险文化难以从根本上对内部人员产生影响；（11）作为股份制银行的B银行在治理结构上更为科学合理；（12）B银行的内部控制更为有力，而A银行由于组织层级的增多，流程复杂、各自为政，治理结构不科学等原因，内部控制很差。其他因素，两家银行大体相似。

### （二）问题的提出与分析

从上述分析中我们可以看到，在操作风险的大小问题上，二家银行各有优劣（见表4-4）。

表4-4　**A银行和B银行操作风险优劣势比较**

| | 优　势 | 劣　势 |
|---|---|---|
| A银行 | （1）人员稳定性；（2）人事制度；（3）人员负荷；（4）薪酬制度 | （1）员工素质；（2）流程复杂性；（3）技术整合度；（4）组织文化；（5）治理结构；（6）内控制度；（7）组织文化 |
| B银行 | （1）员工素质；（2）流程复杂性；（3）技术整合度；（4）组织文化；（5）治理结构；（6）内控制度；（7）组织文化 | （1）人员稳定性；（2）人事制度；（3）人员负荷；（4）薪酬制度 |

要对两家银行的操作风险大小进行比较，鉴于我国目前操作风险数据库建设滞后，操作风险度量方法还很不成熟，想通过理想的操作风险度量模型准确计算操作风险的大小并不现实。如果采用基本指标法又显得过于粗糙，而且不能找寻风险存在的内在原因，不能对风险的管理产生激励。从定性的评价上看，两家银行在操作风险的问题上各有利弊，难以简单地认为究竟谁的操作风险大谁的操作风险小。而且，这种比较是很有必要的，它有利于投资者对银行的操作风险进行评级，形成激励。

通过运用ANP方法确定操作风险关键诱因在操作风险中的地位，找出关键因素，并通过对两家银行的操作风险诱因进行专家评价，得出银行的操作风险大小排序，作为对操作风险管理的激励与约束可以有效地解决上述难题。

### （三）ANP模型的基本结构

本模型是一个单网络模型，控制层只有一个总目标，即操作风险，而没有评价准则，所以操作风险既是评价目标又是唯一的评价准则。

模型网络层是由各类影响操作风险的因素组成的网络结构，首先需要将各种因素归类，性质类似的元素集合在一起形成元素集（在 Super Decision 软件中，元素称为节点 Node，元素集称为簇 Cluster）。元素集的确定可以参考新巴塞尔协议对操作风险的分类，即内部程序（流程）、人员及系统或外部事件。但是由于外部事件不是银行能够控制的，所以本模型未将其包括在内。另外，结合第二部分的操作风险 KRI 和 KRD 相关研究成果，我们把模型中各元素集和相应包括的元素框定如下（见表 4-5）。

表 4-5　**ANP 元素集构成情况**

| 风险源 | 人 | 流程 | 技术 | 组织 |
|---|---|---|---|---|
| 风险诱因 | 人员稳定性 | 流程复杂性 | 技术整合度 | 组织文化 |
| | 员工素质 | 流程变动性 | 数据备份 | 治理结构 |
| | 薪酬制度 | 人员负荷 | 技术开发 | 内控制度 |
| | 人事制度 | 人员培训 | | |

模型选择了一家国有商业银行 A 银行和一家股份制商业银行 B 银行作为候选方案，将衡量这两家银行操作风险水平的相对高低。

在网络分析法中，不同元素集的元素之间存在外部依赖关系（outside dependence），同时大多数元素集内部元素存在内部依赖（inner dependence）。这里要注意“影响”和“依赖”的方向是相反的，即如果元素 A 影响元素 B，则 B 依赖 A，在 Super Decision 软件中，应该连接成 B→A，即软件中箭头方向表达的是依赖关系。为方便陈述起见，这里约定箭尾所指的元素为父元素 B，箭头的元素为子元素 A，子元素影响父元素。

在我们的模型中，存在如下依赖关系：

（1）“人员稳定性”依赖“人员负荷”、“人员培训”；“薪酬制度”、“人事制度”、“员工素质”；“组织文化”、“治理结构”。

（2）“技术安全性”依赖“技术整合度”和“技术开发”。

（3）“技术整合度”依赖“流程变动性”和“流程复杂性”。

（4）“组织文化”依赖“人员稳定性”、“员工素质”、“人事制度”、“薪酬制度”；“治理结构”、“内控制度”。

（5）“内部控制”依赖“流程变动性”和“流程复杂性”。

各元素间的依赖关系使得元素集之间也存在依赖关系：（1）“人”依赖“流程”（外部依赖）、“组织”（外部依赖）和“人”（内部依赖）；（2）“技术”依赖“流程”（外部依赖）和“技术”（内部依赖）；（3）“组织”依赖“人”（外部依赖）、“流程”（外部依赖）和“组织”（内部依赖）。

具体模型结构图如图 4-4 所示。

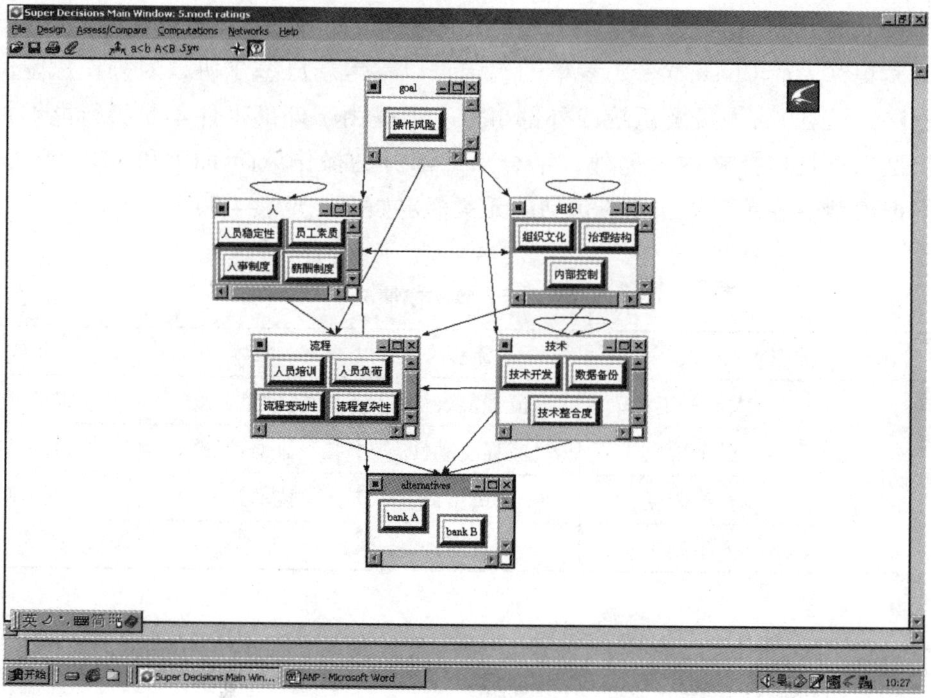


图 4-4 中国商业银行操作风险度量 ANP 结构图

## （三）判断矩阵

网络结构反映了各因素之间的关系，但准则层中的各准则在目标衡量中所占的比重并不一定相同，可以利用专家的经验判断，赋予其一定的权重。

在确定影响某因素的诸因子在该因素中所占的比重时，遇到的主要困难是这些比重常常不易定量化。此外，当影响某因素的因子较多时，直接考虑各因子对该因素有多大程度的影响时，常常会因考虑不周全、顾此失彼而使决策者提出与他实际认为的重要性程度不相一致的数据，甚至有可能提出一组隐含矛盾的数据。判断矩阵表示针对某父元素而言，评定层次中各有关元素相对重要性程度的判断。

设现在要比较 $n$ 个因子 $X=\{x_1, \cdots, x_n\}$ 对某因素 $Z$ 的影响大小，怎样比较才能提供可信的数据呢？Saaty 等人建议可以采取对因子进行两两比较建立成对比较矩阵的办法。即每次取两个因子 $x_i$ 和 $x_j$，以 $a_{ij}$ 表示 $x_i$ 和 $x_j$ 对 $Z$ 的影响大小之比，全部比较结果用矩阵 $A=(a_{ij})_{n\times n}$ 表示，称 $A$ 为 $Z-X$ 之间的成对比较判断矩阵（简称判断矩阵）。容易看出，若 $x_i$ 与 $x_j$ 对 $Z$ 的影响之比为 $a_{ij}$，则 $x_j$ 与 $x_i$ 对 $Z$ 的影响之比应为 $a_{ji}=\dfrac{1}{a_{ij}}$。

在建立操作风险网络模型结构后，要针对每一个父元素（父节点）建立判断矩阵，根据操作风险准则，按照 1 ~9 标度（见表 4-6），比较子元素对父元素的影响力大小。对一个父元素，若其子元素分布在 $n$ 个元素集，则需要建立 $n$ 个判断矩阵，即对每个元素集包含的子元素都要建立一个子元素两两比较的判断矩阵。一般而言，判断矩阵的数值是根据数据资料、专家意见和分析者的认识，加以平衡后给出的。

表 4-6 判断矩阵标度及其含义

| 标　度 | 含　　义 |
|---|---|
| 1 | 表示两个因素相比，具有相同重要性 |
| 3 | 表示两个因素相比，前者比后者稍重要 |
| 5 | 表示两个因素相比，前者比后者明显重要 |
| 7 | 表示两个因素相比，前者比后者强烈重要 |
| 9 | 表示两个因素相比，前者比后者极端重要 |
| 2，4，6，8 | 表示上述相邻判断的中间值 |
| 倒数 | 若因素 $i$ 与因素 $j$ 的重要性之比为 $a_{ij}$，那么因素 $j$ 与因素 $i$ 重要性之比为 $a_{ji}=1/a_{ij}$ |

以“人员稳定性”为父元素，其在“流程”元素集中的子元素构成的判断矩阵表明了从操作风险的角度看，各相关子元素对父元素的影响大小。在判断矩阵中进行判断时，对问题的提问模式应该保持一致，本案例的提问模式是：从操作风险的角度看，子元素“人员负荷”和“人员培训”哪个对父元素“人员稳定性”的影响更大，程度如何（标度）。要注意的是：（1）不论是内部依赖关系还是外部依赖关系，只有同一元素集内的元素才能两两比较；（2）不是同一元素集中的元素不能两两比较；（3）某一元素与不同元素集中的元素有依赖影响关系，则要分不同的元素集分别建立判断矩阵。图 4-5 是目标“操作风险”与“人”集合的依赖关系判断矩阵。

## 四、两家中国商业银行操作风险 ANP 模型软件求解

### （一）判断矩阵的一致性检验

根据各元素和相应集合间的关系建立完判断矩阵后，首先要做的就是判断矩阵的一致性检验。如果判断矩阵存在关系：$a_{ij}=\dfrac{a_{ik}}{a_{jk}}$，$\forall i，j，k=1，2，\cdots，n$，则称它具有完全一致性。为了检验判断矩阵的一致性，需要计算它的一致性指标：$CI=\dfrac{\lambda_{max}-n}{n-1}$。当 CI = 0 时，判断矩阵具有完全一致性；反之，CI 越大，就表示判断矩阵的一致性就越差。

在 Super Decision 分析软件中，我们可以通过选定“优先度”（priorities）对每个判断矩阵计算局部排序向量和一致性指数。图 4-6 是元素集“人”的判断矩阵的一致性检验结果。在图中，“一致性指数”（inconsistency index）的值为 0.0304，小于 0.1，通过一致

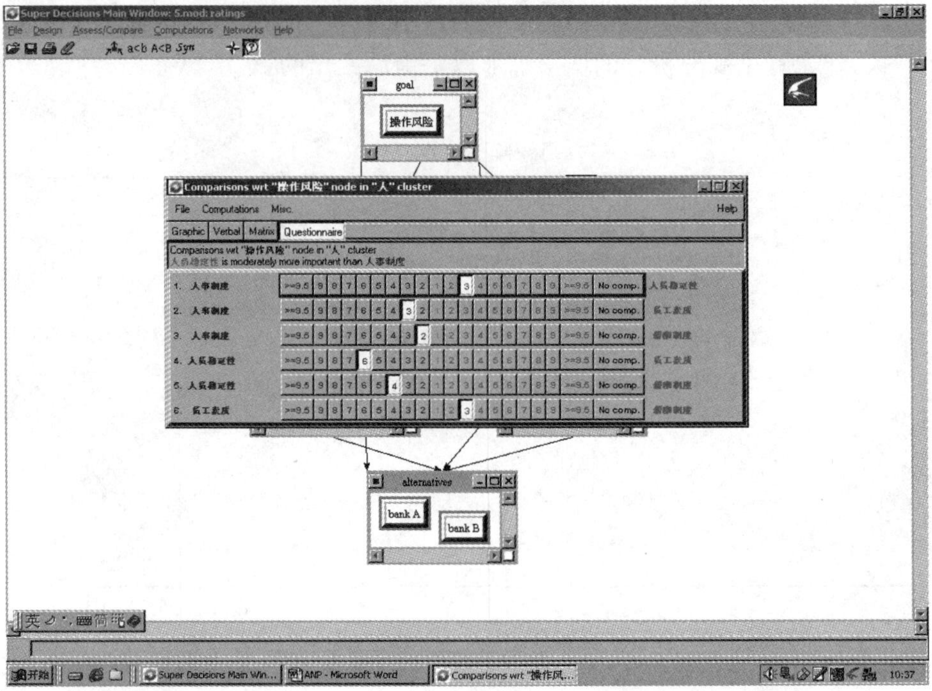

图 4-5 “操作风险”与“人”集合的依赖关系判断矩阵

性检验，其对应元素排序向量为（0.226149，0.552890，0.070631，0.150330）。类似的还可以计算其他判断矩阵的“一致性指数”和排序向量。本例中所有的判断矩阵均通过一致性检验。

### （二）未加权超矩阵的计算

在确定了判断矩阵后，就可以利用 Super Decision 分析软件中的“计算”（computations）模块中的“未加权超矩阵”（unweighted super matrix）计算该目标问题的未加权超矩阵，结果如表 4-7 所示，其中，所有元素集中的元素权重之和为 1。

### （三）加权超矩阵的计算

在未加权超矩阵中，超矩阵的子块是列归一化的，但超矩阵却不是列归一化的。为此，再以“操作风险”为准则，对各元素集的重要性进行比较，得到加权超矩阵。在 Super Decision 软件中的“计算”（computations）模块中选择“加权超矩阵”（weighted super matrix）计算该目标问题的加权超矩阵，结果如表 4-8 所示，其中，该超矩阵的所有元素的权重之和为 1，即整个加权超矩阵的列是归一的。

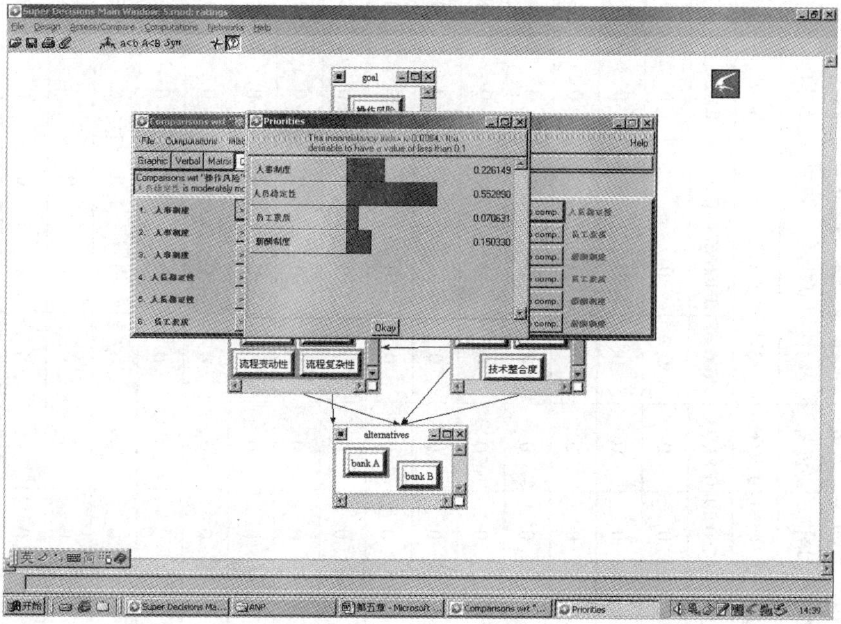


图 4-6　元素集“人”的判断矩阵的一致性检验

### （四）极限超矩阵

在计算完加权超矩阵后，还需要对加权超矩阵进行稳定化，得到“极限超矩阵”。在 Super Decision 软件中的“计算”（computations）模块中选择“极限超矩阵”（limit matrix）计算该目标问题的极限矩阵，结果如表 4-9 所示，整个极限超矩阵的列仍然是归一的。

极限超矩阵的计算是相当有意义的，从极限超矩阵中：（1）我们可以进行两家银行操作风险大小的比较，在我们的实证结果中，A 银行的操作风险大于 B 银行，这可以由各银行对应的比例知晓，0. 54809>0. 21017。这与实际情况是比较相符的。

（2）从极限超矩阵中，我们可以得到操作风险各影响要素对操作风险的影响的大小权重。如“人事制度”对操作风险的贡献是 0. 01206；“人员稳定性”对操作风险的贡献是 0. 0145。

## 五、结论与启示

通过 ANP 分析方法，借用 Super Decision 分析软件我们可以有效地解决本节伊始我们提出的问题。由极限超矩阵我们可以知道尽管两家银行在操作风险个别环节上都有利有弊，但总体来说，A 银行的操作风险大于 B 银行。另外，从该分析方法中，我们还可以得到操作风险影响因素的权重，这对于我们进一步的深入研究操作风险具有深远意义。本例中的“元素分布矩阵”如表 4-10 所示。

表 4-7 未加权超矩阵

| | | alternatives | | 目标 | 人 | | | | 技术 | | | 流程 | | | | 组织 | | |
|---|---|---|---|---|---|---|---|---|---|---|---|---|---|---|---|---|---|---|
| | | A 银行 | B 银行 | 操作风险 | 人事制度 | 人员稳定性 | 员工素质 | 薪酬制度 | 技术开发 | 技术整合度 | 数据备份 | 人员培训 | 人员负荷 | 流程变动性 | 流程复杂性 | 内部控制 | 治理结构 | 组织文化 |
| alternatives | A 银行 | 0 | 0 | 0 | 0.2 | 0.249981 | 0.75 | 0.2 | 0.75 | 0.75 | 0.5 | 0.249981 | 0.166667 | 0.333333 | 0.833333 | 0.875 | 0.875 | 0.8 |
| | B 银行 | 0 | 0 | 0 | 0.8 | 0.750019 | 0.25 | 0.8 | 0.25 | 0.25 | 0.5 | 0.750019 | 0.833333 | 0.666667 | 0.166667 | 0.125 | 0.125 | 0.2 |
| 目标 | 操作风险 | 0 | 0 | 0 | 0 | 0 | 0 | 0 | 0 | 0 | 0 | 0 | 0 | 0 | 0 | 0 | 0 | 0 |
| 人 | 人事制度 | 0 | 0 | 0.22615 | 0 | 0.323386 | 0 | 0 | 0 | 0 | 0 | 0 | 0 | 0 | 0 | 0 | 0 | 0.268103 |
| | 人员稳定性 | 0 | 0 | 0.55289 | 0 | 0 | 0 | 0 | 0 | 0 | 0 | 0 | 0 | 0 | 0 | 0 | 0 | 0.529251 |
| | 员工素质 | 0 | 0 | 0.07063 | 0 | 0.088983 | 0 | 0 | 0 | 0 | 0 | 0 | 0 | 0 | 0 | 0 | 0 | 0.134227 |
| | 薪酬制度 | 0 | 0 | 0.15033 | 0 | 0.587631 | 0 | 0 | 0 | 0 | 0 | 0 | 0 | 0 | 0 | 0 | 0 | 0.068419 |
| 技术 | 技术开发 | 0 | 0 | 0.1005 | 0 | 0 | 0 | 0 | 0 | 1 | 0 | 0 | 0 | 0 | 0 | 0 | 0 | 0 |
| | 技术整合度 | 0 | 0 | 0.46644 | 0 | 0 | 0 | 0 | 0 | 0 | 0 | 0 | 0 | 0 | 0 | 0 | 0 | 0 |
| | 数据备份 | 0 | 0 | 0.43307 | 0 | 0 | 0 | 0 | 0 | 0 | 0 | 0 | 0 | 0 | 0 | 0 | 0 | 0 |
| 流程 | 人员培训 | 0 | 0 | 0.10703 | 0 | 0.249981 | 0 | 0 | 0 | 0 | 0 | 0 | 0 | 0 | 0 | 0 | 0 | 0 |
| | 人员负荷 | 0 | 0 | 0.26882 | 0 | 0.750019 | 0 | 0 | 0 | 0 | 0 | 0 | 0 | 0 | 0 | 0 | 0 | 0 |
| | 流程变动性 | 0 | 0 | 0.06482 | 0 | 0 | 0 | 0 | 0 | 0.166667 | 0 | 0 | 0 | 0 | 0 | 0.166667 | 0 | 0 |
| | 流程复杂性 | 0 | 0 | 0.55934 | 0 | 0 | 0 | 0 | 0 | 0.833333 | 0 | 0 | 0 | 0 | 0 | 0.833333 | 0 | 0 |
| 组织 | 内部控制 | 0 | 0 | 0.31081 | 0 | 0 | 0 | 0 | 0 | 0 | 0 | 0 | 0 | 0 | 0 | 0 | 0 | 0.333333 |
| | 治理结构 | 0 | 0 | 0.49339 | 0 | 0.249981 | 0 | 0 | 0 | 0 | 0 | 0 | 0 | 0 | 0 | 0 | 0 | 0.666667 |
| | 组织文化 | 0 | 0 | 0.1958 | 0 | 0.750019 | 0 | 0 | 0 | 0 | 0 | 0 | 0 | 0 | 0 | 0 | 0 | 0 |

表 4-8　　加权超矩阵

| | | alternatives | | 目标 | 人 | | | | 技术 | | | 流程 | | | | 组织 | | |
|---|---|---|---|---|---|---|---|---|---|---|---|---|---|---|---|---|---|---|
| | | A 银行 | B 银行 | 操作风险 | 人事制度 | 人员稳定性 | 员工素质 | 薪酬制度 | 技术开发 | 技术整合度 | 数据备份 | 人员培训 | 人员负荷 | 流程变动性 | 流程复杂性 | 内部控制 | 治理结构 | 组织文化 |
| alternatives | A 银行 | 0 | 0 | 0 | 0.2 | 0.012239 | 0.75 | 0.2 | 0.75 | 0.107143 | 0.5 | 0.24998 | 0.16667 | 0.333333 | 0.833333 | 0.36231 | 0.875 | 0.04379 |
| | B 银行 | 0 | 0 | 0 | 0.8 | 0.036721 | 0.25 | 0.8 | 0.25 | 0.035714 | 0.5 | 0.75002 | 0.83333 | 0.666667 | 0.166667 | 0.05176 | 0.125 | 0.01095 |
| 目标 | 操作风险 | 0 | 0 | 0 | 0 | 0 | 0 | 0 | 0 | 0 | 0 | 0 | 0 | 0 | 0 | 0 | 0 | 0 |
| 人 | 人事制度 | 0 | 0 | 0.05162 | 0 | 0.077325 | 0 | 0 | 0 | 0 | 0 | 0 | 0 | 0 | 0 | 0 | 0 | 0.0613 |
| | 人员稳定性 | 0 | 0 | 0.1262 | 0 | 0 | 0 | 0 | 0 | 0 | 0 | 0 | 0 | 0 | 0 | 0 | 0 | 0.12101 |
| | 员工素质 | 0 | 0 | 0.01612 | 0 | 0.021277 | 0 | 0 | 0 | 0 | 0 | 0 | 0 | 0 | 0 | 0 | 0 | 0.03069 |
| | 薪酬制度 | 0 | 0 | 0.03431 | 0 | 0.140509 | 0 | 0 | 0 | 0 | 0 | 0 | 0 | 0 | 0 | 0 | 0 | 0.01564 |
| 技术 | 技术开发 | 0 | 0 | 0.00604 | 0 | 0 | 0 | 0 | 0 | 0.285714 | 0 | 0 | 0 | 0 | 0 | 0 | 0 | 0 |
| | 技术整合度 | 0 | 0 | 0.02801 | 0 | 0 | 0 | 0 | 0 | 0 | 0 | 0 | 0 | 0 | 0 | 0 | 0 | 0 |
| | 数据备份 | 0 | 0 | 0.026 | 0 | 0 | 0 | 0 | 0 | 0 | 0 | 0 | 0 | 0 | 0 | 0 | 0 | 0 |
| 流程 | 人员培训 | 0 | 0 | 0.0143 | 0 | 0.017281 | 0 | 0 | 0 | 0 | 0 | 0 | 0 | 0 | 0 | 0 | 0 | 0 |
| | 人员负荷 | 0 | 0 | 0.03592 | 0 | 0.051849 | 0 | 0 | 0 | 0 | 0 | 0 | 0 | 0 | 0 | 0 | 0 | 0 |
| | 流程变动性 | 0 | 0 | 0.00866 | 0 | 0 | 0 | 0 | 0 | 0.095238 | 0 | 0 | 0 | 0 | 0 | 0.09766 | 0 | 0 |
| | 流程复杂性 | 0 | 0 | 0.07474 | 0 | 0 | 0 | 0 | 0 | 0.47619 | 0 | 0 | 0 | 0 | 0 | 0.48827 | 0 | 0 |
| 组织 | 内部控制 | 0 | 0 | 0.17968 | 0 | 0 | 0 | 0 | 0 | 0 | 0 | 0 | 0 | 0 | 0 | 0 | 0 | 0.23887 |
| | 治理结构 | 0 | 0 | 0.28522 | 0 | 0.160688 | 0 | 0 | 0 | 0 | 0 | 0 | 0 | 0 | 0 | 0 | 0 | 0.47775 |
| | 组织文化 | 0 | 0 | 0.11319 | 0 | 0.482112 | 0 | 0 | 0 | 0 | 0 | 0 | 0 | 0 | 0 | 0 | 0 | 0 |

表 4-9 **极限超矩阵**

| | | alternatives | | 目标 | 人 | | | | 技术 | | | 流程 | | | | 组织 | | |
|---|---|---|---|---|---|---|---|---|---|---|---|---|---|---|---|---|---|---|
| | | A 银行 | B 银行 | 操作风险 | 人事制度 | 人员稳定性 | 员工素质 | 薪酬制度 | 技术开发 | 技术整合度 | 数据备份 | 人员培训 | 人员负荷 | 流程变动性 | 流程复杂性 | 内部控制 | 治理结构 | 组织文化 |
| alter-natives | A 银行 | 0 | 0 | 0.54809 | 0.54809 | 0.548085 | 0.54809 | 0.54809 | 0.54809 | 0.548085 | 0.54809 | 0.54809 | 0.54809 | 0.548085 | 0.548085 | 0.54809 | 0.54809 | 0.54809 |
| | B 银行 | 0 | 0 | 0.21017 | 0.21017 | 0.210168 | 0.21017 | 0.21017 | 0.21017 | 0.210168 | 0.21017 | 0.21017 | 0.21017 | 0.210168 | 0.210168 | 0.21017 | 0.21017 | 0.21017 |
| 目标 | 操作风险 | 0 | 0 | 0 | 0 | 0 | 0 | 0 | 0 | 0 | 0 | 0 | 0 | 0 | 0 | 0 | 0 | 0 |
| 人 | 人事制度 | 0 | 0 | 0.01206 | 0.01206 | 0.012058 | 0.01206 | 0.01206 | 0.01206 | 0.012058 | 0.01206 | 0.01206 | 0.01206 | 0.012058 | 0.012058 | 0.01206 | 0.01206 | 0.01206 |
| | 人员稳定性 | 0 | 0 | 0.0145 | 0.0145 | 0.014495 | 0.0145 | 0.0145 | 0.0145 | 0.014495 | 0.0145 | 0.0145 | 0.0145 | 0.014495 | 0.014495 | 0.0145 | 0.0145 | 0.0145 |
| | 员工素质 | 0 | 0 | 0.00497 | 0.00497 | 0.004973 | 0.00497 | 0.00497 | 0.00497 | 0.004973 | 0.00497 | 0.00497 | 0.00497 | 0.004973 | 0.004973 | 0.00497 | 0.00497 | 0.00497 |
| | 薪酬制度 | 0 | 0 | 0.01044 | 0.01044 | 0.010442 | 0.01044 | 0.01044 | 0.01044 | 0.010442 | 0.01044 | 0.01044 | 0.01044 | 0.010442 | 0.010442 | 0.01044 | 0.01044 | 0.01044 |
| 技术 | 技术开发 | 0 | 0 | 0 | 0 | 0 | 0 | 0 | 0 | 0 | 0 | 0 | 0 | 0 | 0 | 0 | 0 | 0 |
| | 技术整合度 | 0 | 0 | 0 | 0 | 0 | 0 | 0 | 0 | 0 | 0 | 0 | 0 | 0 | 0 | 0 | 0 | 0 |
| | 数据备份 | 0 | 0 | 0 | 0 | 0 | 0 | 0 | 0 | 0 | 0 | 0 | 0 | 0 | 0 | 0 | 0 | 0 |
| 流程 | 人员培训 | 0 | 0 | 0.00105 | 0.00105 | 0.001054 | 0.00105 | 0.00105 | 0.00105 | 0.001054 | 0.00105 | 0.00105 | 0.00105 | 0.001054 | 0.001054 | 0.00105 | 0.00105 | 0.00105 |
| | 人员负荷 | 0 | 0 | 0.00316 | 0.00316 | 0.003162 | 0.00316 | 0.00316 | 0.00316 | 0.003162 | 0.00316 | 0.00316 | 0.00316 | 0.003162 | 0.003162 | 0.00316 | 0.00316 | 0.00316 |
| | 流程变动性 | 0 | 0 | 0.01176 | 0.01176 | 0.011755 | 0.01176 | 0.01176 | 0.01176 | 0.011755 | 0.01176 | 0.01176 | 0.01176 | 0.011755 | 0.011755 | 0.01176 | 0.01176 | 0.01176 |
| | 流程复杂性 | 0 | 0 | 0.05877 | 0.05877 | 0.058774 | 0.05877 | 0.05877 | 0.05877 | 0.058774 | 0.05877 | 0.05877 | 0.05877 | 0.058774 | 0.058774 | 0.05877 | 0.05877 | 0.05877 |
| 组织 | 内部控制 | 0 | 0 | 0.02861 | 0.02861 | 0.028613 | 0.02861 | 0.02861 | 0.02861 | 0.028613 | 0.02861 | 0.02861 | 0.02861 | 0.028613 | 0.028613 | 0.02861 | 0.02861 | 0.02861 |
| | 治理结构 | 0 | 0 | 0.06703 | 0.06703 | 0.067025 | 0.06703 | 0.06703 | 0.06703 | 0.067025 | 0.06703 | 0.06703 | 0.06703 | 0.067025 | 0.067025 | 0.06703 | 0.06703 | 0.06703 |
| | 组织文化 | 0 | 0 | 0.0294 | 0.0294 | 0.029398 | 0.0294 | 0.0294 | 0.0294 | 0.029398 | 0.0294 | 0.0294 | 0.0294 | 0.029398 | 0.029398 | 0.0294 | 0.0294 | 0.0294 |

表 4-10　　**元素分布矩阵**

| | alternatives | 目标 | 人 | 技术 | 流程 | 组织 |
|---|---|---|---|---|---|---|
| alternatives | 0 | 0 | 0. 04896 | 0. 14286 | 1 | 0. 050806 |
| 目标 | 0 | 0 | 0 | 0 | 0 | 0 |
| 人 | 0 | 0. 228249 | 0. 23911 | 0 | 0 | 0. 2122 |
| 技术 | 0 | 0. 060047 | 0 | 0. 28571 | 0 | 0 |
| 流程 | 0 | 0. 133625 | 0. 06913 | 0. 57143 | 0 | 0. 071893 |
| 组织 | 0 | 0. 57808 | 0. 6428 | 0 | 0 | 0. 665101 |

从元素矩阵中可见：（1）各操作风险的分布：组织因素造成的操作风险最大，占58. 8%；其次是人为因素，占22. 82%；摆在第三位的是流程因素，占13. 4%；最后是技术因素，占0. 06%。这和樊欣、杨晓光（2003）的结论一致。

（2）更细致的各因素权重分布可以通过 ANP 软件中的“优先度”（priorities）获得，结果如表4-11 所示。

表 4-11　　**各因素优先度分析**

| Name | Limiting | Normalized By Cluster |
|---|---|---|
| A 银行 | 0. 548085 | 0. 72283 |
| B 银行 | 0. 210168 | 0. 27717 |
| 操作风险 | 0 | 0 |
| 人事制度 | 0. 012058 | 0. 28731 |
| 人员稳定性 | 0. 014495 | 0. 34538 |
| 员工素质 | 0. 004973 | 0. 1185 |
| 薪酬制度 | 0. 010442 | 0. 24881 |
| 技术开发 | 0 | 0 |
| 技术整合度 | 0 | 0 |
| 数据备份 | 0 | 0 |
| 人员培训 | 0. 001054 | 0. 0141 |
| 人员负荷 | 0. 003162 | 0. 0423 |
| 流程变动性 | 0. 011755 | 0. 15727 |
| 流程复杂性 | 0. 058774 | 0. 78633 |
| 内部控制 | 0. 028613 | 0. 22884 |
| 治理结构 | 0. 067025 | 0. 53605 |
| 组织文化 | 0. 029398 | 0. 23512 |

（3）从指标影响度柱状图（见图4-7）中我们还可以清楚地看到：操作风险因素来自于组织因素，主要是银行的组织文化、公司治理和内部控制等，其比重均接近或远超过0.03，特别是“治理结构”，对操作风险的影响接近0.07，这也与新巴塞尔协议在第二支柱中谈到的操作风险与公司治理问题密不可分的结论相一致。其次值得注意的是“流程的复杂性”，其对操作风险的影响程度接近0.06，位居第二，这也与操作风险的主要表现和诱因是金融产品的增多，复杂性增强的结论相一致，同时也与第六章中我们调查问卷的结论不谋而合。

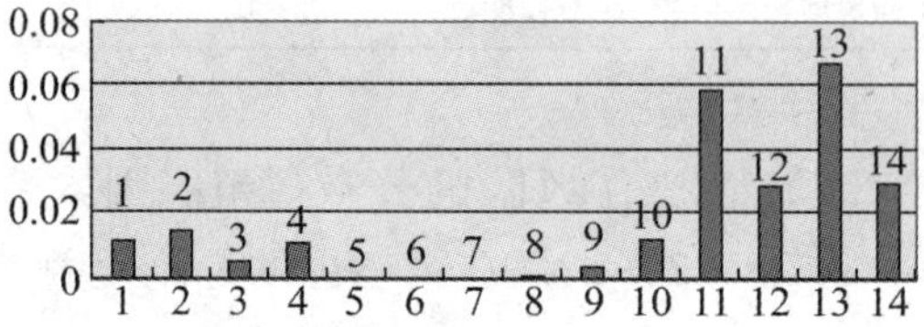


图4-7 各影响因素柱状图

（4）利用ANP软件计算出上述指标对操作风险的影响，我们就可以利用它来进行银行操作风险大小评级。在ANP软件中有专门的“评级”（ratings）功能，这无疑有利于有关部门，特别是银行监管部门对各银行操作风险大小排序的把握，从而制定相应的“现场检查”等监管政策。如本例中，A银行的操作风险大于B银行，则监管当局就应该对A银行制定更严格的操作风险监管措施，这有利于指导我们的监管实践，高效地配置监管资源。

## 第三节 操作风险度量的质疑与展望

目前业内普遍强调对操作风险的量化研究，但Elizabeth Sheedy（1999）指出：对所有类型的操作风险都进行定量研究是一个不现实的目标。Coopers & Lybrand（1998）则指出对并不适合进行精确度量的风险过分强调度量会误入歧途并引发道德风险。因为风险度量会让人产生风险已经得到很好控制管理的幻觉，这会恶化风险管理的环境，减少银行内部对风险管理领域的重视。根据风险度量的难易程度，可以做以下排序：操作风险>信用风险>市场风险，超过一定的临界点，风险度量如此困难以致我们可以认为超过该范围过分的强调风险度量会得不偿失。

具体来讲，操作风险度量模型使用存在如下问题：（1）操作风险的低频高损事件的数据极其缺乏。（2）并不清楚任何一个损失数据库与内部环境的关系，因为严重的操作风险损失都不仅与交易本身相关。（3）如果随着损失事件的发生，银行的内控环境在不断得到完善，那么，历史数据对计算经济资本的可用性值得怀疑。建立在对具体的事后事件、直接损失和会计账面价值减损若干指标的加权计算上的操作风险度量模型与风险是对未来损失的度量理念相悖。(4) 而且损失数据并不总能说明问题，因为很多时候我们仅从损失数据中难以发现问题的因果关系。(5) 概率测度不仅仅是一项技术，更应该是一项艺术。在新巴塞尔协议的第二支柱中，委员会强调操作风险管理与公司治理相关，在英国的 Turnbull 报告（ICAEW，1999）中也提到这一点，而且，良好的公司治理和内部控制是操作风险高级度量法的前提。

除上述原因外，现行的操作风险度量方法还难以对风险的管理和降低提供较好的激励。如果风险报告会增加业务单元的资本要求，那么他们很有可能没有激励去报告真实的风险情况。例如，虽然内部律师和人力资源专家愿意充分的揭露报告潜在损失，因为这可以彰显他们的价值，但营运部门会倾向于隐瞒问题，或者是进行风险转移，把操作风险问题转化为信用风险或市场风险。相反的，也有可能银行内部为了获取更多的资源而夸大风险。在极端的情况下，数据收集本来是为了限制风险的发生，却反过来激励了风险的发生（Goodhart，2001）。而且，不论何种风险度量模型都难以全面涵括银行经营活动的方方面面，对操作风险控制环境的改善做出敏感反应，因此，过分强调对操作风险的度量只会降低操作风险管理的积极性。自上而下方法在这方面的缺点尤为明显。自下而上的方法尽管能在一定程度上避免该问题，但这种方法过于繁琐昂贵，并且从变化到调整有一个“时滞”，因此同样不能从根本上克服该问题。

对操作风险度量研究质疑的声音还来自于操作风险数据收集面临的困难。在确立基本的操作风险度量模型后，对模型数据的收集就成为一个更基础的问题。数据的收集直接与操作风险的定义、识别相关，正是数据收集工作使企业的潜在危险变成了风险，纳入公司的整体决策管理活动中（Luhmann，1992）。哪些数据与操作风险及其管理相关？利用公司内部的历史损失数据，还是行业数据？正如 Vaughan（2002）认为的组织如何定义和清洗失误（cleanse errors）更多的是一种管理艺术，巴塞尔委员会也认为：在识别损失和成本的流程中存在很大程度的含糊不清（Basel，2001）。一些风险事件可能会突破现有界定的概念职责范围（Cagan，2001）。而且对操作风险数据的收集也与现行的会计体系相冲突。现行的会计体系强调真实损失和预期损失，而操作风险则潜在地包括更广泛的损失事件范围，主要是包括非预期损失和间接损失（near misses）。而且操作风险的数据库建设也很虚弱（Goodhart，2001），这不仅仅是因为在操作风险的定义上存在含糊，还是因为纯粹定义的操作风险损失事件太少。

对数据收集面临的问题有两个解决途径。第一条途径是通过汇集各家银行的损失数据建立一个综合的损失数据库（pooling loss data），解决低频事件的数据不足问题。一些新的汇聚数据的机构已经成立，如英国的 BBA 已经建立了基于全球银行业的操作风险数据库。但汇集这些数据会碰到以下两个问题：(1) 首先是数据的可信度（confidentiality）和专用性（proprietorial advantage）问题，就像 19 世纪时生命表是寿险公司的专用性资产一样。(2) 这种方法使得操作风险的度量从内部走向外部，因此降低了对各组织个体的风险敏感度，这恰与操作风险度量高级法强调的利用内部模型增强风险敏感度的出发点相悖。因此，从某种程度上讲，汇聚数据是一种自相矛盾（self-contradictory）的解决方案。

另一条解决途径基于这样一种事实：给定一定的法定信息体系，组织总是倾向于收集所有它们能够收集的数据，而不仅仅是它们所需要的数据。这使得对于中等频率，小到中等损失的操作风险也可以建立数据库，使定量模型成为可能。尽管这种方法不能解决巴林银行、大和银行这类风险事件，但这可以使银行把注意力集中在一些高频或中频低损事件上，这些事件的加总同样会给银行带来巨大的损失。最近对银行出售不适当金融产品的罚金，信用卡欺诈损失使得银行的风险管理开始注意这些非巴林事件的损失，尤其是对于一些法律风险和防欺诈活动成为银行风险管理活动的重点。

对操作风险度量面临的困难，有两种不同的对待操作风险度量问题的思路：

（1）理想计算主义。要求所得数据要反映高频数据下的经济资本真实情况，并根据这些风险度量技术进行正确的风险管理活动。理想计算主义者认为操作风险在原理上和市场风险以及信用风险没有什么两样，因此主张沿用与市场风险、信用风险相同的风险管理框架，认为银行总体的风险加总只能通过对各自风险期望的计算获取。

（2）实用计算主义。认为数据并不一定要反映真实的确切情况，只要能表明指示方向即可。风险评分体系可以满足风险管理的需要，可以指示管理活动向正确的方向发展。操作风险需要多元的管理方法，它更是一门艺术，而不仅仅是一门科学。这种理念下最核心的技术是：审计，信贷控制和体系管理，流程和人力资源管理。

实用计算主义的一个好例子是 Simons（1999）发展的风险算子技术（risk calculator technology），这个工具针对不同职能部门的风险状况生成定性的分数，这个工具的分数成为风险管理的客观标准，指示着风险管理的方向。这种计算方法一般被认为是一种较“软”的风险管理方法。评分体系源于咨询活动，强调风险识别和专家判断与反馈。例如，银行家信托是风险管理评分法的应用先锋，它将内部的操作风险相关活动的资本分配建立在风险种类的识别和相应的评分体系上。另一个较好的例子是澳洲的 ANZ 银行，该银行利用计分卡体系来分配经济资本到各业务单元，认为这种方法具有前瞻性。

总之，在对操作风险的定量问题上存在很多的争论，后者强调实用的专家评价方法，而前者更强调利用与市场风险和信用风险相同的高级数学计量技术。究竟采用何种思路，这不仅与各方法的技术发展有关，还与操作风险管理科层组织中各专家的地位相关。

# 第五章　中国商业银行操作风险量化管理

本章主要就中国商业银行操作风险管理基本方法展开研究。此处的管理是狭义的风险管理控制活动。围绕常规管理，作者认为对于风险容忍度内、银行不得不被动承担或自身具有比较优势的可度量风险，银行应在风险度量基础上利用 EC 进行风险补偿，同时积极地建立 RAROC 绩效评估体系进行激励和约束；对于暂时不具风险承担比较优势的可保险风险，银行应利用保险等缓释手段进行风险转移。风险管理还必须辅以科学的风险报告体系。最后，对于常规管理的失败以及巨灾，还要建立相应的例外危机管理体系。值得注意的是，本章的管理方法均建立在上一步骤对操作风险的可度量基础上。

## 第一节　银行操作风险管理概述

### 一、银行操作风险管理的基本原则

在全面分析评估风险因素的基础上，制订有效的管理方案是风险管理工作成败的关键，它直接决定管理的效率和效果。风险管理方案的制订要遵循以下原则：

1. 可行、适用、有效性原则

管理方案首先应针对已识别的风险源，制定具有可操作的管理措施，适用有效的管理措施能大大提高管理的效率和效果。

2. 经济、合理、先进性原则

管理方案涉及的多项工作和措施应力求管理成本的节约，管理信息流畅、方式简捷、手段先进才能显示出高超的风险管理水平。

3. 主动、及时、全过程原则

风险管理应遵循主动控制、事先控制的管理思想，根据不断发展变化的环境条件和不断出现的新情况、新问题，及时采取应对措施，调整管理方案，并将这一原则贯彻项目全过程，才能充分体现风险管理的特点和优势。

4. 综合、系统、全方位原则

风险管理是一项系统性、综合性极强的工作，不仅其产生的原因复杂，而且后果影响面广，所需处理措施综合性强。因此，要全面、彻底地降低乃至消除风险因素的影响，必须采取综合治理原则，动员各方力量，科学分配风险责任，建立风险利益的共同体和项目全方位风险管理体系，才能将风险管理的工作落到实处。

### 二、银行操作风险管理的基本方法

一般来说，对操作风险的管理主要有回避风险、预防风险、自留风险和转移风险四种常规方法。一旦风险管理失败，针对特殊情况，银行还应启动相应的危机管理机制。

1. 回避风险

回避风险是指主动避开损失发生的可能性。它适用于对付那些损失发生概率高且损失程度大的风险。回避风险意味着放弃收益，银行回避风险应充分考虑银行的风险态度，在银行的风险偏好内进行风险回避决策。其局限性表现在，并非所有的风险都可以回避或应该实行回避。

2. 预防风险

预防风险是指采取预防措施，以减少损失发生的可能性及损失程度。风险预防常用的方法是在银行内部推行过程管理与质量管理，同时在银行经营管理方面进行严格的内部控制。预防风险涉及一个现时成本与潜在损失比较的问题。

3. 自留风险

自留风险即自己非理性或理性地主动承担风险。在做出理性选择时，自留风险一般适用于对付发生概率小，且损失程度低的风险。对于银行的自留风险，银行应该充分估计其大小，留出足够的风险拨备与经济资本，进行风险补偿。

4. 转移风险

转移风险是指通过某种安排，把自己面临的风险全部或部分转移给另一方。通过转移风险而得到保障，是应用范围最广、最有效的风险管理手段。保险就是转移风险的有力风险管理手段之一。但其缺陷是成本较高，且并不是所有的风险都可以转移。

5. 风险报告

风险报告是操作风险日常管理的重要保障措施。银行应建立健全独立的风险报告体系，确保所有的风险问题能够准确及时地到达银行的管理决策层，以助于迅速地做出科学的风险管理决策。同时操作风险报告也是重要的激励手段，督促银行的风险管理活动能够真正地落到实处。银行操作风险报告应包括操作风险的日常报告和例外报告。

6. 危机管理

前面四种操作风险管理办法属于操作风险的常规管理办法，但由于操作风险中包含着极其罕见的高损低频事件，如巴林银行等危机事件，因此，为应对银行操作风险日常管理失效的特殊情况，银行应该建立健全危机管理机制，以更好地确保银行的永续经营。

由于风险回避和风险预防已渗透到银行经营管理的日常工作中，所以本章仅对银行操作风险管理的后四种特殊手段进行详细的阐释。

## 第二节 经济资本

### 一、资本作为风险防线

资本是现代商业银行存在的前提和发展的基础。按照国际化惯例的监管要求和发展趋势，资本决定了商业银行经营规模扩张能力、风险抵御能力和市场生存能力，资本管理、资本充足率和资本回报要求已成为国际先进商业银行经营管理的核心。

### （一）利润最大化的危险

银行往往以追求利润最大化为经营目标，在传统的经营管理中，衡量银行经营状况的指标是资产回报率（ROA），测度投资回报的指标是股权回报率（ROE），它们之间通过权益乘数（EM）发生联系。其中：ROA＝税后净利润/资产；ROE＝税后净收益/股权资本；EM＝资产/股权资本；显然，税后净收益/股权资本＝税后净利润/资产×资产/股权资本，即ROE＝ROA×EM。因此，在资产回报率（ROA）给定时，银行资本金越低，股东回报越高；在资本金一定的情况下，资产规模越大，股东回报越高。以此为前提，资产扩张很自然就成为银行实现利润最大化最简便直接的手段。

在传统的银行经营管理中，由于资产扩张不受资本制约，股东追求高额回报（ROE）的结果必然诱使银行不计风险地盲目扩大资产规模，加速风险累积和潜在损失激增，最终掉入利润最大化“陷阱”，资不抵债，面临破产的威胁。

### （二）资本作为风险防线

银行是经营风险的企业，风险与损失不可避免，银行资本金的重要作用就是构筑风险防线，防止银行倒闭。可以说，资本金是银行实力的象征和安全保证。在资本金的作用下，利润最大化的风险可以得到防范，如图5-1所示。

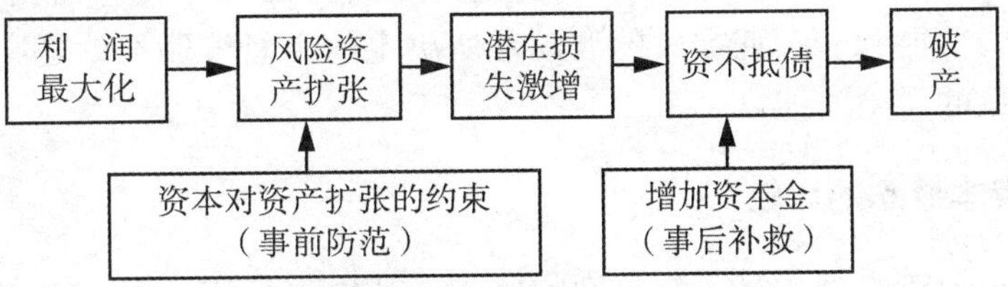


图5-1　资本作为风险防线

从图5-1中可以看出，资本筑成了两道风险防线：第一道防线是通过建立资本对资产的约束来限制风险资产的无节制膨胀；第二道防线是通过扩充资本金数量，增强资本消化风险的实力，形成安全底线。这两道防线形成了对破产风险的事前防范和事后补救。而且，充足的资本还有助于树立公众对银行的信心，向银行的债权人彰显实力。

## 二、经济资本的含义

经济资本（Capital at Risk，CaR）是现代全面风险管理的关键概念之一，是商业银行全面风险管理的主要量化测度工具之一。

### （一）经济资本的定义

目前对经济资本并没有一个统一明确的定义，Bundesbank的一项调查显示，很多机构将核心资本定义为经济资本，另有一些机构则将核心资本与附属资本之和定义为经济资本。① 但关于经济资本更一般的定义是弥补风险造成的非预期损失的资本量。

经济资本主要包括以下三方面的经济含义：

（1）银行的资本规模与需开展的业务规模相比是有限的，为保证风险的有效控制，银行资本的杠杆效应受到了限制，不低于8%的资本充足率要求成为了商业银行稳健经营的法律保障。

（2）对一笔具体的业务而言，为防范某一置信度下的最大风险，就需要配置一定的资本，当置信度较高时（比如99.9%），我们称被防范的风险为非预期风险，被配置的资本为经济资本。经济资本就是由商业银行的管理层内部评估而产生的配置给资产或某项业务用以防止非预期损失的资本。

（3）经济资本可以被看成是股权资本对某一风险项目的投资。

银行业务发展所带来的风险可以分解为三个层次的损失，即预期损失（Expected Loss，EL）、非预期损失（Un-Expected Loss，UL）以及异常损失（Catastrophe Loss）。预期损失是在一般正常情况下，银行一定时期内可预见的平均损失。这类损失要通过调整业务定价和提取相应的准备金来覆盖，从业务的收益中作为成本来扣减掉。所以它已不构成真正的风险。异常损失则是指超出银行正常承受能力的损失，通常有发生概率极小但一旦发生损失巨大的特点。这是由不可抗力引发的，银行一般无法做好更有效的准备。非预期损失是超出预期平均水平的损失，银行必须有充足的资本来覆盖，作为最后的防线，保证银行在不利的情况下也能正常经营。非预期损失是真正的风险，它需由银行的资本来消化，这是由资本的功能和非预期损失的波动性所决定的。经济资本就是这道与银行实际承担的风险直接联系的风险防线。

### （二）几类资本概念的比较

银行资本是一个较为复杂且不断发展的概念。就目前来讲，银行资本按性质可以分为会计资本（book capital）、监管资本（regular capital）与经济资本（economic capital）。

会计资本也称账面资本，它强调资本的产权性质。会计意义上的银行资本项目与一般工商企业资本项目并无大的差异，银行资本为银行总资产与总负债账面价值的差额，即银行的净值。会计资本，也叫权益资本、自有资本或股东权益，主要由普通股、非累计优先股、资本公积、盈余公积和未分配利润构成。

经济资本，又称风险资本，它则是一种虚拟资本，与银行的非预期损失等额。经济资本并不是真实的银行资本，而是一个“计算出来的”数字，在数额上与非预期损失相等，其计算公式如下：经济资本=信用风险的非预期损失+市场风险的非预期损失+操作风险的非预期损失-重叠的损失。

监管资本是根据官方关于合格资本的法规与指引标准，银行发行的所有合格实缴资本

① Dimitris Chorafas. Economic Capital Allocation with Basel II［J］. Butterworth-Heinemann Ltd，2004（2）.

工具。银行业监管者从对银行资本功能的理解出发，认为银行资本的主要功能在于吸收和消化银行损失，尽可能保障存款者利益，监管资本是银行经营管理稳健性的指示器，是对银行活动的有效而真实的限制。如果银行不能达到监管当局设立的资本目标水平，那么它们将面临被直接干预的风险。从外延上讲，建立在经济资本基础上的银行监管资本的外延要宽于会计资本。

新巴塞尔协议将银行资本分为两类：第一级为核心资本，由高质量资本要素组成，包括实收股本/普通股、公开储备，并扣除商誉等。我国监管当局关于核心资本的口径，包括实收资本、资本公积、盈余供给和未分配利润等。第二类附属资本，包括未公开的储备、资产重估储备、普通准备金或普通呆账准备金、混合债务资本工具、次级长期债务。我国监管当局的口径包括贷款呆账准备、坏账准备、投资风险准备和5年期以上长期债券。表5-1描述了新巴塞尔协议规定的银行监管资本的构成以及我国《商业银行资本充足率管理办法》（以下简称《办法》）中规定的监管资本构成与之的对应关系。

表5-1 **银行资本构成的比较**

| | 新巴塞尔协议规定的银行资本构成 | 《办法》规定的合格资本 |
|---|---|---|
| 一级资本 | 股本金 | 实收资本 |
| | 公开储备 | 资本公积、盈余公积、未分配利润 |
| | 在子公司股本中的少数股权 | 少数股权 |
| | 创新一级资本（Hybrid Capital，HT1） | 无 |
| 二级资本 | 非公开储备 | 无 |
| | 资产重估储备 | 重估储备 |
| | 普通贷款损失准备金 | 一般准备 |
| | 混合（债务/股票）资本工具 | 优先股、可转换债券 |
| | 次级定期债务 | 长期次级债务 |
| 三级资本 | 交易账户重估增值、短期次级债务 | 无 |

注：三级资本并不为国际评级机构所认可，但受到了各国会计创新准则和监管当局的广泛认可。

### （三）经济资本与VaR

经济资本与风险价值（Value at Risk，VaR）都是风险测度和风险管理的工具，经济资本的思想是从风险价值发展而来。与VaR相似，经济资本的度量总是与一定的置信度和置信区间联系在一起的。Prakash认为在99%的置信度下计算的VaR被定义为经济资本，超过99%置信度范围外的资本称为信号资本（signal capital）。①

① Dimitris Chorafas. Economic Capital Allocation with Basel II［J］. Butterworth-Heinemann Ltd，2004（2）.

但应该清醒地认识到，经济资本和风险价值是不同的概念。其区别如下：

第一，经济资本是银行在一定容忍程度内，弥补由全部风险引发的潜在损失所需要的资本金。经济资本主要关注资本充足率问题，是对总风险的反映，是在充分考虑风险分散化后在全局整体层次上的一种特殊的风险资本，因此只能适用于风险管理的最顶层。而风险价值则是指在一定容忍度内，任意业务单位和产品线，或者商业银行整体可能出现的最大风险，它适用于管理过程中的任何层次。

第二，经济资本是关乎商业银行整体的清偿能力和生存能力的风险度量，本身具有相当的冒险性，因此，其适用的容忍度要比对单个业务单位或者产品线进行度量的风险价值适用的容忍度更加严格。由此可见，风险价值与商业银行的日常业务更为相关，而经济资本则与处理汇总的风险资本和清偿能力等更为相关。

## 三、银行风险偏好与经济资本分配模型

经济资本背后的原理在于：银行的风险来自于不同的部门、分行（管辖行）和业务，银行的各个部门、分行（管辖行）和各项业务因承担风险而面临潜在的损失，这种损失要求被补偿或消化，以维持银行的稳健运营。

### （一）经济资本的作用

经济资本能够比较准确地反映资产的风险特性，对银行的经营管理工作具有重大意义：（1）计算经济资本纳入资产定价能充分反映对应的风险，使资产收益可以抵补所有分配的成本；（2）利用经济资本对面临各种风险的各类资产或业务单元进行一致的业绩判断，获得不同资产或业务单元对经济增加值（EVA）的具体信息；（3）可以通过确定总体的以及不同资产或业务单元的风险承担水平分配经济资本，继而调整资产或业务发展结构。

经济资本及其分配在银行风险控制中的作用具体表现在：（1）经济资本直接反映银行的风险状况，可方便地分解、合并。通过对经济资本进行分配，在清楚地显示各部门、分行（管辖行）和各项业务风险水平的同时，实现了资本与风险的匹配。（2）在经济资本分配的基础上，通过 RAROC 对各部门、分行（管辖行）和各项业务进行评价，既考察了盈利能力，又充分考虑了该盈利能力背后承担的风险。（3）经济资本成为银行确定其风险控制边界的基础：经济资本作为一种虚拟资本，当它在数量上接近或超过银行的实际资本即监管资本，包括核心资本和附属资本时，说明银行的风险水平接近或超过其实际承受能力，这时银行要么通过一些途径增加实际资本，要么控制或缩减其风险承担行为，否则其安全性将受到破产的威胁。

### （二）银行风险偏好下的经济资本分配模型

现代风险管理体系的信号传递需要一套特殊的组织机制，以实现银行整体经营目标与业务单位乃至每项具体交易细节的有机联系，将整体经营目标科学地分配到各个业务单位

和每项具体业务中。上述目的通常有两种实现途径：一是业务单位与中心管理机构间的资金转移定价系统（Funds Transfer Pricing，FTP）。它用于计算“经济”利差①和商业利差，并设定银行经营目标；二是在业务单位、交易之间分配银行整体风险和可用资本金的经济资本分配系统。这一分配系统实现了业绩在充分考虑风险基础上的跨业务单位和跨产品的比较。

经济资本分配法的基本思路是：在充分考虑了单个产品线以及业务单位的风险，并考虑了产品组合所带来的风险分散性后，通过计算商业银行的经济资本准确测度出商业银行的整体风险。然后根据经济资本测度结果和各业务单位和产品的相关度将资本分配到每个产品线和业务单元，并在其业绩考评中充分考虑其所占用的经济资本。

经济资本分配法是近期出现在商业银行的一种风险管理的组织方法。通过分配经济资本分摊风险要注意以下问题：首先，风险不能进行简单加总。由于产品组合对风险具有分散性，在风险测度时必须考虑风险之间的相关性。因此，合并风险或者将总体风险分配到每个产品线或者业务单位并不如将总体目标收益分摊那样直观和易行。其次，应该认识到，并不是所有的风险都应该分摊。比如一般只在总体层次存在的流动性风险不需要进行分摊，但信用风险、操作风险等则必须分摊到其来源的每项交易中去，从而在总体层次和交易层次上同时进行控制。

确定银行风险偏好是进行银行经营管理的一个前提，因此，在经济资本分配模型中，根据银行资本实力，结合市场情况，确定银行整体经营所能承受的风险程度——风险偏好，并进行相应风险偏好下的风险资本分配，就成为商业银行稳健经营的第一要义。

商业银行确定风险偏好可以有两种方式：股东在风险资本不得超过会计资本的硬约束下，直接确定和间接确定风险容忍度。

设股东确定资本投入量 $C_m$ ，同时确定股东要求的回报率 $P_m$ ，银行总资产为 $A$ ，业务组合比率为 $b=\{b_1, b_2, \cdots, b_n\}$ ，对应的业务收益率②为 $p=\{p_1, p_2, \cdots, p_n\}^{\mathrm{T}}$ ，对应的风险资本率③为 $c=\{c_1(s), c_2(s), \cdots, c_n(s)\}^{\mathrm{T}}$ ，其中 $s$ 为风险偏好。

$$\begin{cases} Abc \leqslant C_m \\ Abp \geqslant C_m P_m \\ \sum_{i=1}^{n} b_i = 1 \end{cases}$$

在风险偏好的两种确定方式中，都需要银行从战略层面确定各类业务的发展布局，从而确定各类业务的发展比例，通常银行基于以下考虑确定各类业务的发展比例 $b_i$ ：

（1）战略考虑：培养银行核心竞争力，培育持续盈利能力，推动银行市值的稳定或

① 经济利差=流动性风险成本+信用风险成本+资产负债管理利差。

② 业务收益率为经营收入扣除资金成本、经营成本和风险成本后的收益率。

③ 风险资本率等于一定规模的某类业务占用的风险资本与相应的业务规模相除。

持续提高。

（2）战术考虑：主要是即期盈利和即期市场形象考虑，主要依据是各类业务的风险调整后资本回报率以及各类业务的目前市场竞争需要。

## 四、构建以经济资本为基础的RAROC风险控制机制

股份公司存在的目的是实现股东价值的最大化。银行在评价其盈利情况时，必须考虑其盈利是在承担了多大风险的基础上获得的。如果某项业务的风险过大，则该项业务为消化其风险损失所占用的资本就较多，这时即便该项业务能带来较大的利润，与其所占用的资本相比，其资本利润率未必很高。因此，银行应在一个适当的风险水平上实现股东价值的最大化。

### （一）RAROC的基本内涵

银行在衡量其对股东价值的贡献时，应采用风险调整后的资本利润率指标（Risk Adjust Return on Capital，RAROC）指标。与传统的资本收益率指标（ROC、ROE等）不同的是，RAROC既考查了银行的盈利能力，又充分考虑了该盈利能力背后承担的风险。

RAROC是国际先进商业银行用于经营管理的核心技术手段，它改变了传统上银行主要以账面股本收益率（ROE）或股东回报为中心考查经营业绩和进行管理的模式，而是更深入、更明确地考虑风险对银行这类特殊企业的巨大影响。RAROC较好地反映了任何资产或资产组合的资本回报水平。利用RAROC指标，银行可以清晰地观察到不同产品和业务单元是否在增进股东价值，以便对收益过低的项目进行取舍，将有限的资本投入具有良好业绩和发展前景的项目之中，提高资本的整体利用效率并有效防范风险。20世纪90年代后期，该项技术在不断完善的过程中得到国际先进商业银行广泛应用，逐渐成为当今金融理论界和实践上公认的最核心、最有效的经营管理手段。

风险调整后的资本收益率的计算公式：

$$RAROC = (收益 - 经营成本 - 风险成本) / 经济资本$$

其中收益可以包括利差收益和非利息收益（如业务收费等）；经营成本是银行经营管理成本；风险成本是指一般情况下业务所承担的风险可能带来的预计损失。

RAROC从技术上体现了两层本质含义：第一，银行必须以“利润”为中心和追求的最终目标；第二，银行的利润必须经过风险的调整才是健康的利润。这与目前国内有些银行把规模的简单扩张以及一时的、不经未来风险冲减的“高额利润”作为追求的目标有原则和本质的区别。经济资本的运用，使风险意识和风险控制机制贯穿于银行经营活动的始终，同时也反映在对经营者的考核过程中，使投资回报率更加真实、可信。

### （二）RAROC风险管理流程

利用RAROC进行风险管理的主要目标有两个：一是“稳健性”，即在经营实力范围

内，根据业务运营计划向各部门分配资本以及设定风险指标，并进行与资本相适应的风险配置，从而实现将超过整体经营实力的损失发生概率控制在一定水平之下达到确保稳健运营的目标；二是“收益和效率”，是指根据风险调整后的收益指标，重新分配经营资源（人、物和资金），以实现向收益性高的领域投入更多资源达到提高收益和效率的目标。具体基于 RAROC 的风险管理流程如图 5-2 所示。

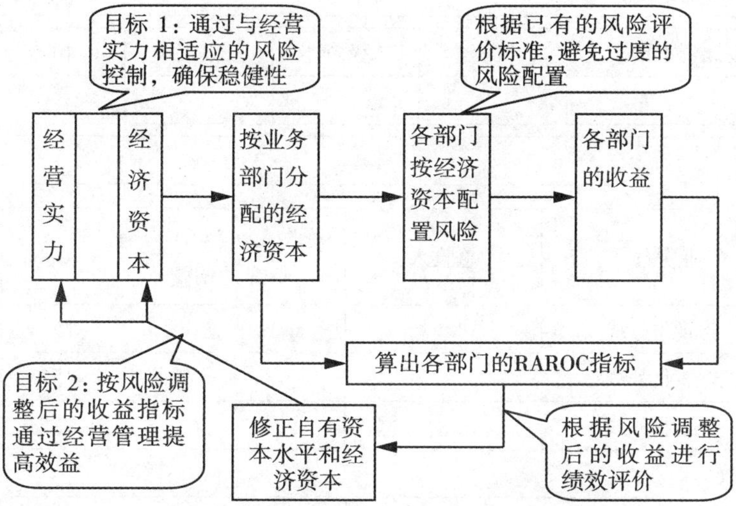


图 5-2　基于 RAROC 的风险管理流程

具体步骤如下：

（1）商业银行为防范各类操作风险而准备必要的风险资本。

（2）根据操作风险度量结果，从管理会计上将风险资本相应的分配给各业务部门。

（3）通过设立风险界限和损失限额，各业务部门对分配的风险资本进行风险配置。

（4）对风险配置后得到的收益和风险资本的关系进行评价，计算 RAROC，作为风险调整后的收益指标。

（5）通过评估各类风险控制绩效对风险资本的成本进行调整，即根据 RAROC 指标，调整自有资本水平以及风险资本比例，对资源配置、业务计划、融资方针、风险管理体制等进行修正。

（6）根据修正后的资源配置计划，重复上述流程进入下一个管理周期。

## 五、中国商业银行操作风险经济资本调查表设计

2004 年新巴塞尔协议出台后，各国监管当局针对各国的具体情况进行了新巴塞尔协议资本要求影响调查 QIS4（Quantitative Impact Study，QIS4），表 5-2 是其中关于操作风险资本要求的调查表，我国银行完全可以依据该表进行操作风险资本要求调查。

表 5-2　　中国商业银行操作风险经济资本要求报告表

操作风险经济资本要求报告文件

（A）报告期

| | |
|---|---|
| 报告期 | |

（B）旧协议下的资本要求

| 年份 | 最低资本要求 | 一级资本 | 二级资本 | 三级资本 | 扣减 | 实有资本 |
|---|---|---|---|---|---|---|
| | | | | | | |

（C）基本指标法

| 年份 | 业务线 | 总收入 | 总收入（经 GI 为辅情况的调整） | Alpha | 资本要求 |
|---|---|---|---|---|---|
| | 全部业务线 | | | 15% | |
| | 全部业务线 | | | 15% | |
| | 全部业务线 | | | 15% | |
| GI 为正的年份数 | | | | | |
| 基本指标法下的资本要求 | | | | | |

（D）标准法

（1）方法的选择

选择“标准法”填写（2）的相关内容或选择“其他标准法”填写（3）的相关部分

（2）标准法

| 年份 | 业务线 | 总收入 | m | Beta | 资本要求 | |
|---|---|---|---|---|---|---|
| | 公司金融 | | | 18% | | |
| | 交易和销售 | | | 18% | | |
| | 零售银行业务 | | | 12% | | |
| | 商业银行业务 | | | 15% | | |
| | 支付与结算业务 | | | 18% | | |
| | 保管和代理业务 | | | 15% | | |
| | 资产管理业务 | | | 12% | | |
| | 经纪业务 | | | 12% | | 核对 |
| | 全部业务 | | | | | |
| 标准法下的资本要求 | | | | | | |

续表

(3) 其他标准法 (由各国监管当局决定)

| 年份 | 业务线 | 总收入 | m | Beta | 资本要求 |
|---|---|---|---|---|---|
| | 公司金融 | | | 18% | |
| | 交易和销售 | | | 18% | |
| | 零售银行业务 | | | 12% | |
| | 商业银行业务 | | | 15% | |
| | 支付与结算业务 | | | 18% | |
| | 保管和代理业务 | | | 15% | |
| | 资产管理业务 | | | 12% | |
| | 经纪业务 | | | 12% | |
| | 全部业务 | | | | |
| 其他标准法下的资本要求 | | | | | |

(4) 全部资本要求

| | |
|---|---|
| 标准法下的资本要求 | |

(E) 高级法

| | |
|---|---|
| 高级法下的资本要求 | |
| 高级法的计算方法 * | |

* AMA 是应用于所有业务线还是部分业务线

对于 AMA 仅应用于部分业务线的银行数据报告应满足下列条件:

(1) 应用 AMA 业务线 AMA 下的资本要求; 加上

(2) 未使用 AMA 业务线的基本指标法或标准法下的资本要求。

| | |
|---|---|
| 未考虑分散化效应下的高级法资本要求 | |
| 未考虑保险缓释效应下的高级法资本要求 | |
| 未考虑定性方法调整的高级法资本要求 | |
| 信用卡欺诈的资本要求 | |
| 其他零售业务欺诈风险的资本要求 | |
| 操作风险预期损失资本要求 (根据新协议 669 (b) 条款) | |

## 第三节 操作风险保险

一个可保险事件必须满足两个基本条件：风险的可识别性、风险的可度量性。操作风险的界定为保险双方识别风险和确定保险范围提供了可能，操作风险模型化发展为保险定价提供了条件，而且与商业银行传统的信用风险和市场风险不同，绝大多数的操作风险都属于纯粹风险，因此，从本质特征上讲，操作风险符合保险的可保性要求。① 特别是具有低频高损特征的操作风险事件，它们是操作风险保险主要的适用对象，并且基本上能满足上述可保性要求，属于典型的可保风险，因此可以将操作风险，尤其低频高损类操作风险纳入商业保险的业务范围。

### 一、操作风险保险的种类

#### （一）特定风险保险

特定风险保险工具主要运用于机构风险、人员风险以及外部风险三个领域。

（1）机构风险主要包括银行内部组织结构、系统及信息技术等原因导致的银行损失风险。承保这类风险的保险工具有：①董事和高级职员责任险；②职业责任保险；③错误与遗漏保险；④就业责任保险；⑤机构综合责任保险。

（2）人员风险的承保工具有：①未授权交易保险；②雇员忠诚保证保险；③管理人员责任保险；④董事与高级职员责任险、职业责任险、就业责任保险与雇主责任保险等；⑤综合犯罪保险。

（3）外部风险的承保工具有：①非金融性财产保险；②营业中断保险；③计算机犯罪保险；④绑架和勒索保险及综合犯罪保险。

这类保险品种都是针对特定风险，而且每一个险种都有特定的使用条件和排除条款，在投保时常会出现保险遗漏或重叠问题。因此，保险公司开发了一揽子保险工具。

#### （二）一揽子保险

一揽子保险工具包括多种风险，如瑞士再保险公司开发了金融机构操作风险保险（FIORI）以及机构责任保险等。其中 FIORI 包括责任、忠诚度、未授权交易行为以及技术风险、资产保护和外部欺诈。但它对每笔损失有一亿美元的免赔额，而且要求投保银行至少有 200 亿美元的资产。机构责任保险主要承保内部和外部欺诈行为、不诚实交易和其他一般责任造成的损失。具体而言，银行内部盗窃和欺诈，包括信用欺诈、盗窃、贪污、回落、逃税、资产的非法占有、恶意的资产破坏、未授权的资金转移、内部交易损失等风险；内部计算机犯罪行为，包括窃取信息、数据操纵、防火墙瘫痪、密码错误、网页错误。一些保单还有更宽泛的范围，甚至包括对有形财产的损坏、假币及交易损失。一揽子保险工具的优点是可以为银行提供全方位的保护，有助于降低使用特定风险工具时常会出

① 周好文，杨旭．银行操作风险保险研究［J］．江西财经大学学报，2005（5）．

现的保险遗漏和重叠问题。而且，由于各种损失之间有一定的相关性，因此，保险人对综合考虑众多风险的一揽子工具的报价会低于承保同种损失的多个特定险种的保费总和。

## 二、ORI 的风险缓释效应分析

ORI 作为风险缓释技术的一种，其效应分为两个层次，一是单个保险安排，二是多个保险安排的风险缓释效应。张中朝等（2005）构建了一个风险管理框架下的 ORI 风险缓释效应模型，分别考察了单个保险安排和一揽子多个保险安排的风险缓释效应。①

在不考虑其他因素如保险人违约等情况下，单个保险安排的风险缓释效应主要由以下三个要素确定：（1）免赔额 $d_l$；（2）单个风险损失事件的最大赔偿金额 $c_l$；（3）整个保单的累计最大损失赔偿金额 $limit_p$。多个保险安排的风险缓释则必须考虑到被缓释风险事件之间的相关性。

对于单个保险安排，一个典型的风险损失事件的风险缓释效应如图 5-3 所示。

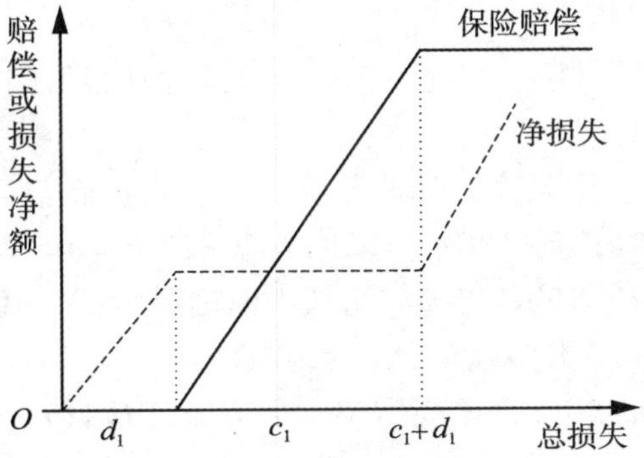


图 5-3　操作风险保险缓释效应

则保险的偿付结构如图 5-4 所示。

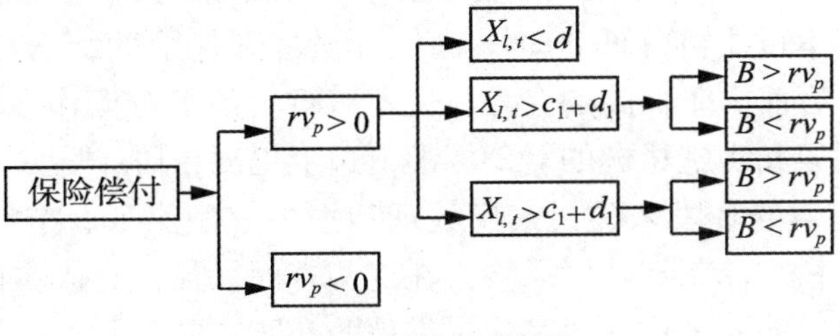


图 5-4　保险偿付结构

对于一揽子保险缓释效果的计算则只需将上述过程针对不同的风险损失事件重复进行模拟。通过上述方法得出银行各个风险损失事件的净损失 $x_{l,t}^{net}(l=1，2，3，\cdots，L)$，然

① 张中朝，张丽坤．Basel 框架下 ORI 风险缓释效应的缺陷与修正［J］．金融论坛，2005（11）．

后在一系列相关性假设的基础上，推算出 ORI 对银行总的风险缓释效应。关于风险损失事件的相关性，可以采用共同冲击（common shock）的假设，该假设认为：（1）银行操作风险损失事件是由 $S$ 个具有独立分布的冲击导致，冲击的次数用 $N^s(t)$ 来表示，$S$ 个冲击中，有 $L$ 个是特定冲击，该冲击只导致某一特定风险产生损失，另外 $S-L$ 个冲击为共同冲击，这些冲击对所有的风险损失都会施加影响，因此，各个操作风险损失事件通过共同冲击形成一定的相关性。（2）单个操作风险损失事件发生与否是通过伯努利（Bernoulli）试验来进行，其结果用一个指示变量 $I^s_{l,t}$ 来表示，发生该事件取 1，反之则取 0。（3）银行单个操作风险事件的净损失则采用前述方法。

根据上述相关性假设，可将保险风险缓释后观察期 $t$ 内的操作风险总净损失 $Y(t)$ 表示为：

$$Y(t)=\sum_{l=1}^{L}\sum_{s=1}^{S}\sum_{t=1}^{N^{(s)}(t)}I_{l,t}^{(s)}x_{l,t}^{(s)(net)}$$

三、ORI 的优点

毫无疑问，使用保险最直接的好处在于：减少或弥补银行因损失发生而造成的经济影响。此外还包括一些内部管理上的利益：

（1）保险能有效缓释操作风险，降低监管资本要求。新巴塞尔协议明确将操作风险纳入资本监管的范畴，同时，新巴塞尔协议也考虑了影响操作风险稳健管理的各项可能因素，包括保险的作用。2004 年的新巴塞尔协议中明确提出："高级计量法允许银行出于计算最低资本的需要，在计算操作风险时认可保险的风险缓释作用。"保险的缓释作用甚至可占到操作风险资本要求的 20%，该规定实际上有条件地肯定了保险在操作风险管理中的风险缓释作用。

（2）对保险的运用将促使银行实施高级计量法，从而大大提高银行风险管理水平。由于种种原因，巴塞尔委员会对保险的缓释作用的认可仅限于高级计量法，加之高级计量法本身的优越性，迫使银行不得不考虑使用较先进的高级计量法。根据 2001 年巴塞尔委员会的工作文件，使用 AMA，操作风险资本要求可能降低到 9% 左右。如果使用保险，理想的操作风险监管资本可能再降低 20%。高级计量法和保险的综合使用一方面缓解了银行的资本压力，另一方面由于保险的介入，使得银行具备了对操作风险的"免疫"能力，这也将促使银行在制定和实施稳健的管理标准上迈上更高台阶。

（3）提供一种有效的手段来购买索赔处理和损失控制服务，节约管理成本。保险公司的核心业务就是评估、控制和补偿风险，在这些方面往往具有成本优势。保险公司出于自身利益考虑以及客户的要求往往向客户提供理赔和防灾防损服务，如果银行没有购买保险，那么就必须自己承担或者从别的地方购买这种服务。如果银行缴纳的附加保费相比同类服务的成本更低，那么购买保险是更优的选择。

操作风险保险具有很强的监督功能。银行的特定利益主体（存款人、政府或股东）可能会认为，监督银行经理人员的行为通常非常困难或成本巨大，但他们可以要求银行管理者购买操作风险保险，让保险人承担外部监督的角色。保险公司在监督和约束经理人员的机会主义行为方面具有专业性和比较优势：第一，保险人是专业的信息收集者，他们可能更容易低成本地收集和处理相关信息；第二，操作风险损失发生时要对银行进行补偿，因而保险仍有很强的兴趣抑制这些潜在的损失；第三，保险公司具有提高保险费、确定限额、取消保险、提高免赔水平、对企业或董事和雇员采取法律行为等多种手段来保证银行业务的合规性。

## 四、新巴塞尔协议 ORI 的资本豁免与评价

### （一）新巴塞尔协议对 ORI 的处理

新巴塞尔协议 637—639 条规定了对银行风险缓释问题的处理，具体如下：

1. 设置缓释高限

高级计量法允许银行出于计算最低监管资本的需要，在计量操作风险时认可保险的风险缓释影响，享受一定的“资本豁免”。保险的缓释作用不超过操作风险总资本要求的 20%。

2. 银行风险缓释作用应满足的门槛要求

（1）保险人的理赔支付能力评级最低为 A（或相当的评级）。

（2）保单的初始期限必须不低于 1 年。对于剩余期限少于 1 年的保单，银行必须做出适当折扣以反映保单剩余期限的递减，剩余期限为 90 天以下时做 100% 全部折扣。

（3）对撤销保险合同或对合同不进行续保的情况，保单上需规定最少多长时间的提前通知。①

（4）无论是对银行采取监管措施的监管当局，还是对于倒闭银行的接管方或清算人来说，保单都不得规定除外条款或限制条件。

（5）保险覆盖的项目与银行的实际操作风险损失暴露之间对应关系明确。

（6）保险由独立第三方实体提供。在涉及银行的专属保险公司或附属保险公司的情况下，风险暴露应划到符合资格标准的独立第三方实体，如通过再保险方式。

（7）认可保险作用的框架合理，文件齐备。

（8）银行披露因保险作用而减少的操作风险资本要求。

3. 保险风险缓释应认定的要素

在高级计量法下，银行对保险作用的认可方法也需要通过保险金额折扣安排反映以下要素：

（1）保单剩余期限，如果短于 1 年则按以上原则处理。

（2）保单的撤销和不续保的期限安排。

（3）赔付的不确定性以及保单覆盖范围的错配现象。

### （二）对新巴塞尔协议 ORI 的评价

2004 年颁布的新巴塞尔协议在第一支柱“操作风险的最低资本要求”中提到了在银

---

① 委员会认为，保单撤销和不续保的最小通知期的长短，可能会对认可保险合同对监管资本的作用造成影响。在征求意见期间，委员会将继续与业内合作以界定最小期限的标准。委员会将考虑对保单剩余期限和撤销及续保期提出一致性的处理建议。

行使用高级法计算操作风险时可以享受一定的操作风险“资本豁免”。同时，巴塞尔委员会认为由于现实中保险合同的一些缺陷，ORI 在功能上还未能完全替代资本，因此将高级法中 ORI 的资本豁免效应限制在未引入保险机制前操作风险资本要求的 20%。并且无论是否运用保险机制，采用高级法的最高资本豁免均为标准法的 25%。

巴塞尔委员会对 ORI 的简单处理有其深刻的原因，但考虑到新巴塞尔协议着眼于实施更为敏感的资本计量、倡导一种风险为本的监管和鼓励银行业进行更好的风险管理，这种对 ORI 的简单处理不可避免地存在一系列缺陷：

（1）将资本豁免效应的受惠对象与操作风险的度量方法挂钩会引致银行竞争的不公平。无论使用何种风险度量方法，保险机制都可以起到很好的风险缓释作用，将受惠对象与风险度量方法挂钩虽然有助于激励银行采用更为敏感的操作风险度量技术，但其背后隐含的假设却是保险只对采用高级法的银行有风险缓释作用，这对那些尚未采用高级法的银行运用保险机制无疑是一种监管歧视，这显然违背了巴塞尔框架营造银行业公平竞争环境的宗旨。

（2）激励结构的错位。研究表明，能够使用高级法的银行往往是那些能够在其内部模拟和复制保险机制的国际活跃银行，因此其运用保险机制管理操作风险的动力并不大，相反那些由于策略等原因不准备采用高级法或者无力采用高级法的中小银行却最有动力和最能有效运用保险机制。因此，巴塞尔框架使得最需要运用保险机制管理操作风险的银行没有动力购进 ORI，这与新巴塞尔协议鼓励银行进行更好的风险管理相抵触。

（3）仅在资本要求支柱中考虑 ORI 具有一定程度的不合理性，损害了监管效率。现实中，由于保险合同的复杂性，① 要在第一支柱中将 ORI 的风险缓释效应精确计算出来非常困难。另外，如果将保险因素纳入银行最小监管资本的计算，可能会随着保险合同的一些变更或者相应假设的变化，导致银行的最小监管资本处于频繁的变动之中，② 这显然不利于银行的资本管理。在新巴塞尔协议的框架中，第二和第三支柱中都没有对 ORI 进行考虑，没有引入保险资本豁免效应的相机决策和定性评价机制，这也与新巴塞尔协议的追求不相协调。

（4）容易诱引银行的监管套利行为，不利于银行全面采纳更加敏感的风险度量技术。新巴塞尔协议中，将保险的资本豁免效应限制在采用高级法最高能够扣除相当于标准法资本要求的 25% 以内，在这种安排下，由于低风险业务的保险费用相对较低，任何存在财务约束的银行都会优先在低风险业务模块采用高级法并为之购买保险，这样银行就可以享受“低成本保险，高资本豁免”的好处。但资本豁免接近 25% 的上限时，银行便没有动力采用高级法，更没有动力为其高风险业务购买保险，这显然与监管当局的初衷不符。

巴塞尔操作风险保险评价如图 5-5 所示。

---

① 保险合同的复杂性主要体现在保险公司的资信水平、保险赔付的时间滞后对银行的影响以及保险合同的一些限制性条款，如免赔额、最高保额、宽限期等使得保险的这种资本属性变得不确定，将资本等价为某一资本的过程面临许多假设。

② 如，按照新巴塞尔协议的要求，银行要计算随着保险合同的到期，保险的资本豁免效应对资本的影响，因此需要频繁地计算实际的最小监管资本要求。

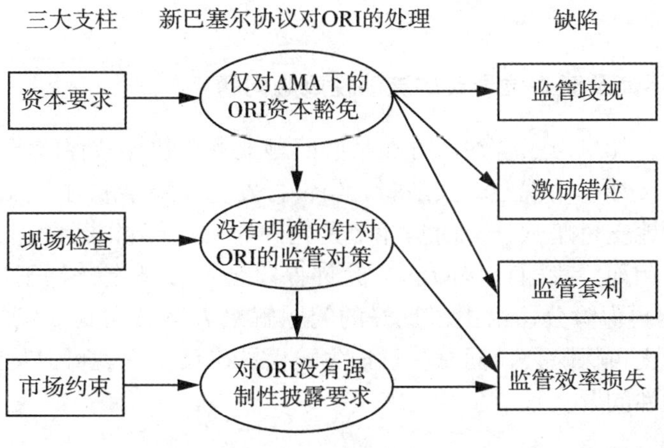


图 5-5 巴塞尔操作风险保险评价

资料来源：张中朝，张丽坤 . Basel 框架下 ORI 风险缓释效应的缺陷与修正 . 金融论坛，2005（11）.

## 五、ORI 发展中亟待解决的问题

### （一）提供符合银行操作风险需要的保险产品和相关服务仍存在困难

一揽子保险工具的出现使得操作风险保险前进了一大步，但保险遗漏仍然存在。这与操作风险的复杂性是分不开的。保险产品难以符合 ORI 的需要主要由以下原因造成：

首先，银行操作风险在产生原因、暴露区域、损失结果等方面与一般保险业务不同，因而在保险产品的设计、销售和服务上对研发、销售和服务人员提出了更专业、更复杂的技术要求，而这些要求可能不是每个保险公司都能满足的；其次，对保险公司而言，采集足够的银行操作风险数据并且加以分析整理是保险产品定价和承保管理的基础。在这方面，大多数银行都很少系统、全面地统计数据和归纳，因此保险公司缺乏足够的科学依据；最后，保险公司也可能缺乏对此类产品进行投入的积极性。作为一种营利性机构，保险公司当然希望实现利润最大化，然而这可能与银行成本控制目标发生矛盾，如果保险公司在评估了产品的成本、收益以及产品的市场潜力、市场风险后发现无利可图时就可能放弃该项业务。以上这些因素显然制约了相应保险产品的供给。

### （二）保险公司赔付能力引发的信用风险问题

保险公司的经济实力、道德水准和管理水平等因素决定了其信用程度。例如当银行向保险公司索赔时，保险公司正好面临巨灾损失的赔付而陷入财务危机（也许是再保险安排不足等原因造成），银行将无法及时获得赔款。特别是目前保险业还没有充分资本化，这对保险业的资本充足问题提出了疑问，与银行同属金融机构的保险公司在经营上也要面临风险问题，因此，是否有足够的风险资本金就成了投保银行应关注的问题。如果转移风险的银行在资本上比接受风险的保险公司的资本还要充足，就很难说风险已经得到很好的转移。

### （三）赔付金不能及时到位导致的流动性风险问题

对于巨额损失，如果由于合约双方在某些问题上的争执导致保险不能及时偿付，则操作风险保险的风险缓释作用就会大大削弱。当银行发生保险事故时，保险公司基于某些原因不能及时，如数地支付赔款（有时法律上是允许的），导致银行的损失无法及时补充而陷入流动性危机。例如，我国《保险法》允许保险公司在特定条件下理赔时间可以长达60天。对此，瑞士再保险公司给出了良好的问题解决方案。在其开发的金融机构操作风险保险条款中，瑞士再保险公司同意一旦损失赔偿被确认，它就可以从问题银行那购买国库券以解决其流动性问题。

### （四）限制性条款与除外责任等导致的残余风险问题

在实务操作中，保险公司为了自身的利益和安全，往往在保险合同中针对特定的原因、损失和财产设置限制性条款和责任免除条款，这直接导致银行被迫自己承担这部分风险。保险合约中对赔付额的限制性条款和除外责任可能会影响到保险人对投保银行风险损失的赔付。虽然这一点能够有效的制约投保银行道德风险的发生，但限制性条款与除外责任毕竟使得保险并不能完全转移投保银行的操作风险。

### （五）合同条款争议引起的法律风险问题

由于银行、保险公司的权利义务是通过保险合同确定，加之保险合同的特殊性（例如合同要求双方保持最大诚信、标的满足可保利益等），因此在合同履行过程中很可能出现当事人双方对合同理解的差异。当争议无法通过协商解决时，法律纠纷就不可避免。银行可能输掉官司或者因诉讼期太长而长期得不到赔款。

### （六）逆向选择和道德风险问题

逆向选择是指保险公司难以对客户的风险进行区分使得风险较高的客户没有支付适当的保费。道德风险是指由于银行将风险转移给了承保公司，导致其减少自己在操作风险管理上的努力，从而加大操作风险的损失频率与强度。要解决这个问题，除了使用限制性条款和除外责任外，保险人还可给保单增加附加条件，譬如要求银行在风险管理上符合一定的条件才可投保以控制道德风险。

### （七）数据及风险度量问题

无论是银行还是保险公司，都只有在数据的基础上才能对风险进行准确的定量分析。风险度量是风险保险定价的基础，因此，缺乏数据会导致操作风险保险创新停滞不前。但操作风险的度量面临数据不足等一系列问题，在此基础上所做的投保活动的有效性受到质疑。

总之，保险作为一种有效转移操作风险的金融工具，其风险缓释作用将逐步得到国际银行界的认同，但保险并不是一种完美的工具，它的优点和风险同时存在。是否使用保险以及如何使用保险来规避操作风险，银行必须反复权衡利弊，扬长避短，才能达到最佳效果。

## 第四节　风 险 报 告

BCBS（2001）规定，达到使用标准法计量操作风险的一个必要条件是："必须建立对董事会、高级管理层和业务单元经理有关操作风险的日常报告制度"和"董事会与管理层必须积极主动地对操作风险管理过程进行检查"。这就要求银行必须引进简洁的操作风险报告系统，该系统通过流水线式的报告促使董事会和高级管理层对公司整体风险保持警觉，同时为采用更高级的操作风险度量技术做好准备。风险报告是操作风险管理框架的最后一部分。

### 一、操作风险报告流程

操作风险管理报告流程如图 5-6 所示，业务部门收集绝大部分的数据以及向上报告，操作风险主管部门则主要负责风险的评估、分析和计算资本金。

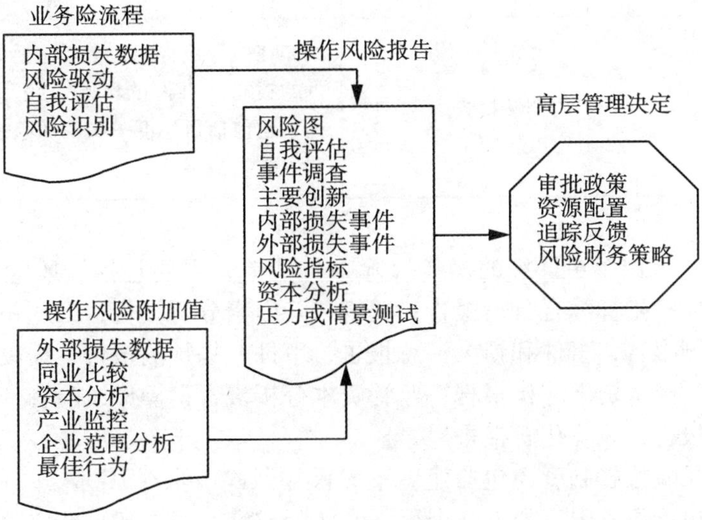


图 5-6　操作风险管理报告流程

资料来源：［英］卡罗尔·亚历山大等．商业银行操作风险［M］．陈林龙，等，译．北京：中国金融出版社，2005.

### 二、操作风险报告主要内容

准确地理解整个风险控制系统需要系统的风险报告体系。纽约联储前主席 Gerald Corrigan 认为整个风险管理体系就是"让正确的人在正确的时间获得正确的信息"。有效的风险报告体系贯穿于整个风险管理闭环中，周期性和针对突发事件的应急报告对于各个层次的部门来说都是必需的，但其内容与频率必须与每个业务领域相适应。报告应当满足各业务经理人的需要和对高级管理层提供汇总的意见。具体的操作风险报告内容如表5-3所示。

表5-3 **操作风险报告**

| 报 告 | 频 率 | 内 容 |
|---|---|---|
| 风险报告（A） | 不定，根据需要 | 描述一定时间内的项目风险 |
| 风险管理行动报告（B） | 每周一次 | 与业务线经理确定行动日程，同时要辅以日常进度表 |
| 操作风险分布报告（C） | 每日报告 | 监控关键绩效指标如内部风险要素的水平和意外事件数目与情况描述 |
| 事件报告（D） | 例外报告 | 描述最近的损失事件、原因、影响和公司是否做出正确反应 |
| 模型报告（E） | 每月一次 | 对比模型的运行效果与真实事件的发生情况 |
| 总结报告 | 周期性报告 | 例如在执行报告中，主要包括如下内容：描述每月的拨备、事件的影响、频率的更新和核销情况。还包括每季度一次的风险总结报告交给审计和内控委员会 |

金鹏（2005）提出了更详细的操作风险报告清单，主要包括：风险汇总报告、单一风险指标报告、风险指标综合分析报告；关键风险因素分析报告；问题跟踪系统报告；损失原因分析和预测报告；事件和损失汇总报告；事件趋势预测报告；损失预测；关键事件的风险监控报告；经济资本分析报告；监管资本分析报告；操作风险管理成本报告；风险融资和保险决策报告；风险化解报告。

同时，操作风险报告制度还包括建立重大操作风险事项/损失信息的上报制度。重大操作风险事项应包括但不限于如下几个事项：实际或潜在损失超过特定限额、银行的信誉受到损害（如外部监管部门进驻查出了问题）、在任一市场或地点日常业务不能正常进行（如业务系统中断使用）等。为了对重大操作风险事项保持严密的监控，任何实际或潜在损失超过特定数额的操作风险事件必须立即报告给首席操作风险官。

## 三、有效报告原则

操作风险管理面临的一项重要挑战就是描述风险管理流程的各项报告难以实现统一的协调。有效风险报告的原则是：清晰性、可理解性、完整性、持续性、以使用者为中心、及时性、例外报告、例行报告、可操作性和简洁性。

1. 清晰性（clarity）

良好的报告能给有争议的问题提供有说服力的清晰答案。很多不好的报告仅注重在报告中列举数字图表，而没有给出最后的从图表数字中能够得到的分析结论。复杂的报告建立在统计模型和各种分析模型之上，而很难使一般的经理人在没有接受特殊培训的情况下看懂报告，做出决策。这会使得这些经理人不愿意相信模型和报告中所传递的信息。尽最大可能使模型变得更加透明是提高管理可信度的关键。报告应该正确地认识到读者需要掌握的问题的答案，而不应过多的承载冗余的细节。

2. 可理解性（need for context）

据估计，20% ~30% 的风险管理事件被耗费在“理解问题产生的背景或向他人阐释问题产生的背景（context）”上。风险数据不可能脱离它所处的背景。这些报告中包含的背景可以是时间段、企业、区域或流程，也可以是经理们假设的企业所处的内部与外部环境。风险报告使得数据的不同要素可以进行相互比较。

3. 完整性（completeness）

报告必须完整，能够容纳所有直接损失事件（all material loss event）和所有影响银行流程和资源的风险要素。损失必须是直接损失，没有给银行造成直接损失的事件和风险暴露不应该包括在报告里。

4. 一致性（consistency）

风险报告必须在不同的业务单元运用相同的方式使用标准的准则一致的度量风险。如果对不同的业务单元采用不一致的风险报告标准，在后期风险的加总中就会给模型度量带来极大的误差。例如，在一个度量模型中将时间段设为 10 天，在另外的度量模型中又将时间段设定为 1 天，这种不一致的处理方法会不满足资产价值的可加性，因此，也不能进行风险加总。为了保证一致性，我们要设定标准而透明的风险报告流程，而不是让各业务单元自己单独行事。

5. 以使用者为中心（user-focused）

报告的内容只应该包括报告的使用者需要的信息。如果不以报告使用者的需求为中心设计报告内容，只会造成大量的报告冗余，甚至因为浪费管理者的时间和注意力而干扰做出正确的风险管理决策。

6. 及时性（timeliness）

周期性的报告要反映基础风险暴露的变化，并预留时间给管理者采取相应的补救措施。操作风险报告应包括周期性常规报告和针对意外事件的例外报告。

7. 例外报告（exception reports）

例外报告主要用来描述严重损失事件，或者主要风险要素的变动、变动的原因、潜在的影响，以及如何缓释这些风险事件或者抑制这类事件的发生。例外报告，正如其名称所示，应该报告那些不经常发生、对银行有重大潜在影响的事件。总结性例外报告应该进入银行内部损失日志以更改未来的风险评估，同时要进行压力测试和情景分析。

8. 例行报告（periodic report）

不同于针对特殊事件和特定风险要素变动的例外报告，例行报告报告的是银行流程和资源的系统性变化。每一个例行报告都有具体的报告时限，通过一连串的报告，我们可以清楚地把握银行事态的发展演变过程，从而发现隐藏的问题。超过例行报告限额的损失会致使银行出示例外报告。

9. 可操作性（actionable）

报告必须是可操作的。报告必须对出现的问题提出相应的对策建议，而不只是描述系统目前所处的状态。报告不应只是归纳出一些让人无可奈何、无能为力的事件发生的原因，如果提出相应的解决问题的方案建议，则在报告中还应对方案的预计成本和影响做出估计。

10. 简洁性（lack of redundancy）

报告必须清楚简洁，报告中的内容必须在其他报告中没有发生。严重的信息冗余只会形成无谓的企业资源浪费，要坚决避免。

## 第五节　操作风险危机管理

### 一、操作风险与危机管理

由于前述操作风险的管理并不是在100%的置信水平上进行的，因此，这意味着小概率事件可能发生，这就需要在操作风险日常管理的基础上建立操作风险危机管理机制，以保证银行的健康稳健和永续经营。

将危机作为一种管理方法来研究和运用，起源于20世纪60年代的美国，并在20世纪80年代取得了显著的成就。所谓危机管理，也称为末日管理，是针对那些事先无法预想何时发生，然而一旦发生却对企业经营造成极端危害的各种事件的事前事后管理，它包括对天灾人祸在内的各种突发事件的处理。随着近年国际、国内社会危机事件的增多以及银行业操作风险带来的大案要案的曝光，银行业操作风险危机管理开始引起重视，我们必须正视危机，学会有效的危机管理。

根据荷兰危机研究专家乌里尔·罗森塔尔的看法，危机是一种严重威胁组织系统的基本结构或者基本价值规范的形势。在这种形势中，决策者必须在很短的时间内和极不确定的情况下作出关键性决策。国内外学者普遍认为，危机具有几个重要特征：

（1）突发性。很多危机的爆发是极其突然的，危机在爆发前往往被人们认为是不可能的，或者不能够确切知道在什么时间、什么地点会发生怎样的危机，它完全是一种突发性的巨大意外事件。

（2）破坏性。尽管危机的性质、等级和强度可能并不相同，但它们都会产生一个共同的结果，就是严重地削弱组织的运行能力，破坏组织最宝贵的财富——声誉和品牌形象，使组织蒙受巨大损失。银行的低频高损型操作风险危机对银行经营活动和银行形象的影响是巨大的。危机造成的银行巨额经济损失和声誉毁损，甚至可能引起大规模的银行挤兑，导致银行直接破产或重组。

（3）不确定性。由于人们无法获得危机爆发时的全面信息以及环境的不确定性，对于危机的性质、危机未来发展的可能及对组织造成的影响，人们往往不能准确把握，这就造成了危机的不确定性，许多重大危机最后可能会导致意想不到的结局。

（4）紧迫性。在危机过程中，危机管理者在信息、资源的严重制约下，必须在很短的时间里作出重大判断或决策，并且一旦发生决策失误就会后患无穷。这种“逆境中的决策”使决策者面临巨大的决策压力和不确定性。

## 二、危机管理6F原则

操作风险涉及银行的所有业务与管理流程，与银行的所有利益相关者相关，因此在操作风险的危机管理中我们必须严格坚持6F原则：Forecast（事先预测）、Fast（迅速反应）、Fact（尊重事实）、Face（承担责任）、Frank（坦诚沟通）、Flexible（灵活变通）。

1. 事先预测原则

凡事预则立，不预则废，危机发生后对利益相关者利益的伤害和银行组织形象的损失往往已经造成。因而管理者们应该树立未雨绸缪的意识，及早发现危机的端倪，防患于未然。在危机应对中通过科学分析做出事前预测和判断，从而将事件控制在酝酿、萌芽状态，在不被人察觉中将危机化解。

危机应对的预见性原则首先体现在组织必须对可能发生危机的各个领域和环节做出事先预测和分析，制订全面、可行的危机预案和计划。危机预测原则还体现为危机事件发展前期决策者对态势的把握，从而将危机控制在萌芽期，避免危机的进一步扩大。

2. 迅速反应原则

从危机事件本身特点来看，危机事件爆发的突发性和极强的扩散性决定了危机应对必须迅速、果断。危机的发展具有周期性：酝酿期、爆发期、扩散期和消退期。与之相对应，危机的破坏性往往随着时间的推移而呈非线性爆炸式增长。因此，越早发现危机并迅速反应控制事态，越有利于危机的妥善解决和降低各方利益损失。

危机管理的迅速反应原则覆盖两个方面：首先，组织内部对于危机事件必须保持高度警觉。其次，在对外沟通方面，速度第一原则显得更为重要，及早向外界发布信息既体现出组织对危机事件的快速反应姿态，又可以平息因信息不透明而产生的虚假谣言，赢得利益相关者信任。同时，在危机发生后第一时间与利益相关者进行沟通公关，争取良好的外部环境，分解组织的外部压力，有利于危机的妥善解决。

3. 尊重事实原则

任何组织在处理危机过程中，都必须坚持实事求是的原则，这是妥善解决危机的最根本原则。对于处于操作风险危机风波中的银行来说，最大的致命伤便是失信于民，一旦媒体和利益相关者得知银行在撒谎，新的危机又会马上产生。违背尊重事实原则弄虚作假、封锁消息、愚弄利益相关者，往往会产生一系列连锁反应，进一步加重危机的负面作用，以致给组织造成不可挽回的损失。

4. 承担责任原则

是否遵循危机管理中的承担责任原则，实质上是考验陷入危机中的银行对于组织利益选择的不同态度。目光短浅的银行，为了保护自身、获取短期利益，在危机管理中往往将利益相关者利益和社会责任束之高阁，最终却为之付出巨大代价。而具有强烈责任感的银行，宁愿以牺牲自身短暂利益换来良好的社会声誉，树立和不断提升组织和品牌形象，从而实现银行发展的基业常青。

5. 坦诚沟通原则

危机管理中的坦诚沟通原则是指处于危机中的银行组织要高度重视做好信息的传递发布并在组织内外部进行积极、坦诚、有效的沟通公关。危机处理中，组织遵循坦诚沟通原则、及时向利益相关者发布信息的意义在于：保障利益相关者的知情权、体现组织的社会责任感、为危机应对创造良好的外部环境、维护和树立组织的良好形象。

危机沟通包含两个方面：一是危机事件中组织内部的沟通，二是组织与社会公众和其他利益相关者之间的沟通公关。概括来说，银行危机沟通的覆盖范围主要有：银行内部管理层和员工、客户、政府权威部门和行业组织、新闻媒体和社会利益相关者等四类群体。

6. 灵活变通原则

危机管理既是一门科学，又是一门艺术。银行危机管理和危机公关，既是关系到组织生存与发展的严肃话题，又给管理者们提供了一个管理智慧和创新才能发挥的广阔空间。在危机事件爆发前的预防、危机事件发生后的应对和危机后期处理环节，既要遵循一些危机管理的基本程序和规则，又无绝对统一的模式可以照搬。危机管理者需要结合事态形势的变化、组织自身优劣势、内外部资源条件等进行灵活处理和应对。

## 三、商业银行危机管理机制基本架构

一般可把危机的生命周期分为三个阶段：潜伏期、爆发期和恢复期，相应的成熟的危机管理机制应该包括相互联系的三个层次：事前的危机预防、事中的危机治理和事后的善后处理，如图 5-7 所示。

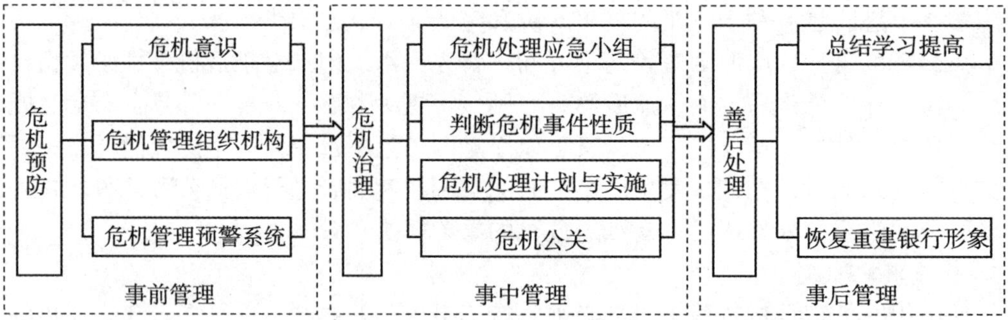


图 5-7 操作风险危机管理流程

### （一）事前的危机预防

1. 加强危机意识

危机意识是危机管理的思想保证，加强危机意识就是要让每个银行员工明确银行危机存在的客观性，以及发生的可能性和损失的严重性，以提高员工对银行危机的警惕性。加强银行的危机意识就必须对员工进行危机管理的教育和培训。要树立忧患意识、普及危机知识。

2. 建立危机管理组织机构

为了更好的组织危机管理活动，将危机管理落到实处，商业银行首先应在总行一级建立相应的“危机管理领导小组”及相应的办事机构“危机管理办公室”，并对其进行专门的授权。其次，建立畅通的信息通道，即保证银行任何信息均可通过内部适当的程序和通道快速传递到高级管理层和相应的人员。为此必须强化银行现有的信息部门，建立银行自己的金融情报机构。金融情报机构的主要职能是在危机潜伏期及时发现险情，发出预警信号，避免危机的发生；在危机爆发期，确保信息的畅通无阻，找到解决危机的突破口；在恢复阶段，主要是负责整理处置危机的经验和教训。

3. 完善危机管理预警系统

危机管理预警系统是对危机发生可能性的一种预测和评估，主要是对银行机构风险积聚及可能的危险发出预警信号，用以防范银行危机的发生。完善危机预警系统关键是建立危机预警指标体系。它必须能够涵盖银行日常经营活动中所面临的各种风险并且易于测量和计算。警度预报的步骤如下：

（1）确定各个指标的可接受值和不可接受值，设 $i$ 类 $j$ 指标的可接受值和不可接受值分别为 $A_{ij}$ 和 $B_{ij}$，得警界区间 $C_{ij}=A_{ij}-B_{ij}$。

（2）分别计算各项指标的评价值：$Y_{ij}=\dfrac{(A_{ij}-X_{ij})\times 100}{C_{ij}}$，式中 $Y_{ij}$ 为 $i$ 类 $j$ 指标的评价值，$X_{ij}$ 为该项指标的实际值。

（3）计算各项指标的综合评价值：$Y_i=\sum\limits_{j} X_{ij}\times\omega_{ij}$，式中 $Y_i$ 为第 $i$ 类指标的综合评价值，$\omega_{ij}$ 为 $i$ 类 $j$ 指标的权数，$\sum\limits_{j=1}^{m}\omega_{ij}=1$，$m$ 表示第 $i$ 类指标的项数。

（4）计算危机的综合评价值 $K=\sum\limits_{i} Y_i\times\omega_i$，式中，$K$ 为危机警度的综合评价值，$Y_i$、$\omega_i$ 分别为 $i$ 类指标的综合评估值和类权数，$\sum\limits_{i=1}^{n}\omega_i=1$，$n$ 表示指标数。

（5）根据企业危机警度评价参考标准，预报危机警度，企业危机警度的衡量标准，可参考表 5-4，对每一个等级不同的企业还可以进一步细化。

表 5-4　**企业危机警度评价标准**

| 等级 | 危机轻警 | 危机中警 | 危机重警 | 危机巨警 |
|---|---|---|---|---|
| 综合评价值 | $0<K\leqslant 40$ | $40<K\leqslant 60$ | $60<K\leqslant 80$ | $K>80$ |

各银行机构可以根据新巴塞尔协议中有关银行经营指标的规定，结合自身的具体情况选择预警指标并确定临界值，并根据实际情况设定各指标在整个指标体系中的权重。通过定期给每个预警指标打分，然后利用加权平均的方法计算出银行的危机指数。对于中度以上的警报，银行应立即采取措施化解潜在危机，力求将危机扼杀在摇篮中。

### （二）事中的危机治理

危机治理是危机管理的主要环节，事关危机银行的生死存亡。危机治理不当将导致银行崩溃等严重后果。因此，我国各主要商业银行必须建立一套危机治理的应急方案，以做到在危机发生时，临危不乱，转危为安。银行机构面临危机时，实施危机治理的应急方案主要包括四个方面：

1. 组建由“银行危机管理领导小组”负责的危机处理应急小组

应急小组是处理危机事件的临时性协调与执行机构。危机应急小组的人员可以从危机管理领导小组及危机管理办公室选派，包含法律、公关顾问和业务部门负责人，由银行危机管理的最高层负责人如总行行长或主管风险工作的副行长担任小组领导者。该小组有权调动银行的所有资源，有权独立地进行危机管理的决策和计划的制订与执行，独立地进行危机的谈判和协调。

2. 判断危机事件的性质及严重程度

危机的发生往往是十分突然而且来势汹汹。当危机发生时，银行高层负责人必须保持清醒的头脑。首先，必须迅速召集银行相关人员听取危机事件的报告，由金融情报收集分析部门或一线员工负责汇报，力求全面准确，不能为了自己的私利，开脱责任而隐瞒一些可能涉及自己的事实或情节。其次，在最短的时间内对危机事件的原因及发展趋势做出分析判断，确定危机的性质，评估可能的损失及后果。

3. 制订危机处理计划并实施

危机处理计划必须根据银行自身的情况来制订。计划必须包括危机处理的目标、程序、组织人员分工及行动时间表。计划制订完成后，危机处理应急小组各行其是，通过多种方式组织应急资金，调动银行各部门提供处理危机的各种保障，相关人员奔赴危机现场参与危机处理行动。由于银行的经营建立在公众信心的基础上，因此人心安抚是危机处理的必要环节。

4. 实施“危机公关”化解危机

危机公关的任务主要是让社会各界了解事实真相，引导其客观公正地评价和报道，争取他们的谅解和支持，为危机处理赢得时间。在信息社会的今天，危机公关尤为重要，它是处理危机的最重要也是最后的“解药”。

### （三）事后的善后处理

危机事件的初步解决并不意味着危机处理过程的结束，善后处理也同样重要。善后处理阶段的任务主要是总结危机的经验和教训，恢复、重建银行良好的公众形象。银行应该从危机处理全过程中对所发现的银行操作风险管理中存在的问题进行整改，总结经验和教训，提高危机管理的能力和水平。

在善后处理阶段中还应该有针对性地开展一系列银行形象的恢复与重建活动，包括宣传银行形象的广告，银行提供金融产品和服务的广告；加大银行新产品和服务的宣传；调整银行的管理团队，引进专门人才等。通过一系列有针对性的形象恢复活动，改变危机导致的公众信心的丧失，赢得公众的理解与持久支持。

# 第六章　中国商业银行操作风险管理新视角与启示

本章是作者对中国商业银行操作风险管理研究的一些心得与启示。首先，不同于一般的利用内外部操作风险损失事件统计数据归纳操作风险现状的方法，作者采用调查问卷的方法，利用 SPSS 统计软件得出中国商业银行操作风险的现状与特征。针对中国商业银行操作风险主要是人为可控风险并难以度量的特点，作者试图从委托代理理论的视角对适合于应用委托代理理论处理的操作风险进行了界定，探究了其内在生成机理，并在此基础上提出了委托代理框架下中国商业银行的“积极”操作风险管理。沿着委托代理理论，作者进一步提出：内部控制难题是当前大案要案频发的最主要根源。解决途径只能是扁平化。

## 第一节　中国商业银行操作风险现状问卷调查

### 一、风险评价指数矩阵

在风险的评估中我们常用危害性事件发生的可能性和后果严重度来表示风险大小。按评价结果类型可将风险评价分为定性评价和定量评价。定性评价方法的主要优点是简单、直观、容易掌握，并且可以清楚地表达出设备、设施或系统的当前状态；其缺点是评价结果不能量化，评价结果取决于评价人员的经验，对同一评价对象，不同的评价人员可能得出不同的评价结果。该方法的另一个缺点是需要确定大量的评价依据，因为必须根据已经设定的评价依据，评价人员才能对各危害事件风险的当前状态给出定性评价结果。

在进行定性风险评价时，常用严重度等级表示危害性事件的后果严重程度，而危害性事件的可能性等级表示危害性事件出现的频繁程度。为了更好地评价危害事件对操作风险的影响，我们可以采用风险评价指数矩阵法。该方法将严重性等级分为 5 级，将危害性事件的可能性等级分为 5 级（见表 6-1）。以危害性事件的严重性等级作为表的列项目，以危害性事件的可能性等级作为表的行项目，制成二维表格，在行列的交点上给出定性的加权指数，所有加权指数构成一个矩阵，这个矩阵称为风险评价指数矩阵。

表 6-1　　**风险评价指数矩阵**

| | 5（巨大） | 4（高度） | 3（中度） | 2（轻微） | 1（不重要） |
|---|---|---|---|---|---|
| 5（频繁） | 25 | 20 | 15 | 10 | 5 |
| 4（很可能） | 20 | 16 | 12 | 8 | 4 |

续表

| | 5（巨大） | 4（高度） | 3（中度） | 2（轻微） | 1（不重要） |
|---|---|---|---|---|---|
| 3（有时） | 15 | 12 | 9 | 6 | 3 |
| 2（极少） | 10 | 8 | 6 | 4 | 2 |
| 1（不可能） | 5 | 4 | 3 | 2 | 1 |

对应的风险评价指数矩阵为：

$$\begin{vmatrix} 25 & 20 & 15 & 10 & 5 \\ 20 & 16 & 12 & 8 & 4 \\ 15 & 12 & 9 & 6 & 3 \\ 10 & 8 & 6 & 4 & 2 \\ 5 & 4 & 3 & 2 & 1 \end{vmatrix}$$

矩阵中的元素即为加权指数，也称为风险评价指数。风险评价指数是由综合危害事件的可能性和严重性确定的，通常可根据矩阵元素个数多少确定最高风险指数，此处为25，相对应的危害性事件是频繁发生的并有灾难性后果的事件；最低风险指数定为1，对应于危害性事件几乎不可能发生并且后果轻微的事件。数字等级的划分虽然存在一定的随意性，但为了便于区别各种风险的档次，需要根据具体对象划定。划分得过细或过粗都不便于风险评价。

按照上述指数矩阵法原理，可对操作风险事件类型进行危险等级评定。表6-2是作者沿用项目风险管理风险评价方法设定的操作风险危险等级评定表。

表6-2 操作风险危险等级评定表

| | 5（巨大） | 4（高度） | 3（中度） | 2（轻微） | 1（不重要） |
|---|---|---|---|---|---|
| 5（频繁） | E | E | H | S | S |
| 4（很可能） | E | H | S | S | M |
| 3（有时） | E | H | S | M | L |
| 2（极少） | H | S | M | L | L |
| 1（不可能） | S | S | M | L | L |

注：E代表“极高风险”，应考虑停止工作，直到风险得到处理；H代表“高风险”，危险事件必须得到尽快处理；S代表“重大风险”，应订立停止行动时间表和行动方案；M代表“中度风险”，应该予以分散或转移；L代表“低度风险”，照常工作。

## 二、问卷的设计

### （一）研究目的

根据风险评价矩阵的基本思路，同时为了更好地得到高质量的风险评价矩阵，笔者采用专家调查问卷的方法，对各操作风险损失事件的严重性和发生的频率进行调查，以更好地发现中国商业银行操作风险的特点。

**（二）正式问卷的确定**

调查问卷的基本内容建立在新巴塞尔协议对操作风险事件类型划分的基础上，同时为了使调查问卷更好地符合中国的现实情况，笔者在正式问卷确定前，采用专家访谈的办法，对新巴塞尔协议的一些操作风险事件类型进行了调整。这次访谈的受众包括长期研究中国商业银行操作风险的学者、专家，还包括长期从事银行风险管理、内控稽核和贷款审批的实践工作者。经过反复讨论和修改，确定正式问卷的主要内容如表 6-3 所示。

表 6-3 **银行操作风险调查问卷**

| 编号 | 银行操作风险损失事件（risk events） | 事件发生的频率 | | | | | 事件发生的损失额 | | | | |
|---|---|---|---|---|---|---|---|---|---|---|---|
| | | 非常大 | | | | 非常小 | 非常大 | | | | 非常小 |
| | | 5 | 4 | 3 | 2 | 1 | 5 | 4 | 3 | 2 | 1 |
| 1 | 内部员工故意从事未经授权的活动造成损失 | | | | | | | | | | |
| 2 | 内部员工恶意的盗窃和欺诈行为造成损失 | | | | | | | | | | |
| 3 | 外部盗窃与欺诈造成的损失 | | | | | | | | | | |
| 4 | 外部黑客攻击或盗窃信息引起的系统安全性问题损失 | | | | | | | | | | |
| 5 | 劳资纠纷损失 | | | | | | | | | | |
| 6 | 安全性环境（违反员工健康及安全规定事项）问题导致损失 | | | | | | | | | | |
| 7 | 性别、种族歧视事件等引起纠纷损失 | | | | | | | | | | |
| 8 | 为扩大产品销售等目的而向客户兜售不适当的产品服务造成纠纷损失 | | | | | | | | | | |
| 9 | 未正确履行对客户的信托、信息保管等责任造成纠纷损失 | | | | | | | | | | |
| 10 | 银行霸王条款造成纠纷损失 | | | | | | | | | | |
| 11 | 从事未经当局批准的业务造成的监管罚款等损失 | | | | | | | | | | |

续表

| 编号 | 银行操作风险损失事件（risk events） | 事件发生的频率 | | | | | 事件发生的损失额 | | | | |
|---|---|---|---|---|---|---|---|---|---|---|---|
| | | 非常大 | | | | 非常小 | 非常大 | | | | 非常小 |
| | | 5 | 4 | 3 | 2 | 1 | 5 | 4 | 3 | 2 | 1 |
| 12 | 产品设计、定价不合理引发产品瑕疵损失 | | | | | | | | | | |
| 13 | 未按规定审查客户引起的损失 | | | | | | | | | | |
| 14 | 超过客户风险限额引发的损失 | | | | | | | | | | |
| 15 | 咨询业务产生的纠纷损失 | | | | | | | | | | |
| 16 | 外部蓄意破坏或抢劫袭击等原因造成的人员伤亡损失 | | | | | | | | | | |
| 17 | 因自然灾害引发的固定资产毁损 | | | | | | | | | | |
| 18 | 系统软件瘫痪和中断造成的损失 | | | | | | | | | | |
| 19 | 系统硬件瘫痪与中断造成的损失 | | | | | | | | | | |
| 20 | 电力等动力不足造成业务中断或系统瘫痪导致的损失 | | | | | | | | | | |
| 21 | 数据录入、维护或登载错误造成损失 | | | | | | | | | | |
| 22 | 超过最后期限或未履行义务造成损失 | | | | | | | | | | |
| 23 | 会计错误或交易方认定等记录发生错误造成的损失 | | | | | | | | | | |
| 24 | 模型、系统误操作导致损失 | | | | | | | | | | |
| 25 | 担保品管理失败造成损失 | | | | | | | | | | |
| 26 | 未履行强制报告职责引起的监管罚款损失 | | | | | | | | | | |
| 27 | 不合规的虚假信息报告 | | | | | | | | | | |
| 28 | 法律文件缺失或不完备造成损失 | | | | | | | | | | |
| 29 | 客户许可、免责声明缺失造成损失 | | | | | | | | | | |
| 30 | 客户资产、账户管理疏忽造成损失 | | | | | | | | | | |
| 31 | 外包业务引起的与外包商的纠纷 | | | | | | | | | | |

注：“1”代表“非常小”；“2”代表“比较小”；“3”代表“中间程度”；“4”代表“比较大”；“5”代表“非常大”。

### （三）问卷的发放与回收

在确定正式的问卷内容后，笔者先后通过现场发放问卷和通过 e-mail 发放问卷的形式，向中国建设银行、中国工商银行、中国农业银行、民生银行、招商银行的长期从事银行风险管理和内部稽核工作的员工以及部分一线员工发放问卷，共回收问卷 137 份。

## 三、问卷的信度检验

借用管理学中量表的信度（reliability）的概念，本部分我们同样对问卷的信度进行检验。量表的信度是指在对目标的一系列重复测量中量表产生的一致和稳定分数的程度。常用的评估量表信度的方法是：（1）重测信度（test-retest reliability）；（2）内部比较信度（internal comparison reliability）。

重测信度是通过对同一量表在两个或更多的类似情景中测量获得的。这种测试需要更多的经费、时间和精力，由于研究条件的限制，本研究不采用重测信度指标。内部比较信度是通过多测项中项目得分之间的相关估计来获得的。分半信度（split-half reliability）也是内部比较信度中的一种，它是把多项目测量量表中的一半项目的得分与另一半的得分相比较而获得的。Oliver（1994）认为，应用分半信度也有一个问题，那就是项目分半的方法不同，两半之间的相关会有变化，因此，为了避免不同亚量表的出现，使用 Cronbach $\alpha$ 系数的所有项目相关比分半方法更为有效。Tull 和 Hawkins 也建议使用 Cronbach $\alpha$ 系数作为内部比较信度。Cronbach $\alpha$ 系数具有为综合量表的信度提供较低底线的特性，它给出了特定量表的最小信度，也是评估量表信度的最基本指标。本处对调查问卷的信度检验也分别采用这两种方法。

1. 分半信度

在 SPSS 软件中运行“reliability analysis”，选择“split-half”模型，算出本问卷的分半信度如下：

```
* * * * * *  Method 1 (space saver) will be used for this analysis  * * * * * *
    R E L I A B I L I T Y   A N A L Y S I S  -  S C A L E (S P L I T)
    Reliability Coefficients
    Guttman Split-half =            .7278    Unequal-length Spearman-Brown =  .7407
    Alpha for part 1 =              .8351    Alpha for part 2 =               .8545
```

以上数据显示，问卷的分半系数为 0.7278，这一分半信度是可以接受的。在许多量表信度评估中，一般 $\alpha$ 值在 0.6 以上即可以接受，本研究中测项分半后的两部分的 $\alpha$ 值分别为 0.8351 和 0.8545，均大于 0.6。

2. Cronbach $\alpha$ 系数

在 SPSS 软件中运行“reliability analysis”，选择“Alpha”模型，算出本问卷的 Cronbach $\alpha$ 系数如下：

* * * * * * Method 1 (space saver) will be used for this analysis * * * * * *

R E L I A B I L I T Y   A N A L Y S I S  -  S C A L E (A L P H A)

| Statistics for | Mean | Variance | Std Dev | Variables |
|---|---|---|---|---|
| SCALE | 166. 0286 | 3506. 3227 | 59. 2142 | 31 |

Item-total Statistics

| | Scale Mean if Item Deleted | Scale Variance if Item Deleted | Corrected Item-Total Correlation | Alpha if Item Deleted |
|---|---|---|---|---|
| PER1 | 157. 6571 | 3427. 7613 | . 0755 | . 9012 |
| PER2 | 159. 6571 | 3361. 8790 | . 2215 | . 8963 |
| EXT1 | 158. 0286 | 3250. 8521 | . 4060 | . 8923 |
| EXT2 | 160. 8571 | 3280. 0084 | . 5336 | . 8896 |
| JOB1 | 162. 4000 | 3296. 4824 | . 4579 | . 8908 |
| JOB2 | 162. 6000 | 3257. 8941 | . 5789 | . 8888 |
| JOB3 | 163. 8286 | 3371. 3815 | . 5043 | . 8913 |
| OP1 | 161. 2857 | 3113. 0336 | . 7922 | . 8837 |
| OP2 | 161. 5143 | 3306. 9630 | . 4634 | . 8908 |
| OP3 | 162. 8000 | 3409. 1059 | . 3398 | . 8930 |
| OP4 | 160. 9143 | 3117. 5513 | . 7156 | . 8850 |
| OP5 | 159. 9429 | 3138. 2319 | . 6205 | . 8871 |
| OP6 | 155. 8000 | 3325. 6353 | . 1883 | . 9006 |
| OP7 | 158. 2000 | 3205. 0471 | . 4988 | . 8900 |
| OP8 | 162. 7429 | 3336. 6672 | . 6391 | . 8898 |
| PHY1 | 160. 9143 | 3178. 3160 | . 5340 | . 8892 |
| PHY2 | 161. 9143 | 3367. 4336 | . 4184 | . 8919 |
| SYS1 | 161. 1429 | 3401. 8319 | . 3147 | . 8932 |
| SYS2 | 162. 0857 | 3312. 0807 | . 6206 | . 8893 |
| SYS3 | 162. 2286 | 3381. 3580 | . 3559 | . 8926 |
| PRO1 | 161. 1714 | 3374. 4992 | . 4371 | . 8918 |
| PRO2 | 160. 4857 | 3289. 0807 | . 5262 | . 8898 |
| PRO3 | 161. 3714 | 3238. 7697 | . 7180 | . 8870 |
| PRO4 | 161. 6571 | 3338. 4084 | . 5490 | . 8903 |
| PRO5 | 156. 7143 | 3237. 7395 | . 4264 | . 8918 |

续表

| | | | | |
|---|---|---|---|---|
| PRO6 | 160. 6571 | 3140. 3496 | . 7252 | . 8851 |
| PRO7 | 160. 1143 | 3285. 5748 | . 3800 | . 8926 |
| PRO8 | 159. 0571 | 3438. 6437 | . 1210 | . 8969 |
| PRO9 | 161. 3143 | 3280. 6336 | . 5436 | . 8895 |
| PRO10 | 159. 9429 | 3359. 6437 | . 3461 | . 8928 |
| PRO11 | 161. 8571 | 3332. 1261 | . 5000 | . 8906 |

R E L I A B I L I T Y   A N A L Y S I S  -  S C A L E (A L P H A)

Reliability Coefficients

Alpha =  . 8943

Nunnally（1978）认为，量表的 $\alpha$ 值应大于0.7，这一标准得到了大多数研究专家的认可。以上统计分析结果表明，本问卷的量表信度 $\alpha = 0.8943$，远高于Nunnally确定的标准。综合考查问卷的分半信度和Cronbach $\alpha$ 系数，我们可以得出结论，本研究中问卷的信度是相当理想的。

## 四、中国商业银行操作风险特征——问卷统计分析结果

在对问卷进行信度检验后，我们可以利用SPSS软件对问卷上列举的我国31种操作风险损失事件的均值进行比较，从而对各种操作风险损失事件对我国商业银行的影响程度大小进行排序，得到我国商业银行操作风险的特征（见表6-4）。

表6-4 **调查表描述性统计**

| | No. | Minimum | Maximum | Mean | Std. Deviation |
|---|---|---|---|---|---|
| OP6 | 13 | 2 | 25 | 10. 2286 | 6. 42186 |
| PRO5 | 25 | 2 | 20 | 9. 3143 | 5. 01628 |
| PER1 | 1 | 1 | 25 | 8. 3714 | 5. 48305 |
| PRO6 | 26 | 1 | 20 | 8 | 4. 98232 |
| OP7 | 14 | 1 | 25 | 7. 8286 | 4. 90789 |
| PRO8 | 28 | 1 | 16 | 6. 9714 | 3. 76896 |
| PER2 | 2 | 1 | 20 | 6. 3714 | 4. 74705 |
| OP5 | 12 | 1 | 25 | 6. 0857 | 4. 94304 |
| PRO10 | 30 | 1 | 15 | 6. 0857 | 3. 37265 |
| PRO7 | 27 | 2 | 20 | 5. 9143 | 4. 58496 |
| PRO2 | 22 | 1 | 16 | 5. 5429 | 3. 40711 |
| EXT1 | 3 | 1 | 25 | 5. 3714 | 4. 27775 |

续表

| | No. | Minimum | Maximum | Mean | Std. Deviation |
|---|---|---|---|---|---|
| PRO11 | 31 | 1 | 16 | 5. 1714 | 3. 50198 |
| PHY1 | 16 | 1 | 25 | 5. 1143 | 5. 02799 |
| OP4 | 11 | 1 | 25 | 5. 1143 | 4. 60033 |
| SYS1 | 18 | 1 | 10 | 4. 8857 | 2. 65431 |
| PRO1 | 21 | 1 | 9 | 4. 8571 | 2. 47509 |
| OP1 | 8 | 1 | 25 | 4. 7429 | 4. 24502 |
| PRO9 | 29 | 1 | 16 | 4. 7143 | 3. 43487 |
| PRO3 | 23 | 1 | 16 | 4. 6571 | 3. 15243 |
| OP2 | 9 | 1 | 16 | 4. 5143 | 3. 50941 |
| PRO4 | 24 | 1 | 10 | 4. 3714 | 2. 54473 |
| EXT2 | 4 | 1 | 9 | 4. 1714 | 2. 87469 |
| PHY2 | 17 | 1 | 10 | 4. 1143 | 2. 70915 |
| SYS2 | 19 | 1 | 10 | 3. 9429 | 2. 62278 |
| SYS3 | 20 | 1 | 12 | 3. 8 | 2. 82635 |
| JOB1 | 5 | 1 | 16 | 3. 6286 | 3. 72658 |
| JOB2 | 6 | 1 | 16 | 3. 4286 | 3. 56689 |
| OP8 | 15 | 1 | 9 | 3. 2857 | 2. 23042 |
| OP3 | 10 | 1 | 9 | 3. 2286 | 2. 31473 |
| JOB3 | 7 | 1 | 9 | 2. 2 | 2. 22023 |

尽管仅仅按照各事件项的均值确定各事件的风险大小并不是很科学，但在操作风险定量数据严重匮乏的情况下，简单地采用均值比较不失为一种对事件风险大小排序的有效方法，通过排序，我们还可以看出专家对我国操作风险各事件风险大小的判断。

（1）在银行里被认为操作风险最严重的是产品设计定价不合理产生的损失。这表明随着中国金融管制的放松，中国银行业越来越注意到产品设计和定价的重要性，在长期的计划经济体制下，银行金融产品结构单一、丧失定价权给银行业带来巨大的操作风险损失。

（2）就业政策、工作场所安全等方面带来的风险损失被认为是最小的。JOB1、JOB2、JOB3 分别处在第 27、28 和 31 位。这一方面是因为我们的各大商业银行作为社会主义国家的银行，在员工性别歧视、人权和工作安全问题上，应该是做得非常不错的，另一方面，也表明中国人权意识的薄弱，缺乏普遍的维权意识，歧视事件还没有给银行带来足以引起重视的损失。但随着法治和民众维权意识的加强，银行需要加强该方面的风险防范。

（3）人的因素在操作风险损失中具有重大意义。在操作风险损失事件 5 分以上的 15

项中，有 6 项与人有关，分别是 OP6、PER1、OP7、PER2、OP5、OP4，分别处于第一位、第三位、第五位、第七位、第八位和第十五位。

（4）因流程问题引起的操作风险损失不容小觑。在操作风险损失事件 5 分以上（重大风险级以上）的 15 项中，有 7 项与流程有关，分别是 PRO5、PRO6、PRO8、PRO10、PRO7、PRO2、PRO11，分别处于第二位、第四位、第六位、第九位、第十位、第十一位和第十三位。这与张新杨（2003）、樊欣和杨晓光（2003）的研究结果基本相符。

## 第二节　委托代理理论视角下的商业银行操作风险

### 一、中国国有商业银行中的委托代理问题

经济学界最初对委托代理问题的研究主要集中在保险市场上，后逐渐延伸到证券、银行、中介等其他行业和领域。在商业银行等机构中，银行内部各市场主体为增进自身（包括小团体）利益，普遍存在着委托代理道德风险问题。银行内部的委托代理关系如图 6-1 所示。

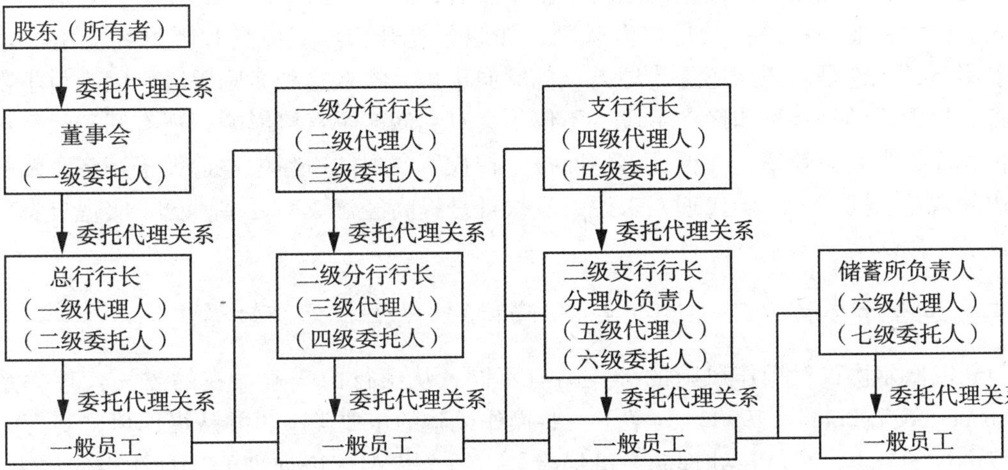


图 6-1　中国国有商业银行委托代理关系

更深刻地理解中国国有商业银行存在的委托代理关系应注意以下三个要点：

1. 委托代理问题的实质是双方之间的利益博弈

委托人和代理人是不同的利益主体，具有不同的效用函数，彼此天然地存在着激励不相容，而其又都将实现自身效用的最大化作为共同目标。因此，委托代理关系事实上就是双方利益的博弈。

2. 委托代理问题的根源是双方之间信息的失衡

信息是博弈双方胜负的决定性因素，所以各方均有追求信息优势的冲动，以避免因信息缺失而使自身利益受损。但在现实中信息对称仅是一种理想而已，相反，为了自身利益

双方都会选择隐蔽信息，特别是代理人。按照 Arrow（1985）的观点，代理人的道德风险模型可以划分为两类：隐蔽行为与隐蔽信息（知识）的道德风险，其博弈流程见图 6-2。前者包括不能为他人准确观察和预测到的行动，对这类行动订立完全合同是不可能的；后者包括代理人对事态的性质有不够全面的信息，但这些信息又足够使其采取恰当的行动，而很难被委托人所察觉和提防。

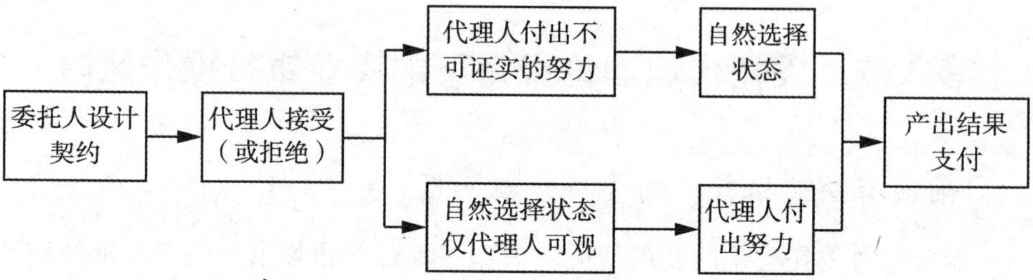


图 6-2　代理人道德风险模型

3. 委托代理问题的动因是双方之间的授权失度

在现实中，委托人对代理人的激励手段主要有：一是经济激励，如享有各种形式的货币收入、扩大在职消费等；二是权力激励，如职务提升、声望提高和人财物支配权增大等。事实上，无论是委托人还是代理人，都倾向于扩大授权这种激励手段。因为对于委托人而言，权力激励是一种非经济手段，不仅不会对利润产生直接影响，还有利于因代理人权力扩大而提高经营效率，获得更多的回报，授权所产生的边际效益远大于经济激励所产生的边际效益。同样，对于代理人来说，授权既是提高经营效率之举，更是实现自身效用最大化的手段。

## 二、适合于委托代理理论框架分析的操作风险事件领域界定

与新巴塞尔协议对操作风险的分类略有不同，从银行内普遍存在的委托代理关系出发，Coopers & Lybrand（1998）列举了一些操作风险的主要类型，并从操作风险管理方法的角度进行了分类：可计量处理的、可保险的、适合代理理论处理的。具体内容如表 6-5 所示。

表 6-5　**操作风险分类**

| 风险事件 \ 处理方法 | 经济资本（高频低损失事件） | 保险（低频高损失不可控事件） | 委托代理分析（可控人为事件） |
|---|---|---|---|
| 不充分、不完全的管理信息 | | | ✓ |
| 内部政策的违反 | | | ✓ |
| 较差的管理决策 | | | ✓ |
| 失败的交易流程或控制 | ✓ | | |

续表

| 处理方法 / 风险事件 | 经济资本（高频低损失事件） | 保险（低频高损失不可控事件） | 委托代理分析（可控人为事件） |
|---|---|---|---|
| 系统瘫痪或故障 | ✓ | ✓ | |
| 人事风险 | ✓ | | ✓ |
| 内外部犯罪 | ✓ | ✓ | ✓ |
| 监管不合规 | | | ✓ |
| 破坏环境活动 | | ✓ | ✓ |
| 自然灾害导致的营业中断 | | ✓ | |
| 法律事件 | | ✓ | ✓ |

可用经济资本抵补部分主要包括一些高频低损失操作风险损失事件，对这部分风险，可以从银行内部渠道获取计量模型中需要的数据，计算损失的概率分布和相应的经济资本要求，计提相应损失准备和进行风险调整的绩效评估。银行市场风险和信用风险度量管理模型中的技术可以拓展到该类高频操作风险事件领域。可保险部分的操作风险主要是火灾等自然灾害和银行的法律责任风险。但获取保险的过程同样是一个风险度量的过程，因为保险费率的确定即是对风险的定价，只是这部分风险主要是一些低频高损失不可控事件，因此可以利用外部数据进行相应的风险计量，而且通过保险可以在更大的范围内分散巨灾。利用委托代理理论指导的操作风险尽管有各种不同的事件表现类型，但究其本质主要是企业内部基于委托代理关系而产生的委托代理风险。这类风险根源于企业的“内部人控制”问题，即代理人借助信息优势，为了自身利益最大化而牺牲委托人的利益，其主要表现形式是由人的行为等“可控”因素引发的操作风险。图6-3是全球操作风险损失类型分布图，目前这类风险在操作风险损失中的占比极高。

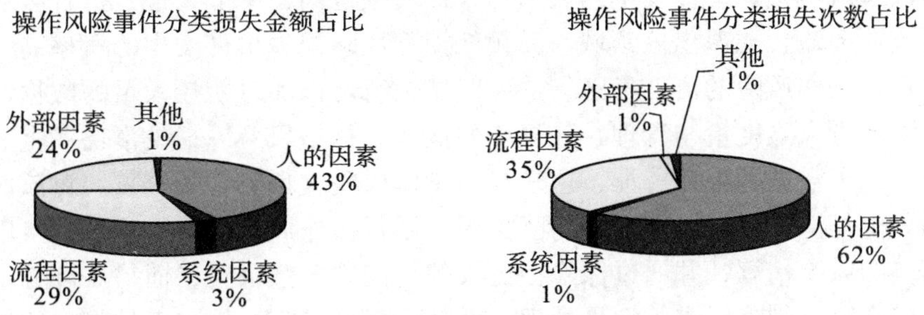


资料来源：根据巴塞尔委员会2003年操作风险数据调查结果整理（LDCE，2002）。

图6-3　全球操作风险损失类型分布图

很显然，第三类风险难以计量。因为这类事件一般发生的频率较小，估计风险事件发生的概率和造成的损失通常需要一个非常长的样本期间。这类操作风险的损失通常与该机构的内部组织结构、制度密切相关，一家金融机构的经验往往难以移植到其他的机构，随着环境的变化，即使同一金融机构内的历史经验也难以较好地指导未来。这使得这类操作风险损失分布随机构和时间的不同而呈现出很强的易变性，定量评估的价值有限。

类似的，第三类风险也很难保险。不仅仅是因为其潜在的损失难以度量，更在于对这类操作风险的保险会使保险公司面临着巨大的道德风险。这类操作风险事件与企业内部的员工、经理人和董事的行为密切相关，而且保险公司也难以准确、便利地观察到企业内部人的行为。一旦参加了外部保险，投保银行就有松弛内部操作风险管理的冲动，使承保人面临极大的风险。即使存在这种保单，由于保费中会充分考虑投保银行的这种机会主义行为，保费将昂贵而不经济。因此，对于第三类操作风险的处理，委托代理框架比内部风险计量和保险更有优势。

Marshall（2001）根据操作风险损失数据的统计特征，将风险事件细分为四种类型，即高频高损型（High Frequency High Loss，HFHL）、低频高损型（Low Frequency High Loss，LFHL）、低频低损型（Low Frequency Low Loss，LFLL）和高频低损型（High Frequency Low Loss，HFLL）。其分布情况如图6-4所示。

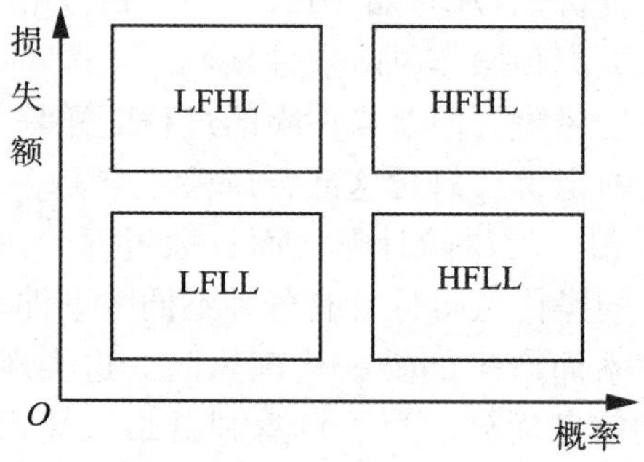


图6-4 操作风险分布图

高频高损型风险损失事件发生的概率高，损失额也高，一般来说，这种区域很小，否则银行会更改业务流程或退出该领域。高频低损型风险损失事件发生的概率高，损失额却较低，属于银行操作风险的可计量区。这一区域银行可以通过积累大量的数据，采用相应的损失分布法进行风险度量与管理。最复杂的低频高损型风险，损失事件发生的概率低损失额却较高，由于数据的统计特征，这是当前操作风险度量管理的难点。对该区域应区别对待：一部分由外部不可控因素引起的巨灾属于银行操作风险的可保险区，可以利用外部数据进行相应的风险精算，并通过保险在更大的范围内分散巨灾；而另一部分由内部可控因素引发的操作风险则难以进行定量处理。低频低损型风险，损失事件发生的概率低，损失额也低，这类风险也很难进行定量处理或定量处理得不偿失。后两部分作为不宜定量处理的操作风险，委托代理理论提供了可替代的占优解决思路，即使是对可计量区和可保险区，委托代理理论也可在一定程度上有利于操作风险的抑制和管理。

借鉴俞栋（2005）对道德风险的分类，对可以用委托代理理论指导的委托代理型风险还可以做以下界定（见表6-6）：

表6-6 **委托代理型操作风险**

| 序号 | 分类标准 | 类别及其表现 |
|---|---|---|
| 1 | 按性质分 | (1) 失职风险。因玩忽职守、敷衍塞责和偷懒无为而引起的风险，多发于业务第一线。<br>(2) 腐败风险。利用职务（岗位）之便假公济私（包括个人和小团体）、徇私舞弊而造成的风险，高发于掌握人、财、物的权力部门与要害岗位。<br>(3) 违法风险。由违法乱纪而酿成的重大风险，频发于核心业务领域或掌控一方的代理人身上 |
| 2 | 按行为主体分 | (1) 委托层风险。通常指国有产权体制下，由于行使股东权力的董事会成员往往是政府利益的化身，并不拥有与其职权相适应的产权，以致向一级代理人（总行行长）提出非市场化的经营目标，或对一级代理人实行软约束。<br>(2) 代理层风险。主要指一级代理人及其之下的经营组织内部的各级经营者，为增进自身效用而以权谋私，包括任人唯亲、过分的在职消费、经营行为短期化、操纵会计报表、隐瞒经营信息等行为。<br>(3) 一般员工层风险。在激励或监管不到位时，掌握微观信息量最丰富的一般员工就会利用信息优势谋利，如偷懒不作为、误导代理人、利用制度漏洞和技术缺陷作案等 |
| 3 | 按生成规则分 | (1) 显性道德风险。即在显规则下产生的道德风险，主要指以权谋私如贪污受贿、买官卖官等。<br>(2) 隐性道德风险。即在潜规则下产生的道德风险，多指经营者为追求部门或短期利益而违规违纪，如高息揽存、盲目扩张机构和资产、擅自开展高风险业务，以及缺乏互援合作精神、制造内耗、诋毁同行等 |

总之，委托代理理论在处理部分操作风险问题上具有得天独厚的优势，对操作风险的管理应该在操作风险的具体分类基础上构筑一个全面、综合、立体的风险管理体系，经济资本、保险和基于委托代理理论的内部控制三驾马车应共同产生作用。

## 三、委托代理理论框架下的操作风险内在生成机理

根据委托代理理论的观点，代理人与委托人之间存在着利益的不一致性，甚至是利益冲突（Jense 和 Meckling，1976）。现代契约理论把企业看成是一系列不完备契约的组合，企业中委托人和代理人的权利、义务并没有得到完全的说明。在信息不对称和不完备契约条件下，委托人和代理人之间的利益冲突会产生代理人“道德风险”，酿成“内部人控制”，引发委托代理型操作风险损失。我们可以从短期金钱利益、非金钱利益和“一致性道德风险”三个角度来阐释几起经典操作风险案例的内在生成机理。

1. “奖金文化”驱动下的操作风险

一般来讲，企业的经理人和雇员等因为资产的专用性，不能像股东一样有效地分散风险，作为风险厌恶者，这些利益相关者通常有风险管理的内在冲动。但奖金或股票期权等

管理补偿激励措施可以使经理人的期望效用函数成为企业期末价值的凸函数，经理人表现出风险偏好者的行为特征，甚至可能“逆风险管理”（reverse-hedge），使企业的价值特别依赖于某些状态的发生（Stulz，1985，1996）。

在巴林银行案件中，里森大量虚报银行市场交易利润，使他在 1995 年的奖金额高达 40 万英镑，而同期他的工资水平仅为 6 万英镑。在宝洁公司（Procter & Gamble）与银行家信托的案例中，银行家信托销售人员同样是受到了企业自身“奖金文化”的驱动，过分关注短期获取的高额销售奖金而忽视这种行为对长期顾客关系的影响。事后宝洁认为公司损失的责任在于那些过分热情的银行家信托销售人员向他们销售了不合适的金融产品，银行家信托不得不在诉讼中支付了大约 1.5 亿美元的损失赔偿。

2. 非金钱利益驱动下的操作风险

非金钱方面的考虑也会诱发操作风险。在橙县事件中，橙县投资公司（Orange County Investment Pool，OCIP）未经投资人同意和知情进行高风险投资带来巨额损失。该案例中，代理人并不是直接来自于金钱利益方面的驱动，事实上，在 Bob Citron 任职期间他的薪水一直是每年 10 万美元的水平。Bob Citron 主要是受到政治利益的驱动，他需要利用 OCIP 的项目为一系列当地政府的开支计划融资。

类似的例子还有不恰当的公司财务制度目标导致的操作风险。在宝洁公司与银行家信托的案例中，宝洁的财务制度设定公司的基准融资利率要低于商业票据融资利率 40bp。为了实现这一融资目标，代理人只能铤而走险，如与银行家信托进行杠杆互换，但这项风险程度极高的融资活动显然并不代表公司股东（委托人）的利益，承担较高的利率风险显然不是一家家庭生活用品制造商的比较优势。

3. “一致性道德风险”驱动下的操作风险

风险与收益呈现一种对称关系，“太好以至于不可能是真的”（too good to be true）是现代金融理论的一项常识性结论。但在上述事件中，直到危机发生前，这一经典的投资学理论都没有引起委托人和代理人的认真思考，酿成了最终的灾难。

Boot 和 Milbourn 等（1998）提出用“一致性道德风险”（consensus provision moral hazard）描述组织内部总是比较容易达成一致意见的现象。出于自利的目的，对于某些内部“明星”人员尤其是其上司赞成的投资战略，代理人很可能不去报告该战略的风险或负面影响。“一致性道德风险”使组织容易形成“集体想法”（groupthink）和从众（herding）行为。

1998 年的长期资本管理公司（Long-term Capital Management，LTCM）事件是“一致性道德风险”的生动体现。LTCM 的交易策略主要是建立在模型计算的基础上，而事后人们发现这些模型依赖于很多有瑕疵的假设（Dunbar，1998），使模型严重低估了投资策略潜在的风险，但当时公司内部并没有对这些模型的风险提出足够的质疑。“一致性道德风险”问题因为 John Meriwether、Myron Scholes 和 Robert Merton 等几位董事的显赫地位得到加强，组织内听不到理性的质疑声音。

通过上述讨论可知，市场风险和信用风险损失通常仅是内部冲突的外部信号，损失经常是由于内部委托代理冲突等操作风险引起的，操作风险在某种程度上是更高层次的风险。

## 四、委托代理理论框架下中国商业银行的“积极”操作风险管理

花旗银行前董事长瑞斯顿认为，“所谓银行就是从风险管理中获利的组织”。良好的风险管理机制构成银行的核心竞争力。当前操作风险的管理框架基本沿用与市场风险和信用风险相同的风险管埋框架，包括风险的识别、评估和量化、风险管理和缓释、风险监控以及风险报告五大过程，最终用经济资本吸收风险。但笔者认为，作为一种在很大程度上与人有关的“可控”风险，简单地沿用与市场风险和信用风险这两类“不可控”风险相同的风险管理过程并不妥当，这种风险管理程序设计的出发点主要是一种“事后”的风险“补救”，而对事前的风险避免控制活动采取“无为而治”的思路。

笔者认为委托代理理论对操作风险的“事前”控制活动更有指导意义。如果说事后的经济资本风险吸收是一种被动的风险管理模式，那么基于委托代理理论的操作风险管理则要积极主动得多，操作风险管理关口大大前移，二者的比较具体如图 6-5 所示。根据委托代理理论的研究成果，一般我们可以从决策控制权的内部控制、内部激励、外部约束和风险报告监督四个环节，从源头上引导、控制代理人行为，降低因委托代理问题产生的操作风险，强化“事前”的操作风险“避免”。这也正与新巴塞尔协议强调操作风险管理要与公司治理相结合的观点契合。

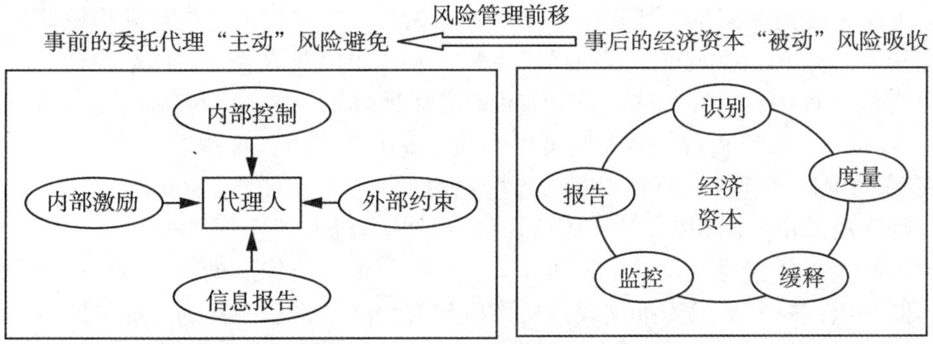


图 6-5　委托代理视角下银行主动风险避免管理框架

1. 内部控制：前台、后台与中台和银行组织架构扁平化

Fama 和 Jensen（1983）指出在所有权与控制权分离的情况下，公司应该建立有效的内部决策控制体系来降低委托代理风险。Fama 和 Jensen 把一个完整的决策流程分成相互独立的四个阶段：（1）动议；（2）审批；（3）执行；（4）对决策代理人的绩效评价监督。前台负责业务的动议开拓和执行，后台负责业务的独立审批与对前后台决策代理人的绩效评价监督。通过有效的四权分离、相互牵制，可以最大化地减少委托人与代理人间的利益冲突，避免组织中的“一致性道德风险问题”。巴塞尔委员会（1998）已将决策权分离作为银行内控制体系的重要组成部分，G30（1993）更是提出要建立独立的风险管理部门作为银行业务“中台”，主管对银行交易业务的监督，检查银行不适当的风险承担活动。

2. 内部激励机制设计：基于计分卡的 RAPM 方法与基于 EVA 的资本预算

委托代理理论的目标就是设计一种机制和合同，能给代理人提供刺激和动力，使他依照有利于委托人的目标努力工作，参与约束和激励相容条件同时得到满足。现代企业激励机制主要包括对代理人的绩效考评体系和激励措施两部分。

恰当的绩效评估目标有利于调和委托人与代理人之间的利益冲突，减少委托代理风险。现代金融机构普遍开始接受以 RAROC 为代表的风险调整绩效评价技术（risk-adjusted performance measures，RAPM）。但 RAPM 方法建立在风险度量技术上，因此对于操作风险只能用委托代理理论分析而难以量化的领域，锚定与调整法则（anchoring and adjustment）是可行的思路，毕竟绩效考核的关键是弄清绩效评价结果的总体趋势和相对水平。新巴塞尔协议操作风险高级度量法中的计分卡法近年来开始受到人们的重视。这种方法既立足于银行的经验历史数据，又具有前瞻性（forward-looking），在 ANZ 银行的成功实践受到了肯定。综合考虑，我们完全可以建立一种基于计分卡的 RAPM 技术，将一些关键的定性指标嵌入 RAPM 方法，使银行的绩效评价更全面、更科学。

企业的激励措施主要包括高额年薪、股权、期权、退休金计划等货币激励，让代理人获取部分企业的剩余索取权和升迁、荣誉等非货币激励，但这些措施对风险管理的激励并不直接，效果不彰。近年来，建立在 EVA 基础上的经济资本分配（capital allocation）和相应的授权管理受到了广泛的关注，目前 45% 的国际大型银行建立了资本分配系统。表面上看，资本分配是为满足最低资本要求而被动做出的决策，但委托代理理论认为，在分权组织结构下，分部经理人有高报项目风险和资本要求以获取剩余收益的冲动，资本分配是企业为克服管理中存在的委托代理问题而主动采取的一种有效激励手段（Hirshlefer，1970；Weigartner，1977），而 EVA 则可以作为企业的资本分配标准。

3. 外部约束机制优化：监管规制与市场纪律

与内部激励约束机制相比，外部机制更多的是从监督、约束的角度配合内部机制，规范银行的各种委托代理关系。首先，加强银行监管。银行监管当局督促银行改进和完善经营管理体制和组织机制，逐步推进现代操作风险管理建设进程，并为之提供完备的法律法规，制定操作风险管理的基本原则和标准等作为规范指南。其次，强化市场纪律。一方面，银行业监管要充分发挥市场纪律的作用，减少因监管而产生的道德风险。另一方面，要重视竞争的作用。竞争属于“隐性激励机制”，在市场竞争的前提下，利润是衡量代理人经营努力程度和经营绩效的激励指标。在竞争的代理人市场，代理人的市场价值（收入）决定于其取得的经营业绩和声誉，通过市场竞争压力可以有效促使代理人主动调整个人效用目标，改善代理关系，降低代理风险。

4. 监督制度的设计：信息报告

信息不对称是委托代理问题产生的必要条件，银行决策权的分离、绩效评估体系的良好运转和有效的激励机制都需要真实、及时和有效的信息报告体系的支持。因此，银行要不遗余力地加大对信息系统的投资以掌握代理人的更多信息，减轻委托人与代理人之间的信息不对称。良好的信息不仅在公司内部很重要，外部的委托人股东也需要准确、及时的信息来减少委托代理关系中的信息不对称问题，充分发挥市场纪律的作用，约束代理人的行为。

在过去的十年中，金融风险度量与管理获得了飞速发展，经济资本的计算、分配和以RAROC为核心的风险调整收益评价都建立在对风险进行准确度量的基础上。2004年新巴塞尔协议更是将操作风险度量模型研究引向了高潮。但操作风险的内生性特点决定其很难采用与市场风险和信用风险相似的风险度量技术，现有的操作风险度量模型存在一系列严重缺陷。操作风险管理研究过于注重对操作风险的度量，对指导我们的操作风险管理实践不利。鉴于大部分操作风险事件发生的根本原因在于雇员或经理等银行内部代理人与银行股东或投资人等委托人之间的利益冲突，操作风险的主要表现形式是内部经营管理不善造成的损失，操作风险主要是一种人为的可控风险，委托代理理论为操作风险研究提供了新的思路。它使我们对操作风险的管理活动大大前移，强调操作风险的积极主动管理和事前避免与控制，而不仅仅是事后被动地利用资本吸收风险、补救损失、无为而治。作为一个发展较为成熟的理论体系，操作风险委托代理理论，从新的视角重新关注中国银行业的操作风险，对我国当前的商业银行操作风险管理实践无疑具有指导意义。

## 第三节　委托代理视角下中国商业银行操作风险管理着力点

### 一、形式控制权与实际控制权分离下的内部控制难题

内部控制是管理操作风险的核心手段。但对于内部控制的效力首先要从更深层次的企业控制权的源头和本质谈起。权威不足和权威错位是导致各种各样内部人控制现象的直接原因。早在50多年前，诺贝尔经济学奖获得者西蒙就对控制权进行了分析，他将控制权或权威定义为选择影响组织行动的权力。在所有权和经营权两权分离的情况下，标准的委托代理理论暗含控制权来源于所有权，代理人是被动的，完全置于委托人的控制之下，即使委托人不具有完全信息，也总可以通过激励契约来达到委托人的目的，委托人对组织的控制权自然地来自于他们对资产的所有权。GHM（1986，1990）的不完全契约理论也认为所有权是控制权的基础，资产的所有权人总是可以通过限制其他人使用其资产而表现出其对资产处置的权力。但他们的这种理论观点与现实是不一致的。

事实上，组织中的权力可能是通过一些显性或隐性的契约在组织的成员或群体之间进行分配的，对资产的所有权并不必然带来实际的权威或控制权，在现实中，很多情况下，控制权掌握在非所有权人手里。最常见的情况是，股东对董事会或高级经理人员通常仅有有限的控制权，同样的，高级经理有时也不对部门经理具有完全的控制权。早在1968年马克斯·韦伯就注意到政府官员、公司雇员、企业工人尽管没有对官僚机构、公司、企业的非人力资产的所有权，但他们往往对这些组织内的资产具有很大的支配权。

Aghion和Tirole（1997）从标准的委托代理理论和不完全契约理论出发，开创性地将组织内控制权或权威进一步细分为形式控制权和实际控制权。形式控制权来自于所有权或有关授权制度安排，而实际控制权则来自于对信息的相对充分掌握，当组织内信息交流不畅、信息不对称问题严重时，往往会发生实际控制权与形式控制权的脱节，使形式控制权处于“橡皮图章”的地位。此时如果只强调对形式控制权的控制，而忽视对实际控制权的管理，只会使内部控制劳而无功。

现实中控制权的分离使得即使在委托人形式控制权模式下，即决策权不进行授权的情况下，代理人还是可能拥有实际控制权。形式控制权与实际控制权的分离程度，即代理人对实际控制权的掌握程度主要受以下几项因素的影响：

（1）委托人形式控制权的范围。在委托人形式控制权范围过大时，即他所进行的决策权过多时，就很难获得充分的信息对每项决策做出正确的决定，此时，委托人会接受代理人的建议，即代理人拥有了实际控制权。

（2）货币激励。一方面高的货币激励会提高代理人工作积极性，使代理人有动力向委托人提供更好的建议。另一方面，高工资降低了委托人干预代理人的积极性。

（3）委托人的数量。委托人的数量越多，形式控制权的划分就越降低委托人实际控制权的效果，从而增加了代理人的实际控制权。

（4）委托人尊重代理人决策的声誉效应。

（5）决策制定的紧急程度。当决策越紧急时，代理人越容易获得实际控制权。

## 二、控制权分离下中国商业银行操作风险管理着力点——扁平化

内部控制是管理操作风险的主要手段，早在1997年，监管部门就制定了《加强金融机构内部控制的指导原则》，2002年中国人民银行又下达了与COSO报告精神一致的《商业银行内部控制指引》，银监会成立后于2003年出台了《商业银行内部控制制度评估体系》，随后又公布了《商业银行内部控制评价试行办法》，逐步将商业银行内部控制监管落到实处，各大商业银行也相应制定了细致、详尽的内部控制管理规章办法。中国银行业为加强内部控制，所下精力不可谓不大，但国有银行内部控制效果不彰、流于形式却是不争的事实。笔者认为，这并不是因为内部控制在我国水土不服，以及各项规章制度不够健全、科学，而在于我国国有银行的内部控制管理过于强调对“形式控制权”的界定与制约，而忽视了银行内部管理中形式控制权与实际控制权的分离问题，忽视了对银行内部管理层级中“实际控制权”的管理问题。

形式控制权与实际控制权脱节，基层银行“实际控制权失控”是当前国有银行大案要案频发的根本症结。我国国有商业银行现行的组织管理结构为典型的“金字塔”结构，即总行、一级分行、二级分行、支行、网点之间的科层关系。这种组织模式极大地便利了银行内部形式控制权与实际控制权的分离，不利于银行对风险，尤其是操作风险的内部控制、监管与防范：（1）管理层次过多，管理层次链条过长，信息传递不及时导致信息不对称问题严重；（2）在科层关系模式的组织形式下，地方政府对国有商业银行业务经营的行政干预过多，导致地方化倾向、地区壁垒和行政壁垒难以逾越，极大地削弱了银行内部总行、上级对分支行、下级的实际控制权；（3）资源配置不合理、层层分割，不能集中发挥效用，大量岗位重叠，委托人数量过多，形式控制权划分不清，机构间相互扯皮、推诿；（4）分权的组织结构增加了银行内部交易成本，使银行内部管理费用不断攀升，吞噬银行利润，影响员工的工资、奖金收入。

虽然针对国有银行早期以“分权”为中心的组织架构改革将控制权下放到基层银行产生的“控制权失控”问题，国有银行普遍开始强调银行的内部控制管理，特别是在贷款管理上，将贷款分配和审批权限上收到分行一级，实行审贷分离，但这种对基层银行

“限权”的内部控制管理效果并不理想。笔者以为，这主要是因为“限权”管理中上收的只是“形式控制权”，各级银行行长形式控制权虽然有所削弱，但基层银行因其天然信息优势拥有的银行实际控制权并没有被有效地上收、控制和监督。上级行的形式控制权形同虚设，银行实际控制权依然处于失控的状态，突出表现为基层银行的违规、犯罪活动屡禁不止，“有令不行、有禁难止”，国有银行操作风险案件愈演愈烈。因此，加强国有银行内部控制，遏制操作风险，当前的内部控制工作重心应从对“形式控制权”的控制转向对银行“实际控制权”的控制，关键是进行以银行组织架构“扁平化”为特征的“中层革命”。

扁平化管理由组织管理理论中新古典组织理论的代表人物斯科特于20世纪90年代提出，强调在信息网络平台的支持下，减少管理层次，加大管理幅度，形成一条最短的管理指挥链，同时主要管理职能集约化的一种组织结构管理模式。这种管理组织模式运作显现的是横向轨迹，其精髓是寻找集权和分权的结合点，把工作的着眼点放在有利于组织内部的相互沟通、信息交流上。

当前国际上的大型银行，特别是国际活跃银行，基本上建立了以“中央集权、模块集约”为特征的扁平化事业部制组织架构，采用总行——地区性管理中心——分行的组织管理模式。这种组织架构模式主张通过流程再造实现银行业务发起权、业务审批权、业务执行权和业务绩效监督评价权的前、后、中台“四权分离”，具体如图6-6所示。将业务的发起权和执行权下放到分支行，同时在总行设立垂直管理的集约化业务审批中心和审计稽核中心“平行作业”，确保“四权”相互独立、相互制约。最重要的是在这种组织架构中，分支行的管理职能被大大弱化，分支行将主要作为一个“业务拓展”中心从事金融产品的营销活动，大大削减了银行的中间管理层次，组织架构扁平化，缩短了信息在组织内的传递路径，有利于实际控制权与形式控制权的内在统一。在技术保障上，扁平化组织架构充分利用现代科技推进业务的标准化和数字化，一方面减少人为因素对银行业务的影响，确保所有的权力都在系统中实现，所有的交易都在系统中运行，所有的资源都在系统中受控；另一方面也有利于集权管理后银行效率的兼顾。特别的，扁平化组织架构下的信息化建设大大便利了信息在业务单元内及时、准确地流动，确保银行内部形式控制权和实际控制权的和谐统一。

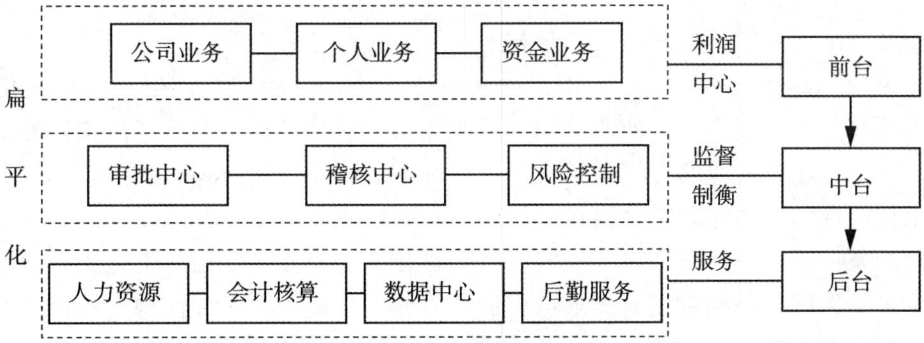


图6-6　中国商业银行操作风险管理与扁平化

总之，扁平化组织架构有利于从根本上防止银行实际控制权与形式控制权的脱节，有利于银行内部控制职能的正常发挥，从而有利于银行的操作风险管理，从根本上遏制银行操作风险大案要案的发生。

当前，国内银行业操作风险问题形势严峻，内部控制效果受到广泛的质疑，笔者相信，从形式控制权与实际控制权的视角重新审视我国的银行内部控制体系，推进银行组织架构的扁平化，对构筑我国商业银行操作风险长效管理机制必将大有裨益。

## 三、中国商业银行组织架构扁平化构想

重新按照现代企业制度的要求，应用现代电子通信和网络技术对我国国有商业银行进行企业流程再造，形成一种扁平化而非传统科层级的组织结构，主要应注意以下几个方面的工作：

（1）重新设计商业银行的业务流程，减少管理层次，缩小组织的规模。国有商业银行应该按照合理、效率的原则，撤并不经济的组织机构，打破行政区划，根据银行的客户定位依经济区域对现有的分支机构进行战略性改组和调整，压缩中间管理层次，加大管理跨度，同时推动银行后台业务操作、支持保障、监督控制等主要管理职能的中央集中管理，真正实现银行内部组织机构的扁平化和经营集约化。

（2）大力发展网络技术和普及计算机的应用，建立信息技术的物理平台。扁平化管理模式的实施和应用离不开网络技术的普及和电子计算机的应用。通过现代信息技术的应用实现银行组织结构扁平化，使组织快速适应市场变化，及时调整偏差，使信息在组织内部真实、准确传递和共享，降低管理成本，提高公司的运营效率。

（3）扁平化改革应结合我国具体实际情况，循序渐进，分步实施。扁平化管理模式代表了先进的管理理念，是商业银行管理的发展方向。但扁平化也并非万灵药，也有其先天的缺陷：首先，在向扁平化管理模式变革的过程中，人员变动繁杂，组织结构的稳定性不强。扁平化管理是一项系统性工程，涉及面广，会受到旧的管理方式、习惯影响的约束，特别是在目前的社会环境下，过激地撤并机构、减少管理层次和人员的措施会影响到社会稳定和自身发展。而且，扁平化管理是技术含量较高的管理模式，对银行的技术支持和人员素质有较高要求，需要银行各种软硬件的支持。因此，扁平化改造不可能一步到位，而是有一个漫长的整合和适应的过程。

（4）建立与扁平化组织相配套的激励机制。作为一种新的管理模式，扁平化改革直接改变了原有的利益主体，如何调动新利益主体的积极性，是新的管理模式充分发挥作用的关键，因此，建立有效的考核激励机制，明确上级的业务导向和价值取向，对业务的发展和员工积极性的调动起着举足轻重的作用。在激励机制方面，在充分考虑总行集权、集约化经营的条件下，也要强调适当授权，特别是在一些对委托人相对不重要的领域，对代理人很重要的领域和一些对创新要求迫切的领域要充分授权，发挥代理人的积极性。

（5）组织结构扁平化和企业文化的融合。在相应的信息网络技术等“硬件”基础上，银行的企业行为、价值观和企业文化精神及凝聚力等“软件”，往往成为商业银行扁平化

管理成功的重要因素和创造财富的主要资源之一。商业银行组织扁平化对管理的规范化要求比较高，日常经营运作都必须严格按照规章制度来执行。广大经营管理人员和基层员工应该确立“学习人”的地位，设计智慧型的学习型组织，改善心智模式，自我超越，以适应组织结构的不断调整和变革。

# 第二编　实　践　编

# 第七章　操作风险内部控制组织结构设计

## 第一节　商业银行内控与操作风险的管理

### 一、操作风险管理的阶段

Culp（2001）将商业银行管理操作风险分为五个阶段。第一阶段是基础阶段，即银行没有专门的人员和流程管理操作风险，发生损失事件后作个案处理；第二阶段银行意识到要考虑操作风险，明确专门管理操作风险人员的职责，高级管理人员制定识别、度量和控制操作风险的政策；第三阶段是监控阶段，在量化操作风险的基础上，出现了容忍度的概念。高级管理人员根据业务和风险管理战略制定对操作风险的容忍水平；第四阶段，在集团的风险管理部门内设立了管理操作风险的组织，根据业务单位度量操作风险，高级管理人员提出的容忍水平与管理操作风险暴露的措施相互比较；第五阶段，操作风险完全纳入全面风险管理之中，银行对操作风险的度量和容忍水平整合在一起，也就是汇总信用风险、市场风险和操作风险的 VaR 值。

而新巴塞尔协议对操作风险管理的思路显然与 Culp 的第五个阶段相似，即逐步实现度量信用风险、市场风险和操作风险三大风险的方法论的统一。从度量意义上说，全面风险管理其实就是建立在计算三大风险 VaR 值的基础上。但由于难以量化操作风险的暴露，难以从组合的角度看待操作风险，难以建立操作风险数据库及搜集数据，银行度量操作风险比度量信用风险和市场风险面临着更大的困难，而且即使建立了相关的度量模型，也很难校验模型的结果。为此，光靠模型来度量操作风险还远远不够。

### 二、操作风险管理的原则

#### （一）新巴塞尔协议的操作风险管理原则

新巴塞尔协议的各项规定，主要是针对所谓国际业务活跃的银行，或业务特别复杂的大型银行。对于一般的银行操作风险管理问题，巴塞尔委员会在 2003 年 2 月发布了一份题为《管理和监督操作风险的健全方法》的指导性文件。这份文件是巴塞尔委员会多年来关于银行操作风险管理问题指导思想的最新总结。

巴塞尔委员会指出，银行选用何种具体办法管理操作风险，基于多种因素，包括自身规模的大小、组织复杂性、业务的性质和范围。然而，尽管有这些不同，明晰的战略，董事会及高管人员的监督，对操作风险和内部控制的认真程度，完备的内部报告制度和应变计划，是任何规模和范围的银行有效管理操作风险的关键因素。因此，这份文件所提出的十条基本原则对所有银行都有重要意义。

具体的十项原则如下：

原则 1　董事会应了解本行的主要操作风险所在，把它作为一种必须管理的主要风险类别，核准并定期审核本行的操作风险管理系统。该系统应对存在于本行各类业务中的操作风险进行界定，并制定识别、评估、监测与控制/缓释操作风险所应依据的原则。

原则 2　董事会要确保本行的操作风险管理系统受到内审部门全面、有效的监督。内审部门必须拥有一支独立运作、训练有素、业务精良的内审队伍。内审部门不应直接负责操作风险的管理。

原则 3　高级管理层应负责执行经董事会批准的操作风险管理系统。该系统应在银行内各部门得以持续地贯彻执行，并且各级员工也应了解自己在操作风险管理中的责任。高级管理层还应负责制定相关政策、程序和步骤，以管理存在于银行重要产品、活动、程序和系统中的操作风险。

原则 4　银行应该对所有重要的产品、业务活动、管理过程、管理体系内在的操作风险进行确定和评估。银行应该保证在引进新产品、开发新业务活动、建立新的管理过程和管理体系之前，对内在的操作风险进行充分的评估。

原则 5　银行应该制定一套程序来定期监测操作风险状况和重大损失风险。对积极支持操作风险管理的高级管理层和董事会，应该定期报告有关信息。

原则 6　银行应该制定控制和缓释重大操作风险的政策、程序和步骤。银行应该定期检查其风险限度和控制战略，并且根据其全面的风险喜好和状况，通过使用合适的战略，相应地调整其操作风险状况。

原则 7　银行应该制订应急和连续营业方案，以确保在严重的业务中断事件中连续经营并控制住损失。

原则 8　银行监管者应该要求所有的银行，不管其大小，制定有效的制度来识别、评估、监测和控制缓释重大操作风险，并且作为全面风险管理方法的一部分。

原则 9　监管者应该直接或间接地对银行有关操作风险的政策、程序和做法进行定期的独立评估。监管者应该确保有适当的机制保证他们知悉银行的进展情况。

原则 10　银行应该进行足够的信息披露，允许市场参与者评估银行的操作风险管理方法。

前三条原则是关于建立适当的风险管理环境。要求董事会将银行操作风险视作应加管理的一类特殊风险，批准和定期检查银行的操作风险管理制度。董事会应确保银行的操作风险管理制度受到有效、全面的内部审计。高级管理人员应对执行董事会批准的操作风险管理制度负责。该制度应统一应用于整个银行组织，各级机构和人员都应该了解自己在操作风险管理上的责任。

第四条至第七条原则是关于操作风险的管理，即如何识别、评估、监察、转移及弱化操作风险。银行应该对所有重要产品、活动、程序和系统的操作风险进行识别和评估。银行也应该确保在新产品、活动、程序和系统推出应用之前，对其中的操作风险予以充分评估。银行应该采用某种程序来定期监察操作风险组合和重大损失暴露。银行应制定控制和弱化重大操作风险的政策、流程和程序。银行应定期审查风险限制和控制战略，根据总体风险承受能力和风险组合状况，采用适当的措施，对操作风险组合进行调整。银行应制订适当的应付偶发事件和保持业务持续进行的计划，以确保在发生严重破坏事件时能够继续营业和限制损失。

第八条和第九条原则是关于监管者职能。银行监管当局应当要求所有银行，无论大小，都具有识别、评估、监察、转移及弱化重大操作风险的适当、有效的制度，作为其总体风险管理方法的一部分。监管当局应该对银行操作风险管理的政策、程序和做法实施系统的独立评价，并充分了解情况的变化。

第十条原则是关于信息披露。银行应向公众充分披露信息，以便市场参与者评价其操作风险管理的办法。

### （二）新巴塞尔协议操作风险管理的组织结构

一个管理操作风险的有效组织必须能保证管理操作风险的行为可以被银行的所有部门理解并有效执行，为此要对管理操作风险的组织结构进行界定。

1. 董事会

操作风险管理的最终责任在董事会，这就要求董事会对银行产品、管理管理过程和相关风险有一个完整的理解。按照巴塞尔委员会的建议，银行应有专门的董事会负责操作风险；董事会应建立一个委员会来授权和管理实施操作风险战略每日的决策，保证管理操作风险的流程顺畅；委员会应定期审议操作风险报告，保证满足对操作风险管理的要求。

董事会应批准在全行范围内采用操作风险管理系统，并将操作风险作为一种主要风险来管理，以确保银行的安全与稳健。董事会应为高级管理层就这些原则制定明确的指引，并核准其拟订的相应政策。

操作风险管理系统应建立在对操作风险的适当定义之上，该定义应列明本行操作风险的具体构成。该系统应通过制定具体的风险管理政策、操作风险管理行动的先后顺序（包括向银行外转嫁操作风险的程度和方法），以阐明本行对操作风险的喜好和容忍度。该系统还应包括具体的政策规定，列明本行识别、评估、监测和控制/缓释风险的方法。一家银行操作风险管理系统的规范与复杂程度应与其风险状况相称。

董事会应负责建立一个能够有效执行操作风险管理系统的管理架构。由于操作风险的管理在很大程度上依赖于内控的完善，因此董事会应对管理层的职责、权限与报告制度作出明确的规定，这一点至关重要。此外，操作风险控制、业务操作和后台服务等部门间的职责与报告渠道也应分离，以避免出现利益冲突。管理系统还应在关键程序上作出明确规定以便于操作风险的管理。

董事会应对本行的操作风险管理系统进行定期检查，以应对外部市场变化和其他环境因素导致的操作风险以及与新的产品、业务、系统相关的操作风险。检查的另一个目的还在于，探寻适宜本行业务、系统和程序的操作风险管理的最佳业界做法。如有必要，董事会还可根据相关分析对本行的操作风险管理系统进行修订，以便将主要操作风险纳入管理系统之中。

银行应有完善的内审制度，以使本行的经营方针和各项规章制度得以有效实施。董事会应（直接地或通过审计委员会间接地）确保审计的范围和频度与本行的风险状况相适应。内审部门应定期检查本行的操作风险管理系统是否由上至下得到有效贯彻。

由于内审部门负责对操作风险管理系统的监督，因此董事会必须确保审计部门的独立性。如果内审部门直接参与到操作风险的管理过程中去，则其独立性就会大打折扣。内审部门可以向操作风险管理人员提供有价值的意见，但本身不应直接负责操作风险的管理。委员会发现，在现实情况中，有些银行（特别是小银行）的内审部门可能会负责最初阶段的操作风险管理方案的制订。如银行存在这种情况，则应将操作风险的日常管理职能及时从内审部门转移出去。

2. 高级管理层

管理层应将董事会建立的操作风险管理系统转化成具体的政策、程序和步骤，以便于不同业务部门贯彻落实和对照检查。虽然各级管理者要在各自的权限内负责相关政策、程序、步骤和监控的适宜性与有效性，高级管理层仍必须对各职能部门的责权关系和上下级报告关系作出明确的界定，以使各部门对自身的权限与职责始终保持清晰的认识，并调动足够的资源对操作风险进行有效的管理。此外，高级管理层在对风险监控程序的适用性进行评估时，还应将各部门的业务政策本身所固有的风险纳入考虑范围。

高级管理层应确保本行的业务经营是由一批拥有必要的经验、技能和资源的称职员工来承担，而且负责本行风险监控与合规性检查的员工必须拥有独立于其所监控的部门的权力。管理层应确保在存在重大操作风险的岗位工作的员工都清晰地了解本行的操作风险管理政策。

高级管理层应确保负责操作风险管理的员工与负责信贷、市场和其他风险的员工以及本行内诸如负责购买保险和联系外仓业务的人员进行有效的沟通。否则很可能会导致全行风险管理出现真空或职责重叠。

高级管理层要确保银行的薪酬政策与其对风险的喜好相适应。鼓励员工偏离既定政策（如超过规定的限额）的薪酬制度会弱化银行的风险管理过程。

对文件控制质量和交易处理方式也需特别注意。有关政策、程序和步骤（特别是与支持巨额交易量的先进技术相关的），必须形成书面文件并传达到所有相关员工。

3. 管理操作风险的部门

管理操作风险的部门应该以与管理信用风险和市场风险相同的方式建立，负责评估、监控及汇报整个银行集团的操作风险，而且内部操作风险度量必须和银行每日的风险管理过程紧密联系在一起，在向管理层汇报、内部资本分配、风险分析等方面发挥重要作用。

按照新巴塞尔协议的要求，银行必须具备一个独立的操作风险管理小组，负责设计和实施银行操作风险管理系统。操作风险管理系统包括形成一个确定、度量、监督和控制操作风险的战略；设定银行操作风险管理的政策和标准，协调对信用风险、市场风险和操作风险的管理，监控和处理损失事件，确定度量操作风险的工具和指导原则；设计和实施操作风险度量的方法和风险汇报系统。

操作风险的管理部门独立于内部审计部门。内部和外部的审计人员必须对操作风险的管理过程和管理系统进行常规检查和验证。检查包括业务单位的活动和独立的操作风险管理功能。外部审计对操作风险度量系统的验证至少包括：证明内部验证过程以合理方式进行；保证风险度量体系的数据流和过程透明。尤其是内部审计人员可以容易地获得度量系统的技术细节和参数。一些国际银行在实践中已经形成了防范操作风险的“三条线”管理：第一条线是业务线管理，第二条线是风险部门管理，第三条线是内部审计管理。

### （三）其他组织对操作风险管理组织结构的要求

国际掉期和衍生品协会（The International Swaps and Derivatives Association，ISDA）认为，不论机构的大小和复杂程度，它们的内部控制体系都应该符合以下条件：

（1）董事会应该对操作风险管理承担最终责任。组织所接受的风险水平以及管理这些风险的基础，都应该由承担最终责任的部门由上而下地推动。

（2）董事会和高级管理层应该确保有一个有效的、整合的操作风险管理框架在位。这应该包括一个清楚定义的组织结构，包括为风险管理所有方面承担责任的人选以及用于支持辨识、评估、控制和报告关键风险的适宜的工具。

（3）董事会和高级管理层应该认识、理解和定义组织面临的所有种类的操作风险，他们应该确保他们的操作风险管理框架充分地覆盖了所有类型的操作风险。

（4）清楚定义了操作风险管理办法的政策和流程应该被以文件的形式记录下来，并且在公司范围内进行广泛的沟通。这些操作风险管理政策和流程应该与公司的整体经营战略相一致，应该能够带动风险管理水平的持续改善。

（5）所有经营和支持部门都应该在操作风险管理框架内扮演重要角色，从而使得组织能够有效管理所面临的关键的操作风险。

（6）建立辨识、缓释、监控和报告操作风险的管理流程时，应该使之符合组织的需求，容易实施，能够持久地发挥作用，并且能够定期对运营风险和重大事务进行组织范围内的审核。

# 第二节　商业银行组织结构的设计

## 一、商业银行内控组织结构的设计原则以及模式选择

根据巴塞尔委员会的《有效银行监管的核心原则》及现代商业银行风险管理的特点，商业银行在风险管理制度安排方面应遵循一定的原则。

### （一）总体原则

协调与效率有效结合。商业银行风险管理组织结构的设计要充分考虑银行各业务职能机构的设置及相互之间关系的协调，要保证各部门之间的权责划分明确、清晰、便于操作；保证部门之间的信息沟通方便、快捷、准确无误，能够在部门之间或部门内部建立必要的监督机制。同时，风险管理组织结构的安排和职责划分，要体现效率原则，保证银行经营和管理系统的高效运作。控制环节过多，效率低，不利于提高银行经营效益，有损银行效益性和安全性的统一。

### （二）基本原则

1. 全面风险管理原则

该原则要求商业银行的风险管理组织结构设计安排应充分满足现代商业银行全面风险管理的要求。即银行风险管理应当渗透到商业银行的各项业务过程和各个操作环节，覆盖所有部门、岗位和人员。它不仅重视信用风险、市场风险、操作风险等传统风险，而且还应重视结算风险、法律风险、声誉风险等更全面的风险因素。

2. 集中管理原则

商业银行风险管理组织形式大致分为两种，其一为风险集中管理，其二为风险分散管理，其中风险集中管理是目前商业银行普遍采取的管理形式。

风险集中管理原则要求商业银行在风险组织结构设计时，应同时设立风险管理委员会和具体的业务风险管理部门。风险管理委员会负责制定宏观风险政策，进行总体风险汇总、监控和报告，并且负责奉献管理方法与构架的决策；具体业务风险管理部门则进行具体的风险管理，实施风险管理委员会制定的风险政策与管理程序，应用风险模型测量和监控风险等。

3. 自上而下的垂直管理原则

垂直管理原则要求商业银行董事会和高级管理层充分认识到自身对内部控制所承担的责任。董事会应明确银行对风险的态度、偏好以及承担和控制风险的责任分配。高级管理层应将风险管理作为日常管理事项，并在风险管理中发布前后一致的指令和原则。同时，垂直管理原则还要求银行风险管理组织结构应保证风险管理部门做出的风险管理决策信息以及管理政策、指令限制、批准意见等及时传递给风险管理职能部门前台，前台部门结合其收集的具体风险和交易信息，将这些风险决策信息进一步转化成具体的风险管理信息，即将概念性的决策信息具体化和定量化，然后传达到相应的业务前台，成为前台实际操作的依据。

4. 独立性原则

该原则要求风险内控的检查、评价部门应当独立于风险内控的建立和执行部门，并有直接向董事会和高级管理层报告的渠道。它主要表现在商业银行风险管理在组织制度上形成由董事会、风险管理委员会直接领导的，以独立风险管理部门为中心，与各个业务部门紧密联系的职能上独立的风险管理系统。

5. 程序性原则

程序性原则要求商业银行风险管理严格遵循事前授权审批、事中执行和事后审计监督三道程序。它为商业银行防范风险提供了三道防火墙，进一步加强了商业银行在复杂的风险环境中及时、有效、系统地管理风险的能力。

## 二、风险管理组织结构及权责体系

在如今的市场环境下，银行有不同的组织结构，由于各商业银行组织结构的差异，其风险管理部门的设置也有所不同，根据这些不同，可以将现代商业银行风险管理组织结构划分为四种不同的形式。

### （一）直线职能型组织结构模式

在直线职能型组织结构模式下，整个银行的经营管理按职能部门划分，风险管理部门和其他职能部门平行，负责整个银行业务的风险管理。总行与下一级分行的组织结构设置基本相同，下一级分行逐级向上一级分行负责，各职能部门分别对下一级分行的对应职能部门进行业务指导和监督，但各级分行的职能部门主要向各级分支行的行长负责，对上一级分行职能部门汇报处于次要位置。综合来看，直线职能型组织机构模式以“块块”管理为主，以“条条”管理为辅，基本上属于“分权制”管理模式。

### （二）事业部型组织结构模式

在事业部型组织结构模式下，整个银行按业务种类划分为不同的事业部，各事业部是单独的业务营运单位、风险管理单位和利润中心，在事业部内按照职能的不同设立市场营销、产品设计、风险管理等部门；各分支行负责对各项业务的营销、推荐和维护；后台管理集中在总行单独设置的事业部。总行与下一级分行的组织结构设置有一定的差别，其中涉及事业部管理的业务品种在分行仅保留前台营销部门，后台风险管理集中在总行处理，业务发展政策和推进计划逐级分解下达到各级分支行，总行对各分支行的管理通过各个事业部对相应业务的管理得到实现，各级分支行行长的决策权力被明显弱化，总行各事业部的决策管理、资源配置能力明显加强。综合来看，事业部型组织结构模式以“条条”管理为主，以“块块”管理为辅，基本上属于“集权制”管理模式。

### （三）矩阵型组织结构模式

矩阵型组织结构的核心特征是，根据银行的具体特点，在银行内部按照事业部或区域分支机构设置利润中心，在这些利润中心设置市场营销、风险管理等小组，而每个小组又分别属于不同的职能部门领导，这样就形成一个“二维”或者“多维”的组织结构，报告线路基本按“双线”报告，特别是银行风险管理的垂直管理被进一步加强。总之，矩阵型组织结构模式，在一定程度上综合了两者的优点。

### （四）网络型组织结构模式

在网络型组织结构中，银行中的劳动分工是按照职员所拥有的特定的专业职能进行划分，这些专业人员可以单独开展工作，也可以临时或永久地组成专门的项目小组开展工作。专业人员的组合应根据银行经营活动的需求进行。在这种情况下，专门的项目小组需要整合的资源可以不限于银行内部的专业人员，还可以根据需要确定是否引入外部力量的支持，因此具有很大的灵活性。银行的决策权尽可能地下放，项目小组可以根据工作的需要、环境的变化和客户千变万化的需求，及时采取措施，这就对项目小组中的风险管理人员提出了更高的要求。

## 第三节 外国商业银行操作风险管理内控组织结构的设计

为了确保操作风险管理活动被很好地理解和执行，银行管理层应该为风险管理确定一个组织结构，设定个人在风险管理过程中的任务和责任，并使每个人都清楚地理解自己的任务和责任。

操作风险管理的组织结构涉及高级管理层和操作风险管理职能部门两个方面。其中高级管理层承担最终责任，并成立一个风险管理委员会负责对操作风险管理实施过程的授权和日常决策工作，确保操作风险管理过程的正常运行，并定期检查。而操作风险管理的职能部门则应辅佐高级管理层承担操作风险管理的责任，一方面评估、监控和报告银行整体的操作风险，另一方面评定风险管理活动是否按照操作风险管理战略和政策予以执行。我们以欧洲某银行集团操作风险管理的组织结构为例来说明。

在该银行集团中，董事会对操作风险管理负最终责任，董事会授权首席风险官和风险委员会在保持独立性的前提下代为行使该项权限，风险委员会进一步授权给首席操作风险官领导的操作风险委员会。首席操作风险官下辖区域操作风险官和业务部门的操作风险官，分别负责各大区域和各业务部门的操作风险管理。集团审计部门负责分析和监控实际业务和操作风险管理过程的一致程度。该银行集团操作风险管理各部门具体职责如下：

（1）风险委员会。独立实施全行范围的操作风险管理；保证操作风险管理政策得以执行，汇总操作风险官递交的有关主要操作风险报告以及操作风险委员会决策情况。

（2）操作风险委员会。指导和监控全行范围内操作风险管理框架的有效实施；审核识别、计量、报告、控制、监测操作风险的标准和各部门制定的部门内控操作风险管理标准；对外披露操作风险管理相关信息，接受外部监督。

（3）首席操作风险官。首席操作风险官是全行操作风险的核心，他将操作风险管理职责分解给部门、部门的操作风险管理官和区域操作风险管理官。首席操作风险官的职责：制定操作风险管理政策和工具、能反映操作风险策略以及操作风险经济资本计算与分配的方法；推广操作风险管理工具，推动操作风险管理框架的实施；规定各级机构提交的操作风险报告在内容、深度等方面的最低要求和标准；向高级管理层提供全行操作风险报告；保证部门制定的操作风险指引与标准与全行的操作风险政策相一致。

（4）业务部门操作风险官。采取事前措施防范因本部门业务特征引起的操作风险，对重大的操作风险事件进行识别与分析，采取足够的措施预防今后再次发生；监控本部门活动带来的操作风险；向首席操作风险官或操作风险委员会报告操作风险事件；推动全行操作风险管理政策在本部门的实施；制定与全行标准一致的本部门内操作风险管理标准。

（5）区域操作风险官。协助部门操作风险官在所辖的区域内对操作风险管理进行指导；在所管辖的区域内执行全行操作风险管理政策（包括搭建运作组织、推广操作风险管理工具、量化评估和分析等）；定期与区域首席运营官讨论操作风险管理；确保所制定的管辖区操作风险管理框架符合区域的监管机构的要求。

（6）区域审计部门。在全集团全面风险管理框架内，集团审计部门是个至关重要的角色，其游离于集团开展业务和风险管理之外独立地履行职责。集团审计部门的主要任务在于评估内控体系是否健康有效，是否确实发挥了安全保障作用。集团审计部门直接向董事会提交报告。

该银行集团操作风险管理组织结构图如图 7-1 所示。

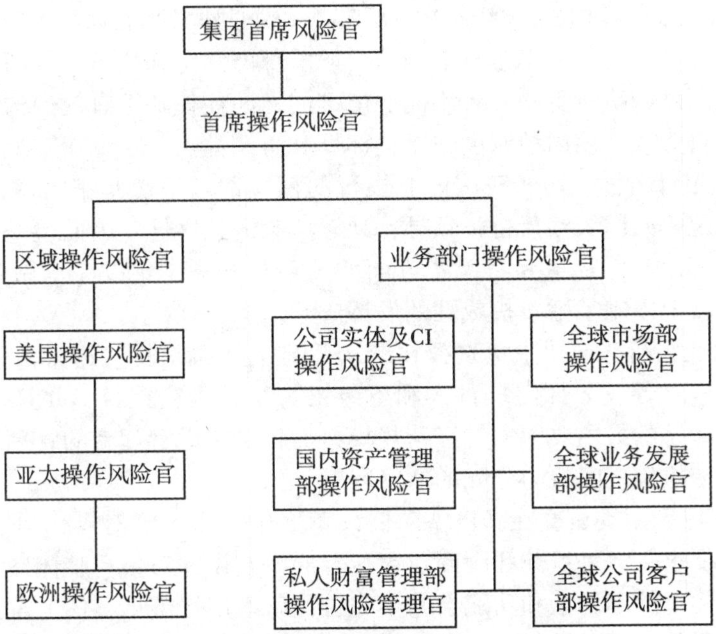


图 7-1　外国商业银行操作风险管理组织结构

## 第四节　我国商业银行操作风险管理内控的设计

### 一、我国商业银行操作风险管理的组织结构和管理现状

对于操作风险，我国商业银行通常采用“事前防范、事中控制、事后检查”的管理方式。目前我国商业银行参与操作风险管理的组织机构一般可以划分为四个层次，即决策层、业务操作层、支持保障层和监督层，其中决策层是指银行高级管理层，业务操作层包括所有业务部门（如信贷会计、出纳、资金、储蓄、银行卡等），支持保障层主要包括科技信息、安全保卫、人力资源、教育培训、法律事务等部门，监督层主要是稽核审计部门。

针对因外部不可控因素（如停电、火灾、地震、关键人员伤亡等）引起的操作风险，商业银行一般通过事先设置各种应急措施和备用方案进行控制，或通过购买保险的方式对部分损失进行补偿。而针对操作风险中人、制度和技术等可控因素，目前各银行主要从完善内控制度、加强内部培训、建立内部授权机制、改进交易系统、强化内部稽核等方面进行管理。但是根据组织设计的一般理论与风险管理基本流程，我国商业银行操作风险管理的组织设计与管理程序还存在一些明显不足：

（1）按照巴塞尔委员会《操作风险管理与监控的良好做法》的要求，董事会应定期审查操作风险管理框架和战略，建立适当的风险管理环境，并确保银行内部稽核能够拥有充分的独立性。然而我国国有商业银行中代表产权所有者利益的风险战略管理层缺位。

（2）我国商业银行在内控制度建设方面存在一个共同的问题，就是缺乏负责统一协调和完善内控制度的机构，大多是分散地由各职能部门制定和执行，各职能部门既是制度的制定者，又是制度的执行者，并且不同职能部门之间往往缺乏有效的沟通，从而容易导致政出多门、各自为政，使内控制度缺乏整体性和协调性。

（3）在稽核审计方面，由于我国商业银行的稽核部门一般是银行内部与其他部门平行的内设机构，统一归同级银行行长领导，缺乏应有的独立性，因而检查中涉及行长决策和平级其他职能部门时，难免要考虑各方面的关系和利益，难以完全做到客观性和公正性，这在很大程度上限制了稽核权威性的发挥。

（4）我国商业银行普遍缺少负责授权统一管理的协调机构，通常由银行行长按照业务品种和经营规模对各业务部门负责人和下级银行行长进行授权，并且主要是凭经验授权，授权过程中考虑的最主要因素是经营规模，而较少考虑管理者的管理能力，因而很难有效解决不同业务机构之间权力分配的适度问题。

（5）2001 年巴塞尔委员会在新巴塞尔协议草案中，提出了对操作风险进行计量并配置相应资本金的要求，但是目前我国商业银行普遍没有设立对银行整体操作风险进行计量的机构，这种机构上的不健全和功能上的不完善使管理层很难从整体上掌握全行的操作风险状况、风险变化趋势以及操作风险对银行资本金的要求。

（6）在管理程序方面，我国商业银行操作风险管理的各个管理环节发展很不平衡，战术强于战略，事前管理强于事后管理。体现在各银行对操作风险的识别、评估、防范、控制比较重视，投入较大，但是却普遍缺乏针对操作风险的风险管理战略。而且各银行事前对操作风险的防范和控制相对比较严格，但是事后的监督检查、信息反馈与管理评价却相对比较薄弱，表现为稽核部门的独立性较差，受到的约束较多，监督职能不能充分发挥，在评价反馈环节，各银行一般由各职能部门分散总结和反馈，缺乏对各管理环节的整体分析与反馈。

## 二、我国商业银行理想的操作风险管理组织结构模式设计

由于目前我国各商业银行的产权结构差异较大、规模大小不一，分支机构的层次设置也各不相同，考虑到我国商业银行的未来发展趋势，不妨将理想状态做如下假设：一是商业银行完成股份制改造，并具有较为完善的公司治理结构；二是我国商业银行的唯一经营目标是股东利益最大化，操作风险的管理目标是风险最小化；三是商业银行的金融创新以资产负债业务创新和中间业务创新为主要方向，并仍实行分业经营。

根据风险管理基本流程与组织设计原则，我国商业银行操作风险管理应采用分权化职能型的组织结构，在总分行制的基础上（以“总行—分行—支行”型结构的银行为例），总行应以操作风险战略决策的制定和管理为主，同时负责对操作风险的总体控制。总行管理操作风险的组织机构应包括：董事会、高级管理层、内控制度管理委员会、稽核总局、

操作风险的计量分析与评估部门、科技信息部门、教育培训部门、内部授权管理部门、法律事务部门以及所有业务部门，其中稽核总局直接向董事会负责。分行的机构与总行基本一致，但不包括董事会，分行设立稽核分局，并直接向稽核总局负责。支行主要从操作层面控制操作风险，因此支行只设立业务部门，执行总行和分行所制定的制度和政策，支行不设稽核部门，只接受稽核总局或分局的检查。其中：

（1）董事会作为商业银行操作风险管理的最高战略决策层，负责定期审批商业银行的总体经营战略，建立适当的风险管理环境和内控文化，确定商业银行的风险偏好和可以接受的操作风险水平，批准各项业务的重大政策、制度和程序，任命高级管理层和稽核总局负责人，并对内部控制的有效性进行监督。

（2）高级管理层负责执行董事会批准的各项战略、政策和制度，建立识别、计量和管理操作风险的程序。依据内部授权管理机构提供的授权建议，对各部门和下级银行授权，并对各部门的风险管理活动进行督促、协调。

（3）内控制度管理委员会主要负责统一协调和管理银行各项内控制度的建立、修改和完善，避免政出多门所导致的不一致或矛盾，并且还负责各种应急方案的讨论和确定。

（4）稽核部门是负责对银行经营管理活动实行监督的内部审计监督部门，其主要职能是对银行经营管理活动及各项业务进行监督检查，对银行内部控制系统的健全性与有效性实行独立、客观、公正的评价，对银行所有业务部门的操作风险进行责任认定和责任追究，并提供整改建议。稽核监督体系实行垂直领导，向董事会负责，不受被监督人员和部门所管制。

（5）操作风险的计量分析与评估部门负责利用各种定量和定性方法对商业银行操作风险的整体水平进行测算、评价，计算和评估因操作风险所引起的损失以及配置相应资本金的需求，使董事会和高级管理层能随时掌握银行操作风险的整体状况和变动趋势，并以此作为评价银行内控制度和内控措施有效性的手段之一，从而将操作风险控制在商业银行所能接受的范围之内。

（6）科技信息部门主要负责银行各种交易系统和信息系统的设计、开发、维护和完善，确保交易系统和信息系统的安全和正常有效运转，为业务部门和其他部门提供技术支持和科技保障，防范各种因交易系统或信息系统不完善所造成的操作风险。

（7）教育培训部门的主要职责是负责对银行所有业务人员进行培训，提高操作人员的业务能力、法律意识、制度观念和道德水准，降低因操作人员业务技能低、管理人员管理水平差或员工对政策、制度、法律不了解等原因所造成的操作风险。

（8）内部授权管理部门是商业银行进行内部授权统一管理的机构，该部门的职责是负责银行内部授权工作的统一管理和统筹规划，对各项权限进行有效分配，合理核定受权人的权限，依据实际情况对授权进行适时调整，并向高级管理层提供授权调整建议。

（9）法律事务部门也是商业银行控制操作风险的主要部门之一，其职责是负责银行法律诉讼仲裁事务的有效运转和管理，为银行依法合规经营提供法律保障，对新业务的推出进行法律论证，确保每笔业务合法有效。

（10）业务部门既是产生操作风险的直接部门，也是控制操作风险的最直接部门。该类部门在控制操作风险方面的职责是通过正确掌握各项内控制度、提高业务技能，减少操作失误，避免银行损失。

在此需要特别指出，以上定义的组织机构代表了银行操作风险管理中应引起关注且不可或缺的管理职责，在不影响相互监督制约机制的前提下，其中部分机构既可以是独立的，也可以同其他机构合并，但是以上定义的每个机构所承担的相应职责和功能却不能被省略。

具体的操作风险管理的组织结构图如图 7-2 所示。

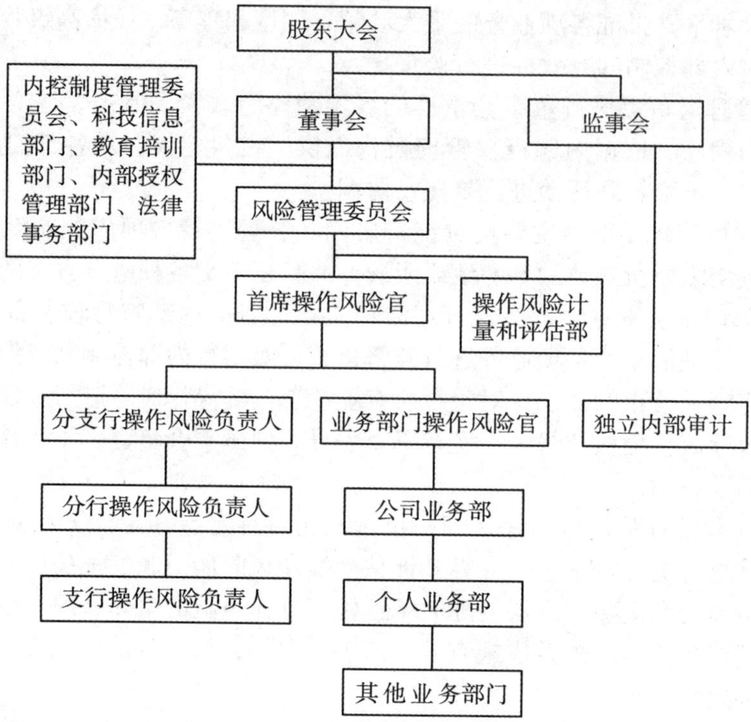


图 7-2　中国商业银行操作风险管理组织结构

# 第八章　管理部门操作风险控制

## 第一节　计划财务部操作风险控制

### 一、计划财务部组织结构与岗位职责

#### （一）计划财务部组织结构（见图 8-1）

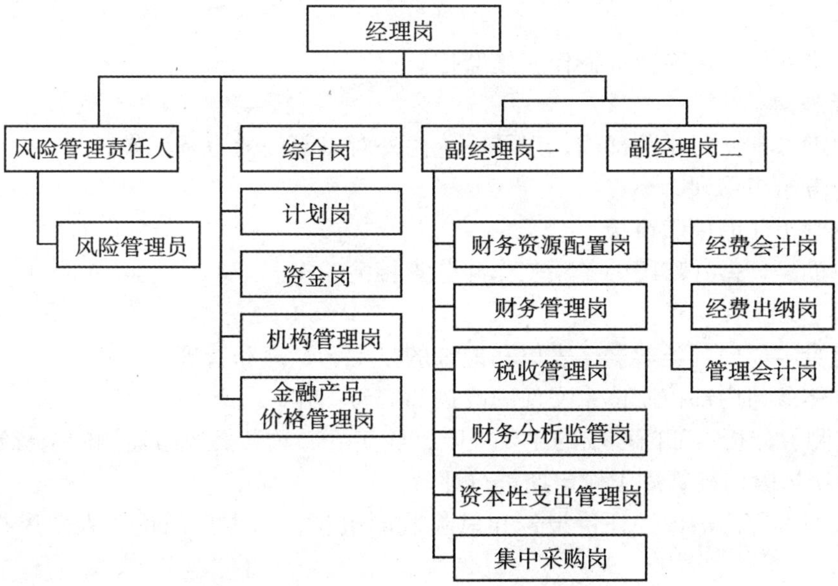


图 8-1　计划财务部组织结构

#### （二）计划财务部岗位职责

1. 经理岗

（1）负责组织编制、分解下达及调整年度综合经营计划，并组织实施。

（2）负责组织监控、分析、反映综合经营计划的执行进度及执行中存在的问题。

（3）负责拟定财务政策、财务制度及财务资源配置方案。

（4）负责拟定财务预算办法，组织、平衡、汇总上报财务预算。

（5）负责财务收支的统一管理和各项财务支出及损失处置的控制。

（6）负责组织管理会计、成本会计的实施。

（7）负责组织制定全行绩效考核办法。

（8）负责组织资本性购建管理。

（9）负责组织财务决算工作。

（10）负责组织对行内财务管理进行指导、检查和监督。

（11）负责本级财务预算的管理。

（12）负责各项业务收费标准的统一管理。

（13）负责组织全行营业机构管理。

（14）负责组织全行计划财务管理相关知识、部门人员业务和素质培训。

（15）组织完成行领导交办的其他任务，并达到工作任务要求。

2. 风险管理责任人岗

（1）识别本部门的风险，制定并完善相关的风险内控制度。

（2）对本部门的风险和内控管理进行指导、检查，监督各岗位风险内控职责的落实情况。

（3）对本部门高风险业务操作实施监控。

3. 副经理岗

（1）协助办理支行相关部门，以及系统内外对口部门的协调工作。

（2）业务组织培训。

（3）分管工作的用印审批。

（4）协助经理做好部门的各项工作并分管相关工作。

4. 风险管理员岗

（1）负责本部门各类数据、表单和记录的收集、整理和管理。

（2）具体参与内部控制体系文件的改进和完善工作。

（3）监测、分析本部门面临的主要风险，收集、整理各类风险监测的指标数据，对本部门和本系统风险内控管理工作定期进行评价。

（4）撰写本部门的内控评价报告和风险监测报告，向本部门负责人及风控办报告风险监测状况。

（5）负责与内部控制体系有关的其他具体工作。

5. 财务管理岗

（1）负责测算和提出年度全行财务工作目标，参与财务预算编制、初审和调整，对全行资产负债业务投入、产出进行客观、正确的分析。

（2）负责审查、审核各类财务支出事项，对财务支出的可行性和合法性提出意见。

（3）认真做好全行财务活动和财务指标的监督，加强全行资本金、呆账准备金及坏账核销事项的审查。

（4）负责协调、配合审计和监管部门对全行实施的财务检查工作。

（5）对各部门财务事项及超授权请示事项提出初步处理意见和建议，并具体组织办理报批和复落实工作，促使财务管理规范化。

（6）做好税利清算及财务决算工作，使所有者权益符合省分行管理要求。

（7）完成部领导交办的其他工作，并达到工作任务要求。

6. 财务资源配置岗

（1）研究制订支行年度绩效考核方案，确保及时准确贯彻省分行工作方向和业务重点。

（2）负责计算支行各岗位绩效工资，并报支行领导审定，将审定后的结果送经费岗发放。

（3）具体承兑全行绩效考核工作，使激励分配政策得以顺畅落实，并确保考核的公平性、合理性。

（4）完成部领导交办的其他工作，并达到工作任务要求。

7. 税收管理岗

（1）按月（季）做好日常税务申报、税款征缴工作。

（2）负责与税务部门的日常衔接工作，做好税票保管登记，向其申报税前列支项目，并回复税务调查和询问。

（3）完成部领导交办的其他工作，并达到工作任务要求。

8. 财务分析监管岗

（1）按月编制各类财务报表，向有关部门提供部分财务数据，及时反映财务预算执行情况有关信息。

（2）按月编写财务分析，纳入综合经营分析。

（3）按月采集相关财务数据，登记日常收支台账，为绩效考核提供基础数据资料。

（4）负责对全行日常财务收支项目进行监管，确保财务管理的合规性。

（5）直接参与全行财务检查和内部审计的各项工作，确保监管到位。

（6）完成部领导交办的其他工作，并达到工作任务要求。

9. 资本性支出管理岗

（1）负责汇总平衡实物归口管理部门分项目资本性投入需求，提出配套资金安排意见，确保资本性资源投入的有效性。

（2）负责对全行固定资产价值变化和实物分布变化的全过程进行管理与监控。

（3）计算每期折旧额，及时反映固定资产价值信息，并按月编制上报固定资产信息报表。

（4）做好租赁合同的保管、设备租赁费的清付工作。

（5）负责对资本性资源分配指标进行台账式登记，定期分析、监控全行资本性资源执行情况，为领导决策提供依据。

（6）负责全行固定资产管理系统的数据维护、指导、推广和运用工作并及时提供有关数据和分析材料。

（7）负责协调全行固定资产账账、账实的核对工作，确保准确及时。

（8）完成部领导交办的其他工作，并达到工作任务要求。

10. 集中采购岗

（1）负责平衡、编制年度采购计划，提交集中采购委员会审定。

（2）负责审核使用部门或归口管理部门提交的采购需求。

（3）负责会同采购归口管理部门商定采购方式和评审标准，拟订采购文件，形成采购方案并向集中采购委员会报批。

（4）组织开展集中采购，向集中采购委员会报批重大事项的采购结果。

（5）拟订采购合同，组织签约。

（6）协助采购归口部门监督合同的履行。

（7）负责集中采购管理办法及实施细则的拟定和修改，并报集中采购管理委员会审定。

（8）负责监控集中采购计划的执行情况，并对集中采购实施结果进行通报。

（9）负责集中采购实施中涉及行内各部门之间有关问题的组织协调及向集中采购管理委员会报告集中采购工作进展情况及结果。

（10）负责汇总各采购主办部门归集整理的集中采购相关文件材料（包括签报、发文、招投标文件、评标或谈判文件、会议纪要或备忘录、采购合同、协议等），并妥善保管存档。

（11）完成部领导交办的其他工作，并达到工作任务要求。

11. 综合岗

（1）批办外来文件、资料，负责本部门各类文档资料、电子文件的收发、传递与归集工作，保证正常的公文流转秩序。

（2）对部门各类报出文件资料从文字、数据上进行初审把关，使文体规范。

（3）保持与省行信息沟通。

（4）负责部门内各业务单元之间及本部门与相关部门的工作联系和协调，确保信息及时传递、沟通。对部领导布置各业务单元的工作定期督办，促进提高部门工作效率。

（5）负责部门业务培训、政治学习、集体活动。

（6）负责部门公章的管理，严格执行用章登记制度，确保按程序规范用印，规避风险。

（7）做好部门办公用品的领用与保管等后勤工作，提供后勤保障。

（8）负责对口资债部下发工作。

（9）完成部领导交办的其他工作，并达到工作任务要求。

12. 计划岗

（1）负责编制、分解下发及调整年度综合经营计划。

（2）负责核定贷款指标。

（3）负责汇总平衡经营部门向分支机构分解下达的业务计划。

（4）负责核心目标考核办法及通报。

（5）负责监测、考核各相关部门及分支机构计划完成情况。

（6）完成部领导交办的其他工作，并达到工作任务要求。

13. 资金岗

（1）负责每日支行（本、外币）资金调度，保证当日头寸。

（2）负责每日编制存款资金头寸表。

（3）登记资金（本、外币）台账，并维护其准确性、完整性。

（4）定期分析资金运营情况，对资金备付率、现金备付率等指标的适时控制，有效防范资金风险，实现资金收益最大化。

（5）按季结计各项内部资金（含剥离不良资金）利息并进行收益清算，核对省分行结计利息正误。

（6）负责全行各类债券资金的分解、到期本息资金的兑付工作，保证资金及时足额到位。

（7）向省分行申请符合规定的项目借款、贴现借款、专项借款，审查、核对数据指标的正确性。

（8）负责每日编制全行存贷款、资金变动情况日报。

（9）受理和登记辖内支行（外币）定期上存资金，满足各辖内行业务的需要。

（10）负责每月编制支行资金报表、各项存款新增执行情况表、资金来源和资金运用结构表。

（11）每月向省分行计财处报送有关资金、票据业务方面的报表。

（12）每日转发省行下发的 libor，确保及时准确。

（13）完成部领导交办的其他工作，并达到工作任务要求。

14. 机构管理岗

（1）负责全行营业机构统计报表的编制和上报。

（2）负责指导和组织辖内营业机构的盈亏分析测算和评价。

（3）负责整理和统计本行营业机构管理信息和档案的保管。

（4）保持与省分行的衔接和沟通，申报办理辖内营业机构的准入、变更和退出等事宜。

（5）负责与省、市工商行政管理局协调办理我行工商营业执照年检等事务。

（6）负责到国家技术监督局办理机构代码证年检相关事宜。

（7）完成部领导交办的其他工作，并达到工作任务要求。

15. 金融产品价格管理岗

（1）负责费率、利率及产品定价的日常管理。

（2）负责审查上报的费率、利率及产品定价，请示材料是否合规，并提出处理意见报行领导审批。

（3）负责就支行费率、利率及产品定价超授权业务向省分行报批。

（4）负责转发省分行费率、利率及产品定价的行文批复。

（5）负责及时向省分行汇报费率、利率及产品定价方面的问题。

16. 管理会计岗

（1）负责营业费用核算系统的上线和维护工作，保证系统安全、稳定运行。

（2）负责完成营业费用核算系统的核算和分解工作，按分行要求将数据及时准确上报。

（3）负责管理会计所要求的费用细分核算工作，做好支行各部门包干费用的明细分类、台账登记，负责营业费用分解数据的上报及备份工作。

（4）定期编制全行产品成本报表和部门成本报表，为综合经营计划、投入产出分析及绩效考核提供基础数据。

（5）定期进行成本分析，为成本管理提供决策依据。

（6）制定与管理会计有关的措施和政策，便于各部门核算和应用管理会计。

（7）完成部领导交办的其他工作，并达到工作任务要求。

17. 经费会计岗

（1）根据财务制度认真审核、复核原始凭证，杜绝不合理支出。

（2）根据会计制度认真、复核会计记账凭证，严格按照会计核算规定进行会计核算，并保证钱对账平。

（3）负责会计账务日清月结和对账工作，确保准确无误。

（4）管好、用好财务印鉴章，确保资金安全。

（5）及时清理其他应收款项、应付款项，杜绝不合理挂账。

（6）做好年终决算工作，准确反映全年财务信息。

（7）完成部领导交办的其他工作，并达到工作任务要求。

18. 经费出纳岗

（1）负责本级财务的日常报销事务，保证各类原始凭证的合规性、合法性和完整性。

（2）负责现金管理和津补贴的现金发放工作，管理好现金、银行存款账户，保证日清月结、准确可靠。

（3）负责按规定办理支行本级的计税、扣税和纳税工作，使各项业务符合我国《税法》要求。

（4）妥善保管和按规定使用印章，负责对重要凭证的管理，确保安全准确。

（5）督促收回应收账款，减少无效资金占用。

（6）负责员工公积金的缴交、变更、转入、转出、支取等事项，确保及时准确。

（7）根据人力资源部通知，按月制作并打印员工工资单，确保职工工资按时发放。

（8）做好工资等数据的备份工作，以便日后核算和查询。

（9）登记各网点业务费，确保网点对外业务正常工作。

（10）核对养老金并准确及时划转。

（11）对各类代扣、补发款项等项目进行核实、登记、整理，便于及时处理。

（12）按月制作并打印员工工资单，确保职工工资按时发放。

（13）完成部领导交办的其他工作，并达到工作任务要求。

## 二、操作风险点及控制制度

计划财务部与业务流程相关的流程主要有财务收支管理规定流程，财务授权管理流程，资金调度业务流程，利率、费率及产品定价管理流程，各流程的操作风险点及控制制度如表 8-1 所示。

表 8-1　　**计划财务部操作风险点及控制制度**

| 流程 | 主要风险点 | 控制制度 | 责任人 |
| --- | --- | --- | --- |
| 财务收支管理规定流程 | (1) 收入不及时入账；超授权下浮贷款利率，少记利息收入；自行减免缓停息，以贷收息等。<br>(2) 不按规定结计金融企业往来利息；任意减免中间业务收入，挪用、占用、截留中间业务收入。<br>(3) 未按规定计息，违规签订存款协议多付利息<br>(4) 将各种费用在中间业务支出中列支，超比例开支中间业务支出 | (1) 收入包括营业收入、投资收益和营业外收入。营业收入包括贷款利息收入、金融企业往来利息收入、系统内往来收入、中间业务收入和其他营业收入等。<br>(2) 各项财务收入必须全部入账核算，严禁通过截留收入、转移收入等手段设立小金库，用于私分、滥发奖金、账外经营等活动。<br>(3) 营业收入的确认应该坚持以下原则：各项业务活动签订以后，在规定的计算期内，按应计收入的数额确定营业收入；或在劳务已经提供，同时收讫价款或取得收取价款权利的凭证时确认营业收入。<br>(4) 在进行收入核算时，需对一下项目按季确认收入：各项放款（包括押汇、透支、垫款、转贷款，以下同）、存放款项、拆放款项、买入反售债券、长期债券投资等。其中合同约定按月结息的放款应按月确认收入。<br>(5) 对于贷款利息收入的管理应该作出详细的规定。<br>(6) 除期限在一个月（含一个月）的金融企业往来资金、转贴现资金于实际收到时确认收入外，其他各项金融企业往来资金必须按季结计利息（到期日前不计算复利），在实际收到时确认收益。但有关拆放同业款项的应收利息，对已经结计的部分应按照财政部文件的规定作冲减金融企业往来利息收入处理。<br>(7) 系统内往来资金实行按季结计利息；实际收到款项后，计入当期损益。<br>(8) 中间业务收入应严格按照规定范围、标准和汇率收费并纳入账内核算，不得随意减免，不得挪用、占用、截留收入。中间业务收入在实际收到时确认收益。中间业务费率标准应由总行资产负债管理委员会办公室统一管理。<br>(9) 受地方政府委托，办理政策性房改业务所应收取的手续费或按规定应分得的其他收益，应及时足额收取，全额计入当期收入，不得以收抵支。<br>(10) 其他营业外收入要在全部款项收妥后才能确认 | 经理岗、副经理岗、财务管理岗、综合岗、资金岗 |
| 财务授权管理流程 | (1) 财务授权程序不清、权限不明，导致财务授权管理混乱。<br>(2) 超授权审批，报审材料不全而违规审批。 | (1) 财务授权管理横向上应该分别按照财务支出部门、计财部门、资产负债管理委员会（行领导）的顺序确定相应的财务支出审批权限。各部门只能在授权范围内开展财务管理活动；超授权财务事项，必须报经有权部门或有权行审批。<br>(2) 在确定授权权限时应该综合考虑财务风险环境、风险控制能力、盈利能力、经营规模等因素核定，并做到控制成本与风险损失的平衡。 | 经理岗、副经理岗、财务管理岗、综合岗 |

续表

| 流程 | 主要风险点 | 控制制度 | 责任人 |
|---|---|---|---|
| 财务授权管理流程 | (3) 对超授权事项的监控、检查不力，发现不及时 | (3) 在授权管理财务事项的报批程序上，各部门在预算额度及授权范围内的财务收支事项由部门自行审批。超过部门授权范围的财务事项报本级计财部门、资产负债管理委员会（行长）审批，超过本行授权范围的，报上级行计财部门、资产负债管理委员会（行长）审批 | |
| 利率、费率及产品定价管理流程 | (1) 超授权审批。<br>(2) 超授权申报材料不合规。<br>(3) 未按上级行批复意见执行 | (1) 应对全行各项业务收费标准进行统一管理。<br>(2) 应对费率、利率及产品定价进行日常管理。<br>(3) 应对上报的费率、利率及产品定价请示材料是否合规进行审查，并提出处理意见报行领导审批。<br>(4) 对费率、利率及产品定价超授权业务应向省分行报批。<br>(5) 应及时转发省分行的费率、利率及产品定价行文批复。<br>(6) 对于费率、利率及产品定价方面的问题应及时向省分行汇报 | 经理岗、金融产品价格管理岗 |
| 资金调度业务流程 | (1) 申请表填写不规范、不明确。<br>(2) 资金匡算不准确，备付不足或备付过多。<br>(3) 出现资金大额收支突发状况。<br>(4) 资金台账登记有误。<br>(5) 利息计算有误或未能及时入账 | (1) 申请表填写应规范、明确。<br>(2) 资金匡算应准确，防止备付不足或备付过多。<br>(3) 防止出现资金大额收支突发状况。<br>(4) 防止资金台账登记有误。<br>(5) 防止利息计算有误或未能及时入账 | 经理岗、资金岗、金融产品价格管理岗 |

## 第二节 会计结算部操作风险控制

### 一、会计结算部组织结构与岗位职责

#### （一）会计结算部组织结构（见图 8-2）

#### （二）会计结算部岗位职责

1. 经理岗

(1) 负责控制全行系统会计核算管理风险，强化内控约束机制，对全行会计业务管

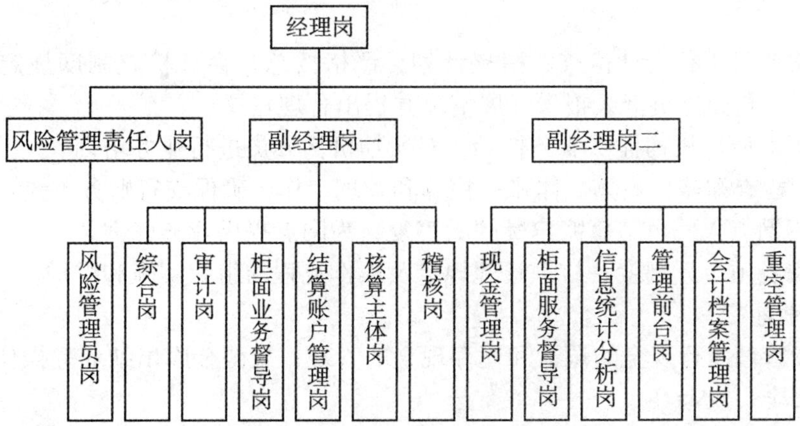


图 8-2　会计结算部组织结构

理水平和业务操作的合规性负责。

（2）负责指导会计人员履行岗位责任，科学地进行人员分工、组织核算，掌握和了解会计业务、电子设备运行情况，负责协调本部门岗位之间和网点及部门之间的关系。

（3）负责本部门会计人员的思想政治工作，组织政治业务学习。

（4）对应省分行总审计室，负责内外部审计检查的接待工作，负责支行各部门和网点主要负责人及所辖机构会计主管的离任审计工作。

（5）负责制订本行会计检查、稽核计划，严格按总行会计检查制度规定对所辖机构进行会计检查。

（6）负责管理本行现金的调运和库存现金的管理；规范金库出纳业务操作规程，使金库管理工作安全、规范。

（7）负责全行柜面服务管理的推行工作，制订推行工作实施方案。

（8）负责 CBS 系统的重大调整事项的联络、督办事项。

（9）负责组织全行会计基础工作，促使达标升级工作全面开展，推行和完善综合柜员制。

（10）负责组织会计系列的绩效考核工作。

2. 风险管理责任人岗

（1）对本部门的风险和内控管理进行指导、检查，监督各岗位风险内控职责的落实情况。

（2）监测分析本部门和本系统面临的主要风险，收集、整理各类风险监测的指标数据，对本部门和本系统风险内控管理工作定期进行评价。

（3）撰写本部门的内控评价报告和风险监测报告，向上一级风控部门（风险负责人）报告风险监测状况。

（4）识别本部门和本系统的风险，制定并完善相关的风险内控制度。

3. 副经理岗一

（1）负责各项管理工作实施细则、责任认定及考核办法的制定并组织实施网点会计工作考核。

（2）负责制订本行会计检查、稽核计划，严格按总行会计检查制度规定对所辖机构进行会计检查，向会计负责人报告开展情况并提出管理建议。

（3）负责对所辖机构提供业务指导，对所辖机构人员进行业务培训。

（4）负责检查和监控核算主体账务核算和管理工作，确保支行账务不错不乱。

（5）负责网点人民币结算账户疑问的答复，为网点提供业务咨询。

（6）负责各项会计制度、核算管理规定及操作流程的组织实施和维护。

4. 副经理岗二

（1）负责管理本行现金的调运和库存现金的管理；规范金库出纳业务操作规程，使金库管理工作安全、规范。

（2）负责全行信息统计工作的指导、检查、监督，整理各种有关报告资料和分析资料。

（3）负责组织会计系列的绩效考核工作。

（4）全行柜面系统管理。

（5）银行卡账务调整管理。

（6）每旬进行会计检查，检查重空保管使用情况。

（7）负责年终结转处理。

5. 风险管理员岗

（1）对本部门的风险和内控管理进行检查，监督各岗位风险内控职责的落实情况并对场所人员进行培训。

（2）撰写本部门的内控评价报告和风险监测报告，向本部门负责人和风险管理负责人报告风险监测状况。

6. 综合岗

（1）负责文件档案的管理以及相关文件的上报、转发工作及将部门留存文件、资料装订成册归档保管。

（2）配合人教部做好辖属机构会计人员上岗培训、业务资格等级考试、从业资格考试的组织、考核工作及会计人员的后续教育及会计证年检工作。

（3）负责对网点结算质量、电子汇划质量进行定期考核通报及网点会计工作星级考核。

（4）负责上报网点联行机构、汇票机构、同城票据清算机构的增设、变更、撤销以及网点会计用章的刻制、领用等工作。

（5）负责本部门印章登记簿的保管、登记和使用。

（6）负责本行会计综合管理软件的维护，全行会计人员信息、会计检查报告、会计人员培训情况等会计综合管理信息的收集、录入及上报。

（7）负责邮箱信息的接收，并及时通知具体经办人员。

7. 审计岗

（1）负责配合上级部门做好各项内外审计接待工作，做好与相关部门的协调工作。

（2）负责对审计部门反映的会计、个人银行业务方面的核算和内控问题督查整改。

（3）按要求上报整改报告。

（4）履行支行内部独立审计职能，负责对全行的离任审计，负责对全行公司、房贷、个银及国际等各项业务的抽样审计。

8. 柜面业务督导岗

（1）负责组织全行会计机构的检查辅导，监督会计制度和会计核算手续的执行情况（每网点每月现场稽核不少于一次）。

（2）负责对会计检查发现的问题下达整改通知书，并下发检查通报，督促落实整改措施，定期向分行上报会计检查报告，向会计负责人报告检查、稽核工作情况，并提出管理建议。

（3）负责对综合柜员制网点柜员的岗前培训、考核以及业务主管、综合员、柜员的后续教育和业务培训；负责网点结算疑问的答复，为网点提供业务咨询。

（4）负责建立和保管会计检查档案、稽核工作档案。

9. 核算主体岗

（1）负责对勾对不平的内部账务及时调整；提供核算主体数据资料查询的回复；统计分析内部账差错情况；负责打印处理稽核报告表。

（2）负责龙卡业务挂账的清理、调整工作；负责内部账集中开、销户及规范内部账户核算内容；负责各机构的存款开销户的审核上报。

（3）负责核算主体会计资料的装订、管理。

（4）负责配合管理前台岗做好年终结转处理。

10. 稽核岗

（1）负责网点稽核的再稽核工作，对本核算主体所辖网点的凭证按规定进行检查和抽查（对所辖营业网点的特殊业务和风险大的业务进行重点稽核，对一般业务进行一定比例的抽查），每月每网点的凭证稽核量不少于三天。

（2）负责对会计检查发现的问题下达整改通知书，每月下发检查通报，督促落实整改措施，定期向分行上报稽核报告。

11. 结算账户管理岗

（1）负责对网点提交的单位开户资料进行审核、登记；将网点新开立的单位结算账户信息录入人民账户管理系统，并定期报备中国人民银行。

（2）受理与账户管理系统相关的查询。

12. 现金管理岗

（1）负责审核现金提取、上缴业务；检查大额取现的审批执行情况，督促落实大额取现报备制度；负责处理现金缴领过程中出现的差错，及时向领导汇报；负责全行现金出纳业务报表的审核、汇总和上报。

（2）负责编制上报现金投放和回笼计划及执行情况，使现金投放和回笼有计划、有步骤地展开；负责全行出纳机具的管理，上报每年出纳机具需求计划，并负责向营业网点统一配备。

（3）负责爱护人民币宣传和组织指导反假币工作。

13. 柜面服务督导岗

（1）负责对照《企业理念和员工行为规范》、《电话客户服务管理办法》等的要求，检查柜面人员的服务是否规范，并从服务质量、服务效率、服务态度三方面对网点进行考评；对营业场所进行检查，从网点环境、设置、物品摆放等方面，对网点进行考评。

（2）负责根据营业机构的劳动分工组合、柜面岗位划分与职责，协助网点制定并监督执行柜面业务操作流程，进行风险控制，实行柜面业务责任制；对营业网点反馈问题直接回复客户或营业网点，对客户投诉限时回复，对客户的建议认真记录、分析、研究和妥善处理。

（3）负责及时处理电话投诉；担任电话投诉的义务监督员，并按省分行要求及时反馈信息；负责及时向省分行投稿，反馈我行柜面服务工作动态；并且每月向省分行会计结算部按时上报柜面服务工作总结。

14. 信息统计分析岗

（1）负责总账数据的传输与编报，并就总账异动情况向省分行上报书面说明；负责向相关部门和人员提供会计统计数据。

（2）负责汇总编制并向省分行报送会计报表、结算报表及文字分析；负责定期向省分行上报专题调研报告。

（3）负责网点信息统计工作的指导和培训；负责对网点的报表编制工作进行考核通报。

（4）负责各类会计报表的装订、保管。

15. 管理前台岗

（1）负责向省分行后台签到、签退；负责总账卸数；负责中间业务数据采集、加工及传递的处理。

（2）负责操作员在系统中的增、删、修改及业务权限的管理；负责辖属机构所有操作员密码重置管理。

（3）负责应急业务的对外联络和处理；处理通存通兑业务的查询、查复及紧急支付、账务调整等异常业务；负责向分行后台联系申请调整业务；分析界定系统差错及人为差错。

（4）负责重要客户系统集中处理点的账户开销户、IC 卡的管理；负责重要客户系统每日数据下卸、打印和传递等业务处理。

（5）负责核算主体汇总记账凭证、清单及支行各网点账页、会计报表等会计资料的打印、分发和管理；负责批量结息资料的打印。

16. 会计档案管理岗

（1）贯彻执行关于档案工作的法律、法规和各种规章制度。根据总行、省分行的有关规定，结合支行具体情况起草档案规章制度及标准规范的实施细则，并在支行系统内组织实施。

（2）负责组织支行会计档案人员业务培训和经验交流活动；按照分行统一规划，保管和移交档案；对支行的会计档案工作进行指导、监督和检查；负责会计档案库房的管理，做到“防火、防盗、防霉、防鼠、防潮”。

（3）负责公检法、保全等有关部门的查询；负责机构变迁的历史账务查询及营业部、各网点档案的查询和调阅。

17. 重空管理岗

（1）负责网点重要空白凭证、有价单证、一般会计凭证、会计资料等的领取、保管、发放、登记和销毁。

（2）负责本核算主体“账、实、簿”三相符。

## 二、操作风险点及控制制度

会计结算部与业务流程相关的流程主要有龙卡异地应急交易流程、结算账户管理流程、重要客户系统管理流程、检查管理程序流程、核心系统标准数据维护流程等，各流程的操作风险点及其控制制度如表 8-2 所示。

表 8-2　　会计结算部操作风险点及控制制度

| 流程 | 主要风险点 | 控制制度 | 责任人 |
| --- | --- | --- | --- |
| 检查管理程序流程 | （1）违规检查或重复、低效率地检查对正常业务的干扰<br>（2）检查方案不具体，可操作性不强 | （1）应制订具体的可操作性强的检查方案。<br>（2）应组织全行会计机构的检查辅导，监督会计制度和会计核算手续的执行情况（每网点每月现场稽核不少于一次）；对会计检查发现的问题下达整改通知书，并下发检查通报，督促落实整改措施，定期向分行上报会计检查并向会计负责人报告检查、稽核工作情况，提出管理建议；应对综合柜员制网点柜员进行岗前培训和考核，对业务主管、综合员和柜员应进行后续教育和业务培训。<br>（3）对于网点的稽核应进行再稽核工作，对核算主体所辖网点的凭证按规定进行检查和抽查（对所辖营业网点的特殊业务和风险大的业务进行重点稽核，对一般业务进行一定比例抽查），每月每网点的凭证稽核量不少于三天；对会计检查发现的问题下达整改通知书，每月下发检查通报，督促落实整改措施，定期向分行上报稽核报告。<br>（4）应对照《企业理念和员工行为规范》、《银行电话客户服务管理办法》等的要求，检查柜面人员的服务是否规范，并从服务质量、服务效率、服务态度等方面对网点进行考评；对营业场所进行检查，从网点环境、设置、物品摆放等方面，对网点进行考评。<br>（5）根据营业机构的劳动分工组合、柜面岗位划分与职责，协助网点并监督执行柜面业务操作流程，进行风险控制，实行柜面业务责任制；对营业网点反馈问题直接回复客户或营业网点，对客户投诉限时回复，对客户的建议认真记录、分析、研究和妥善处理；应及时处理电话转来的投诉，担任电话投诉的义务监督员，并按省分行要求及时反馈信息，及时向省分行投稿以反馈柜面服务工作动态，并且每月向省分行会计结算部按时上报柜面服务工作总结 | 经理岗、副经理岗、综合岗柜面业务督导岗、稽核岗、柜面服务督导 |

续表

| 流程 | 主要风险点 | 控制制度 | 责任人 |
| --- | --- | --- | --- |
| 龙卡异地应急交易流程 | (1) 应急取款核实不正确，导致代理行给付客户资金，而发卡行未扣减客户账。<br>(2) 回复不准造成资金损失或客户投诉 | (1) 应严格按照《银行卡查询查复作业指导书》、《银行卡错账处理作业指导书》、《银行卡交易仲裁作业指导书》、《银行卡网络应急处理作业指导书》等文件来处理银行卡相关事件。<br>(2) 应对龙卡业务的挂账进行清理、调整工作 | 经理岗，副经理岗、管理前台岗、核算主体岗 |
| 重要客户系统管理流程 | 擅自或重复为客户制卡，从而取得客户账户的交易权利，造成资金的风险 | (1) 应严格按照《重要客户服务系统运行管理作业指导书》来进行重要客户系统维护。<br>(2) 应由相关岗位人员负责重要客户系统集中处理点的账户开销户、IC卡的管理；负责重要客户系统每日数据下卸、打印和传递等业务处理 | 经理岗、副经理岗、管理前台岗 |
| 结算账户管理流程 | 未及时向中国人民银行申请核准，未在账户管理系统开户，影响客户结算 | (1) 严格按照《单位结算账户管理作业指导书》进行结算账户管理。<br>(2) 应由相关岗位人员负责将网点提交的单位开户资料进行审核、登记；将网点新开立的单位结算账户信息录入人民币账户管理系统，并定期报备中国人民银行 | 经理岗、副经理岗、结算账户管理岗 |
| 核心系统标准数据维护流程 | (1) 标准类数据增加、变更出现差错或更新不及时。<br>(2) 网点及操作员权限未得到有效控制 | 严格按照《核心系统管理运行作业指导书》进行前台柜面系统管理 | 经理岗、副经理岗、管理前台岗 |

## 第三节 风险管理部操作风险控制

### 一、风险管理部组织结构与岗位职责

#### (一) 风险管理部组织结构（见图8-3）

#### (二) 风险管理部岗位职责

1. 经理岗

(1) 贯彻执行上级行制定的方针政策和规章制度，制定本部门整体工作规划及实施

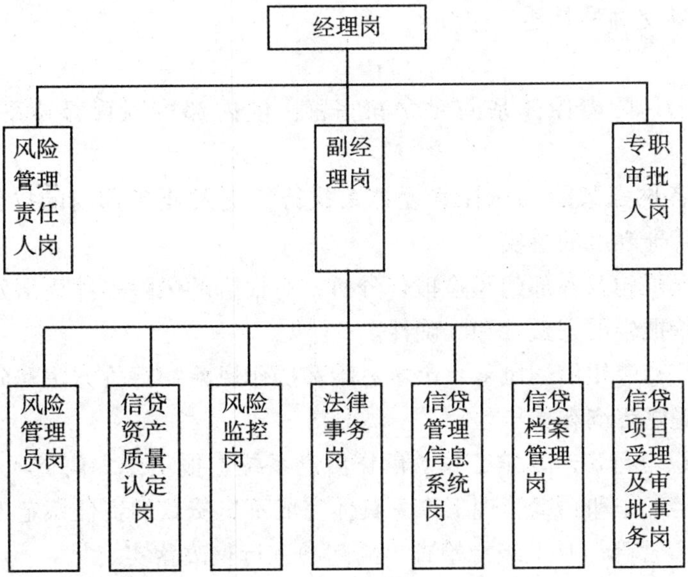


图8-3　风险管理部组织结构

方案，保证各项规章制度的符合性、有效性。

（2）负责组织参加本行信贷风险工作会议及信贷审批会议。

（3）负责组织参加全行贷款质量认定工作、不良贷款责任认定工作、信贷信息系统上报工作、信贷档案管理工作及本行权限内的公司类客户信用等级评定工作。

（4）负责组织开展本行信贷授权权限内信贷业务的审批工作，完善审批受理各项制度。

（5）负责组织全行信贷业务风险过程监控，确保风险监控工作到位。

（6）负责组织全行信贷资产质量控制计划制订及考核。

（7）负责组织全行风险与内控方面的检查、调查、考评及培训管理工作。

（8）负责组织提供法律依据、法律咨询、法律援助事务。

（9）负责部门内部岗位分工调整、考核及对外工作关系协调。

（10）完成领导交办的其他工作。

2. 风险管理责任人岗

（1）识别本部门和本系统的风险，及时预警。

（2）监督各岗位风险内控职责的落实情况，制定并完善相关的风险内控制度，对本部门和本系统的风险和内控管理进行指导、检查。

（3）收集、整理各类风险监测的指标数据，对本部门和本系统风险内控管理工作定期进行评价。

（4）指导全行风险控制信息的收集、分析和处理，积极配合相关部门的工作，保证信息资料的准确性。

（5）对各类上报的风险报表质量进行审核，确保报表编制准确无误。

（6）完成领导交办的其他工作。

3. 副经理岗

（1）负责全行风险内控体系的建立和完善，使内部控制管理体系满足风险防范的需要。

（2）负责对各网点风险与内控管理体系执行情况及业务部门的操作流程进行检查，保证风险与内控管理制度的落实。

（3）负责所属机构及各部门风险报告分析，对报告的风险事件提出处理意见，负责全行风险与内控评价报告的完整性和准确性。

（4）负责推广和应用信用风险、市场风险和操作风险的评价方法和分析模型；对各业务部门及各网点提供咨询和指导。

（5）负责组织全行资产认定工作、信贷信息系统上报工作、信贷项目受理审批工作、客户信用等级评定工作和档案管理工作，具体完成不良贷款的责任认定工作。

（6）负责对监管部门和上级行检查出的问题进行整改落实。

（7）完成领导交办的其他工作任务。

4. 专职审批人岗

（1）负责审查信贷业务的技术、经济和商业可行性，并根据每笔信贷业务预计给银行带来的效益和风险，对贷款项目进行深入细致的研究，对支行决策的信贷项目提出意见。

（2）按时参加贷款审批会议，对借款人资格、贷款用途、额度和期限等提出审批意见；对贷款风险防范措施及其他有关重大问题提出审批意见，并行使表决权。

（3）负责在支行授权范围内对各网点和经营部门申报的信贷业务进行审批。

（4）负责对支行贷款审批人会议和信贷管理委员会决定的信贷条件逐项落实，对发现的问题提出督办意见并督促落实。

（5）负责超授权信贷项目审批的组织管理工作。

（6）完成领导交办的其他工作。

5. 风险管理员岗

（1）监测分析本部门面临的主要风险，收集、整理各类风险监测的指标数据，制定并完善相关的风险内控制度，对本部门风险内控管理工作定期进行评价。

（2）负责本部门风险监测报告的撰写和各类风险统计报表的编制、上报，确保报表编制的准确性、及时性。

6. 信贷资产质量认定岗

（1）负责按时完成贷款五级分类初审及材料上报工作，确保资产质量数据的准确性。

（2）负责准备信贷资产风险分类工作会议所需贷款五级分类材料，保证材料达到真实性和完整性的要求。

（3）督促有关部门收集和录入贷款风险分类工作底稿及相关数据，并进行核实。

（4）负责对各网点经营部门五级分类工作的指导、培训及检查。

（5）负责月度、季度贷款质量分析报告。

（6）完成领导交办的其他工作。

7. 风险监控岗

（1）负责本部门场所文件的编制、修改及完善工作。

（2）负责全行风险与内控管理平台的构筑及推进工作。

（3）撰写本部门和本系统的内控评价报告，向本部门负责人和上一级风控部门（负责人）报告。

（4）完成领导交办的其他工作任务。

8. 法律事务岗

（1）审定本行对外出具的各类经济合同、协议及其他法律性文件，建立本行法律性文件审查台账，做好相应的整理、归档工作。

（2）参与、管理本行发生的经济诉讼案件，积极配合外聘律师开展各项业务，建立诉讼案件资料台账，做好相应的整理、归档工作。

（3）对行内重要业务活动和决策提供法律意见，为全行经营、管理部门及各网点提供法律咨询服务。

（4）贯彻、转达、执行上级行有关法规工作的各项政策、文件。

（5）完成诉讼及非诉讼有关报表的填制和上报工作。

（6）完成领导交办的其他工作任务。

9. 信贷管理信息系统岗

（1）负责全行信贷信息系统管理、维护、升级、备份工作。

（2）负责信贷信息系统数据与会计总账数据的一致性和相关核对，保证系统信息质量。

（3）负责信贷信息系统数据和信贷资产五级分类数据的接收、备份、抽取、上报，保证数据的及时性及准确性。

（4）负责对所属机构信贷信息系统录入人员的指导、检查、培训工作，保证全行信贷信息系统正常运行。

（5）负责通过信贷信息系统制作、发布五级分类数据固定报表及自由报表并进行维护。

（6）负责管理接口系统和查询系统，下载接口系统客户信息，满足信息管理要求。

（7）负责落实上级行及监管部门布置的各项信贷统计，开展信贷统计分析工作，为经营管理服务。

（8）负责信贷信息系统数据录入的真实性。

（9）完成领导交办的其他工作任务。

10. 信贷档案管理岗

（1）负责起草本部门综合性文字材料。

（2）负责本部门文件的收发、传递保管、整理、归档。

（3）负责全行公司类客户信贷档案的接收、整理、归档。

（4）负责将已结清的公司类信贷业务的档案资料移交支行办公室。

（5）负责每季度五级分类材料及时归档，保证五级分类资料的完整性。

（6）负责本部门办公用品的领取。

（7）完成领导交办的其他工作。

11. 信贷项目受理及审批事务岗

（1）负责对信贷业务申报材料及客户信用等级评定材料进行受理登记及合规性审查，对材料的合规性负责。

（2）负责与项目申报行沟通初审信息；对需要征求意见的项目，负责协调提出意见。

（3）负责项目批复文件的解释工作，指导项目规范操作。

（4）负责协调贷款审批会议、下发审批人会议通知、准备会议材料、汇总会议审批和会签审批的表决意见，形成会议纪要，并形成项目批复文件。

（5）负责信贷审批报表的编制上报工作。

（6）负责下级行处信贷业务申报材料的指导、检查、培训。

（7）完成领导交办的其他工作任务。

## 二、操作风险点及控制制度

风险管理部与业务流程相关的流程主要有检查管理流程、信贷经营与审批责任认定流程、信贷资产五级分类流程、客户信用等级评定流程，各流程的风险点及控制制度如表8-3所示。

表8-3　　风险管理部操作风险点及控制制度

| 序号 | 主要风险点 | 控制制度 | 责任人 |
| --- | --- | --- | --- |
| 检查管理流程 | （1）违规检查或重复、低效率的检查对正常业务的干扰。<br>（2）检查方案不具体，可操作性不强。<br>（3）干扰被检查单位的正常工作和对外经营，造成损失；涉密材料的调阅与复制过程中，可能造成泄密；检查人员倾向性、诱导性或结论性的意见可能影响检查的公正性、客观性和真实性。<br>（4）检查后发现问题，不做通报处理，导致问题得不到解决，管理活动得不到改进而产生风险 | （1）应制订具体的可操作性强的检查方案。<br>（2）应对各网点风险与内控管理体系执行情况及业务部门的操作流程进行检查，保证风险与内控管理制度的落实。<br>（3）对监管部门和上级行检查出的问题应及时进行整改落实。<br>（4）检查管理程序应严格按照《信贷基础管理检查作业指导书》进行 | 经理岗、副经理岗、风险管理责任人岗 |

续表

| 序号 | 主要风险点 | 控制制度 | 责任人 |
| --- | --- | --- | --- |
| 信贷经营与审批责任认定流程 | 责任认定不准确 | (1) 严格按照《授信业务审批作业指导书》和《信贷经营与审批责任认定作业指导书》开展相关工作。<br>(2) 经理岗应负责组织、参加贷款审批人会议。<br>(3) 专职审批人岗应研究贷款项目，审查信贷业务的可行性，并提出意见和建议，参加贷款审批人会议并表决，直接审批授权范围内的信贷业务，并组织超授权项目的审批，检查各网点和经营部门的贷款管理情况，督促各网点落实贷款条件及整改发现的问题 | 经理岗、专职审批人岗 |
| 信贷资产五级分类流程 | (1) 客户及信贷信息错录、漏录及更新不及时，分类结果录入错误，与审批结果不一致，使CMIS数据不真实，以致全行信贷资产质量不真实。<br>(2) 分类结果不准确。<br>(3) 违规越权认定分类项目 | (1) 严格按照《信贷资产五级分类作业指导书》开展相关工作。<br>(2) 经理岗应组织、参加信贷资产质量认定会议。<br>(3) 信贷资产质量认定岗应督促有关部门收集和录入贷款风险分类工作底稿和数据并进行核实，准备信贷资产风险分类工作会议所需贷款五级分类材料，保证材料的真实性、完整性，完成权限外贷款五级分类初审及材料上报工作，确保资产质量数据的准确性，完成权限内五级分类审批工作 | 经理岗、信贷资产质量认定岗 |
| 客户信用等级评定流程 | (1) 受理申报审批材料不真实。<br>(2) 受理资料不全或传递过程丢失。<br>(3) 申报不实 | (1) 严格按照《客户信用等级评定作业指导书》开展相关工作。<br>(2) 组织客户信用等级评审会议 | 经理岗、副经理岗 |

# 第九章　公司业务部操作风险控制

## 一、公司业务部组织结构与岗位职责

### （一）公司业务部组织结构（见图9-1）

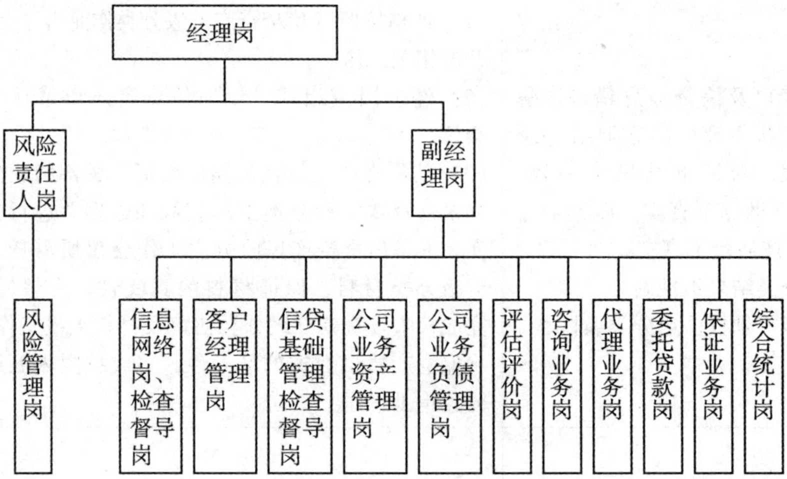


图9-1　公司业务部组织结构

### （二）公司业务部岗位职责

1. 经理岗

（1）全面主持公司业务部工作，负责对本部门工作人员的日常管理、考核和人员调整。

（2）负责组织制定全行公司业务经营计划和业务规程；负责客户战略和经营策略的研究、制定工作；组织和参与重大信贷营销活动。

（3）对全行公司业务市场份额、资产质量负责，对全行公司客户企业存款的增长进行指导。

（4）负责公司客户经理制的组织、实施和日常管理。

（5）参与支行信贷政策和信贷规章制度的研究、制定以及安排本部门反馈制度执行情况。

（6）组织公司业务贷后管理工作的检查、指导和监督，并负责落实整改措施。

（7）负责督促全行所属机构项目评估、客户评价、信用等级评定、额度授信业务及其申报工作。

（8）完成领导交办的其他任务。

2. 副经理岗

（1）协助部门经理管理本部门日常工作。

（2）负责牵头组织、参与辖内的项目评估工作。

（3）负责评估报告的审定。

（4）负责对所辖行的项目评估工作进行指导、检查、监督。

（5）负责全行公司中间业务的综合管理。

（6）负责编制全行公司中间业务的发展规划、年度经营计划，并对各网点的计划执行情况和各项规章制度的执行情况进行监督、检查、考评。

（7）负责审价咨询业务的牵头营销。

（8）组织并参与全行中间业务产品的推广与营销工作。

（9）负责全行公司客户经理中间业务的培训工作。

3. 风险责任人岗

（1）负责组织本部门的风险内控管理工作，制定并完善相关的风险内控制度。

（2）对本部门和本系统的风险和内控管理进行指导、检查，监督各岗位风险内控职责的落实情况。

（3）监测分析本部门和本系统面临的主要风险，收集、整理各类风险监测的指标数据，对本部门和本系统风险内控管理工作定期进行评价。

（4）撰写本部门和本系统的内控评价报告和风险监测报告，向本部门负责人和上级风控部门报告风险监测状况。

4. 风险管理岗

（1）识别本部门的风险，制定并完善相关的风险内控制度。

（2）对本部门的风险和内控管理进行指导、检查，监督各岗位风险内控职责的落实情况。

（3）识别本部门的风险，制定并完善相关的风险内控制度。

（4）对本部门的风险和内控管理进行指导、检查，监督各岗位风险内控职责的落实情况。

（5）监测分析本部门面临的主要风险，收集、整理各类风险监测的指标数据，对本部门风险内控管理工作定期进行评价。

（6）撰写本部门的内控评价报告和风险监测报告，向本部门负责人和风险责任人报告风险监测状况。

5. 信息网络岗

（1）负责全行公司业务信息的采集、整理和对内、对外的发布工作，准确、及时地提供决策依据。

（2）负责建立上下级行之间业务信息交流机制，负责信息管理办法实施意见的制定工作，使信息管理工作有序进行。

（3）负责组织公司业务信息宣传，树立本行良好社会形象。

（4）负责信息收集、市场调研工作，及时掌握市场信息，为信贷政策制定提供决策依据。

（5）负责全行公司客户资金结算网络组建过程中的业务指导和技术咨询工作。

（6）负责参与大型客户资金结算网络的牵头组建、运行和管理工作。

6. 客户经理管理岗

（1）负责落实支行客户经理管理制度及办法。

（2）参与对客户经理等级进行评定、监督。

（3）负责组织对客户经理的培训工作。

（4）为客户经理提供营销指引。

7. 信贷基础管理检查督导岗

（1）根据总行、省分行有关规定，协助检查、监督本行及所辖行处信贷业务、规章制度的建设、执行情况，对于检查中发现的问题，通知有关部门进行整改，并负责对整改情况进行验收。

（2）协助、参与信贷基础管理工作的检查、考评、总结。

（3）负责信贷业务条件落实的真实性、合规性。

（4）负责贷后管理及内部控制，对客户及本行在经营中可能面临的风险进行预警分析并提出防范建议。

（5）负责撰写信贷业务贷后管理监督检查报告，为加强、改进信贷基础管理工作提供参考。

8. 公司业务资产管理岗

（1）对全行公司业务信贷产品进行归口管理。

（2）协调全行票据业务。

（3）负责对公司业务信贷产品的推广和培训工作。

（4）负责对公司业务信贷产品的营销、受理上报和服务。

（5）负责对公司客户信贷核准、贷款申报及报备的上报工作。

（6）参与组织、起草签订银企合作协议，做好银企合作工作。

（7）参与重点客户综合营销及方案的设计。

9. 公司业务负债管理岗

（1）对全行企业存款产品进行归口管理。

（2）对全行企业存款的运行进行分析、预测。

（3）制订全行一般性存款的营销方案，牵头组织、协调、推进方案的实施，并进行检查、考核和总结。

（4）对全行影响较大的60家核心客户进行动态管理和监测，并适时反馈领导决策。

（5）参与重点客户综合营销方案的设计。

10. 评估评价岗

（1）负责全行项目评估和客户评价工作的组织推进和协调管理，确保该项工作有序进行。

（2）负责评估、评价有关信息的收集工作，做好项目储备工作。

（3）负责对所属机构项目评估和客户评价工作进行指导。

（4）负责督促所属机构客户评价、信用等级评定、额度授信业务工作，参与重点客户的评估评价、授信及申报，负责AAA级客户信用等级的组织申报工作。

11. 咨询业务岗

（1）负责基建工程的预（决）算及招投标的实施工作。

（2）负责与咨询委托人签订合同，完成咨询项目。

（3）对咨询业务实行互审复核，保证咨询成果质量。

（4）负责造价咨询业务报表的报送工作。

（5）根据本行实际，制订本行财务顾问、投融资业务的营销执行方案。

（6）审查委托人提出的财务顾问、投融资等需求内容的完整性，并向省分行申报超权限的财务顾问业务。

（7）负责财务顾问、投融资业务的落实督办。

12. 代理业务岗

（1）受理各网点及委托单位代理业务申请，参与有关代理业务方案的制订，协调代理需求的实现。

（2）组织对全行代理业务管理制度情况（不包括核算方面的制度）进行检查和指导，将检查发现的问题及时向领导反映，责成及时整改。

（3）负责政府代理业务、政策性银行业务代理、非银行机构业务代理、保险业务代理、代收代付等中间业务产品的经营推广和管理。

（4）负责安排中央财政直接支付业务的管理工作，保证资金的及时支付和资金的正确使用。

（5）负责向省分行申报超权限的代理业务。

13. 委托贷款岗

（1）审查委托人和借款人申请资料内容的完整性，并向省分行申报超权限的委托贷款业务。

（2）负责行领导决定后委托贷款业务的落实。

（3）根据本行实际，制订本行委托贷款业务的营销执行方案。

（4）负责全行委托贷款业务的事后监督。

（5）负责对存量委托贷款的清理，并做好与委托方的对账及其他工作。

（6）负责推广和营销交易资金托管业务，并协助客户与经办行签订并履行《交易资金托管协议》。

（7）负责督促全行委托贷款项目的档案集中归档。

14. 保证业务岗

（1）审查客户申请资料内容的完整性，并向省分行申报超权限的保证业务。

（2）负责行领导决定后保证业务的落实。

（3）根据本行实际，制订本行保证业务的营销执行方案。

（4）负责全行保证业务的事后监督检查。

15. 综合统计岗

（1）负责完成本部门的有关综合性文字材料。

（2）负责本部门文件的收发、传递、保管、整理、归档及印章管理。

（3）负责部门内各业务单元之间及与相关部门的工作联系和协调，确保信息及时传递、沟通。

（4）负责全行公司业务经营计划的下达、分析和考核。

（5）负责全行公司业务系统业务运营情况的分析、通报工作。

（6）负责公司类贷款台账、委托贷款台账及表外业务台账的编制工作。

（7）负责汇总编制及向上级行、银行监管部门报送各项公司业务信息统计报表。

（8）完成领导安排的其他工作。

## 二、业务流程

### （一）流动资金贷款和固定资产贷款流程

1. 受理申请

经营部门受理客户的业务申请，并进行初步的审查，此阶段主要是审查客户提交材料的完整性、真实性、有效性以及合法合规性，审查客户申请保证的条件是否符合有关办法和规程的规定。

2. 调查评价

主要包括客户评价、信贷评价以及担保评价。贷款调查要坚持实地调查和全面分析原则，调查评价结果应形成相关评价报告。

3. 法律性文件审查

审查合同格式文本等法律性文件，将非格式文本送交法规部门或人员审查（经办行为二级分行以下机构的，由二级分行法规部门审查）。

4. 审批决策

经营部门通过审查和调查评价认为可行的，将形成的调查评价材料及客户有关资料经整理报有权审批行决策审批部门审批。

5. 发放贷款

审批决策同意的，经营部门代表银行与客户签署人民币资金借款合同和担保合同等法律文书，要求客户落实担保有关手续如抵押登记、公证、抵押物保险等，合同生效后即可向借款人发放贷款。

6. 贷后检查

贷款发放后，客户经理应对客户资格、经营管理、担保情况等事项进行跟踪检查，对影响信贷资产安全的有关因素进行不间断监控和分析，以便及时发现早期预警信号，并积极采取相应补救措施。公司类客户在每笔贷款的第一次提款 15 天内应进行第一次检查，此后每月均需进行贷后检查并出具贷后检查报告。

7. 催收贷款

在借款合同到期（指贷款应还本金到期日）前的一个星期，向客户发出“信贷业务到期通知书”提醒客户筹集资金按时归还我行贷款。当客户拖欠我行贷款本金或利息时，客户经理要在逾期、欠息一个星期日内，向客户、保证人或抵押人发出盖有信贷业务公章的逾期贷款（垫款）催收通知书，催促债务人还款。

### （二）人民币额度贷款

1. 受理申请

经营部门受理客户的业务申请并进行初步的审查，此阶段主要是审查客户提交材料的真实性、完整性、合法合规性，审查客户申请保证的条件是否符合有关办法和规程的规定。

（1）本行评定信用等级为 AA 级（含）以上、生产经营和资金周转流动连续性强、有经常性的短期循环用款需求的制造加工企业和商贸流通企业客户（以下简称工商企业客户），自有流动资金应基本充足，产销正常，应收账款和存货周转正常，基本上依靠货款回笼还贷。

（2）借款用途为备品备料进货采购、支付水电费用等日常经营周转需要。

（3）已审批核定一般授信额度且仍在效期之内，有尚未支用的短期流动资金贷款额度，可用于循环借款额度，否则应经有权审批行先审批核定一般授信额度。

（4）一般授信额度或其中的流动资金贷款额度经有权审批行批准为免担保额度，或循环借款额度为免担保额度，否则应提供符合本行要求的额度借款担保（包括财产抵押、动产或权利质押、第三方保证），签订相应的额度担保合同。

为确保借款还款真正可循环，避免短借长用，防范短期融资产品期限与收益风险，除不得对非工商企业客户安排循环借款额度外，原则上也不得对虽在 AA 级（含）以上，但有下述情况或用途的工商企业客户安排循环借款额度：

①产销状况不稳定，经营现金流经常入不敷出，偿还到期贷款有困难，采取倒合同转换贷款期限维持周转的。

②拟安排或正在进行的固定资产投资项目（包括房地产项目）自筹资金不能落实，需要银行借款弥补资金缺口的，或挤占生产流动资金用于固定资产项目投资或股权投资（包括股票投资），需要银行借款替补资金周转的。

③集团组合上虽为工商企业，但借款主体实际为以投资收益为主要收入来源的投资控股公司，拟将借款用于股权投资、债权投资，或归还到期借款所需的资金头寸，或调给存在上述①、②项问题的下属企业使用并且超出用途的，或以集团中效益好的企业出面借款还款，但由集团调度使用的。

④其他不属于经常性循环用款的需求，如大型设备制造企业周期长达一年以上的订单生产所需流动资金借款，建筑安装施工企业、房地产开发企业（尤其是项目公司）承包或开发项目所需的流动资金借款，以及无具体项目用途的流动资金贷款。

2. 调查评价

经营部门对于新客户，需进行调查评价，符合银行贷款条件的，对该客户核定一般授信额度。对于已经核定一般授信额度的老客户，经营部门直接审核额度借款用途是否合理以及签订该笔额度借款合同后给予客户的授信是否突破核定的一般授信额度。调查评价完毕后出具调查评价报告。

3. 法律性文件审查

审查合同格式文本等法律性文件，对非格式文本送交法规部门或人员审查（经办行为二 级分行以下机构的由二级分行法规部门审查）。

4. 审批决策

经营部门通过审查和调查评价认为可行的，将形成的调查评价材料及客户有关资料经整理报有权审批行决策审批部门审批。

5. 发放贷款

审批决策同意的，经营部门与客户签署人民币额度借款合同和担保合同等法律文书，要求客户落实担保有关手续如抵押登记、公证、抵押物保险等；合同生效后借款人可随时支用额度借款，但需提前三个工作日向银行提交《人民币额度借款支用申请书》。

审查借款人的支用申请时，应由经办行客户经理填写《循环额度借款支用审批意见表》，对与会计部门或额度控管部门核对额度支用台账的情况作出详细记载，由客户经理和部门负责人出具书面审查意见，签字后报主管行领导审批。《循环额度借款支用审批意见表》应作为额度项下借款审批文件存档。

经办行如审批同意提款，应填写《人民币额度借款提款通知书》一式三份，由主管行领导签发。如经办行审核后不同意提款，应在提款日前及时通知借款人，并说明理由。提款通知书签发后，有关提款凭证和核放手续按本行现行流动资金贷款管理和会计核算办法执行。提款手续办理完毕，会计部门应在提款通知书上签注“已提款”，一份由本行会计部门留存，一份交经办行信贷经营部门，一份退还借款人。

6. 贷后检查

贷款发放后，信贷业务经办人员应对客户资格、经营管理、担保情况等事项进行跟踪检查，对影响信贷资产安全的有关因素进行不间断监控和分析，以便及时发现早期预警信号，并积极采取相应补救措施。公司类客户在每笔贷款的第一次提款 15 天内应进行第一次检查，此后每月均需进行贷后检查并出具贷后检查报告。

在信贷合同到期（指贷款应还本金到期日）前的一个星期，向客户发出《信贷业务到期通知书》，提醒客户筹集资金按时归还本行贷款。当客户拖欠行贷款本金或利息时，信贷经办人员要在逾期、欠息一个星期日内，向客户、保证人或抵押人发出盖有信贷业务公章的《逾期贷款（垫款）催收通知书》，催促债务人还款。

一旦借款人未按时归还任一单笔借款的本金或利息，且未提出展期申请，经办行应立即冻结其剩余额度，直至如数归还后方可考虑是否予以恢复或核减额度。如借款人出现人民币额度借款合同第十条所述的违约情形，经办行应根据借款人违约行为的严重程度，及时采取必要的违约制裁措施。

### （三）备用信用证

（1）受理客户申请。

（2）对开证行的额度及金额进行审核。

（3）对备用信用证条款进行审核，召开审批会对客户的贷款申请进行审批。

（4）与客户签订贷款合同。收到他行开来的备用信用证正式文本并验证其真实性后与客户签订贷款合同。

（5）发放贷款。

（6）贷款到期回收，如客户违约，需向备用信用证的开证行追索。

### （四）商业汇票贴现

1. 受理申请

经营部门受理客户的业务申请，并进行初步的审查，此阶段主要是审查客户提交材料的完整性、合法合规性，审查客户申请保证的条件是否符合有关办法和规程的规定。

2. 调查评价

主要调查贴现申请人的情况，其是否为汇票的合法持有人以及商业汇票真实有效性，包括会计部门查询审核。

3. 法律性文件审查

对商业承兑汇票还需签订担保合同。将非格式文本送交法规部门或人员审查（经办行为二级分行以下机构的，由二级分行法规部门审查）。

4. 审批决策

经营部门通过审查和调查评价认为可行的，将形成的调查评价材料及客户有关资料经整理报有权审批行决策审批部门审批。

5. 贴现

审批决策同意的，经营部门与客户签署有关法律文书后，要求客户当场背书转让汇票，并办理相关手续，银行根据贴现金额将相应的资金划转到客户的存款账户。贴现金额按票面金额扣除贴现日至汇票到期前一日的贴现利息计算。

6. 贴现后管理

办理贴现后，对于已办理贴现的未到期商业汇票，可由计划财务部门向中国人民银行、其他商业银行或系统内上级行办理再贴现、转贴现或内部转贴现。对商业承兑汇票贴现，要注意了解分析承兑人、贴现申请人及担保人经营状况的变化，以保证贴现汇票到期不获承兑人付款时，贴现申请人或担保人能偿还贴现资金。

7. 贴现到期回收

贴现汇票到期前 15 日，贴现银行信贷经营部门应通知会计部门在法定付款提示期内办理委托收款手续，会计部门按照支付结算有关规定办理收款。

## 三、操作风险点及控制制度

资产类业务具有相似性，因此风险点和控制措施具有普遍通用性。

公司业务部操作风险点及控制制度如表9-1所示。

表9-1　　**公司业务部操作风险点及控制制度**

| 序号 | 主要风险点 | 控制制度 | 责任人 |
|---|---|---|---|
| 1 | 受理申请 | 客户提交材料的完整性、真实性、有效性以及合法合规性；客户申请保证的条件是否符合有关办法和规程的规定 | 客户经理 |
| 2 | 调查评价 | 贷款调查要坚持实地调查和全面分析原则 | 客户经理、信贷经营部门负责人 |
| 3 | 法律性文件审查 | 严格审查相关文件 | 客户经理 |
| 4 | 审批决策 | 严格把握审批过程 | 客户经理 |
| 5 | 发放贷款 | 落实担保有关手续如抵押登记、公证、抵押物保险等 | 客户经理 |
| 6 | 贷后检查 | 客户经理应对客户资格、经营管理、担保情况等事项进行跟踪检查，对影响信贷资产安全的有关因素进行不间断监控和分析，以便及时发现早期预警信号，并积极采取相应补救措施 | 客户经理 |
| 7 | 催收贷款 | 在借款合同到期（指贷款应还本金到期日）前的一个星期，向客户发出《信贷业务到期通知书》 | 客户经理、风险管理部 |

# 第十章　公司业务部（中间业务）操作风险控制

## 一、公司业务部（中间业务）组织结构与岗位职责

### （一）公司业务部（中间业务）组织结构（见图10-1）

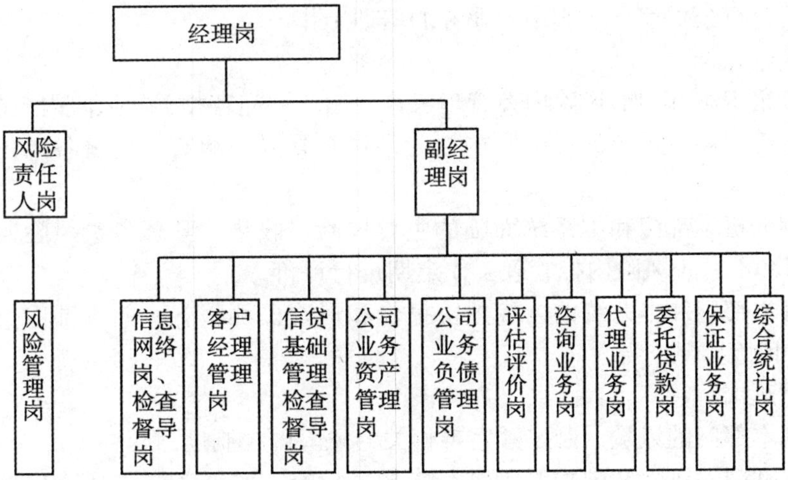


图10-1　公司业务部（中间业务）组织结构

1. 经理岗

（1）全面主持公司业务部工作，负责对本部门工作人员的日常管理、考核和人员调整。

（2）负责组织制定全行公司业务经营计划和业务规程；负责客户战略和经营策略的研究、制定工作；组织和参与重大信贷营销活动。

（3）对全行公司业务市场份额、资产质量负责，对全行公司客户企业存款的增长进行指导。

（4）负责公司客户经理制的组织、实施和日常管理。

（5）参与支行信贷政策和信贷规章制度的研究、制定以及安排本部门反馈制度执行情况。

（6）组织公司业务贷后管理工作的检查、指导和监督，并负责落实整改措施。

（7）负责督促全行所属机构项目评估、客户评价、信用等级评定、额度授信业务及

其申报工作。

（8）完成领导交办的其他任务。

2. 副经理岗

（1）协助部门经理管理本部门日常工作。

（2）负责牵头组织、参与辖内的项目评估工作。

（3）负责评估报告的审定。

（4）负责对所辖行的项目评估工作进行指导、检查、监督。

（5）负责全行公司中间业务的综合管理。

（6）负责编制全行公司中间业务的发展规划、年度经营计划，并对各网点的计划执行情况和各项规章制度的执行情况进行监督、检查、考评。

（7）负责审价咨询业务的牵头营销。

（8）组织并参与全行中间业务产品的推广与营销工作。

（9）负责全行公司客户经理中间业务的培训工作。

3. 风险责任人岗

（1）负责组织本部门的风险内控管理工作，制定并完善相关的风险内控制度。

（2）对本部门和本系统的风险和内控管理进行指导、检查，监督各岗位风险内控职责的落实情况。

（3）监测分析本部门和本系统面临的主要风险，收集、整理各类风险监测的指标数据，对本部门和本系统风险内控管理工作定期进行评价。

（4）撰写本部门和本系统的内控评价报告和风险监测报告，向本部门负责人和上级风控部门报告风险监测状况。

4. 风险管理岗

（1）识别本部门的风险，制定并完善相关的风险内控制度。

（2）对本部门的风险和内控管理进行指导、检查，监督各岗位风险内控职责的落实情况。

（3）识别本部门的风险，制定并完善相关的风险内控制度。

（4）对本部门的风险和内控管理进行指导、检查，监督各岗位风险内控职责的落实情况。

（5）监测分析本部门面临的主要风险，收集、整理各类风险监测的指标数据，对本部门风险内控管理工作定期进行评价。

（6）撰写本部门的内控评价报告和风险监测报告，向本部门负责人和风险责任人报告风险监测状况。

5. 信息网络岗

（1）负责全行公司业务信息的采集、整理和对内、对外的发布工作，准确、及时地提供决策依据。

（2）负责建立上下级行之间的业务信息交流机制，负责信息管理办法实施意见的制定工作，使信息管理工作有序进行。

（3）负责组织公司业务信息宣传，树立本行良好的社会形象。

（4）负责信息收集、市场调研工作，及时掌握市场信息，为信贷政策制定提供决策依据。

（5）负责全行公司客户资金结算网络组建过程中的业务指导和技术咨询工作。

（6）负责参与大型客户资金结算网络的牵头组建、运行和管理工作。

6. 客户经理管理岗

（1）负责落实支行客户经理管理制度及办法。

（2）参与对客户经理等级进行评定、监督。

（3）负责组织对客户经理的培训工作。

（4）为客户经理提供营销指引。

7. 信贷基础管理检查督导岗

（1）根据总行、省分行有关规定，协助检查、监督本行及所辖行处信贷业务、规章制度的建设、执行情况，对检查中发现的问题通知有关部门进行整改，并负责对整改情况进行验收。

（2）协助、参与信贷基础管理工作的检查、考评、总结。

（3）负责信贷业务条件落实的真实性、合规性。

（4）负责贷后管理及内部控制，对客户及本行在经营中可能面临的风险进行预警分析并提出防范建议。

（5）负责撰写信贷业务贷后管理监督检查报告，为加强、改进信贷基础管理工作提供参考。

8. 公司业务资产管理岗

（1）对全行公司业务信贷产品进行归口管理。

（2）协调全行票据业务。

（3）负责对公司业务信贷产品的推广和培训工作。

（4）负责对公司业务信贷产品的营销、受理上报和服务。

（5）负责对公司客户信贷核准、贷款申报及报备的上报工作。

（6）参与组织、起草签订银企合作协议，做好银企合作工作。

（7）参与重点客户综合营销及方案的设计。

9. 公司业务负债管理岗

（1）对全行企业存款产品进行归口管理。

（2）对全行企业存款的运行进行分析、预测。

（3）制订全行一般性存款的营销方案，牵头组织、协调、推进方案的实施，并进行检查、考核和总结。

（4）对全行影响较大的60家核心客户进行动态管理和监测，并适时反馈领导决策。

（5）参与重点客户综合营销方案的设计。

10. 评估评价岗

（1）负责全行项目评估和客户评价工作的组织推进和协调管理，确保该项工作有序进行。

（2）负责评估、评价有关信息的收集工作，做好项目储备工作。

（3）负责对所属机构项目评估和客户评价工作进行指导。

（4）负责督促所属机构客户评价、信用等级评定、额度授信业务工作，参与重点客户的评估评价、授信及申报，负责 AAA 级客户信用等级的组织申报工作。

11. 咨询业务岗

（1）负责基建工程的预（决）算及招投标的实施工作。

（2）负责与咨询委托人签订合同，完成咨询项目。

（3）对咨询业务实行互审复核，保证咨询成果质量。

（4）负责造价咨询业务报表的报送工作。

（5）根据本行实际，制订本行财务顾问、投融资业务的营销执行方案。

（6）审查委托人提出的财务顾问、投融资等需求内容的完整性，并向省分行申报超权限的财务顾问业务。

（7）负责财务顾问、投融资业务的落实督办。

12. 代理业务岗

（1）受理各网点及委托单位代理业务申请，参与有关代理业务方案的制订，协调代理需求的实现。

（2）组织对全行代理业务管理制度情况（不包括核算方面的制度）进行检查和指导，对检查发现的问题及时向领导反映，责成及时整改。

（3）负责政府代理业务、政策性银行业务代理、非银行机构业务代理、保险业务代理、代收代付等中间业务产品的经营推广和管理。

（4）负责安排中央财政直接支付业务的管理工作，保证资金的及时支付和资金的正确使用。

（5）负责向省分行申报超权限的代理业务。

13. 委托贷款岗

（1）审查委托人和借款人申请资料内容的完整性，并向省分行申报超权限的委托贷款业务。

（2）负责行领导决定后委托贷款业务的落实。

（3）根据本行实际，制订本行委托贷款业务的营销执行方案。

（4）负责全行委托贷款业务的事后监督。

（5）负责对存量委托贷款的清理，并做好与委托方的对账及其他工作。

（6）负责推广和营销交易资金托管业务，并协助客户与经办行签订并履行《交易资金托管协议》。

（7）负责督促全行委托贷款项目的档案集中归档。

14. 保证业务岗

（1）审查客户申请资料内容的完整性，并向省分行申报超权限的保证业务。

（2）负责行领导决定后保证业务的落实。

（3）根据本行实际，制订本行保证业务的营销执行方案。

（4）负责全行保证业务的事后监督检查。

15. 综合统计岗

（1）负责完成本部门的有关综合性文字材料。

（2）负责本部门文件的收发、传递、保管、整理、归档及印章管理。

（3）负责部门内各业务单元之间及与相关部门的工作联系和协调，确保信息及时传递、沟通。

（4）负责全行公司业务经营计划的下达、分析和考核。

（5）负责全行公司业务系统业务运营情况的分析、通报工作。

（6）负责公司类贷款台账、委托贷款台账及表外业务台账的编制工作。

（7）负责汇总编制及向上级行、银行监管部门报送各项公司业务信息统计报表。

（8）完成领导安排的其他工作。

## 二、业务流程（中间业务）

1. 保证业务

（1）受理；（2）调查评价；（3）文本审查；（4）审批；（5）出具；（6）保函修改；（7）出具后管理；（8）失效及垫款。

2. 项目评估业务

（1）受理；（2）评估分析；（3）评估审核。

3. 银行承兑汇票业务

（1）受理；（2）调查评价；（3）审批；（4）承兑；（5）贷后管理；（6）到期解付或垫款。

4. 代理业务

（1）受理；（2）调查评价；（3）审批；（4）进行代理。

## 三、操作风险点及控制制度

### （一）保证业务操作风险点及控制制度（见表10-1）

表10-1　**保证业务操作风险点及控制制度**

| 序号 | 主要风险点 | 控制制度 | 责任人 |
|---|---|---|---|
| 1 | 受理 | 对客户进行严格审查，确保申请人具备办理保证业务条件 | 客户经理、保证业务岗 |
| 2 | 调查评价 | 确保客户经理的调查评价合理公正 | 客户经理、信贷经营部门负责人 |
| 3 | 文本审查 | 严格审查申请人要求使用的非标准格式的保函文本 | 客户经理、保证业务岗 |
| 4 | 审批 | 严格把握审批过程 | 客户经理 |
| 5 | 出具 | 客户经理要确保手续完备后再发放办理业务通知 | 客户经理 |

续表

| 序号 | 主要风险点 | 控 制 制 度 | 责任人 |
| --- | --- | --- | --- |
| 6 | 保函修改 | 确保经有权人审批修改后的内容 | 客户经理、保证业务岗 |
| 7 | 出具后管理 | 确保保函出具后监控到位 | 客户经理、保证业务岗、风险管理部 |
| 8 | 失效及垫款 | 发生垫款时，应及时依法向被保证人、出质人、抵押人和反担保人主张债权 | 客户经理 |

## （二）项目评估业务操作风险点及控制制度（见表 10-2）

表 10-2　　项目评估业务操作风险点及控制制度

| 序号 | 主要风险点 | 控 制 制 度 | 责任人 |
| --- | --- | --- | --- |
| 1 | 评估分析 | （1）评估调查要仔细，确保评估结论准确：<br>（2）经办行不得违反规定越授权限承办财务顾问业务 | 客户经理、项目评估岗、代理业务岗 |
| 2 | 评估审核 | 确保评估结果客观公正 | 客户经理、项目评估岗 |

## （三）银行承兑汇票业务操作风险点及控制制度（见表 10-3）

表 10-3　　银行承兑汇票业务操作风险点及控制制度

| 序号 | 主要风险点 | 控 制 制 度 | 责任人 |
| --- | --- | --- | --- |
| 1 | 受理 | （1）对申请人资格要严格审查，确保符合条件的客户进入信贷审批程序；<br>（2）确保材料完整性 | 客户经理、客户经理 、票据业务岗 |
| 2 | 调查评价 | 确保评价结果正确公正 | 客户经理 |
| 3 | 审批 | 确保审批结果准确 | 客户经理 |
| 4 | 承兑 | （1）确保在落实承兑协议的情况下进行承兑<br>（2）确保审核承兑协议的合法合规性<br>（3）确保审核汇票的真实有效性 | （1）客户经理；<br>（2）客户经理、票据业务岗；<br>（3）客户经理、票据业务岗 |

续表

| 序号 | 主要风险点 | 控制制度 | 责任人 |
|---|---|---|---|
| 5 | 到期后管理 | 确保承兑汇票监控到位 | 客户经理、风险管理部、票据业务岗 |
| 6 | 到期解付或垫款 | 确保承兑汇票到期能正常解付 | 客户经理 |

**（四）代理业务操作风险点及控制制度（见表10-4）**

表10-4　**代理业务操作风险点及控制制度**

| 序号 | 主要风险点 | 控制制度 | 责任人 |
|---|---|---|---|
| 1 | 调查评价 | （1）确保经办行按规定申报和备案有关材料，上级行受理材料要合规；<br>（2）协议条款不得违反国家法律法规和银行内部规定 | 客户经理、代理业务岗 |
| 2 | 审批 | 上级行审查资料要严格把关，申请材料要确保真实 | 客户经理、风险管理部、代理业务岗 |

# 第十一章　个人银行部操作风险控制

## 一、个人银行部组织结构和岗责体系

### （一）个人银行部组织结构（见图11-1）

图11-1　个人银行部组织结构

### （二）个人银行部岗责体系

1. 综合柜员（包括经办柜员和复核柜员）

①严格执行《会计出纳基本制度》、《储蓄管理条例》、我国《票据法》、《支付结算办法》、《综合柜员制操作规程》、《综合柜员制操作办法》等规章制度。

②负责办理现金存取款业务，确保现金账款相符。

③负责办理各项业务的开户、销户、冻结、挂失、托收等工作。

④按要求整点现金，及时向库管员领取现金、解交残损券及超限额库款。

⑤负责存贷款季度对账单回收工作。

⑥负责保管日常所需少量重要空白凭证（视同现金管理）。

⑦对已使用凭证，销号登记簿和登记情况进行检查，复核记载正确性（视同现金管理）。

⑧负责完成银行内部各项报表、相关业务的登记工作（视同现金管理）。

⑨按规定保管、使用密码和柜员卡。

⑩按规定保管使用各种登记簿。

2. 有权授权人

对于综合柜员经办的相关业务进行授权和审核。

3. 理财经理

为客户提供理财服务。

4. 客户经理

负责办理各项代理业务的开户、销户、冻结、挂失、托收等工作。

5. 业务主管

①贯彻执行国家有关财经法规和总行制定的财务、会计制度和各项业务规程。

②负责财务检查辅导工作，负责督促柜员、理财经理、客户经理严格执行各项内部控制制度，预防支行内部经济案件和重大责任事故的发生。

③负责做好支行各项工作的申报与考核。

④负责配合支行行长制定并实施各项内部管理制度及岗位考核办法。

⑤负责对下属人员工作的监督和考核。

## 二、业务流程

### （一）个人电子汇款

客户提供汇款资料，填写汇款（A）→汇出网点审核汇款信息（B）→发送分行储蓄系统主机（C）→后台及个汇部接受信息（D）→联机编押，发送清算系统（E）→清算中心记录待汇款信息并发送（F）→个汇部接收信息（G）→自动核押并入账（H）。

### （二）银行卡系列产品

接收申请表及相关材料（A）→初审（B）→申请人资料录入，初定信用额度（C）→将申请人资料上送发卡中心（D）→复审，确定信用额度（E）→打卡，打印密码信封并传递给网点（F）→将新卡发放给申请人（G）→会计账务处理（H）→ 风险管理（I）。

### （三）个人理财

填写材料，申请 VIP 卡（A）→经审核，获得 VIP 卡（B）→根据客户要求，提供各种服务（C）。

### （四）个人储蓄

客户向网点经办人员提供本人有效身份证原件（A）→审核无误办理开户手续（B）→根据客户请求提供相应服务（C）。

### （五）个人存款证明书

提交申请及相关有效身份证件材料（A）→网点经办人员审查申请人提供的材料（B）→网点负责人员对有关资料复审并签发个人存款证明（C）→办理解除止付手续（D）。

### （六）个人贷款

提交贷款申请表和有关资料（A）→审查客户提供的资料（B）→报贷款审批部门审批（C）→签订《贷款合同》（D）→发放贷款（E）→贷款回收（F）。

### （七）保险箱

（1）正常情况下：租箱（A）→开箱（B）→续租（C）／退租（D）／逾期处理（E）。

（2）若租用人钥匙丢失：租箱（A）→挂失（F）。

### （八）代理业务

客户签约/开户（A）→经办行向客户提供相关材料（B）→客户委托交易（C）→经办行为客户代收代付相关资金（D）。

## 三、操作风险点及其控制制度

### （一）个人电子汇款业务操作风险点及控制制度（见表11-1）

表11-1　　个人电子汇款业务操作风险点及控制制度

| 序号 | 主要风险点 | 控制制度 | 岗位责任人 |
| --- | --- | --- | --- |
| 1 | 个人电子汇款业务的政策性规定 | 应特别注意审核：①账户的性质；②汇款人的身份证件（居民或非居民）；③客户提供资料的完整性；④汇款限额、币种等相关政策的规定 | 经办柜员 |
| 2 | 汇款申请 | 汇款申请必须由汇款人填写，柜员不得代填；在汇款方式的选择上由客户自主选择 | 经办柜员、复核柜员 |
| 3 | 个人电子汇款业务的柜员管理 | （1）必须坚持分级授权制度，柜员密码要经常修改，不得串用。<br>（2）复核柜员必须认真履行复核责任，特别是币种、起息日、账户行选择等方面的复核 | 业务主管、经办柜员、复核柜员 |
| 4 | 入账原则的掌握 | 坚持“随到随解”原则，对不符合解付条件的汇款应及时查询、处理 | 经办柜员、复核柜员 |
| 5 | 个人现金汇款的现金差错风险 | 对于个人现金汇款业务，在业务经办单人临柜的情况下，对现金差错的风险负有100%的责任 | 经办柜员 |
| 6 | 对属于大额和可疑交易的个人汇款业务的报告 | 对大额和可疑交易应及时向总行上报 | 经办柜员、业务主管 |
| 7 | 汇款信息完整性、合规性、清算线路正确性和授权的及时性 | 有权授权人对于汇款信息的完整性、合规性、清算线路的正确性和授权的及时性负有100%的责任 | 有权授权人 |

续表

| 序号 | 主要风险点 | 控制制度 | 岗位责任人 |
|---|---|---|---|
| 8 | SWIFT 系统的使用 | 应按 SWIFT 系统及有关业务系统管理规定掌管口令，不得混设操作岗位、泄露操作口令、滥用 SWIFT 报文格式、超权限向国外发送重要 SWIFT 报文 | 有权授权人 |

### （二）银行卡业务操作风险点及控制制度（见表 11-2）

表 11-2　　**银行卡业务操作风险点及控制制度**

| 序号 | 主要风险点 | 控制制度 | 岗位责任人 |
|---|---|---|---|
| 1 | 是否对申请人资格和资信进行调查 | 必须对申请人资格和资信进行充分调查 | 客户经理 |
| 2 | 及时调整持卡人的信用额度 | 及时掌握和了解持卡人资信变化，并及时调整其信用额度 | 业务主管、客户经理 |

### （三）个人理财业务操作风险点及控制制度（见表 11-3）

表 11-3　　**个人理财业务操作风险点及控制制度**

| 序号 | 主要风险点 | 控制制度 | 岗位责任人 |
|---|---|---|---|
| 1 | 各项理财业务的开办是否具备办理资格 | 各项理财业务的开办必须具备办理资格，业务主管需对已开办业务的合规性负责 | 业务主管 |
| 2 | 是否与客户签订相关服务协议 | 与符合条件的客户签订服务协议 | 业务主管、理财经理 |
| 3 | 是否与银行理财经理签订保密协议 | 与银行理财经理签订保密协议 | 业务主管、理财经理 |
| 4 | 客户资料保密 | 对客户资料有保密义务，除法律规定外，禁止任何人以任何理由查询和泄露客户资料 | 理财经理 |
| 5 | 是否存在误导客户 | 向客户推荐理财产品应充分提示风险，详细介绍产品，不能盲目推销，不能向客户承诺收益 | 理财经理 |

### （四）个人储蓄业务操作风险点及控制制度（见表 11-4）

表 11-4 个人储蓄业务操作风险点及控制制度

| 序号 | 主要风险点 | 控制制度 | 岗位责任人 |
| --- | --- | --- | --- |
| 1 | 客户有效身份证件的真实性审核，实名制度规定的落实 | (1) 客户提供的有效证件均须原件，审核的重点是该有效证件是否为储户本人以及证件的真伪、有效期、发证机关、证件号码等，并应与凭证上所填写的相关内容核对一致。<br>(2) 对可以代办的业务，代办时应同时提供代办人及储户本人的有效证件。<br>(3) 保留有效证件的复印件。<br>(4) 柜员按照实名制的要求，认真核对存款人身份证件，并将正确的信息完整的录入系统 | 经办柜员 |
| 2 | 客户填写或确认的凭证的合规性、完整性、准确性审核 | 认真审核存取款凭证的要素是否完整、合规。重点审核凭证种类、户名、储种、存期、币别、金额等内容是否正确无误；免填单业务中打印凭条必须经客户签名确认；业务人员不得为客户代填凭条（尤其是户名和金额）或代签字。如有特殊情况需代填凭条的，应由客户按手印确认 | 经办柜员 |
| 3 | 大额存取款业务的复核授权 | 办理大额存取款业务时，柜员需熟知“大额款项”的界定标准，有权授权人应逐笔、逐项审核户名、账号、币别、金额是否一致。对 5 万元以上跨地区通存通兑业务必须执行知会制度，记录查询情况。对符合要求的，还需按规定登记“大额登记簿”和“反洗钱”报表，并按要求知会原存款开户行 | 经办柜员、有权授权人 |
| 4 | 超前起息存款 | 必须审核业务的真实性和附有相关的交易凭证，并经有权授权人授权 | 有权授权人、经办柜员 |
| 5 | 定期部分提前支取 | (1) 在存单背面背书，主要包括：登记姓名、证件名称、证件号码、存款人地址、发证机关等。<br>(2) 如果是存折，应审核是否在凭条上登记上述内容。<br>(3) 如果是他人代办，同时提供代办人和存款人的有效身份证件并摘录有关信息 | 有权授权人、经办柜员 |

续表

| 序号 | 主要风险点 | 控制制度 | 岗位责任人 |
| --- | --- | --- | --- |
| 6 | 办理挂失时，对挂失人资格的审查 | (1) 存单（折）口头挂失，需通知客户必须在五天之内来银行办理正式挂失手续；办理正式挂失，必须由客户持本人有效身份证件到原开户行；代办挂失业务，还需出示代办人的有效身份证件，柜员应仔细审核证件的真实性、有效性。<br>(2) 密码挂失不得代办；大额密码挂失视同存单（折）挂失业务处理。<br>(3) 储户要求挂失存款，经办柜员要先冻结账户，然后仔细审核账户资料与客户挂失内容是否一致；不一致时，应查明原因，核对客户资料无误，然后再办理挂失 | 经办柜员 |
| 7 | 大额挂失的真实性审核 | 大额挂失、大额密码挂失、代办挂失、有疑问存单挂失等，经办网点必须在七天内按照大额挂失的有关规定核实挂失的真实性；长期不动户挂失，应由有权授权人负责核实；挂失申请人无论是本地或异地，如有疑问必须做进一步核实 | 有权授权人、经办柜员 |
| 8 | 解挂条件的审核 | (1) 解挂、撤销业务需由储户本人持有效身份证件及原挂失申请书的回单联到原开户行办理，他人不得代办。<br>(2) 办理解挂、撤销业务均需经有权授权人授权，并详细记录挂失止付登记簿，同时将相关单据附传票及时上交事后监督进行审核。由于其他原因冻结的存单、折办理挂失补发后，仍保持冻结状态 | 有权授权人、经办柜员 |
| 9 | 客户资料及密码的变更 | (1) 客户要求预留密码时，必须由客户本人在密码读写器输入，柜员不得代输密码。<br>(2) 如果客户要求变更、挂失和取消密码或更改客户资料时，应要求客户本人填写特殊业务申请凭条并严格按照规定，经有权授权人授权及客户确认后方能办理，严禁办理非客户本人的密码变更、挂失、取消或资料修改业务。<br>(3) 更新存折磁条时，必须由本人持存折和有效证件办理 | 有权授权人、经办柜员 |

续表

| 序号 | 主要风险点 | 控制制度 | 岗位责任人 |
|---|---|---|---|
| 10 | 冲正交易 | （1）严格按相关规定分错误类别进行处理，所有冲正业务必须经有权授权人，授权时应重点审核冲正交易的真实性、准确性与合规性。<br>（2）所有冲正交易，要在原存款或取款凭条和冲正凭条上注明原因，原则上要求客户签字确认（现金类冲正交易必须要求客户签字确认） | 有权授权人、经办柜员 |
| 11 | 结清交易 | “强制到期”或“不计息”必须在传票上注明相应的操作理由，有权授权人必须严格审核其交易的合法性。严禁办理无单、折取款及结清交易（法院扣划交易除外） | 有权授权人、经办柜员 |

### （五）个人存款证明业务操作风险点及控制制度（见表 11-5）

表 11-5　**个人存款证明业务操作风险点及控制制度**

| 序号 | 主要风险点 | 控制制度 | 岗位责任人 |
|---|---|---|---|
| 1 | 开具个人存款证明的存款冻结要求 | 经办柜员要重点审核需要冻结存款的真实性和有效性 | 经办柜员、业务主管 |
| 2 | 个人存款证明开立的要求 | （1）已开具个人存款证明的存款在规定期限内不得办理冻结业务，不能办理质押。<br>（2）个人存款证明开立的内容必须与存款人提供的内容相符。<br>（3）已冻结的存款不得再开具个人存款证明。<br>（4）个人存款证明和申请书必须为打印版 | 经办柜员、业务主管 |
| 3 | 签发个人存款证明权限及操作程序的合规性 | 严格按授权权限签发个人存款证明 | 有权授权人 |
| 4 | 个人存款证明提前支付的要求 | 需要提前解冻的存款在交回全部存款证明原件的前提下，在存款冻结行办理 | 经办柜员、业务主管 |

### （六）个人贷款业务操作风险点及控制制度（见表11-6）

表11-6 个人贷款业务操作风险点及控制制度

| 序号 | 主要风险点 | 控制制度 | 岗位责任人 |
| --- | --- | --- | --- |
| 1 | 审查贷款人的条件，抵（质）押物的真伪 | （1）必须认真审核借款人的有效身份证件是否真实，对借款人资格和资信进行充分调查。<br>（2）严格审查抵（质）押物的真实、合法和有效性，重点审核抵（质）押物的所有权是否有争议，是否已做担保或依法冻结 | 经办柜员 |
| 2 | 审批权限及操作程序的合规性 | 按照授权有限的原则，分级审批放款。业务主管应对借款人资格和抵（质）押物的真伪、资金情况、贷款手续、抵（质）押率、期限、合同要素等全面审核，确认签字；应认真履行审批职责，不得超权限审批 | 经办柜员、业务主管 |
| 3 | 贷款合同的完整性、有效性 | （1）按规定签订合法有效的借款合同，办妥贷款担保的有关手续。<br>（2）各关系人签订借款/抵（质）押合同时，必须由本人当面签章确认 | 业务主管、经办柜员、复核柜员 |
| 4 | 抵（质）押品的保管及账务核对 | 抵（质）押权利凭证作为一级档案应由专人管理，账实分管，且需不定期检查抵（质）押品是否处于持续冻结和完好状态 | 业务主管、复核柜员 |

### （七）保险箱业务操作风险点及控制制度（见表11-7）

表11-7 保管箱业务操作风险点及控制制度

| 序号 | 主要风险点 | 控制制度 | 岗位责任人 |
| --- | --- | --- | --- |
| 1 | 《租箱申请书》是否由客户亲自填写，且是否由客户签字确认 | 客户签字确认后，方可办理租箱手续 | 客户经理、业务主管 |
| 2 | 是否对开箱人身份进行确认 | 必须对开箱人（租用人或被授权人）身份进行严格审核，才可允许其开箱 | 客户经理、业务主管 |
| 3 | 当日开箱情况是否及时登记到《保管箱开箱登记簿》 | 开箱员必须及时将当日开箱情况登记到《保管箱开箱登记簿》上 | 开箱员、业务主管 |

续表

| 序号 | 主要风险点 | 控制制度 | 岗位责任人 |
|---|---|---|---|
| 4 | 破箱时，是否办理了公证手续，是否有公证人员公证 | 必须办理了公证手续，且一定要有公证人员在场的情况下，才能破箱 | 客户经理、业务主管 |
| 5 | 凿箱时租用人是否在场 | 租用人必须到场，才可凿箱 | 客户经理、业务主管 |

### （八）代理业务操作风险点及控制制度（见表 11-8）

表 11-8 **代理业务操作风险点及控制制度**

| 序号 | 主要风险点 | 控制制度 | 岗位责任人 |
|---|---|---|---|
| 1 | 协议书或申请书是否由客户亲自填写的，且是否由客户签字确认，或者客户提交的材料是否属实 | 有效识别法定身份证件，且必须经客户确认后，方能办理交易 | 客户经理、业务主管 |
| 2 | 经办行在向客户宣传相关产品时，是否存在误导性陈述、重大遗漏、虚假记载或预测其投资业绩等违规行为 | 产品宣传的相关资料必须真实、准确，不存在夸大或片面宣传的情形，尽可能避免法律诉讼或监管惩罚 | 客户经理、业务主管 |
| 3 | 客户经理是否在客户在相关确认文件上签字以后，才为客户办理了该笔交易 | 客户确认后，客户经理才能正式执行 | 客户经理、业务主管 |
| 4 | 是否存在客户私下给客户经理回扣，以求客户经理可在授权范围之外为自己办理相关业务 | 严禁客户经理收取客户回扣，严禁客户经理超越代理权为客户办理业务 | 客户经理、业务主管 |

# 第十二章　个人银行部——网上银行操作风险控制

## 一、网上银行的组织结构和岗责体系

### （一）网上银行组织结构（见图12-1）

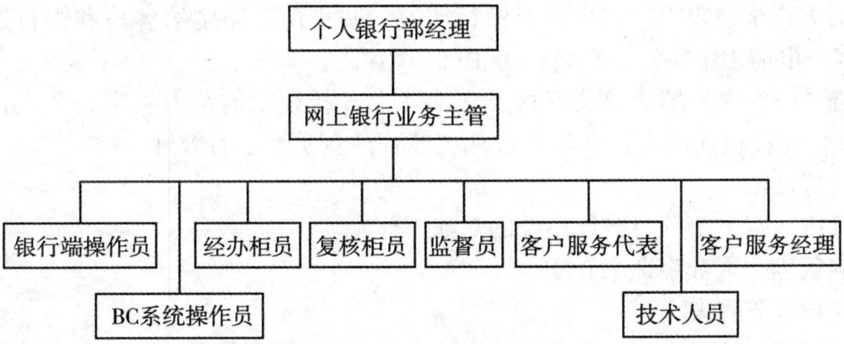


图12-1　网上银行组织结构

### （二）网上银行岗责体系

（1）银行端操作员。

a. 必须按照规定填写《个人网上银行申请表》，并做好开通服务前的业务培训等各项准备工作。

b. 负有保密义务，不得擅自对外披露客户财务状况、各分支机构情况和账户信息。

c. 分工明确，经办、复核岗位人员不得由一人兼任。

d. 密码定期更换，并妥善保管，不得随意透露或交付他人使用，防止被盗用。

e. 离开岗位必须及时签退。

f. 每天按时开机，随时处理网上银行系统中的业务，以免造成业务延误和遗漏等生产事故。同时应在完成业务处理后及时签退个人网银系统。

g. 熟悉个人网上银行业务事故应急处理方案的启动程序。

h. 按规定手工下载或打印交易指令并保证数据不被篡改。

i. 按照规定的业务操作流程操作。

j. 不为本业务垫付资金。

k. 监控大额交易。

（2）经办柜员。

a. 审核申请人身份和证件。

b. 审核客户开通电话银行业务情况。

c. 核实是否签署客户网上银行产品协议。

d. 核对个人数字证书申请人身份证件，正确录入 CA 数据，对变更或注销的证书进行有效性审核，保管客户数字证书申请资料。

（3）复核柜员。

a. 复核经办柜员提交的各种协议文本。

b. 复核并正确发放数字证书代码，提示客户正确下载数字证书信息以及其正确使用，复核 CA 数据的录入。

c. 复核客户申请材料与开通业务的一致性。

d. 核对客户申请表中的客户预留银行印鉴，防止伪造印鉴给客户和银行造成资金损失；核对客户申请表中账号、户名是否正确、相符。

e. 审查并证实客户填写申请资料及法律文件（授权书的法人签字、个人预留银行印鉴、个人公章、授权代理人签字等是否真实等）的真实性、有效性。

（4）监督员。

a. 每日进行网上银行与会计系统的对账工作。

b. 正确管理个人数字证书介质。

（5）客户服务代表。

a. 账户保密，核对申请关联的账号密码，及时处理 BC 系统内的业务，按规定进行业务对账工作。

b. 复核客户申请材料与开通业务的一致性。

c. 使用规范邮件互动与信息发布的审批制度，使用统一友好的语言、格式。

（6）客户服务经理。

a. 严格审核客户网上提交的申请资料，审核客户申请主体资格、账户性质。

b. 账户保密，复核审批关联账户，及时处理 BC 系统内的业务，账户无法关联时及时处理，按规定进行业务对账工作，建立业务监控制度。

（7）BC 系统操作员。

a. 按照 BC 管理系统操作手册执行，对外发布信息报请主管部门审批。

b. 保持操作人员的相对稳定，密码定期更换，妥善保管，账户信息的保密。

（8）技术人员。

及时处理本部门计算机相关系统故障。

（9）网上银行业务主管。

a. 监督各操作人员工作情况，建立业务监控制度。

b. 严格审核客户网上提交的申请资料，审核客户申请主体资格、账户性质。

c. 设置健全的数字证书认证中心岗位，明确岗位职责。

d. 使用规范邮件互动与信息发布的审批制度，两人以上经办。

e. 对外发布信息报请主管部门审批。

f. 恪守结算原则，不为网银资金汇划业务垫付资金。

g. 严格按照个人网银凭证补打相关规定，补打管理网银付款凭证。

h. 每日进行网上银行与会计系统的对账工作。

i. 敦促技术人员和操作人员及时解决系统故障，并在规定的时间上报。

## 二、网上银行业务流程

### （一）网银中心日常工作流程

（1）受理客户开户申请，补发证书申请，由 WEB 服务器将客户申请资料导出（磁盘），导入网银中心后台管理机临时库中。

（2）网银初审经办人员将客户资料按分行汇总，转发各成员行。

（3）网银中心收到成员行传回的签约认证过的客户申请资料，由初审，复审经办人员共同确认后，生成制作 CA 证书文本资料，发送至总行 CA 中心。

（4）收到 CA 中心制证完成通知，向客户转发邮件，通知客户下载证书（如客户 email 地址有误，转由当地分行处理），并完成加库。

（5）网银中心定期将成员行统计报表转发各成员行，各成员行在日常管理中如需要其他网上业务资料可直接与网银中心联系，由网银中心生成并转发。

### （二）成员行（支行）日常业务流程

（1）成员行收到网银中心转发的客户申请资料，通过企业网转发办理签约业务的柜台（也可以通过其他方式，由办理签约业务的柜台调用该资料）。

（2）客户到签约柜台办理签约，认证完成后，将签约资料交换或转发分行相关业务管理部门。

（3）支行网上业务管理部门将成功签约的客户资料转发网银中心。

（4）支行网上业务管理部门与网银管理中心建立日常联系，负责接收网银中心送发的业务资料与报表。

### （三）签约认证流程

（1）成员行收到网银中心转发的客户申请资料，转发各签约柜台或建立签约资料数据库，由柜台调用信息。

（2）签约柜台受理客户签约，查找调用客户申请资料，并打印二份。

（3）审核客户身份与账户是否真实并与申请资料一致。

（4）通过业务系统逐户审核签约账户的内容，并校验密码。

（5）认证通过后，请客户在申请表上签字确认。

（6）申请资料一份由签约柜台存档，另一份交当地分行网上业务管理部门存档，不交客户留存。

（7）采用集中数据，由柜台调用签约资料的分行，由经办柜台负责保管签约档案，不需上交网上银行业务管理部门。

（8）每日日终各签约柜台打印签约流水记录留存。

## 三、网上银行操作风险点及其控制制度（见表 12-1）

表 12-1 **网上银行操作风险点及控制制度**

| 序号 | 主要风险点 | 控制制度 | 岗位责任人 |
|---|---|---|---|
| 1 | 开办网银业务的管理：网银业务的政策性规定 | 应特别注意审核：（1）账户的性质；（2）开户人的身份证件（居民或非居民）；（3）客户提供资料的完整性；（4）是否审核各种协议文本；（5）审查是否开通电话银行 | 经办柜员、复核柜员 |
| 2 | 个人数字证书管理：（1）是否核对个人数字证书申请人身份证件，是否正确录入 CA 数据，是否对变更或注销的证书进行有效性审核，是否保管好客户数字证书申请资料。<br>（2）是否复核并正确发放数字证书代码，是否提示客户正确下载数字证书信息以及其正确使用，是否复核 CA 数据的录入。<br>（3）是否正确管理个人数字证书介质 | （1）核对个人数字证书申请人身份证件，正确录入 CA 数据，对变更或注销的证书进行有效性审核，是否保管好客户数字证书申请资料。<br>（2）复核并正确发放数字证书代码，提示客户正确下载数字证书信息以及其正确使用，复核 CA 数据的录入。<br>（3）正确管理个人数字证书介质 | 经办柜员、复核柜员、监督员 |
| 3 | 账户关联：（1）是否尽到保密义务，是否及时处理 BC 系统内的业务。<br>（2）是否核对申请关联的账号密码。<br>（3）复核审批关联账户是否进行必要的核对。<br>（4）是否监督各操作人员工作情况。<br>（5）人员是否保持相对稳定。<br>（6）密码是否定期更换，妥善保管。<br>（7）是否及时处理 BC 系统内的业务。<br>（8）账户无法关联时处理工作是否及时正确。<br>（9）是否按规定进行业务对账工作。<br>（10）是否擅自注销客户已经关联的账户。<br>（11）是否建立业务监控制度。<br>（12）是否不当使用，泄露客户账户信息 | （1）尽到保密义务，及时处理 BC 系统内的业务。<br>（2）核对申请关联的账号密码。<br>（3）复核审批关联账户，有必要的要进行核对。<br>（4）监督各操作人员工作情况。<br>（5）保持人员相对稳定。<br>（6）密码定期更换，妥善保管。<br>（7）及时处理 BC 系统内的业务。<br>（8）账户无法关联时处理工作要及时正确。<br>（9）按规定进行业务对账工作。<br>（10）不得擅自注销客户已经关联的账户。<br>（11）建立业务监控制度。<br>（12）不得不当使用，泄露客户账户信息 | 客户服务代表、客户服务经理、网银业务主管、BC 系统操作员 |

续表

| 序号 | 主要风险点 | 控制制度 | 岗位责任人 |
|---|---|---|---|
| 4 | 转账与缴费支付：<br>（1）是否审核客户身份与资料的真实性。<br>（2）是否复核客户申请材料与开通业务的一致性。<br>（3）是否及时更新相关产品的系统设置 | （1）审核客户身份与资料的真实性。<br>（2）复核客户申请材料与开通业务的一致性。<br>（3）及时更新相关产品的系统设置 | 经办柜员、复核柜员、客户服务代表、技术人员 |
| 5 | 邮件互动与信息发布：<br>（1）邮件互动与信息发布是否实行二级审批制度；使用的语言、格式是否统一友好。<br>（2）是否按照BC管理系统操作手册执行；对外发布信息是否报请主管部门审批。<br>（3）是否两人以上经办 | （1）邮件互动与信息发布实行二级审批制度；使用的语言、格式确保统一友好。<br>（2）按照BC管理系统操作手册执行。<br>（3）是否两人以上经办。<br>（4）邮件互动与信息发布是否实行二级审批制度。<br>（5）对外发布信息是否报请主管部门审批 | 客户服务代表、客户服务经理、BC系统操作员、网银业务主管 |
| 6 | 银行端操作风险：<br>（1）银行端是否按相关规定批准设立，是否按照规定填写相关申请表格。<br>（2）是否保守商业秘密岗位职责是否分工明确，经办、复核岗位是否由一人兼任。<br>（3）银行端操作人员的变动是否做好交接工作。<br>（4）银行端操作人员的密码是否定期更换。银行端操作人员中途离开岗位是否及时签退。<br>（5）是否按时开机，业务是否及时处理。<br>（6）是否熟悉企业网上银行事故应急处理方案的启动程序 | （1）银行端按相关规定批准设立，按照规定填写相关申请表格。<br>（2）保守商业秘密，岗位职责分工明确，经办、复核岗位由两人以上兼任。<br>（3）银行端操作人员变动时要做好交接工作。<br>（4）银行端操作人员的密码要定期更换。银行端操作人员中途离开岗位要及时签退。<br>（5）按时开机，业务要及时处理。<br>（6）熟悉企业网上银行事故应急处理方案的启动程序 | 银行端操作员、监督员、技术人员、网银业务主管 |

# 第十三章　国际业务部操作风险控制

## 一、国际业务部组织结构与岗位职责

### （一）国际业务部组织结构（见图13-1）

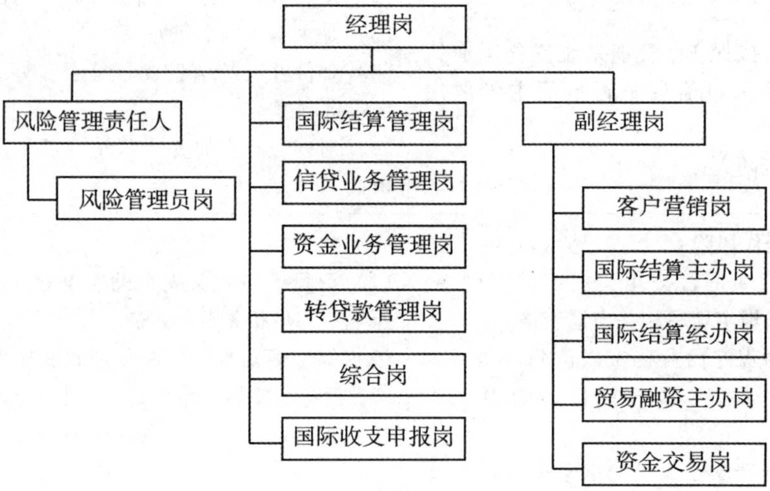


图13-1　国际业务部组织结构

### （二）国际业务部岗位职责

1. 经理岗

（1）负责全行国际业务工作计划的制订、分解下达，并负责推进各网点和本部门经营目标的实现。

（2）负责全行国际结算、外汇信贷、对公外汇资金交易、福费廷和国际保理业务的指导、检查和督促工作。

（3）负责国际业务的市场调研、市场细分，制定和组织实施本部发展战略、客户战略、产品组合营销策略，发展优质客户，提高市场份额。

（4）负责组织信贷业务的贷前、贷中、贷后管理工作。

（5）负责重点客户综合营销方案设计的标准化、规范化管理，确保对重点客户提供优质服务。

（6）负责国际业务风险控制，使各项业务制度化、标准化、规范化。

（7）负责组织国际业务新知识、新产品的培训工作。

（8）负责协调和理顺与各相关部门的工作关系。

2. 副经理岗

（1）负责组织落实分管业务的日常工作，保证工作正常开展。

（2）协助经理做好本部承担的全行外汇业务管理工作，对各网点的业务进行具体指导。

（3）协助经理做好国际业务的市场营销工作，开拓业务市场。

（4）负责参与所分管重大项目和直接营销客户的信用等级评定和信用额度申报的审核工作。

（5）负责承担信用类客户经营主责任人的工作。

（6）负责贸易融资、福费廷、国际保理、资金交易业务和较大金额的国际结算业务的复审工作。

（7）负责国外银行备用信用证担保我行发放人民币贷款有关信用证条款的审定，有效控制业务风险。

3. 风险管理责任人

（1）识别本部门和本系统的风险，制定并完善相关的风险内控制度。

（2）对本部门和本系统的风险和内控管理进行指导、检查，监督各岗位风险内控职责的落实情况。

（3）监测分析本部门和本系统面临的主要风险，收集、整理各类风险监测的指标数据，对本部门和本系统风险内控管理工作定期进行评价。

（4）撰写本部门和本系统的内控评价报告和风险监测报告，向本部门负责人和风控办报告风险监测状况。

4. 国际结算管理岗

（1）拟定支行国际结算业务相关规章制度，负责国际结算业务风险控制，使之制度化、规范化。

（2）负责本部门和各网点国际结算操作流程的指导，提供国际结算业务的专业技术和规章制度咨询和服务。

（3）负责授权范围规定金额的国际结算、福费廷业务的复审工作。

（4）负责受益人在境外的外汇保函的开立复核工作。

（5）负责全行国际结算业务培训方案的制订和课程安排。

（6）负责国际结算业务台账的管理和数据的统计分析工作。

5. 信贷业务管理岗

（1）负责按照分行相关要求建立健全贸易融资和外汇担保、转贷款等信贷业务的风险内控制度并组织实施。

（2）负责本部门和各网点外汇信贷工作的具体指导、检查和监督。

（3）负责进行贸易融资和外汇担保产品、转贷款等业务的营销管理工作。

（4）负责收集、整理、分析贸易融资、外汇担保业务产品和市场的相关信息，提供正确决策依据。

（5）负责贸易融资、外汇担保等上报审批项目的初审工作。

（6）根据工作需要，列席贸易融资和外汇担保项目审批会议。

（7）负责外汇信贷业务台账的管理和数据的统计分析。

6. 资金业务管理岗

（1）负责全行和本部外汇资金业务的推广和业务指导工作。

（2）负责资金业务的客户营销工作，负责向客户提供理财和资金的风险管理方案。

（3）负责外汇市场信息的收集和分析，及时向客户提供市场操作的参考意见。

（4）负责全行资金业务、外汇风险管理业务对外日常资讯的整理、发布工作。

（5）负责远期结售汇、外汇买卖等资金业务台账的管理和数据的统计分析工作。

（6）负责资金业务培训方案的制订和课程安排。

7. 转贷款管理岗

（1）负责本部或各网点境外筹资转贷款的营销和管理工作。

（2）负责境外筹资转贷款的对外提款、还款的通知、单据传递、款项收付、与外管局的协调等各项工作。

（3）负责境外筹资转贷款日常对外业务联系，及时了解业务信息。

（4）负责境外筹资转贷款台账的登记工作。

（5）负责境外筹资转贷款档案的收集和整理工作。

8. 综合岗

（1）负责部门报表编制、数据分析及文字综合工作。

（2）承办文件日常收发、登记、保管、传递工作，控制和监督文件的传阅、查询、流转过程，保证本部文件管理规范、有序。

（3）负责汇票、核销单、信用证下提单等重要空白凭证的保管，确保重要凭证安全。

（4）负责本部门传真、电子邮件、信件的日常收发处理，为本部门业务工作提供保障。

（5）承办文件年度立卷、归档工作，使文件查询迅速、快捷。

（6）汇集、分类、登记、保管本部门各项规章制度、业务调研报告、会议资料、业务书籍资料、期刊等。

（7）建立电子业务台账，及时输入电子数据。

（8）负责部门网站的建设和维护工作。

9. 国际收支申报岗

（1）负责国际收支申报的日常工作，保证合规、准确和及时。

（2）负责出口收汇核销联单据的审核、盖章、登记及保管工作，并办理相关核销手续。

（3）负责在海关核查系统上对贸易项下的逐笔付汇业务进行核实。

（4）负责每日 SWIFT 报文和电传报文的接收、编号和定期归档；保证报文资料齐全，查询方便。

（5）负责与外汇管理局各相关部门进行业务联系。

10. 客户营销岗

（1）负责本部门客户的直接营销，巩固和开拓客户资源。

（2）负责协助各网点对重点客户进行直接营销。

（3）负责本部门客户的销售、结算和信息服务网络的牵头组建以及日常维护工作。

（4）针对客户需求，为客户提供最优国际业务服务方案。

（5）收集市场发展变化和客户实际业务变化情况并及时反馈信息，上报并推行新的业务品种。

11. 国际结算主办岗

（1）负责对国际结算经办岗办理的每笔结算业务进行复核。

（2）负责所有结算业务国、内外来电的查询、回复。

（3）负责国际结算台账和结算报表数据的复核工作。

（4）负责整理结算业务的相关资料，并按时归档。

（5）负责客户结算信息的收集和上报。

12. 国际结算经办岗

（1）负责本部客户所有国际结算业务的登记、通知、付款、承兑、拒付、修改、制单、审单等全套具体操作工作。

（2）负责国际结算业务电文、报文的处理，确保业务工作的时效性。

（3）负责进口开立信用证手续的初审，确认客户的资金落实情况。

（4）负责国内外来电查询及回复。

（5）负责纸制结算台账的登记工作和报表数据的提供工作。

（6）负责核对外汇会计账务，按时传送会计传票。

13. 贸易融资主办岗

（1）负责进行本部门信贷项目、客户的信用等级评定和授信申报等材料的组织和撰写工作。

（2）负责进口开证、出口议付贷款、出口托收贷款、福费廷、保函等贸易融资品种和其他信贷品种的具体操作。

（3）负责落实上报信贷业务的审批条件和担保抵押措施。

（4）负责将信用证和贸易融资贷款到期日等重要信息提前通知客户营销人员。

（5）负责贷款台账的登记工作和 CMIS 系统的录入工作。

（6）负责部门信贷客户的基础资料和审批资料的整理归档。

14. 资金交易岗

（1）负责本部门代客外汇资金业务和远期结售汇业务的受理、签约、电话交易、交割、资金清算、扣收账款等全部经办工作。

（2）负责外汇资金和远期结售汇台账的登记工作，并及时和会计数据核对。

（3）负责整理资金业务资料并及时归档。

（4）按日公布外汇牌价、远期结售汇牌价，并完成部门之间的传递。

15. 风险管理员岗

（1）对本部门的风险和内控管理进行检查，监督各岗位风险内控职责的落实情况并对场所人员进行培训。

（2）撰写本部门的内控评价报告和风险监测报告，向本部门负责人和风险管理责任人报告风险监测情况。

## 二、国际业务部业务流程

### （一）国际业务流程的基本含义及特点

所谓国际业务流程从广义上讲是指商业银行对其所有涉及外币或外国客户的金融产品全部生产过程所进行的结构设计、产品在操作过程中的全部线路和环节，包括银行在国外的业务活动和银行在国内从事的所有有关的国际业务。

与国内业务相比，由于国际业务经营环境的复杂性，国际业务流程比国内业务流程更复杂，面临的操作风险也更大。因此，控制国际业务的操作风险是商业银行控制银行操作风险的重要内容之一。

### （二）国际业务部业务流程的基本分类

一般商业银行的国际业务从业务流程上看可以分为四类，分别为国际结算、国际贸易融资、结售汇及外汇买卖和国际融资转贷款。我们将银行现有的国际业务产品分类如下：

1. 国际结算

产品品种：进口信用证、出口信用证、出口托收、进口代收、外汇汇款、代理外资金融机构签发银行汇票等。

2. 国际贸易融资

产品品种：国际保理、福费廷、进出口贸易融资、出口信贷、外资金融机构、票据转贴现、外资金融机构人民币借款、飞机融资、备用信用证担保贷款、出口议付、信用证打包放款等。

3. 结售汇及外汇买卖

产品品种：即期结售汇、远期结售汇等。代客户外汇买卖、代客户外汇债券买卖、代客户外汇资金管理、代客户外汇债务风险管理、远期汇率合约、远期利率合约、利率调期、货币利率调期、调期期权、利率期权、外汇期权、外汇兑换等。

4. 国际融资转贷款

产品品种：境外筹资转贷款、出口信贷转贷款、外国政府贷款转贷款、国际商业贷款转贷款、境外发债转贷款。

## 三、国际业务部操作风险点及其控制制度

### （一）国际结算

1. 进口信用证

主要风险：保证金被挪用；开立无贸易背景信用证；业务处理违反国际惯例。

内控政策：遵循单证、单单一致审单原则，规避资金风险。

流程关键控制点：对分支行提交文件合规性审查；对信用证及单据条款审核。

进口信用证业务流程图、风险点、风险控制措施及岗责要点：

①信用证开立/修改→②信用证单据处理→③信用证承兑交单/拒付拒承→④信用证付款→⑤信用证撤销。

①信用证开立/修改。

客户申请，提交附件并缴存保证金→材料及要件审查→审批及修改。

表 13-1　　信用证开立/修改业务操作风险点及控制制度

| 序号 | 主要风险点 | 控制制度 | 岗位责任人 |
|---|---|---|---|
| 1 | 客户未存足保证金或存入后转出 | 会计记账后，复印入账，凭证提交。<br>凭承办国际业务部门联系单才能转出保证金 | 经办行会计部门 |
| 2 | 客户不具备开证资格，受理文件不完整 | 文件合规性初审 | 经办行承办国际业务部门及主管总经理 |
| 3 | 信用证条款不合规 | 经办、复核双人审核 | 省行国际贸易融资组 |

②信用证单据处理。

收单→审单→单据通知→放单。

表 13-2　　信用证单据处理业务操作风险点及控制制度

| 序号 | 主要风险点 | 控制制度 | 岗位责任人 |
|---|---|---|---|
| 1 | 单据审核未发现存在的不符点 | 经办、复核双人审核 | 省行国际部国际结算组 |
| 2 | 丢失单据或未及时通知客户 | 专人负责 | 二级行国际业务部门 |
| 3 | 在客户未做付款或承兑的情况下放单 | 在客户未存足保证金的情况下，原则上由承办国际业务部门经理及经办双人签字放单 | 分支行国际业务部门 |

③信用证承兑交单/拒付拒承。

客户承兑→对外承兑→收费归档。

客户拒付/拒承兑→对外拒付→退单。

表 13-3 **信用证承兑交单/拒付拒承业务操作风险点及控制制度**

| 序号 | 主要风险点 | 控制制度 | 岗位责任人 |
|---|---|---|---|
| 1 | 未在七个工作日内拒付 | 专人负责 | 二级分、支行国际业务部 |
| 2 | 信封收件名称、地址错误 | 经办、复核双人审核 | 省行国际部、二级分支行国际业务部门 |
| 3 | 快递公司未签字即取单，一旦单据丢失，无法界定责任 | 专人负责登记，快递公司签字后方可取单 | 省行国际部，二级分行国际业务部门 |

④信用证付款。

付款→核销。

表 13-4 **信用证付款业务操作风险点及控制制度**

| 序号 | 主要风险点 | 控制制度 | 岗位责任人 |
|---|---|---|---|
| 1 | 客户资金未入账，分支行承办国际业务部门做付款提示 | 二级行会计部门联系单、支行的售付汇联系单作为付款的必需文件之一 | 省行国际部、二级行国际业务部门 |
| 2 | 国际结算人员在国际结算系统与外汇会计的接口断开的情况下付款，未做补记账提示 | 国际结算经办、复核、部门经理三人审核，逐笔登记 | 省行国际部、二级分支行国际业务部门 |

⑤信用证撤销。

客户申请→对外申请→开证行撤证→会计核算。

表 13-5 **信用证撤销业务操作风险点及控制制度**

| 序号 | 主要风险点 | 控制制度 | 岗位责任人 |
|---|---|---|---|
| 1 | 经办行会计人员在没有收到国外银行同意撤证确认的情况下为客户转出保证金 | 凭国际结算部门联系单，在附有国外同意撤证电文或符合总行有关规定的情况下操作 | 分支行会计部门 |

2. 出口信用证

主要风险：审核出口信用证真实性失误；未审核出单据存在的不符点。

内控政策：遵照外汇管理局出口申报政策规避政策风险，遵循单证、单单一致审单原则，规避资金风险。

流程关键控制点：省行国际部综合组对电传开来的出口信用证核押、信开的出口信用证审核签字；省行国际部/二级行国际结算部门出口审单。

出口信用证业务流程图、风险点、风险控制流程及岗责要点：

①信用证通知/修改通知→②信用证审单→③信用证收汇。

①信用证通知/修改通知。

接收信用证→审证→通知信用证。

表 13-6　**信用证通知/修改通知业务操作风险点及控制制度**

| 序号 | 主要风险点 | 控制制度 | 岗位责任人 |
| --- | --- | --- | --- |
| 1 | 收到报文交接失误 | 电信人员专人负责收报及交接登记 | 省行国际部综合组 |
| 2 | 未审核出不清晰或对我方不利的条款 | 经办、复核双人审核 | 省行国际部/二级行国际结算部门 |
| 3 | 核押错误 | 经办、复核双人审核 | 省行国际部综合组 |

②信用证审单。

客户交单→审单→寄单→索汇。

表 13-7　**信用证审单业务操作风险点及控制制度**

| 序号 | 主要风险点 | 控制制度 | 岗位责任人 |
| --- | --- | --- | --- |
| 1 | 未审核出单据存在的不符点 | 经办、复核双人审核 | 省行国际部国际结算组/二级行国际结算部门 |
| 2 | 寄单信封收件地址错误 | 经办、复核双人审核 | 省行国际部国际结算组/二级行国际结算部门 |

③信用证收汇。

收汇→申报。

表 13-8　**信用证收汇业务操作风险点及控制制度**

| 序号 | 主要风险点 | 控制制度 | 岗位责任人 |
| --- | --- | --- | --- |
| 1 | 收汇后未及时入账 | 每日日终核对会计账务 | 省行国际部会计清算组 |
| 2 | 核押错误 | 经办、复核双人审核 | 二级分行密押员岗 |

3. 进口代收

主要风险：未审核出面函所示的单据种类和份数与实际不相符；经办行在客户未做付款或承兑的情况下放单。

内控政策：遵循单单一致审单原则，规避资金风险。

流程关键控制点：省分行国际部国际结算组依据国外银行面函审核托收单据种类、份数。

进口代收业务流程图、风险点、风险控制流程及岗责要点：

①进口代收单据处理→②进口代收付款。

①进口代收单据处理。

收单→通知单据→放单。

表 13-9　　**进口代收单据处理业务操作风险点及控制制度**

| 序号 | 主要风险点 | 控制制度 | 岗位责任人 |
|---|---|---|---|
| 1 | 面函所示的单据种类和份数与实际不相符，导致资金损失 | 经办、复核双人审核 | 省分行国际部国际结算组经办、复核、授权岗 |
| 2 | 二级分、支行在客户未做付款或承兑的情况下放单，导致资金损失 | 专人负责在客户付款或承兑后放单 | 二级分、支行承办国际业务部门经办、复核、授权岗 |

②进口代收付款。

付款→核销。

表 13-10　　**进口代收付款业务操作风险点及控制制度**

| 序号 | 主要风险点 | 控制制度 | 岗位责任人 |
|---|---|---|---|
| 1 | 客户资金未入账，分支行承办国际业务部门做付款提示 | 二级行会计部门联系单、支行的售付汇联系单作为付款的必需文件之一 | 省行国际部、二级行国际业务部门 |
| 2 | 国际结算人员在国际结算系统与外汇会计的接口断开的情况下付款，未做补记账提示 | 国际结算经办、复核、部门经理三人审核，逐笔登记 | 省行国际部、二级分支行国际业务部门 |

4. 出口托收

主要风险：出口单据种类、份数与客户提交的出口委托书不符；业务处理违反国际惯例。

内控政策：遵循单单一致审单原则，规避收汇风险。

流程关键控制点：省行国际部国际结算组/二级行国际结算的出口单据种类、份数审核。

出口托收业务流程图、风险点、风险控制流程及岗责要点：

①出口跟单/光票托收寄单→②出口信用证/出口托收收汇。

①出口跟单/光票托收寄单。

客户申请→审核→寄单。

表 13-11　　出口跟单/光票托收寄单业务操作风险点及控制制度

| 序号 | 主要风险点 | 控制制度 | 岗位责任人 |
|---|---|---|---|
| 1 | 未审核出单据、票据种类与份数与客户提交的出口托收委托书/出口光票委托书不符 | 经办、复核双人审核 | 省行国际部国际结算组、二级行国际结算部门 |
| 2 | 寄单信封收件地址错误 | 经办、复核双人审核 | 省行国际部国际结算组、二级行国际结算部门 |
| 3 | 快递公司未签字，一旦单据丢失，无法界定责任 | 专人登记并交付快递公司签收 | 省行国际部国际结算组、二级行国际结算部门 |

②出口信用证/出口托收收汇。

收汇→核销。

表 13-12　　出口信用证/出口托收收汇业务操作风险点及控制制度

| 序号 | 主要风险点 | 控制制度 | 岗位责任人 |
|---|---|---|---|
| 1 | 收汇后未及时入账 | 每日日终核对会计账务 | 省行国际部会计清算组 |
| 2 | 核押错误 | 经办、复核双人审核 | 二级分行密押员岗 |

5. 外汇汇款

主要风险：汇出款分支行审核客户付款申请及附属文件错误；汇出款付款指令不标准、内容不明确；汇入款在汇款指令内容不详的情况下解付。

内控政策：遵循汇款的用途合理、资金先收后付原则，规避政策、资金风险。

流程关键控制点：汇出款分支行审核客户付款申请及附属文件，汇出款分支行、省行国际部付款指令格式、内容，汇入款分支行通过省行对账单对账，汇入款在汇款指令内容不详的情况下查询、解付。

外汇汇款业务流程图、风险点、风险控制流程及岗责要点：

审核相关文件→汇款头寸落实→汇出。

表 13-13 **外汇汇出汇款业务操作风险点及控制制度**

| 序号 | 主要风险点 | 控制制度 | 岗位责任人 |
|---|---|---|---|
| 1 | 未审核出申请书要素不完整或栏位填写错误 | 经办、复核双人审核 | 分支行外汇会计 |
| 2 | 汇出款付款指令不标准、内容不明确 | 经办、复核、有效授权人员分别审核 | 分支行外汇清算、省行国际部国际结算组 |
| 3 | 未做收报登记 | 专人负责收报登记 | 省行国际部综合管理部电信员岗 |

外汇汇入汇款流程：

收汇→申报。

表 13-14 **外汇汇入汇款业务操作风险点及控制制度**

| 序号 | 主要风险点 | 控制制度 | 岗位责任人 |
|---|---|---|---|
| 1 | 未做收报登记 | 电信人员专人负责收报登记 | 省行国际部综合管理部电信岗 |
| 2 | 汇入款在汇款指令内容不详的情况下解付 | 经办复核双人负责 | 省行国际部会计结算部 |

### （二）国际贸易融资

1. 备用信用证/保函担保贷款

主要风险：客户不具备资格；格式文本不合规或对我方不利；申请金融机构信贷额度错误。

内控政策：在总行统一管理的代理行额度内，按照低风险业务审批，依据国际惯例操作。

流程关键控制点：分支行公司部的客户资格审核，省行国际部国际结算组的格式文本确认，省行国际部国际结算组的代理行额度申请。

备用信用证/保函担保贷款业务流程图、风险点、风险控制流程及岗责要点：

客户申请→额度申请→收证审查→审批放贷→到期处理。

表 13-15　　备用信用证/保函担保贷款业务操作风险点及控制制度

| 序号 | 主要风险点 | 控制制度 | 岗位责任人 |
| --- | --- | --- | --- |
| 1 | 申请人资格审查错误，导致政策风险 | 经办、复核、部门经理三人审核 | 分支行公司部 |
| 2 | 文本不符合相关规定或对我方不利，导致资金风险 | 经办、复核双人审核 | 二级行国际结算、省行国际部国际结算部 |
| 3 | 代理行额度申请错误，导致资金风险 | 经办、复核双人审核 | 省行国际部国际结算部 |

2. 进出口贸易融资

主要风险：错误出具审单、审证意见。

内控政策：遵循外管政策和贷款程序规避资金风险。

流程关键控制点：二级行国际结算/省行国际部国际结算部出具审单、审证意见。

信托收据贷款业务流程图、风险点、风险控制流程及岗责要点：

客户申请→审核审批→发放贷款→贷后管理。

表 13-16　　信托收据贷款业务操作风险点及控制制度

| 序号 | 主要风险点 | 控制制度 | 岗位责任人 |
| --- | --- | --- | --- |
| 1 | 出具审单意见错误 | 经办、复核双人审核 | 二级行国际业务部门、省行国际部国际结算组 |

打包贷款业务流程图、风险点、风险控制流程及岗责要点：

客户申请→审批发放→收汇→不良处理。

表 13-17　　打包贷款业务操作风险点及控制制度

| 序号 | 主要风险点 | 控制制度 | 岗位责任人 |
| --- | --- | --- | --- |
| 1 | 出具审证意见错误 | 经办、复核双人审核 | 二级行国际业务部门、省行国际部国际结算组 |

出口议付业务流程图、风险点、风险控制流程及岗责要点：

客户申请→审批发放贷款→收汇→不良贷款处理。

表 13-18　　出口议付业务操作风险点及控制制度

| 序号 | 主要风险点 | 控制制度 | 岗位责任人 |
| --- | --- | --- | --- |
| 1 | 出具审单意见错误 | 经办、复核双人审核 | 二级行国际业务部门、省行国际部国际结算组 |

远期信用证汇票贴现及应收款买入业务流程图、风险点、风险控制流程及岗责要点：
客户申请→审批发放→收汇→不良处理。

表 13-19 **远期信用证汇票贴现业务操作风险点及控制制度**

| 序号 | 主要风险点 | 控制制度 | 岗位责任人 |
|---|---|---|---|
| 1 | 申请金融机构结算类额度错误 | 经办、复核双人审核 | 二级行国际业务部门、省行国际部国际结算组 |

出口托收业务流程图、风险点、风险控制流程及岗责要点：
审核相应单据→寄单索汇→催收、查询→收妥解付。

表 13-20 **出口托收业务操作风险点及控制制度**

| 序号 | 主要风险点 | 控制制度 | 岗位责任人 |
|---|---|---|---|
| 1 | 托收提单非全套物权凭证 | 经办、复核双人审核 | 二级行国际业务部门、省行国际部国际结算组 |

### （三）结售汇及外汇买卖

结售汇及外汇买卖
主要风险：违反外汇管理规定办理结售汇。
内控政策：合规性、谨慎性。
流程关键控制点：经办行依据国家外汇管理规定审核客户提交的文件。
结售汇/外汇买卖业务流程图、风险点、风险控制流程及岗责要点：
受理→交易及平盘→交割。

表 13-21 **结售汇/外汇买卖业务操作风险点及控制制度**

| 序号 | 主要风险点 | 控制制度 | 岗位责任人 |
|---|---|---|---|
| 1 | 未审核出客户提交文件的错误 | 经办、复核双人审核 | 分、支行国际业务部门 |
| 2 | 报价错误 | 经办、复核双人审核 | 分、支行国际业务部门 |

### （四）国际融资转贷款

1. 境外筹资转贷款

主要风险：筹资人提供虚假材料；筹资人未能按期偿还贷款本息。

内控政策：在总行统一指导下，做好信息传递，规避资金风险。

流程关键控制点：贷款受理初审、信贷审批、贷后管理。

境外筹资转贷款业务流程图、风险点、风险控制流程及岗责要点：

受理→信贷审批→签订协议→执行协议。

表 13-22 **境外筹资转贷款业务操作风险点及控制制度**

| 序号 | 主要风险点 | 控制制度 | 岗位责任人 |
| --- | --- | --- | --- |
| 1 | 境外筹资协议条款不能有效保护我行利益或违反我国法律的有关规定 | 总行资金部、总行国际业务部、法规部分别负责业务和法律条款的谈判 | 总行资金部、总行国际业务部国际融资岗、法规部 |
| 2 | 未按规定将境外筹资主要条件报外管局审批 | 总行资金部、总行/分行国际业务部在签约前将境外筹资主要条件报外管局审批 | 总行资金部、总行、分行国际业务部国际融资岗 |
| 3 | 转贷款协议的有关条款与境外筹资协议不一致 | 总行国际业务部、资金部对有关条款进行核对 | 总行国际业务部、资金部 |
| 4 | 转贷款协议条款不能有效保护我行的利益或违反我国法律的有关规定 | 总行国际业务部、资金部对有关条款进行核对 | 总行国际业务部国际融资岗、法规部、经办行 |
| 5 | 授权签署协议人员的授权手续不符合行内授权规定 | 总行资金部、总行国际业务部按行内授权的规定办理授权手续 | 总行资金部、总行国际业务部国际融资岗 |
| 6 | 未按境外筹资协议的规定和转贷款筹资人的提款通知提款，造成提款不成或延迟提款，影响转贷款筹资人的用款 | 熟悉境外筹资协议有关规定，认真审核筹资人提款通知 | 分行国际业务部国际融资后台执行岗 |
| 7 | 提款单据遗失 | 由专人保管、传递单据 | 分行国际业务部国际融资后台执行岗 |
| 8 | 未及时对外还本付息、付费，或支付金额错误，情况严重的造成我行违约 | 按照境外筹资协议的规定，认真核对贷款行的还本付息、付费通知，落实支付资金，按期对外支付 | 分行国际业务部国际融资后台执行岗 |

续表

| 序号 | 主要风险点 | 控制制度 | 岗位责任人 |
|---|---|---|---|
| 9 | 户未办理转贷款登记 | 将转贷款登记作为提款的先决条件 | 经办行客户经理 |
| 10 | 客户未按照转贷协议规定还本、付息、付费 | 关注客户的经营、资金情况，控制客户的资金 | 经办行客户经理 |

## 四、国际业务部业务流程内控方案及风险点、风险控制操作设计

### （一）国际结算

客户申请→审核审批→国际结算。

表 13-23　**国际结算业务操作风险点及控制制度**

| 序号 | 主要风险点 | 控制环节 | 控制制度 | 岗位责任人 |
|---|---|---|---|---|
| 1 | 客户提交的单据不合委托，审核信用证真实性、不符性失误，保证金被挪用 | 审核审批 | 严格按规章制度审核 | 国际业务部国际结算岗 |
| 2 | 业务处理违反国际惯例 | 国际结算 | 严格按规章制度审核 | 国际业务部国际结算岗 |

### （二）国际贸易融资

客户申请→审核审批→发放贷款→贷后管理。

表 13-24　**国际贸易融资业务操作风险点及控制制度**

| 序号 | 主要风险点 | 控制环节 | 控制制度 | 岗位责任人 |
|---|---|---|---|---|
| 1 | 文本不符合相关规定，代理行额度申请错误，导致资金风险 | 客户申请 | 经办、复核双人审核 | 国际业务部资金岗、融资岗 |
| 2 | 错误出具审单、审证意见 | 审核审批 | 严格按规定审单、审证。经办、复核双人审核 | 国际业务部资金岗、融资岗 |
| 3 | 托收提单非全套物权凭证 | 发放贷款 | 经办、复核双人审核 | 国际业务部资金岗、融资岗 |

### （三）结售汇及外汇买卖

受理→交易及平盘→交割。

表 13-25　　结售汇及外汇买卖业务操作风险点及控制制度

| 序号 | 主要风险点 | 控制环节 | 控制制度 | 岗位责任人 |
| --- | --- | --- | --- | --- |
| 1 | 违反外汇管理规定办理结售汇 | 受理，交易 | 严格按规定办理。<br>经办、复核双人审核 | 国际业务部资金岗、融资岗、信贷岗 |
| 2 | 报价错误 | 交易及平盘 | 经办、复核双人审核 | 国际业务部资金岗、融资岗、信贷岗，客户经理 |

### （四）国际融资转贷款

受理→信贷审批→签订协议→执行协议。

表 13-26　　国际融资转贷款业务操作风险点及控制制度

| 序号 | 主要风险点 | 控制环节 | 控制制度 | 岗位责任人 |
| --- | --- | --- | --- | --- |
| 1 | 筹资人提供虚假材料 | 信贷审批 | 严格按规章、文件审批。<br>经办、复核双人审核 | 国际业务部资金岗、融资岗、信贷岗、转贷款岗 |
| 2 | 筹资人未按期偿还贷款本息，甚至造成银行违约 | 执行协议 | 关注客户的经营、资金情况，控制客户的资金 | 经办行客户经理 |

# 第十四章　房地产金融业务部操作风险的控制

## 一、岗位职责与组织结构

房地产金融业务部业务分类：

（1）个人住房贷款业务（包括住房公积金贷款）。

（2）对房地产开发企业和建筑施工企业授信业务。

### （一）房地产金融业务部组织岗位图（见图14-1）

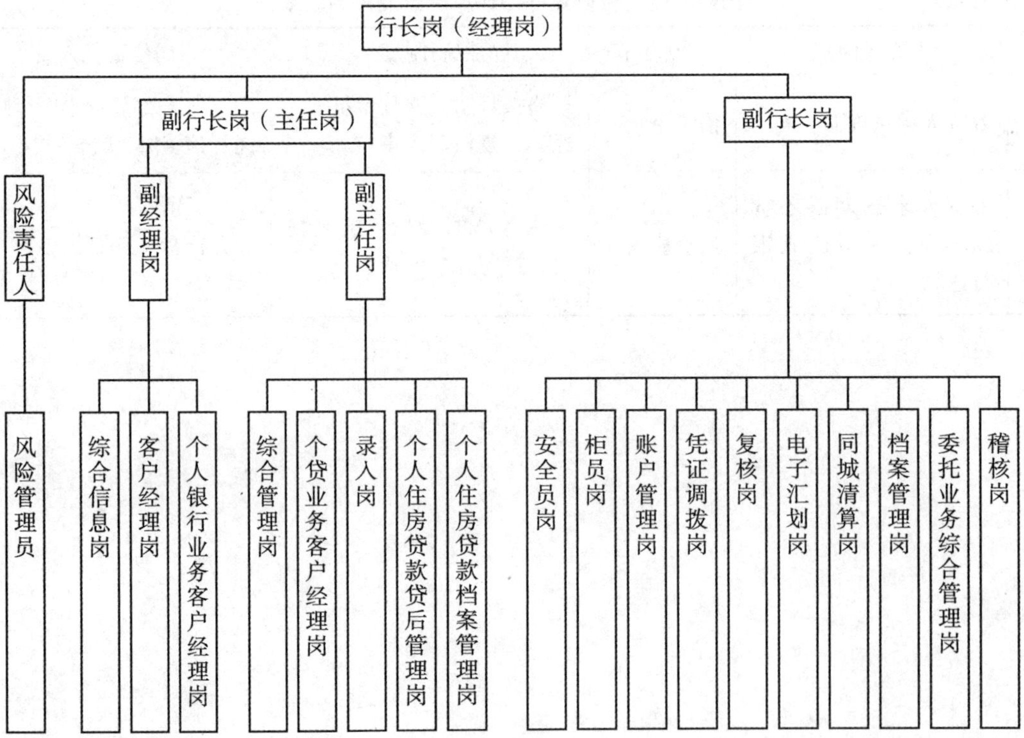


图14-1　房地产金融业务部组织构架

## （二）房地产金融业务部岗位职责与权限（见表 14-1）

表 14-1　　房地产金融业务部岗位职责与权限

| 岗　位 | 岗位职责与权限 |
| --- | --- |
| 行长（经理岗） | （1）负责主持某支行全面工作。<br>（2）贯彻上级行的经营战略，执行上级行的各项规章制度。<br>（3）负责制定某支行发展规划和工作目标，并组织实施。<br>（4）全面落实某支行改革、发展和管理任务，负责某支行综合经营计划的完成。<br>（5）加强领导班子团结，合理分工，协调配合，调动全员工作积极性，促进某支行业务发展和管理规范。<br>（6）建立健全某支行各项管理制度，负责对员工的管理、考核和岗位调整，保障某支行工作的正常运行。<br>（7）负责协调支行与行内外的各种关系，建立畅通的信息沟通渠道。<br>（8）负责支行督办事项的检查落实。<br>（9）完成行领导交办的临时性工作任务，并达到工作任务要求 |
| 风险责任人 | （1）识别本部门的风险，制定并完善相关的风险内控制度。<br>（2）对本部门的风险和内控管理进行指导、检查，监督各岗位风险内控职责的落实情况。<br>（3）监测分析本部门面临的主要风险，收集、整理各类风险监测的指标数据，对本部门和本系统风险内控管理工作定期进行评价。<br>（4）撰写本部门的内控评价报告和风险监测报告，向本行风控办报告风险监测状况。<br>（5）负责某支行资产质量的提高，并对本部门高风险业务操作进行监控 |
| 副行长（主任岗） | （1）分管个人住房金融中心，负责个人住房金融中心的全面工作：<br>①负责确定中心岗位设置，合理安排人员，建立健全中心的各项规章制度，完善管理制度和激励约束机制，促进业务发展和管理规范。<br>②负责个人住房金融中心的全面工作，负责组织实施中心个人住房贷款经营计划的完成，包括计划的下达、分解与落实，并对计划执行的情况进行检查、分析和考核。<br>③负责中心的工作安排、日常管理和业务指导工作。<br>④认真贯彻上级行的各项规章制度，负责制定金融中心发展规划和工作目标，并组织实施。<br>⑤负责对金融中心的工作考核和绩效考核。<br>⑥负责组织对全行个人住房信贷业务的贷前、贷中、贷后管理工作进行检查、指导和监督，并负责落实整改措施，不断规范个贷管理工作。<br>⑦负责组织对全行个人住房信贷业务管理工作进行检查、指导和监督。<br>⑧完成上级行交办的其他工作任务，并达到工作任务要求 |

续表

| 岗　位 | 岗位职责与权限 |
| --- | --- |
| 副行长（主任岗） | （2）兼管客户部工作：<br>①协助行长制定支行信贷业务发展规划和经营计划。<br>②负责组织对客户经理的工作考核。<br>③协助行长完成支行信贷业务规章制度及实施细则的建立健全工作。<br>④负责客户经理的工作安排、日常管理和业务指导工作。<br>⑤对重点客户直接营销。<br>⑥担任信贷业务主责任人 |
| 副行长 | （1）全面负责支行会计部的各项业务工作，负责支行会计部的核算管理，组织会计部各项业务工作的正常运行。包括对公柜面业务交易、个人柜面业务交易、个人理财中心等。<br>（2）负责前台优质服务，树立和维护会计部第一窗口形象，抓好和落实各项优质服务措施。<br>（3）保持上传下达、上下沟通，协调与各相关部门的联系。<br>（4）制定会计部工作规划、措施，并予以落实。<br>（5）参与负责以上各项业务的宣传、推广及营销工作。<br>（6）参与处理与个人住房贷款业务相关的法律纠纷。<br>（7）负责贯彻各项会计准则和制度，对部门的各项业务指标执行情况进行监控，确保完成任务。<br>（8）协调各岗位人员分工、指导、监督各项工作完成情况。<br>（9）会计、储蓄业务培训、指导。<br>（10）负责组织对公柜面业务交易、个人理财中心工作、个人柜面业务交易部的各项工作安排、制度落实和检查工作。<br>（11）组织完成行领导交办的各项突击性、临时性任务，并达到工作任务要求 |
| 副经理岗 | （1）分管某支行客户部。<br>（2）协助行长完成支行信贷业务规章制度及实施细则的建立健全工作。<br>（3）负责客户经理的日常管理和业务指导工作。<br>（4）负责督办事项的组织落实与工作检查。<br>（5）负责对客户经理的业务培训，组织客户经理的业务学习及有关会议、文件、规章制度的学习与上传下达。<br>（6）作为信用业务第一责任人对负责分管的公司类客户和个人类客户进行综合营销和管理工作。<br>（7）对个人业务进行审查并担任信用业务的经营主责任人；负责组织客户经理对所服务客户的风险分析、监控、风险预警、风险情况报告、不良贷款催收及盘活等工作，化解信贷风险。<br>（8）负责组织对所服务客户提出的投诉进行妥善解决，并根据具体情况进行分析、反馈、报告，提出改进建议并监督执行。<br>（9）完成行领导或部门经理交办的临时性工作任务，并达到工作任务要求 |

续表

| 岗　位 | 岗位职责与权限 |
|---|---|
| 副主任 | (1) 协助中心主任制订金融中心业务发展规划和经营计划。<br>(2) 负责组织对客户经理的工作考核<br>(3) 负责客户经理的工作安排、日常管理和业务指导工作。<br>(4) 负责对客户经理的业务培训，组织客户经理的业务学习及有关文件、规章制度的学习。<br>(5) 对各网点客户经理进行个人住房贷款业务培训工作和业务的指导工作。<br>(6) 负责自营性个人住房贷款的营销和管理工作。<br>(7) 负责督促不良贷款的催收工作，提高经营效益，降低贷款风险。<br>(8) 负责个贷业务完成中间业务收入的统计工作。<br>(9) 负责全行个人住房信贷业务管理规程、操作规程、业务标准、实施细则等内部控制规章制度建设，不断强化和完善内控机制。<br>(10) 完成各级领导交办的其他工作任务，并达到工作任务要求 |
| 风险管理员岗 | (1) 负责本部门各类数据、表单和记录的收集、整理和管理。<br>(2) 具体参与内部控制体系文件的改进和完善工作。<br>(3) 负责与内部控制体系有关的其他具体工作 |
| 综合信息岗 | (1) 负责收发及传递各类文件。<br>(2) 参与研究某支行信贷业务的发展规划和策略。<br>(3) 负责支行客户部各类数据、表单和记录的收集、整理和管理。<br>(4) 负责支行相关管理部门日常报表的编辑和报送工作。<br>(5) 负责支行客户部贷款台账的汇总工作和信贷业务统计分析工作。<br>(6) 负责支行重点客户的资金监测和记录工作。<br>(7) 具体参与内部控制体系文件的改进和完善工作。<br>(8) 完成行长交办的临时性工作任务，并达到工作任务要求 |
| 客户经理岗 | (1) 负责市场信息的收集和反馈。<br>(2) 负责客户关系的维护和深度开发工作。<br>(3) 完成分配的年度营销计划及绩效目标。<br>(4) 负责客户的开发和市场综合营销、管理工作，为客户提供全方位、优质高效的金融服务，完成分配下达的各项信贷经营目标和工作任务。<br>(5) 作为信用业务第一责任人按规定负责分管的公司类客户和个人类客户的综合营销、经营和管理工作。<br>(6) 参与对重点客户、重点产品的综合营销和管理工作。<br>(7) 负责对所服务客户的风险分析、监控、风险预警、风险情况报告、不良贷款催收及盘活等工作，化解信贷风险。<br>(8) 负责对所服务客户提出的投诉进行妥善解决，并根据具体情况进行分析、反馈、报告，提出改进建议并具体落实执行。<br>(9) 参与支行信贷业务规章制度及实施细则的建立健全工作。 |

续表

| 岗 位 | 岗位职责与权限 |
| --- | --- |
| 客户经理岗 | (10) 积极主动参加业务培训、业务学习及有关会议、文件、规章制度的学习与上传下达。<br>(11) 负责督办事项的具体落实、完成与汇报。<br>(12) 完成行长交办的临时性工作任务,并达到工作任务要求 |
| 个人银行业务客户经理岗 | (1) 个人理财业务:<br>①受理个人客户低柜业务,协助个人客户办理其他个人业务,为个人客户提供现场或在线业务服务。<br>②积极拓展优质个人客户,营销个人金融产品。<br>③收集、分析市场变化情况和个人业务客户需求信息,提出相关业务发展建议。<br>④实施综合化、个性化、差别化个人客户营销服务方案。<br>⑤负责个人 VIP 客户信息档案建立、更新、维护及挖掘分析工作,定期上报客户情况分析报告。<br>⑥负责所服务个人客户的日常风险监控工作。<br>(2) 证券投资基金业务:负责证券业务系统代理证券投资基金业务各项交易的日常办理。<br>(3) 外汇买卖业务:<br>①审核客户提交的各种材料,受理客户的签约申请、交易申请、查询申请、打印申请。<br>②相关报表的打印。<br>③向客户进行业务介绍,解答客户的疑问 |
| 综合管理岗 | (1) 负责收发及传递各类文件。<br>(2) 负责对录入岗员工在 CBS 系统中录入的个贷信息的复核工作。<br>(3) 负责支行月报、季报、年报和各类个贷数据的统计、报送工作。<br>(4) 负责办理全行个贷合同的公证手续和抵、质押物的保险手续,并收取费用。<br>(5) 负责完成与该岗位相关的工作和领导交办的其他工作 |
| 个贷业务客户经理岗 | (1) 负责个贷市场信息的收集和反馈。<br>(2) 负责客户关系的维护和深度开发工作。<br>(3) 具体经办个贷业务,担任直接经办业务的第一责任人,负责个贷业务贷前、贷中、贷后的经营和管理工作。<br>(4) 对经办个贷项目进行贷前调查,撰写客户评价报告。<br>(5) 直接受理各网点人员推荐客户的个贷业务的办理。<br>(6) 负责贷后跟踪管理工作,根据综合管理岗人员提供的逾期客户名单,每月催收。<br>(7) 负责接待柜台客户关于个人贷款的咨询工作。<br>(8) 负责接待贷款客户,指导客户填写贷款合同,并负责贷款合同填写的合法性、合规性和完整性。<br>(9) 负责接受支行各网点人员关于个人贷款的咨询、指导工作。<br>(10) 负责办理全行个人住房贷款业务抵、质押物的抵押手续,到各房管所办理房产抵押手续等,并收取抵押费用。 |

续表

| 岗 位 | 岗位职责与权限 |
| --- | --- |
| 个贷业务客户经理岗 | （11）负责办理全行个贷结清后的抵、质押物的撤销抵押手续。<br>（12）负责完成与该岗位相关的工作和领导交办的其他工作 |
| 录入岗 | （1）对各经办网点送交已审批完的个贷资料进行严格审查，确保资料的完整性，有效控制个贷风险。<br>（2）负责个贷资料信息的录入，主要包括个贷系统内149项不同的内容，确保及时、全面、准确。<br>（3）负责个贷资料录入后，合同的填写工作，主要包括客户编号、扣划账号、合同编号和日期等。<br>（4）对已发放的个贷凭经办部门提交的有关凭证进行资料维护。<br>（5）负责全行个贷客户委托扣划账号的新增、修改等工作。<br>（6）负责协助个贷其他岗位完成其交办的相关工作。<br>（7）负责完成与该岗位相关的工作和领导交办的其他工作 |
| 个人住房贷款贷后管理岗 | （1）负责全行个贷业务贷后检查工作。<br>（2）负责全行个人住房贷款合同内容变更的管理。<br>（3）负责全行个贷业务统计分析和贷后风险的监测和贷款分类工作。<br>（4）负责按月统计个贷逾期贷款的数据资料，建立不良贷款台账。<br>（5）负责不良个贷的按月催收工作。<br>（6）负责协助保全部门对不良资产进行集中催收、诉讼等工作 |
| 个人住房贷款贷款档案管理岗 | （1）负责全行个贷台账的登记、录入、整理工作。<br>（2）负责全行个贷档案资料的归档、保管、借阅、管理等工作。<br>（3）负责全行个人住房贷款物权凭证的归档、保管工作。<br>（4）负责全行个贷保险单正本的归档、保管工作 |
| 柜员岗 | （1）负责配合两个资金管理中心组织做好公积金存、贷款资金的账务核算工作。<br>（2）负责做好支行与两个资金管理中心往来各类票据和资金凭证的登记、签收和传递工作。<br>（3）负责公积金缴存凭证、职工个人公积金年度结息和打印、发放工作。<br>（4）每月向房贷处上报各支行公积金税票归集情况。<br>（5）负责城区行公积金贷款资金的登记和划拨工作。<br>（6）受理开销户、转账、汇兑及客户咨询等业务，负责受理柜前及清算提入票据的审核、验印及记账处理。<br>（7）正确使用保管本岗位负责的各种业务用章和个人名章。<br>（8）按规定办理营业用有价单证、重要空白凭证、重要物品的领缴、出售，使用、保管和发放储蓄卡，负责单位预留印鉴卡保管等。<br>（9）负责部分内部综合账务的记账。<br>（10）接待办理账户冻结划款及解冻事务的有权机关，并协助其办理有关事项。<br>（11）负责将需要授权支付的支款凭证交综合岗授权，并负责登记《大额款项授权支付登记簿》，负责每日登记《交接装箱登记簿》等登记簿。 |

续表

| 岗　位 | 岗位职责与权限 |
| --- | --- |
| 柜员岗 | （12）负责单位疑问的解答及单位的查询工作，代理其他商业银行的异地查询业务。<br>（13）负责对公贷款、票据中心贴现票据、商业性个贷业务的审核记账和对清算提入票据的退票处理。<br>（14）协调综合柜员进行日终柜台轧账，打印柜员结账单。<br>（15）盘点库存现金、有价单证、重要空白凭证，并在综合柜员的监督下办理交接手续。<br>（16）残损人民币的回收及上缴入库；假币的收缴、上交；无偿提供人民币真伪的鉴别、鉴定及宣传，爱护人民币等服务。<br>（17）负责办理各种本外币储蓄业务和各类有效挂失及中间业务 |
| 账户管理岗 | （1）负责做好与资金管理中心相关账户的对账工作。<br>（2）负责公积金存款交叉户、睡眠户的清理、对账、上报和调账。<br>（3）做好公积金年终决算工作。<br>（4）做好核对和代记账、分发、打印、对账等相关环节的工作 |
| 凭证调拨岗 | （1）负责领用保管柜员营业用的多种单证，重要空白凭证。<br>（2）负责本网点现金、重要单证的集中上缴，以及柜员间现金、重要单证的分发、收回、调剂工作。<br>（3）检查库存现金、有价单证、重空凭证等实物库存情况，并与营业日报表、登记簿核对相符 |
| 复核岗 | （1）负责业务用章、印鉴卡正本的使用及保管，对印鉴进行复审。<br>（2）负责对各类贷款业务发放、回收和贷款账户核算的复核。<br>（3）负责开、销户和内部账务的复核管理工作。<br>（4）负责本柜组票据、自制凭证以及往账、来账报单的复审。<br>（5）负责网点日终轧账、网点签退以及网点会计凭证的整理复核工作，以及网点日终数据的申请、打印工作。<br>（6）负责对公积金缴交、支取业务，票据中心贴现业务，需要复审的储蓄业务的复核审批 |
| 电子汇划岗 | （1）审核银行汇票申请书，办理签发业务。<br>（2）录入所有的汇划业务，审核发送所有汇划业务。<br>（3）负责查询所有的来账和往账。<br>（4）逐笔勾对每月发生业务（打印报表及清单）。<br>（5）负责电子汇划信息的接收、录入，电子汇划票据的分发和提出，受理电子汇划凭证和天地对接凭证的录入。<br>（6）负责对电汇票据、汇出电子汇划和天地对接信息录入的复核。<br>（7）负责对汇入行行号的准确性的复核 |

续表

| 岗　位 | 岗位职责与权限 |
|---|---|
| 同城清算岗 | (1) 负责将××公司提回与提出票据交换的各项工作。<br>(2) 负责将清算提回的凭证分借贷打平后交给接柜人员。<br>(3) 负责将所有提出的票据进行打码核对，将每次交换提出的借贷方的金额与各组提出的金额相核对相等。<br>(4) 负责保管和装订清算提出的清单和××公司的交换清单。<br>(5) 负责接待行内外的清算事项的查询。<br>(6) 负责审核各柜组划转的各种凭证。<br>(7) 负责审核内部往来划收（付）报单；负责复核已打码票据。<br>(8) 负责与××公司进行清算票据的交换工作。<br>(9) 负责银行汇票、银行承兑汇票的签发及缴存性存款凭证的制作 |
| 档案管理岗 | (1) 将会计前台处理完的会计凭证、后台打印的微机自动产生的凭证进行整理、装订；并在封签处加盖名章。<br>(2) 负责对装订的凭证进行保管。<br>(3) 负责保管会计工作人员临时离岗交接登记簿。<br>(4) 负责保管会计部门印章及重要物品交接登记簿。<br>(5) 打印凭证及报表、汇划清单等资料并整理装订。<br>(6) 与各存、贷款客户的对账工作及内部账务的核对处理工作。<br>(7) 代开财政收据发票并进行电算化管理。<br>(8) 对每季度的明细账页负责勾对 |
| 委托业务综合管理岗 | (1) 贯彻落实各项财务会计制度，协助部门负责人合理安排工作和部门内部工作的管理。<br>(2) 负责协调各柜组工作，检查各柜组工作完成情况，对工作中存在的问题及时向部门负责人反映。<br>(3) 对特殊业务进行审核并授权。<br>(4) 负责管理网点业务公章，营业终了按有关规定将业务公章入库保管，监督柜员双人碰库锁库。<br>(5) 每月末、季末、年末的报表上报、财务分析和资金分析工作和各类签报、申请的编写工作。<br>(6) 每月负责收集审核政策性业务的试算平衡表，统计各网点代收委托贷款利息收入情况，并向房贷处、资金管理中心报送政策性业务相关报表。<br>(7) 负责做好相关账务的核对工作，指导各网点日常政策性业务的会计核算。<br>(8) 按季统计并核拨城区行办理政策性业务的手续费。<br>(9) 领发、收取、清理公积金商贷保单，上缴公积金商贷保费。<br>(10) 每月完成支行政策性财务决算；年度终了向省财政厅报送政策性决算报表。<br>(11) 负责收集某支行的经营信息，每月撰写本处的综合经营分析。<br>(12) 接待各类政策性业务审计小组，负责提供相关资料。<br>(13) 完成部门经理交办的临时性工作任务，并达到工作任务要求 |

续表

| 岗 位 | 岗位职责与权限 |
|---|---|
| 稽核岗 | (1) 负责本网点日常业务凭证的事后稽核和上缴工作。<br>(2) 负责对本网点稽核发现的问题进行整改，负责登记网点《稽核情况统计表》，上报稽核工作报告，发现重大问题及时向管辖部门报告。<br>(3) 负责本部门各类文件及档案资料的整理与保管；负责应客户需求而进行的1个会计年度以前的账务查询。<br>(4) 负责网点凭证的整理、装订工作 |
| 安全员 | (1) 负责某支行日常安全工作的检查，并定期组织安全知识的学习；协助经理作好本部门的日常安全和管理工作。<br>(2) 配合本部门员工进行营业时间内的领、送现金，以及重要空白凭证、有价单证等的领取。<br>(3) 具体负责网点日常用电安全检查，每日登记《安全检查登记簿》并保证监控录像正常进行，每周与会计柜员进行录像带的交接。<br>(4) 接受上级行其他部门对本部门的安全检查。<br>(5) 负责本部门《安全学习记录簿》的记载。<br>(6) 负责管理安全器械和登记《安全器械设施登记簿》。<br>(7) 完成部门经理交办的临时性工作任务，并达到工作任务要求 |

## 二、贷款业务流程

个人住房贷款操作流程如下所示：

提供咨询→受理申请→贷前审批→贷款发放→贷后管理。

1. 提供咨询

信贷受理人向客户介绍个人住房贷款种类、贷款对象、贷款条件、贷款额度、期限、利率、还款方式、贷款程序等情况，回答客户提出的有关个人住房贷款的优势和特色等。

2. 接受申请

信贷受理人员受理借款人申请，并对借款人提供的有关材料进行初审，将复印件与原件进行对照，如认为借款人提供的材料齐备，基本符合贷款条件，属于贷款对象范围，即可正式受理申请，并将借款人提供的上述材料装袋，交给信贷业务经办人员。

对提供材料不全的，立即通知申请人补充材料；对不属于贷款对象范围或不符合贷款条件的，拒绝提供贷款，并做好宣传、解释工作。

3. 贷前调查

贷前调查是对借款人即开发商或售房单位提供的全部文件、材料的真实性、合法性、有效性、完整性和借款人的主体资格、品行、信誉、家庭收支情况、偿债能力，以及担保措施落实情况进行的调查和评价。

4. 贷款审批

审批人员对如下进行审查后，提出包括贷款金额、期限、利率和担保方式等要素的最终审批意见：

（1）借款人资格和条件是否具备。

（2）借款的用途是否符合银行的规定。

（3）借款人和信贷业务经办人员提供的材料是否正确、完整、合规。

（4）信贷业务经办人员对借款人资信状况的评价分析是否准确合理。

（5）抵押物、质押权利是否落实，估价是否合理。

（6）保证人的信用和担保方式是否符合规定及落实情况。

（7）贷款风险分析是否客观合理。

（8）其他需要审查的事项。

经审批不同意贷款的，信贷员将申请材料及时退还借款申请人，并做好解释工作。

5. 签订合同

信贷员根据贷款最终审批意见，与借款人协商贷款条件，经借款人同意后，签订《借款合同》、《担保合同》等贷款文件，办理抵（质）押登记、保险、贷款支付等手续。

6. 发放贷款

办妥保险、公证、抵（质）押登记手续，贷款行收到相关权利凭证，担保措施落实；根据审批意见与事先约定的支款及还款方式，信贷部门签发核定贷款指标通知单，客户填制贷转存凭证，办理贷款发放和支用手续。

7. 贷后管理

（1）信贷人员根据会计部门返回的《贷转存凭证》及《核定贷款指标通知单》，登记贷款台账。

（2）登记贷款管理信息系统，包括借款客户信息、借款人基本信息和借款担保信息等三个方面的基本信息。

（3）贷款档案管理。贷款发放后，信贷部门及时进行借款档案资料的整理，将整理后的借款人档案移交档案管理部门管理。

（4）权利凭证管理。信贷部门收妥权利凭证之后，及时向会计部门进行移交，会计部门收妥权利凭证，对其进行专项保管并相应登记表外账务信息。

（5）贷款检查与不良贷款信息。根据客户违约性质、金额、程度、信贷部门有针对性地进行催收、处罚或进行不良贷款的化解。

（6）延长贷款期限。信贷员收到借款人延期申请后，负责进行审查并提出审查意见，编制或打印《期限调整审批表》，逐级上报审批；经贷款行有权人审批同意后，信贷员与借款人办理相关业务手续。

（7）提前还贷处理。信贷员收到借款人申请后，负责与还款人约定新的还款计划，编制或打印《提前还款审批表》，上报信贷经营部门负责人审批；经信贷经营部门负责人审批同意后，信贷员编制或打印《提前还款通知单》；借款人凭《提前还款通知单》到银行会计柜面办理提前还款事宜。

（8）贷款结清。借款人还清全部贷款本息后，会计部门打印《贷款结清证明》和贷款账户的分户账，并在《个人住房贷款还款凭证》客户回单联上注明“本息清”等字样，提供给借款人。信贷部门根据会计部门提供的贷款结清证明登记贷款台账，并在借款合同上进行标注，存档保管。

图 14-2 为个人住房贷款业务咨询到贷款发放操作规程简要示意图。

房地产开发类贷款是指银行向借款人发放的用于房屋建造，土地开发过程中所需资金的本外币贷款。房地产开发类贷款的期限一般不超过 3 年（含 3 年），高等院校学生公寓建设贷款最长期限为 10 年。

操作程序主要包括：受理、调查、审批、发放、贷后管理等业务环节，具体内容简述如下：

1. 受理

银行在受理房地产开发类贷款申请时，要求借款人提供包括营业执照、批准文件、工程合同等材料。初步审查借款人是否有建房资格，项目建设条件是否落实，自由资金比例是否达到要求。

2. 贷前调查

房地产开发类贷款的调查评价包括客户评价、业务评价、担保评价三部分内容。特别是，由于房地产开发类贷款均用于房地产开发项目，应对贷款的项目进行全面的评价。

（1）客户评价。

主要是对借款人的盈利能力、偿债能力、信用状况、发展前景进行评价。

（2）业务评价。

主要包括项目评估、市场评估、投资估算与资金来源评估、财务评估、银行效益与风险防范措施评估。

（3）担保评价。

指对客户提出的担保人和担保物进行调查和评价。

完成以上的调查后，信贷业务经办人员根据对借款人调查评估结果按统一要求填写调查评价报告。调查评价报告由客户评价报告、项目评价报告、担保评价报告三部分组成。

3. 审批

审批人员进行审查后，提出包括贷款金额、期限、利率和担保方式等要素的最终审批意见。

4. 放贷

严格按照项目建设的工程进度付款，要求建设单位提供建设合同、材料供应合同、设备采购合同等作为贷款依据。

5. 贷后管理

包括贷后检查、回收与展期、不良贷款管理、档案管理等。

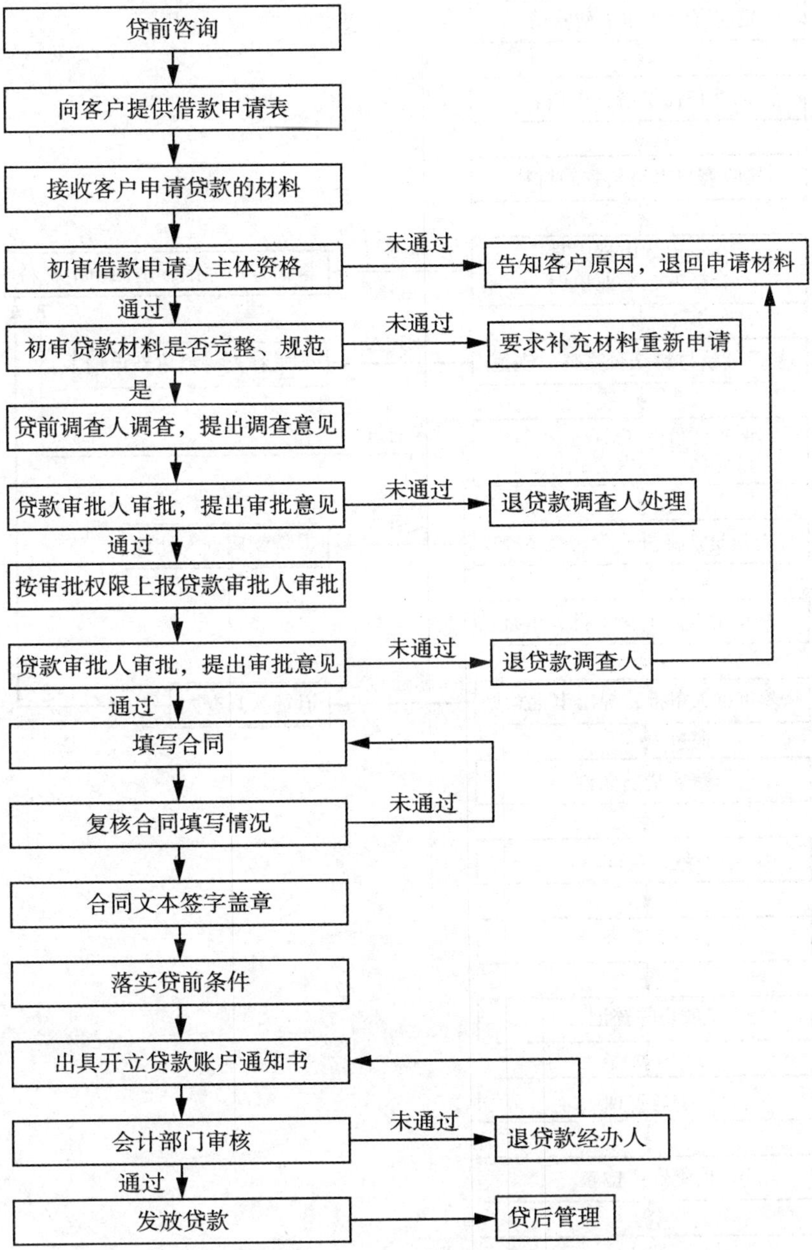


图 14-2 个人住房贷款业务咨询到贷款发放操作规程简要示意图

6. 贷款结清

贷款全部本息归还后，会计柜台办理贷款销户手续，银行经办人员及时在借款人和保证人贷款卡上进行贷款回收登记并及时清退抵押物权利凭证或质押。

图 14-3 为房地产贷款流程图。

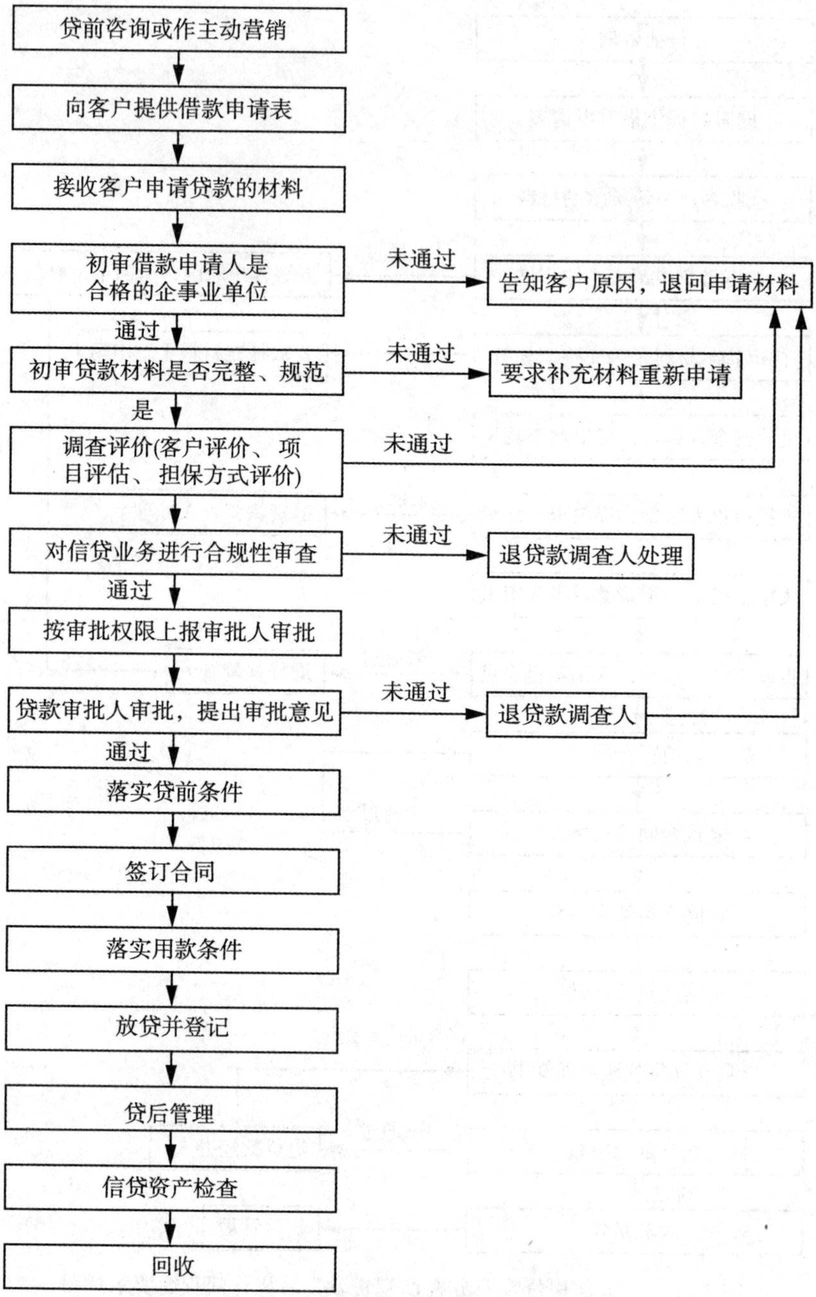


图 14-3　房地产贷款流程图

## 三、操作风险点及其控制制度

业务流程中的风险点如表 14-2 所示。

表 14-2　　**房地产业务操作风险点**

| 风险点 | 风险点具体内容 | 对应责任岗位 |
|---|---|---|
| 1 | 客户可能提交虚假材料 | 客户经理岗 |
| 2 | 可能由于经办人疏忽或失误导致材料不完整 | 客户经理岗 |
| 3 | 贷前审查经办人员风险意识不强，审查流于形式，随意简化手续，对资料真实性、合法性审核不严，对明显存在疑点的资料不深入调查核实 | 客户经理岗 |
| 4 | 审查审批失误，导致不符合条件的借款人通过审查审批 | 录入岗 |
| 5 | 合同填写与最终审批意见不符，或其他要素填写错误 | 客户经理岗、录入岗 |
| 6 | 不符合银行要求的信用条件，却未落实足额、有效的贷款担保 | 客户经理岗 |
| 7 | 抵押物管理不规范，办理抵押的相关职能部门协调配合不力，不按程序操作，或过分依赖中介机构的评估结果，造成抵押品贬值或抵押无效 | 客户经理岗、贷后管理岗 |
| 8 | 贷后管理混乱，个人贷款客户资料不够全面和连续，缺少相关的风险预警措施 | 贷后管理岗、录入岗 |
| 9 | 贷款本息未能及时收回 | 客户经理岗、贷后管理岗 |
| 10 | 借款未结清，但贷款的抵、质押手续被撤销 | 客户经理岗 |
| 11 | 不符合条件给予展期、展期到期后未能按时收回贷款 | 贷后管理岗 |
| 12 | 分行管理部门对网点授信业务检查不到位，信贷资产风险增加 | 客户经理岗 |

针对银行基层支行风险内控管理体制的现状以及基层支行主要为业务经营行的特点，在满足商业银行风险与内控管理组织结构安排的效率与协调、全面、集中、独立、程序性等基本原则的前提下，结合总行及分行风险与内控管理组织结构设计方案，我们对银行基层分行风险与内控组织结构的设计提出如下安排：

（1）商业银行首先要正确处理好经营发展与控制风险的关系，坚持内控优先，确保各类决策权力、各项业务过程、各级管理人员和每个员工都处于严密的制度约束之下。

（2）商业银行应完善房贷操作程序，加强抵押物管理，及时、合理地办理相关抵押手续，规范抵押物估价行为。鼓励信贷人员根据借款人特点进行房贷管理手段创新。革新档案管理模式，发挥档案管理效能，为贷款清收提供有力支撑。各银行总行应就房贷管理制定相应的操作手册分发到各基层银行，操作手册主要包括房贷风险点、完善合约的程序、相关法规制度、违反操作程序的责任制度等，强化责任追究制度。

（3）对客户进行科学分类，认真查实借款人资信情况的真实性，从源头上规避风险。

例如：公务员、教师、医生等应作为银行的优良客户，给予重点支持。对个体从业人员和收入不稳定的客户群体，应区分所从事行业及经营情况，实行不同的贷款标准。借款人提供的资信证明与其职业收入水平明显不符的，要深入调查和核实，多渠道、多方面地了解其真实收入情况。对职业及收入不稳定且超出其实际消费能力的，一定要从严控制。

（4）严把贷款调查审查关。要强化贷前调查环节，对有风险迹象的借款人应当面征询，上门查访，在对借款人的个人素质、实际收入、财产情况、负债和偿债等信用状况进行调查、分析和评估的基础上，严格按照操作规程，认真签订和审查贷款合同，牢牢控制住风险点。

（5）强化贷后管理。要密切关注借款人还款情况，对出现风险的，要及时采取有效措施进行处置。一是对重点客户和重点项目，要经常进行深入的分析和了解，及时掌握信息，把握主动权；二是对进入抵押期的客户，要及时与开发商协商，在房产证发到客户手中之时，与客户一起到房管局办理抵押手续；三是对违约次数较多的客户，列清名单，分解给信贷人员，实施重点监控。

（6）要加强员工思想道德和职业操守的教育和培养。培训一批专家型业务骨干，建设一支高素质的房地产贷款业务队伍，让风险防范成为每个员工的自觉行为。

（7）严格岗位分工，切实根据业务运作的实际要求，因事设岗，因岗定人，尽量做到分工合理，并实行定期轮岗、适时交流和员工休假制度等，使每位员工和每项业务都处于被监督、被检查范围之内。

（8）按照每一项业务至少有两个岗位或两人以上参与记录、核算和管理的要求，明确各个业务工作环节的操作规则，强化运作程序和各项具体要求，建立岗位责任追究制和内部自律控制机制；明确各岗位或员工在业务操作中的责权划分，按各自的工作性质、权限承担相应的工作责任；建立分支机构有力的风控组织保障和制约机制。

# 第十五章　资产保全部操作风险控制

## 一、资产保全部组织结构与岗位职责

### （一）资产保全部组织结构（见图15-1）

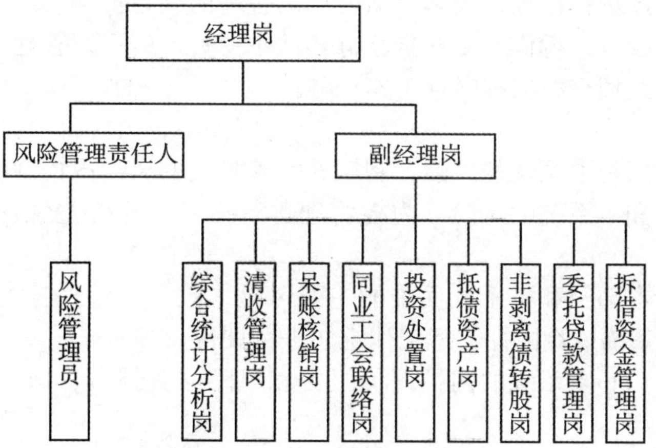


图15-1　资产保全部组织结构

### （二）资产保全部岗位职责

1. 经理岗

（1）识别本部门的风险，制定并完善相关的风险内控制度。

（2）对本部门的风险和内控管理进行指导、检查，监督各岗位风险内控职责的落实情况。

（3）负责组织制定本系统的专业规章制度和办法，解决较为复杂的业务问题，监督检查各项规章制度和办法，解决较为复杂的业务问题，监督各项规章、制度、办法的实行。

（4）负责组织全行不良资产经营，盘活和处置及非剥离债转股资产经营管理工作。

（5）负责组织全行呆账资产核销审核和申报工作。

（6）负责组织抵债资产的经营管理及金融债权管理工作。

（7）负责对外投资、拆借、委托贷款等其他不良资产的经营管理工作。

（8）全面，准确掌握行内各项工作的发展状况与存在的问题，深入开展调查研究，及时组织形势与对策研究，总结推广先进经验，协助有关部门实施人员培训。

（9）安排、办理、完成领导交付本部门的其他工作事项。

2. 副经理岗

（1）协助经理处理资产保全部事务，组织参与资产保全工作的检查、指导和协调。

（2）负责全行不良债权重组方案的制订，材料组织、申报工作。

（3）具体负责全行双呆贷款金融债权的管理、组织和协调工作。

（4）负责对悬空、逃费银行债务的企业进行审定，对不良贷款欠息大户进行监督，并提交银行同业工会。

（5）负责全行抵债资产的日常管理、监控及市场调查、营销工作。

（6）负责抵债资产的经营管理和金融债权管理工作，对各行报送的抵债资产收取、处置报告进行初审。

（7）对抵债资产进行市场调查和评估，提出合理的处置价格。

（8）负责对外投资、拆借、委托贷款等其他不良资产的经营管理工作。

（9）完成部门经理交办的临时性工作任务。

3. 风险管理责任人

（1）识别本部门和本系统的风险，制定并完善相关的风险内控制度。

（2）对本部门和本系统的风险和内控管理进行指导、检查监督各岗位风险内控职责的落实情况。

（3）监测分析本部门和本系统面临的主要风险，收集、整理各类风险监测的指标数据，对本部门和本系统风险内控管理工作定期进行评价。

（4）撰写本部门和本系统的内控评价报告和风险监测报告，向上级风控部门报告风险监测状况。

4. 风险管理员

（1）识别本部门的风险，制定并完善相关的风险内控制度。

（2）对本部门的风险和内控管理进行指导、检查，监督各岗位风险内控职责的落实情况。

（3）监测分析本部门棉铃的主要风险，收集、整理各类风险监测的指标数据，对本部门和本系统风险内控管理工作定期进行评价。

（4）撰写本部门和本系统的内控评价报告和风险监测报告，向本部门负责人和风险管理责任人报告风险监测状况。

5. 综合统计分析岗

（1）建立综合经营台账。

（2）负责每月上报省分行各类经营报表，并做好汇总，分析及月度通报。

（3）负责保全系统业务综合统计、分析、报告工作，真实反映资产保全工作成果。

（4）对回收凭证进行审查，提供全行考核奖励依据。

（5）负责各种临时邮件的处理。

（6）负责完成本部门的有关综合性的文字资料。

（7）负责本部门文件的收发、传递保管、整理、归档。

（8）负责部门内各业务单元之间及与相关部门的工作联系和协调，确保信息及时传递、沟通。

（9）完成部门领导交办的临时性工作任务。

6. 清收管理员

（1）按照有关要求对所分配不良贷款项目进行日常信贷管理，包括风险分类、清分录入、建立台账、拟定处置方案等。

（2）按照项目的具体情况，对不良贷款项目采取正常催收、落实各种担保、减免息促使还款、诉讼、回收抵债资产、参与破产维权等方式，最大限度地维护我行债权、完成上级行下达的清收工作计划。

7. 呆账核销岗

（1）负责落实省行下达的呆账资产核销计划，确保呆账核销计划的顺利完成。

（2）对申报核销的呆账资产进行详细的实地调研，认真组织核销报告，全面整理核销材料，负责核销数据的准确性、核销材料的真实性、齐全性和合规性。

（3）具体负责不良资产的呆账认定和材料上报工作。

（4）配合相关部门进行呆账责任认定工作。

（5）配合省行对呆账核销材料的审查工作，及时进行整改。

（6）上报呆账资产的各项统计报表。

（7）负责呆账资产的台账完善和档案管理工作。

（8）负责呆账核销系统管理系统的数据录入、更新以及系统维护，保证系统的正常运转。

（9）完成部门领导交办的临时性工作任务。

8. 同业工会联络岗

（1）负责对悬空、逃废银行债务的企业进行审定，并提请银行同业工会实施制裁；对及时纠正逃废行为的企业，进行审定并提出接触制裁意见，提交银行同业公会，解除对企业的制裁。

（2）负责对不良贷款欠息大户进行监督，按季提交银行同业公会，由公会定期在全市金融系统进行公告，对信贷投放起参考作用。

（3）定期向同业公会报送本行辖区内各类清收情况。

（4）协助各项目管理人员进行账户查询。

9. 投资处置岗

（1）负责贯彻落实总行、信达总公司和省分行关于自办经济实体和对外投资的各项政策、制度和管理办法。

（2）负责完成省分行下达的自办经济实体和对外融资项目处置计划任务。

（3）负责支行自办经济实体和对外投资项目的处置方案，并逐户整理汇报材料报省分行资产保全部审判。

（4）依据省行对自办经济实体和对外投资项目的批复，对项目进行账务清理、实物资产处置、债权债务清偿、工商注销和税务登记、并作账务处理。

（5）负责支行有关自办经济实体和对外投资工作的报表上报，建立和完善项目台账。

（6）负责与信达公司办事处进行业务联系。

10. 抵债资产岗

（1）开展市场调查和抵债资产营销工作，负责完成省行下达的抵债资产处置计划目标。

（2）联系评估机构完成抵债资产的评估报告。

（3）负责收集、组织相关材料，完成抵债资产的收取、处置报告并上报省分行。

（4）根据省行的批复，进行抵债资产的收取和处置变现工作。

（5）负责与会计部门衔接有关贷款转抵债资产以及已处置抵债资产的账务处理工作。

（6）建立、完善收回和处置的抵债资产档案以及台账的录入工作。

（7）负责抵债资产类项目的有关报表填制和上报工作。

11. 非剥离债转股岗

（1）对我行非剥离贷款债转股资产的效益、质量、安全负委托责任。

（2）定期检查中国信达资产管理公司办事处对委托债转股资产的管理，定期向信达公司办事处催报债转股企业财务报表及其他有关材料，如发现信达公司办事处未认真履行委托合同规定的义务，应及时与信达公司办事处协商解决或报告省行。

（3）对债转股企业经营情况进行动态了解，通过信达公司办事处及时掌握企业股东大会、董事会、监事会有关决议情况。

12. 委托贷款管理岗

按照上级行有关政策要求和本行项目实际情况，负责本部门管理的委托贷款的回收处置工作。

13. 拆借资金管理岗

按照上级有关政策要求和本行项目实际情况，负责支行剩余不良对外拆借资金的回收处置工作。

## 二、资产保全部业务流程

一般商业银行的资产保全业务从业务流程上看可分为如下几类：抵债资产业务、呆账核销业务、金融债权管理业务、实体投资处置业务、非剥离债转股业务、与信达公司的委托业务、不良拆借的清理业务。

1. 抵债资产业务流程（见图 15-2）

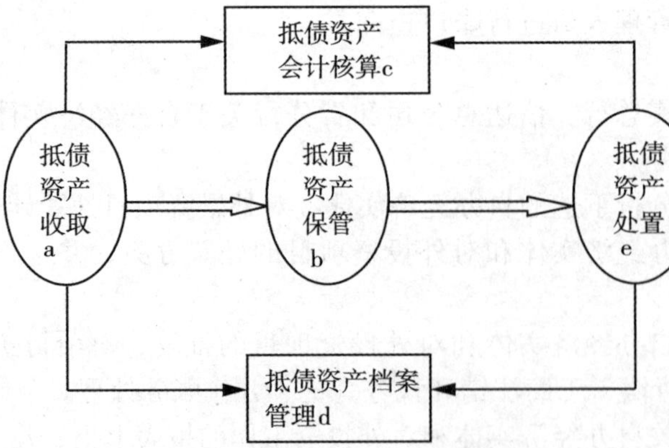


图 15-2　抵押资产业务流程图

2. 呆账核销业务流程（见图 15-3）

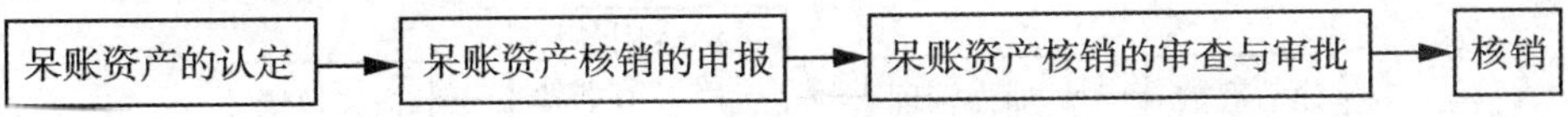


图 15-3　呆账核销业务流程图

3. 金融债权管理业务流程（见图 15-4）

图 15-4　金融债权管理业务流程图

4. 实体、投资处置业务流程（见图 15-5）

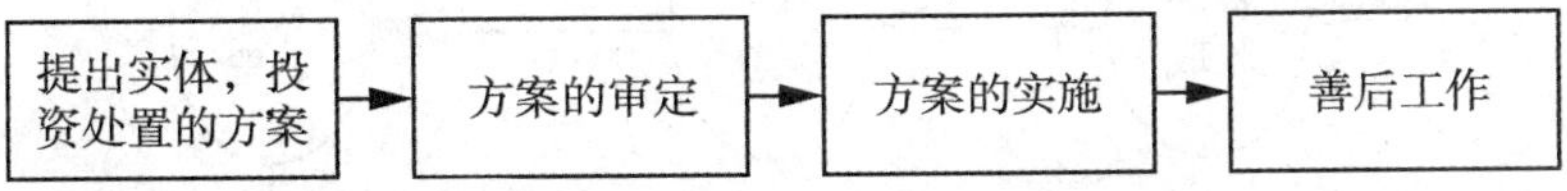


图 15-5　实体、投资处置业务流程图

5. 非剥离债转股（见图 15-6）

主要工作内容：非剥离债转股管理。股权的处置方式主要有被持股企业回购，向第三方转让以及由股权转回为债权。

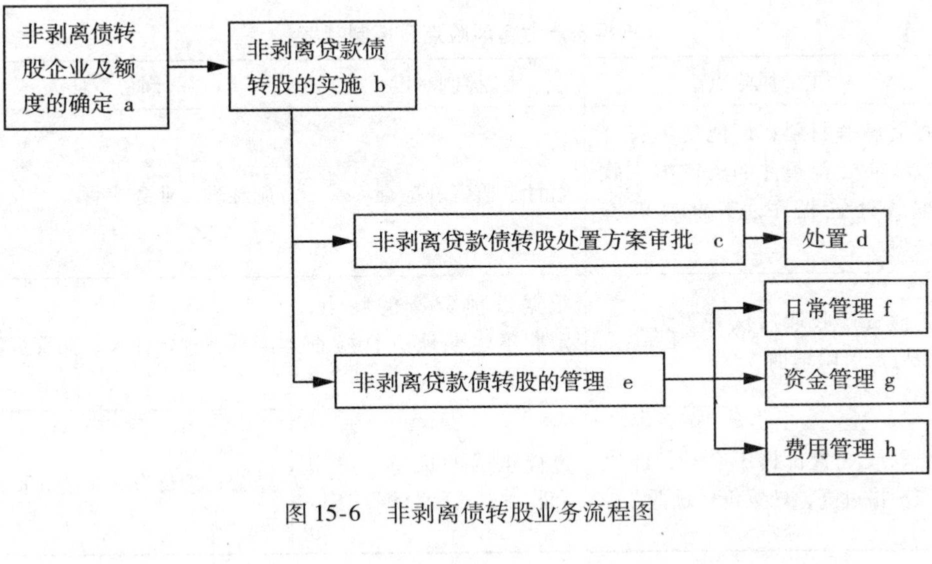


图 15-6　非剥离债转股业务流程图

6. 不良拆借的清理业务流程（见图 15-7）

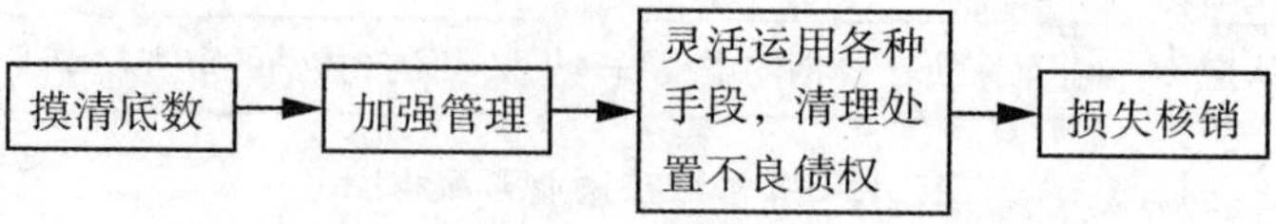


图 15-7 不良拆借清理业务流程图

## 三、资产保全部操作风险点及其控制制度

1. 抵债资产业务流程（见图 15-8）

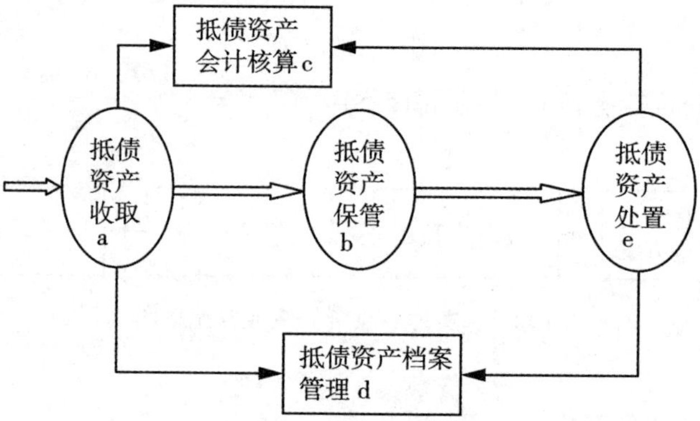


图 15-8 抵押资产业务流程图

抵押资产业务风险点及控制制度如表 15-1 所示。

表 15-1 **抵押资产业务风险点及控制制度**

| 序号 | 主要风险点 | 控制制度 | 岗位责任人 |
|---|---|---|---|
| 1 | 提交虚假材料；可能使不符合收取或处置条件的资产纳入收取或处置程序；审批或审查失误 | 审计、监督、检查 | 副经理、业务主管 |
| 2 | 抵债资产收取后保管不力，导致资产风险增加 | 根据抵债资产的特点，定期不定期地进行检查和维护 | 经营管理责任人、保管责任人 |
| 3 | 收取或处置价格不合理，即收取价格过高，处置价格过低 | 进行正确的成本，费用和收益的比较分析 | 经营管理负责人、会计责任人 |

续表

| 序号 | 主要风险点 | 控制制度 | 岗位责任人 |
|---|---|---|---|
| 4 | 档案管理混乱或缺失 | 建立正确的档案管理体系 | 经营管理责任人 |
| 5 | 收取资产手续不完备，存在瑕疵；抵债资产收取后未能尽快变现 | 规范操作，防止道德风险 | 处置责任人 |

2. 呆账核销业务流程（见图 15-9）

主要工作内容：（1）对呆账资产核销材料进行初审；（2）核销工作规范管理；（3）呆账核销管理系统数据录入、更新、维护；（4）事实呆账调查；（5）核销项目储备。

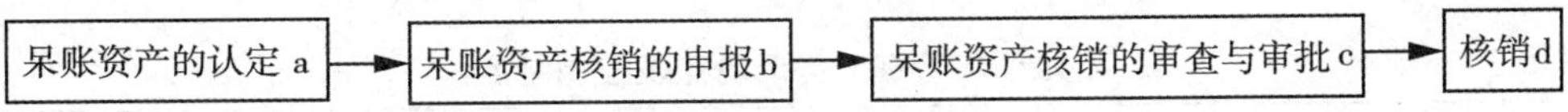


图 15-9　呆账资产核销流程图

呆账资产核销业务风险点及控制制度如表 15-2 所示。

表 15-2　**呆账资产核销业务风险点及控制制度**

| 序号 | 主要风险点 | 控制制度 | 岗位责任人 |
|---|---|---|---|
| 1 | 提供虚假材料 | 审计、监督、检查 | 业务主管 |
| 2 | 可能由于经办人对政策规章制度把握不准，没有及时申报或申报的材料不符合规定 | 加强政策规章的培训，提高经办人员业务操作的积极性 | 经营管理责任人、业务主管 |
| 3 | 由于审查不严导致不符合条件的项目通过审查 | 严格审查程序 | 经营管理责任人、业务主管 |
| 4 | 账务处理不及时或者错误；对已核销资产疏于管理，导致债权丧失时效；收回已核销呆账资产未及时入账 | 加强对核销过程中的账务、债权、资产的管理 | 经营管理责任人、业务主管 |

3. 金融债权管理业务流程（见图 15-10）

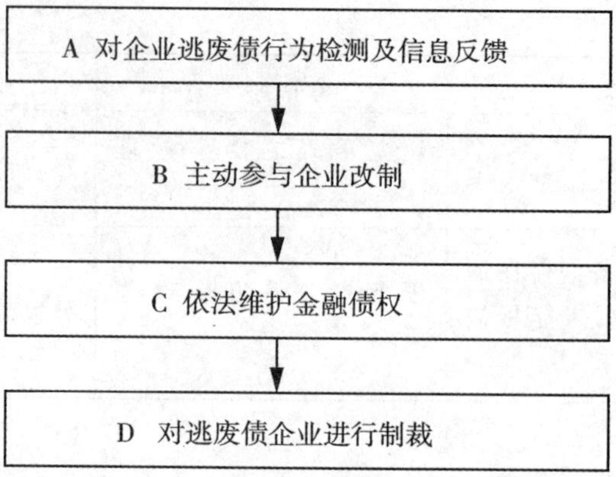


图 15-10　金融债权管理业务流程图

金融债权管理业务风险点及控制制度如表 15-3 所示。

表 15-3　**金融债权管理业务风险点及控制制度**

| 序号 | 主要风险点 | 控制制度 | 岗位责任人 |
| --- | --- | --- | --- |
| 1 | 对企业逃废债行为检测及信息反馈不及时 | 内部检测及信息反馈，企业改制逃废案备案制度，外部信息反馈 | 经营管理责任人、业务主管 |
| 2 | 对企业内部重大变化及改制行为未及时发现，报告 | 积极参与到企业的改制行为中去 | 经营管理责任人、业务主管 |

4. 实体投资处置业务流程（见图 15-11）

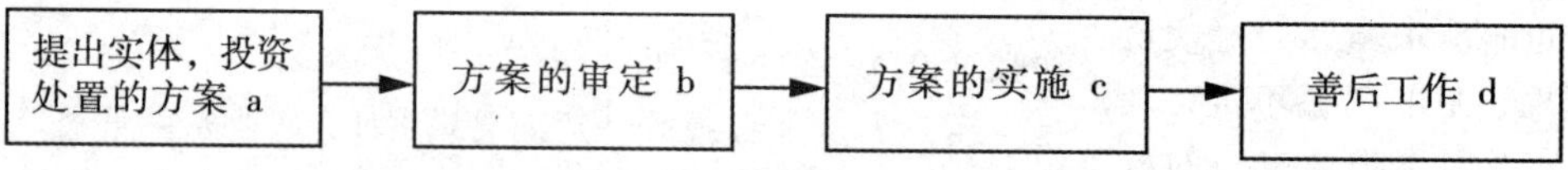


图 15-11　实体投资处置业务流程图

实体投资处置业务操作风险点及控制制度如表 15-4 所示。

表 15-4　**实体投资处置业务操作风险点及控制制度**

| 序号 | 主要风险点 | 控制制度 | 岗位责任人 |
| --- | --- | --- | --- |
| 1 | （1）资产评估价格过低或过高，影响处置资产处置价格，或导致处置失败；（2）处置材料不全或送审材料失真，导致申报材料不合规 | 加强资产评估过程中的监管，督导 | 经营管理责任人、业务主管 |

续表

| 序号 | 主要风险点 | 控制制度 | 岗位责任人 |
|---|---|---|---|
| 2 | 越权审批，审批程序不合规范 | 严格按照程序审批，完善送审材料 | 经营管理责任人、业务主管 |
| 3 | 送审材料重要资料缺失，处置方案不合规 | 严格按照程序审批，完善送审材料 | 经营管理责任人、业务主管 |
| 4 | 债权债务清理遗漏：未按批复要求处置 | 明确债权债务清理的程序，批复要求 | 经营管理责任人、业务主管 |

5. 非剥离债转股流程（见图15-12）

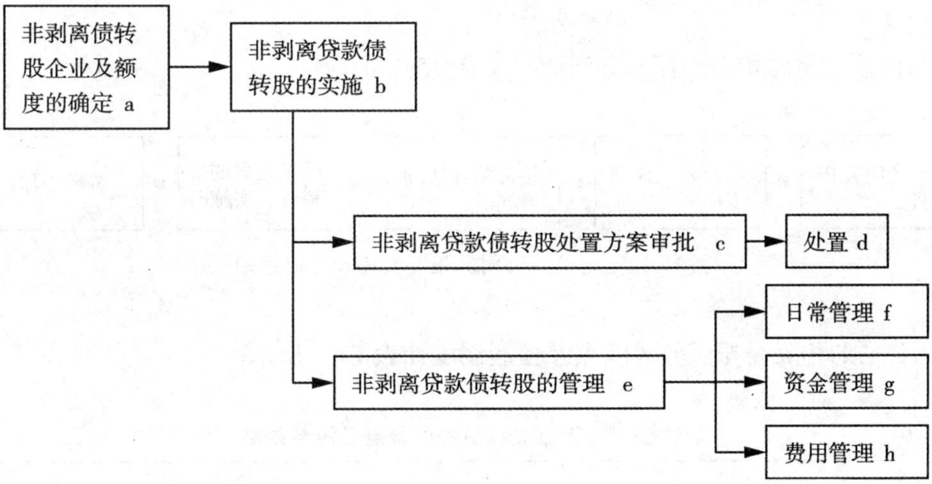


图15-12 非剥离债转股业务流程图

非剥离债转股业务风险点与控制制度如表15-5所示。

表15-5 **非剥离债转股业务风险点与控制制度**

| 序号 | 主要风险点 | 控制制度 | 岗位责任人 |
|---|---|---|---|
| 1 | 由于审查不严导致不符合条件的项目通过审查 | 严格审查程序 | 经营管理责任人、业务主管 |
| 2 | （1）越权审批，审批程序不合规范；（2）送审材料重要资料缺失，处置方案不合规 | 严格按照程序审批，完善送审材料 | 经营管理责任人、业务主管 |

续表

| 序号 | 主要风险点 | 控制制度 | 岗位责任人 |
|---|---|---|---|
| 3 | 处置未能合理以致不能实现保值增值。非法处置，导致资金及政策风险 | 合法合理进行债转股处置工作 | 经营管理责任人、业务主管 |
| 4 | 对有关职责、任务、目标和工作要求不明确 | 加强与信达公司沟通，定期联系，重视做好日常管理工作 | 经营管理责任人、业务主管 |
| 5 | 股权处置资金、红利资金的划转未能及时到位 | 按照实际情况严格资金、红利划转手续 | 经营管理责任人、业务主管 |

6. 与信达公司的相互委托业务流程（见图 15-13）

图 15-13 与信达公司的相互委托业务流程图

信达公司的相互委托业务风险点及控制制度如表 15-6 所示。

表 15-6 **信达公司的相互委托业务风险点及控制制度**

| 序号 | 主要风险点 | 控制制度 | 岗位责任人 |
|---|---|---|---|
| 1 | 与信达公司协调不当 | 加强与信达公司的联系沟通，建立各个层次的定期会晤制度 | 经营管理责任人、业务主管 |
| 2 | 事后管理缺位 | 防止和克服“一交了之，不管不问”，主动积极做好委托后的相关工作 | |
| 3 | 主业与委托关系难以协调 | 正确处理三个关系。（1）自身业务与委托业务的协调；（2）自愿权利与受托业务关系的协调；（3）优势互补与合法合规关系的协调 | 经营管理责任人、业务主管 |

7. 不良拆借的清理业务流程（见图 15-14）

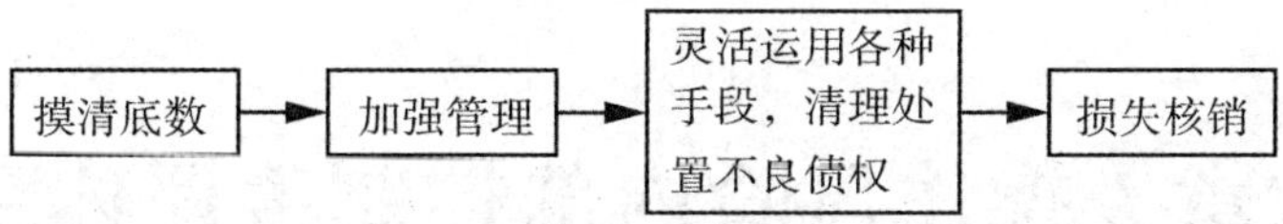


图 15-14　不良拆借清理业务流程图

不良拆借清理业务操作风险点及控制制度如表 15-7 所示。

表 15-7　**不良拆借清理业务操作风险点及控制制度**

| 序号 | 主要风险点 | 控制制度 | 岗位责任人 |
|---|---|---|---|
| 1 | 对债权了解不到位 | 核实不良拆借余额，了解形成原因，弄清诉讼时效，采取多种方法，多种渠道了解有关情况 | 经营管理责任人、业务主管 |
| 2 | 对债务人的监控缺位，基础管理（档案管理，台账管理，诉讼时效管理）出现漏洞 | 加强基础管理，动态监控 | 经营管理责任人、业务主管 |
| 3 | 不良债权的清理出现遗漏 | 通过现金回收，债权债务对冲，以资抵债等方式清收债权。具备重组条件的可通过重组加以盘活 | 经营管理责任人、业务主管 |
| 4 | 对符合核销条件的债权未按规定程序及时申报核销 | 严格按照规章制度进行申报核销 | 经营管理责任人，业务主管 |

# 第十六章　操作风险内部控制考评体系设计

20 世纪 90 年代以后，企业面临的宏观、微观环境都发生了巨大的变化，但是绩效考评的重要性与过去 150 多年相比已经有过之而无不及。实际上，绩效考评是一个笼统的概念。谁来评价，对谁评价，评价什么，怎么评价，着眼点不同，每个人的答案也就不同。具体来说，业绩评价首先应当分为两个大的层次：第一，企业外部主体对企业价值、贡献和经营业绩的评价；第二，经营者对企业内部管理、各部门经营业绩和员工表现等所做的内部评价。从这个层次上来说，绩效考评是一种正式的员工评估制度，它是通过系统的方法、原理来评定和测量员工在职务上的工作行为和工作效果。前面章节我们在对中国商业银行操作风险内部控制的总体框架以及组织结构、岗责体系、业务流程、工具体系等内容进行了较为深入的研究后，我们需要为操作风险内部控制制度的有效实施和不断完善建立起确实可行的考评体系，这对内部控制制度持续有效地发挥作用是至关重要的。本章主要从第二个层次来讨论如何对银行经营管理中的操作风险进行科学的考评。

## 一、基本概念

### （一）内部控制与风险内部控制同义

对商业银行而言，建立健全内部控制的必要性与迫切性首先体现在对风险的及时反映与评估，并在此基础上采取有效的措施加以控制，因此，风险的管理与控制也就势必成为商业银行内部控制的核心。正是在这个意义上，人们将商业银行内部控制又称为风险内部控制。

### （二）内部控制与风险管理的关系

本章采用内部控制与风险管理不断融合的观点。

## 二、对操作风险实施考评的部门

中国人民银行颁布的《商业银行内部控制指引》体现了重视内部控制的自我评估的思想，因此，我们认为，商业银行内部控制的考评部门应为商业银行的内部审计部门和风险管理部门。

## 三、考评的内容

本章主要从五个大的方面来设计内部控制的考评体系。这五个方面包括：内部控制环境、风险识别与评估、内部控制措施、信息交流与反馈、监督评价与纠正。

## 四、考评体系设计

1. 设计思路

岗位设置——操作风险点——控制措施及责任人——考评体系。

2. 考评表的结构

考评表结构主要包括序号、主要风险点的控制落实情况、比重、评级几个部分。

3. 考评具体内容

主要考评岗责中出现操作风险的业务流程和管理流程的控制情况。

4. 考评表的表格式样（见表 16-1）

表 16-1　　**考评表样表**

| 序号 | 主要风险点的控制落实情况 | 比重 | 评级 |
|---|---|---|---|
| 1<br>2<br>3 | | | 一、二、三、四、五 |

评价表是根据岗位职责来设定的，一个评价表代表一个岗位上所有操作风险点的控制落实情况，且根据对于这个岗位的相对重要性，对每个风险点赋予一定的权重，便于计算该岗位操作风险的控制的落实情况。

5. 评价方式

采用定性评价与定量评价相结合的方法，首先根据落实情况进行定性的一到五级的评价，然后对一到五级给出相应的分数 $P$，例如：一级 90～100 分，二级 80～89 分，三级 70～79 分，四级 60～69 分，五级 50～59 分。这个分数的设定需要根据银行自身情况实践得到一个对于自身来说比较合适的设置。比重 $\beta$ 反映的是该操作风险点相对于这个岗位的风险的相对权重，比重越高，该风险对于该岗位的重要性越大，一个岗位的评价表的所有权重加总应当等于 1。现在我们来看如何计算一个岗位的操作风险的控制情况的定量计算，基本公式 $Q = \sum_{i=1}^{n} \beta_i \times P_i$。$Q$ 就反映了该岗位操作风险控制情况的定量分数。

## 五、记分卡方法下的操作风险衡量与资本金分配

扣分加权法是记分卡方法的一个具体运用。它的主要思想是：把全行可供分配的操作风险的资本金，根据各个业务部门打分的高低，反比例分配到各个业务部门中去，然后各个业务部门根据该部门下各个风险管理岗位打分的高低，反比例分配到各个风险管理岗位上去。总之，这种方法是将操作风险管理具体化，实行资本金管理和岗位管理相结合，通过全员努力系统防范操作风险的一种办法。

该方法的具体操作流程如图 16-1 所示。

在图 16-1 中，该系统有三个层次的 100 分：全行的 100 分，各个业务部门的 100 分以

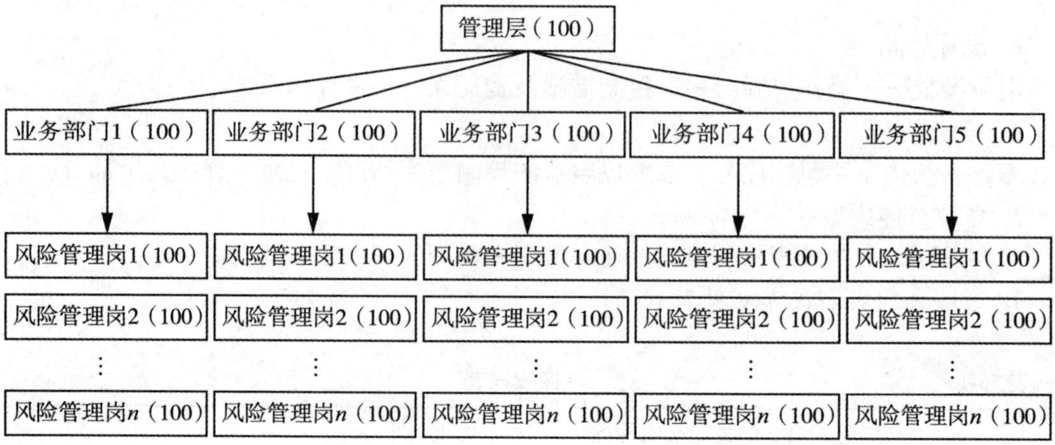


图 16-1　扣分加权法具体操作流程

注：该系统仅对业务部门进行考核，非业务部门暂不考虑。

及各个风险管理岗的 100 分。各个业务部门分别赋予权重 $\beta_1$，$\beta_2$，$\beta_3$，$\beta_4$，$\beta_5$，设全行及各个业务部门的实际得分分别为 $a$，$a_1$，$a_2$，$a_3$，$a_4$，$a_5$，则：

$$a=\beta_1 a_1+\beta_2 a_2+\beta_3 a_3+\beta_4 a_4+\beta_5 a_5$$

再对各个业务部门的各个风险管理岗位赋予权重 $\beta_{11}$，…，$\beta_{1n}$，$\beta_{21}$，…，$\beta_{2n}$，…，$\beta_{51}$，…，$\beta_{5n}$，设每个风险管理岗位的实际得分是 $a_{11}$，$a_{12}$，…，$a_{1n}$，…，$a_{n1}$，$a_{n2}$，…，$a_{5n}$，则：

$$\begin{cases} a_1=\beta_{11}a_{11}+\cdots+\beta_{1n}a_{1n} \\ \cdots \\ a_5=\beta_{51}a_{51}+\cdots+\beta_{5n}a_{5n} \end{cases}$$

以上这种方法有两个非常关键的问题需要明确：一是权重的确定问题（包括各个业务部门的权重和各个风险管理岗位的权重）；二是风险管理岗位的打分依据问题。

由于操作风险不像信用风险那样有明确的对应业务存量，因此我们必须设定一个能够反映各个业务部门对全行相对重要性的指标，在这里我们设定为收入（时间为 1 年），根据各个业务部门的收入对全行收入所占的比例确定权重 $\beta_1$，$\beta_2$，$\beta_3$，$\beta_4$，$\beta_5$；同理，各个风险管理岗位在所属业务部门所占的权重也按照该风险管理岗下属的具体业务所创造的收入占整个部门收入的百分比来确定。通常，这些权重应该每年重新评估一次以适应形势的要求。在确定各风险管理岗的打分依据之前，我们应该详细制定每个管理岗位的风险控制操作目标，该目标应该涵盖操作风险的各个方面。打分的依据是该风险控制岗位是否已经采取有效的控制措施达到了风险控制目标。全部执行良好可以获得满分，执行得不彻底或仅部分执行会扣除相应的分数。

对各个部分各个岗位打分这只是第一步，我们的目的是如何根据这些分数把操作风险的资本金分配到各个风险管理岗位上去。一个自然而然的问题就是以什么为标准来进行资本分配。我们设计了一种基于记分卡衡量办法的具有较强操作性的操作风险资本金分配办法——扣分加权法，该方法在对各个业务部门及各个风险管理岗位打分的基础上，根据其扣分的多少，再赋之以权重来分配资本金。

还是以某银行的支行为例：

假定我们已经完成了对各个岗位、各个部门、全行的打分并且确定了相应的权重（在这里我们所用的符号与前一个例子中的符号含义完全一致）。根据图16-2，该支行的累计扣分为（$100-a$），各个业务部门的加权扣分分别为$\beta_1(100-a_1)$，…，$\beta_5(100-a_5)$，则各个业务部门的扣分占该行总扣分的比重分别为$\frac{\beta_1(100-a_1)}{100-a}$，…，$\frac{\beta_5(100-a_5)}{100-a}$。根据制度安排，每年分行会下拨给该支行一定数额的操作风险资本金，我们记这个数为$C$。则在这种方法下实际分配给每个业务部门的操作风险资本金为：

$$C_i = C\frac{\beta_i(100-a_i)}{100-a},\ i=1,2,3,4,5$$

接下来，我们可以按照同样的办法把已经分配到各个业务部门的资本金分配到该业务部门下属的几个风险管理岗位上去：

$$C_{ij} = C_i\frac{\beta_{ij}(100-a_{ij})}{100-a_i},\ i=1,2,3,4,5;\ j=1,2,\cdots,n$$

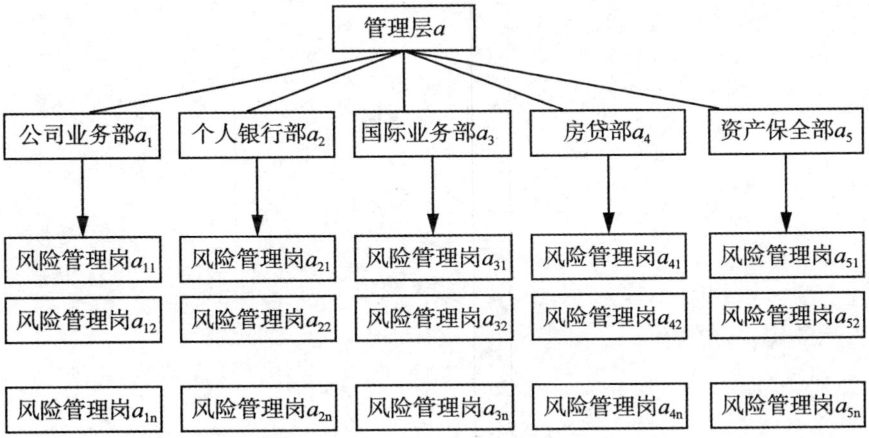


图16-2　两个阶段的资本金分配

这样，我们经过两个阶段的资本金分配把分行下拨的资本金分配到了各个风险管理岗位上，实现了将风险管理落实到岗的目标。

对以上操作风险衡量与资本金配置办法的评价：

（1）该办法是操作风险定量化研究的有益尝试。操作风险的量化衡量一直是国际银行界面临的一个难题，原因是缺乏操作风险损失的内部或外部数据。该办法从另外一个角度出发，通过打分的方法衡量操作风险并分配相应的资本金，这样既有利于推进银行改革，建立健全统计评价体系，也可以解决改革与管理相互协调的问题，对于我国基层商业银行具有一定的借鉴意义。

（2）该办法有利于将操作风险管理重心适当前移。很显然，如果基层商业银行仅能做到为操作风险分配资本金，等到损失发生了再用这笔资本金来进行弥补，这样的风险管理肯定是被动的。如果根据第一年的考评结果，在第二年初将资本金分配到各个风险管理岗位上，即提前将操作风险控制任务细化到各个岗位上，这样非常有利于提高风险管理的系统性和前瞻性。

（3）从实施角度讲该方法是专家法和培训法相结合的产物。专家在经过调查研究后会指定各个风险管理岗位的风险控制办法，此办法将会成为打分的依据；专家还会确定各个业务部门、各个风险管理岗位所占的权重。银行管理层熟悉掌握这种方法，通过内部培训将这种方法的基本精神、原则、要点传导到各个岗位，从而为操作风险管理的实施奠定思想基础。

# 第三编　实　施　编

# 第十七章　内控审计部操作风险控制

## 一、内控审计部组织结构和岗责设计

### （一）内控审计部组织结构（见图 17-1）

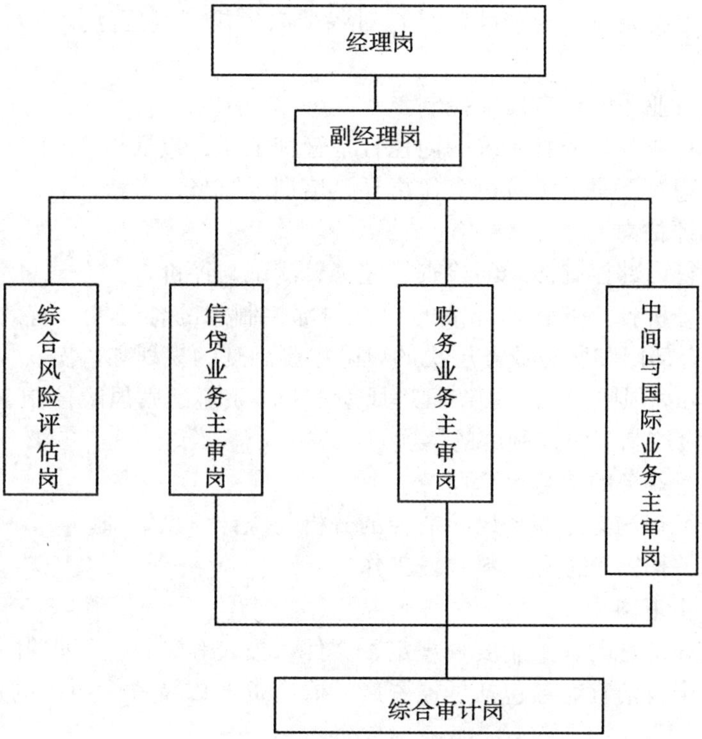


图 17-1　内控审计部组织结构

### （二）内控审计部岗责体系

1. 经理岗

（1）负责主持部门全面工作，负责全行内控体系建设的计划、组织和协调管理。

（2）负责监督全行内控和风险管理体系及基本管理制度建设和实施。

（3）审核全行内控管理制度，对总行部门和支行进行内控评价，督促部门和支行进行内控整改。

（4）负责全行违规经营或资产损失的责任追究。

（5）根据上级要求，结合实际，负责制订审计工作计划并组织实施。

（6）组织和开展各种方式的审计，负责制订审计方案，审核审计报告、审计结论。

（7）负责向行领导和上级审计部门提交审计工作报告或专项审计报告。

（8）接受和配合中国人民银行及银监局对总行的审计检查、指导。

（9）负责对下属员工的工作指导、培训、监督、考核。

2. 副经理岗

（1）协助经理对全行内控体系建设进行计划、组织和协调管理。

（2）协助经理审核全行内控管理制度，对总行部门和支行部门进行内控评价，督促部门和支行进行内控整改。

（3）协助经理岗对全行违规经营或资产损失进行责任追究。

（4）负责监督检查业务管理部门是否对各项内控规章制度建设进行及时有效的落实和整改。

（5）负责全行业务的综合风险控制。

（6）负责分管业务和分管系统的内控日常管理工作，包括检查、考评、报告等。

（7）协助经理对下属员工进行工作指导、培训、监督、考核。

3. 综合风险评估岗

（1）负责全行内部控制体系的检查、完善、测试与评价。

（2）研究和分析各业务管理环节的现有内部控制点的合理性、有效性、健全性。评价和考核全行所有部门和所有业务层次的风险控制制度的规划和落实，检查监督授权授信风险控制、岗位分离风险控制、资产管理风险控制、资金运营风险控制、经营效益风险控制、临柜业务风险控制等内控制度的落实。

（3）负责全行业务的综合风险监控。

（4）负责全行现场与非现场风险监控的分析与统计信息管理。

（5）负责相关档案管理和资料收发工作。

4. 信贷业务主审岗

（1）对总行和支行的有关制度、规定、文件、报表等资料进行收集和整理分析。

（2）起草对全行信贷业务包括抵债资产、或有资产以及资金组织的审计工作的计划、报告和总结。

（3）起草并且组织实施主管审计项目的审计工作实施方案。

（4）负责对分管业务进行审计，对审计中发现的问题弄清事实，取得证据，确定性质，提出处理意见和建议。

（5）编制和填报有关信贷业务审计工作的报表，并按规定及时报送有关部门。

（6）协助本部门经理分析审计工作计划执行情况和审计工作中存在的问题，及时进行反馈，并提出改进意见。

5. 财务业务主审岗

（1）起草并且组织实施主管审计项目的审计工作。

（2）对总行和支行的有关制度、规定、文件、报表等资料进行收集和整理分析。

（3）起草对全行财务、会计结算业务、计算机、行政和保卫审计工作的计划、报告和总结。

（4）负责对财务、会计业务活动进行审计，对审计中发现的问题弄清事实，取得证据，确定性质，提出处理意见和建议。

（5）草拟财务业务审计实施方案，整理审计材料，写出审计报告。

（6）编制和填报有关财务业务审计工作的报表，并及时报送中国人民银行和银监局等政府管理部门。

（7）协助本部门经理分析财务业务审计工作计划执行情况和审计工作中存在的问题，及时进行反馈，并提出改进意见。

6. 中间与国际业务主审岗

（1）起草并且组织实施主管审计项目的审计工作。

（2）对总行和支行的有关制度、规定、文件、报表等资料进行收集和整理分析。

（3）起草对全行中间与国际业务、人力资源部审计工作的计划、报告和总结。

（4）具体负责对有关业务部门中间与国际业务活动进行审计，对审计中发现的问题弄清事实，取得证据，确定性质，提出处理意见和建议。

（5）草拟中间与国际业务审计实施方案，整理审计材料，写出审计报告。

（6）编制和填报有关中间与国际业务审计工作的报表，并及时报送中国人民银行和银监局等政府管理部门。

（7）协助本部门经理分析中间与国际业务审计工作计划执行情况和审计工作中存在的问题，及时进行反馈，并提出改进意见。

（8）兼管资料档案管理、文书工作及有关事务性工作。

7. 综合审计岗

（1）审计督查管辖机构各项内控制度的建立与落实情况。

（2）审计督查相关负责人依法合规履行岗位职责、日常行为规范的情况。

（3）定期进行常规审计。

（4）进行重大业务报备审计。

（5）负责统一对授信工作进行检查、监测和评估，按季提交统一授信监测报告。

（6）随时对各管辖机构业务经营活动中的风险易发点和敏感性问题进行审计。

（7）督查各管辖机构的行风行纪、服务规范、服务质量、服务环境等情况。

（8）监督各管辖机构对总行布置的各项工作和会议精神的贯彻落实情况。

（9）参加各管辖机构的有关会议，一般每季度循环一次。

（10）按时完成内控审计部布置的各项审计项目。

（11）做好上级有关部门和领导交办的其他工作。

（12）完成对辖区内支行行长及其他重要岗位的离任审计工作

## 二、操作风险点及其控制制度

内控审计部操作风险点及其控制制度如表 17-1 所示。

表 17-1　　**内控审计部操作风险点及其控制制度**

| 环节 | 主要风险点 | 控制制度 | 责任人 |
|---|---|---|---|
| 1 | 全行内控建设规划是否合理 | 制定切实可行的、合理的内控建设规划 | 经理岗、副经理岗 |
| 2 | 能否协调地组织开展全行内控管理工作 | 组织协调开展全行内控管理工作 | 经理岗、副经理岗 |
| 3 | 是否及时、有效地审核全行内控管理制度 | 及时、有效地审核全行内控管理制度 | 经理岗、副经理岗 |
| 4 | 对总行部门和支行的内控评价是否全面、公正 | 全面、公正地对总行部门和支行进行内控评价 | 经理岗、副经理岗 |
| 5 | 是否督促部门和支行进行及时、到位的内控整改 | 督促部门和支行进行及时、到位的内控整改 | 经理岗、副经理岗 |
| 6 | 全行所有部门和业务层次的风险控制制度建设规划是否协调 | 协调全行所有部门和业务层次的风险控制制度建设规划 | 综合风险评估岗 |
| 7 | 对各项内控制度是否进行检查监督 | 检查监督授权授信风险控制等内控制度的落实 | 综合风险评估岗 |
| 8 | 全行业务的综合风险监控是否到位 | 对全行信贷业务的审查、审批的流程进行监控，对全行不良资产进行监测，资金交易和会计大额支付进行实时监控，对各项业务经营控制指标进行动态监测。对违反审查、审批制度，异常交易和异常支付情况或经营控制指标失控情况，及时向本部经理及总行分管行长报告 | 副经理岗、综合风险评估岗 |
| 9 | 全行内控和风险管理体系及基本管理制度建设和实施是否到位 | 拟定完整、全面的全行风险管理体系，出台完整、规范、符合现实的内控文件，内控文件应得到及时修改，制定与完善全行违章操作、违规经营或资产损失的责任追究处罚制度并认真实施 | 经理岗、副经理岗 |
| 10 | 经济责任审计工作计划 | 制订经济责任审计工作计划并组织实施 | 经理岗、财务业务主审岗 |
| 11 | 经济责任审计中发现问题的处理 | 对审计中发现的问题弄清事实，取得证据，确定性质，提出处理意见和建议 | 财务业务主审岗 |

续表

| 环节 | 主要风险点 | 控制制度 | 责任人 |
|---|---|---|---|
| 12 | 经济责任审计材料的整理 | 按要求整理相关审计材料 | 财务业务主审岗 |
| 13 | 经济责任审计报告的撰写 | 写出客观、详尽的审计报告 | 财务业务主审岗 |
| 14 | 信贷业务审计工作计划 | 制订信贷业务审计工作计划并组织实施 | 经理岗、信贷业务主审岗 |
| 15 | 信贷业务审计中发现问题的处理 | 对审计中发现的问题弄清事实，取得证据，确定性质，提出处理意见和建议 | 信贷业务主审岗 |
| 16 | 信贷业务审计材料的整理 | 整理审计材料 | 信贷业务主审岗 |
| 17 | 信贷业务审计报告的撰写 | 写出客观、详尽的审计报告 | 信贷业务主审岗 |
| 18 | 信贷业务审计报表的填写和报送 | 编制和填报相关审计报表并及时报送相关政府管理部门 | 信贷业务主审岗 |
| 19 | 业务部门业务活动审计工作计划 | 制订业务部门业务活动工作计划并组织实施 | 经理岗 |
| 20 | 违规违章行为经济处罚 | 对本部门和其他业务部门检查中发现的非重大违规违章行为，提出经济处罚决定，并负责执行；对检查中发现应予以行政责任追究的违规违纪行为，及时移交有关部门处理 | 经理岗 |
| 21 | 审计信息收集是否到位 | 应对总行和支行的有关制度、规定、文件、报表等资料进行收集和整理分析 | 信贷业务主审岗、财务业务主审岗、中间与国际业务主审岗 |
| 22 | 审计中发现的问题反馈是否及时 | 应分析审计工作计划执行情况和审计工作中存在的问题，及时进行反馈，并提出整改意见 | |
| 23 | 审计信息的分析是否客观、全面 | 客观、全面地分析审计信息 | |
| 24 | 能否正确提出审计建议与意见 | 正确提出审计建议与意见 | |
| 25 | 各类审计报告与报表报送是否及时 | 及时报送各类审计报告与报表 | |

续表

| 环节 | 主要风险点 | 控制制度 | 责任人 |
| --- | --- | --- | --- |
| 26 | 对全行违规经营或资产损失的责任追究是否到位 | 制定和完善全行违章操作、违规经营或资产损失的责任追究处罚制度并付诸实施 | 经理岗、副经理岗 |
| 27 | 总行年度会计报表和决算报表审核是否准确、公正 | 准确、公正地审核总行年度会计报表和决算报表 | 经理岗、财务业务主审岗 |
| 28 | 是否对业务部门、员工进行风险和内控制度知识培训 | 应根据需要对业务部门、员工进行及时和充分的风险和内控制度知识培训 | 经理岗、副经理岗 |
| 29 | 报表和报告报送是否及时 | 按时向行领导和中国人民银行、银监局报送资产质量、内控管理、风险评估、审计工作等报表和分析报告 | 经理岗、信贷业务主审岗、财务业务主审岗 |
| 30 | 是否审计督查管辖机构各项内控制度的建立与落实情况 | 对管辖机构各项内控制度的建立与落实情况进行审计督查 | 综合审计岗 |
| 31 | 是否审计督查相关负责人依法合规履行岗位职责、日常行为规范情况 | 对相关负责人依法合规履行岗位职责、日常行为规范情况进行审计督查 | |
| 32 | 是否定期进行常规审计 | 定期进行常规审计，包括定期查看监控录像和查阅会议记录 | |
| 33 | 是否对授信工作进行检查、监测和评估 | 负责统一对授信工作进行检查、监测和评估，按季提交统一授信监测报告 | |
| 34 | 是否对各管辖机构业务经营活动中的风险易发点和敏感性问题进行审计 | 积累各管辖机构业务经营活动中的风险易发点和敏感性问题，并进行随时审计 | |
| 35 | 是否及时阻止并报告各种突发性及重大违规、违法、违纪事件 | 要预防各种突发性及重大违规、违法、违纪事件的发生，一旦发现有苗头应立刻深入了解情况，及时阻止 | |
| 36 | 是否完成对辖区内支行岗长及其他重要岗位的离任审计工作 | 完成对辖区内支行岗长及其他重要岗位的离任审计工作 | |
| 37 | 是否监督各管辖机构对总行布置的各项工作和会议精神的贯彻落实情况 | 对各管辖机构进行监督，以确保总行布置的各项工作和会议精神能得到有效的贯彻落实 | |
| 38 | 是否参加各管辖机构的有关会议 | 参加各管辖机构的有关会议，每季度循环一次 | |

续表

| 环节 | 主要风险点 | 控制制度 | 责任人 |
|---|---|---|---|
| 39 | 是否按时完成内控审计部布置的各项审计项目 | 按时完成内控审计部布置的各项审计项目 | 综合审计岗 |
| 40 | 是否做好上级有关部门和领导交办的其他工作 | 做好上级有关部门和领导交办的其他工作 | |
| 41 | 是否做好资料档案管理、文书工作及有关业务性工作 | 做好资料档案管理、文书工作及有关业务性工作 | 财务业务主审岗 |
| 42 | 是否做好本部门计算机方面的相关工作 | 做好本部门计算机方面的相关工作 | 财务业务主审岗 |
| 43 | 是否做好资料档案管理、文书工作及有关业务性工作 | 做好资料档案管理、文书工作及有关业务性工作 | 中间与国际业务主审岗 |
| 44 | 中间与国际业务审计工作计划 | 制订经济责任审计工作计划并组织实施 | 中间与国际业务主审岗 |
| 45 | 中间与国际业务审计中发现问题的处理 | 对审计中发现的问题弄清事实，取得证据，确定性质，提出处理意见和建议 | |
| 46 | 中间与国际业务审计材料的整理 | 按要求整理相关审计材料 | |
| 47 | 中间与国际业务审计报告的撰写 | 写出客观、详尽的审计报告 | |

## 三、操作风险的考评体系

评级一栏可以分为五级评价：一、二、三、四、五，表示很好、较好、好、中、差，对应评分可以自行设定。比重一栏根据主要风险点的重要程度进行设定。

1. 经理岗操作风险的考评体系（见表 17-2）。

表 17-2　**经理岗操作风险的考评体系**

| 序号 | 主要风险点控制制度的落实情况 | 权重 | 评级 | 打分 |
|---|---|---|---|---|
| 1 | 制订切实可行的合理的内控建设规划 | | 一、二、三、四、五 | |
| 2 | 组织协调开展全行内控管理工作 | | 一、二、三、四、五 | |
| 3 | 及时、有效地审核全行内控管理制度 | | 一、二、三、四、五 | |
| 4 | 全面、公正对地总行部门和支行进行内控评价 | | 一、二、三、四、五 | |

续表

| 序号 | 主要风险点控制制度的落实情况 | 权重 | 评级 | 打分 |
|---|---|---|---|---|
| 5 | 督促部门和支行进行及时、到位的内控整改 | | 一、二、三、四、五 | |
| 6 | 全行内控和风险管理体系和基本管理制度建设和实施 | | 一、二、三、四、五 | |
| 7 | 制订各相关部门审计工作计划并组织实施 | | 一、二、三、四、五 | |
| 8 | 违规违章行为的经济处罚 | | 一、二、三、四、五 | |
| 9 | 对全行违规经营或资产损失的责任追究 | | 一、二、三、四、五 | |
| 10 | 总行年度会计报表和决算报表审核 | | 一、二、三、四、五 | |
| 11 | 对业务部门、员工进行风险和内控制度知识培训 | | 一、二、三、四、五 | |
| 12 | 报表和报告报送是否及时 | | 一、二、三、四、五 | |

2. 副经理岗操作风险的考评体系（见表 17-3）。

表 17-3　**副经理岗操作风险的考评体系**

| 序号 | 主要风险点控制制度的落实情况 | 权重 | 评级 | 打分 |
|---|---|---|---|---|
| 1 | 制订切实可行的、合理的内控建设规划 | | 一、二、三、四、五 | |
| 2 | 组织协调开展全行内控管理工作 | | 一、二、三、四、五 | |
| 3 | 及时、有效地审核全行内控管理制度 | | 一、二、三、四、五 | |
| 4 | 全面、公正地对总行部门和支行进行内控评价 | | 一、二、三、四、五 | |
| 5 | 督促部门和支行进行及时、到位的内控整改 | | 一、二、三、四、五 | |
| 6 | 全行业务的综合风险监控是否到位 | | 一、二、三、四、五 | |
| 7 | 全行内控和风险管理体系和基本管理制度建设和实施是否到位 | | 一、二、三、四、五 | |
| 8 | 对全行违规经营或资产损失的责任追究是否到位 | | 一、二、三、四、五 | |
| 9 | 是否对业务部门、员工进行风险和内控制度知识培训 | | 一、二、三、四、五 | |

3. 综合风险评估岗操作风险的考评体系（见表 17-4）。

表 17-4　**综合风险评估岗操作风险的考评体系**

| 序号 | 主要风险点控制制度的落实情况 | 权重 | 评级 | 打分 |
|---|---|---|---|---|
| 1 | 协调全行所有部门和业务层次的风险控制制度建设规划 | | 一、二、三、四、五 | |

续表

| 序号 | 主要风险点控制制度的落实情况 | 权重 | 评级 | 打分 |
| --- | --- | --- | --- | --- |
| 2 | 检查监督授权授信风险控制等内控制度的落实 | | 一、二、三、四、五 | |
| 3 | 全行业务的综合风险监控是否到位 | | 一、二、三、四、五 | |

4. 信贷业务主审岗操作风险的考评体系（见表17-5）。

表17-5 **信贷业务主审岗操作风险的考评体系**

| 序号 | 主要风险点控制制度的落实情况 | 权重 | 评级 | 打分 |
| --- | --- | --- | --- | --- |
| 1 | 制订信贷业务审计工作计划并组织实施 | | 一、二、三、四、五 | |
| 2 | 起草并且组织实施主管审计项目的审计工作 | | 一、二、三、四、五 | |
| 3 | 对审计中发现的问题弄清事实，取得证据，确定性质，提出处理意见和建议 | | 一、二、三、四、五 | |
| 4 | 整理审计材料 | | 一、二、三、四、五 | |
| 5 | 写出客观、详尽的审计报告 | | 一、二、三、四、五 | |
| 6 | 编制和填报相关审计报表并及时报送相关政府管理部门 | | 一、二、三、四、五 | |
| 7 | 对总行和支行的有关制度、规定、文件、报表等资料进行收集和整理分析 | | 一、二、三、四、五 | |
| 8 | 分析审计工作计划执行情况和审计工作中存在的问题，及时进行反馈，并提出整改意见 | | 一、二、三、四、五 | |

5. 财务业务主审岗操作风险的考评体系（见表17-6）。

表17-6 **财务业务主审岗操作风险的考评体系**

| 序号 | 主要风险点控制制度的落实情况 | 权重 | 评级 | 打分 |
| --- | --- | --- | --- | --- |
| 1 | 制订经济责任审计工作计划并组织实施 | | 一、二、三、四、五 | |
| 2 | 对审计中发现的问题弄清事实，取得证据，确定性质，提出处理意见和建议 | | 一、二、三、四、五 | |
| 3 | 起草并且组织实施主管审计项目的审计工作 | | 一、二、三、四、五 | |
| 4 | 按要求整理相关审计材料 | | 一、二、三、四、五 | |
| 5 | 写出客观、详尽的审计报告 | | 一、二、三、四、五 | |

续表

| 序号 | 主要风险点控制制度的落实情况 | 权重 | 评级 | 打分 |
| --- | --- | --- | --- | --- |
| 6 | 对总行和支行的有关制度、规定、文件、报表等资料进行收集和整理分析 | | 一、二、三、四、五 | |
| 7 | 分析审计工作计划执行情况和审计工作中存在的问题，及时进行反馈，并提出整改意见 | | 一、二、三、四、五 | |
| 8 | 及时报送各类审计报告与报表 | | 一、二、三、四、五 | |
| 9 | 做好资料档案管理、文书工作及有关业务性工作 | | 一、二、三、四、五 | |
| 10 | 做好本部门计算机方面的相关工作 | | 一、二、三、四、五 | |

6. 综合审计岗操作风险的考评体系（见表17-7）。

表17-7　**综合审计岗操作风险的考评体系**

| 序号 | 主要风险点控制制度的落实情况 | 权重 | 评级 | 打分 |
| --- | --- | --- | --- | --- |
| 1 | 对管辖机构各项内控制度的建立与落实情况进行审计督查 | | 一、二、三、四、五 | |
| 2 | 对相关负责人依法合规履行岗位职责、日常行为规范情况进行审计督查 | | 一、二、三、四、五 | |
| 3 | 定期进行常规审计，包括定期查看监控录像和查阅会议记录 | | 一、二、三、四、五 | |
| 4 | 负责统一对授信工作进行检查、监测和评估，按季提交统一授信监测报告 | | 一、二、三、四、五 | |
| 5 | 积累各管辖机构业务经营活动中的风险易发点和敏感性问题，并进行随时审计 | | 一、二、三、四、五 | |
| 6 | 要预防各种突发性及其重大违规、违法、违纪事件的发生，一旦发现有苗头应立刻深入了解情况，及时阻止 | | 一、二、三、四、五 | |
| 7 | 完成对辖区内支行岗长及其他重要岗位的离任审计工作 | | 一、二、三、四、五 | |
| 8 | 对各管辖机构进行监督，以确保总行布置的各项工作和会议精神能得到有效的贯彻落实 | | 一、二、三、四、五 | |
| 9 | 参加各管辖机构的有关会议，每季度循环一次 | | 一、二、三、四、五 | |
| 10 | 按时完成内控审计部布置的各项审计项目 | | 一、二、三、四、五 | |
| 11 | 做好上级有关部门和领导交办的其他工作 | | 一、二、三、四、五 | |

7. 中间与国际业务主审岗操作风险的考评体系（见表17-8）。

表17-8　　**中间与国际业务主审岗操作风险的考评体系**

| 序号 | 主要风险点控制制度的落实情况 | 权重 | 评级 | 打分 |
|---|---|---|---|---|
| 1 | 制订经济责任审计工作计划并组织实施 | | 一、二、三、四、五 | |
| 2 | 对审计中发现的问题弄清事实，取得证据，确定性质，提出处理意见和建议 | | 一、二、三、四、五 | |
| 3 | 按要求整理相关审计材料 | | 一、二、三、四、五 | |
| 4 | 写出客观、详尽的审计报告 | | 一、二、三、四、五 | |
| 5 | 做好资料档案管理、文书工作及有关业务性工作 | | 一、二、三、四、五 | |
| 6 | 应对总行和支行的有关制度、规定、文件、报表等资料进行收集和整理分析 | | 一、二、三、四、五 | |
| 7 | 应分析审计工作计划执行情况和审计工作中存在的问题，及时进行反馈，并提出整改意见 | | 一、二、三、四、五 | |
| 8 | 客观、全面地分析审计信息 | | 一、二、三、四、五 | |
| 9 | 正确提出审计建议与意见 | | 一、二、三、四、五 | |
| 10 | 及时报送各类审计报告与报表 | | 一、二、三、四、五 | |

# 第十八章　人力资源部操作风险控制

## 一、人力资源部组织结构和岗责设计

### （一）人力资源部组织结构图（见图18-1）

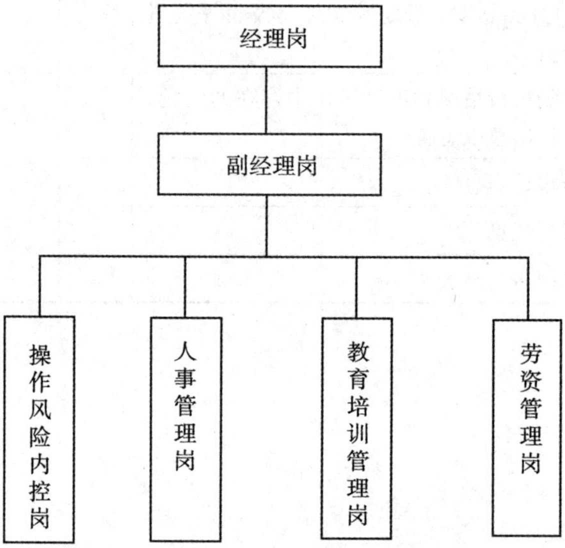


图18-1　人力资源部组织结构图

### （二）人力资源部岗责体系

1. 经理岗

（1）全面主持本部门工作，负责制订全行人力资源管理计划和目标。

（2）贯彻本行人力资源管理政策方针，负责本行人力资源管理的制度建设。

（3）负责组织对总行人事考勤工作的监督检查。

（4）负责组织对总行员工的教育培训活动。

（5）负责总行人员招聘、录用、调配工作，协助行领导把好用人、进人关。负责对本部门人员的工作指导、培训、监督、考核。

2. 副经理岗

（1）协助本部门经理做好全行的薪酬管理和激励机制建设。

（2）负责做好全行绩效考评工作的组织管理。

（3）负责配合人力资源其他功能模块的工作。

（4）负责对本部门人员的工作指导、培训、监督、考核。

3. 人事管理岗

（1）执行全行制定的人事制度，并负责实施和监督检查。

（2）协助本部经理做好全行的人员配置和员工招聘工作。

（3）负责高管人员任职资格审查，负责全行员工出入境手续、证件的管理工作。

（4）组织、做好全行的人力资源调研与统计信息管理。

（5）组织、做好拟引进关键岗位核心人才的外审调研工作及履历资料核实。

（6）负责全行的纪检工作，包括员工的行为动态管理，员工轮岗及强制休假制度管理。

（7）负责员工劳动争议受理。

（8）组织做好全行员工上下班考勤、事病假等日常管理工作。

4. 教育培训管理岗

（1）组织做好各部门的培训需求调查、整理汇总。

（2）协助本部门经理拟定全行员工教育培训计划及预算计划，经批准后组织实施。

（3）组织做好全行专业技术人员职务资格考试、确认、评聘、考核、技能等级认定工作。

（4）负责选择教育培训教材，对各类教材进行初步审定和教材的组织实施。

（5）负责具体落实培训的课程安排和任课教师，负责培训效果评估与考核。

（6）负责员工的实习管理，负责员工学历奖励审批。

（7）保持与有关部门联系，沟通情况，收集信息，调查研究，把握教育培训动向。

（8）负责本部门文件收发、本部门文书档案整理。

（9）负责部门会议记录。

（10）负责补充养老保险的台账登记。

（11）负责全行人事管理、专业技术档案的保管和档案的查阅、借阅、转递工作。

5. 劳资管理岗

（1）负责全行劳动工资计划的编制、组织实施。负责编制员工劳动工资方面的统计报表。

（2）组织做好全行住房公积金、养老金、医疗保险金、失业金、工伤保险、生育保险等的基数核算及有关台账的登记。

（3）组织做好全行的劳资管理包括劳动合同的管理。

（4）负责全行员工档案工资调整、工资档案及台账登记。

（5）负责办理全行员工流动的相关手续。

6. 操作风险内控岗

（1）负责牵头组织人力资源管理部各岗位风险内控管理工作，建立完善该部门的风险内控制度。

（2）监督人力资源管理部各岗位风险内控职责的落实情况，对该部门风险内控管理工作定期进行评价。

（3）撰写人力资源管理部风险内控评价报告和风险监测报告。

（4）独立于人力资源管理部，直接向内控审计部负责。

## 二、操作风险点及其控制制度

人力资源部操作风险点及其控制制度如表 18-1 所示。

表 18-1　**人力资源部操作风险点及其控制制度**

| 环节 | 风险点 | 风险控制措施 | 责任人 |
|---|---|---|---|
| 1 | 全行人力资源的中长期发展规划的制订不符合全行的要求 | 制订全行人力资源的中长期发展规划 | 经理岗 |
| 2 | 不能有效实施人力资源的年度计划与运行策略 | 有效实施人力资源的年度计划与运行策略 | 经理岗 |
| 3 | 全行人力资源结构不合理 | 调整全行人力资源结构以符合我行发展的需要 | 经理岗 |
| 4 | 优质人才资源提供不足，不能满足全行中长期发展战略 | 应提供满足全行中长期发展战略的优质人才资源 | 经理岗 |
| 5 | 人力资源招聘计划不符合全行需求 | 编制人力资源招聘与配置计划 | 经理岗、人事管理岗 |
| 6 | 人力资源招聘系统不完善 | 完善人力资源招聘系统 | |
| 7 | 招聘过程把关不严以致引进人员质量得不到保证 | 从招聘环节入手，严格进行人员资格审查，控制人员质量 | |
| 8 | 未能引导全行人力资源配置向专业化的方向发展 | 引导全行人力资源配置向专业化的方向发展 | |
| 9 | 未能做好新员工的接收工作 | 做好新员工的接收工作 | 人事管理岗 |
| 10 | 全行中高级管理人员选拔方案不合理 | 制订合理的全行中高级管理人员选拔方案 | 经理岗 |
| 11 | 对中高级管理人员培养不到位 | 加强对高级管理人员的培养 | 经理岗 |
| 12 | 高管人员任职资格审查不严格 | 高管人员任职资格应进行严格审查 | 人事管理岗 |

续表

| 环节 | 风险点 | 风险控制措施 | 责任人 |
|---|---|---|---|
| 13 | 中高级管理人员及员工的出入境手续、证件管理工作出现漏洞 | 把好中高级管理人员的出入境手续、证件管理关 | 人事管理岗 |
| 14 | 未能有效落实中高级管理人员的激励约束办法 | 有效落实中高级管理人员的激励约束办法 | 副经理岗 |
| 15 | 未能做好培训需求调查，未及时进行整理汇总 | 做好培训需求调查并及时进行整理汇总 | 教育培训管理岗 |
| 16 | 培训教材的选择达不到符合培训的要求 | 选择达到符合培训要求的培训教材 | 教育培训管理岗 |
| 17 | 任课教师的选取达不到任职资格条件 | 任课教师的选取应能达到任职资格条件 | 教育培训管理岗 |
| 18 | 培训效果不明显 | 努力提高培训效果 | 教育培训管理岗 |
| 19 | 未能拟定全行员工教育培训计划及预算计划 | 拟定全行员工教育培训计划及预算计划 | 经理岗、教育培训管理岗 |
| 20 | 未能做好薪酬管理和激励机制建设 | 薪酬和激励机制要能准确反映员工的贡献，薪酬和激励机制应能充分调动员工的积极性 | 经理岗、副经理岗 |
| 21 | 未组织薪资福利调查 | 组织薪资福利调查，不断推进薪酬福利制度的变革 | 副经理岗 |
| 22 | 员工对本行的薪酬调整依据与薪酬水平依据 | 应向员工阐述本行的薪酬调整依据与薪酬水平依据 | 副经理岗 |
| 23 | 薪酬福利政策不完善，组织执行不力 | 制定、调整薪酬福利政策，组织执行薪酬福利制度与管理办法 | 副经理岗 |
| 24 | 劳动工资计划的编制和劳动工资的日常管理不妥 | 编制劳动工资计划，对劳动工资进行日常管理 | 副经理岗 |
| 25 | 是否做好员工的社会保险和有关福利 | 承办全行员工的各项社会保险和有关福利 | 副经理岗 |
| 26 | 绩效考核指标体系不合理 | 应组织有关职能部门，建立合理的绩效考核指标体系 | 副经理岗 |

续表

| 环节 | 风险点 | 风险控制措施 | 责任人 |
| --- | --- | --- | --- |
| 27 | 是否组织落实全行员工的年度绩效考核、评价工作 | 组织落实全行员工的年度绩效考核、评价工作 | 副经理岗 |
| 28 | 对员工的综合考核是否到位 | 组织对员工试用期、晋升、调薪、调岗的综合考核 | 副经理岗 |
| 29 | 是否做好绩效档案的维护 | 建立和维护全行员工的绩效考核 | 副经理岗 |
| 30 | 人力资源管理的制度体系是否完善 | 制定和落实人力资源管理制度，组织制定并修改有关规章制度 | 经理岗 |
| 31 | 劳动合同管理不妥当，员工劳动合同订立、变更、解除等管理工作不符合相关要求 | 妥当管理劳动合同，做好劳动合同订立、变更、解除等管理工作 | 劳资管理岗 |
| 32 | 劳动争议案件的处理不得体，违反相关法律规定 | 妥善处理劳动争议案件 | 教育培训管理理岗 |
| 33 | 全行员工人事档案整理、归档、保管和保密工作未能做好 | 做好全行员工人事档案整理、归档、保管和保密工作 | 教育培训管理岗 |
| 34 | 专业技术人员职务资格考试、确认、评聘、考核、技能等级认定工作及专业技术人员档案保管工作未按相关要求做好 | 做好专业技术人员职务资格考试、确认、评聘、考核、技能等级认定工作及专业技术人员档案保管工作 | 教育培训岗 |
| 35 | 待岗员工、内退员工、退休退养人员事务处理不妥 | 妥善处理待岗员工、内退员工、退休退养人员事务 | 劳资管理岗 |
| 36 | 是否做好全行住房公积金、养老金、医疗保险金、失业金、工伤保险、生育保险等的基数核算工作 | 做好全行住房公积金、养老金、医疗保险金、失业金、工伤保险、生育保险等的基数核算工作 | 劳资管理岗 |
| 37 | 是否做好补充养老保险金的台账登记 | 做好养老保险金的台账登记 | 教育培训管理管理岗 |
| 38 | 考勤等日常管理工作 | 做好员工上下班考勤、事病假等日常管理工作 | 劳资管理岗 |
| 39 | 是否做好人力资源管理系统软件建设管理工作 | 做好人力资源管理系统软件建设管理工作 | 人事管理岗 |

续表

| 环节 | 风险点 | 风险控制措施 | 责任人 |
| --- | --- | --- | --- |
| 40 | 是否发起人力资源发展调研项目 | 发起人力资源发展调研项目，参与全行重要调研活动 | 人事管理岗 |
| 41 | 人力资源报表报送是否及时 | 及时报送人力资源报表 | 人事管理岗 |
| 42 | 是否对员工行为动态管理进行调查、监督和检查 | 按规定对员工行为动态管理进行调查、监督和检查 | 人事管理岗 |
| 43 | 未做好违规违纪案件的调查 | 做好违规违纪案件的调查 | 人事管理岗 |
| 44 | 是否对重要岗位、要害岗位人员实行轮岗及强行休假制度 | 对重要岗位、要害岗位人员实行轮岗及强行休假制度 | 人事管理岗 |
| 45 | 是否落实上报纪检监察部门交办的事项 | 落实上报纪检监察部门交办的事项 | 人事管理岗 |
| 46 | 是否落实党风廉政建设 | 落实党风廉政建设 | 人事管理岗 |
| 47 | 部门会议记录 | 认真做好部门会议记录 | 人事管理岗 |
| 48 | 是否做好全行员工上下班考勤、事病假等日常管理工作 | 做好全行员工上下班考勤、事病假等日常管理工作 | 人事管理岗 |
| 49 | 是否牵头组织人力资源管理部各岗位风险内控管理工作，是否对完善该部门的风险内控制度起到促进作用 | 牵头组织人力资源管理部各岗位风险内控管理工作，建立完善该部门的风险内控制度 | 操作风险内控岗 |
| 50 | 是否监督人力资源管理部各岗位风险内控职责的落实，对部门风险内控管理工作是否定期进行评价 | 监督人力资源管理部各岗位风险内控职责的落实情况，对该部门风险内控管理工作定期进行评价 | 操作风险内控岗 |
| 51 | 是否撰写人力资源管理部风险内控评价报告和风险监测报告 | 撰写人力资源管理部风险内控评价报告和风险监测报告 | 操作风险内控岗 |

## 三、操作风险的考评体系

评级一栏可以分为五级评价：一、二、三、四、五，代表很好、较好、好、中、差，比重一栏根据主要风险点的重要程度进行设定。

1. 经理岗操作风险的考评体系（见表18-2）。

表18-2 **经理岗操作风险的考评体系**

| 序号 | 主要风险点控制制度的落实情况 | 权重 | 评级 | 打分 |
|---|---|---|---|---|
| 1 | 制订全行人力资源的中长期发展规划 | | 一、二、三、四、五 | |
| 2 | 有效实施人力资源的年度计划与运行策略 | | 一、二、三、四、五 | |
| 3 | 调整全行人力资源结构以符合我行发展的需要 | | 一、二、三、四、五 | |
| 4 | 应提供满足全行中长期发展战略的优质人才资源 | | 一、二、三、四、五 | |
| 5 | 编制人力资源招聘与配置计划 | | 一、二、三、四、五 | |
| 6 | 完善人力资源招聘系统 | | 一、二、三、四、五 | |
| 7 | 从招聘环节入手，严格控制人员质量 | | 一、二、三、四、五 | |
| 8 | 引导全行人力资源配置向专业化的方向发展 | | 一、二、三、四、五 | |
| 9 | 促进员工有序流动 | | 一、二、三、四、五 | |
| 10 | 制订合理的全行中高级管理人员选拔方案 | | 一、二、三、四、五 | |
| 11 | 加强对高级管理人员的培养 | | 一、二、三、四、五 | |
| 12 | 拟定全行员工教育培训计划及预算计划 | | 一、二、三、四、五 | |
| 13 | 是否做好薪酬管理和激励机制建设 | | 一、二、三、四、五 | |
| 14 | 制定和落实人力资源管理制度，组织制定并修改有关规章制度 | | 一、二、三、四、五 | |

2. 副经理岗操作风险的考评体系（见表18-3）。

表18-3 **副经理岗操作风险的考评体系**

| 序号 | 主要风险点控制制度的落实情况 | 权重 | 评级 | 打分 |
|---|---|---|---|---|
| 1 | 有效落实中高级管理人员的激励约束办法 | | 一、二、三、四、五 | |
| 2 | 是否做好薪酬管理和激励机制建设 | | 一、二、三、四、五 | |
| 3 | 组织薪资福利调查，不断推进薪酬福利制度的变革 | | 一、二、三、四、五 | |
| 4 | 向员工阐述本行的薪酬调整依据与薪酬水平依据 | | 一、二、三、四、五 | |
| 5 | 制定、调整薪酬福利政策，组织执行薪酬福利制度与管理办法 | | 一、二、三、四、五 | |
| 6 | 组织有关职能部门，建立合理的绩效考核指标体系 | | 一、二、三、四、五 | |
| 7 | 组织落实全行员工的年度绩效考核、评价工作 | | 一、二、三、四、五 | |
| 8 | 组织对员工试用期、晋升、调薪、调岗的综合考核 | | 一、二、三、四、五 | |
| 9 | 建立和维护全行员工的绩效考核 | | 一、二、三、四、五 | |

3. 人事管理岗操作风险的考评体系（见表 18-4）

表 18-4　　**人事管理岗操作风险的考评体系**

| 序号 | 主要风险点控制制度的落实情况 | 权重 | 评级 | 打分 |
|---|---|---|---|---|
| 1 | 编制人力资源招聘与配置计划 | | 一、二、三、四、五 | |
| 2 | 完善人力资源招聘系统 | | 一、二、三、四、五 | |
| 3 | 从招聘环节入手，严格控制人员质量 | | 一、二、三、四、五 | |
| 4 | 引导全行人力资源配置向专业化的方向发展 | | 一、二、三、四、五 | |
| 5 | 做好新员工的接收工作 | | 一、二、三、四、五 | |
| 6 | 高管人员任职资格应进行严格审查 | | 一、二、三、四、五 | |
| 7 | 把好中高级管理人员及员工的出入境手续、证件管理关 | | 一、二、三、四、五 | |
| 8 | 做好人力资源信息库建设、维护工作 | | 一、二、三、四、五 | |
| 9 | 发起人力资源发展调研项目，参与全行重要调研活动 | | 一、二、三、四、五 | |
| 10 | 及时报送人力资源报表 | | 一、二、三、四、五 | |
| 11 | 妥善处理员工劳动争议受理 | | 一、二、三、四、五 | |
| 12 | 对重要岗位、要害岗位人员实行轮岗及强行休假制度 | | 一、二、三、四、五 | |
| 13 | 做好全行员工上下班考勤、事病假等日常管理工作 | | 一、二、三、四、五 | |
| 14 | 按规定对员工行为动态管理进行调查、监督和检查 | | 一、二、三、四、五 | |
| 15 | 做好违规违纪案件的调查 | | 一、二、三、四、五 | |
| 16 | 落实上报纪检监察部门交办的事项 | | 一、二、三、四、五 | |
| 17 | 落实党风廉政建设 | | 一、二、三、四、五 | |
| 18 | 做好员工上下班考勤、事病假等日常管理工作 | | 一、二、三、四、五 | |

4. 教育培训管理岗操作风险的考评体系（见表 18-5）

表 18-5　　**教育培训管理岗操作风险的考评体系**

| 序号 | 主要风险点控制制度的落实情况 | 权重 | 评级 | 打分 |
|---|---|---|---|---|
| 1 | 做好培训需求调查并及时进行整理汇总 | | 一、二、三、四、五 | |
| 2 | 选择达到符合培训要求的培训教材 | | 一、二、三、四、五 | |
| 3 | 任课教师的选取应能达到任职资格条件 | | 一、二、三、四、五 | |
| 4 | 努力提高培训效果 | | 一、二、三、四、五 | |

续表

| 序号 | 主要风险点控制制度的落实情况 | 权重 | 评级 | 打分 |
|---|---|---|---|---|
| 5 | 拟定全行员工教育培训计划及预算计划 | | 一、二、三、四、五 | |
| 6 | 做好专业技术人员职务资格考试、确认、评聘、考核、技能等级认定工作及专业技术人员档案保管工作 | | 一、二、三、四、五 | |
| 7 | 是否做好部门会议记录 | | 一、二、三、四、五 | |
| 8 | 是否做好补充养老保险金的台账登记 | | 一、二、三、四、五 | |
| 9 | 做好全行员工人事档案整理、归档、保管和保密工作 | | 一、二、三、四、五 | |

5. 劳资管理岗操作风险的考评体系（见表 18-6）

表 18-6　**劳资管理岗操作风险的考评体系**

| 序号 | 主要风险点控制制度的落实情况 | 权重 | 评级 | 打分 |
|---|---|---|---|---|
| 1<br>2 | 妥当管理劳动合同，做好劳动合同订立、变更、解除等管理工作 | | 一、二、三、四、五 | |
| 3 | 妥善处理待岗员工、内退员工、退休退养人员事务 | | 一、二、三、四、五 | |
| 4 | 做好全行住房公积金等的基数核算工作 | | 一、二、三、四、五 | |
| 5 | 负责总行员工、退休退养人员医保费用、生育保险、工伤保险的审核 | | 一、二、三、四、五 | |
| 6 | 编制劳动工资计划，对劳动工资进行日常管理 | | 一、二、三、四、五 | |
| 7 | 承办全行员工的各项社会保险和有关福利 | | 一、二、三、四、五 | |

6. 操作风险内控岗操作风险的考评体系（见表 18-7）。

表 18-7　**操作风险内控岗操作风险的考评体系**

| 序号 | 主要风险点控制制度的落实情况 | 权重 | 评级 | 打分 |
|---|---|---|---|---|
| 1 | 是否牵头组织人力资源管理部各岗位风险内控管理工作，是否对完善该部门的风险内控制度起到促进作用 | | 一、二、三、四、五 | |
| 2 | 是否监督人力资源管理部各岗位风险内控职责的落实，对部门风险内控管理工作是否定期进行评价 | | 一、二、三、四、五 | |
| 3 | 是否撰写人力资源管理部风险内控评价报告和风险监测报告 | | 一、二、三、四、五 | |

# 第十九章　办公室操作风险控制

## 一、办公室组织结构和岗责体系

### （一）办公室组织结构（见图19-1）

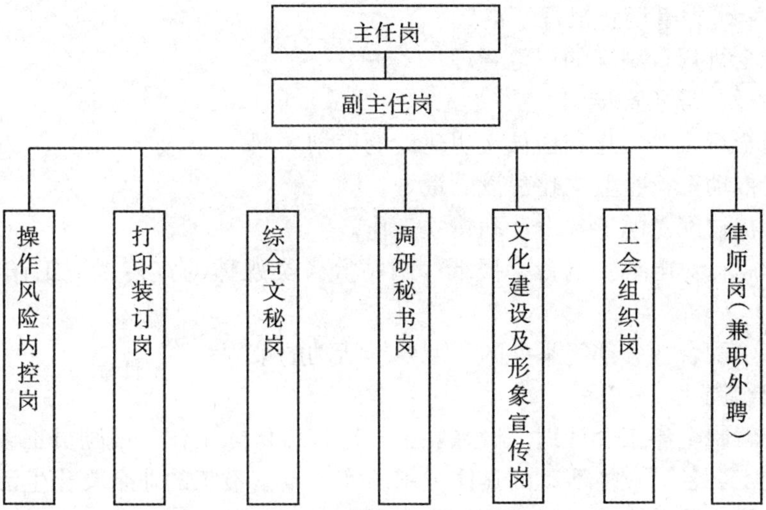


图19-1　办公室组织结构

### （二）办公室岗责体系

1. 主任岗

（1）负责全行行务的运行管理，协调总行各部门工作，确保总行各项工作正常运转。

（2）全面负责、协调、指导、管理办公室调研、文秘、宣传、工会等工作，具体负责办公室职能范围内的重要工作。

（3）负责行长室的接待和总行对外联络工作，联系落实总行领导的重要活动。

（4）负责对下属人员的工作指导、培训、监督、考核。

2. 副主任岗

（1）协助办公室主任做好行务工作。

（2）负责总行各类媒体宣传报道的审定工作。

（3）负责总行文件的发文核稿、呈送签发工作。

（4）负责全行重要会议的会议记录，并整理形成规范格式，作为档案资料存档。

（5）负责总行各类会议的通知、组织、会议安排等工作。

（6）负责总行服务督导、行风行貌检查。

（7）负责对行长电话的受理和处理工作。

（8）负责就本行有关法律事务联系外聘律师。

3. 调研秘书岗

（1）负责领导日常秘书工作和全行各类综合材料、汇报材料、领导讲话、计划总结等。

（2）负责围绕全行经营管理主线和中心工作，积极开展相关调查研究工作，为行领导和各部门决策提供依据。

（3）负责全行各类信息的收集、整理和发布工作。收集和编发总行经济金融参考信息材料。编纂全行大事记和银行年鉴。

（4）负责全行规章制度的规范管理。

4. 文化建设及形象宣传岗

（1）负责全行企业文化和精神文明建设的策划。

（2）负责推动全行企业文化建设的策划。

（3）负责机构网点的形象设计和建立工作。

（4）负责总行对电视、电台、报纸、网站等各类媒体的宣传报道工作的准备和初审工作。

（5）支持、配合业务部门举办的大型营销活动的策划。

5. 工会组织岗

（1）负责编制全年工会计划。做好职工合法权益保障工作，鼓励员工参与民主管理。

（2）负责工会各项文体活动的具体组织落实，丰富员工的业余文化生活。

（3）关心员工的生活与工作，帮助员工解决生活中的一些实际困难，组织开展扶贫帮困等社会工作。

（4）负责对员工开展爱行敬业的思想教育宣传工作。

6. 综合文秘岗

（1）负责全行的公文印信管理。

（2）负责总行文书档案和综合档案室管理，指导总行业务管理部门和支行的档案管理工作。

（3）负责总行咨询电话、投诉电话管理工作。

7. 打印装订岗

（1）负责总行办公室文档打印及文件复印、装订和一般文档归档等工作。

（2）负责完成上级领导交办的其他工作。

8. 操作风险内控岗

（1）监督机要文件的借阅、传递、入库等保密工作。

（2）监督信息的安全实施情况、电脑设备的安全管理流程以及网络安全性管理情况。
（3）监督后勤事务操作的合规性。
（4）监督办公事务操作的合规性。
（5）监管其他产生操作风险的事务。
9. 律师岗（兼职外聘）
负责全行的法律事务管理。

## 二、操作风险点及其控制制度

办公室操作风险点及其控制制度如表 19-1 所示。

表 19-1　**办公室操作风险点及其控制制度**

| 环节 | 风险点 | 风险控制制度 | 责任人 |
|---|---|---|---|
| 1 | 总行的工作指示不能及时、有效、准确下达 | 及时、有效、准确下达总行的工作指示 | 主任岗 |
| 2 | 支行请示报告不能及时给领导批复，领导批复意见反馈不及时 | 及时转批支行请示报告和总行领导批复意见 | 主任岗 |
| 3 | 对总行各业务管理部门与支行对总行工作部署的贯彻和执行情况调研不力 | 认真调研总行各业务管理部门与支行对总行工作部署的贯彻和执行情况 | 主任岗 |
| 4 | 未能有效协调和衔接总行与支行，总行各职能部门之间的工作协作 | 有效协调和衔接总行与支行，总行各职能部门之间的工作协作 | 主任岗 |
| 5 | 各类会议的通知不到位 | 会议通知要到位 | 副主任岗 |
| 6 | 各类会议组织不力，以致不能按时召开 | 认真组织各类会议的召开 | 副主任岗 |
| 7 | 会议安排出现问题，时间地点冲突 | 会议安排不能出现时间、地点等冲突 | 副主任岗 |
| 8 | 未能做好全行重要会议的会议记录 | 做好全行的重要会议记录 | 副主任岗 |
| 9 | 会议记录未整理形成规范格式，未作为档案资料存档 | 将会议记录整理形成规范格式，作为档案资料存档 | 副主任岗 |
| 10 | 是否做好档案管理工作 | 档案的借阅管理要严格，防止文件档案的丢失，严格执行销毁规定，防止泄露秘密 | 综合文秘岗 |
| 11 | 对外接待工作做得不得体 | 做好对外接待工作 | 副主任岗 |
| 12 | 总行与政府、人行、同业及其他社会团体的工作联络不及时、不到位 | 及时做好对外联络工作 | 副主任岗 |

续表

| 环节 | 风险点 | 风险控制制度 | 责任人 |
|---|---|---|---|
| 13 | 全行企业文化建设的方案设计不符合银行的要求，方案不具体，可操作性不强 | 设计符合银行要求的具体的可操作性强的企业文化建设方案 | 文化建设及形象宣传岗 |
| 14 | 对企业价值观的理解上存在错误 | 准确定位企业价值观 | |
| 15 | 对企业核心理念认识不够深刻，理解不准确 | 准确深刻理解企业核心理念 | |
| 16 | 制定的员工行为规范不够具体，不能成为员工的行为指南 | 制定具体的员工行为规范 | |
| 17 | 机构网点的形象设计和建立不符合总行要求 | 机构网点的形象设计和建立应符合总行要求 | |
| 18 | 总行整体形象策划不能反映总行形象 | 总行整体形象策划应能反映总行形象 | |
| 19 | 接待新闻媒体采访事务过程中存在漏洞 | 认真接待新闻媒体采访事务 | |
| 20 | 未经领导审核擅自对外宣传，从而使正面宣传变负面宣传，致使银行形象受损 | 对外宣传之前一定要请领导审核，并注意对外宣传的角度和方式 | |
| 21 | 未能支持配合业务部门对外各类媒体的营销宣传 | 支持配合业务部门对外各类媒体的营销宣传 | |
| 22 | 未制定行务系统的运行规则和流程 | 制订行务系统的运行规则和流程 | 调研秘书岗 |
| 23 | 全行制度建设的结构体系不规范 | 规范全行制度建设的结构体系 | |
| 24 | 全行规章制度没有汇编 | 汇编全行规章制度 | |
| 25 | 未能按时有效地组织对全行经营管理的调研 | 围绕全行经营管理主线和中心工作，积极开展相关调查研究工作，为行领导和各部门决策提供依据 | |
| 26 | 调研重大信息记载不全 | 调研信息尤其是重大信息要全面准确记载 | |
| 27 | 调查结果出现偏差，导致决策失误 | 调查结果力求准确，避免决策失误 | |

续表

| 环节 | 风险点 | 风险控制制度 | 责任人 |
|---|---|---|---|
| 28 | 外聘律师过程是否合规 | 备选律师库中不应选入不符合条件的律师事务所，将应列入禁用名单的律师事务所和律师列入，选聘律师过程中应该公开公正，合理设置与外聘律师的委托合同中权利义务 | 副主任岗 |
| 29 | 法律咨询能否满足需要 | 全面、真实、准确反映咨询问题，法律咨询答复意见应该明确，不得有误 | 律师岗（兼职外聘） |
| 30 | 合同的审定 | 审定全行的各类格式合同，审批全行各类非格式合同 | 律师岗（兼职外聘） |
| 31 | 审核对外诉讼材料 | 仔细审核对外诉讼材料 | 律师岗（兼职外聘） |
| 32 | 出庭参与诉讼活动 | 在授权范围内代表总行或支行出庭参与诉讼活动应最大努力地维护银行利益 | 律师岗（兼职外聘） |
| 33 | 对外业务谈判 | 在授权范围内代表总行或支行参与对外业务谈判争取银行最大利益 | 律师岗（兼职外聘） |
| 34 | 外聘律师的道德风险 | 通过适合的制约机制来降低外聘律师发生道德风险的可能性，以保证银行利益 | 副主任岗 |
| 35 | 是否做好各类文字材料的相关工作 | 起草领导日常秘书工作和全行各类综合材料、汇报材料、领导讲话、计划总结等 | 调研秘书岗 |
| 36 | 是否做好发文核稿审稿、呈送、签发工作 | 对于要发出的文稿先要进行认真的核对和审查，认为没有问题再交领导审阅并签字才可以发出 | 副主任岗 |
| 37 | 是否做好服务督导、行风行貌检查 | 做好服务督导、行风行貌检查 | 副主任岗 |
| 38 | 全年工会计划编制不合理 | 编制合理的全年工会计划 | 工会组织岗 |
| 39 | 不能有效保障职工合法权益 | 有效保障职工合法权益 | 工会组织岗 |
| 40 | 未能鼓励员工参与民主管理 | 鼓励员工参与民主管理 | 工会组织岗 |
| 41 | 没有组织丰富的员工业余生活 | 组织丰富的员工业余生活 | 工会组织岗 |

续表

| 环节 | 风险点 | 风险控制制度 | 责任人 |
|---|---|---|---|
| 42 | 对员工生活与工作不够关心，员工生活中的一些实际困难没有帮助解决 | 关心员工生活与工作，帮助解决员工生活中的一些实际困难 | 工会组织岗 |
| 43 | 思想教育宣传工作不到位 | 做好思想教育宣传 | 工会组织岗 |
| 44 | 印信管理工作 | 做好印信管理工作，印信要统一保管，加盖印章、出具相关信件之前一定要仔细审核是否符合要求 | 综合文秘岗 |
| 45 | 咨询电话、投诉电话处理不妥 | 妥当处理咨询电话、投诉电话 | 综合文秘岗 |
| 46 | 文案打印装订岗是否做好保密工作 | 文档打印及文件复印、装订过程中要防止银行秘密的泄露 | 打印装订岗 |
| 47 | 行长电话的受理和处理工作是否做好 | 做好行长电话的受理和处理工作 | 副主任岗 |
| 48 | 未能做好总行文书档案的收集、归档 | 做好总行文书档案的收集、归档 | 综合文秘岗 |
| 49 | 对总行各部门和支行档案工作指导不力 | 指导总行各部门和支行档案工作 | 综合文秘岗 |
| 50 | 是否监督机要文件的借阅、传递、入库等保密工作 | 监督机要文件的借阅、传递、入库等保密工作 | 操作风险内控岗 |
| 51 | 是否监督信息的安全实施情况 | 监督信息的安全实施情况 | 操作风险内控岗 |
| 52 | 是否监督后勤事务操作的合规性 | 监督后勤事务操作的合规性 | 操作风险内控岗 |
| 53 | 是否监督办公事务操作的合规性 | 监督办公事务操作的合规性 | 操作风险内控岗 |
| 54 | 是否监管其他产生操作风险的事务 | 监管其他产生操作风险的事务 | 操作风险内控岗 |

### 三、操作风险的考评体系

评级一栏可以分为五级评价：一、二、三、四、五，表示很好、较好、好、中、差，对应评分可以自行设定。比重一栏根据主要风险点的重要程度进行设定。

1. 主任岗操作风险考评体系（见表19-2）

表19-2 主任岗操作风险考评体系

| 序号 | 主要风险点控制制度的落实情况 | 权重 | 评级 | 打分 |
|---|---|---|---|---|
| 1 | 及时、有效、准确下达总行的工作指示 | | 一、二、三、四、五 | |
| 2 | 及时转批支行请示报告和总行领导批复意见 | | 一、二、三、四、五 | |
| 3 | 认真调研总行各业务管理部门与支行对总行工作部署的贯彻和执行情况 | | 一、二、三、四、五 | |
| 4 | 有效协调和衔接总行与支行，总行各职能部门之间的工作协作 | | 一、二、三、四、五 | |

2. 副主任岗操作风险考评体系（见表19-3）

表19-3 副主任岗操作风险考评体系

| 序号 | 主要风险点控制制度的落实情况 | 权重 | 评级 | 打分 |
|---|---|---|---|---|
| 1 | 会议通知要到位 | | 一、二、三、四、五 | |
| 2 | 认真组织各类会议的召开 | | 一、二、三、四、五 | |
| 3 | 会议安排不能出现时间、地点等的冲突 | | 一、二、三、四、五 | |
| 4 | 做好全行的重要会议记录 | | 一、二、三、四、五 | |
| 5 | 将会议记录整理形成规范格式，作为档案资料存档 | | 一、二、三、四、五 | |
| 6 | 做好对外接待工作 | | 一、二、三、四、五 | |
| 7 | 及时做好对外联络工作 | | 一、二、三、四、五 | |
| 8 | 外聘律师过程是否合规 | | 一、二、三、四、五 | |
| 9 | 对于要发出的文稿先要进行认真的核对和审查，认为没有问题再交领导审阅并签字才可以发出 | | 一、二、三、四、五 | |
| 10 | 通过适合的激励机制来降低外聘律师发生道德风险的可能性，以保证银行利益 | | 一、二、三、四、五 | |
| 11 | 做好行长电话的受理和处理工作 | | 一、二、三、四、五 | |

3. 调研秘书岗操作风险考评体系（见表 19-4）

表 19-4 **调研秘书岗操作风险考评体系**

| 序号 | 主要风险点控制制度的落实情况 | 权重 | 评级 | 打分 |
|---|---|---|---|---|
| 1 | 制定行务系统的运行规则和流程 | | 一、二、三、四、五 | |
| 2 | 起草领导日常秘书工作和全行各类综合材料、汇报材料、领导讲话、计划总结等 | | 一、二、三、四、五 | |
| 3 | 规范全行制度建设的结构体系 | | 一、二、三、四、五 | |
| 4 | 汇编全行规章制度 | | 一、二、三、四、五 | |
| 5 | 围绕全行经营管理主线和中心工作，积极开展相关调查研究工作，为行领导和各部门决策提供依据 | | 一、二、三、四、五 | |
| 6 | 调研信息尤其是重大信息要全面准确记载 | | 一、二、三、四、五 | |
| 7 | 调查结果力求准确，避免决策失误 | | 一、二、三、四、五 | |

4. 文化建设及形象宣传岗操作风险考评体系（见表 19-5）

表 19-5 **文化建设及形象宣传岗操作风险考评体系**

| 序号 | 主要风险点控制制度的落实情况 | 权重 | 评级 | 打分 |
|---|---|---|---|---|
| 1 | 设计符合银行要求的具体的可操作性强的企业文化建设方案 | | 一、二、三、四、五 | |
| 2 | 准确定位企业价值观 | | 一、二、三、四、五 | |
| 3 | 准确、深刻理解企业核心理念 | | 一、二、三、四、五 | |
| 4 | 制定具体的员工行为规范 | | 一、二、三、四、五 | |
| 5 | 机构网点的形象设计和建立应符合总行要求 | | 一、二、三、四、五 | |
| 6 | 总行整体形象策划应能反映总行形象 | | 一、二、三、四、五 | |
| 7 | 认真接待新闻媒体采访事务 | | 一、二、三、四、五 | |
| 8 | 支持配合业务部门对外各类媒体的营销宣传 | | 一、二、三、四、五 | |
| 9 | 对外宣传之前一定要请领导审核，并注意对外宣传的角度和方式 | | 一、二、三、四、五 | |

5. 工会组织岗操作风险考评体系（见表19-6）

表19-6　　**工会组织岗操作风险考评体系**

| 序号 | 主要风险点控制制度的落实情况 | 权重 | 评级 | 打分 |
|---|---|---|---|---|
| 1 | 编制合理的全年工会计划 | | 一、二、三、四、五 | |
| 2 | 有效保障职工合法权益 | | 一、二、三、四、五 | |
| 3 | 鼓励员工参与民主管理 | | 一、二、三、四、五 | |
| 4 | 组织丰富的员工业余生活 | | 一、二、三、四、五 | |
| 5 | 关心员工生活与工作，帮助解决员工生活中的一些实际困难 | | 一、二、三、四、五 | |
| 6 | 做好思想教育宣传 | | 一、二、三、四、五 | |

6. 律师岗（兼职外聘）操作风险考评体系（见表19-7）

表19-7　　**律师岗（兼职外聘）操作风险考评体系**

| 序号 | 主要风险点控制制度的落实情况 | 权重 | 评级 | 打分 |
|---|---|---|---|---|
| 1 | 全面、真实、准确反映咨询问题，法律咨询答复意见应该明确，不得有误 | | 一、二、三、四、五 | |
| 2 | 审定全行的各类格式合同，审批全行各类非格式合同 | | 一、二、三、四、五 | |
| 3 | 仔细审核对外诉讼材料 | | 一、二、三、四、五 | |
| 4 | 在授权范围内代表总行或支行出庭参与诉讼活动应最大努力地维护银行利益 | | 一、二、三、四、五 | |
| 5 | 在授权范围内代表总行或支行参与对外业务谈判争取银行最大利益 | | 一、二、三、四、五 | |

7. 综合文秘岗操作风险考评体系（见表19-8）

表19-8　　**综合文秘岗操作风险考评体系**

| 序号 | 主要风险点控制制度的落实情况 | 权重 | 评级 | 打分 |
|---|---|---|---|---|
| 1 | 档案的借阅管理要严格，防止文件档案的丢失，严格执行销毁规定，防止泄露秘密 | | 一、二、三、四、五 | |
| 2 | 做好印信管理工作，印信要统一保管，加盖印章、出具相关信件之前一定要仔细审核是否符合要求 | | 一、二、三、四、五 | |
| 3 | 做好总行文书档案的收集、归档 | | 一、二、三、四、五 | |
| 4 | 指导总行各部门和支行档案工作指导 | | 一、二、三、四、五 | |

8. 打印装订岗操作风险考评体系（见表 19-9）

表 19-9　　**打印装订岗操作风险考评体系**

| 序号 | 主要风险点控制制度的落实情况 | 权重 | 评级 | 打分 |
|---|---|---|---|---|
| 1 | 文档打印及文件复印、装订过程中要防止银行秘密的泄露 | | 一、二、三、四、五 | |

# 第二十章　行政保卫部操作风险控制

## 一、行政保卫部组织结构和岗责

### （一）行政保卫部组织结构（见图 20-1）

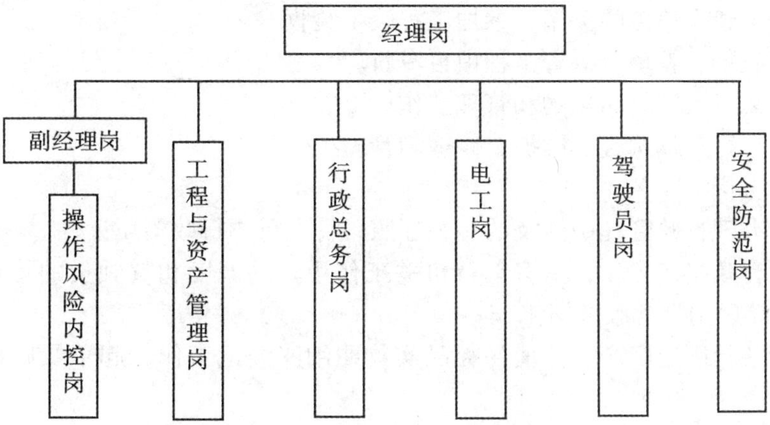


图 20-1　行政保卫部组织结构

### （二）行政保卫部岗责

1. 经理岗

（1）负责对全行安全保卫工作进行计划、组织、部署。

（2）组织制订本部门工作发展计划、预算方案。

（3）组织制定行政管理规章制度及督促、检查制度的贯彻执行。

（4）全面负责全行行政后勤保障工作。

（5）全面负责、协调、指导、管理分支机构建设和工程监督管理工作。

（6）负责对本部门人员的工作指导、培训、监督、考核。

2. 副经理岗

（1）协助经理对全行安全保卫工作进行全面计划、组织、部署。

（2）负责定期、不定期向经理及行领导请示、汇报工作，向中国人民银行、银监局保卫处、公安部门及上级保卫部门报告工作。

（3）深入各网点，调查研究，结合实际制订安全保卫工作整体性计划，组织制定、完善安全保卫工作规章制度。

（4）组织对分支机构的安全检查，督促各分支机构贯彻落实安全保卫方面的管理规定。

（5）负责全行押运安全防范管理工作。

（6）负责召开全行安全员会议，研究、部署安全保卫工作。

（7）配合司法机关查处涉及本单位的有关案件。

（8）负责对本部门直接下属人员的工作指导、培训、监督、考核。

3. 工程与资产管理岗

（1）负责总行新网点租房、工程项目预算、设计方案施工招标及施工监管工作。

（2）负责总行在建工程的质量监督和日常管理，对工程施工与管理提出合理化建议和要求。

（3）协调与建设单位的关系，参加工程竣工验收。

（4）负责收集、整理、保管工程项目资料。

（5）负责总行大宗物品采购和管理工作。

（6）负责总行车辆购置、维护、修理和管理工作。

4. 行政总务岗

（1）负责办理行政管理中涉及的相关证照，管理重要行政资质证件。

（2）负责行政接待工作，负责总行机关工作用车的调度和驾驶员的管理；负责指导和协调总行行政后勤日常服务岗工作。

（3）负责总行固定资产、低值易耗品实物明细账登记工作，起草及归档行政管理相关文件。

（4）负责总行大楼物业维护和管理工作。

5. 电工岗

（1）认真钻研技术，熟悉总行电气设备的原理、性能，提高工作技能。

（2）负责总行电气设备的计划检修和应急维修工作。严格遵守电气安全操作规程，每天循环检查，及时了解电气设施运转情况，负责联系供应商对电梯、空调、配电等设备进行维护、检修工作。

（3）负责确保总行机关动力设备正常运转和用电安全。

6. 驾驶员岗

（1）根据调度的计划安排，保持车辆的正常安全运行。

（2）遵纪守法，严格遵守交通法规，服从管理。

（3）负责车辆的日常保养、清洁、维修。

（4）在保障行车安全的前提下，努力节约费用开支，严格控制油耗和修理费用。

7. 安全防范岗

（1）起草安全保卫工作规章制度。

（2）负责器械、运钞车辆的安全管理。

（3）负责安全防范设施、技术防范系统、消防系统的建设管理和监督、检查及验收。

（4）负责对各分支机构安全保卫工作的检查指导，对存在的安全隐患提出整改意见。

（5）负责全行的安全保卫宣传教育。

（6）协助司法机关查处涉及本单位的有关案件。

（7）负责保卫档案的收集、整理、归档。

（8）参与当地的社会治安综合治理工作。

（9）负责经济护卫队的管理工作。

（10）负责保卫部门报表统计、上报工作。

（11）负责行总部行政值班安排及各支行节假日值班的管理。

（12）负责行总部的消防及安全保卫工作。

（13）负责信息的传递、通报预警工作。

8. 操作风险内控岗

（1）负责牵头组织保卫部的风险内控管理工作，建立完善该部门的风险内控制度。

（2）监督保卫部各岗位风险内控职责的落实情况，对该部门风险内控管理工作定期进行评价。

（3）撰写保卫部的内控评价报告和风险监测报告。

（4）独立于保卫部，直接向风险管理部门负责。

## 二、操作风险及其控制制度

行政保卫部操作风险点及其控制制度（见表20-1）。

表20-1　　行政保卫部操作风险点及其控制制度

| 序号 | 主要风险点 | 控制制度 | 责任人 |
| --- | --- | --- | --- |
| 1 | 采购项目的必要性不足，导致浪费 | 要充分论证采购项目的必要性，避免不必要的浪费 | 工程与资产管理岗 |
| 2 | 供方提供假资质证明，造成误选供方 | 对供方提供的资质证明应进行严格审核，避免误选供方 | |
| 3 | 开标、评标过程公开、公平、公正性不足，导致招标失败 | 公开、公平、公正地进行开标、评标 | |
| 4 | 合同未进行业务性、合规性审查，合同条款责任不明确，导致合同纠纷 | 对合同进行业务性、合规性审查，明确合同条款责任 | |
| 5 | 上报候选供方资料不实，导致审批失误 | 真实上报候选供方资料 | |
| 6 | 标的物规格、型号、质量等与合同不符，导致采购商品不符合要求 | 标的物规格、型号、质量等应与合同相符 | |

续表

| 序号 | 主要风险点 | 控制制度 | 责任人 |
|---|---|---|---|
| 7 | 相关部门未按规定职责进行验收，导致购入不合格产品 | 对购入产品按规定职责进行验收，避免购入不合格产品 | |
| 8 | 付款金额与合同金额不符，导致账务处理错误 | 付款金额与合同金额应相符，账务处理不能出现错误 | |
| 9 | 大宗物品采购未经计划财务部门审批 | 大宗物品采购必须经计划财务部门审批，并开具相关凭证 | |
| 10 | 未能支持总行办公室对外接待和会务保障工作 | 支持总行办公室对外接待和会务保障工作 | 经理岗 |
| 11 | 来宾的住宿、车辆、用餐等接待安排不周 | 周到地安排来宾的住宿、车辆、用餐等 | 经理岗 |
| 12 | 全行行政公章、重要印章未能统一刻制 | 统一刻制全行行政公章、重要印章 | 行政总务岗 |
| 13 | 全行房产“三证”办理和自住房管理不周 | 认真做好全行房产“三证”办理和自住房管理 | 行政总务岗 |
| 14 | 机关办公用品、劳保福利用品的采购和领发等日常后勤保障工作不到位 | 做好机关办公用品、劳保福利用品的采购和领发等日常后勤保障工作 | 行政总务岗 |
| 15 | 未建立房产登记台账及资料 | 建立房产登记台账及资料 | 行政总务岗 |
| 16 | 全行固定资产和总行机关低值易耗品的登记、建账、核对和管理存在漏洞 | 认真做好全行固定资产和总行机关低值易耗品的登记、建账、核对和管理 | 行政总务岗 |
| 17 | 未做好总行办公用房装修时施工质量的监督管理 | 做好总行办公用房装修时施工质量的监督管理 | 经理岗 |
| 18 | 总行车辆的购置、维护、修理和管理工作存在漏洞 | 认真做好总行车辆的购置、维护、修理和管理工作 | 工程与资产管理岗 |
| 19 | 不能保持车辆的正常安全运行 | 根据调度计划，保持车辆的正常安全运行 | 驾驶员岗 |
| 20 | 不能严格遵守交通法规 | 遵纪守法，严格遵守交通法规 | 驾驶员岗 |
| 21 | 未能做好车辆的日常保养、清洁、维修 | 做好车辆的日常保养、清洁、维修 | 驾驶员岗 |

续表

| 序号 | 主要风险点 | 控制制度 | 责任人 |
|---|---|---|---|
| 22 | 没能节约费用开支 | 在保障行车安全的前提下，努力节约费用开支，严格控制油耗和修理费用 | 驾驶员岗 |
| 23 | 总行机关工作用车的调度无序 | 有序组织总行机关工作用车的调度 | 行政总务岗 |
| 24 | 总行大楼的物业维护和管理工作不到位 | 做好总行大楼的物业维护和管理工作 | 行政总务岗 |
| 25 | 不熟悉总行电气设备的原理、性能，工作技能低下 | 熟悉总行电气设备的原理、性能，提高工作技能 | 电工岗 |
| 26 | 不能及时做好电气设备的计划检修和应急维修工作 | 做好电气设备的计划检修和应急维修工作 | 电工岗 |
| 27 | 不能确保总行机关动力设备正常运转和用电安全 | 确保总行机关动力设备正常运转和用电安全 | 电工岗 |
| 28 | 未做好分支机构房屋租赁、购买、装饰工作 | 做好分支机构房屋租赁、购买、装饰工作 | 工程与资产管理岗 |
| 29 | 新网点的物资招标、合同洽谈、工程监督工作不到位 | 做好新网点的物资招标、合同洽谈、工程监督工作 | 工程与资产管理岗 |
| 30 | 网点筹建组织和验收工作不到位 | 做好网点筹建组织和验收工作 | 经理岗、工程与资产管理岗 |
| 31 | 安全保卫工作规章制度的制定不符合要求 | 根据有关法规、规章和工作实际，起草安全保卫工作规章制度 | 安全防范岗、副经理岗 |
| 32 | 安全保卫工作的计划、组织和部署不力 | 做好安全保卫工作的计划、组织和部署 | 经理岗、副经理岗 |
| 33 | 对分支机构的安全检查工作是否到位 | 组织对分支机构的安全检查，督促各分支机构贯彻落实安全保卫方面的管理规定 | 副经理岗、安全防范岗 |
| 34 | 是否协助司法机关查处涉及本单位的有关案件 | 配合、协助司法机关查处涉及本单位的有关案件 | 副经理岗、安全防范岗 |
| 35 | 是否做好突发事件处理预案，是否做好抢劫等案件的防范工作 | 做好突发事件处理预案，做好抢劫、盗窃、诈骗等案件的防范工作 | 安全防范岗 |

续表

| 序号 | 主要风险点 | 控制制度 | 责任人 |
|---|---|---|---|
| 36 | 是否做好全行安保设施、防范器材的管理 | 做好全行营业网点防护设施和防卫器械的配置与管理；做好网点安保设施设备、安装项目的验收；指导全行的消防工作 | 安全防范岗 |
| 37 | 是否做好押运安全防范管理工作 | 做好押运安全防范管理工作 | 副经理岗 |
| 38 | 是否做好全行安全保卫队伍的建设与管理工作 | 开展安保宣传教育，组织全行专职、兼职安保员的业务学习。指导、检查各营业网点保卫组织建设，制订、实施安保人员培训计划 | 安全防范岗 |
| 39 | 安全设施和防护设备的标准和管理要求 | 执行有关安全设施和防护设备的标准，指导、检查系统各项安全设施和防护设备的建设、管理和使用 | 安全防范岗 |
| 40 | 安全宣传教育不到位，员工安全防范意识低下 | 认真开展安全宣传教育，提高员工安全防范意识 | 安全防范岗 |
| 41 | 是否及时向风险管理部门反映保卫部门的风险内控漏洞 | 发现问题及时向风险管理部门报告并提出修改意见 | 操作风险内控岗 |
| 42 | 保卫部门各岗位风险内控职责是否落实 | 严格按银行的规定监督各岗位风险内控职责的落实 | 操作风险内控岗 |
| 43 | 是否如实撰写保卫部门的内控评价报告和风险监测报告 | 及时、准确地向风险管理部门提交保卫部门的内控评价报告和风险监测报告 | 操纵风险内控岗 |

## 三、操作风险的考评体系

评级一栏可以分为五级评价：一、二、三、四、五，表示很好、较好、好、中、差，对应评分可以自行设定。比重一栏根据主要风险点的重要程度进行设定。

### （一）经理岗操作风险考评体系（见表 20-2）

表 20-2 经理岗操作风险考评体系

| 序号 | 主要风险制度落实情况 | 比重 | 评级 | 评分 |
|---|---|---|---|---|
| 1 | 支持总行办公室对外接待和会务保障工作 | | 一、二、三、四、五 | |
| 2 | 周到安排来宾的住宿、车辆、用餐等 | | 一、二、三、四、五 | |

续表

| 序号 | 主要风险制度落实情况 | 比重 | 评级 | 评分 |
|---|---|---|---|---|
| 3 | 做好总行办公用房装修时施工质量的监督管理 | | 一、二、三、四、五 | |
| 4 | 做好网点筹建组织和验收工作 | | 一、二、三、四、五 | |
| 5 | 做好安全保卫工作的计划、组织和部署 | | 一、二、三、四、五 | |

### （二）副经理岗操作风险考评体系（见表20-3）

表20-3　副经理岗操作风险考评体系

| 序号 | 主要风险制度落实情况 | 比重 | 评级 | 评分 |
|---|---|---|---|---|
| 1 | 根据有关法规、规章和工作实际，起草安全保卫工作规章制度 | | 一、二、三、四、五 | |
| 2 | 做好安全保卫工作的计划、组织和部署 | | 一、二、三、四、五 | |
| 3 | 组织对分支机构的安全检查，督促各分支机构贯彻落实安全保卫方面的管理规定 | | 一、二、三、四、五 | |
| 4 | 配合、协助司法机关查处涉及本单位的有关案件 | | 一、二、三、四、五 | |
| 5 | 做好全行货币和有价票证的押运安全防范管理工作 | | 一、二、三、四、五 | |

### （三）工程与资产管理岗操作风险考评体系（见表20-4）

表20-4　工程与资产管理岗操作风险考评体系

| 序号 | 主要风险制度落实情况 | 比重 | 评级 | 评分 |
|---|---|---|---|---|
| 1 | 要充分论证采购项目的必要性，避免不必要的浪费 | | 一、二、三、四、五 | |
| 2 | 对供方提供的资质证明应进行严格审核，避免误选供方 | | 一、二、三、四、五 | |
| 3 | 公开、公平、公正地进行开标、评标过程 | | 一、二、三、四、五 | |
| 4 | 对合同进行业务性、合规性审查，明确合同条款责任 | | 一、二、三、四、五 | |
| 5 | 真实上报候选供方资料 | | 一、二、三、四、五 | |
| 6 | 标的物规格、型号、质量等应与合同相符 | | 一、二、三、四、五 | |
| 7 | 对购入产品按规定职责进行验收，避免购入不合格产品 | | 一、二、三、四、五 | |

续表

| 序号 | 主要风险制度落实情况 | 比重 | 评级 | 评分 |
|---|---|---|---|---|
| 8 | 付款金额与合同金额应相符，账务处理不能出现错误 | | 一、二、三、四、五 | |
| 9 | 认真做好总行车辆的购置、维护、修理和管理工作 | | 一、二、三、四、五 | |
| 10 | 做好网点筹建组织和验收工作 | | 一、二、三、四、五 | |
| 11 | 做好新网点的物资招标、合同洽谈、工程监督工作 | | 一、二、三、四、五 | |
| 12 | 做好网点筹建组织和验收工作 | | 一、二、三、四、五 | |

### （四）行政总务岗操作风险考评体系（见表20-5）

表20-5　**行政总务岗操作风险考评体系**

| 序号 | 主要风险制度落实情况 | 比重 | 评级 | 评分 |
|---|---|---|---|---|
| 1 | 统一刻制全行行政公章、重要印章 | | 一、二、三、四、五 | |
| 2 | 认真做好全行房产“三证”办理和自住房管理 | | 一、二、三、四、五 | |
| 3 | 做好机关办公用品、劳保福利用品的采购和领发等日常后勤保障工作 | | 一、二、三、四、五 | |
| 4 | 建立房产登记台账及资料 | | 一、二、三、四、五 | |
| 5 | 认真做好全行固定资产和总行机关低值易耗品的登记、建账、核对和管理 | | 一、二、三、四、五 | |
| 6 | 有序组织总行机关工作用车的调度 | | 一、二、三、四、五 | |
| 7 | 做好总行大楼物业维护和管理工作 | | 一、二、三、四、五 | |

### （五）电工岗操作风险考评体系（见表20-6）

表20-6　**电工岗操作风险考评体系**

| 序号 | 主要风险制度落实情况 | 比重 | 评级 | 评分 |
|---|---|---|---|---|
| 1 | 熟悉总行电气设备的原理、性能，提高工作技能 | | 一、二、三、四、五 | |
| 2 | 做好电气设备的计划检修和应急维修工作 | | 一、二、三、四、五 | |
| 3 | 确保总行机关动力设备正常运转和用电安全 | | 一、二、三、四、五 | |

## （六）驾驶员岗操作风险考评体系（见表20-7）

表20-7　　驾驶员岗操作风险考评体系

| 序号 | 主要风险制度落实情况 | 比重 | 评级 | 评分 |
|---|---|---|---|---|
| 1 | 根据调度计划安排保持车辆的正常安全运行 | | 一、二、三、四、五 | |
| 2 | 遵纪守法，严格遵守交通法规 | | 一、二、三、四、五 | |
| 3 | 做好车辆的日常保养、清洁、维修 | | 一、二、三、四、五 | |
| 4 | 在保障行车安全的前提下，努力节约费用开支，严格控制油耗和修理费用 | | 一、二、三、四、五 | |

## （七）安全防范岗操作风险考评体系（见表20-8）

表20-8　　安全防范岗操作风险考评体系

| 序号 | 主要风险制度落实情况 | 比重 | 评级 | 评分 |
|---|---|---|---|---|
| 1 | 根据有关法规、规章和工作实际，起草安全保卫工作规章制度 | | 一、二、三、四、五 | |
| 2 | 做好安全保卫工作的计划、组织和部署 | | 一、二、三、四、五 | |
| 3 | 组织对分支机构的安全检查，督促各分支机构贯彻落实安全保卫方面的管理规定 | | 一、二、三、四、五 | |
| 4 | 配合、协助司法机关查处涉及本单位的有关案件 | | 一、二、三、四、五 | |
| 5 | 做好突发事件处理预案，做好抢劫、盗窃、诈骗等案件的防范工作 | | 一、二、三、四、五 | |
| 6 | 做好全行营业网点防护设施和防卫器械的配置与管理；做好网点安保设施设备、安装项目的验收；指导全行的消防工作 | | 一、二、三、四、五 | |
| 7 | 开展安保宣传教育，组织全行专、兼职安保员的业务学习。指导、检查各营业网点保卫组织建设，制定、实施安保人员培训计划 | | 一、二、三、四、五 | |

续表

| 序号 | 主要风险制度落实情况 | 比重 | 评级 | 评分 |
| --- | --- | --- | --- | --- |
| 8 | 制定安全设施和防护设备的标准和管理要求，指导、检查系统各项安全设施和防护设备的建设、管理和使用 | | 一、二、三、四、五 | |
| 9 | 认真开展安全宣传教育，提高员工安全防范意识 | | 一、二、三、四、五 | |

## （八）操作风险内控岗操作风险考评体系（见表 20-9）

表 20-9　　**操作风险内控岗操作风险考评体系**

| 序号 | 主要风险制度落实情况 | 比重 | 评级 | 评分 |
| --- | --- | --- | --- | --- |
| 1 | 是否及时向风险管理部门反映保卫部门的风险内控漏洞 | | 一、二、三、四、五 | |
| 2 | 保卫部门各岗位风险内控职责是否落实 | | 一、二、三、四、五 | |
| 3 | 是否如实撰写保卫部门的内控评价报告和风险监测报告 | | 一、二、三、四、五 | |

# 第二十一章　公司业务部操作风险控制

## 一、组织结构和岗责设计

### （一）组织结构（见图21-1至图21-3）

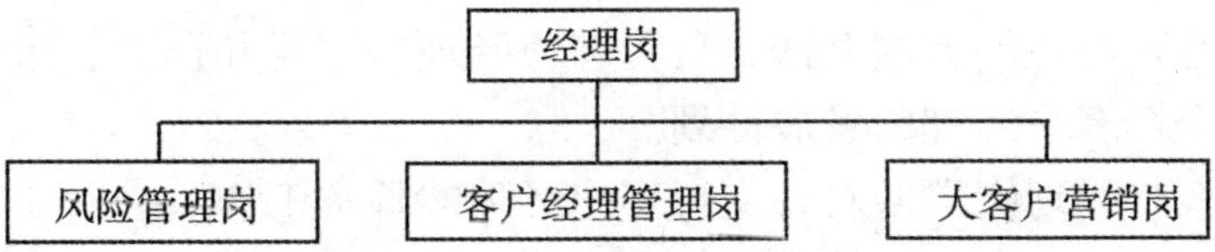


图21-1　公司业务部（客户管理部）组织结构

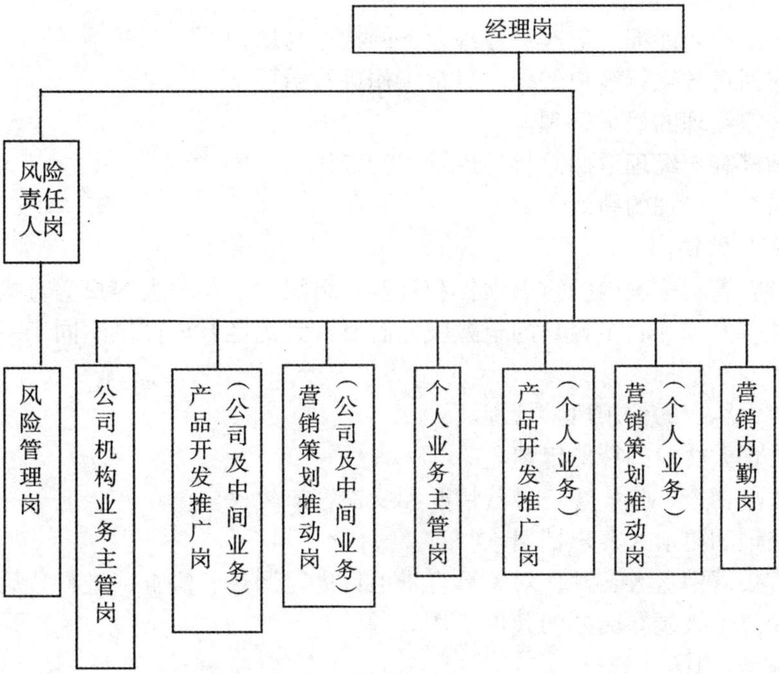


图21-2　公司业务部（市场营销部）组织结构

### （二）岗责体系

1. 客户管理部

（1）经理岗。

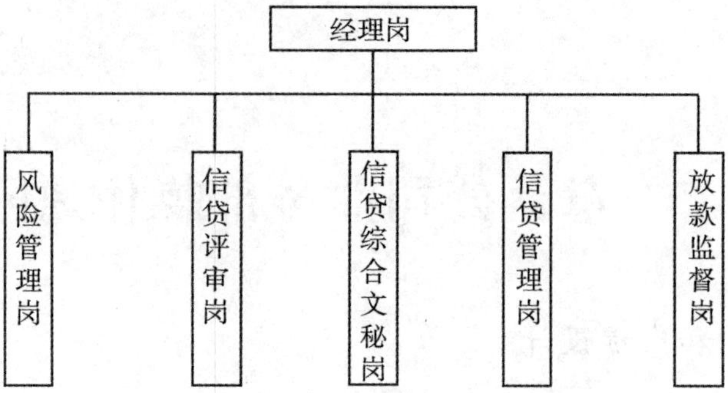


图 21-3 公司业务部（授信评审部）组织结构

①负责制定客户经理制实施办法，负责客户经理的配置和选聘、指导、考核与评级。

②负责制定全行客户经理的发展计划。

③负责指导客户经理岗巡回对各支行客户经理的日常工作。

④负责组织对重点客户的直接营销、业务分配及指导支行进行客户维护。

⑤负责组织协调对客户经理的绩效考核。

（2）客户经理管理岗。

①负责协调各职能部门对客户经理业务的指导与培训。

②负责巡回对各支行客户经理的日常工作进行指导。

③负责客户经理的档案管理。

④负责做好客户经理返回总行的后勤支持工作。

⑤协助对客户经理的绩效考核。

（3）大客户营销岗。

①负责调查管辖范围内的重点项目和企业，组织力量对重大客户的直接营销拓展。

②负责及时发现和满足客户的金融服务需要，为优良客户提供不同于一般客户的金融服务。

③参与对大客户的信用风险管理。

④参与受理大客户的授信申请。

⑤负责市场调查，收集客户经营情况和反馈客户建议。

⑥负责登记和更新大客户档案。

⑦负责直接营销重大客户，对总行直贷项目进行调查、协查，进行贷后管理。

⑧负责完成上级领导交办的其他工作。

（4）风险管理岗。

①控制全行公司客户评价的准确性和客户结构优化的风险。

②负责支行直接营销客户是否满意的风险控制。

③负责对授信额度执行情况和大客户授信风险情况进行监测分析。

2. 市场营销部

（1）经理岗。

①制订全行各项业务的年度市场营销计划，并组织落实。

②负责本部门计划管理、档案资料管理信息系统的需求计划制订及组织落实。

③各类业务产品的市场推广工作。

④对各支行营销计划的制订及执行情况的指导、检查；协助支行开展各项业务的市场推广工作。

⑤对系统内优质客户、重点客户的直接拓展、营销和维护工作。

⑥落实总行、支行联动营销制度；制订总行、支行联动营销的计划和方案，加大对重点行业和重点客户的营销和公关。

⑦组织金融新产品的开发和推广，负责总行金融产品、营销方法、服务措施的创新和推广。

⑧组织落实中国银联测试、维护、营销、发展研究等工作。

（2）公司机构业务主管岗。

①负责制订、组织、实施公司业务的发展计划和营销方案。

②组织总行、支行的公司业务联动和系统开发，直接参与配合支行营销重大客户。

③组织公司业务新产品的研究、推广和创新工作。

④对各支行公司业务的指导、支持。协助支行开展公司业务的市场推广工作。

⑤负责系统内优质客户及重点客户的直接拓展、营销和维护工作。

（3）产品开发推广岗（公司及中间业务）。

①调查研究公司机构客户对银行产品和服务的需求，了解竞争对手在金融产品和服务方面的动向。及时提出总行的应对思路。

②开发或提出适合本地区情况、特定客户群需求的新产品和特色服务。

③负责公司业务及中间业务新产品的推广实施，组织相关部门制定新产品、新业务管理办法或实施细则；做好新产品、新业务的宣传策划工作。

（4）营销策划推动岗（公司及中间业务）。

①公司机构业务和中间业务产品的市场推广工作。

②指导、支持、协助支行开展公司机构业务及中间业务的市场推广工作。

③公司业务及中间业务新产品的市场推广。

④制订大客户市场营销计划和方案，并组织系统攻关，总行、支行营销联动。

（5）个人业务主管岗。

①零售业务的市场研究，落实总行零售业务的总体部署和营销计划，负责制订、组织、实施个人业务的发展计划和营销方案。

②个人业务新产品的研究、推广和创新工作。

③对分支机构零售业务进行指导、管理、协调。协助支行开展个人业务的市场推广工作。

（6）产品开发推广岗（个人业务）。

①调查研究零售市场对银行产品和服务的需求，了解竞争对手在金融产品和服务方面的动向，及时提出总行的应对思路。

②开发或提出适合本地区情况、特定客户群需求的新产品和特色服务。牵头组织个人理财、中间业务等金融产品的开发创新。

③个人业务新产品的推广实施，组织相关部门制定新产品、新业务管理办法或实施细则；新产品、新业务的宣传策划工作。

④卡业务市场总体研究，落实总行卡业务营销部署，落实中国银联测试、维护、营销、发展研究等工作。

（7）营销策划推动岗（个人业务）。

①个人业务产品的市场推广工作。

②指导、支持、协助支行根据当地市场及业务情况策划、组织有特色的市场推广工作。

③个人业务新产品的市场推广工作。

（8）营销内勤岗。

①收发、处理、传递各类信息及相关文件。

②登录本部门管理信息系统有关业务台账，编制业务统计报表汇总表并及时上报。

③本部门备案的贷款等业务档案管理。

3. 授信评审部

（1）经理岗。

①负责向相关业务部门征求贯彻信贷政策、实施信贷业务规章制度等方面的意见。负责组织研究信贷市场需求，制定总行的年度信贷资金投向指导意见。

②负责权限内公司机构及个人信贷业务的审批。

③负责全行的信用等级评定工作。

④制订和落实部门全年和阶段性的工作计划，拟定和完善本部门业务和规章制度、操作规程。

⑤负责组织、协调、督促部门内部各成员日常事务性和专项性工作，衔接与行内外其他部门的工作。

⑥负责与总行、中国人民银行相关部门的业务联系和沟通协调工作。负责对下属员工的工作指导、培训、监督、考核。

（2）信贷评审岗。

①负责授信业务的初审工作，审核资料的齐全性和项目的基本可行性，复核信用等级，对信用等级的准确性负责。

②负责组织落实总行贷款审批会议的决策意见和有关要求，将会议决策意见及时反馈有关业务部门，并与总行有关人员就项目有关情况进行及时、全面的沟通。

③协助部门经理负责日常授信业务发放的审查工作。

④负责保管、定期整理部门经办的授信业务审批档案资料。

⑤定期参加信贷风险管理检查，根据检查情况及时向被检查部门提出整改意见。

⑥协助总行信贷风险管理方面的培训工作，促进总行信贷人员的业务技能和业务素质的提高。

⑦及时提供支行有关授信业务申报审批和信贷风险管理等方面的业务咨询。

⑧支持和配合支行及业务部门进行资产保全和有关法律事务方面的工作。

（3）信贷管理岗。

①协助部门经理开展全行信贷管理工作，制定有关信贷政策和管理制度，拟定信贷资金的投向计划，推动全行信贷管理水平的提高。

②定期对全行授信业务审批及风险管理情况进行综合汇总，并分析全行信贷业务运行趋势和存在的突出问题。

③提出信贷管理信息系统需求计划，协助部门经理建立信贷管理系统，并不断完善功能。

④对支行进行定期的信贷风险管理检查，根据检查情况及时提出整改意见，推动全行实行规范化管理。

⑤组织全行贷后检查工作，指导、督促业务部门的贷后检查。

⑥组织总行信贷风险管理方面的培训工作，促进全行信贷人员的业务技能和业务素质的提高。

（4）信贷综合文秘岗。

①负责对总行权证性资料和合同要件性资料统一保管。

②负责信贷管理信息系统原始资料的录入和信贷数据分析统计工作。

③负责日常授信业务发放过程中的有关台账登记及综合授信客户的数额核对工作。

④负责各类信贷统计报表的统计、上报、装订工作。

⑤负责本部门的文件收发、整理、装订、归档和管理工作，以及其他内部事务管理工作。

⑥负责业务部门进行资产保全和有关法律事务方面的工作。

（5）放款监督岗。

①审查与客户签订各类授信合同及鉴定合同真实的有效性和合法性，对无效及违规合同不予签章，及时发回重签或重审，重大事项报告本部门经理采取纠正措施。

②对经贷款领导小组审批有条件同意授信项目的条件落实情况进行监控。

③对支行权限以上授信业务进行审批复核。

（6）风险管理岗。

①接受总行风险管理部的业务指导和咨询，落实总行的风险管理制度并加以完善。

②负责全行信贷业务的资产质量和效益的风险控制。

③负责全行系统公司业务经营管理水平和业务操作规范性的风险控制。

④控制公司业务信息的采集、整理和分析中的风险、本业务系统录入和维护信贷管理信息系统的相关数据的风险。

⑤负责支行信贷资产质量动态的实时监控，研究分析报告各行信贷资产质量变化情况及原因。

⑥负责撰写本部门的内控评价报告和风险监测报告。

⑦负责组织实施资产风险分类，包括贷款五级分类、一逾两呆、非信贷类资产等资产分类认定工作和真实性检查。

⑧负责组织拟定呆账核销政策和不良信贷资产移交认定标准，负责不良贷款与抵债资产的价值认定。

## 二、操作风险点及控制制度

### （一）客户管理部

客户管理部操作风险点及控制制度如表 21-1 所示。

表 21-1 客户管理部操作风险点及控制制度

| 序号 | 主要风险点 | 控制制度 | 责任人 |
|---|---|---|---|
| 1 | 对支行客户经理的绩效考核 | （1）考核应依据客户经理的存款、利息、企业贷款增量、不良贷款的核查、效益及中间业务进行。<br>（2）在绩效考核的统计层面上采用先进的计算机记录系统，提高数据的准确性 | 经理岗、客户经理管理岗 |
| 2 | 对大客户的管理 | （1）积极参与支行与大客户进行的交流。<br>（2）在统计层面上采用先进的计算机记录系统，提高数据的准确性 | 经理岗、大客户营销岗 |

### （二）市场营销部

市场营销部应按照本行的客户准入资格的相关规定根据当地情况考虑客户的准入。

### （三）授信评审部

授信评审部操作风险点及控制制度如表 21-2 所示。

表 21-2 授信评审部操作风险点及控制制度

| 环节 | 风险点 | 风险控制措施 | 负责人 |
|---|---|---|---|
| 1 | 制定的信贷管理制度不符合开展业务的要求 | 应向相关业务部门征求贯彻信贷政策、实施信贷业务规章制度等方面的意见，从而制定可行的信贷政策和管理制度 | 经理岗、信贷管理岗 |
| 2 | 全行各类信贷合同文本不规范 | 应制定各类规范的信贷合同文本 | 经理岗、信贷管理岗 |
| 3 | 信贷市场需求研究不切合市场实际 | 深入市场研究信贷市场需求 | 经理岗、信贷管理岗 |
| 4 | 信贷资金投向计划不符合信贷政策和市场需求 | 以市场需求为基础，制订符合信贷政策的年度信贷资金投向计划 | 经理岗、信贷管理岗 |

续表

| 环节 | 风险点 | 风险控制措施 | 负责人 |
|---|---|---|---|
| 5 | 贷款审批权的授权管理混乱 | 对各支行贷款审批权的授权应该清晰，支行只享有在权限内的贷款审批权 | 经理岗 |
| 6 | 授权授信制度不统一 | 制定统一的授权授信制度 | 经理岗 |
| 7 | 权限内信贷业务审批是否合规 | 对权限内审批业务提出具体的审批意见 | 经理岗 |
| 8 | 超授权的授信审批是否合理 | 对超权限贷款、情况复杂或认为有必要的项目作进一步协查工作，并出具具体的独立调查报告，报贷款管理审批委员会批准 | 经理岗 |
| 9 | 是否对合同的真实性和有效性进行审查 | 审查与客户签订的各类授信合同及鉴定合同的真实有效性和合法性，对无效及违规合同不予签章，及时发回重签或重审，对重大事项报告本部门经理采取纠正措施 | 放款监督岗 |
| 10 | 权限以上授信业务是否进行审批复核 | 权限以上授信业务进行审批复核 | 放款监督岗 |
| 11 | 风险管理检查是否到位 | 有关岗位负责人应该定期参加信贷风险管理检查工作，检查信贷制度的执行情况 | 信贷评审岗、信贷管理岗 |
| 12 | 针对信贷风险的整改意见的提出是否及时 | 针对信贷风险的检查情况，及时向被检查部门提出整改意见 | 信贷评审岗、信贷管理岗 |
| 13 | 信贷业务是否实行规范性管理 | 应推动全行信贷业务实行规范性管理 | 信贷管理岗 |
| 14 | 信贷五级分类工作是否准确 | 客户及信贷信息错录、漏录及更新应及时，分类结果录入应该正确，与审批结果应该一致，以保证全行信贷资产质量的真实性，保证分类结果的准确性，不能违规越权认定分类项目 | 经理岗 |
| 15 | 贷后检查工作是否到位 | 应组织全行贷后检查工作，指导、督促业务部门的贷后检查工作 | 信贷管理岗 |
| 16 | 能否支持、督导各支行和部门积极盘活风险资产 | 协助业务部门进行资产保全方面的工作。支持和配合支行及业务部门进行资产保全方面的工作 | 信贷评审岗、信贷综合文秘岗 |

续表

| 环节 | 风险点 | 风险控制措施 | 负责人 |
| --- | --- | --- | --- |
| 17 | 法律咨询流程 | 全面、真实、准确地反映咨询问题。<br>法律咨询答复意见应该明确，不能有误 | 信贷评审岗、信贷综合文秘岗 |
| 18 | 信贷管理信息系统不完善 | 建立和完善信贷管理信息系统 | 经理岗、信贷管理岗 |
| 19 | 信用等级评定工作是否客观 | 保证信用等级评定受理申报审批材料的真实性，受理资料应该齐全，传递过程不能丢失，申报应该属实 | 经理岗、信贷评审岗 |
| 20 | 资料是否统一保管 | 对总行权证性资料和合同要件性资料应统一保管 | 信贷综合文秘岗 |
| 21 | 是否做好信贷管理系统原始数据的录入和信贷数据分析统计工作 | 按时获得各类数据，数据录入不能出现错误，数据要防止丢失，抽取时防止出现错误，应保证信贷信息系统数据与总账数据一致，数据应保证能正常上报 | 信贷综合文秘岗 |
| 22 | 是否做好信贷档案管理 | 应保管、定期整理部门经办的授信业务审批档案资料，文件档案借阅管理应该严格，不能造成文件档案丢失，应严格执行销毁规定，不能造成失密、泄密 | 信贷评审岗、信贷综合文秘岗 |
| 23 | 是否进行信贷风险管理方面的培训工作 | 组织信贷风险管理方面的培训工作 | 信贷评审岗、信贷管理岗 |
| 24 | 能否促进信贷人员的业务技能和业务素质的提高 | 促进总行信贷人员的业务技能和业务素质的提高 | 信贷评审岗、信贷管理岗 |
| 25 | 对支行上报的所有项目的初审工作是否按时完成 | 负责授信业务的初审工作，审核资料的齐全性和项目的基本可行性 | 信贷评审岗 |
| 26 | 是否做好授信业务审批发放的监督工作 | 通过放款监督制度，对经贷款领导小组审批有条件同意授信项目的条件落实情况进行监督 | 放款监督岗 |

## 三、操作风险的考评体系

评级一栏可以分为五级评价：一、二、三、四、五，表示很好、较好、好、中、差，对应评分可以自行设定。比重一栏根据主要风险点的重要程度进行设定。

### （一）客户管理部

1. 经理岗操作风险考评体系（见表21-3）

表21-3　　**经理岗操作风险的考评体系**

| 序号 | 主要风险点控制制度的落实情况 | 比重 | 评级 | 打分 |
|---|---|---|---|---|
| 1 | 严格按照规定进行对客户经理的配置和选聘 | | 一、二、三、四、五 | |
| 2 | 采用民主集中制进行对客户经理的考核和评级 | | 一、二、三、四、五 | |
| 3 | 对客户经理进行指导和培训 | | 一、二、三、四、五 | |
| 4 | 制订客户经理发展计划 | | 一、二、三、四、五 | |
| 5 | 指导客户经理管理岗对各支行客户经理的日常工作进行监督 | | 一、二、三、四、五 | |
| 6 | 按照计划对重点客户的直接营销、业务分配和客户维护工作 | | 一、二、三、四、五 | |
| 7 | 采用民众集中制，组织协调客户经理的绩效考核 | | 一、二、三、四、五 | |
| 8 | 对客户经理进行营销培训 | | 一、二、三、四、五 | |

2. 客户经理管理岗操作风险考评体系（见表21-4）

表21-4　　**客户经理管理岗操作风险考评体系**

| 序号 | 主要风险点控制制度的落实情况 | 比重 | 评级 | 打分 |
|---|---|---|---|---|
| 1 | 客户经理管理岗指导支行客户经理的日常工作 | | 一、二、三、四、五 | |
| 2 | 客户经理管理岗对全行每个客户经理建立档案 | | 一、二、三、四、五 | |
| 3 | 客户经理管理岗记录各客户经理的相关工作信息 | | 一、二、三、四、五 | |
| 4 | 客户经理管理岗协助经理岗对客户经理的绩效考核工作 | | 一、二、三、四、五 | |
| 5 | 客户经理管理岗完成领导交予的其他工作 | | 一、二、三、四、五 | |

3. 大客户营销岗操作风险考评体系（见表21-5）

表21-5 **大客户营销岗操作风险考评体系**

| 序号 | 主要风险点控制制度的落实情况 | 比重 | 评级 | 打分 |
|---|---|---|---|---|
| 1 | 对重点项目进行调查工作，做好对重点客户的直接营销 | | 一、二、三、四、五 | |
| 2 | 为目标大客户提供公关和技术支持 | | 一、二、三、四、五 | |
| 3 | 对于优良客户提供特殊金融服务 | | 一、二、三、四、五 | |
| 4 | 对大客户信贷资产进行日常监测，建立风险预警机制 | | 一、二、三、四、五 | |
| 5 | 检查和审核大客户的授信申请 | | 一、二、三、四、五 | |
| 6 | 确认授信调查报告的真实性、完整性 | | 一、二、三、四、五 | |
| 7 | 向信贷管理部门提交授信调查报告 | | 一、二、三、四、五 | |
| 8 | 加强对客户信贷资产的跟踪调查，多渠道地收集相关资料 | | 一、二、三、四、五 | |
| 9 | 及时向总行反映客户需求 | | 一、二、三、四、五 | |
| 10 | 加强对大客户档案的管理工作 | | 一、二、三、四、五 | |
| 11 | 调查总行的直贷项目，积极进行贷后管理 | | 一、二、三、四、五 | |

## （二）授信评审部

1. 经理岗操作风险考评体系（见表21-6）

表21-6 **经理岗操作风险考评体系**

| 序号 | 主要风险点控制制度的落实情况 | 比重 | 评级 | 打分 |
|---|---|---|---|---|
| 1 | 向相关业务部门征求贯彻信贷政策、实施信贷业务规章制度等方面的意见，从而制定可行的信贷政策和管理制度 | | 一、二、三、四、五 | |
| 2 | 制定各类规范的信贷合同文本 | | 一、二、三、四、五 | |
| 3 | 深入市场研究信贷市场需求 | | 一、二、三、四、五 | |
| 4 | 对各支行贷款审批权的授权应该清晰，支行只享有在权限内的贷款审批权 | | 一、二、三、四、五 | |
| 5 | 以市场需求为基础，制订符合信贷政策的年度信贷资金投向计划 | | 一、二、三、四、五 | |
| 6 | 制定统一的授权授信制度 | | 一、二、三、四、五 | |
| 7 | 对权限内审批业务提出具体的审批意见 | | 一、二、三、四、五 | |

续表

| 序号 | 主要风险点控制制度的落实情况 | 比重 | 评级 | 打分 |
|---|---|---|---|---|
| 8 | 对超权限贷款、情况复杂或认为有必要的项目作进一步协查工作，并出具具体的独立调查报告，报贷款管理审批委员会批准 | | 一、二、三、四、五 | |
| 9 | 信贷五级分类工作是否准确 | | 一、二、三、四、五 | |
| 10 | 建立和完善信贷管理信息系统 | | 一、二、三、四、五 | |
| 11 | 信用等级评定工作是否客观 | | 一、二、三、四、五 | |

2. 信贷评审岗操作风险考评体系（见表21-7）

表21-7　**信贷评审岗操作风险考评体系**

| 序号 | 主要风险点控制制度的落实情况 | 比重 | 评级 | 打分 |
|---|---|---|---|---|
| 1 | 定期参加信贷风险管理检查工作，检查信贷制度的执行情况 | | 一、二、三、四、五 | |
| 2 | 针对信贷风险的检查情况，及时向被检查部门提出整改意见 | | 一、二、三、四、五 | |
| 3 | 协助业务部门进行资产保全方面的工作。<br>支持和配合支行及业务部门进行资产保全方面的工作 | | 一、二、三、四、五 | |
| 4 | 全面、真实、准确地反映咨询问题。<br>法律咨询答复意见应该明确，不能有误 | | 一、二、三、四、五 | |
| 5 | 保证信用等级评定受理申报审批材料的真实性，受理资料应该齐全，传递过程不能丢失，申报应该属实 | | 一、二、三、四、五 | |
| 6 | 是否做好信贷档案管理 | | 一、二、三、四、五 | |
| 7 | 是否进行信贷风险管理方面的培训工作 | | 一、二、三、四、五 | |
| 8 | 能否促进信贷人员的业务技能和业务素质的提高 | | 一、二、三、四、五 | |
| 9 | 授信业务的初审工作，审核资料的齐全性和项目的基本可行性 | | 一、二、三、四、五 | |

3. 信贷管理岗操作风险考评体系（见表21-8）

表 21-8 信贷管理岗操作风险考评体系

| 序号 | 主要风险点控制制度的落实情况 | 比重 | 评级 | 打分 |
|---|---|---|---|---|
| 1 | 向相关业务部门征求贯彻信贷政策、实施信贷业务规章制度等方面的意见，从而制定可行的信贷政策和管理制度 | | 一、二、三、四、五 | |
| 2 | 制定各类规范的信贷合同文本 | | 一、二、三、四、五 | |
| 3 | 深入市场研究信贷市场需求 | | 一、二、三、四、五 | |
| 4 | 以市场需求为基础，制订符合信贷政策的年度信贷资金投向计划 | | 一、二、三、四、五 | |
| 5 | 定期参加信贷风险管理检查工作，检查信贷制度的执行情况 | | 一、二、三、四、五 | |
| 6 | 针对信贷风险的检查情况，及时向被检查部门提出整改意见 | | 一、二、三、四、五 | |
| 7 | 推动全行信贷业务实行规范性管理 | | 一、二、三、四、五 | |
| 8 | 组织全行贷后检查工作，指导、督促业务部门的贷后检查工作 | | 一、二、三、四、五 | |
| 9 | 建立和完善信贷管理信息系统 | | 一、二、三、四、五 | |
| 10 | 组织信贷风险管理方面的培训工作 | | 一、二、三、四、五 | |
| 11 | 能否促进信贷人员的业务技能和业务素质的提高 | | 一、二、三、四、五 | |

4. 信贷综合文秘岗操作风险考评体系（见表 21-9）

表 21-9 信贷综合文秘岗操作风险考评体系

| 序号 | 主要风险点控制制度的落实情况 | 比重 | 评级 | 打分 |
|---|---|---|---|---|
| 1 | 协助业务部门进行资产保全方面的工作。<br>支持和配合支行及业务部门进行资产保全方面的工作 | | 一、二、三、四、五 | |
| 2 | 全面、真实、准确地反映咨询问题。<br>法律咨询答复意见应该明确，不能有误 | | 一、二、三、四、五 | |
| 3 | 对总行权证性资料和合同要件性资料应统一保管 | | 一、二、三、四、五 | |
| 4 | 对贷款合同专用章应妥当保管，合规使用 | | 一、二、三、四、五 | |
| 5 | 是否做好信贷管理系统原始数据的录入和信贷数据分析统计工作 | | 一、二、三、四、五 | |

5. 放款监督岗操作风险考评体系（见表21-10）

表21-10 **放款监督岗操作风险考评体系**

| 序号 | 主要风险点控制制度的落实情况 | 比重 | 评级 | 打分 |
|---|---|---|---|---|
| 1 | 对合同的真实性和有效性是否进行审查 | | 一、二、三、四、五 | |
| 2 | 权限以上授信业务是否进行审批复核 | | 一、二、三、四、五 | |
| 3 | 是否做好授信业务审批发放的监督工作 | | 一、二、三、四、五 | |

# 第二十二章　计划财务部操作风险控制

## 一、计划财务部组织结构和岗责体系

### （一）计划财务部组织结构（见图 22-1）

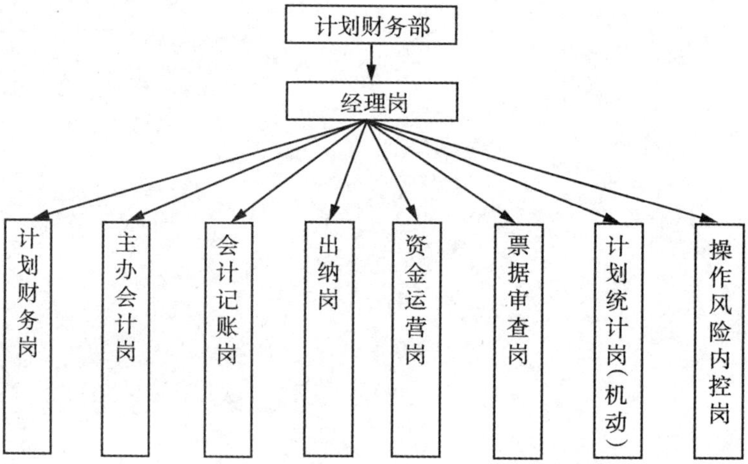


图 22-1　计划财务部组织结构

### （二）计划财务部各岗位操作风险的岗责

1. 经理岗

（1）负责本部门的权限管理，包括从上级行可以获得多大的权限、是否在权限范围内进行管理，以及可以授予下级部门多大的权限、各部门是否在授权的范围内进行业务操作。

（2）主持本部门全面工作，负责全部门操作风险的控制及全行权限内大额提现审批。

（3）编报总行财务收支预算，检查计划完成情况。

（4）负责编写总行季度、年度财务分析报告，审定资产负债分析报告。

（5）负责总行财务管理和成本控制，按照国家金融政策法规和本行财务制度，组织、监督、指导财务管理工作。

（6）负责全行资产、负债、财务收支的总体规划、预测、协调、控制等管理工作的组织实施，监督、检查财务收支等工作的落实、开展情况。

（7）组织总行年度财务决算工作。

（8）负责将全本部门人员的工作指导、培训、监督、考核。

（9）制定并完善有关计划财务方面的制度、办法等，促进财务管理水平不断提高，保证全辖财务运行规范有序。

（10）负责将有关资金计划工作的规章、制度、规定、通知等，按要求及时传达；对资金计划工作状况进行不定期分析，及时发现问题，解决问题。

2. 计划财务岗

（1）负责测算总行、支行年度财务收支利润预算。

（2）营业收入和利润主要通过经营责任制目标进行考核；利润总额按国家有关规定作相应调整后，由总行集中计提和依法缴纳所得税，并按经董事会通过的利润分配方案进行利润分配。

（3）对所有者权益，严格按《银行财务管理实施办法》的规定，由总行财务会计核算中心集中核算和管理。对负债管理，合作银行会计部门要特别关注有关动态状况的信息，提高预测水平，做好合作银行经营管理的辅助决策工作。

（4）负责资产负债比例管理，监督监控总行存贷比有效运用。

（5）根据《银行财务管理实施办法》及上级对固定资产的有关管理要求，拟订统一的固定资产购置、使用、管理办法，由总行集中管理，分户核算。

（6）建立健全现金资产的核对和盘点制度，通过对操作流程、后督预警的完善，来加强现金资产的安全性控制。

（7）负责每日编报总行存款进度表和资金头寸表。每月编报总行主要业务经营情况表（含存款、贷款、贴现、国际结算、同业等），并进行简要分析。

（8）在信贷管理方面，要加强对有关利率风险、信贷风险、流动性状况的分析和评价，为利率决策、信贷资产分配提供正确、有效的信息资料。

（9）抵债资产严格按抵债资产管理规定统一核算。

（10）无形资产、递延资产由总行集中核算，按规定进行摊销。

（11）在成本管理方面，取决于负债筹资额的大小、筹资利率的高低和筹资的结构；营业税及附加取决于贷款利息收入的大小和营业税及附加率的高低。定期存款应付利息、营业税及附加由总行按集中核算的要求统一计提。营业费用主要是通过制定费用管理办法、考核办法，核定费用列支标准来进行控制。

（12）负责各支行季度、年度综合财务指标考核。

（13）负责全行的金融统计和分析，负责撰写总行资产负债分析报告。包括：按时向监管机构报送各类金融统计报表，定期开展统计分析和每月对各项业务指标进行量化分析，写出分析材料。

（14）对投资与证券的盈利、成本、资金需求和供应等情况作出预测，为投资决策提供科学、有效的依据。

（15）在资金运营管理方面，采取集中管理、统一调度；一方面，根据各支行的资金运用情况以及当地经济发展的需要，核定各支行的资金运用比率和存贷比率，实行资产负债比例管理，促使支行要求资金平衡，同时兼顾支行之间的经营效益，确定合理的内部资金转移价格（资金价格倾向按市场化运作）；另一方面，要取消支行一级对外拆借权，由总行集中全辖富余资金统一对外拆借，兼顾全辖资金的流动性和收益性。

（16）协同检查各支行财务、资金、计划统计工作。

3. 主办会计岗

（1）审核各项财务费用开支，严格审核报销发票的合法性、合规性和合理性。

（2）按相互牵制原则与经费出纳分管财务印章，保管财务专用章。

（3）负责办理企业所得税、个人所得税、营业税、利息税等各种税款的汇算清缴。

（4）负责定期、不定期抽查经费出纳现金库存，确保账实相符。

（5）负责编报每季财务指标执行情况表。

（6）负责各支行财务账检查、指导工作。

（7）保证各项会计记账账目的合法性、合规性、合理性，对重大会计事项进行审核授权或按规定进行上报。

（8）负责签字确认人民币资金台账与会计部门对账的结构是否账账相符，资金运营管理是否按规定进行。

（9）严格执行财务管理制度，检查督促本部记账、出纳人员是否严格执行财务操作规程。

4. 会计记账岗

（1）负责记载总行及各支行上报各类经费账的核算工作。

（2）准确进行财务费用、固定资产、递延资产、无形资产、折旧、贷款呆坏账准备金计提、递延资产摊销、税款计提等会计集中核算的账务处理。

（3）配合办公室做好固定资产、存货、低值易耗品的管理，定期组织参与财产清查，确保账账、账实、账卡、账簿相符。

（4）整理、装订财务会计档案并按规定交综合档案管理人员保管。

5. 出纳岗

（1）负责总行本部的现金出纳管理。

（2）审核各项财务费用开支，审核报销发票的合法性、合规性和合理性。

（3）严格按《现金管理条例》办理现金收付。

（4）按相互牵制原则与会计分管财务印章，保管行长印鉴章。

（5）定期、不定期进行银企对账，并编制余额调节表，确保账账相符。

6. 资金运营岗

（1）负责总行全辖人民币存款准备金缴存工作及相应会计账务工作。

（2）根据资金供给情况及进出趋势负责办理向总行的人民币资金上存、下借手续及相应会计账务工作，并交由有权授权人签字确认。

（3）资金调拨必须按规定程序审批办理，不得擅自调拨资金。

（4）负责办理辖属支行的人民币资金上存总行及向总行的借款手续相应会计账务工作。

（5）负责办理总行对外的人民币资金拆借和融资工作，确保总行人民币资金平衡，不得超越权限进行同业拆出、拆入资金。

（6）负责登记人民币资金台账，保管相关资料，并及时与会计部门对账，并交由主办会计岗签字确认；检查、考核各支行人民币资金使用情况，对支行人民币资金管理进行指导，并交有权授权人签字确认。

（7）登记外币资金台账，及时与会计部门核对账务。

（8）检查、考核各支行外币资金营运情况，对支行外币资金管理进行指导。

（9）负责总行债券投资事宜，及时了解债券市场走势及发债动态，不得擅自超越总行授权权限进行债券投资。

（10）负责国债结算代理业务，做好国债结算代理账户的推动及开发，并做好信息发布、沟通等日常维护工作。

7. 票据审查岗

（1）初审转贴现（买入、卖出）申请人资格和条件。

（2）审验票据真伪及票面要素的合格性，审查申请转贴现票据是否为“止付”、“无效”票据，确保经审验的票据真实、有效、合规。

（3）初审转贴现申请审批书、转贴现凭证及相关材料。

（4）负责转贴现票据资料整理、装订、归档及保管等管理工作，确保转卖票据配套资料及时提供。

（5）及时登录转贴现业务台账，及时制作转贴现月报上报总行。

（6）复审转贴现申请审批书、转贴现凭证及相关资料。对票据业务贸易背景真实性、合同及发票的合法性进行审查负责。

（7）复查转贴现申请票据是否为“止付”、“无效”票据。

（8）核实转贴现票据利息及实付金额。

8. 计划统计岗（机动）

（1）负责编报总行有关统计报表

（2）负责每日编报分行存款进度表和资金头寸表

（3）负责分行各支行存款余额、日均存款余额统计。

（4）负责每月编报分行主要业务经营情况（含存款、贷款、贴现、国际结算、同业等），并进行简要分析。

（5）负责各支行统计人员培训和指导工作。

9. 操作风险内控岗

（1）负责组织本部门的风险内控管理工作，建立并完善本部门的风险内控制度。

（2）监督本部门内各岗位风险内控职责的落实情况，并定期对风险内控管理工作的实施情况进行综合评价。

（3）负责提供本部门内的风险内控评价报告和监测报告，并向总行计财部风险管理处和本行风险管理部提交。

（4）接受总行计财部风险管理处的业务指导和咨询，落实总行的风险管理制度并结合分行情况加以完善。

（5）负责接收二级分行和基层支行计财部的风险管理部门提交的风险评价报告和监

测报告，并提供业务咨询和指导。

（6）向本系统内各业务部门提供风险咨询并监测业务执行情况，以及时发现业务操作中的风险漏洞并采取补救措施。

（7）对全行发展战略规划合理性、完整性和适时性的风险监测和评估。

（8）对全行资产负债总量调控和结构匹配的合理性的风险的监测和控制。

（9）对全行年度资金计划安排的合理性和全行资金流动性风险的监测和控制。

（10）控制营业性机构设置的风险。

（11）控制全行利率、汇率和流动性管理政策的风险。

（12）对全行财务制度风险的评估和控制。

（13）控制财务资源配置的风险。

（14）控制全行财务收支的合规性和财务程度控制的有效性。

（15）对全行集中采购工作的风险控制。

（16）监测控制全行资金支付能力。

（17）监测控制全行本币资金经营的流动性、安全性及收益性。

（18）监测控制全行备付金管理水平。

## 二、操作风险点及其控制制度

### （一）财务收支管理操作风险点及控制制度（见表22-1）

表22-1 **财务收支管理操作风险点及控制制度**

| 环节 | 主要风险点 | 控制制度 | 负责岗位 |
|---|---|---|---|
| 1 | 费用的列支是否按照规定审批，账务处理是否正确，是否存在超权限列支的情况 | （1）费用列支必须正确合规，审批手续必须齐全，且应遵循授权有限的原则，超权限必须按规定报批。<br>（2）费用总额及其相关费用不可随意超季度、年度指标列支。<br>（3）审查发票等单据是否符合财务制度的要求，费用报销是否提供相关文件依据作为附件。<br>（4）各部门团队的负责人应对向财会提供的报销凭证、报销申请以及业务背景等重要财务资料的真实性和法律合规性负责 | 经理岗、主办会计岗、会计记账岗、出纳岗、票据审查岗 |
| 2 | 固定资产、无形资产、在建工程的列支手续是否完备 | （1）购置固定资产必须有核批指标，基建项目需有计委立项等手续，购置的营业用具需集中采购的必须集中采购，不得擅自购买，不得单独购买土地使用权。<br>（2）固定资产购置、领用、调拨、报废手续应按型号、数量、价格登记完整。<br>（3）固定资产的原值、净值的账务及账、卡应定期核对相符。 | 经理岗、计划财务岗、主办会计岗、会计记账岗 |

续表

| 环节 | 主要风险点 | 控制制度 | 负责岗位 |
| --- | --- | --- | --- |
| | | (4) 定期或不定期对固定资产进行清查，每年至少盘点一次，由财会部门、事务管理等部门共同参与，做到账实相符；对于盘盈、盘亏的固定资产，应严格按照规定程序处理。<br>(5) 严禁反程序处理固定资产，严格按闲置固定资产处置管理办法规定的程序执行。<br>(6) 固定资产购置严格按固定的程序进行，严禁反程序操作和越权审批 | |
| 3 | 计提非信贷减值准备的相关手续是否完备，账务处理是否正确，是否按规定的程序开展损失核销工作 | (1) 非信贷减值准备的计提是否有相关附件，账务处理是否正确，是否符合《银行资产减值管理有关办法》等有关规定。<br>(2) 损失贷款的审核应按照《银行损失款项管理办法》规定的认定条件认真进行核实，注意审查有关凭证及单据，确认损失金额是否准确，是否与会计数据一致、损失核销工作程序是否合规，有无超权限核销行为，损失款项是否及时入账 | 主办会计岗、会计记账岗、票据审查岗 |
| 4 | 领用、支付现金时是否保证账款相符 | 领用、支付现金时必须按照规定操作程序办理，以保证账款相符，必须由交接人双方签字确认 | 出纳岗 |
| 5 | 各项收入是否未及时入账 | (1) 各项收入包括营业收入、投资收益和营业外收入。营业收入包括贷款利息收入、金融企业往来利息收入、系统内往来收入、中间业务收入和其他营业收入等。<br>(2) 各项财务收入必须全部入账核算，严禁通过截留收入、转移收入等手段设立小金库，用于私分、滥发奖金、账外经营等活动。<br>(3) 营业收入的确认应该坚持以下原则：各项业务活动签订以后，在规定的计算期内，按应计收入的数额确定营业收入；或在劳务已经提供，同时收讫价款或取得收取价款权利的凭证时确认营业收入 | 计划财务岗、会计记账岗、主办会计岗 |
| 6 | 是否超授权下浮贷款利率，少记利息收入，是否自行减免缓停息，以贷收息，是否不按规定结计金融企业往来资金利息 | (1) 对于贷款利息收入的管理应该做出详细的规定。<br>(2) 除期限在一个月（含一个月）的金融企业往来资金、转贴现资金于实际收到时确认收入外，其他各项金融企业往来资金必须按季结计利息（到期日前不计算复利），在实际收到时确认收益；对于有关拆放同业款项的应收利息，对已经结计的部分应按照财政部文件的规定作冲减金融企业往来利息收入处理。<br>(3) 系统内往来资金实行按季结计利息；实际收到款项后，计入当期损益 | 资金运营岗、会计记账岗 |

续表

| 环节 | 主要风险点 | 控制制度 | 负责岗位 |
| --- | --- | --- | --- |
| 7 | 是否任意减免中间业务收入，是否挪用、占用、截留中间业务收入，是否将各种费用在中间业务支出中列支，超比例开支中间业务支出 | （1）中间业务收入应严格按照规定范围、标准和汇率收费并纳入账内核算，不得随意减免，不得挪用、占用、截留收入。中间业务收入在实际收到时确认收益。中间业务费率标准应由总行资产负债管理委员会办公室统一管理。<br>（2）受地方政府委托，办理政策性房改业务所应收取的手续费或按规定应分得的其他收益，应及时足额收取，全额计入当期收入，不得以收抵支。<br>（3）其他营业外收入要在全部款项收妥后才能确认 | 计划财务岗、会计记账岗、主办会计岗 |

## （二）财务授权管理操作风险点及控制制度（见表22-2）

表22-2 财务授权管理操作风险点及控制制度

| 环节 | 主要风险点 | 控制制度 | 负责岗位 |
| --- | --- | --- | --- |
| 1 | 财务授权是否程序不清、权限不明，导致财务授权管理混乱，对超授权事项是否监控、检查不力，发现不及时 | （1）各部门只能在授权范围内开展财务管理活动，超授权财务事项，必须报经有权部门或有权行审批。<br>（2）在确定授权权限时应该综合考虑财务风险环境、风险控制能力、盈利能力、经营规模等因素核定，并做到控制成本与风险损失的平衡。<br>（3）在授权管理财务事项的报批程序上，各部门在预算额度及授权范围内的财务收支事项由部门自行审批。超过部门授权范围的财务事项是否报各级有权部门审批 | 经理岗、计划财务岗 |

## （三）财务核算管理操作风险点及控制制度

表22-3 财务核算管理操作风险点及控制制度

| 环节 | 主要风险点 | 控制制度 | 负责岗位 |
| --- | --- | --- | --- |
| 1 | 是否按照规定的时间和程序进行财务核算，核算过程是否有书面记录 | 以规定或约定的时间进行财务核算，并及时记录和完整保存核算结果，对于核算中余额不符的情况应及时查明原因并进行调整，财务调整要按照有关操作程序和授权规定办理 | 主办会计岗、会计记账岗 |

续表

| 环节 | 主要风险点 | 控制制度 | 负责岗位 |
| --- | --- | --- | --- |
| 2 | 是否根据财会制度规定对账务核对工作进行检查，对于有疑问的资金是否引起关注，每日会计人员是否与出纳人员进行对账，以保证账实相符 | 财会部门应根据相关制度规定，定期或不定期对资金往来账的核对进行检查，会计人员与出纳人员应每日进行对账，以保证账实相符，如有不符需及时查明原因并予以调整 | 主办会计岗、出纳岗、会计记账岗 |

## （四）财务专用章及行长印鉴章管理操作风险点及控制制度（见表22-4）

表22-4　**财务专用章及行长印鉴章管理操作风险点及控制制度**

| 环节 | 主要风险点 | 控制制度 | 负责岗位 |
| --- | --- | --- | --- |
| 1 | 财务专用章是否按照“统一印模、分级刻制”的原则刻制和领发，印章是否均为规定的部门刻制，基层机构不得自行刻制财务专用章，印章使用是否由总行负责人授权 | 主办会计岗和出纳岗按相互牵制的原则分管财务专用章，备用章启用视同领用新专用章办理 | 主办会计岗、出纳岗 |
| 2 | 财务专用章及行长印鉴章是否专人专管，专人负责、专人使用；财务专用章及行长印鉴章的使用是否合规，是否在其权限合规定的业务范围内进行签章；印章领用、交接、使用是否合规，保管是否合规 | （1）主办会计岗和出纳岗按相互牵制的原则分管财务专用章，财务专用章仅限此两岗使用，并由此两岗专人负责，严禁将财务专用章擅自交予其他部门、岗位使用。<br>（2）出纳岗负责保管行长印鉴章，严禁将行长印鉴章擅自交予其他部门、岗位使用。<br>（3）财务专用章及行长印鉴章必须严格按照规定的范围使用，严禁错用、串用，严禁在空白会计凭证和票据上预盖印章，非会计、出纳人员严禁使用财务专用印章。<br>（4）在使用财务专用章和行长印鉴章时必须做到：专匣保管、固定存放，非办公时间必须将印章入库或锁于保管箱柜中，不得私自接受财务专用印章。<br>（5）会计或出纳调换岗位或临时离岗时，必须办理财务专用章及行长印鉴章的交接手续，实行“第三人监交”制度，并在登记簿上登记；财务专用章的编号按照总行统一规定执行 | 主办会计岗、出纳岗 |

续表

| 环节 | 主要风险点 | 控制制度 | 负责岗位 |
| --- | --- | --- | --- |
| 3 | 已停用、废止或多余的印章是否及时收回并逐级上缴 | (1) 对于拟报废的财务专用章和行长印鉴章，应由主办会计岗或出纳岗提出报废申请，报同级财会部门同意后，上缴至总行财会部门。财务专用章和行长印鉴章在拟销毁期间由总行财会部门统一封存，妥善保管，防止待销毁印章滞留在基层机构，造成印章遗失事故。<br>(2) 财务专用章停止使用后，应及时在登记簿上登记，办理停用手续 | 主办会计岗、出纳岗 |

## (五) 资金运营管理操作风险点及控制制度（表22-5）

表22-5　　资金运营管理操作风险点及控制制度

| 环节 | 主要风险点 | 控制制度 | 负责岗位 |
| --- | --- | --- | --- |
| 1 | 资金拆借是否有授权，是否按照《银行资金管理办法》在授权范围内进行 | 资金拆借必须在授权范围内按照《银行资金管理办法》的相关规定进行，如需超授权进行资金拆借的，应报行领导审批后才可执行；资金拆借需有相关书面记录以备日后查询 | 经理岗 |
| 2 | 资金调度申请表填写是否不规范、不明确，资金外来账登记是否准确、及时，利息计算是否有误或未能及时入账 | 资金调度申请表必须按规定清晰填写，并保留备份，以便日后查询；资金外来账登记必须及时、准确，如是电子账记录必须有一定的加密措施；利息计算应按规定反复复核并及时入账 | 资金营运岗 |
| 3 | 资金交易客户、交易品种及交易金额是否超省行授权，是否未按要求报行领导审批 | 资金交易客户、交易品种及交易金额必须在省行授权范围内进行，不得擅自改变，如有特殊情况需要改变以上内容的，应报行领导审批后方可执行 | 经理岗、资金营运岗 |
| 4 | 债券结算是否双人操作，是否按合同要素划转资金和处理账务 | 债券结算必须实行双人操作，并按合同要素划转资金和处理账务，不得私自处理账务 | 资金营运岗 |
| 5 | 资金运营管理中的利率、各项中间业务收费的费率定价是否超授权审批，是否按上级行批复意见执行 | (1) 应对各项中间业务收费的费率、资金运营管理中的利率定价进行统一管理，对上报的费率、利率定价请示材料是否合规进行审查，并提出处理意见报行领导审批。<br>(2) 对资金运营管理中的利率、各项中间业务收费的费率定价超授权业务应向上级行报批 | 资金营运岗 |

### （六）会计档案管理操作风险点及控制制度（见表 22-6）

表 22-6　**会计档案管理操作风险点及控制制度**

| 环节 | 主要风险点 | 控制制度 | 负责岗位 |
|---|---|---|---|
| 1 | 会计档案是否按照规定的时间和方式即使办理移交，移交手续是否齐全 | 会计档案的移交时间，可以根据不同的会计档案类别，定时进行移交扫描；移交时由交出部门填制《会计档案移交清册》或《会计档案交接登记簿》，填列内容至少包括：序号，会计档案名称，档案起止日期，册（张）数，交接双方单位名称等。会计档案移交时，接收人员应该进行认真的检查验收，确认无误后，交接双方在移交清册或交接登记簿上进行签章确认，对机构分立、合并下的会计档案移交还应该由监交人签章确认 | 会计记账岗 |
| 2 | 会计档案是否完整、齐全、装订是否规范，是否按照内容和时间分类索引，电子档案是否按规定加密保管，双备份档案是否按规定异地存放 | （1）会计档案岗整理、装订经费财务会计档案并按规定交综合档案管理人员保管，档案管理人员应对会计档案定期进行检查，及时记载检查情况。<br>（2）电子库开机档案应该具备必要的加密或保护措施，以防止被篡改或删除，工作交接时应对加密方式同时进行交流。<br>（3）按规定需进行双备份的会计电子档案，应异地分别存放 | 会计记账岗 |

### （七）财会人员及岗位管理操作风险点及控制制度（见表 21-7）

表 22-7　**财会人员及岗位管理操作风险点及控制制度**

| 环节 | 主要风险点 | 控制制度 | 负责岗位 |
|---|---|---|---|
| 1 | 各级财会人员是否具财会专业相关资格、学历或资历 | （1）各级财会人员必须具备相应的财务或会计从业资格，并取得当地财务或会计从业资格管理机构出具的资格证明。<br>（2）财会主管人员的任免、调动必须征得上级行财会部门的同意，财会主管实行考核制度 | 主办会计岗、会计记账岗 |
| 2 | 财会人员是否随意对外提供或泄露因职务之便获取的银行及客户商业秘密 | （1）财会人员应严格职业操守，对因职务之便获取的银行及客户商业秘密予以保密，不得以任何形式对外提供客户信息以及银行内部商业秘密。<br>（2）如因工作需要必须对外提供信息时，应按规定程序报主管部门或上级行批准 | 经理岗、计划财务岗、主办会计岗、会计记账岗、资金运营岗 |

续表

| 环节 | 主要风险点 | 控制制度 | 负责岗位 |
|---|---|---|---|
| 3 | 各级财会人员因工作调动或因故离职，是否办理交接手续 | 财会人员的交接手续应做到明确、简便、及时，对经管的重要文件、印押等应抄制清单，对账、簿、卡等采用核对后签章证明的办法 | 主办会计岗、会计记账岗、出纳岗 |
| 4 | 会计岗位是否按照"相互制约、相互有限、控制风险、促进发展"的原则设立，岗位职责明确，不相容岗位具有独立性 | （1）会计岗位的设置要体现"相互制约、相互有限、控制风险、促进发展"的原则，各岗位设置应有明确的岗位职责，会计岗和出纳岗不可由一人同任，必须账、钱分管。<br>（2）岗位职责必须确保不相容岗位的相互独立性，一名员工不得同时担任两个或两个以上不相容岗位职责，岗位职责中必须明确岗位制约和被制约的相关岗位 | 主办会计岗、会计记账岗、出纳岗 |

**（八）统计管理岗管理操作风险点及控制制度（见表 22-8）**

表 22-8 **统计管理岗管理操作风险点及控制制度**

| 环节 | 主要风险点 | 控制制度 | 负责岗位 |
|---|---|---|---|
| 1 | 统计报表是否按有关规定及时、准确地编制，存款进度、资金头寸、存款余额等数据的统计是否准确 | 各统计报表需按有关规定及时、准确地编制，以备日后工作查询之用；存款进度、资金头寸、存款余额等数据的统计必须小心谨慎，力求准确，统计数据出现异常情况应及时查找原因，并作出相应调整 | 计划统计岗 |
| 2 | 对主要业务经营情况的分析是否客观务实，准确细致 | 对主要业务经营情况（含存款、贷款、贴现、国际结算、同业等）的分析必须以事实为依据，不可盲目夸大或欺瞒上报，应力求准确，客观 | 计划统计岗 |

## 三、操作风险的考评体系

评级一栏可以分为五级评价：一、二、三、四、五，表示很好、较好、好、中、差，对应评分可以自行设定。比重一栏根据主要风险点的重要程度进行设定。

1. 经理岗操作风险的考评体系（见表22-9）

表22-9　　经理岗操作风险的考评体系

| 序号 | 主要风险制度落实情况 | 比重 | 评级 | 评分 |
|---|---|---|---|---|
| 1 | 财务费用列支是否正确合规，审批手续是否齐全，是否遵循授权有限的原则，超权限是否按规定报批；财务费用总额及其相关费用有否超季度、年度指标列支 | 15% | 一、二、三、四、五 | |
| 2 | 购置固定资产是否有核批指标，基建项目是否有计委立项等手续；是否反程序处理固定资产，是否严格按闲置固定资产处置管理办法规定的程序执行，是否反程序操作和越权审批 | 15% | 一、二、三、四、五 | |
| 3 | 各部门是否只在授权范围内开展财务管理活动，超授权财务事项，是否报经有权部门或有权行审批后才可执行 | 15% | 一、二、三、四、五 | |
| 4 | 在确定授权权限时，是否综合考虑财务风险环境、风险控制能力、盈利能力、经营规模等因素核定，并做到控制成本与风险损失的平衡 | 15% | 一、二、三、四、五 | |
| 5 | 在授权管理财务事项的报批程序上，各部门是否仅对预算额度及授权范围内的财务收支事项自行审批，对超过部门授权范围的财务事项，是否报各级有权部门审批 | 15% | 一、二、三、四、五 | |
| 6 | 资金拆借是否在授权范围内按照《银行资金管理办法》的相关规定进行，如需超授权进行资金拆借的，是否在行领导审批后才可执行；资金拆借是否有相关书面记录以备日后查询 | 5% | | |
| 7 | 资金交易客户、交易品种及交易金额是否在省行授权范围内进行，而没有擅自改变，如有特殊情况需要改变以上内容的，是否报行领导审批后才执行 | 15% | 一、二、三、四、五 | |
| 8 | 经理是否严格职业操守，对因职务之便获取的银行及客户商业秘密予以保密，而没有以任何形式对外提供客户信息以及银行内部商业秘密；如因工作需要必须对外提供信息时，是否按规定程序报上级行批准 | 5% | 一、二、三、四、五 | |

2. 计划财务岗操作风险的考评体系（见表22-10）

表22-10 **计划财务岗操作风险的考评体系**

| 序号 | 主要风险制度落实情况 | 比重 | 评级 | 评分 |
|---|---|---|---|---|
| 1 | 各相关部门对其固定资产的购置、使用、管理是否按计划财务岗拟订的统一管理办法进行，如有违反管理规定的情况是否及时发现、及时处理 | 20% | 一、二、三、四、五 | |
| 2 | 各项财务收入是否全部入账核算，是否通过截留收入、转移收入等手段设立小金库，用于私分、滥发奖金、账外经营等活动；营业收入的确认是否坚持以下原则：各项业务活动签订以后，在规定的计算期内，按应计收入的数额确定营业收入；或在劳务已经提供，同时收讫价款或取得收取价款权利的凭证时确认营业收入 | 25% | 一、二、三、四、五 | |
| 3 | 中间业务收入是否严格按照规定范围、标准和汇率收费并纳入账内核算，未随意减免，未挪用、占用、截留收入；中间业务收入是否在实际收到时确认收益，中间业务费率标准是否由总行资产负债管理委员会办公室统一管理 | 10% | 一、二、三、四、五 | |
| 4 | 受地方政府委托，办理政策性房改业务所应收取的手续费或按规定应分得的其他收益，是否及时足额收取，全额计入当期收入，而无以收抵支 | 10% | 一、二、三、四、五 | |
| 5 | 其他营业外收入是否在全部款项收妥后才确认 | 5% | 一、二、三、四、五 | |
| 6 | 各部门是否只在授权范围内开展财务管理活动，超授权财务事项，是否报经有权部门或有权行审批 | 5% | 一、二、三、四、五 | |
| 7 | 在授权管理财务事项的报批程序上，各部门是否仅对预算额度及授权范围内的财务收支事项自行审批，对超过部门授权范围的财务事项，是否报本级计财部门、资产负债管理委员会（行长）审批，对超过本行授权范围的财务事项，是否报上级行计财部门、资产负债管理委员会（行长）审批 | 15% | 一、二、三、四、五 | |
| 8 | 财会人员是否严格职业操守，对因职务之便获取的银行及客户商业秘密予以保密，而没有以任何形式对外提供客户信息以及银行内部商业秘密；如因工作需要必须对外提供信息时，是否按规定程序报上级行批准 | 10% | 一、二、三、四、五 | |

3. 主办会计岗操作风险的考评体系（见表 22-11）

表 22-11　　主办会计岗操作风险的考评体系

| 序号 | 主要风险制度落实情况 | 比重 | 评级 | 评分 |
|---|---|---|---|---|
| 1 | 财务费用列支是否正确合规，审批手续是否齐全，是否遵循授权有限的原则，超权限是否按规定报批；财务费用总额及其相关费用有否超季度、年度指标列支；审查发票等单据是否符合财务制度的要求，费用报销是否提供相关文件依据作为附件；各部门团队的负责人提供的报销凭证、报销申请以及业务背景等重要财务资料是否具有真实性和法律合规性 | 10% | 一、二、三、四、五 | |
| 2 | 固定资产的原值、净值的账务及账、卡是否定期核对相符；是否定期或不定期对固定资产进行清查，每年至少盘点一次，由财会部门、事务管理等部门共同参与，做到账实相符；对于盘盈、盘亏的固定资产，是否严格按规定程序处理 | 5% | 一、二、三、四、五 | |
| 3 | 非信贷减值准备的计提是否有相关附件，账务处理是否正确，是否符合《银行资产减值管理有关办法》等有关规定 | 5% | 一、二、三、四、五 | |
| 4 | 是否以规定或约定的时间进行财务核算，并及时记录和完整保存核算结果，对于核算中余额不符的情况是否及时查明原因并进行调整，财务调整是否按照有关操作程序和授权规定办理 | 5% | | |
| 5 | 各项财务收入是否全部入账核算，是否通过截留收入、转移收入等手段设立小金库，用于私分、滥发奖金、账外经营等活动；营业收入的确认是否坚持以下原则：各项业务活动签订以后，在规定的计算期内，按应计收入的数额确定营业收入；或在劳务已经提供，同时收讫价款或取得收取价款权利的凭证时确认营业收入 | 5% | | |
| 6 | 中间业务收入是否严格按照规定范围、标准和汇率收费并纳入账内核算，未随意减免，未挪用、占用、截留收入；中间业务收入是否在实际收到时确认收益，中间业务费率标准是否由总行资产负债管理委员会办公室统一管理；受地方政府委托，办理政策性房改业务所应收取的手续费或按规定应分得的其他收益，是否及时足额收取，全额计入当期收入，而无以收抵支；其他营业外收入是否在全部款项收妥后才确认 | 10% | | |

续表

| 序号 | 主要风险制度落实情况 | 比重 | 评级 | 评分 |
|---|---|---|---|---|
| 7 | 财会部门是否根据相关制度规定，定期或不定期对资金往来账的核对进行检查，会计人员与出纳人员是否每日对账，以保证账实相符，如有不符是否及时查明原因并予以调整 | 10% | 一、二、三、四、五 | |
| 8 | 主办会计岗和出纳岗是否按相互牵制的原则分管财务专用章，财务专用章是否仅限此两岗使用，并由此两岗专人负责；财务专用章是否严格按照规定的范围使用，而无错用、串用，是否在空白会计凭证和票据上预盖印章，非会计、出纳人员是否曾使用财务专用印章；在使用财务专用章时是否做到：专匣保管、固定存放，非办公时间必须将印章入库或锁于保管箱柜中，不得私自接受财务专用印章 | 15% | 一、二、三、四、五 | |
| 9 | 会计调换岗位或临时离岗时，是否办理财务专用章的交接手续，实行“第三人监交”制度，并在登记簿上登记；对于拟报废的财务专用章，主办会计岗是否提出报废申请，报同级财会部门同意后，上缴至总行财会部门；财务专用章在拟销毁期间是否由总行财会部门统一封存，妥善保管，防止待销毁印章滞留在基层机构，造成印章遗失事故；财务专用章停止使用后，是否及时在登记簿上登记，办理停用手续 | 10% | 一、二、三、四、五 | |
| 10 | 会计人员是否具备相应的会计从业资格，并取得当地会计从业资格管理机构出具的资格证明；会计主管人员的任免、调动是否必须征得上级行财会部门的同意，财会主管是否实行考核制度 | 10% | 一、二、三、四、五 | |
| 11 | 会计人员是否严格职业操守，对因职务之便获取的银行及客户商业秘密予以保密，而没有以任何形式对外提供客户信息以及银行内部商业秘密；如因工作需要必须对外提供信息时，是否按规定程序报上级行批准 | 10% | 一、二、三、四、五 | |
| 12 | 会计人员的交接手续是否做到明确、简便、及时，对经管的重要文件、印押等是否抄制清单，对账、簿、卡等采用核对后签章证明的办法 | 5% | 一、二、三、四、五 | |
| 13 | 会计岗位的设置是否体现“相互制约、相互有限、控制风险、促进发展”的原则，各岗位设置是否有明确的岗位职责，会计岗和出纳岗不可由一人同任，必须账、钱分管；岗位职责是否确保不相容岗位的相互独立性，一名员工是否同时担任两个或两个以上不相容岗位职责，岗位职责中是否明确岗位制约和被制约的相关岗位 | 5% | 一、二、三、四、五 | |

4. 会计记账岗操作风险的考评体系（见表22-12）

表22-12　　会计记账岗操作风险的考评体系

| 序号 | 主要风险制度落实情况 | 比重 | 评级 | 评分 |
|---|---|---|---|---|
| 1 | 财务费用列支是否正确合规，审批手续是否齐全，是否遵循授权有限的原则，超权限是否按规定报批；财务费用总额及其相关费用有否超季度、年度指标列支；审查发票等单据是否符合财务制度的要求，费用报销是否提供相关文件依据作为附件；各部门团队的负责人提供的报销凭证、报销申请以及业务背景等重要财务资料的是否具有真实性和法律合规性 | 10% | 一、二、三、四、五 | |
| 2 | 固定资产的原值、净值的账务及账、卡是否定期核对相符；是否定期或不定期对固定资产进行清查，每年至少盘点一次，由财会部门、事务管理等部门共同参与，做到账实相符；对于盘盈、盘亏的固定资产，是否严格按规定程序处理 | 5% | 一、二、三、四、五 | |
| 3 | 非信贷减值准备的计提是否有相关附件，账务处理是否正确，是否符合《银行资产减值管理有关办法》等有关规定 | 10% | 一、二、三、四、五 | |
| 4 | 各项财务收入是否全部入账核算；营业收入的确认是否坚持以下原则：各项业务活动签订以后，在规定的计算期内，按应计收入的数额确定营业收入；或在劳务已经提供，同时收讫价款或取得收取价款权利的凭证时确认营业收入 | 10% | 一、二、三、四、五 | |
| 5 | 除期限在一个月（含一个月）的金融企业往来资金、转贴现资金于实际收到时确认收入外，其他各项金融企业往来资金是否按季结计利息（到期日前不计算复利），在实际收到时是否确认收益；对于有关拆放同业款项的应收利息，是否对已经结计的部分按照财政部文件的规定作冲减金融企业往来利息收入处理；系统内往来资金是否实行按季结计利息，实际收到款项后，是否计入当期损益 | 10% | 一、二、三、四、五 | |
| 6 | 中间业务收入是否严格按照规定范围、标准和汇率收费并纳入账内核算，而无随意减免，也无挪用、占用、截留收入；中间业务收入是否在实际收到时确认收益；受地方政府委托，办理政策性房改业务所应收取的手续费或按规定应分得的其他收益，是否及时足额收取，全额计入当期收入，而无以收抵支；其他营业外收入是否在全部款项收妥后才确认 | 10% | 一、二、三、四、五 | |

续表

| 序号 | 主要风险制度落实情况 | 比重 | 评级 | 评分 |
| --- | --- | --- | --- | --- |
| 7 | 是否以规定或约定的时间进行财务核算，并及时记录和完整保存核算结果，对于核算中余额不符的情况是否及时查明原因并进行调整，财务调整是否按照有关操作程序和授权规定办理；是否根据相关制度规定，定期或不定期对资金往来账的核对进行检查，会计人员与出纳人员是否每日进行对账，以保证账实相符，如有不符是否及时查明原因并予以调整 | 10% | 一、二、三、四、五 | |
| 8 | 会计档案的移交时间，是否根据不同的会计档案类别，定时进行移交扫描；移交时是否由交出部门填制《会计档案移交清册》或《会计档案交接登记簿》，填列内容至少包括：序号，会计档案名称，档案起止日期，册（张）数，交接双方单位名称等；会计档案移交时，交接双方是否在移交清册或交接登记簿上进行签章确认，对机构分立、合并下的会计档案移交还是否由监交人签章确认 | 10% | 一、二、三、四、五 | |
| 9 | 是否整理、装订经费财务会计档案，并按规定交综合档案管理人员保管；电子库开机档案是否具备必要的加密或保护措施，以防止被篡改或删除，工作交接时是否对加密方式同时进行交流；按规定需进行双备份的会计电子档案，是否异地分别存放 | 5% | 一、二、三、四、五 | |
| 10 | 会计人员是否具备相应的财务或会计从业资格，并取得当地会计从业资格管理机构出具的资格证明 | 5% | 一、二、三、四、五 | |
| 11 | 会计人员是否严格职业操守，对因职务之便获取的银行及客户商业秘密予以保密，而没有以任何形式对外提供客户信息以及银行内部商业秘密；如因工作需要必须对外提供信息时，是否按规定程序报上级行批准 | 5% | 一、二、三、四、五 | |
| 12 | 会计人员的交接手续是否做到明确、简便、及时，对经管的重要文件、印押等是否抄制清单，对账、簿、卡等采用核对后签章证明的办法 | 5% | 一、二、三、四、五 | |
| 13 | 会计岗位的设置是否体现“相互制约、相互有限、控制风险、促进发展”的原则，各岗位设置是否有明确的岗位职责，会计岗和出纳岗不可由一人同任，必须账、钱分管；岗位职责是否确保不相容岗位的相互独立性，一名员工是否同时担任两个或两个以上不相容岗位职责，岗位职责中是否明确岗位制约和被制约的相关岗位 | 5% | 一、二、三、四、五 | |

5. 出纳岗操作风险的考评体系（见表22-13）

表22-13　　　　　　　　　　出纳岗操作风险的考评体系

| 序号 | 主要风险制度落实情况 | 比重 | 评级 | 评分 |
|---|---|---|---|---|
| 1 | 财务费用列支是否正确合规，审批手续是否齐全，是否遵循授权有限的原则，超权限是否按规定报批；财务费用总额及其相关费用有否超季度、年度指标列支；审查发票等单据是否符合财务制度的要求，费用报销是否提供相关文件依据作为附件；各部门团队的负责人提供的报销凭证、报销申请以及业务背景等重要财务资料的是否具有真实性和法律合规性 | 20% | 一、二、三、四、五 | |
| 2 | 财会部门是否根据相关制度规定，定期或不定期对资金往来账的核对进行检查，会计人员与出纳人员是否每日对账，以保证账实相符，如有不符是否及时查明原因并予以调整 | 10% | 一、二、三、四、五 | |
| 3 | 领用、支付现金时是否保证账款相符，是否由交接人双方签字确认 | 10% | | |
| 4 | 主办会计岗和出纳岗是否按相互牵制的原则分管财务专用章，出纳保管行长印鉴章；财务专用章是否仅限此两岗使用，并由此两岗专人负责；财务专用章和行长印鉴章是否严格按照规定的范围使用，而无错用、串用，是否在空白会计凭证和票据上预盖印章，非会计、出纳人员是否曾使用财务专用印章；在使用财务专用章和行长印鉴章时是否做到：专匣保管、固定存放，非办公时间必须将印章入库或锁于保管箱柜中，不得私自接受财务专用印章 | 20% | 一、二、三、四、五 | |
| 5 | 出纳调换岗位或临时离岗时，是否办理财务专用章的交接手续，实行“第三人监交”制度，并在登记簿上登记；对于拟报废的财务专用章，出纳岗是否提出报废申请，报同级财会部门同意后，上缴至总行财会部门；财务专用章在拟销毁期间是否由总行财会部门统一封存，妥善保管，防止待销毁印章滞留在基层机构，造成印章遗失事故；财务专用章停止使用后，是否及时在登记簿上登记，办理停用手续 | 20% | 一、二、三、四、五 | |

续表

| 序号 | 主要风险制度落实情况 | 比重 | 评级 | 评分 |
|---|---|---|---|---|
| 6 | 会计与出纳的岗位设置是否体现“相互制约、相互有限、控制风险、促进发展”的原则，各岗位设置是否有明确的岗位职责，会计岗和出纳岗不可由一人同任，必须账、钱分管；岗位职责是否确保不相容岗位的相互独立性，一名员工是否同时担任两个或两个以上不相容岗位职责，岗位职责中是否明确岗位制约和被制约的相关岗位 | 20% | 一、二、三、四、五 | |

6. 资金营运岗操作风险的考评体系（见表22-14）

表22-14　　**资金营运岗操作风险的考评体系**

| 序号 | 主要风险制度落实情况 | 比重 | 评级 | 评分 |
|---|---|---|---|---|
| 1 | 除期限在一个月（含一个月）的金融企业往来资金、转贴现资金于实际收到时确认收入外，其他各项金融企业往来资金是否按季结计利息（到期日前不计算复利），在实际收到时是否确认收益；对于有关拆放同业款项的应收利息，是否对已经结计的部分按照财政部文件的规定作冲减金融企业往来利息收入处理；系统内往来资金是否实行按季结计利息，实际收到款项后，是否计入当期损益 | 30% | 一、二、三、四、五 | |
| 2 | 资金调度申请表是否按规定清晰填写，并保留备份，以便日后查询；资金外来账登记是否及时、准确，如是电子账记录是否有一定的加密措施；利息计算是否按规定反复复核并及时入账 | 15% | 一、二、三、四、五 | |
| 3 | 资金交易客户、交易品种及交易金额是否在省行授权范围内进行，而无擅自改变，如有特殊情况需要改变以上内容的，是否报行领导审批后才执行 | 15% | 一、二、三、四、五 | |
| 4 | 债券结算是否实行双人操作，并按合同要素划转资金和处理账务，而无私自处理账务 | 10% | 一、二、三、四、五 | |
| 5 | 是否对各项中间业务收费的费率、资金运营管理中的利率定价进行统一管理，是否对各项中间业务收费上报的费率、资金运营管理中的利率定价请示材料的合规性进行审查，并提出处理意见报行领导审批；对费率、利率定价超授权业务是否向上级行报批 | 10% | 一、二、三、四、五 | |

续表

| 序号 | 主要风险制度落实情况 | 比重 | 评级 | 评分 |
| --- | --- | --- | --- | --- |
| 6 | 资金运营管理人员是否严格职业操守，对因职务之便获取的银行及客户商业秘密予以保密，而没有以任何形式对外提供客户信息以及银行内部商业秘密；如因工作需要必须对外提供信息时，是否按规定程序报上级行批准 | 20% | 一、二、三、四、五 | |

7. 票据审查岗操作风险的考评体系（见表 22-15）

表 22-15　　**票据审查岗操作风险的考评体系**

| 序号 | 主要风险制度落实情况 | 比重 | 评级 | 评分 |
| --- | --- | --- | --- | --- |
| 1 | 审查发票等单据是否符合财务制度的要求，费用报销是否提供相关文件依据作为附件；各部门团队的负责人提供的报销凭证、报销申请以及业务背景等重要财务资料是否具有真实性和法律合规性 | 30% | 一、二、三、四、五 | |
| 2 | 非信贷减值准备的计提是否有相关附件，账务处理是否正确，是否符合《银行资产减值管理有关办法》等有关规定 | 20% | 一、二、三、四、五 | |
| 3 | 转贴现票据的票面要素是否齐全，是否具有合理性，是否为“止付”、“无效”票据，是否确认票据业务贸易背景的真实性 | 40% | | |
| 4 | 是否按规定做好票据的上下游交接工作，并由交接人双方签字确认 | 10% | | |

8. 计划统计岗（机动）操作风险的考评体系（见表 22-16）

表 22-16　　**计划统计岗（机动）操作风险的考评体系**

| 序号 | 主要风险制度落实情况 | 比重 | 评级 | 评分 |
| --- | --- | --- | --- | --- |
| 1 | 各统计报表是否按有关规定及时、准确地编制，以备日后工作查询之用；存款进度、资金头寸、存款余额等数据的统计是否小心谨慎，力求准确，统计数据出现异常情况是否及时查找原因，并作出相应调整 | 50% | 一、二、三、四、五 | |
| 2 | 对主要业务经营情况（含存款、贷款、贴现、国际结算、同业等）的分析是否以事实为依据，而无盲目夸大或欺瞒上报，是否力求准确、客观 | 50% | 一、二、三、四、五 | |

# 第二十三章　会计电脑部操作风险控制

## 一、会计电脑部组织结构和岗责体系

### （一）会计电脑部组织结构（见图 23-1）

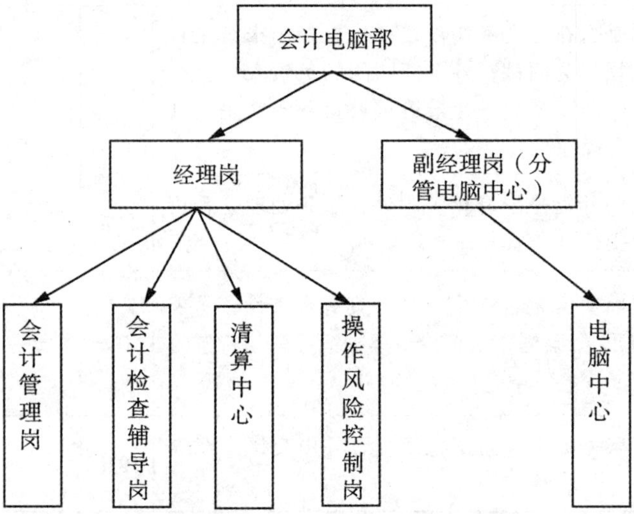


图 23-1　会计电脑部组织结构

### （二）会计电脑部各岗位操作风险的岗责

1. 经理岗

（1）负责全行的会计结算管理。组织制定部门工作目标、计划、程序和制度，监督、检查执行情况。包括：拓宽结算渠道和结算种类，制定与完善全行对公资产业务、负债业务、中间业务、待遇（委托）业务的会计核算制度与操作规程，柜面业务流程规范与标准。定期对全行各类支付结算业务进行风险分析，提出防范结算风险的管理要求。

（2）负责全行的会计结算与计算机运行系统的相互衔接和协调工作。

（3）负责对总行本外币的会计核算、系统内外资金清算等工作，实施日常的组织和管理。

（4）定期或不定期地组织检查以及业务辅导，确保总行会计工作按章有序进行。

（5）督促各支行会计部门认真执行各项规章制度以及业务操作规程，并采取有效措施防范差错事故的发生。

（6）组织落实会计人员的岗位培训、技术练兵活动及业务考核、技能考核等，不断提高会计人员的业务素质和思想觉悟。

（7）负责有关新业务品种会计核算制度及操作规程的制定，协助有关职能部门组织开发业务核算程序。

（8）负责准确、及时编报各项会计报表工作，并深入、全面进行会计业务分析。

（9）组织总行年度决算工作，审核总行会计报表。

（10）研究会计管理及计算机系统运行中的问题，组织调查研究，发现重大问题及时向行长汇报。

（11）负责对本部门人员的工作指导、培训、监督、考核。

2. 副经理岗（分管电脑中心）

（1）负责制订全行电子化建设远景规划和近期工作方案并组织实施。

（2）负责总行各类计算机业务系统和办公自动化的正常运行。

（3）负责软件开发项目的可行性分析、项目规划工作；组织各类应用软件系统的开发、测试、推广与运行；负责全行各类业务系统、办公自动化系统的开发、维护与运行。

（4）负责总行的各类计算机系统事故应急处理工作。

（5）负责与总行相关部门的协调工作，保证总行各项计算机系统工作有序进行。

（6）负责对下属员工的工作指导、培训、监督、考核。

3. 会计管理岗

（1）负责会计业务文件的拟稿，根据总行的各项会计制度、会计核算办法，草拟总行会计、出纳、储蓄等业务的实施细则和操作流程，经批准后组织实施，并负责解释。结合全行各类业务发展提出业务需求，制定配套的会计核算办法和操作规程。

（2）负责组织与执行防范会计风险，贯彻和落实行业制度、政策与本行的规定、操作办法，向中国人民银行申请办理业务，根据本行会计业务的实际运行情况，向领导汇报工作中已经出现或可能出现的问题，并提出合理的管理建议或方案。

（3）负责解答全辖支行关于核算办法以及科目、账户使用等方面的疑问，与支行沟通，了解受理的问题，正确解答支行会计业务咨询，疑难问题向上级领导请示、汇报，负责全行会计基础规范及综合业务处理系统操作的管理。

（4）负责凭证设计、印刷的管理，承担组织落实的责任。

（5）负责全行银行结算账户业务管理，包括业务制度的管理，中国人民银行账户管理系统的操作员申报和账户工作的管理等。

（6）负责全行支付结算业务管理和资金清算管理，包括业务需求的提出测试，业务制度的管理，支行结算业务申请开通的管理，业务机具（密押、压数机）的统一领发管理、结算手段的完善等。

（7）负责全行票据交换业务管理，包括交换业务制度的管理、交换号的管理、打码机的管理、交换专用章的统一领发管理。

（8）负责代理国库业务的管理，包括业务制度的管理、承担国库业务检查职责。

(9) 负责全行大额现金业务管理，包括现金管理业务制度管理、权限内大额提现审批。

(10) 负责全行大额及可疑支付业务管理，包括业务制度管理、反洗钱工作的指导、人民币大额及可疑支付报告的管理和汇总上报工作。

(11) 参与协调全行会计业务资源，协同支行、总行业务部门发展金融产品创新，综合各类公司业务发展提出业务需求，制定配套的会计核算办法和操作规程。

(12) 负责全行会计业务印章的具体管理，包括各类印章的统一申领、刻制、下发和作废印章的集中收缴销毁等；负责全行会计报表的收集、整理及对外报送工作。

(13) 解答支行会计核算业务咨询，疑难问题及时向上级领导请示、汇报，按季分析支行结算、核算过程中的风险，提出风险防范建议。

(14) 参与本行会计结算业务的培训、辅导，以及本行会计人员专用资质等级管理，总行会计人员会计证年检工作。

4. 会计检查辅导岗

(1) 拟定全行会计业务检查计划，经批准后组织实施，对各支行执行总行会计制度的情况进行检查与业务辅导，解决执行中存在的问题，确保总行会计工作按章有序进行。布置、组织、检查各项事后监督工作。

(2) 负责对各支行事后监督员的管理，制定岗位职责和工作目标，帮助支行解决贯彻规章制度中存在的问题，采取检查与辅导相结合的办法，提高事后监督员、会计人员的业务水平。

(3) 负责组织防范事后监督风险，贯彻执行事后监督管理制度，编写事后监督系统业务需求说明书，组织系统测试，修订或增加新的会计、储蓄业务事后或监督操作细则，使机控与人控有机结合，使监督口径与业务管理要求、核算办法相配套，根据事后监督实际运行情况，向领导汇报工作中已经出现或可能出现的问题，并提出合理的管理建议。

(4) 负责检查各支行事后监督工作质量，处理事后监督中出现的差错和问题，指导各岗位统一监督口径，提高监督效果。考核监督支行、部门差错情况，督促各核算机构及时更正差错。

(5) 每月定期汇总全行事后监督数据，及时分析评价支行核算质量，以通报形式提出专用分析意见，执行对支行核算质量考核，提高支行的综合风险的防范能力。

(6) 负责解答全行关于会计、储蓄业务方面的疑问，指导支行具体操作，与支行协调沟通，重大问题向领导请示、汇报。

(7) 负责事后监督专用领域的监督技能培训工作，组织业务学习和技能培训，开展业务知识测试和岗位技能练兵，不断提高人员的全能素质。

(8) 协调部门内外的工作关系，提供其他科室、部门所需的各项数据，交流沟通事后监督工作中反映出来的问题，提出建议。

(9) 审查总行及支行的各种会计报表。

(10) 如实反映监督的情况，及时报告会计检查中发现的重大问题和共性错误。

(11) 按月综合分析各核算机构的会计工作质量，统计差错率，并制定有效措施，不断提高工作效率。

（12）负责对下属支行事后监督员的工作指导、培训、考核。

5. 操作风险控制岗

（1）负责全行会计结算业务管理风险控制的有效性；负责全行系统会计结算业务管理水平和业务操作的合规性。

（2）负责监督本部门风险内控职责的落实情况，对本部门风险内控制度工作定期进行评价。

（3）负责监测分析本部门会计结算业务面临的各类风险，收集，整理各类风险监测的指标数据。

## 二、会计电脑部操作风险点及其控制制度

部门职责和风险点说明：

该部门本节主要涉及两个岗位：会计管理岗和会计检查辅导岗。这两个岗位的职责是对支行、网点中的综合柜员、会计主管日常会计业务流程进行检查与业务咨询。所以总行级的会计管理部门的风险点就集中在从总行会计督导会计业务角度出发来看待如下几点会计事务的合规性和真实性。

### （一）会计档案管理操作风险点及其控制制度（见表 23-1）

表 23-1　**会计档案管理操作风险点及其控制制度**

| 环节 | 主要风险点 | 控制制度 | 负责岗位 |
|---|---|---|---|
| 1 | 会计档案是否按照规定的时间和方式及时办理移交，移交手续是否齐全 | 会计档案的移交时间，可以根据不同的会计档案类别，定时进行移交扫描；移交时由交出部门填制《会计档案移交清册》或《会计档案交接登记簿》，填列内容至少包括：序号，会计档案名称，档案起止日期，册（张）数，交接双方单位名称等；会计档案移交时，接收人员应该进行认真的检查验收，确认无误后，交接双方在移交清册或交接登记簿上进行签章确认，对机构分立、合并的会计档案移交还应该由鉴交人签章确认；会计管理岗要对该业务的完成情况进行定期抽查 | 会计管理岗 |
| 2 | 会计档案是否完整、齐全，装订是否规范，是否按照内容和时间分类索引 | 每日营业终了，柜员应将会计传票以及系统生成的流水清单核对无误后装至专用密封函交给业务员，业务员核对票单一致后交事后监督部门（账务组）签收，事后监督部门审核完毕后在规定时间内交会计档案管理部门入库保管，由会计档案管理部门将会计传票按规定装订成册、编号、分类入箱保管；会计档案管理部门负责人应对保管的会计档案定期进行检查，及时记载检查情况 | 会计管理岗 |

续表

| 环节 | 主要风险点 | 控制制度 | 负责岗位 |
| --- | --- | --- | --- |
| 3 | 电子档案是否按规定加密保管 | 电子会计档案应该具备必要的加密或保护措施，以防止被篡改或删除，工作交接时应对加密方式同时进行交流。当电子文档调阅人可以查看所有文档信息时，交接过程后要重新设置密码；但电子文档已设置查看权限时则只需要交接公钥即可。<br>当会计主管调离岗位时，必须交出所辖权限的密码给上级主管（总行会计电脑部） | 会计管理岗 |
| 4 | 双备份档案是否按规定异地存放 | 按规定需进行双备份的会计电子档案，应异地分别存放 | 会计管理岗 |
| 5 | 会计档案的拆封、销毁是否按规定程序办理 | （1）会计档案原则上一律不得拆封，特殊情况下会计档案确需拆封的，申请部门书面申请上必须由负责人签字和加盖部门公章，经业务管理部门、档案管理部门负责人审批签字同意后，由申请部门和档案管理部门的经办人员、负责人共同拆封，拆出的凭证复印件连同审批报告一同装订入拆出凭证原位，并在封底注明拆封情况，由拆封人员共同签字。<br>（2）会计档案保管期满，由会计档案部门会同会计部门、稽核部门、保卫部门提出销毁意见，编制《会计档案销毁清册》，列明销毁会计档案的名称、卷号、册数、起止年度和档案编号、应保管期限、已保管期限、销毁时间等内容，由本行行长在《会计档案销毁清册》上签署意见；总行及以下机构会计档案的销毁，需经报总行会计电脑部门批准后，由总行负责集中销毁、备案；销毁会计档案，应将档案信息及其保存介质一同销毁，涉及未结清债权债务关系或其他未了事项，或工作上经常查用的原始会计资料以及涉及某项未了案件的原始凭证和有关账表不得销毁，应单独抽出立卷到未了事项完结为止，待债权债务结清，账已查清或案件结束后，再按规定清理或销毁；单独抽出立卷的会计档案，应当在《会计档案销毁清册》和《会计档案保管登记簿》中列明 | 会计管理岗 |
| 6 | 会计档案的查阅、借阅，复印档案资料是否按规定办理 | （1）会计档案一律不准外借，切实防止丢失和泄密，公安、检察、司法等执法部门处理案件等需要查阅会计档案时，必须持有效证件和文件（县级及以上主管部门的正式公文），经机构负责人或其授权人批准，由接待部门代为办理查阅手续并在本行专人陪同下查阅有关档案：其查阅会计档案的正式公文等文件，应由经办人签章并专夹妥善保管；审计、稽核及财务等检查需查阅会计档案原件时，应由接待部门代为办理查阅手续，并负责查阅后提供；银行内部人员经本人申请，部门主管审查同意，档案部门管理负责人员及主管领导签字后方可查阅。 | 会计管理岗 |

续表

| 环节 | 主要风险点 | 控制制度 | 负责岗位 |
|---|---|---|---|
| | | (2) 会计档案管理部门应建立《会计档案查阅登记簿》，档案管理员应对每次查阅情况进行登记，并由查阅人签字确认；《会计档案查阅登记簿》应由会计档案管理人员签章，并专匣保管，于年度终了按照登记簿的登记日期顺序装订成册；《会计档案查阅登记簿》应同时能够记录会计档案出入库情况，并详细记录档案查阅人员的出入库情况 | |
| 7 | 会计档案是否按照规定期限进行保管 | (1) 会计档案的保管地点应具备防火、防盗、防潮、防尘、防有害生物等条件，磁介质档案保管应具备防磁、隔热条件，严禁将明火、食物、尘土、水渍和易燃易爆品带进档案室。<br>(2) 指定专人管理档案，该人员必须持有档案管理资格从业证，其他人员未经许可不得入库和监管会计档案。该情况的落实情况由会计管理岗定期负责检查。<br>(3) 严格按照《银行会计基本制度》规定的期限保存会计档案 | 会计管理岗 |

## （二）有价单证及重要空白凭证管理操作风险点及控制制度（见表23-2）

表23-2　**有价单证及重要空白凭证管理操作风险点及控制制度**

| 环节 | 主要风险点 | 控制制度 | 负责岗位 |
|---|---|---|---|
| 1 | 重要空白凭证管理是否执行“证账分管、证印分管、证押（压）分管”的原则，做到“立三专、建三账、五相符”，即专人领导、专人管理、专库保存，是否建立重要空白凭证账、重要空白凭证登记簿，是否使用重要空白销号登记簿，是否及时对账，保证账实相符 | (1) 有价单证实行“证、账、印分管”的原则，加盖印章的有价单证的管理实行“证、账、印分管”的原则，重要空白凭证按照“证账分管、证印分管、证押分管”的原则进行管理。<br>(2) 管库人员应保持相对稳定，如工作变动或临时由他人代理工作时，必须逐捆核对；已拆捆的 要逐本、逐号进行核对，交接时由会计主管监督交接过程，并在交接登记簿登记，如未认真清点，发生有价单证、重要空白凭证差错或短缺，由接收人承担责任 | 会计管理岗 |

续表

| 环节 | 主要风险点 | 控制制度 | 负责岗位 |
| --- | --- | --- | --- |
| 2 | 有价单证管理是否执行“证、账分管”的原则，对加盖印章的有价单证是否实行“证、印分管”管理；是否视同现金放于各行出纳库房，另设箱（柜）保管；发售有价单证的业务部门是否领用专用保管箱，用于营业时间内有价单证的保管；营业结束后，业务部门及其经办人持有的有价单证是否装箱封存，交出纳库房保管；有价单证的样本是否比照现金票样的管理办法妥善保管；是否建立有价单证保管登记簿；是否设置有价单证领用销号登记簿，对于客户交由本行代保管的有价单证是否按规定登记银行有价单证保管登记簿后，将有价单证随同“代保管清单”统一上交 | （1）有价单证及重要空白凭证应该视同现金，由专人管理，专库保管，必须与一般凭证分库，分开保管，必须双人管理，双人落锁，各专库应建立有价单证保管登记簿、重要空白凭证登记簿，用以记录凭证的调入、调出和库存情况，业务使用部门设置有价单证销号登记簿、重要空白凭证销号登记簿（或称重要空白凭证证明清单）；有价单证的明细核算由各机构出纳和业务部门、柜组负责，综合核算由会计综合部门负责，并对出纳和业务部门的明细核算负有监督、检查之责；各级行重要空白凭证库房负责重要空白凭证的明细核算工作，综合账务部门负责重要空白凭证的综合核算工作。<br>（2）有价单证、重要空白凭证使用与销号应建立严格的相互制约牵制制度，使用人员与销号人员应严格分离，销号人员根据凭证的使用日期、品种、数量、起讫号码，及时登记“有价单证、重要空白凭证销号登记簿”，每日进行账实核对：使用人员对已使用凭证、销号登记簿和登记情况进行检查，复核登记簿记载的正确性，凭证使用时，应按凭证号码顺序使用，不得跳号，对作废凭证必须严格检查是否逐联加盖“作废”戳记，作为当日相关业务会计传票附件装订保管，作废凭证的号码剪贴在“有价单证、重要空白凭证使用销号登记簿”上 | 会计管理岗 |
| 3 | 有价单证及重要空白凭证的调运是否按照银行出纳制度中有关现金运送与调拨的规定办理，相关凭证的使用及会计核算是否按照有关制度规定，是否严格执行非业务人员不得管理、领用有价单证及重要空白凭证的规定 | （1）所属辖内行向总行请领凭证应派专车，按照银行出纳制度中有关现金运送与调拨的规定办理，由保卫人员押送，分理处向支行领用凭证，应保证双人请领，凭证请领应填制领用单，并加盖预留印鉴，非业务人员不得使用有价单证、重要空白凭证。<br>（2）跨支行、分理处、部门不得自行调剂使用有价单证、重要空白凭证，网点内柜口之间确需调剂使用的，应按有价单证、重要空白凭证正常领入或支出手续，经部门负责人签章同意后，填制有价单证、重要空白凭证领用销号传票，并登记“销号登记簿” | 会计管理岗 |

续表

| 环节 | 主要风险点 | 控制制度 | 负责岗位 |
| --- | --- | --- | --- |
| 4 | 有价单证及重要空白凭证的保管、销毁是否按照有关规定程序执行 | （1）有价单证发售时，应坚持“先付款，后办理”的原则，应按单证起讫顺序发售并销号，不得跳号发售。兑付有价单证时，经办人员必须仔细审查每一张单证的真实性和合法性，确认无误后方可兑付，凡发现有意涂改、伪造、变造的有价单证，均应当场没收，由于客户保管不善，发生残污破损的，比照《残污破损国库券兑换办法》的有关规定办理；已经兑付、停止或注销作废的有价单证，应做出明显“作废”标记，填制上缴清单后缴送出纳库房登记保管，对于作废的固定面额的银行卡应剪角或打洞后纳入代销银行卡管理，按规定上缴上级行时，应做到账实相符。<br>（2）开户单位销户时交回的有价单证或重要空白凭证填写错误时，经办柜员应做明显的“作废”标记，作为这笔交易会计传票的附件保管。<br>（3）对于系统升级和制度更改等原因不再使用的旧有价单证、重要空白凭证，及时下发收缴通知并及时收缴，收缴入库的旧有价单证、重要空白凭证，应及时销毁 | 会计管理岗 |
| 5 | 有价单证及重要空白凭证的保管及使用部门是否对库存、领用及保管情况进行账实核对，核对所属辖内行的领用书与上级行大库发出数是否相符 | 建立严格的账务核对制度，业务部门保管的有价单证，每日营业终了应进行账实核对，确保相符并由经办、复核人员在有价单证领用销号登记簿上签章后方能封箱寄放在出纳库房，有价单证、重要空白凭证保管部门和使用部门（柜组）负责人每月应至少检查一次库存、保管情况和使用手续，核对账实，并登记查库登记簿，签章备查 | 会计管理岗 |
| 6 | 业务主管部门及主管行领导是否按规定定期或不定期查库，查库记录是否正确、完整 | 建立严格的查库制度，上级行对下级行的库房，要进行定期或不定期的检查，各业务主管部门应会同检查稽核、保卫、财务等部门，加强对本行及辖属各机构重要空白凭证的管理，对重要空白凭证的领用、保管、使用情况应定期或不定期进行检查，并将每次的检查结果以书面形式上报主管行长，主管行长对各部门保管的重要空白凭证应进行定期或不定期的检查 | 会计管理岗 |

续表

| 环节 | 主要风险点 | 控制制度 | 负责岗位 |
|---|---|---|---|
| 7 | 重要空白凭证的出售 | (1) 企业购买重要空白凭证的通常为较为固定的企业财务人员。请领单要加盖预留印签章或编制支付密码。若遇业务人员或其他人员购买凭证，柜员可视具体情况与开户单位联系证实，客户经理不得代企业购买重要空白凭证，在销售支票等重要空白凭证时，应逐份加盖含有“出票人账号”、“付款行行名”等内容的印章（系统能够实现自动控制的除外），未加盖的严禁出售（转账支票打码，现金支票盖账号章），重要空白凭证不得预先盖好印章备用。<br>(2) 空白银行承兑汇票在未签订承兑协议前不得出售给客户，出售凭证时确保出售的承兑汇票份数与协议书注明的份数一致 | 会计管理岗 |

## （三）会计专用印章管理操作风险点及控制制度（见表23-3）

表23-3　**会计专用印章管理操作风险点及控制制度**

| 环节 | 主要风险点 | 控制制度 | 负责岗位 |
|---|---|---|---|
| 1 | 会计专用印章是否按照“统一印模、分级刻制”的原则刻制和领发，印章是否均由规定的部门刻制，基层机构不得自行刻制会计专用印章，各印章使用是否由总行负责人授权 | 各级机构的财会部门是会计专用印章的管理部门，对没有单设财会部门的机构，由综合管理部门履行会计专用印章的管理职能；备用章启用视同领用新专用章办理 | 会计管理岗 |
| 2 | 会计专用印章及私章是否专人保管、专人负责、专人使用；会计专用印章的使用是否合规，是否在其权限合规的业务范围内进行签章；印章领用、交接、使用是否合规，保管是否合规 | (1) 会计专用印章必须专人保管、专人使用、专人负责，严禁跨部门、岗位使用。<br>(2) 会计专用印章必须在规定的范围内使用，严禁错用、串用、提前或过期使用（除财务专用章外的其他会计专用印章应带有活动日期，每日更换成当日日期后使用），严禁在空白会计凭证和票据上预盖印章，非会计、出纳人员严禁使用财务专用印章。<br>(3) 如果一个机构有多枚同类的会计专用印章，应按顺序编号，按柜员一次发放，不得跳号，专人专用，明确责任。 | 会计管理岗 |

续表

| 环节 | 主要风险点 | 控制制度 | 负责岗位 |
| --- | --- | --- | --- |
| | | (4) 业务经办人员在使用会计专用印章时必须做到：专匣保管、固定存放，非办公时间必须将印章入库或锁于保管箱柜中，不得私自授受会计专用印章，非业务经办，严禁使用会计专用印章。<br>(5) 会计人员调换岗位或临时离岗时，必须办理会计专用印章的交接手续，实行“第三人监交”制度，并在登记簿上登记 | |
| 3 | 已停用、废止或多余的印章是否及时收回并逐级上缴 | (1) 对于拟报废的会计专用印章，应由使用部门提出报废申请，报同级财会部门同意后，上缴至总行财会部门，使用部门应留印底，总行财会部门则应详细记录交接时间、签收人员、报废章印模；会计专用印章在拟销毁期间由总行财会部门统一封存，妥善保管，防止待销毁印章滞留在基层机构，造成印章遗失事故。<br>(2) 会计专用印章停止使用后，应及时在登记簿上登记，办理停用手续 | 会计管理岗 |

## (四) 会计核算管理

1. 会计核算管理（记账）操作风险点及控制制度（见表23-4）

表23-4　　**会计核算管理（记账）操作风险点及控制制度**

| 环节 | 主要风险点 | 控制制度 | 负责岗位 |
| --- | --- | --- | --- |
| 1 | 办理现金业务时是否坚持现金收入先收款后记账，现金付出先记账后付款，每日会计人员是否与出纳人员进行对账，以保证账实相符 | 各项业务会计核算是否符合记账原则，如办理现金业务时应该坚持现金收入先收款后记账，现金付出先记账后付款，每日业务主管应组织会计人员与出纳人员进行对账，以保证账实相符，如有不符，需及时查明原因并予以调整 | 经理岗、会计管理岗 |
| 2 | 办理转账业务时是否先借后贷，对于各项减值准备金和预计负债的计提与核算是否严格执行审慎原则，应收、应付利息的计算是否完整，会计核算是否符合会计制度规定 | 办理转账业务先借后贷，对于各项减值准备金和预计负债的计提与核算是否符合审慎原则。应收、应付利息的核算是否按规定与已实收、实付利息加以区分，有无发生混淆 | 经理岗、会计管理岗 |

续表

| 环节 | 主要风险点 | 控制制度 | 负责岗位 |
| --- | --- | --- | --- |
| 3 | 会计凭证要素（特别是手工转账传票）是否齐全，摘要是否清晰明了。频繁冲账监控，更改交易的原因和处理是否存在漏洞。对大额冲账和同一柜员反复出现冲账和更改交易时予以关注并进行核实 | （1）会计传票摘要内容清晰、准确。<br>（2）对于频繁冲账和更改交易应加强监控，并认真检查冲账或更改的原因及在处理上是否存在漏洞。其中大额冲账交易和同一柜员项下反复出现冲账和更改交易，必须调阅原始资料予以核实 | 经理岗、会计管理岗 |
| 4 | 是否根据业务性质正确使用各种传票，对于内部传票（如特种转账传票）使用范围和方法是否予以规范和控制；传票在柜组、部门之间的内部传递环节是否进行监控；是否及时将传票封包交事后监督部门审核；有关人员在传票传递或移交时是否履行签字手续 | 各类传票必须根据业务性质正确使用，并注意规范和控制内部传票（如特种转账传票）的使用范围，必要时应要求业务主管签章确认，对传票在柜员、部门之间的内部传递应进行监控；及时将传票封包交事后监督部门审核，督促业务人员对于传票的传递和移交严格履行签字手续 | 经理岗、会计管理岗 |

2. 会计核算管理（计息）操作风险点及控制制度（见表23-5）

表23-5 **会计核算管理（计息）操作风险点及控制制度**

| 环节 | 主要风险点 | 控制制度 | 负责岗位 |
| --- | --- | --- | --- |
| 1 | 会计系统账户信息中，计息标志、计息周期、转息账户、利率码、利率值的设置是否正确 | 在会计系统开户时，账户维护人员应审核业务部门提交的开户申请资料中，账户的计息标志、计息周期、转息账户、利率码、利率值的设置是否正确 | 经理岗、会计管理岗 |
| 2 | 会计系统计提应收、应付利息，实际结息、付息是否正常 | （1）每季结息前，各网点应组织人员认真审核会计系统产生的计息和不计息账户清单的各项内容，确保账户计息要素的准确。<br>（2）每次系统结息后，应对会计系统产生的计息清单进行核对，审核是否存在转息不成功的情况，并及时进行处理。<br>（3）每月应注意审核系统产生的计提应收、应付利息清单是否异常，是否按时转账，月初是否按时冲回，对自动转账传票和清单进行核对后，盖章确认入会计传票保管。 | 经理岗、会计管理岗 |

续表

| 环节 | 主要风险点 | 控制制度 | 负责岗位 |
|---|---|---|---|
| | | (4) 对会计系统的销户业务，应将会计系统打印的计息凭证作传票，对单位已办理销户的账户应及时对会计系统作销户处理，以免造成系统多计付利息或多计提应收、应付利息。<br>(5) 综合报表人员应注意每月生息资产、负债的平均利率变动情况，与历史情况或全省平均水平进行对比，发现异常及时进行查找。<br>(6) 各明细核算部门（零售业务、信贷业务等）应对各自系统（储蓄系统、信贷系统等）产生的应收、应付利息的准确性进行核对，并检查是否准确入会计账；对于系统自动计提但需手工在会计系统入账的业务，应检查是否及时、准确入账 | |
| 3 | 手工计息的传票是否确为系统无法自动计息的业务，账务处理是否正确，转息账户是否正确 | 对手工计息的业务，应审核该笔业务是否为电脑无法正常转息的业务，手工结息和手工计提应收应付利息是否附有清单，清单中计息账号、计息期、积数、利率、利息等要素是否正确，实收实付利息业务中应注意利息是否转入客户的账户 | 经理岗、会计管理岗 |

3. 会计核算管理（错账冲正）操作风险点及控制制度（见表23-6）

表23-6 **会计核算管理（错账冲正）操作风险点及控制制度**

| 环节 | 主要风险点 | 控制制度 | 负责岗位 |
|---|---|---|---|
| 1 | 错账冲正是否按规定审批，账务处理是否正确 | (1) 冲账应按规定程序审批，并注意核实签字授权的有效性。<br>(2) 错账冲正应使用专用的“冲正传票”或内部特种转账传票，并在原始传票上注明冲账日期及冲账原因，错账不得轧差冲正；将原始传票的复印件作为冲正传票的复检；根据事后监督部门业务差错通知书办理的冲账业务，应核实冲账传票与“业务差错通知书”是否相符。<br>(3) 错账冲正，涉及计息账户的，应作倒计息处理，应借助原始传票复印件，审核冲正传票的起息日是否正确。<br>(4) 冲账应按文件规定进行账务处理并能够执行报告制度 | 经理岗、会计管理岗 |

续表

| 环节 | 主要风险点 | 控制制度 | 负责岗位 |
|---|---|---|---|
| 2 | 错账冲正是否实施重点审核，若同一柜员频繁出现冲正行为，在非营业时间办理非常转账等异常交易，是否加以关注 | 网点负责人应关注同一柜员频繁冲正、大额存款冲正成小额存款的情况及在非营业时间办理转账等异常交易 | 经理岗、会计管理岗 |

4. 会计核算管理（“临时存欠”科目）操作风险点及控制制度（见表23-7）

表23-7　**会计核算管理（“临时存欠”科目）操作风险点及控制制度**

| 环节 | 主要风险点 | 控制制度 | 负责岗位 |
|---|---|---|---|
| 1 | “临时存欠”科目使用是否正确，是否存在柜员将企业账务资金转入本人储蓄账户的情况 | “临时存欠”传票的填制是否规范，摘要是否明确，摘要注明详细的业务内容，并与所附传票（或附件）内容一致；重点审核汇款业务以及对公账户转储蓄的临时存欠传票 | 经理岗、会计管理岗 |
| 2 | “临时存欠”科目余额是否为零 | 各机构应指定专人，审核本机构“部门往来临时存欠”的余额是否为零，发现异常及时向有关部门（网点）发出查询；有关部门回复的查询应核实后存档备查 | 经理岗、会计管理岗 |

5. 会计核算管理（账户核对）操作风险点及控制制度（见表23-8）

表23-8　**会计核算管理（账户核对）操作风险点及控制制度**

| 环节 | 主要风险点 | 控制制度 | 负责岗位 |
|---|---|---|---|
| 1 | 是否按照规定的时间和程序与下级行核对内部资金账户情况；是否按照规定的时间和程序与本行相关部门核对总分账户情况；对账过程是否存有书面记录及对账结果是否完整保存 | （1）在固定或约定的时间向下级行发送内部资金对账单，并及时回收和完整保存对账结果，对于上下级行余额不符的需及时查明原因并进行账务调整，调整要按照有关操作程序和授权规定办理。<br>（2）与负责明细账的部门核对总分账户余额，如有不符应督促明细核算部门，查明原因并进行账务调整，账务调整时应按照有关操作程序和授权规定办理 | 经理岗、会计管理岗 |

续表

| 环节 | 主要风险点 | 控制制度 | 负责岗位 |
|---|---|---|---|
| 2 | 是否按照外部开户行规定的时间和程序与开户行进行账务核对工作且及时将对账结果反馈开户行，并完整保存对账结果 | 按外部开户银行规定的时间和程序与其核对账户余额，及时将对账结果反馈给开户行，如有不符，需要及时查明原因并进行账务调整，对账结果应妥善保存 | 经理岗、会计管理岗 |
| 3 | 根据财会制度规定对有关业务部门负责的与下级行内部资金往来账，与总行及与同业间的账务核对工作是否进行监督检查，对于有疑问的资金是否引起关注 | 其他业务部门负责的与下级行内部资金往来账的核对及与同业之间的对账工作，财会部门应根据相关制度规定定期或不定期地监督检查 | 经理岗、会计管理岗 |
| 4 | 与企业对账 | 定期对前台的余额调节表进行检查（对企业对账单的回收率和发放率） | 经理岗、会计管理岗 |

## （五）会计检查管理操作风险点及控制制度（见表23-9）

表23-9　**会计检查管理操作风险点及控制制度**

| 环节 | 主要风险点 | 控制制度 | 负责岗位 |
|---|---|---|---|
| 1 | 违规检查或重复、低效率的检查是否对正常业务造成干扰，事后监督是否力度不够，检查方案是否不具体，可操作性不强 | （1）应制订具体的、可操作性强的检查方案。<br>（2）应组织全行会计机构的检查辅导，监督会计制度和会计核算手续的执行情况（每网点每月现场检查不少于一次）；对会计检查发现的问题下达整改通知书，并下发检查通报，督促落实整改措施，定期向总行上报会计检查，向会计负责人报告检查工作情况，并提出管理建议；应对会计人员进行岗前培训和考核，对业务主管等应进行后续教育和业务培训。<br>（3）对于会计检查应进行再检查工作，对核算凭证按规定进行检查和抽查（对所辖营业网点的特殊业务和风险大的业务进行重点检查，对一般业务进行一定比例的抽查），每月每网点的凭证检查量不少于三天；对会计检查发现的问题下达整改通知书，每月下发检查通报，督促落实整改措施，定期向总行上报检查报告 | 经理岗、会计检查辅导岗 |

### （六）会计人员及岗位管理操作风险点及控制制度（见表 23-10）

表 23-10 会计人员及岗位管理操作风险点及控制制度

| 环节 | 主要风险点 | 控制制度 | 负责岗位 |
|---|---|---|---|
| 1 | 各级会计人员是否具备会计专业相关资格、学历或资历 | （1）各级会计人员必须具备相应的会计从业资格，并取得当地会计从业资格管理机构出具的资格证明。<br>（2）会计主管人员的任免、调动必须得到上级行会计部门的同意，会计主管实行考核制度 | 经理岗、会计管理岗、会计检查辅导岗 |
| 2 | 会计人员是否随意对外提供或泄露因职务之便取得的银行及客户的商业秘密 | （1）会计人员应严格职业操守，对因职务之便取得的银行及客户的商业秘密予以保密，不得以任何形式对外提供客户信息以及银行内部商业秘密。<br>（2）如因工作需要必须对外提供信息时，应按规定程序报主管部门或上级行批准 | 经理岗、会计管理岗、会计检查辅导岗 |
| 3 | 各级会计人员因工作调动或因故离职，是否办理交接手续 | 会计人员的交接手续应做到明确、简便、及时，对经管的重要文件、印押等应抄制清单，对账、簿、卡等采用核对后签章证明的办法 | 会计管理岗、会计管理岗、会计检查辅导岗 |
| 4 | 会计岗位是否按照“相互制约、相互有限、控制风险、促进发展”的原则设立，岗位职责明确，不相容岗位具有独立性 | （1）会计岗位的设置要体现“相互制约、相互有限、控制风险、促进发展”的原则，各岗位设置应有明确的岗位职责。<br>（2）岗位职责必须确保不相容岗位的相互独立性，一名员工不得同时担任两个或两个以上不相容岗位职责，岗位职责中必须明确岗位制约和被制约的相关岗位 | 经理岗、会计管理岗、会计检查辅导岗 |
| 5 | 对轮点会计岗位采取独有休假、定岗轮换制度，以发现隐患 | 前台会计岗位应采取“突击”形式进行岗位交流，中、后台会计岗位及会计主管根据需要，适时以“预先通知”的形式进行岗位交流，通过岗位交流发现问题和隐患 | 经理岗、会计管理岗、会计检查辅导岗 |

## 三、会计电脑部操作风险的考评体系

评级一栏可以分为五级评价：一、二、三、四、五，表示很好、较好、好、中、差，对应评分可以自行设定。比重一栏根据主要风险点的重要程度进行设定。

1. 经理岗操作风险点及考评体系（见表 23-11）

表 23-11　　**经理岗操作风险点及考评体系**

| 序号 | 主要风险制度落实情况 | 比重 | 评级 | 评分 |
|---|---|---|---|---|
| 1 | 各项业务会计核算是否符合记账原则，如办理现金业务时是否坚持现金收入先付款后记账，现金支出先记账后付款，每日业务主管是否组织会计人员与出纳人员进行对账，以保证账实相符，如有不符是否及时查明原因并予以调整 | 5% | 一、二、三、四、五 | |
| 2 | 办理转账业务是否先借后贷，对于各项减值准备金和预计负债的计提和预计负债的计提与核算是否符合审慎原则；收付利息的核算是否按规定与已实收、实付利息加以区分，有无发生混淆 | 5% | 一、二、三、四、五 | |
| 3 | 会计传票摘要内容是否清晰、准确；对于频繁冲账和更改交易是否加强监控，并认真检查冲账或更改的原因及在处理上是否存在漏洞：其中大额冲账交易和同一柜员项下反复出现冲账和更改交易，是否调阅原始资料予以核实；各类传票是否根据业务性质正确使用，并注意规范和控制内部传票（如特种转账传票）的使用范围，必要时是否要求业务主管签章确认，对传票在柜员、部门之间的内部传递是否进行监控；及时将传票封包交事后监督部门审核，督促业务人员对于传票的传递和移交严格履行签字手续 | 5% | 一、二、三、四、五 | |
| 4 | 在会计系统开户时，账户维护人员应审核业务部门提交的开户申请资料中，账户的计息标志、计息周期、转息账户、利率码、利率值的设置是否正确 | 5% | 一、二、三、四、五 | |
| 5 | 每季结息前，各网点是否组织人员认真审核会计系统产生的计息和不计息账户清单的各项内容，确保账户计息要素的准确；每次系统结息后，是否对会计系统产生的计息清单进行核对，审核是否存在转息不成功的情况，并及时进行处理；每月应注意审核系统产生的计提收付利息清单是否异常，是否按时转账，月初是否按时冲回，将自动转账传票和清单进行核对后，盖章确认入会计传票保管；对会计系统的销户业务，是否将会计系统打印的计息凭证作传票，对单位已办理销户的账户是否及时对会计系统作销户处理，以免造成系统多计付利息或多计提收付利息；综合报表人员是否注意每月生息资产、负债的平均利率变动情况，与历史情况或全省平均水平进行对比，发现异常及时进行查找；各明细核算部门（零售业务、信贷业务等）是否对各自系统（储蓄系统、信贷系统等）产生的收付利息的准确性进行核对，并检查是否准确入会计账；对于系统自动计提但需手工在会计系统入账的业务，检查是否及时准确入账 | 10% | 一、二、三、四、五 | |

续表

| 序号 | 主要风险制度落实情况 | 比重 | 评级 | 评分 |
|---|---|---|---|---|
| 6 | 对手工计息的业务，审核该笔业务是否为电脑无法正常转息的业务，手工结息和手工计提应收应付利息是否附有清单，清单中计息账号、计息期、积数、利率、利息等要素是否正确，实收实付利息业务中注意利息转入客户的账户 | 5% | 一、二、三、四、五 | |
| 7 | 冲账是否按规定程序审批，并注意核实签字授权的有效性；错账冲正是否使用专用的“冲正传票”或内部特种转账传票，并在原始传票上注明冲账日期及冲账原因，错账不得轧差冲正；并将原始传票的复印件作为冲正传票的复检；根据事后监督部门“业务差错通知书”办理的冲账业务，核实冲账传票与“业务差错通知书”是否相符；错账冲正，涉及计息账户的，是否作倒计息处理，是否借助原始传票复印件，审核冲正传票的起息日是否正确；冲账是否按文件规定进行账务处理并能够执行报告制度 | 5% | 一、二、三、四、五 | |
| 8 | 网点负责人是否关注同一柜员频繁冲正、大额存款冲正成小额存款的情况及在非营业时间办理转账等异常交易 | 5% | 一、二、三、四、五 | |
| 9 | “临时存欠”传票的填制是否规范，摘要是否明确，摘要注明详细的业务内容，与所附传票（或附件）内容是否一致；是否重点审核汇款业务以及对公账户转储蓄的临时存欠传票；各机构是否指定专人，是否审核本机构“部门往来临时存欠”的余额是否为零，发现异常，是否及时向有关部门（网点）发出查询；有关部门回复的查询是否核实后存档备查 | 5% | 一、二、三、四、五 | |
| 10 | 是否在固定或约定的时间向下级行发送内部资金对账单，并及时回收和完整保存对账结果，对于上下级行余额不符的是否及时查明原因并进行账务调整，财务调整是否按照有关操作程序和授权规定办理；是否与负责明细账的部门核对总分账户余额，如有不符是否督促明细核算部门查明原因并进行账务调账，账务调整时是否按照有关操作程序和授权规定办理 | 10% | 一、二、三、四、五 | |
| 11 | 是否按外部开户银行规定的时间和程序与其核对账户余额，及时将对账结果反馈开户行，如有不符是否及时查明原因并进行账务调整，对账结果是否妥善保存 | 5% | 一、二、三、四、五 | |

续表

| 序号 | 主要风险制度落实情况 | 比重 | 评级 | 评分 |
|---|---|---|---|---|
| 12 | 其他业务部门负责的与下级行内部资金往来账的核对及与同业之间的对账工作，财会部门是否根据相关制度规定定期或不定期地监督检查 | 5% | 一、二、三、四、五 | |
| 13 | 是否制订具体的、可操作性强的会计检查方案；是否组织全行会计机构的检查辅导，监督会计制度和会计核算手续的执行情况（每网点每月现场检查不少于一次）；是否对会计检查发现的问题下达整改通知书，并下发检查通报，督促落实整改措施，是否定期向总行上报会计检查，向会计负责人报告检查工作情况，并提出管理建议；是否对会计人员进行岗前培训和考核，对会计主管等是否进行后续教育和业务培训；对于会计检查是否进行再检查工作，是否对核算凭证按规定进行检查和抽查（对所辖营业网点的特殊业务和风险大的业务进行重点检查，对一般业务进行一定比例的抽查），每月每网点的凭证检查量不少于三天；对会计检查发现的问题是否下达整改通知书，每月下发检查通报，督促落实整改措施，定期向总行上报检查报告 | 10% | 一、二、三、四、五 | |
| 14 | 各级会计人员是否具备相应的会计从业资格，并取得当地会计从业资格管理机构出具的资格证明；会计主管人员的任免、调动是否征得上级行会计部门的同意，会计主管是否实行考核制度 | 5% | 一、二、三、四、五 | |
| 15 | 会计人员是否严格职业操守，对因职务之便获取的银行及客户商业秘密予以保密，而未以任何形式对外提供客户信息以及银行内部商业秘密；如因工作需要对外提供信息时，是否按规定程序报主管部门或上级行批准；会计人员交接手续是否做到明确、简便、及时，对经管的重要文件、印押等是否抄制清单，对账、簿、卡等采用核对后签章证明的办法 | 10% | 一、二、三、四、五 | |
| 16 | 会计岗位的设置是否体现“相互制约、相互有限、控制风险、促进发展”的原则，各岗位设置是否有明确的岗位职责；岗位职责是否确保不相容岗位的相互独立性，一名员工不得同时担任两个或两个以上不相容岗位职责，岗位职责中是否明确岗位制约和被制约的相关岗位；前台会计岗位是否采取“突击”形式进行岗位交流，中、后台会计岗位及会计主管是否根据需要适时以“预先通知”形式进行岗位交流，通过岗位交流发现问题和隐患 | 5% | 一、二、三、四、五 | |

2. 会计管理岗操作风险考评体系（见表23-12）

表23-12 **会计管理岗操作风险考评体系**

| 序号 | 主要风险制度落实情况 | 比重 | 评级 | 评分 |
| --- | --- | --- | --- | --- |
| 1 | 会计档案的移交时间，是否根据不同的会计档案类别，定时进行移交扫描；移交时由交出部门填制《会计档案移交清册》或《会计档案交接登记簿》，填列内容至少包括：序号，会计档案名称，档案起止日期，册（张）数，交接双方单位名称等；会计档案移交时，接收人员是否进行认真的检查验收，确认无误后，交接双方在移交清册或交接登记簿上进行签章确认，对机构分立、合并的会计档案移交还是否由鉴交人签章确认 | 5% | 一、二、三、四、五 | |
| 2 | 每日营业终了，柜员应将会计传票以及系统生成的流水清单核对无误后交网点专管员，专管员核对票单一致后交事后监督部门签收，事后监督部门审核完毕后按规定时间交会计档案管理部门保管，由会计档案将会计传票按规定装订成册、编号、分类人箱保管；档案管理部门负责人是否对保管的会计档案定期进行检查，及时记载检查情况；电子会计档案是否具备必要的加密或保护措施，以防止被篡改或删除，工作交接时是否对加密方式同时进行交流；按规定需进行双备份的会计电子档案，是否异地分别存放 | 5% | 一、二、三、四、五 | |
| 3 | 会计档案原则上一律不得拆封，特殊情况下会计档案确需拆封的，申请部门的书面申请上是否由负责人签字和加盖部门公章，经业务管理部门、档案管理部门负责人审批签字同意后，由申请部门和档案管理部门的经办人员负责人共同拆封，拆出的凭证复印件连同审批报告一同装订人拆出凭证原位，并在封底注明拆封情况，由拆封人员共同签字；会计档案保管期满，是否由会计档案部门会同会计部门、稽核部门、保卫部门提出销毁意见，编制《会计档案销毁清册》，列明销毁会计档案的名称、卷号、册数、起止年度和档案编号、应保管期限、已保管期限、销毁时间等内容，由本行行长在《会计档案销毁清册》上签署意见；二级分行及以下机构会计档案的销毁，是否经报一级分行批准后，由二级分行负责集中销毁，一级分行会计档案的销毁，是否由其自行负责，并报总行备案；销毁会计档案，是否将档案信息及其保存介质一同销毁，涉及未结清债券债务关系或其他未了事项，或工作上经常查用的原始会计资料以及涉及某项未了案件的原始凭证和有关账表不得销 | 5% | 一、二、三、四、五 | |

续表

| 序号 | 主要风险制度落实情况 | 比重 | 评级 | 评分 |
|---|---|---|---|---|
| | 毁，是否单独抽出立卷到未了事项完结为止，待债券债务结清，账已查清或案件结束后，再按规定清理或销毁；单独抽出立卷的会计档案，是否在《会计档案销毁清册》和《会计档案保管登记簿》中列明 | | | |
| 4 | 会计档案一律不准外借，切实防止丢失和泄密，公安、检察、司法等执法部门处理案件等需要查阅会计档案时，是否持有效证件和文件（县级及以上主管部门的正式公文），经机构负责人或其授权人批准，由接待部门代为办理查阅手续并在我行专人陪同下查阅有关档案：其查阅会计档案的正是公文等文件，是否由经办人签章并专夹妥善保管；审计、稽核及财务等需查阅会计档案原件时，是否由接待部门代为办理查阅手续，并负责查阅后提供；银行内部人员是否经本人申请，部门主管审查同意，档案部门管理负责人员及主管领导签字后才可查阅；会计档案管理部门是否建立《会计档案查阅登记簿》，档案管理员是否对每次查阅情况进行登记，并由查阅人签字确认；《会计档案查阅登记簿》是否由会计档案管理人员签章，并专夹保管，于年度终了按照登记簿的登记日期顺序装订成册；《会计档案查阅登记簿》是否能够同时记录会计档案出入库情况，并详细记录档案查阅人员的出入库情况 | 5% | 一、二、三、四、五 | |
| 5 | 会计档案的保管地点是否具备防火、防盗、防潮、防尘、防有害生物等条件，磁介质档案保管是否具备防磁、隔热条件，是否将明火、食物、尘土、水渍和易燃易爆品带进档案室；是否指定专人管理档案，出纳人员不得兼管会计档案；是否严格按照《银行会计基本制度》规定的期限保存会计档案 | 5% | 一、二、三、四、五 | |
| 6 | 有价单证是否实行“证、账分管”的原则，加盖印章的有价单证的管理是否实行“证、印分管”的原则，重要空白凭证是否按照“证账分管、证印分管、证押分管”的原则进行管理；管库人员是否保持相对稳定，如工作变动或临时由他人代理工作时，是否逐捆、逐本清点交钱，已拆捆的要逐本、逐号进行核对，交接时由主管人员或指定人员监督交接过程，并登记临时交接登记簿，如未认真清点，发生有价单证、重要空白凭证差错或短缺，由接收人承担责任 | 5% | 一、二、三、四、五 | |

续表

| 序号 | 主要风险制度落实情况 | 比重 | 评级 | 评分 |
| --- | --- | --- | --- | --- |
| 7 | 有价单证及重要空白凭证是否视同现金，由专人管理、专库保管，是否与一般凭证分库、分开保管，是否双人管理、双人落锁，各专库是否建立有价单证保管登记簿、重要空白凭证登记簿，用以记录凭证的调入、调出和库存情况，业务使用部门是否设置有价单证销号登记簿、重要空白凭证销号登记簿（或称重要空白凭证证明清单）；有价单证的明细核算是否由各机构出纳和业务部门、柜组负责，综合核算由会计综合部门负责，并对出纳和业务部门的明细核算负有监督、检查之责；各级行重要空白凭证库房（含分库）是否负责重要空白凭证的明细核算工作，综合账务部门是否负责重要空白凭证的综合核算工作；有价单证、重要空白凭证使用与销号是否建立严格的相互制约牵制制度，使用人员与销号人员是否严格分离，销号人员是否根据凭证的使用日期、品种、数量、起讫号码，及时登记有价单证、重要空白凭证销号登记簿，每日进行账实核对：使用人员对已使用凭证、销号登记簿和登记情况是否进行检查，复核登记簿记载的正确性，凭证使用时，是否按凭证号码顺序使用，不得跳号，对作废凭证是否严格检查，逐联加盖“作废”戳记，作为当日相关业务会计传票附件装订保管，作废凭证的号码是否剪贴在有价单证、重要空白凭证使用销号登记簿上 | 5% | 一、二、三、四、五 | |
| 8 | 所属辖内行向总行请领凭证是否派专车，按照银行出纳制度中有关现金运送与调拨的规定办理，由保卫人员押送；分理处向支行领用凭证，是否保证双人请领，凭证请领是否填制领用单，并加盖预留印鉴（部门公章及网点负责人章）；非业务人员是否使用有价单证、重要空白凭证；跨支行、分理处、部门是否自行调剂使用有价单证、重要空白凭证，网点内柜口之间确需调剂使用的，是否按有价单证、重要空白凭证正常领入或支出手续，经部门负责人签章同意后，填制有价单证、重要空白凭证领用销号传票，并登记销号登记簿 | 5% | 一、二、三、四、五 | |
| 9 | 有价单证发售时，是否坚持“先付款，后办理”的原则，是否按单证起讫顺序发售并销号，无跳号发售；兑付有价单证时，经办人员是否仔细审查每一张单证的真实性和合法性，确认无误后方可兑付，凡发现有意涂改、伪造、变造的有价单证，是否当场没收；由于客户保管不善，发生残污破损的，是否比照《残污破损国库券兑换办 法》的有 | 5% | 一、二、三、四、五 | |

续表

| 序号 | 主要风险制度落实情况 | 比重 | 评级 | 评分 |
|---|---|---|---|---|
| | 关规定办理；已经兑付、停止或注销作废的有价单证，是否做出明显的“作废”标记，填制上缴清单后缴送出纳库房登记保管，对于作废的固定面额的银行卡是否剪角或打洞后纳入代销银行卡管理，按规定上缴上级行时，是否做到账实相符；开户单位销户时交回重要空白凭证或重要空白凭证填写错误时，经办柜员是否做明显的“作废”标记，作为这笔交易会计传票的附件保管；对于由于系统升级和制度更改等原因不再使用的旧有价单证、重要空白凭证，是否及时下发收缴通知并及时收缴，收缴入库的旧有价单证、重要空白凭证，是否及时加盖“作废”戳记 | | | |
| 10 | 是否建立严格的账务核对制度，业务部门保管的有价单证，每日营业终了是否进行账实核对，确保相符并由经办、复核人员在有价单证领用销号登记簿上签章后方能封箱寄放在出纳库房；有价单证、重要空白凭证保管部门和使用部门（柜组）负责人每月是否至少检查一次库存、保管情况和使用手续，核对账实，并登记查库登记簿，签章备查 | 5% | 一、二、三、四、五 | |
| 11 | 是否建立严格的查库制度，上级对下级行的库房，是否进行定期或不定期的检查；各业务主管部门是否会同检查稽核、保卫、财务等部门，加强对本行及辖属各机构重要空白凭证的管理；对重要空白凭证的领用、保管、使用情况是否定期或不定期进行检查，并将每次的检查结果以书面形式上报主管行长，主管行长（主任）对各部门保管的重要空白凭证是否进行定期或不定期的检查 | 5% | 一、二、三、四、五 | |
| 12 | 企业购买重要空白凭证通常为较为固定的企业财务人员，若遇业务人员或其他人员购买凭证，柜员是否视具体情况与开户单位联系证实，客户经理是否代企业购买重要空白凭证；在销售支票等重要空白凭证时，是否逐份加盖含有“出票人账号”、“付款行行名”等内容的印章（系统能够实现自动控制的除外），未加盖的是否严禁出售（转账支票打码，现金支票盖账号章），重要空白凭证是否预先盖好印章备用；空白银行承兑汇票在未签订承兑协议前是否出售给客户，出售凭证时是否确保出售的承兑汇票份数与协议书注明的份数一致 | 5% | 一、二、三、四、五 | |

续表

| 序号 | 主要风险制度落实情况 | 比重 | 评级 | 评分 |
| --- | --- | --- | --- | --- |
| 13 | 各级机构的财会部门是否为会计专用印章的管理部门，对没有单设财会部门的机构，是否由综合管理部门履行会计专用印章的管理职能；备用章启用是否视同领用新专用章办理；会计专用印章是否专人保管、专人使用、专人负责，是否跨部门、岗位使用；会计专用印章是否严格按照规定的范围使用，是否错用、串用、提前或过期使用（除财务专用章外的其他会计专用印章应带有活动日期，每日更换成当日日期后使用），是否严禁在空白会计凭证和票据上预盖印章，非会计、出纳人员是否严禁使用财务专用印章；如果一个机构有多枚同类的会计专用印章，是否按顺序编号，按柜员一次发放，不得跳号，专人专用，明确责任；业务经办人员在使用会计专用印章时是否做到：专夹保管、固定存放，非办公时间是否将印章入库或锁于保管箱柜中，不得私自授受会计专用印章，非业务经办严禁使用会计专用印章；会计人员调换岗位或临时离岗时，是否办理会计专用印章及行长印鉴章的交接手续，实行“第三人监交”制度，并在登记簿上登记；对于拟报废的会计专用印章，是否由使用部门提出报废申请，报同级财会部门同意后，上缴至总行财会部门；会计专用印章在拟销毁期间是否由总行财会部门统一封存，妥善保管，防止待销毁印章滞留在基层机构，造成印章遗失事故；会计专用印章停止使用后，是否及时在登记簿上登记，办理停用手续 | 10% | 一、二、三、四、五 | |
| 14 | 各项业务会计核算时候是否符合记账原则，如办理现金业务时是否坚持现金收入先付款后记账，现金付出先记账后付款，每日业务主管是否组织会计人员与出纳人员进行对账，以保证账实相符，如有不符是否及时查明原因并予以调整；办理转账业务是否先借后贷，对于各项减值准备和预计负债的计提与核算是否符合审慎原则：收、付利息的核算是否按规定与已实收、实付利息加以区分，有无发生混淆 | 5% | 一、二、三、四、五 | |
| 15 | 会计传票摘要内容是否清晰、准确；对于频繁冲账和更改交易是否加强监控，并认真检查冲账或更改的原因及在处理上是否存在漏洞：其中大额冲账交易和同一柜员项下反复出现冲账和更改交易，是否调阅原始资料予以核实；各类传票是否根据业务性质正确使用，并注意规范和控制内部传票（如特种转账传票）的使用范围，必要时是否要求业务主管签章确认，对传票在柜员、部门之间的内部传递是否进行监控；及时将传票封包交事后监督部门审核，督促业务人员对于传票的传递和移交严格履行签字手续 | 5% | 一、二、三、四、五 | |

、

续表

| 序号 | 主要风险制度落实情况 | 比重 | 评级 | 评分 |
|---|---|---|---|---|
| 16 | 在会计系统开户时，账户维护人员是否审核业务部门提交的开户申请资料，账户的计息标志、计息周期、转息账户、利率码、利率值的设置是否正确 | 5% | 一、二、三、四、五 | |
| 17 | 每季结息前，各网点是否组织人员认真审核会计系统产生的计息和不计息账户清单的各项内容，确保账户计息要素的准确；每次系统结息后，是否对会计系统产生的计息清单进行核对，审核是否存在转息不成功情况，并及时进行处理；每月注意审核系统产生的计提应收、应付利息清单是否异常，是否按时转账，月初是否按时冲回，对自动转账传票和清单进行核对后，盖章确认入会计传票保管；对会计系统的销户业务，是否将会计系统打印的计息清单作附件，对单位已办理销户的账户是否及时对会计系统作关户处理，以免造成系统多计付利息或多计提应收、应付利息；综合报表人员是否注意每月生息资产、负债的平均利率变动情况，与历史情况或全省平均水平进行对比，发现异常及时进行查找；各明细核算部门（零售业务、信贷业务等）是否对各自系统（储蓄系统、信贷系统等）产生的应收、应付利息的准确性进行核对，并检查是否准确入会计账；对于系统自动计提但需手工在会计系统入账的业务，检查是否及时准确入账；对手工计息的业务，审核该笔业务是否为电脑无法正常转息的业务，手工结息和手工计提应收、应付利息是否附有清单，清单中计息账号、计息期、积数、利率、利息等要素是否正确，实收、实付利息业务中注意利息是否转入客户的账户 | 5% | 一、二、三、四、五 | |
| 18 | 冲账是否按规定程序审批，并注意核实签字授权的有效性；错账冲正是否使用专用的“冲正传票”或内部特种转账传票，并在原始传票上注明冲账日期及冲账原因，错账不得轧差冲正；将原始传票的复印件作为冲正传票的复检；根据事后监督部门业务差错通知书办理的冲账业务，核实冲账传票与业务差错通知书是否相符；错账冲正，涉及计息账户的，是否作倒计息处理，是否借助原始传票复印件，审核冲正传票的起息日是否正确；冲账是否按文件规定进行账务处理并能够执行报告制度；网点负责人是否关注同一柜员频繁冲正、大额存款冲正成小额存款的情况及在非营业时间办理转账等异常交易 | 5% | 一、二、三、四、五 | |

续表

| 序号 | 主要风险制度落实情况 | 比重 | 评级 | 评分 |
| --- | --- | --- | --- | --- |
| 19 | “临时存欠”传票的填制是否规范，摘要是否明确，摘要是否注明详细的业务内容，与所附传票（或附件）内容是否一致；是否重点审核汇款业务以及对公账户转储蓄的临时存欠传票；各机构是否指定专人，审核本机构“部门往来临时存欠”的余额是否为零，发现异常，是否及时向有关部门（网点）发出查询；有关部门回复的查询是否核实后存档备查 | 5% | 一、二、三、四、五 | |
| 20 | 是否在固定或约定的时间向下级行发送内部资金对账单，并及时回收和完整保存对账结果，对于上下级行余额不符的是否及时查明原因并进行账务调整，财务调整是否按照有关操作程序和授权规定办理；是否与负责明细账的部门核对总分账户余额，如有不符是否督促明细核算部门查明原因并进行账务调整，账务调整时是否按照有关操作程序和授权规定办理；是否按外部开户银行规定的时间和程序与其核对账户余额，及时将对账结果反馈给开户行，如有不符，是否及时查明原因并进行账务调整，对账结果是否妥善保存；其他业务部门负责的与下级行内部资金往来账的核对及与同业之间的对账工作，财会部门是否根据相关制度规定定期或不定期地监督检查 | 5% | 一、二、三、四、五 | |
| 21 | 各级会计人员是否具备相应的会计从业资格，并取得当地会计从业资格管理机构出具的资格证明；会计主管人员的任免、调动是否得到上级行会计部门的同意，会计主管是否实行考核制度 | 5% | 一、二、三、四、五 | |
| 22 | 会计人员是否严格职业操守，对因职务之便取得的银行及客户的商业秘密予以保密，而未以任何形式对外提供客户信息以及银行内部商业秘密；如因工作需要对外提供信息时，是否按规定程序报主管部门或上级行批准；会计人员的交接手续是否做到明确、简便、及时，对经管的重要文件、印押等是否抄制清单，对账、簿、卡等采用核对后签章证明的办法 | 5% | 一、二、三、四、五 | |

续表

| 序号 | 主要风险制度落实情况 | 比重 | 评级 | 评分 |
| --- | --- | --- | --- | --- |
| 23 | 会计岗位的设置是否体现“相互制约、相互有限、控制风险、促进发展”的原则，各岗位设置是否有明确的岗位职责；岗位职责是否确保不相容岗位的相互独立性，一名员工不得同时担任两个或两个以上不相容岗位职责，岗位职责中是否明确岗位制约和被制约的相关岗位；前台会计岗位是否采取“突击”形式进行岗位交流，中、后台会计岗位及会计主管是否根据需要，适时以“预先通知”的形式进行岗位交流，通过岗位交流发现问题和隐患 | 5% | 一、二、三、四、五 | |

3. 会计检查辅导岗操作风险考评体系（见表23-13）

表23-13　**会计检查辅导岗操作风险考评体系**

| 序号 | 主要风险制度落实情况 | 比重 | 评级 | 评分 |
| --- | --- | --- | --- | --- |
| 1 | 是否制订具体的、可操作性强的会计检查方案；是否组织全行会计机构的检查辅导，监督会计制度和会计核算手续的执行情况（每网点每月现场稽核不少于一次）；是否对会计检查发现的问题下达整改通知书，并下发检查通报，督促落实整改措施，使否定期向总行上报会计检查，向会计负责人报告检查、稽核工作情况，并提出管理建议；是否对会计人员进行岗前培训和考核，对业务主管等是否进行后续教育和业务培训；对于会计检查是否进行再检查工作，是否对核算凭证按规定进行检查和抽查（对所辖营业网点的特殊业务和风险大的业务进行重点稽核，对一般业务进行一定比例抽查），每月每网点的凭证稽核量不少于三天；对会计检查发现的问题是否下达整改通知书，每月下发检查通报，督促落实整改措施，定期向总行上报稽核报告 | 50% | 一、二、三、四、五 | |
| 2 | 各级会计人员是否具备相应的会计从业资格，并取得当地会计从业资格管理机构出具的资格证明；会计主管人员的任免、调动是否得到上级行会计部门的同意，会计主管是否实行考核制度 | 15% | 一、二、三、四、五 | |

续表

| 序号 | 主要风险制度落实情况 | 比重 | 评级 | 评分 |
|---|---|---|---|---|
| 3 | 会计人员是否严格职业操守，对因职务之便取得的银行及客户的商业秘密予以保密，而未以任何形式对外提供客户的信息以及银行内部的商业秘密；如因工作需要对外提供信息时，是否按规定程序报主管部门或上级行批准；会计人员的交接手续是否做到明确、简便、及时，对经管的重要文件、印押等是否抄制清单，对账、簿、卡等采用核对后签章证明的办法 | 15% | 一、二、三、四、五 | |
| 4 | 会计岗位的设置是否体现“相互制约、相互有限、控制风险、促进发展”的原则，各岗位设置是否有明确的岗位职责；岗位职责是否确保不相容岗位的相互独立性，一名员工不得同时担任两个或两个以上不相容岗位职责，岗位职责中是否明确岗位制约和被制约的相关岗位；前台会计岗位是否采取“突击”形式进行岗位交流，中、后台会计岗位及会计主管是否根据需要，适时以“预先通知”的形式进行岗位交流，通过岗位交流发现问题和隐患 | 20% | 一、二、三、四、五 | |

# 第二十四章　会计电脑部电脑中心操作风险控制

## 一、会计电脑部电脑中心组织结构和岗责体系

### （一）会计电脑部电脑中心组织结构（见图 24-1）

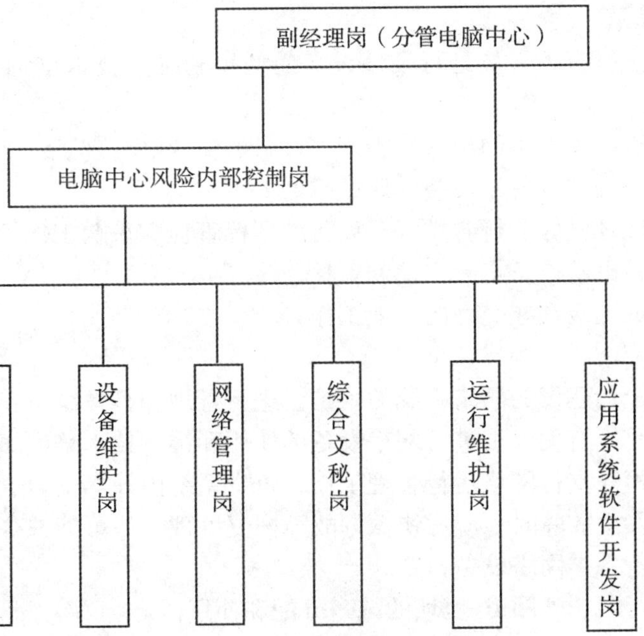


图 24-1　会计电脑部电脑中心组织结构

### （二）会计电脑部电脑中心各岗位职责

1. 系统维护岗

保障综合业务系统正常运行，处理各营业网点—支行—总行日间业务非正常情况。负责全行各类业务系统，负责全行各类操作系统、数据库系统的维护。

负责全行各类系统软件版本的升级工作，负责对全行各类系统的参数进行修改和调整，对运行维护人员的指导与培训，重要操作的授权管理。

负责对全行各类系统资源的定义、分析、调整及故障处理，建立、更改用户标志、口

令和相应的权限。

负责制订系统软件及应用数据的备份和故障恢复方案，指导运行员做好数据的备份工作。

系统发生故障时，应尽快做好故障恢复处理，尽可能减少对业务带来的影响。

负责各营业机构业务平台的管理，总行各类报表的处理，总行临时性业务数据统计处理。

负责搭建测试平台，组织柜面人员培训、新网点开业前业务系统安装、调试。

（1）协同副经理做好全行各类电子设备的招标管理和采购工作。

（2）协助应用系统软件开发岗做好业务部门相应业务需求的分析、调查。

（3）负责完成上级领导交办的其他工作。

2. 设备维护岗

（1）负责对全行所使用电子设备的维护工作，新购设备的测试、故障设备的维修、各类电子设备的调配。

（2）负责对全行有关人员进行硬件设备的使用和维护技术培训；监督、检查银行自助服务设备的运行管理工作。

（3）负责全行电子设备的出入库管理、设备的卡片账管理。

（4）负责各类硬件设备的安装、调试等。

（5）协同副经理做好全行各类电子设备的招标管理和采购工作。

（6）负责全行电脑设备报废申请的审核。

（7）负责完成上级领导交办的其他工作。

3. 网络管理岗

（1）负责对全行建设的网络系统的维护，进行管理和日常维护工作。

（2）负责对总行有关人员进行网络设备的使用和维护技术培训。

（3）监督、检查支行网络运行管理工作，负责系统内外网安全、防袭击、防病毒。

（4）当通信发生故障时，应尽快做好故障恢复处理，尽可能减少对业务带来的影响。

（5）设置全行各类网络设备口令。

（6）负责全行内、外网 IP 地址的统一分配和使用。

（7）负责对方委托代理单位的网络安全审查、配置和接入。

（8）负责全行光纤接入的装机、拆机申请手续办理。

（9）负责完成上级领导交办的其他工作。

4. 综合文秘岗

（1）负责全行各类技术文档与系统软件、应用软件管理、维修档案管理。负责本部门的相关事务处理工作，做好各类文件的收发、归档、整理。

（2）协助本部经理监督、落实全行会计电脑部下发的各项规章制度的执行。

（3）负责部门内部的各类情况汇报和报表管理。

（4）负责本部门的考勤及宣传工作。

（5）负责全行计算机设备的管理及登记核查工作。

（6）负责完成本部门其他综合后勤服务工作。

（7）负责完成上级领导交办的其他工作。

5. 运行维护岗

（1）负责计算机中心机房的日常值班工作，实行24小时不间断值班。严格执行操作规程，按规定做好需要的各类账页、账表等的打印、清分、交接工作，做好业务数据备份和处理作业。

（2）负责监视防火墙的报警日志，每天定期做好业务系统、网络运行和作业执行结果的检查，及时接听业务网点的电话，特别要注意各网点与总行间的通信状态，对发生的问题及时处理，并做好记录。

（3）系统发生故障时，及时启动计算机应急预案，并与有关人员及时联系，做好记录。

（4）负责认真填写运行日志及处理执行结果记录。

（5）负责中心主机系统日志、硬盘空间、数据库空间和后台日志系统的监控。

（6）负责各类业务系统相应操作用户的口令（密码）修改。

（7）负责各类业务系统权限内数据的修改和查询。

（8）负责日常光、磁介质的管理和编号入库，并做好标签、分类和保存工作。

（9）负责做好系统备份和生产数据备份，兼管开关机的日常运行及备份，配合开发人员准备测试数据。

（10）负责计算机中心主机、网络、空调、UPS、消防等设备的日常监控工作，负责机房安全与卫生管理。严格遵守《中心机房管理制度》，并监督制度的执行情况。要检查机房环境，机房温度、湿度如有异常应及时调整。

（11）负责对业务系统一般事故进行处理，重大事故汇报与协调处理等。

（12）对上级部门或中间业务对方委托单位进行账务核对。

（13）负责完成上级领导交办的其他工作。

6. 应用系统软件开发岗

（1）协助部门经理进行应用软件开发项目的可行性分析、项目规划工作。

（2）负责对业务部门提出的业务需求进行调查、分析，并在此基础上进行系统分析和设计。

（3）负责完成项目开发的代码编写、功能测试工作。

（4）负责对所开发应用系统的技术文档的编写、操作手册的编写、应用推广指导工作。

（5）负责做好对应用系统用户的培训与技术支持工作。

（6）负责完成上级领导交办的其他工作。

7. 电脑中心风险内部控制岗

（1）负责电脑中心各岗位的风险控制，制定各岗位的风险控制制度并实施，对各岗位进行风险评估。

（2）协助各岗位对风险进行处理，并对重大风险进行汇报、记录。

（3）负责完成上级领导交办的其他工作。

8. 副经理岗

（1）负责制订全行电子化建设近期工作方案并组织实施。

（2）负责总行各类计算机业务系统和网络系统的正常运行。

（3）负责软件开发项目的可行性分析、项目规划工作；组织各类应用软件系统开发、测试、推广与运行；负责全行各类业务系统、办公自动化系统的开发、维护与运行。

（4）负责总行各类计算机系统事故的应急处理工作。

（5）负责与总行相关部门的协调工作，保证总行各项计算机系统工作有序进行。

（6）负责对下属员工的工作指导、培训、监督、考核。

（7）综合业务系统重要数据修改申请表的审批。

（8）负责全行电子设备的招标管理、合同保管和设备采购工作。

（9）负责完成上级领导交办的其他工作。

## 二、电脑中心的操作风险点及其控制制度

### （一）系统维护岗的风险点及控制制度（见表 24-1）

表 24-1　**系统维护岗的风险点及控制制度**

| 业务 | 风险点 | 控制制度 | 责任人 |
|---|---|---|---|
| 1 | 综合业务系统是否正常运行，营业网点—支行—总行日间业务非正常情况是否得到处理。全行各类业务系统，各类操作系统、数据库系统是否得到较好的维护 | 保障综合业务系统正常运行，及时、准确地处理各营业网点—支行—总行日间业务非正常情况。负责全行各类业务系统，及时维护全行各类操作系统、数据库系统 | 系统维护员 |
| 2 | 全行各类系统软件版本的升级是否及时准确，是否准确修改和调整各类系统参数。对运行维护人员的指导与培训是否达到要求，重要操作的授权管理是否到位 | 及时、准确地对全行各类系统软件版本进行升级，根据情况准确地修改和调整各类系统参数。对运行维护人员进行系统的指导与培训，重要操作的授权管理要具体到责任人 | |
| 3 | 全行各类系统资源是否准确定义并分析。故障的调整和处理是否及时、准确。用户标志、口令和相应权限的建立和更改是否无误 | 准确定义并分析全行各类系统资源，对系统故障及时调整并正确处理。保证用户标志、口令和相应权限的建立和更改无误 | |
| 4 | 系统软件及应用数据的备份和故障恢复方案的制订是否合理，对运行员的数据备份工作的指导是否到位 | 合理制订系统软件及引用数据的备份和故障恢复方案。指导并保证运行员做好数据备份工作 | |

续表

| 业务 | 风险点 | 控制制度 | 责任人 |
|---|---|---|---|
| 5 | 处理是否及时，是否最大程度减少了故障对业务的影响 | 发生故障时，尽快做好故障恢复处理，尽力减少故障对业务带来的影响 | 系统维护员 |
| 6 | 对各营业机构业务平台的管理是否到位，对总行各类报表和临时性业务数据的统计处理是否及时、准确 | 合理管理各营业机构业务平台，及时、准确地处理总行各类报表和临时性业务数据 | |
| 7 | 测试平台的搭建是否成功，对柜面人员的组织培训是否到位，是否对新网点开业前业务系统进行安装、测试 | 合理地搭建测试平台，组织柜面人员进行培训，在每个新网点开业前进行系统安装并调试 | |
| 8 | 是否测试采购设备的系统与硬件的兼容性，协同招标和采购中是否对协同方进行监督 | 对采购设备进行测试，保证系统与硬件的兼容性，协同招标和采购时对协同方进行监督 | |
| 9 | 是否协助应用系统软件开发岗做好业务部门相应业务需求的调查分析 | 积极配合应用软件开发岗做好业务部门相应业务需求的调查与分析工作 | |
| 10 | 是否认真执行上级领导交办的其他工作 | 尽职尽责，及时、认真地执行上级领导交办的其他工作 | |

### （二）设备维护岗的风险点及控制制度（见表24-2）

表24-2　**设备维护岗的风险点及控制制度**

| 业务 | 风险点 | 控制制度 | 责任人 |
|---|---|---|---|
| 1 | 对全行使用的电子设备维护是否及时，对新购设备是否测试，是否及时维修故障设备，对各类电子设备的调配是否准确 | 及时维护全行使用的电子设备，对新购设备要进行测试，及时维修故障设备，准确地调配各类电子设备 | 设备维护人员 |
| 2 | 对全行有关人员的硬件设备使用和维护技术的培训工作是否到位，是否按章对银行自助服务设备的运行管理工作进行监督和检查 | 保障员工的计算机技术培训工作顺利开展，严格监督并检查银行自助服务设备的运行管理工作 | |
| 3 | 合同保管、设备的出入库管理、设备的卡片账管理等工作是否到位 | 严格按规管理设备的出入库，设备的卡片账等工作 | |

续表

| 业务 | 风险点 | 控制制度 | 责任人 |
|---|---|---|---|
| 4 | 各类硬件设备的安装调试是否到位 | 安装各类硬件设备后进行调试，保障设备的正常运行 | 设备维护人员 |
| 5 | 是否测试应标设备的性能与质量，是否保证设备品质性能优良，协同招标和采购中是否对协同方进行监督 | 严格测试采购设备的质量与性能，保证设备质量，协同招标和采购中对协同方进行监督 | |
| 6 | 是否严格审批全行电脑设备报废申请，核查设备的额定使用年限与实际使用时间，检查待报废设备性能是否符合报废条件 | 对报废设备按规进行审核，对设备的使用年限和当前性能进行评估，满足报废条件才予批准 | |
| 7 | 是否认真执行上级领导交办的其他工作 | 尽职尽责，及时、认真地执行上级领导交办的其他工作 | |

## （三）网络管理岗的风险点及控制措施（见表 24-3）

表 24-3　**网络管理岗的风险点及控制制度**

| 业务 | 风险点 | 控制制度 | 责任人 |
|---|---|---|---|
| 1 | 是否认真、及时地对全行建设的网络系统进行维护，日常的管理和维护工作是否到位 | 认真、及时地对全行建设的网络系统进行维护，保障日常的管理和维护工作到位 | 网络管理人员 |
| 2 | 对总行有关人员进行的网络设备的使用和维护技术的培训工作是否按章执行，培训的结果是否达到要求 | 对总行有关人员进行的网络设备的使用和维护技术的培训工作是否按章执行，保障培训结果达到要求 | |
| 3 | 是否对支行网络运行管理工作进行严格的监督和检查，是否有效地保障系统内外网的安全，防止黑客袭击和病毒入侵 | 对支行网络运行管理工作进行严格的监督和检查，有效地保障系统内外网的安全，防止黑客袭击和病毒入侵 | |
| 4 | 对网络通信故障的恢复处理是否得当、及时。是否尽最大可能减少故障造成的损失 | 及时、合理地对网络通信故障进行恢复处理，最大限度地减少故障造成的损失 | |
| 5 | 全行各类网络设备口令的设置是否符合操作要求，相关口令是否一致 | 根据操作要求合理设置口令，保证相关口令的设置一致 | |

续表

| 业务 | 风险点 | 控制制度 | 责任人 |
| --- | --- | --- | --- |
| 6 | 对全行内、外网IP地址的统一分配是否合理，使用是否正确 | 确保全行内、外网IP地址的统一分配合理，使用正确，不合理、不正确的重新分配 | 网络管理人员 |
| 7 | 对对方委托代理单位网络安全的审查是否严格，配置和接入是否正确 | 严格审查对方委托代理单位网络安全，检查其配置和接入路径，确保其正确 | |
| 8 | 全行光纤接入的装机、拆机申请手续是否按规办理 | 严格按规办理光纤接入的装机、拆机申请手续，不符合规定、标准的不得进行装机、拆机 | |
| 9 | 是否认真执行上级领导交办的其他工作 | 尽职尽责，及时、认真地执行上级领导交办的其他工作 | |

## （四）综合文秘岗的风险点及控制制度（见表24-4）

表24-4　**综合文秘岗的风险点及控制制度**

| 业务 | 风险点 | 控制制度 | 责任人 |
| --- | --- | --- | --- |
| 1 | 是否妥善保管全行各类技术文档与系统软件、应用软件、维修档案。是否及时合理地处理本部门相关事务，对各类文件的收发、归档、整理是否到位 | 妥善保管全行各类技术文档与系统软件、应用软件、维修档案。及时合理地处理本部门相关事务，按章合理地对各类文件进行收发、归档、整理 | 综合文秘人员 |
| 2 | 是否严格监督并检查全行对会计电脑部下发的各项故障制度的执行与落实情况 | 严格监督并检查全行对会计电脑部下发的各项故障制度的执行与落实情况 | |
| 3 | 是否如实地汇报部门内部的各类情况，报表管理工作是否细致 | 如实地汇报部门内部的各类情况，细致地对报表进行管理，保证无差错 | |
| 4 | 是否严格地记录考勤，宣传工作是否到位 | 严格地记录考勤，保证宣传工作的进行 | |
| 5 | 全行计算机设备的管理和登记核查工作是否按章执行 | 严格按章对全行计算机设备进行管理和登记核查工作 | |
| 6 | 本部门其他综合后勤服务是否有保障，后勤服务是否到位 | 积极保障本部门其他综合后勤服务工作 | |
| 7 | 是否认真执行上级领导交办的其他工作 | 尽职尽责，及时并认真地执行上级领导交办的其他工作 | |

## （五）运行维护岗的风险点和控制制度（见表 24-5）

表 24-5 运行维护岗的风险点及控制制度

| 业务 | 风险点 | 控制制度 | 责任人 |
|---|---|---|---|
| 1 | 是否按时值班，各类账页、账表等的打印、清分、交接工作是否细致，业务数据的备份和处理是否准确无误 | 保证计算机机房按时值班，细致做好各类账页、账表等的打印、清分、交接工作。保证业务数据的备份和处理准确无误 | 运行维护人员 |
| 2 | 是否严格按章检查业务系统、网络运行和作业执行结果，防火墙报警日志是否受到监视，发生报警时是否及时进行病毒防范工作，是否及时接听业务网点电话，是否有效保障各网点与总行间的通信状态，是否及时处理并记录产生的问题 | 严格检查业务系统、网络运行和作业执行结果，严密监视防火墙报警日志，发生报警时及时进行病毒防范工作，及时接听业务网点电话，有效保障各网点与总行间的通信状态，及时处理并记录发生的问题 | |
| 3 | 系统发生故障时，是否及时启动计算机应急预案，并与有关维护人员联系，做好记录 | 系统发生故障后，及时启动计算机应急预案，并与有关维护人员及时联系，做好记录工作 | |
| 4 | 是否认真、按时填写运行日志，是否详细、认真地记录处理执行结果 | 认真、按时填写运行日志，详细、认真地记录处理执行结果 | |
| 5 | 日常磁介质管理是否到位，编号入库，标签、分类和保存等工作是否细致无误 | 按章进行日常磁介质管理，保障编号入库，标签、分类和保存等工作细致无误 | |
| 6 | 是否做好系统和生产数据的备份工作，日常的开关机及备份是否按章执行，是否积极有效地配合开发人员对数据进行准备与测试 | 做好系统和生产数据的备份工作，日常的开关机及备份按章执行，积极有效地配合开发人员对数据进行准备与测试 | |
| 7 | 计算机中心主机、网络、空调、UPS、消防设备是否每日严格按章监控。机房的安全与卫生管理是否到位，是否遵守《中心机房管理制度》，对执行情况进行监督，机房环境是否得到保持 | 严格按章监控计算机中心主机、网络、空调、UPS、消防设备。做好机房的安全与卫生管理工作，严格遵守《中心机房管理制度》并对执行情况进行监督，保持机房环境，机房温度、湿度如有异常要及时调整 | |
| 8 | 是否妥善处理业务系统的一般事故，对重大事故是否如实、细致地汇报并进行协调处理 | 妥善处理业务系统的一般事故，对重大事故如实、详细地汇报并进行协调处理 | |

续表

| 业务 | 风险点 | 控制制度 | 责任人 |
|---|---|---|---|
| 9 | 对上级部门或中间业务对方委托单位进行的账务核对是否准确无误，分工是否明确 | 保证对账与核对工作分工执行，核对后保证无差错 | 运行维护人员 |
| 10 | 是否每日定期监控中心主机系统日志、硬盘空间、数据库空间和后台日志系统 | 每日定期监控中心主机系统日志、硬盘空间、数据库空间和后台日志系统，出现问题及时处理，对重大问题进行汇报记录 | |
| 11 | 各类业务系统相应操作用户的口令（密码）修改是否合规 | 修改应征求相关意见并取得一致同意 | |
| 12 | 各类业务系统权限内数据修改是否合理和查询是否有依据 | 保证业务系统权限内数据修改合理，建立完备的数据库，确保数据查询工作顺利 | |
| 13 | 是否认真执行上级领导交办的其他工作 | 尽职尽责，及时并认真地执行上级领导交办的其他工作 | |

## （六）应用系统软件开发岗的风险点及控制制度（见表 24-6）

表 24-6　**应用系统软件开发岗的风险点及控制制度**

| 业务 | 风险点 | 控制制度 | 责任人 |
|---|---|---|---|
| 1 | 是否积极配合部门经理进行应用软件开发项目的可行性分析和项目规划，相关分析与规划是否合理有效 | 积极配合部门经理进行应用软件开发项目的可行性分析和项目规划，最大限度地保障相关分析与规划合理有效 | 应用系统软件开发人员 |
| 2 | 是否对业务部门提出的业务需求进行实证调查分析，在此基础上是否有效地对系统进行分析和统计 | 积极地对业务部门提出的业务需求进行实证调查分析，并在此基础上有效地对系统进行分析和统计 | |
| 3 | 是否准确高效地完成项目开发的代码编写工作与功能测试 | 准确高效地完成项目开发的代码编写工作与功能测试 | |
| 4 | 针对所开发应用系统的技术编写的文档、操作手册、应用推广指导是否简单而又详细，是否适用于全行 | 加强文字表达能力，保证针对所开发应用系统的技术编写的文档、操作手册、应用推广指导简单而又详细，且适用于全行 | |
| 5 | 对应用系统用户的培训与技术支持是否到位 | 积极有效地对应用系统用户进行培训并提供技术支持 | |
| 6 | 是否认真执行上级领导交办的其他工作 | 尽职尽责，及时并认真地执行上级领导交办的其他工作 | |

## （七）电脑中心风险内部控制岗的风险点及控制制度（见表24-7）

表24-7　　电脑中心风险内部控制岗的风险点及控制制度

| 业务 | 风险点 | 控制制度 | 责任人 |
| --- | --- | --- | --- |
| 1 | 是否合理制定风险控制制度，是否严格按制度控制风险，对各岗位的风险的评估是否准确 | 合理制定风险控制制度，严格按制度控制风险，准确度量各岗位的风险的评估 | 电脑中心风险控制员 |
| 2 | 是否及时协助各岗位处理各类风险，对重大风险是否进行汇报、记录工作 | 及时协助各岗位处理各类风险，对重大风险进行汇报、记录工作 | |
| 3 | 是否认真执行上级领导交办的其他工作 | 尽职尽责，及时并认真地执行上级领导交办的其他工作 | |

## （八）副经理岗的风险点及控制制度（见表24-8）

表24-8　　副经理岗的风险点及控制制度

| 业务 | 风险点 | 控制制度 | 责任人 |
| --- | --- | --- | --- |
| 1 | 全行电子化建设近期工作方案的制订与实施是否有效 | 多方征求意见，合理制订有效的工作方案并实施。认真对待员工的反馈意见 | 分管电脑中心的副经理 |
| 2 | 是否能保障全行各类计算机业务系统和办公自动化的正常运行，出现异常是否及时、合理地处理 | 协调好各岗位之间的工作，保证整个部门的团队性，出现异常要及时、合理地处理 | |
| 3 | 可行性分析和项目规划的合理性，软件开发、测试、推广与运行工作是否到位，业务系统和办公自动化系统的开发、维护与运行是否正常 | 征求多方意见，进行软件开发项目的可行性分析和项目规划，保证各类应用软件系统和各类业务系统、办公自动化系统的各项程序顺利运行 | |
| 4 | 处理各类计算机系统事故是否及时、合理 | 及时、合理地处理各类计算机系统事故。重大事故如实做好记录、汇报工作 | |
| 5 | 是否能协调好与总行相关部门的工作以保证总行各项计算机系统工作有序进行 | 协调好与总行相关部门的工作，保证总行各项计算机系统工作有序进行 | |

续表

| 业务 | 风险点 | 控制制度 | 责任人 |
|---|---|---|---|
| 6 | 对下属员工的工作指导、培训、监督、考核是否按章执行，指导工作是否细致，培训是否到位，监督是否严格，考核是否达到效果 | 对员工的工作指导要细致耐心，积极开展培训工作，严格监督各岗位职责的落实情况，按标准进行考核，根据考核结果对员工进行奖励、教育或处罚 | 分管电脑中心的副经理 |
| 7 | 全行电子设备的招标管理，合同保管是否严格，是否严格审查应标企业的资信度，采购是否由多方进行联合采购 | 妥善保管好招标合同，严格审查企业资信度，确保设备质量，采购时由系统和设备维护员协助联合采购 | |
| 8 | 是否严格审批综合业务系统重要数据修改申请表，修改的数据是否准确，修改的原因是否充分 | 审批重要数据修改申请表时要核查修改原因、修改内容，判断修改的合理性 | |
| 9 | 是否认真执行上级领导交办的其他工作 | 尽职尽责，及时并认真地执行上级领导交办的其他工作 | |

## 三、电脑中心各岗位人员的操作风险考评体系

评级一栏可以分为五级评价：一、二、三、四、五，表示很好、较好、好、中、差，对应评分可以自行设定。比重一栏根据主要风险点的重要程度进行设定。

### （一）系统维护员操作风险考评体系（见表 24-9）

表 24-9　**系统维护员操作风险考评体系**

| 序号 | 风险的落实 | 比重 | 评级 | 打分 |
|---|---|---|---|---|
| 1 | 综合业务系统是否正常运行，营业网点—支行—总行日间业务非正常情况是否得到处理。全行各类业务系统，各类操作系统、数据库系统是否得到较好的维护 | | 一、二、三、四、五 | |
| 2 | 全行各类系统软件版本的升级是否及时准确，是否准确修改和调整各类系统参数。对运行维护人员的指导与培训是否达到要求，重要操作的授权管理是否到位 | | 一、二、三、四、五 | |
| 3 | 全行各类系统资源是否准确定义并分析。故障的调整和处理是否及时、准确。用户标志、口令和相应权限的建立和更改是否无误 | | 一、二、三、四、五 | |

续表

| 序号 | 风险的落实 | 比重 | 评级 | 打分 |
|---|---|---|---|---|
| 4 | 系统软件及应用数据的备份和故障恢复方案的制订是否合理，对运行员的数据备份工作的指导是否到位 | | 一、二、三、四、五 | |
| 5 | 处理是否及时，是否最大程度减少了故障对业务的影响 | | 一、二、三、四、五 | |
| 6 | 对各营业机构业务平台的管理是否到位，对总行各类报表和临时性业务数据的统计处理是否及时、准确 | | 一、二、三、四、五 | |
| 7 | 测试平台的搭建是否成功，对柜面人员的组织培训是否到位，是否对新网点开业前业务系统进行安装、测试 | | 一、二、三、四、五 | |
| 8 | 是否测试采购设备的系统与硬件的兼容性，协同招标和采购中是否对协同方进行监督 | | 一、二、三、四、五 | |
| 9 | 是否协助应用系统软件开发岗做好业务部门相应业务需求的调查分析 | | 一、二、三、四、五 | |
| 10 | 是否认真执行上级领导交办的其他工作 | | 一、二、三、四、五 | |

## （二）设备维护员操作风险考评体系（见表 24-10）

表 24-10　　**设备维护员操作风险考评体系**

| 序号 | 风险的落实 | 比重 | 评级 | 打分 |
|---|---|---|---|---|
| 1 | 对全行使用的电子设备维护是否及时，是否及时维修故障设备，对各类电子设备的调配是否准确 | | 一、二、三、四、五 | |
| 2 | 对全行有关人员的硬件设备使用和维护技术的培训工作是否到位，是否按章对银行自助服务设备的运行管理工作进行监督和检查 | | 一、二、三、四、五 | |
| 3 | 合同保管、设备的出入库管理、设备的卡片账管理等工作是否到位 | | 一、二、三、四、五 | |
| 4 | 各类硬件设备的安装调试是否到位 | | 一、二、三、四、五 | |
| 5 | 是否测试应标设备的性能与质量，是否保证设备品质性能优良，协同招标和采购中是否对协同方进行监督 | | 一、二、三、四、五 | |

续表

| 序号 | 风险的落实 | 比重 | 评级 | 打分 |
|---|---|---|---|---|
| 6 | 是否严格审批全行电脑设备报废申请，核查设备的额定使用年限与实际使用时间，检查待报废设备性能是否符合报废条件 | | 一、二、三、四、五 | |
| 7 | 是否认真执行上级领导交办的其他工作 | | 一、二、三、四、五 | |

## （三）网络管理员操作风险考评体系（见表24-11）

表24-11　**网络管理员操作风险考评体系**

| 序号 | 风险的落实 | 比重 | 评级 | 打分 |
|---|---|---|---|---|
| 1 | 是否认真、及时地对全行建设的网络系统进行维护，日常的管理和维护工作是否到位 | | 一、二、三、四、五 | |
| 2 | 对总行有关人员进行的网络设备的使用和维护技术的培训工作是否按章执行，培训的结果是否达到要求 | | 一、二、三、四、五 | |
| 3 | 是否对支行网络运行管理工作进行严格的监督和检查，是否有效地保障系统内外网的安全，防止黑客袭击和病毒入侵 | | 一、二、三、四、五 | |
| 4 | 对网络通信故障的恢复处理是否得当、及时。是否尽最大可能减少故障造成的损失 | | 一、二、三、四、五 | |
| 5 | 全行各类网络设备口令的设置是否符合操作要求，相关口令是否一致 | | 一、二、三、四、五 | |
| 6 | 对全行内、外网IP地址的统一分配是否合理，使用是否正确 | | 一、二、三、四、五 | |
| 7 | 对对方委托代理单位网络安全的审查是否严格，配置和接入是否正确 | | 一、二、三、四、五 | |
| 8 | 全行光纤接入的装机、拆机申请手续是否按规办理 | | 一、二、三、四、五 | |
| 9 | 是否认真执行上级领导交办的其他工作 | | 一、二、三、四、五 | |

## （四）综合文秘员操作风险考评体系（见表 24-12）

表 24-12 **综合文秘员操作风险考评体系**

| 序号 | 风险的落实 | 比重 | 评级 | 打分 |
|---|---|---|---|---|
| 1 | 是否妥善保管全行各类技术文档与系统软件、应用软件、维修档案。是否及时合理地处理本部门相关事务，对各类文件的收发、归档、整理是否到位 | | 一、二、三、四、五 | |
| 2 | 是否严格监督并检查全行对会计电脑部下发的各项故障制度的执行与落实情况 | | 一、二、三、四、五 | |
| 3 | 是否如实地汇报部门内部的各类情况，报表管理工作是否细致 | | 一、二、三、四、五 | |
| 4 | 是否严格地记录考勤，宣传工作是否到位 | | 一、二、三、四、五 | |
| 5 | 全行计算机设备的管理和登记核查工作是否按章执行 | | 一、二、三、四、五 | |
| 6 | 本部门其他综合后勤服务是否有保障，后勤服务是否到位 | | 一、二、三、四、五 | |
| 7 | 是否认真执行上级领导交办的其他工作 | | 一、二、三、四、五 | |

## （五）运行维护员操作风险考评体系（见表 24-13）

表 24-13 **运行维护员操作风险考评体系**

| 序号 | 风险的落实 | 比重 | 评级 | 打分 |
|---|---|---|---|---|
| 1 | 是否按时值班，各类账页、账表等的打印、清分、交接工作是否细致，业务数据的备份和处理是否准确无误 | | 一、二、三、四、五 | |
| 2 | 是否严格按章检查业务系统、网络运行和作业执行结果，防火墙报警日志是否受到监视，发生报警时是否及时进行病毒防范工作，是否及时接听业务网点电话，是否有效保障各网点与总行间的通信状态，是否及时处理并记录产生的问题 | | 一、二、三、四、五 | |
| 3 | 系统发生故障时，是否及时启动计算机应急预案，并与有关维护人员联系，做好记录 | | 一、二、三、四、五 | |

续表

| 序号 | 风险的落实 | 比重 | 评级 | 打分 |
| --- | --- | --- | --- | --- |
| 4 | 是否认真、按时填写运行日志，是否详细、认真地记录处理执行结果 | | 一、二、三、四、五 | |
| 5 | 日常磁介质管理是否到位，编号入库，标签、分类和保存等工作是否细致无误 | | 一、二、三、四、五 | |
| 6 | 是否做好系统和生产数据的备份工作，日常的开关机及备份是否按章执行，是否积极有效地配合开发人员对数据进行准备与测试 | | 一、二、三、四、五 | |
| 7 | 计算机中心主机、网络、空调、UPS、消防设备是否每日严格按章监控。机房的安全与卫生管理是否到位，是否遵守《中心机房管理制度》，对执行情况进行监督，机房环境是否得到保持 | | 一、二、三、四、五 | |
| 8 | 是否妥善处理业务系统的一般事故，对重大事故是否如实、细致地汇报并进行协调处理 | | 一、二、三、四、五 | |
| 9 | 对上级部门或中间业务对方委托单位进行的账务核对是否准确无误，分工是否明确 | | 一、二、三、四、五 | |
| 10 | 是否每日定期监控中心主机系统日志、硬盘空间、数据库空间和后台日志系统 | | 一、二、三、四、五 | |
| 11 | 各类业务系统相应操作用户的口令（密码）修改是否合规 | | 一、二、三、四、五 | |
| 12 | 各类业务系统权限内数据修改是否合理和查询是否有依据 | | 一、二、三、四、五 | |
| 13 | 是否认真执行上级领导交办的其他工作 | | 一、二、三、四、五 | |

## （六）应用系统软件开发员操作风险考评体系（见表 24-14）

表 24-14　　**应用系统软件开发员操作风险考评体系**

| 序号 | 风险的落实 | 比重 | 评级 | 打分 |
| --- | --- | --- | --- | --- |
| 1 | 是否积极配合部门经理进行应用软件开发项目的可行性分析和项目规划，相关分析与规划是否合理有效 | | 一、二、三、四、五 | |
| 2 | 是否对业务部门提出的业务需求进行实证调查分析，在此基础上是否有效地对系统进行分析和统计 | | 一、二、三、四、五 | |

续表

| 序号 | 风险的落实 | 比重 | 评级 | 打分 |
| --- | --- | --- | --- | --- |
| 3 | 是否准确高效地完成项目开发的代码编写工作与功能测试 | | 一、二、三、四、五 | |
| 4 | 针对所开发应用系统的技术编写的文档、操作手册，应用推广指导是否简单而又详细，是否适用于全行 | | 一、二、三、四、五 | |
| 5 | 对应用系统用户的培训与技术支持是否到位 | | 一、二、三、四、五 | |
| 6 | 是否认真执行上级领导交办的其他工作 | | 一、二、三、四、五 | |

## （七）电脑中心风险内部控制员操作风险考评体系（见表24-15）

表24-15 **电脑中心风险内部控制员操作风险考评体系**

| 序号 | 风险的落实 | 比重 | 评级 | 打分 |
| --- | --- | --- | --- | --- |
| 1 | 是否合理制定风险控制制度，是否严格按制度控制风险，对各岗位的风险的评估是否准确 | | 一、二、三、四、五 | |
| 2 | 是否及时协助各岗位处理各类风险，对重大风险是否进行汇报、记录工作 | | 一、二、三、四、五 | |
| 3 | 是否认真执行上级领导交办的其他工作 | | 一、二、三、四、五 | |

## （八）副经理操作风险考评体系（见表24-16）

表24-16 **副经理操作风险考评体系**

| 序号 | 风险的落实 | 比重 | 评级 | 打分 |
| --- | --- | --- | --- | --- |
| 1 | 全行电子化建设近期工作方案的制订与实施是否有效 | | 一、二、三、四、五 | |
| 2 | 是否能保障全行各类计算机业务系统和办公自动化的正常运行，出现异常是否及时、合理地处理 | | 一、二、三、四、五 | |
| 3 | 可行性分析和项目规划的合理性，软件开发、测试、推广与运行工作是否到位，业务系统和办公自动化系统的开发、维护与运行是否正常 | | 一、二、三、四、五 | |

续表

| 序号 | 风险的落实 | 比重 | 评级 | 打分 |
|---|---|---|---|---|
| 4 | 处理各类计算机系统事故是否及时、合理 | | 一、二、三、四、五 | |
| 5 | 是否能协调好与总行相关部门的工作以保证总行各项计算机系统工作有序进行 | | 一、二、三、四、五 | |
| 6 | 对下属员工的工作指导、培训、监督、考核是否按章执行，指导工作是否细致，培训是否到位，监督是否严格，考核是否达到效果 | | 一、二、三、四、五 | |
| 7 | 全行电子设备的招标管理，合同保管是否严格，是否严格审查应标企业的资信度，采购是否由多方进行联合采购 | | 一、二、三、四、五 | |
| 8 | 是否严格审批综合业务系统重要数据修改申请表，修改的数据是否准确，修改的原因是否充分 | | 一、二、三、四、五 | |
| 9 | 是否认真执行上级领导交办的其他工作 | | 一、二、三、四、五 | |

# 第二十五章　清算中心操作风险控制

## 一、清算中心组织结构和岗责体系

### （一）清算中心组织结构（见图25-1）

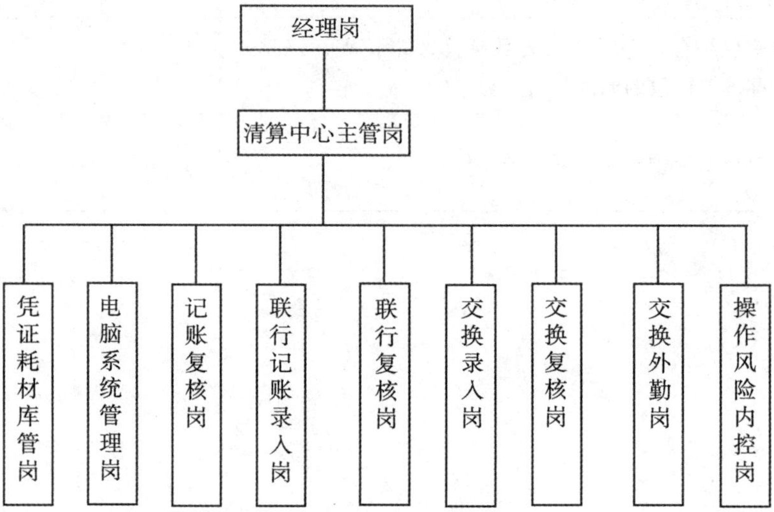


图25-1　清算中心组织结构

### （二）清算中心岗责体系

1. 清算中心主管岗

（1）负责清算中心日常业务管理工作，协调各岗位柜组之间的关系。根据结算联行业务管理制度要求，认真做好结算业务的辅导监督工作。

（2）制订本中心有关的各类工作计划、工作总结、管理制度岗位职责及会计基础工作等级活动实施计划。

（3）负责加强会计工作的指导，发现问题及时纠正，做到“五无”、“六相符”。并按月对内部规范化情况进行检查，写好“会计工作检查辅导报告表”，切实保障会计制度的执行。

（4）负责对各种特殊业务、超柜员权限业务授权。

（5）负责与中国人民银行、市办及其他银行之间联行业务的工作协调。

（6）负责对中国人民银行存款准备金及缴存中国人民银行财政存款进行调整。做好支行同城交换，实时清算业务收费工作。对往来账进行逐笔勾对及时查询查复。

（7）负责按时、准确、及时、真实、完整地编制各类报表及项电统计工作。

（8）负责做好每月的空白凭证盘点记录工作。定期对中国人民银行及同业账户的重要空白凭证进行检查。

（9）负责对装订成册的凭证进行检查复核，纠正工作中出现的差错，并记载好损益类手工。

（10）负责会计档案管理，每年按规定及时分类归档，做到档案管理规范化。

（11）负责每日查看当日特殊交易流水、冲补账流水、授权交易流水等。

（12）负责每日检查对开账户差错表等报表，发现问题及时处理。

（13）负责检查应收、应付款及支行借记户，贷记户等往来账户，督促经办人员及时处理。

（14）负责对业务复核岗已复核的中国人民银行及同业付款凭证进行复审，加盖预留印鉴。

（15）负责每日对大额交易、关键性交易及涉及损益类的交易进行复审。

（16）负责每月对与中国人民银行及同业往来的对账情况进行检查确认。

（17）负责保管好本部财务印章和公章。对中国人民银行及同业预留印鉴之一进行保管；认真执行重大事项审批工作。

（18）负责对下属员工的工作指导、培训、监督、考核。

2. 凭证耗材库管岗

（1）负责全行会计凭证（包括重要空白凭证、业务用印刷品）的申印计划的提出，验收入库及在库保管工作。

（2）负责总行各类会计业务用凭证、登记簿的印刷、分发和管理工作，包括支行领用计划的汇总，按支行配售及现场配送工作。

（3）负责总行、支行重要空白凭证及有价单证的出入库调拨、保管，作废凭证的收缴及会同保卫部、稽核部进行销毁工作。

（4）负责正确统计支行重要空白凭证、印刷品的工本费，按时对凭证费用进行转划。

（5）负责支行领用重要空白凭证及有价单证所用的预留印鉴的保管。

（6）责按月盘库，做好库房的日常维护、安全和卫生。

（7）负责按规定打印收入、付出传票和报表等资料，及时记载有关登记簿。负责本部办公耗材的管理。

（8）负责完成上级领导交办的其他工作。

3. 电脑系统管理岗

（1）协助主办会计做好日常业务工作。严格遵守各项规章制度，认真履行系统管理员的职责，确保电脑设备的安全运行。做到本中心电脑设备配置合理，并进行日常保养维修。登记统计电脑设备及附属用品的增减情况。

（2）负责督查并严格控制操作员的密码使用情况和操作员操作时的制度执行情况。

杜绝未签退离岗现象产生。督促操作员每月更换密码，并在密码登记簿中进行登记。

（3）负责严格按规定进行开关机，遇到故障，应及时与电脑部联系，并做好记录。营业部结束后检查各类打印报表是否遗漏，负责检查各柜员签退情况，并将系统运行情况在电脑日志中进行记录。

（4）负责实时清算工作。按规定打印各类补充凭证、报表，并做好市辖往来的电脑后督及手工勾对工作。

（5）负责及时对各类打印资料、登记簿进行分类整理。装订成册后妥善保管，并于次年及时移交档案室，做好抄写目录等善后工作。

（6）负责按日做好大额支付系统来账流水与实时记账的勾对工作，并记载好总凭证库表外账，定期与库管员核对，做到相互制约。

（7）负责按月、季抄发支行对账单。

（8）服从组织安排，认真履行交换员代班职责。

（9）负责会计主管临时离岗时的临时接替会计主管的授权工作。

（10）负责按日做好表外、授权、特殊业务的审核工作。

（11）负责完成上级领导交办的其他工作。

4. 记账复核岗

（1）严格按照会计出纳基本制度及传票事后复核装订要求，及时处理记账柜递交的会计凭证、认真审查凭证真实性、填写的准确性、凭证的要素是否完整无缺。审核传票、附件的张数、金额是否与电脑日结算显示数据相符，做好必要的补充更正工作，认真履行传票事后复核员的职责。

（2）负责将审核无误的会计凭证，按要求整理编号，及时装订成册，并将装订成册的传票登记后妥善保管。

（3）负责做好综合业务系统内部账复核工作。

（4）负责做好与清算中心每天的对账工作。

（5）负责保管、使用特约电子汇兑密押、中国人民银行转账支票、中国人民银行重要空白凭证领用单。

（6）服从安排，认真履行代班职责。代班期间，要视同所在岗位做好各项工作，及时记载有关登记簿。

（7）负责按日做好日计表的审核工作，并做好表外账目的总、分核对工作。

（8）负责完成上级领导交办的其他工作。

5. 联行记账录入岗

（1）认真执行会计出纳基本制度，严格遵守结算规章和记账规则，做好内部凭证录入和大额支付系统来账接收工作。

（2）负责及时录入对公通存凭证和审核无误的内部记账凭证，做到不积压，不乱丢。当天的账必须当天全部入账。

（3）负责及时打印大额支付系统来账凭证，并做好大额支付系统的查询查复及退票工作。

（4）负责清分财务中心转划支行的各类转账业务，并做到及时入账。

（5）保管、使用业务公章、转讫章、特约电子汇兑专用章及大额支付专用凭证。

（6）负责做好联行来账对公通存记账凭证的清分、数量、金额统计工作，并进行登记，便于各支行签收。

（7）负责做好特约汇兑往账业务的录入复核和实时清算来账确认工作。

（8）记账串户和错账必须接到主办会计书面通知后，才可以进行冲正和更改。做到操作规范化、程序化。

（9）负责日终营业结束后，轧平账户，打印轧账单。

（10）负责完成上级交办的其他工作。

6. 联行复核岗

（1）严格执行会计出纳基本制度，按规定办理电子联行业务，并按统一的规定进行账务核算处理，确保联行业务的准确及时和资金安全。

（2）准确签发特约电子汇兑，确保汇入行行号、行名一致，并做到换人复核。

（3）负责及时接收特约电子汇兑来账，打印记账凭证和各类报表。

（4）负责支付系统专用凭证，特约汇兑来账凭证的查询工作，认真执行内部凭证交换和传递的规定。能通存的凭证递交记账柜记账（因账号不清等原因无法通存的凭证做手工报单），他行的凭证递交交换柜录入。

（5）负责及时复核对公通存记账凭证和实时清算来账查询复核工作。

（6）对因汇入行名不清等原因，无法入账而退回的电汇凭证要慎重处理。查明原因后，做好处理工作。

（7）负责保管、使用特约汇兑重要空白凭证。

（8）负责特约电子汇兑业务打印资料的整理及编号工作，并及时交系统管理员装订，归档登记。

（9）对查询查复业务，要严格按照“有疑必查，查必彻底，更改有据，有查必复，复必详尽，查复有据”的原则办理，报经会计主管审定，并在结算业务往来查询查复登记簿上登记。

（10）负责完成上级交办的其他工作。

7. 交换录入岗

（1）认真执行会计出纳基本制度和票据法有关规定，严格遵守结算法律。按中国人民银行交换所规章制度及操作流程进行提出票据的录入等工作。

（2）认真做好内部账和营业部提出票据及支行退票的录入工作。

（3）负责填制县辖系统内的手工报单。

（4）负责保管、使用内部往来结算凭证及实时清算密押。

（5）负责做好补充传票的清分及核对工作，正确后及时交于传票装订员。

（6）负责收回各支行对账单，认真做好勾对工作。

（7）负责完成上级交办的其他工作。

8. 交换复核岗

（1）认真执行会计出纳基本制度和我国《票据法》有关规定，严格遵守结算法律。按操作规程复核交换录入人员录入数据等工作。

（2）负责仔细认真地复核内部提出票据和支行退票的发生，出差错及时修正。

（3）负责在确定录入提出票据完整无误后，负责汇总拷盘并打印清算凭证等资料。

（4）负责分发中国人民银行交换提入的票据，负责辖内支行往来账清分，系统内的手工报单。

（5）负责保管、使用结算专用章、交换章、转讫章、业务公章及内部往来结算凭证。

（6）负责做好支行退票的接洽及签收手续，负责中国人民银行及其他行凭证的提交及回单的收取工作。

（7）负责做好中国人民银行交换提入到支行的票据、联行信件及支行报单的传递工作。

9. 交换外勤岗

（1）负责中国人民银行及同业各种凭证、对账单的取送。严格遵守中国人民银行交换所规章制度，根据中国人民银行规定流程进行票据交换，做到不漏班、不误班。

（2）负责人在中国人民银行交换所对他行社提入票据认真审查核对后，按支行机构号分类。统计借贷方笔数，并同中国人民银行下发的支行票据提入报表的借贷方笔数核对相符。发现差错及时按交换差错处理规定进行纠正。

（3）负责认真审查支行提出票据，并做好汇总统计工作。清分提给各机构的交换凭证。

（4）负责按规定对向中国人民银行交换所提交交换盘片进行拷贝，如遇拷贝失败，及时通知支行，并收回该行提出票据，处理好退票相关事宜。

（5）负责认真传递同城信件，并做好登记交接手续，认真履行好交换员职责。

（6）负责营业终了，将交换箱入库保管，并做好签收工作。

（7）负责完成上级领导交办的其他工作。

10. 操作风险内控岗

（1）识别本部门的风险，制定并完善相关的风险内控制度。

（2）对本部门的风险和内控管理进行指导，检查、监督各岗位风险内控职责的落实情况。

（3）监测分析本部门面临的主要风险，收集、整理各类风险监测的指标数据，对本部门风险内控管理工作定期进行评价。

（4）撰写本部门的内控评价报告和风险监测报告，向本部门负责人和风险管理责任人报告风险监测情况。

## 二、操作风险点及其控制制度

操作风险点及其控制制度如表 25-1 所示。

表 25-1　**清算中心操作风险点及其控制制度**

| 环节 | 主要风险点 | 控制制度 | 责任人 |
|---|---|---|---|
| 1 | 对公通存凭证、内部记账凭证是否及时录入、复核 | 要严格按照各相关制度和操作规程及时、准确地办理 | 联行记账岗<br>联行录入岗<br>联行复核岗<br>记账复核岗 |
| 2 | 大额支付系统来账及时接收、查询、退划、审核 | 对大额支付业务必须实时进行处理，不得积压，全部往来业务均应在当日处理完毕，不得在系统中滞留未授权发出的往报及未做转转账操作的来报 | 清算中心主管岗<br>联行记账录入岗 |
| 3 | 内部账、票据支行退票的录入是否合规 | 各业务操作员在处理账务时，应按照总行财会部下发的有关手续办理 | 交换录入岗<br>交换复核岗 |
| 4 | 特约汇兑往账业务，往来账的勾对、查询查复 | 来账勾对及处理时，按照相关手续办理，对有遗漏的地方及时查复 | 清算中心主管岗<br>联行记账录入岗<br>联行复核岗 |
| 5 | 会计档案的管理 | 按照相关要求进行管理，经办人员应根据往来清单核对，专项管理 | 清算中心主管岗<br>电脑系统管理岗 |
| 6 | 特约电子汇兑密押、中国人民银行电汇凭证、中国人民银行转账支票、中国人民银行重要空白凭证领用单的保管 | 对各类重要凭证密押实行专人保管，加强保管，专人使用，并做到定向交换 | 记账复核岗 |
| 7 | 记账串户和错账是否经主办会计授权后冲正更改 | 没有接到主办会计书面通知，不得对记账串户和错账进行冲正更改 | 联行记账录入岗 |
| 8 | 与中国人民银行交换盘片的拷贝；同城信件的传递、签收，交换箱的保管、交接是否合规 | 如遇拷贝失败，及时通知支行，并收回该行提出票据，处理好退票相关事宜。交换箱按照相关规定管理 | 交换外勤岗 |
| 9 | 办公耗材、报表资料等印刷品的管理、配送 | 负责对各种耗材的看管，有遗漏处及时记录报上级主管处理 | 凭证耗材库管岗 |
| 10 | 是否及时更新电脑设备，定期更换密码，确保安全运行 | 加强保密意识，定期进行系统维护 | 副经理、电脑系统管理岗 |
| 11 | 各类资料的及时打印、保管、抄发 | 加强岗位责任意识，提高工作效率 | 副经理、电脑系统管理岗 |

续表

| 环节 | 主要风险点 | 控制制度 | 责任人 |
|---|---|---|---|
| 12 | 是否合理制定风险控制制度，是否严格按制度控制风险，对各岗位的风险的评估是否准确 | 识别本部门的风险，制定并完善相关的风险内控制度。严格按相关程序进行风险控制、评估 | 风险管理员 |
| 13 | 是否及时协助各岗位处理各类风险，对重大风险是否进行汇报、记录工作 | 适时监测各种操作风险，及时发现问题并解决问题 | 风险管理员 |
| 14 | 行长出差或不能书面签字时，清算中心对业务需要的资金划转 | 拆借、投资、调剂资金及内部同业存放款的划转处理，不能简单地由行长口头授权，应给出书面证明，若无，则由事先规定的由行长授权的人员签章证明方可划转 | 清算中心主管岗、记账复核岗 |
| 15 | 与清算中心的对账业务 | 储蓄类的对账业务，若有差错，根据打印的储蓄通存通兑差错表或清算中心下传的储蓄通存通兑差错查询查复书进行查证后，冲补账 | 清算中心主管岗、记账复核岗、电脑系统管理岗 |
| 16 | 是否严格按规定开关机，并对系统进行签到、签退。<br>电脑日志的登记是否及时、详尽。<br>记载的总凭证库表外账是否与库管员定期核对 | 电脑的开关机实行专人管理，定时开关，并做好登记，每日做好电脑使用日志。<br>记载的总凭证库表外账定期进行正确核对，若有差错，及时做好登记、查复 | 电脑系统管理岗 |
| 17 | 凭证的审核是否严密，装订是否及时，管理是否合规 | 使用的凭证必须按照重要空白凭证的要求管理，严格执行“账实分管”制度，经办人员应每日登记重要空白凭证登记簿，并做到账实相符 | 记账复核岗 |
| 18 | 内部往来结算业务转化，补充传票的清分与核对是否及时、正确 | 产生往来结算业务时，应立即做好转化，正确及时地清分核对补充传票 | 交换录入岗 |
| 19 | 支行内部往来清算报单、退票及往来信件接洽与签收手续是否齐全 | 报单、退票、信件的接洽签收工作要严格审核手续的完备性，不符合条件一律不得批准 | 交换复核岗 |
| 20 | 交换盘片的拷贝是否正确，交换箱的交接是否清楚 | 运用正确的方法，对设备进行拷贝，并做好备份 | 交换复核岗 |

续表

| 环节 | 主要风险点 | 控制制度 | 责任人 |
|---|---|---|---|
| 21 | 提出票据的分发是否及时、正确无误 | 对专人负责的票据分发，应做好备案登记工作，查询查复，有差错应及时处理、补发 | 交换外勤岗 |
| 22 | 中国人民银行资金，清算凭证的填报 | 需要按照规定正确填报，并做好及时查询查复 | 交换外勤岗 |

## 三、操作风险的考评体系

1. 清算中心主管岗操作风险考评体系（见表25-2）

表25-2　**清算中心主管岗操作风险考评体系**

| 序号 | 风险控制落实 | 比重 | 评级 | 打分 |
|---|---|---|---|---|
| 1 | 是否严格执行三级授权制度，柜员管理、岗位设置是否规范，坚持岗位制约机制 | | 一、二、三、四、五 | |
| 2 | 是否每日进行账务核对，留存核对记录 | | 一、二、三、四、五 | |
| 3 | 查询查复是否及时，处理是否恰当 | | 一、二、三、四、五 | |
| 4 | 退划业务是否符合手续 | | 一、二、三、四、五 | |
| 5 | 凭证管理是否合规 | | 一、二、三、四、五 | |
| 6 | 大额支付系统往来账的查询、退划、审核 | | 一、二、三、四、五 | |
| 7 | 特约汇兑资金转化业务，往来账的勾对、查询查复 | | 一、二、三、四、五 | |
| 8 | 会计档案的管理 | | 一、二、三、四、五 | |
| 9 | 拆借、投资、调剂资金及内部同业存放款的划转处理，不能简单地由行长的口头授权，应给出书面证明，若无，则由事先规定的由行长授权的人员签章证明方可划转 | | 一、二、三、四、五 | |
| 10 | 与清算中心的对账业务 | | 一、二、三、四、五 | |

2. 凭证耗材库管岗操作风险考评体系（见表25-3）

表 25-3 **凭证耗材库管岗操作风险考评体系**

| 序号 | 风险控制落实 | 比重 | 评级 | 打分 |
| --- | --- | --- | --- | --- |
| 1 | 重要空白凭证管理、支行领用手续是否合规 | | 一、二、三、四、五 | |
| 2 | 印鉴的保管 | | 一、二、三、四、五 | |
| 3 | 办公耗材、报表资料等印刷品的管理、配送 | | 一、二、三、四、五 | |

3. 电脑系统管理岗操作风险考评体系（见表 25-4）

表 25-4 **电脑系统管理岗操作风险考评体系**

| 序号 | 风险控制落实 | 比重 | 评级 | 打分 |
| --- | --- | --- | --- | --- |
| 1 | 是否严格执行三级授权制度，柜员管理、岗位设置是否规范，坚持岗位制约机制 | | 一、二、三、四、五 | |
| 2 | 是否每日进行账务核对，留存核对记录 | | 一、二、三、四、五 | |
| 3 | 会计档案的管理 | | 一、二、三、四、五 | |
| 4 | 是否及时更新电脑设备，定期更换密码，确保安全运行 | | 一、二、三、四、五 | |
| 5 | 各类资料的及时打印、保管、抄发 | | 一、二、三、四、五 | |
| 6 | 与清算中心的对账业务 | | 一、二、三、四、五 | |
| 7 | 是否严格按规定开关机，并对系统进行签到、签退。<br>电脑日志的登记是否及时、详尽。<br>记载的总凭证库表外账是否与库管员定期核对 | | 一、二、三、四、五 | |

4. 记账复核岗操作风险考评体系（见表 25-5）

表 25-5 **记账复核岗操作风险考评体系**

| 序号 | 风险控制落实 | 比重 | 评级 | 打分 |
| --- | --- | --- | --- | --- |
| 1 | 凭证管理是否合规 | | 一、二、三、四、五 | |
| 2 | 对公通存凭证、内部记账凭证是否及时录入、复核 | | 一、二、三、四、五 | |
| 3 | 特约电子汇兑密押、中国人民银行电汇凭证、中国人民银行转账支票、中国人民银行重要空白凭证领用单的保管、使用是否合规 | | 一、二、三、四、五 | |

续表

| 序号 | 风险控制落实 | 比重 | 评级 | 打分 |
|---|---|---|---|---|
| 4 | 行长出差或不能书面签字时，清算中心对业务需要的资金划转 | | 一、二、三、四、五 | |
| 5 | 与清算中心的对账业务是否及时 | | 一、二、三、四、五 | |
| 6 | 凭证的审核是否严密，装订是否及时，管理是否合规 | | 一、二、三、四、五 | |

5. 联行记账录入岗操作风险考评体系（见表25-6）

表25-6　**联行记账录入岗操作风险考评体系**

| 序号 | 风险控制落实 | 比重 | 评级 | 打分 |
|---|---|---|---|---|
| 1 | 清算人员是否认真审核来报的各要素，是否凭原始凭证处理往报 | | 一、二、三、四、五 | |
| 2 | 查询查复是否及时，处理是否恰当 | | 一、二、三、四、五 | |
| 3 | 退划业务是否符合手续 | | 一、二、三、四、五 | |
| 4 | 是否建立业务监控制度 | | 一、二、三、四、五 | |
| 5 | 印章、印鉴、凭证的保管、使用是否合规 | | 一、二、三、四、五 | |
| 6 | 对公通存凭证、内部记账凭证是否及时录入、轧平 | | 一、二、三、四、五 | |
| 7 | 大额支付系统来账及时接收、查询、退划、审核 | | 一、二、三、四、五 | |
| 8 | 特约汇兑往账业务的复核、查询查复是否及时、合规 | | 一、二、三、四、五 | |
| 9 | 记账串户和错账是否经主办会计授权后冲正更改 | | 一、二、三、四、五 | |

6. 联行复核岗操作风险考评体系（见表25-7）

表25-7　**联行复核岗操作风险考评体系**

| 序号 | 风险控制落实 | 比重 | 评级 | 打分 |
|---|---|---|---|---|
| 1 | 清算人员是否认真审核来报各要素，是否凭原始凭证处理往账 | | 一、二、三、四、五 | |
| 2 | 是否每日进行账务核对，留存核对记录 | | 一、二、三、四、五 | |
| 3 | 查询查复是否及时，处理是否恰当 | | 一、二、三、四、五 | |
| 4 | 退划业务是否符合手续 | | 一、二、三、四、五 | |

续表

| 序号 | 风险控制落实 | 比重 | 评级 | 打分 |
|---|---|---|---|---|
| 5 | 凭证管理是否合规 | | 一、二、三、四、五 | |
| 6 | 是否建立业务监控制度 | | 一、二、三、四、五 | |
| 7 | 对公通存凭证、内部记账凭证是否及时复核 | | 一、二、三、四、五 | |
| 8 | 特约汇兑往账业务，往来账的勾对、查询查复 | | 一、二、三、四、五 | |

7. 交换录入岗操作风险考评体系（表25-8）

表25-8　**交换录入岗操作风险考评体系**

| 序号 | 风险控制落实 | 比重 | 评级 | 打分 |
|---|---|---|---|---|
| 1 | 清算人员是否认真审核来报的各要素，是否凭原始凭证处理往报 | | 一、二、三、四、五 | |
| 2 | 凭证、密押保管、使用是否合规 | | 一、二、三、四、五 | |
| 3 | 印章、印鉴、公章的保管 | | 一、二、三、四、五 | |
| 4 | 支行对账单的收回、勾对是否符合手续 | | 一、二、三、四、五 | |
| 5 | 内部账、支行退票的录入是否合规 | | 一、二、三、四、五 | |
| 6 | 内部往来结算业务转化，补充传票的清分与核对是否及时、正确 | | 一、二、三、四、五 | |

8. 交换复核岗操作风险考评体系（见表25-9）

表25-9　**交换复核岗操作风险考评体系**

| 序号 | 风险控制落实 | 比重 | 评级 | 打分 |
|---|---|---|---|---|
| 1 | 印章、印鉴、公章的保管 | | 一、二、三、四、五 | |
| 2 | 内部账、支行退票的录入是否合规 | | 一、二、三、四、五 | |
| 3 | 支行内部往来清算报单、退票及往来信件接洽与签收手续是否齐全 | | 一、二、三、四、五 | |
| 4 | 交换盘片的拷贝是否正确，交换箱的交接是否清楚 | | 一、二、三、四、五 | |

9. 交换外勤岗操作风险考评体系（见表25-10）

表 25-10　　交换外勤岗操作风险考评体系

| 序号 | 风险控制落实 | 比重 | 评级 | 打分 |
|---|---|---|---|---|
| 1 | 清算人员是否认真审核统计递入票据的笔数与金额 | | 一、二、三、四、五 | |
| 2 | 与中国人民银行交换盘片的拷贝；同城信件的传递、签收、交换箱的保管、交接是否合规 | | 一、二、三、四、五 | |
| 3 | 提出票据的分发是否及时、正确无误 | | 一、二、三、四、五 | |
| 4 | 中国人民银行资金，清算凭证的填报 | | 一、二、三、四、五 | |

10. 操作风险内控岗操作风险考评体系（见表 25-11）

表 25-11　　操作风险内控岗操作风险考评体系

| 序号 | 风险控制落实 | 比重 | 评级 | 打分 |
|---|---|---|---|---|
| 1 | 是否合理制定风险控制制度，是否严格按制度控制风险，对各岗位的风险的评估是否准确 | | 一、二、三、四、五 | |
| 2 | 是否及时协助各岗位处理各类风险，对重大风险是否进行汇报、记录工作 | | 一、二、三、四、五 | |
| 3 | 是否认真执行上级领导交办的其他工作 | | 一、二、三、四、五 | |

# 第二十六章　支行行长岗操作风险控制

## 一、支行行长岗组织结构与岗位职责

1. 支行行长岗组织结构（见图26-1）

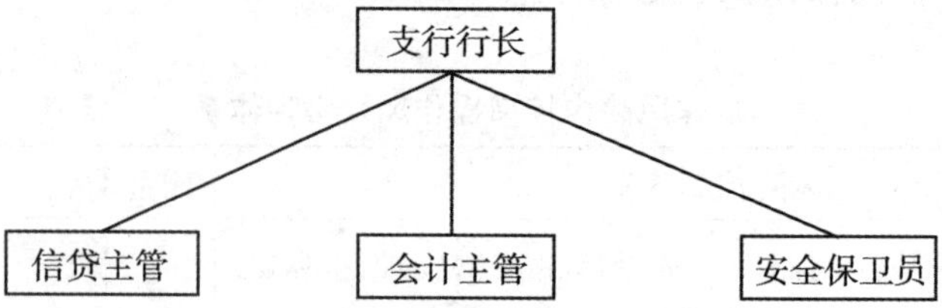


图26-1　支行行长岗组织结构

2. 支行行长岗位职责

（1）全面主持支行工作，决策重大事务，完成总行下达的各项经营任务和指标。

（2）履行支行日常管理的职责，制订支行年度计划，布置工作任务，组织召开员工大会，检查支行各项工作任务的完成情况，指导客户经理开展工作，及时解决工作中存在的问题。

（3）执行、落实岗位责任制，落实支行内部考核，建设员工队伍，指导、评价和考核员工工作。

（4）依据总行的战略布局和支行的市场定位，负责支行的整体营销工作，制定并组织执行支行的营销策略，负责重点客户的维系。

（5）执行总行的财务政策，负责本支行的财务预算与审批。

（6）执行总行会议的决定，及时传达、贯彻总行会议的精神，加强支行业务检查，保障规范操作。

（7）依据总行人力资源管理办法、财务管理办法、业务管理办法，审核、签发以支行名义下发的管理文件和规章制度，完善支行的制度建设。

（8）负责支行的业务队伍建设，组织对员工进行培训，提高员工的理论水平和业务操作技能。

（9）负责组织支行的安全保卫工作，承担支行的安全事故的第一责任。

（10）负责支行的风险控制，防范金融风险。

（11）负责本支行内的劳动分工。

（12）负责总行下达的其他任务。

## 二、支行行长岗操作风险点及其控制制度

通过对支行行长岗管理流程的分析，我们认为该管理流程中主要存在以下操作风险点，并在此基础上列出了相应的控制措施和责任人（见表26-1）。

表26-1　**支行行长岗操作风险点及其控制制度**

| 环节 | 操作风险点 | 控制措施 | 责任人 |
|---|---|---|---|
| 1 | 违背上级部署、指示、决定、制度规定所作的决定 | 实行集体领导和个人分工相结合的工作制度 | 支行行长、信贷主管、会计主管及相关责任人 |
| 2 | 未经过民主程序所做的决策 | 实行民主集中制原则和集体领导、民主集中、个别酝酿、会议决定的方针 | 支行行长、分管副行长 |
| 3 | 脱离本单位实际情况所做的决策 | 领导成员分工实行交叉，做到实事求是 | 支行行长、分管副行长 |
| 4 | 班子成员看法不一致所作的决策 | （1）领导成员坚决服从并按分工积极贯彻执行集体决议。<br>（2）班子成员要相互信任、支持、帮助、谅解、合作、自觉维护集体领导 | 支行行长、分管副行长 |
| 5 | 决策所收集的信息不及时、不全面、不准确、不真实 | （1）领导干部要加强学习，广泛收集社会、经济、市场、金融同业等方面的信息。<br>（2）根据决策目标，有针对性地提出各种专题资料。<br>（3）领导成员的调查研究工作要经常化、制度化 | 支行行长、分管副行长 |
| 6 | 预测不具备科学性和客观性 | （1）领导成员要经常深入实际、深入基层，求真务实，使决策更符合实际，更加科学，更有针对性和指导性。<br>（2）要运用现代科学技术和方法，为决策论证提供基础条件 | 支行行长、分管副行长 |
| 7 | 决策缺少可行性研究分析环节 | 领导成员在决策之前一定要有预测环节，提出事件在不同条件下可能发展的结果，并要提供可供选择的对策 | 支行行长、分管副行长 |
| 8 | 决策备选方案少 | 要进行方案论证，并向决策领导者推荐经过择优的可行性方案 | 支行行长、分管副行长 |

续表

| 环节 | 操作风险点 | 控制措施 | 责任人 |
|---|---|---|---|
| 9 | 对备选方案评估和论证不充分 | （1）通过集体讨论，对论证的方案进行最后抉择。<br>（2）会议讨论决策问题时，要充分民主，注意听取各方面意见，执行回避制度。<br>（3）坚持少数服从多数的原则。<br>（4）严格遵守保密纪律 | 支行行长、分管副行长 |
| 10 | 没有制订决策实施的规划和计划 | 职能部门要制订规划、计划，使决策方案在时间和空间上有具体安排 | 支行行长、分管副行长及相关职能部门责任人 |
| 11 | 没有经过试点而直接推行 | 决策在执行过程中要有补救措施，要进行追踪决策，修正不合理的部分 | 支行行长、分管副行长 |
| 12 | 没有建立信息反馈机制 | 要构成决策结构的封闭反馈控制系统 | 支行行长、分管副行长 |
| 13 | 未能完成总行下达的各项经营任务和指标 | 根据《银行分支机构经营业绩考核及薪酬分配办法》，将总行下达的经营目标逐层分解为各个岗位的目标并定期检查各个岗位工作任务的完成情况 | 支行行长 |
| 14 | 对客户经理的辅导、监督工作不得力，工作中存在很多问题 | 熟悉相关业务，与客户经理进行高效率的沟通以解决工作中存在的各种问题 | 支行行长、调查岗负责人（客户经理） |
| 15 | 对支行的内部考核落实不到位 | 支行行长应该与信贷主管、会计主管以及安全保卫员通力合作做好支行的内部考核工作 | 支行行长、信贷主管、会计主管、安全保卫员 |
| 16 | 支行的营销策略制定失误，不注重与重点客户关系的维系，从而对支行的业务发展造成一定的影响 | 支行行长应授权信贷主管制定并组织执行支行的营销策略，亲自参与到重点客户关系的维系工作中去 | 支行行长、信贷主管 |
| 17 | 支行行长越权干涉会计主管的工作或与会计主管串通以谋取不正当的利益 | 依据中国人民银行内部控制指引的要求制定并执行支行的相关权限规定，支行行长不得随意干涉会计主管的工作 | 支行行长，会计主管 |

续表

| 环节 | 操作风险点 | 控制措施 | 责任人 |
|---|---|---|---|
| 18 | 忽视对员工的培训工作，员工整体的理论水平和业务操作技能不高 | 支行行长应协同两位副行长抓好对员工的培训工作以切实提高员工的理论水平和业务操作技能，对于培训合格的员工颁发上岗证 | 支行行长、分管副行长 |
| 19 | 对安全保卫员的指导和监督不力，支行的安全保卫工作存在重大的隐患 | 支行行长应承担支行的安全事故的第一责任并在此基础上协助安全保卫员作好支行的安全保卫工作 | 支行行长、安全保卫员 |
| 20 | 对信贷审批把关不严造成严重的信用风险 | 支行行长应在一定贷款限额内履行自己的审批权，不得越权审批 | 支行行长、信贷主管 |
| 21 | 支行内部由于人手不够等原因缺乏必要的人事调动 | 根据第18条的措施加强人员培训，在有限的人力资源的条件下尽可能地使每个员工能够适应更多岗位或与总行沟通申请授予支行行长更大的在支行人力资源调配上的权限 | 支行行长、总行人力资源部 |

## 三、支行行长岗操作风险考评体系

对支行行长岗位的操作风险考核由总行来操作，考核采用打分的办法，打分的依据涉及对上述21条操作风险控制措施的落实情况，每个风险点都根据其落实情况进行打分，满分为100分，将落实情况分为五个等级，一级得分在90分以上（含90分），二级得分在80分与89分之间，三级得分在70分与79分之间，四级得分在60分与69分之间，五级得分在60分以下（不含60分）。每条风险控制措施都根据其重要程度赋予相应的权重。该岗位操作风险的综合得分为 $\sum_{i=1}^{21}\beta_i M_i$，其中 $M_i$ 是每一项风险控制措施的落实情况的得分，$\beta_i$ 是该风险点所对应的权重。具体标准如表26-2所示。

表26-2　　**支行行长岗操作风险考评体系**

| 序号 | 主要操作风险点控制措施的落实情况 | 评级 | 权重 | 打分 |
|---|---|---|---|---|
| 1 | 是否严格按照上级部署、指示、决定、制度规定做出决定 | 一、二、三、四、五 | | |
| 2 | 是否严格按照民主程序作出决策 | 一、二、三、四、五 | | |
| 3 | 是否紧密结合本单位实际情况作出决策 | 一、二、三、四、五 | | |
| 4 | 是否能统一班子成员看法，做出高度一致的决策 | 一、二、三、四、五 | | |

续表

| 序号 | 主要操作风险点控制措施的落实情况 | 评级 | 权重 | 打分 |
| --- | --- | --- | --- | --- |
| 5 | 决策所收集的信息是否具有及时性、全面性、准确性、真实性 | 一、二、三、四、五 | | |
| 6 | 预测是否具备高度的科学性的和客观性 | 一、二、三、四、五 | | |
| 7 | 在作出决策之前，是否已对其可行性进行充分研究分析 | 一、二、三、四、五 | | |
| 8 | 是否能利用集体智慧，提供尽可能多的决策备选方案 | 一、二、三、四、五 | | |
| 9 | 是否已对备选方案进行了充分论证和评估 | 一、二、三、四、五 | | |
| 10 | 是否制定了决策实施的规划和计划 | 一、二、三、四、五 | | |
| 11 | 决策在直接推行前是否经过试点 | 一、二、三、四、五 | | |
| 12 | 是否建立了完整的信息反馈机制 | 一、二、三、四、五 | | |
| 13 | 是否完成了总行下达的各项经营任务和指标 | 一、二、三、四、五 | | |
| 14 | 是否对客户经理进行了认真的辅导和监督，客户经理在开展工作时是否存在很多问题没有办法解决 | 一、二、三、四、五 | | |
| 15 | 是否建立支行的内部考核办法并依据该办法对全体员工进行内部考核 | 一、二、三、四、五 | | |
| 16 | 是否协同信贷主管制定了合理的营销策略；与重点客户的关系是否良好 | 一、二、三、四、五 | | |
| 17 | 是否对支行行长授权范围有明确的限定，支行行长是否与会计主管之间存在不正当的关系 | 一、二、三、四、五 | | |
| 18 | 是否制订了一整套完整的员工培训计划并依据计划对员工实施培训；培训效果如何 | 一、二、三、四、五 | | |
| 19 | 是否熟悉安全保卫业务；能否对安全保卫员进行有效的监督；支行的安全保卫工作是否存在重大隐患 | 一、二、三、四、五 | | |
| 20 | 支行是否制定了严密的信贷审批程序；行长是否依照该程序进行信贷审批 | 一、二、三、四、五 | | |
| 21 | 是否制定人员定期轮岗制度 | 一、二、三、四、五 | | |

# 第二十七章　事后监督岗操作风险控制

## 一、事后监督岗岗位职责

（1）负责监督各种账务处理手续，采用并账的方法，每天对所辖网点并账。

（2）负责签收、检查“轧账单”（移交清单）和传票。

（3）负责审查凭证要素的完整性和正确性。

（4）负责对所有业务进行逐笔监督。

（5）负责对事后监督系统打印资料的审核及核对工作，并及时登记有关登记簿。

（6）负责对柜员、网点上报的表外科目收付传票、收付明细登记簿、重要空白凭证统计表与重要空白凭证使用进行核对。

（7）负责装订、审核凭证。

（8）对事后检查中发现的问题及时处理，书面登记各柜员工作差错。

（9）负责及时记录手工账。

（10）负责分管登记簿的登记和监督工作。

（11）完成上级领导布置的其他临时工作。

## 二、事后监督岗操作风险点及其控制制度

通过对事后监督岗管理流程的分析，我们认为该管理流程中主要存在以下操作风险点，并在此基础上列出了相应的控制措施和责任人（见表27-1）。

表27-1　**事后监督岗操作风险点及其控制制度**

| 环节 | 操作风险点 | 控制措施 | 责任人 |
|---|---|---|---|
| 1 | 信封签收时无人监督，收到传票的内容不完整，相应责任人不明确 | 信封签收时保证双人面对面进行监督 | 事后监督员 |
| 2 | 在将传票与轧账单进行对账时，由于电脑系统不完善，其真实性、完整性和正确性得不到保障 | 完善电脑处理系统，使电脑系统能够对传票的完整性、正确性特别是真实性进行鉴定 | 事后监督员 |

续表

| 环节 | 操作风险点 | 控制措施 | 责任人 |
| --- | --- | --- | --- |
| 3 | 在对所有业务进行逐笔监督时，监督员超出监督范围对一些特殊业务进行监督，如挂失、账号修改，等等 | 制定制度，约束事后监督员的行为，避免对一些特殊业务进行监督 | 事后监督员 |
| 4 | 事后复核员在对科目日记单进行核对时无法对日记单的真实性进行核对 | 对于科目日记单的真实性要在事中予以监督，事后监督为时已晚 | 事后复核员 |
| 5 | 未能及时发现重要空白凭证已缺失 | 对柜员、网点上报的表外科目收付传票、收付明细登记簿、重要空白凭证统计表与重要空白凭证使用进行核对 | 事后监督员 |
| 6 | 对于附带文字说明项目的传票没有及时记录手工账 | 严格执行关于手工账记录的相关管理规定，对于需要登记手工账的项目及时登记手工账 | 事后监督员 |
| 7 | 对于当天的明细业务（账簿、传票等）没有当天进行装订；装订过程中发生单据遗漏 | 根据规定，当天的明细业务（账簿、传票等）必须当天进行装订；装订过程中要仔细检查有无单据遗漏的现象 | 事后监督员 |
| 8 | 对已装订过的账簿或传票在进行编号时，由于操作人员的疏忽发生漏编或错编的现象，给档案管理造成困难 | 对编号环节实行多人负责制，一人负责编号，多人负责监督以确保编号的正确性 | 事后监督员 |
| 9 | 事后总复核员具有侥幸心理，未能认真履行总复核的职责，特别是忽视对完整性方面的复核（如出款人、印章、凭证各要素，等等） | 事后总复核员要接受监督，根据规定认真履行事后复核的职责，尤其是对完整性方面的复核 | 事后总复核员 |

## 三、事后监督岗操作风险考评体系

对事后监督岗操作风险考核打分的主要依据是事后监督员在进行监督、检查、核对、登记时发生错误的频率。每个风险点都根据其落实情况进行打分，满分为100分，将执行情况分为五个等级，一级得分在90分以上（含90分），二级得分在80分与89分之间，三级得分在70分与79分之间，四级得分在60分与69分之间，五级得分在60分以下（不含60分）。每条风险控制措施都根据其重要程度赋予相应的权重。该岗位操作风险的综合得分为 $\sum_{i=1}^{9}\beta_i M_i$ ，其中 $M_i$ 是每一项风险控制措施的落实情况的得分，$\beta_i$ 是该风险点所对应的权重。具体标准如表 27-2 所示。

表 27-2　**事后监督岗操作风险考评体系**

| 序号 | 主要操作风险点控制措施的落实情况 | 评级 | 权重 | 打分 |
|---|---|---|---|---|
| 1 | 事后监督时是否能保证双人面对面进行监督 | 一、二、三、四、五 | | |
| 2 | 电脑处理系统是否完善，电脑系统能否对传票的真实性、完整性和正确性进行检查 | 一、二、三、四、五 | | |
| 3 | 事后监督员是否超越权限对一些特殊业务进行监督 | 一、二、三、四、五 | | |
| 4 | 科目日记单是否仍被列为事后监督对象 | 一、二、三、四、五 | | |
| 5 | 是否已对柜员、网点上报的表外科目收付传票、收付明细登记簿、重要空白凭证统计表与重要空白凭证使用进行核对 | 一、二、三、四、五 | | |
| 6 | 对于相关科目是否按照规定及时登记手工账 | 一、二、三、四、五 | | |
| 7 | 当天的明细业务是否在当天进行装订，装订过程中有无遗漏单据的现象 | 一、二、三、四、五 | | |
| 8 | 是否正确编号 | 一、二、三、四、五 | | |
| 9 | 事后监督员是否能尽职尽责地完成最后一道复核手续 | 一、二、三、四、五 | | |

# 第二十八章　档案岗操作风险控制

## 一、档案岗岗位职责

（1）全面负责支行的档案管理工作，包括会计档案、信贷档案归档工作及其他档案的管理。

（2）负责文件的装订、封发和文书档案的整理、立卷、归档、调用等管理工作。

（3）负责配合总行的档案借调阅工作。

（4）完成上级领导布置的其他工作。

## 二、档案岗操作风险点及其控制制度

通过对档案岗管理流程的分析，我们认为该管理流程中主要存在以下操作风险点，并在此基础上列出了相应的控制措施和责任人（见表 28-1）。

表 28-1　**档案岗操作风险点及其控制制度**

| 环节 | 操作风险点 | 控制措施 | 责任人 |
| --- | --- | --- | --- |
| 1 | 电脑打印不完全或档案员没有根据规定对相关科目进行不同性质的归类 | 完善电脑系统，对档案员进行业务培训 | 档案员 |
| 2 | 档案借调阅登记程序不完善，造成档案被私自更改或遗失，档案的真实性和完整性遭到破坏 | 完善档案借调阅程序，监督档案借调阅全过程，档案员对于档案的真实性和完整性负有不可推卸的责任 | 档案员 |

## 三、档案岗操作风险考评体系

对档案岗操作风险的考核主要依据两点：一是档案的真实性和完整性；二是档案的归类整理的合规性。每个风险点都根据其落实情况进行打分，满分为 100 分，将执行情况分为五个等级，一级得分在 90 分以上（含 90 分），二级得分在 80 分与 89 分之间，三级得分在 70 分与 79 分之间，四级得分在 60 分与 69 分之间，五级得分在 60 分以下（不含 60 分）。每条风险控制措施都根据其重要程度赋予相应的权重。该岗位操作风险的综合得分为 $\sum_{i=1}^{2}\beta_i M_i$，其中 $M_i$ 是每一项风险控制措施的落实情况的得分，$\beta_i$ 是该风险点所对应的权重。具体标准如表 28-2 所示。

表 28-2　　**档案岗操作风险考评体系**

| 序号 | 主要操作风险点控制措施的落实情况 | 评级 | 权重 | 打分 |
|---|---|---|---|---|
| 1 | 电脑系统是否完善，档案员是否具有很高的业务素质和道德素质，档案的归类工作是否能按照规定进行 | 一、二、三、四、五 | | |
| 2 | 档案借调阅程序是否完善，档案借调阅全过程是否能进行有效的监督 | 一、二、三、四、五 | | |

# 第二十九章　支行操作风险内控岗操作风险控制

## 一、支行操作风险内控岗岗位职责

总行操作风险内控部对应支行操作风险内控岗，支行操作风险内控岗主管支行全行操作风险与内部控制管理工作，领导全行各业务操作风险内控岗的工作，制定信贷制度，判别监控信贷风险，统一组织和管理信贷后台业务。

支行操作风险内控岗负责牵头组织和督促支行各岗位建立和健全对分管业务和分管系统的操作风险与内控管理制度及评价标准；督促并检查支行各岗位执行业务规章和经营政策的情况；检查各部门对各自业务和管理系统合规性的督促和检查情况；组织全行操作风险与内控制度执行情况的检查；接受总行操作风险内控部的业务指导，并对总行操作风险内控管理部门提供支行操作风险报告，接收并处理各岗位递交上来的操作风险评估报告，最后向总行操作风险内控部提交处理报告。其具体职责为：

（1）全面负责全行操作风险的通盘控制与管理。

（2）负责全行操作风险管理内控制度的制定、执行和考核。

（3）全面负责本行各项管理工作，传达上级精神，并结合本行实际贯彻落实，指导、督促、组织本行的工作，保证操作风险管理内控工作正常有序开展。

（4）严格落实岗位责任制，全面负责对各岗位操作风险要点的落实和控制。

（5）负责本行人员队伍建设，组织各岗位操作风险内控人员的管理和培训，不断提高操作风险内控人员的综合素质。

（6）监控各种可能对全行业务发展有重大影响的操作风险，研究制定防范和化解操作风险的政策和措施。

（7）向总行操作风险管理部提供风险报告。

（8）负责协调与相关部门的关系。

## 二、支行操作风险内控岗操作风险点及其控制制度

通过对支行操作风险内控岗管理流程的分析，我们认为该管理流程中主要存在以下操作风险点，并在此基础上提出了相应的控制措施（见表 29-1）。

表 29-1　**支行操作风险内控岗操作风险点及其控制制度**

| 环节 | 操作风险点 | 控制措施 | 责任人 |
|---|---|---|---|
| 1 | 全行操作风险管理内控制度不健全，执行和考核不得力 | 加强全行操作风险管理内控制度建设并严格执行，以此为依据进行考核 | 风险负责人 |
| 2 | 未能严格落实岗位责任制，对各业务部门操作风险要点的落实和控制不到位 | 严格落实岗位责任制，对各业务部门操作风险要点要落实并接受上级监督 | 风险责任人 |
| 3 | 忽视本行人员队伍建设，未能组织各岗位操作风险内控人员的管理和培训工作，风险内控人员的综合素质不高 | 加强本行人员队伍建设，组织相关人员进行管理和培训，以提高人员综合素质 | 风险责任人 |
| 4 | 未能及时向总行操作风险管理部提供风险报告 | 建立与总行操作风险管理部的定期沟通机制 | 风险责任人 |

## 三、支行操作风险内控岗操作风险考评体系

对支行操作风险内控岗操作风险的考核是对每个操作风险点进行打分，每个风险点都根据其落实情况打分，满分为 100 分，将执行情况分为五个等级，一级得分在 90 分以上（含 90 分），二级得分在 80 分与 89 分之间，三级得分在 70 分与 79 分之间，四级得分在 60 分与 69 分之间，五级得分在 60 分以下（不含 60 分）。每条风险控制措施都根据其重要程度赋予相应的权重。该岗位操作风险的综合得分为 $\sum_{i=1}^{4}\beta_i M_i$，其中 $M_i$ 是每一项风险控制措施的落实情况的得分，$\beta_i$ 是该风险点所对应的权重。具体标准如表 29-2 所示。

表 29-2　**支行操作风险内控岗操作风险考评体系**

| 序号 | 主要操作风险点控制措施的落实情况 | 评级 | 权重 | 打分 |
|---|---|---|---|---|
| 1 | 是否建立有全行的操作风险管理及内部控制制度并以此为依据进行操作风险的考核 | 一、二、三、四、五 | | |
| 2 | 是否严格落实岗位责任制，对各业务部门操作风险要点是否已经落实并接受上级监督 | 一、二、三、四、五 | | |
| 3 | 是否重视本行员工队伍建设，主要体现在是否组织相关人员进行管理和培训以提高员工综合素质 | 一、二、三、四、五 | | |
| 4 | 是否已经建立与总行操作风险内控部的定期沟通机制 | 一、二、三、四、五 | | |

# 第三十章　支行授信业务部操作风险控制

## 一、支行授信业务部组织结构和岗责设计

### （一）支行授信业务部组织结构（见图30-1）

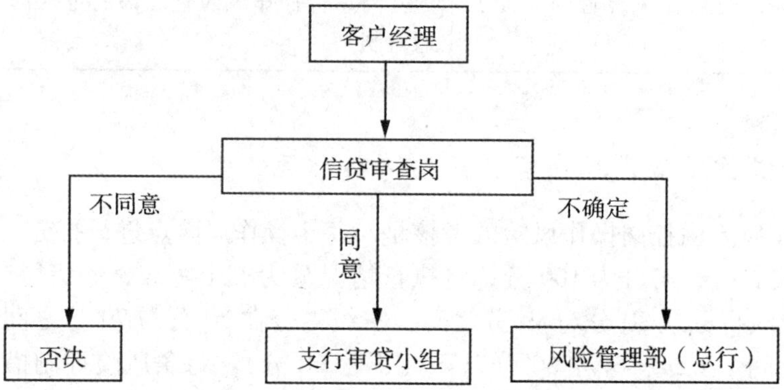


图30-1　支行授信业务部组织结构

### （二）支行授信业务部岗责体系

1. 客户经理

（1）负责积极开发潜在客户，维护和密切与现有客户的关系，及时发现和满足客户的金融服务需要；

（2）负责为优良客户提供不同于一般客户的金融服务；

（3）负责完成支行下达的吸收存款任务；

（4）负责存款、贷款及中间业务的营销活动；

（5）负责按照分级管理要求，详细登记客户档案，定期走访客户，及时更新客户信息库；

（6）负责对贷款客户进行贷前调查、贷后检查，负责贷款利息的清收和贷款到期的催收；

（7）加强对信贷资产的日常监测和风险管理，做好贷后监控，及早发觉坏账预警信号并立即采取行动补救，直至信贷资产完全收回；

（8）负责受理客户的授信申请，在权限范围内参与对贷款的审批；

（9）负责通过市场调查，跟踪客户动态，收集客户经营情况并向总行反映客户需求；

（10）负责完成支行和上级行布置的突击性工作。

2. 信贷审查岗

（1）识别本部门的风险，制定并完善相关的风险内控制度；

（2）对本部门的风险和内控管理进行指导、检查，监督各岗位风险内控职责的落实情况；

（3）监测分析本部门面临的主要风险，收集、整理各类风险监测的指标数据，对本部门风险内控管理工作定期进行评价；

（4）撰写本部门的内控评价报告和风险监测报告，向本部门负责人和风险责任人报告风险监测状况。

3. 审贷小组

对贷款进行集体审核。

## 二、操作风险点及控制制度

支行授信业务部操作风险点及控制制度如表 30-1 所示。

表 30-1　**支行授信业务部操作风险点及控制制度**

| 序号 | 主要风险点 | 控制制度 | 责任人 |
|---|---|---|---|
| 1 | 申请与受理 | 客户申请可以是客户主动到我行申请信贷业务，也可以是我行客户经理向客户营销信贷业务。受理人员既要认真了解客户的需求情况，又要准确介绍我行的有关信贷政策（包括借款人的资格要求、信贷业务的利率、费率、期限、用途、优惠条件及客户的违约处理）等 | 客户经理 |
| 2 | 贷前审查 | （1）公司类客户向我行申请信贷业务，应当具备产品有市场、生产经营有效益、不挤占挪用信贷资金、恪守信用等基本条件，并且应当符合以下要求：<br>①借款人应当是经工商行政管理机关（或主管机关）核准登记的企业（事业）法人、其他经济组织、个体工商户；<br>②有按期还本付息能力，原应付贷款利息和到期贷款已清偿，没有清偿的，已经做了贷款人认可的偿还计划；<br>③除不需要经工商部门核准登记的事业法人外，应当经过工商部门办理年检手续；<br>④已开立基本账户或一般存款账户；<br>⑤除国务院规定外，有限责任公司和股份有限公司对外股本权益性投资累计额未超过其净资产总额的 50%；<br>⑥借款人的资产负债率在 60% 以下；<br>⑦申请中期、长期贷款的，新建项目的企业法人所有者权益与项目所需总投资的比率不低于国家规定的投资项目的资本金比例。 | |

续表

| 序号 | 主要风险点 | 控制制度 | 责任人 |
|---|---|---|---|
| 2 | 贷前审查 | 除以上7个基本要求外，客户具有以下11条限制性条件之一，我行原则上不接受其申请：<br>①连续三年亏损，或连续三年净经营现金流量为负；<br>②提供虚假或隐瞒重要事实的资产负债表、损益表等财务报告；<br>③已在同一辖区内的同级分支机构取得信用的；<br>④违反国家规定骗取、套取贷款，用借贷等行为牟取非法收入的；<br>⑤违反国家外汇管理规定使用外币贷款的；<br>⑥违反国家规定将贷款从事股本权益性投资的；<br>⑦生产、经营或投资国家明文禁止或严重有损于社会公益和道德的产品或项目的；<br>⑧项目建设或生产经营未取得环保部门许可的；<br>⑨在进行承包、租赁、联营、合并（兼并）、合作、分立、产权有偿转让、股份制改造等体制变更过程中，未清偿、落实原有债务或未对其清偿债务提供足额担保的；<br>⑩有其他严重违法或危害我行信贷资金安全的行为的；<br>⑪列入黑名单的。<br>（2）公司类客户的资格审查分两种情况：<br>第一种情况是我行已对其作过客户评价并在适用期内。对这一类客户，受理人员应结合查阅已有的客户评价报告，重点了解客户目前的经营管理状况，分析有无重大的影响客户资信的事项，如重大建设项目、重大体制改革、重大法律诉讼和对外担保、重大人事调整、重大事故和赔偿等，并作出是否仍然符合我行信贷客户资格要求的判断。对资格没有变化的客户，需要了解本次申请信贷业务的原因、品种、用途、金额、担保方式和还款来源、信贷业务往来情况。<br>第二种情况是我行未对该客户作过客户评价或客户评价报告已失效。如该客户是初次申请我行信贷业务的新客户，经办人员应首先检查其主体资格是否符合我行上述规定，验看客户的营业执照、贷款证（卡）和近期财务报表，了解客户的背景、经营状况、财务状况、借款用途、担保意向等，进行资格审查。如该客户已与我行有过信贷业务往来或客户评价报告已失效，经办人员应结合客户与我行业务往来情况，重点了解客户目前的经营管理状况，分析有无重大的影响客户资信的事项（同上），并作出是否仍然符合我行信贷客户资格要求的判断。<br>（3）经资格审查合格的，受理人员可向客户介绍信贷条件及有关规定，协商信贷业务事宜。对不符合规定的，应对客户进行解释，婉言拒绝其申请。<br>风险点：可能由于受理人员审查疏忽或失误导致不符合资格的借款人通过审查。<br>控制目标：确保所有经过资格审查的借款人均满足资格要求。<br>控制措施：受理人员进行认真核对。<br>控制岗位：受理人员 | 客户经理、信贷审查岗 |

续表

| 序号 | 主要风险点 | 控制制度 | 责任人 |
| --- | --- | --- | --- |
| 3 | 材料审查 | （1）自然人借款人需向本行提供的基本资料：<br>①借款人身份证（已婚的应提供配偶身份证）；<br>②结婚证原件或户籍证明或户口簿；<br>③个人及家庭收入证明（仅指个人消费贷款）；<br>④担保方为自然人的按上述资料提供，为非自然人的按下款执行。<br>（2）非自然人借款人需向本行提供的基本资料：<br>①《建立信贷关系申请表》一式两份（适用首次申请与本行建立信贷关系的借款人）；<br>②营业执照原件；<br>③特殊行业生产经营许可证原件；<br>④组织机构代码证原件；<br>⑤法定代表人身份证（授权办理的，还应出具授权书、受权人身份证）；<br>⑥公司章程和验资报告；<br>⑦地税、国税的税务登记证原件，贷款卡；<br>⑧最近月份的企业财务报表（包括资产负债表、损益表、现金流量表及会计报表附注），首次申请的还需提供上年度年报：<br>⑨承包企业和租赁企业应出具承包或租赁协议原件；<br>⑩担保方式为保证担保的，应提供保证人的上述资料，担保方式为抵（质）押的，应提供抵（质）押品清单、抵（质）物权权证原件和所有权人（含共有人）同意抵（质）押的书面证明；<br>⑪本行要求提供的其他资料。<br>（3）签发银行承兑汇票需提供的资料，参照《银行承兑汇票业务管理实施细则》执行；<br>（4）办理银行承兑汇票贴现业务需提供的资料，参照《银行票据贴现、再贴现和转贴现管理实施细则》执行；<br>（5）办理保函类业务需提供的资料，参照《银行保函业务管理实施细则》执行 | 客户经理、信贷审查岗 |
| 4 | 初步审查 | 受理人员收到客户申请材料后，清点材料是否齐全，对材料的真实性、准确性、完整性、规范性进行初步审查。具体审查要求：<br>（1）客户基本资料审查。<br>①a. 信贷业务。信贷业务品种、币种、期限、金额、担保方式是否与协商的内容相符。如有不符，应要求客户作出解释。如相差悬殊，应视情况与客户重新协商。<br>b. 借款用途栏内容是否详细填写申请信贷业务的具体用途。<br>c. 加盖的公章清晰，与营业执照和贷款证（卡）上的企业名称三者一致。若不一致，与工商行政管理部门出具的《企业法人名称变更登记公告》进行核对。 | |

续表

| 序号 | 主要风险点 | 控制制度 | 责任人 |
|---|---|---|---|
| 4 | 初步审查 | ②财务报表。<br>a. 加盖的公章清晰，与营业执照和贷款证（卡）上的企业名称三者一致。若不一致，与工商行政管理部门出具的《企业法人名称变更登记公告》进行核对。<br>b. 有财政部门的核准意见或会计（审计）师事务所的审计报告。<br>③税务登记证。有税务部门同意年审的防伪标记。<br>④董事会决议。<br>a. 内容应包括：申请信贷业务用途、期限、金额、担保方式及委托代理人等。<br>b. 达到公司合同或章程规定的有效签字人数。<br>⑤实行贷款证（卡）登记制度的地区，申请人是否持有人民银行发给的贷款证（卡）。<br>a. 贷款证（卡）是否在有效期内。<br>b. 贷款证（卡）是否年审合格。<br>⑥营业执照及其他各种证件、证明书有效，经年审合格。<br>（2）信贷业务材料的初步审查。根据各信贷业务品种的规定对客户提供的信贷项目材料进行初步审查，并填写信贷业务申请提交材料清单。<br>（3）担保材料的初步审查。<br>客户申请材料审核后，如不合格，经办人员将申请材料退还客户，并做好解释工作；如合格，进入调查评价阶段，开展客户评价或进行项目评估。<br>风险点：没有审查出客户提交的授信材料中的不真实和不准确的地方，可能导致信用风险。<br>控制目标：确保客户提供的授信材料的真实性、准确性。<br>控制措施：受理人员进行认真核对 | 客户经理、信贷审查岗 |
| 5 | 落实贷前条件 | （1）对审批决策意见为同意的信贷业务，需落实贷前条件，如开立基本结算账户、签订银企合作协议等，应积极与企业协商落实。<br>（2）如贷款条件无法落实，确需变更条件的，有权申请复议人员可按规定程序申请复议。每笔借贷业务只能复议一次 | 客户经理 |
| 6 | 签订合同 | （1）落实贷前条件后，及时与申请人签订有关合同。<br>（2）合同审查后，经办人员请客户的法定代表人（或其授权代理人）当面签字、加盖公章。<br>（3）由经办行有权签字人签字并加盖行章 | 客户经理、信贷审查岗 |
| 7 | 落实使用条件 | 根据审批决策意见和与客户签字的合同，与客户协商落实用款条件，如开立基本结算账户、提高结算量等 | 客户经理 |

续表

| 序号 | 主要风险点 | 控制制度 | 责任人 |
| --- | --- | --- | --- |
| 8 | 支用 | 合同生效后，经办人员办理有关手续，特别要注意与会计、计财部门的工作衔接。对贷款业务，要按以下要求办理，其他信贷业务品种根据各借贷业务操作的有关规定办理：<br>（1）经办人员持借款合同办理核定贷款指标通知单，一式三联，一联送信贷部门归档，一联送会计柜台作贷款账户开户的依据，一联送计财部门。客户经理在填写核定贷款指标通知单时，应注意：<br>①借款合同号、贷款币种、核定金额、期限、利率、借款人等要素填写准确无误；<br>②签发人员、填写人员等要素填写清楚；<br>③加盖经办行信贷业务公章。<br>（2）办理提款、转存手续。<br>合同签订、担保落实登记、核定贷款指标通知取得后，经办人员即可通知客户到会计柜面办理贷款提款和转存手续。人民币贷款提款：经办人员通知客户填写贷款转存凭证，一式四联，交会计柜台。会计柜台凭贷款转存凭证、借款合同和核定贷款指标通知单（作为贷款转存的附件）办理贷款开户、贷款转存等会计记账手续：贷款转存凭证记账后，两联留会计柜台，一联交信贷部门存档，一联送客户。<br>经办人员对支付凭条的金额、内容、付款形式及商务合同进行审核，报经有权签字人签字盖章后送会计柜台 | 客户经理、信贷审查岗 |
| 9 | 登记 | （1）登录贷款卡。<br>会计柜台办理贷款开户及转存（提款）手续后，经办人员及时凭贷款转存凭证登录借款人、保证人的贷款证（卡）、中国人民银行信贷登记咨询系统后，将贷款证（卡）退还借款人、保证人。<br>（2）信贷台账登记。<br>贷款发放后，经办人员应及时凭贷款转存凭证登记贷款台账。<br>及时、准确录入授信评审信息系统 | 客户经理、信贷审查岗 |
| 10 | 贷后资产检查 | （1）对授信资金支用的检查。<br>贷款审批同意后，经办客户经理必须按规定的业务程序及时将贷款下放。贷款属分次支用的，必须逐笔落实已下达贷款的资金使用情况，属于正常合理使用的，参照上述要求执行。发现已下达贷款的资金使用异常的，则停止贷款指标的再次支用。<br>（2）对授信用途的检查。<br>对单户余额100万元以上的非自然人存量周转贷款和新增贷款的调查，一般应在业务发生后10天内进行。信贷调查岗应跟踪借款人使用授信额度的情况，并实地查阅真实反映资金使用情况的有关会计原始凭证，并留存复印件作为检查凭据。 | 客户经理、信贷审查岗 |

续表

| 序号 | 主要风险点 | 控制制度 | 责任人 |
|---|---|---|---|
| 10 | 贷后资产检查 | (3) 借款人财务变化情况的跟踪检查：一般每月一次，可采用非现场检查方式。信贷调查岗通过对借款人每月报送的财务报表进行分析，查询是否存在财务状况异常变化的现象；对于财务状况发生异常变化的，应及时进行调查，分析其原因及影响的程度。<br>(4) 银企合作关系的跟踪检查，一般每月一次，可采用非现场检查方式。在正常的业务持续期间，对借款人在银行的结算量、存贷比等情况进行关注。<br>(5) 借款人生产变化情况的跟踪检查：一般每季一次，应采用现场检查方式。信贷调查岗应通过日常对借款人供产销活动的连续跟踪掌握其生产经营活动正常的波动范围，对于供产销活动的波动情况不正常的，应及时查明原因，判断是临时性波动还是长期趋势，并判断其对本行信贷资产的安全性影响。<br>(6) 企业重大事项变化情况的跟踪检查：一般每季一次，在对借款人跟踪检查时，对于企业发生的更名、债务重组、转制等行为应格外关注。<br>(7) 抵质押品的跟踪检查：一般每季一次，应采用现场检查方式，主要查看抵质押品是否完整，其价值是否稳定。<br>风险点：贷后检查不到位；导致可能形成信贷经营风险。<br>控制目标：确保贷后检查措施得以完整执行。<br>控制措施：定期或不定期对贷后管理工作进行检查 | 客户经理、信贷审查岗 |
| 11 | 贷款本息回收管理 | 信贷调查岗应对单户信贷业务余额在500万元（含）以上的借款人，每半年进行风险评价，形成书面的综合评价报告后上报总行业务发展部。<br>(1) 客户经理于每月初10天内对当月到期的授信业务采取口头或书面形式向客户（含担保人）传达到期贷款通知书或“付款通知书”的事项，要求客户筹措资金归还贷款。<br>(2) 授信业务到期前，企业按合同要求自动将款项汇集到账户用于清偿的，客户经理要配合会计人员做好还款手续。对企业正常的生产经营需求，客户经理应配合企业办理续办申报手续。<br>(3) 授信企业在正常生产经营过程中因资金回笼、周转问题而无法按期归还贷款的，在企业提前20天书面告知网点的前提下，经办客户经理及网点审贷小组必须认真核实产生原因及企业发展前景，据此考虑是否给予转贷的支持，对符合条件的按规定报总行审批。<br>(4) 授信企业由于客观情况发生变化，经过努力仍无法按时还清款项并提出展期的，经办客户经理审查符合展期（或借新还旧）办理条件的，对照对公授信业务操作和控制程序的相关办理规定办理并加强监控。 | 客户经理、信贷审查岗 |

续表

| 序号 | 主要风险点 | 控制制度 | 责任人 |
| --- | --- | --- | --- |
| 11 | 贷款本息回收管理 | (5) 授信企业在到期前无任何筹集还款资金的迹象，企业主要经营者也未主动向我行解释理由、表达还款意愿或制订合理可行的还款计划的，网点负责人及客户经理必须立即走访企业，了解情况，并及时向总行客户管理部报告，提前采取防范措施。<br>(6) 授信企业在授信业务执行有效期内，出现下列行为之一的，客户经理必须立即报经网点负责人同意后停止发放其尚未支用的款项，并可提前收回已发生的授信业务本息或与总行风险管理部配合处置抵(质) 押物，还可从其账户中直接扣收：<br>①向我行提供虚假的计划、统计、财务会计报表等资料；<br>②授信保证人违反合同约定或丧失承担连带责任能力的，抵押人违反抵押合同或抵押物因意外毁损不足以清偿授信业务本息，同时企业又无法重新提供符合我行要求的新保证人或抵（质）押物；<br>③授信企业卷入或即将卷入重大的诉讼或仲裁程序及其他法律纠纷；<br>④其他授信企业发生的足以影响其偿债能力或缺乏偿债诚意的行为。<br>(7) 授信业务到期，授信企业仍无还款迹象也未作解释的，经办客户经理在向网点审贷小组汇报后，直接与网点会计人员配合，从授信企业在我行所有账户中扣收欠款本息及其他费用，并考虑立即暂停授信企业的其他授信 | 客户经理、信贷审查岗 |
| 12 | 信贷风险监管与预警 | (1) 预警信号。<br>预警信号是指出现了可能导致客户不能全部或部分还本付息或履约的不良情况或征兆。信贷人员在信贷资产检查的过程中，要注意识别客户是否出现已经或即将对信贷资产质量产生较大影响的预警信号，及时向信贷主管报告并尽早采取相应应对措施，消除各种可能造成信贷资产损失的风险隐患。<br>(2) 发现预警信号后的处理。<br>①一旦发现客户出现预警信号时，客户经理应立即通过有关途径加以核实，并查明原因。<br>②对于确认已出现对我行信贷资产产生较为严重影响的预警信号后，迅速向信贷经营部门报告，并采取相应措施，防止损失发生或扩大：<br>③各级风险管理部门牵头组织各信贷经营部门研究防范化解风险的具体措施并督促落实。<br>风险点：风险预警信号未能有效识别，导致未能及时发现风险隐患。<br>控制目标：确保预警信号能被有效识别。<br>控制措施：<br>(1) 对主要预警信号表现进行清单举例，以便于掌握识别；<br>(2) 对贷后管理工作进行监督检查 | 客户经理、信贷审查岗 |

续表

| 序号 | 主要风险点 | 控制制度 | 责任人 |
|---|---|---|---|
| 13 | 不良信贷资产管理 | (1) 不良资产（含表内外不良授信资产）实行年度“一户一策”方案，每年“一户一策”的制定由总行授信评审部在年初布置，由网点在一季度内上报上年度存量每笔不良资产的转化盘活措施，报授信评审部审核。<br>(2) 对不良资产的管理。<br>对呆滞、呆账信贷业务，信贷调查岗应每隔6个月催收一次，及时掌握借款人和担保人的经济活动情况。同时，信贷调查岗还应建立不良信贷业务催收登记簿，并将每次催收的时间，情况记录于登记簿。<br>(3) 对不良贷款的跟踪。<br>对不良贷款，经办客户经理必须每月或随时根据实际情况向网点审贷小组及总行汇报有关情况并一同走访企业，了解企业筹集资金及盘活我行不良资产的措施，落实工作进度，监督实施步骤。<br>①跟踪企业生产经营情况，重点是有无收回账面应收账款；<br>②跟踪企业股权变动情况，重点是有无抽逃资本金，转移资产；<br>③跟踪主要产品市场情况，重点是产品有无出现销售收入及经济效益变化，有无较大的产品更新换代；<br>④跟踪授信担保单位的生产经营、授信总量情况以及与被担保企业关系情况；<br>⑤跟踪授信抵（质）押物的情况，重点是市场价值是否降低、是否有意外毁损、保险期是否已过，有无未经我行同意的出租、出售等行为；<br>⑥跟踪企业还款来源的真实性，重点是资金走向及时间安排等。<br>(4) 对不良贷款的催收。<br>①对不良信贷资产，经办客户经理必须在授信业务到期后30天内分别向授信企业和担保企业（含第三方财产抵质押的所有权人）发出“催收贷（垫）款通知书”和“履行担保业务通知书”，并取得回执交总行授信评审部存档。如发生企业拒绝在回执上盖章的情况，经办客户经理一方面将其作为“重大事项”向客户管理部或授信评审部报告，另一方面应着手采取“送达公证”等方式中断诉讼时效，办妥公证手续后应将公证书交总行授信评审部存档。<br>②对承兑汇票垫款，经办客户经理必须向总行会计出纳部、授信评审部汇报，协同配合，依法行使票据权利，追诉主从债务人。<br>③对每笔逾期贷款或垫款，经办客户经理每3个月至少向授信企业发送一次逾期贷款通知书或垫款通知书，向担保企业发送一次履行担保义务通知书，并取得回执交授信评审部。在通知书发出后15天内未取得回执的，及时向网点审贷小组汇报。能够办理“送达公证”手续的，经办客户经理应及时办理；无法办理的，要采取诉讼方式中断诉讼时效。授信评审部应及时将未取得回执的客户名单反馈给网点。 | 客户经理、信贷审查岗 |

续表

| 序号 | 主要风险点 | 控制制度 | 责任人 |
|---|---|---|---|
| 13 | 不良信贷资产管理 | ④对授信担保企业，经办客户经理应积极要求其履行担保义务，从债务履行期满日起根据实际情况采取向其提起督促、诉讼及其他措施。采取诉讼措施的，必须在保证期间内起诉授信担保企业。<br>（5）对不良贷款的保全。<br>①客户经理应加强不良贷款的管理工作，设立“诉讼时效中断台账”，并归入“××客户贷后管理资料册”，内容包括授信金额、余额、期限、发送到期通知书（逾期通知书、垫款通知书、履行担保义务通知书）的时间及取得回执的时间等，交总行授信评审部归档并签字确认各经办客户经理在诉讼时效中断工作的职责情况。<br>②经办客户经理应监控不良贷款企业抵（质）押物或控制主从债务人在我行的存款、票据、有价证券，一旦发现债务人或担保人在我行各分支网点有资金存入或资金沉淀情况，应及时报告总行授信评审部及其他相关部门，快速决策，合法扣款，以备抵消不良贷款。<br>③经办客户经理应要求债务人履行债务，对督促未果的，必要时在诉讼时效到期前20天内，收集材料，按规定上报总行审批，进入诉讼催收程序。申请处分担保抵（质）押物的，经办客户经理应详细了解主从债务人可供执行的财产状况，对于要求进入诉讼收贷的，在法律许可的情况下尽可能要求进行诉讼保全，依法执行主从债务人的财产。<br>④出现对方当事人未在相关生效法律文书（包括法院判决书、调解书、支付令等）规定时间履行全部债务的，各经办客户经理要在6个工作日内向法院申请强制执行。授信评审部将指导并与网点共同处理有关法律问题。<br>（6）对不良贷款的转化。<br>在有利于授信企业持续生产经营，有利于我行信贷资产保全，把信贷风险降至最低的前提下，经办客户经理在认真、详细调查的基础上，针对以下情况，可自下而上逐级按规定办理不良贷款的转化手续：<br>①原授信业务手续不齐全，通过转贷，可以完善信贷手续、保证信贷档案基础资料合法合规的。<br>②原授信业务担保抵（质）押物不足值或难以变现，通过转贷追加、增补或更换抵（质）押物，使抵（质）押物足值且易变现，增强授信担保措施的。<br>③原授信业务的担保企业资金实力较弱或已经停止经营或手续不完整，在企业重新提供符合我行要求的担保企业，经我行审查具备担保能力的，可办理转贷，更换担保企业，充分落实第二还款来源。<br>④原授信企业生产经营确有好转，销售能力和盈利能力确有增强，经审定确有发展前景，且有能力清偿在我行的欠息或部分贷款的，可以转贷支持其发展。 | |

续表

| 序号 | 主要风险点 | 控制制度 | 责任人 |
|---|---|---|---|
| 13 | 不良信贷资产管理 | ⑤对由于政策性原因或不可抗力因素造成原授信企业效益下降，企业出现临时资金周转困难，且不良贷款风险控制性较强的授信企业，可给予授信业务展期或转贷。<br>⑥原授信企业符合条件的，经办客户经理应认真参与、规范和支持企业兼并破产、减员增效工作来转化和保全我行信贷资产，同时防止非规范兼并和非计划破产给我行带来损失，对我行作为债权人却未经我行同意而进入破产程序的，要立即上报总行授信评审部，采取措施予以制止。<br>对主要管理人员素质好，产品有市场、有效益，市政府及有关部门能够给予配套优惠政策的不良贷款企业，确因流动资金不足或进行技术改造需要资金支持的，按规定程序报批。<br>风险点：诉讼时效未能及时中断。<br>控制目标：确保诉讼时效的及时中断。<br>控制措施：<br>（1）经办客户经理按要求填写诉讼时效中断台账；<br>（2）信贷风险部对诉讼时效中断工作进行监督和检查 | |
| 14 | 贷款业务的结清 | （1）短期借款合同到期一个星期之前、中长期借款合同到期一个月之前，信贷调查岗应选用适当的方式告知借款人，通知其安排好资金，依约还款。借款合同到期，借款人办理还款手续后，应将还贷凭证送信贷内勤岗归档保管。<br>（2）抵（质）押担保合同的结清处理。抵（质）押担保合同结清后，由信贷内勤岗负责将有关抵（质）押权证的申领出库，移交信贷调查岗，由信贷调查岗负责归还借款人。<br>（3）信贷内勤岗根据借款人的还贷凭证在中国人民银行信贷登记咨询系统作还款处理 | 客户经理、信贷审查岗 |

## 三、操作风险的考评体系

评级一栏可以分为五级评价：一、二、三、四、五，表示很好、较好、好、中、差，对应评分可以自行设定。比重一栏根据主要风险点的重要程度进行设定。

1. 支行授信业务部客户经理操作风险考评体系（见表30-2）

表 30-2 **支行授信业务部客户经理操作风险考评体系**

| 序号 | 主要风险点控制制度的落实情况 | 比重 | 评级 | 打分 |
|---|---|---|---|---|
| 1 | 积极开发潜在客户，努力维护和密切与现有客户的关系 | | 一、二、三、四、五 | |
| 2 | 及时满足客户的金融服务需要 | | 一、二、三、四、五 | |
| 3 | 确保为优良客户提供不同于一般客户的金融服务 | | 一、二、三、四、五 | |
| 4 | 按时完成支行下达的吸收存款任务 | | 一、二、三、四、五 | |
| 5 | 严格按规定对存款、贷款及中间业务进行营销活动 | | 一、二、三、四、五 | |
| 6 | 严格按照分级管理要求登记客户档案，定期走访客户，及时更新客户信息库 | | 一、二、三、四、五 | |
| 7 | 按时对贷款客户进行贷前调查、贷后检查工作 | | 一、二、三、四、五 | |
| 8 | 按时完成贷款利息的清收，做好贷款到期的催收 | | 一、二、三、四、五 | |
| 9 | 按规定受理客户的授信申请 | | 一、二、三、四、五 | |
| 10 | 确保在权限范围内参与对贷款的审批 | | 一、二、三、四、五 | |
| 11 | 通过市场调查，跟踪客户动态，收集客户经营情况并按时向总行反映客户需求 | | 一、二、三、四、五 | |
| 12 | 按时、有效地完成支行和上级行布置的突击性工作 | | 一、二、三、四、五 | |

2. 支行授信业务部信贷审查员操作风险考评体系（见表 30-3）

表 30-3 **支行授信业务部信贷审查员操作风险考评体系**

| 序号 | 主要风险点控制制度的落实情况 | 比重 | 评级 | 打分 |
|---|---|---|---|---|
| 1 | 确保对调查岗提供真实、合法的信息 | | 一、二、三、四、五 | |
| 2 | 定时复测贷款风险度 | | 一、二、三、四、五 | |
| 3 | 真实地认定借款的种类、金额、期限、利率、方式 | | 一、二、三、四、五 | |
| 4 | 严格审查借款合同的各项内容 | | 一、二、三、四、五 | |
| 5 | 实时登录银行等级咨询系统并及时记载贷款登记簿 | | 一、二、三、四、五 | |
| 6 | 及时签发到期、逾期贷款催收通知单并调整贷款结构 | | 一、二、三、四、五 | |
| 7 | 整理各类贷款资料，并做好统计报表的汇总工作 | | 一、二、三、四、五 | |
| 8 | 及时上报各类贷款资料和统计报表 | | 一、二、三、四、五 | |

续表

| 序号 | 主要风险点控制制度的落实情况 | 比重 | 评级 | 打分 |
| --- | --- | --- | --- | --- |
| 9 | 及时记载抵债资产实物明细账 | | 一、二、三、四、五 | |
| 10 | 确保账实相符 | | 一、二、三、四、五 | |
| 11 | 按规定收集整理诉讼资料 | | 一、二、三、四、五 | |
| 12 | 及时登记法院诉讼并执行情况登记簿 | | 一、二、三、四、五 | |
| 13 | 协助客户经理设置相关台账，做好定期检查、补充、更新工作 | | 一、二、三、四、五 | |
| 14 | 对信贷档案进行归档 | | 一、二、三、四、五 | |
| 15 | 完成领导交办的其他临时性工作 | | 一、二、三、四、五 | |

# 第三十一章　支行内部核算部门操作风险控制

## 一、支行内部核算部门组织结构和岗责体系

### （一）支行内部核算部门组织结构（见图31-1）

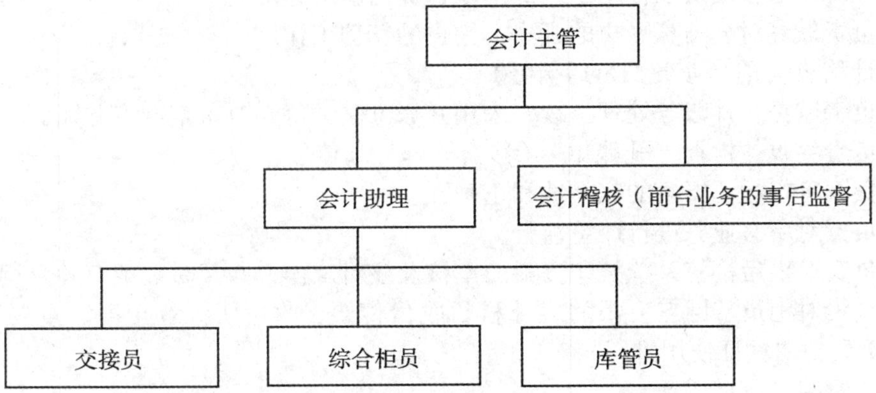


图31-1　支行内部核算部门组织结构

### （二）支行内部核算部门岗责体系

1. 会计主管

（1）贯彻执行国家有关财经法规和总行制定的财务、会计制度和各项业务规程。

（2）组织开展财务核算和会计结算工作，及时、准确、真实、完整地提供财务会计核算信息。

（3）负责财务检查辅导工作，负责督促会计人员、柜员严格执行各项内部控制制度，预防支行内部经济案件和重大责任事故的发生。

（4）负责做好会计基础工作的申报与考核。

（5）正确及时编制各类报表。

（6）负责日常性会计事务的管理和授权。

（7）负责财务管理工作。

（8）负责配合支行行长制定并实施各项内部管理制度及岗位考核办法。

（9）按季做好财务收支分析、预测。

（10）负责督促做好会计档案管理工作。

（11）负责固定资产、低值易耗品的管理工作，健全账、卡、物管理工作制度。

（12）负责对下属人员工作的监督和考核。

2. 会计助理

（1）协助会计主管做好内部各项管理工作。

（2）及时传达上级下达的文件和会议精神，将具体工作任务落实到各柜员，并进行辅导监督。

（3）负责做好各类硬件设备的管理工作。

（4）各类印刷品的领用。

（5）负责支行营业部规范化服务的各项工作，包括安全保卫、服务态度、服务质量、劳动纪律、内控制度。

（6）负责协助会计主管做好营业部的会计财务监督管理工作，按规定进行查库，查岗。

（7）负责协调营业部各项工作，负责柜员上班及轮休的统筹安排，管理好日常事务。

（8）及时向上级反映工作中出现的问题，提出解决办法。

（9）负责做好对公结算账户的开户，销户的管理工作。

3. 会计稽核（前台业务的事后监督）

（1）负责监督各种账务处理手续，采用并账方法，每天对所辖网点并账。

（2）负责签收、检查“轧账单”（移交清单）和传票。

（3）负责审查凭证要素的完整性和正确性。

（4）负责对所有业务进行逐笔监督。

（5）负责对事后稽核系统打印资料的审核及核对工作，并及时登记有关登记簿。

（6）负责对柜员、网点上报的表外科目收付传票、收付明细登记簿、重要空白凭证统计表与重要空白凭证使用进行核对。

（7）负责装订审核凭证。

（8）对事后检查中发现的问题及时处理，书面登记各柜员工作差错。

（9）负责及时记录手工账。

（10）负责分管登记簿的登记和监督工作。

（11）完成上级领导布置的其他临时工作。

4. 综合柜员

（1）严格执行《会计出纳基本制度》、《储蓄管理条例》、我国《票据法》、《支付结算办法》、《综合柜员制操作规程》、《综合柜员制操作办法》等规章制度。

（2）负责办理现金存取款业务，确保现金账款相符。

（3）负责办理各项业务的开户、销户、冻结、挂失、托收等工作。

（4）负责办理各项代理业务。

（5）按要求整点现金，及时向库管员领取现金、解交残损券及超限额库款。

（6）负责存贷款季度对账单回收工作。

（7）为客户提供理财服务。

（8）按规定保管、使用印押证机。

（9）负责保管日常所需少量重要空白凭证（视同现金管理）。

（10）对已使用凭证、销号登记簿和登记情况进行检查，复核记载的正确性（视同现金管理）。

（11）负责完成银行内部各项报表、相关业务的登记工作（视同现金管理）。
（12）按规定保管、使用密码和柜员卡。
（13）按规定保管、使用各种登记簿。
（14）按规定做好事中监督工作。
5. 库管员
（1）负责办理企业单位存贷款季度对账单回收工作。
（2）负责支行现金的统一调配工作。
（3）负责票据交换凭证、报单、实时清算及大额支付清算的复核工作。
（4）负责重要空白凭证、有价单证、抵押物权证的管理工作。
（5）负责金库安全管理工作（包括保管现金、重要空白凭证、有价单证、抵押物权证等）。
（6）负责做好假币的收缴及残损券的兑换工作。
（7）负责回单发放工作。
（8）按规定保管、使用各类登记簿。
6. 交接员
（1）遵守合作银行有关押运纪律。
（2）负责点清现金箱数量，检查封品质量，与管库员办理交接登记手续。
（3）负责与网点接箱款员办理登记交接手续。
（4）负责审查缴款单、支票等凭证要素，点清现金并做好登记交接工作。
（5）在完成任务后，负责办理各种交接登记手续。
（6）负责做好网点之间的交接结算凭证、报单、重要空白凭证的传递工作并做好登记交接手续。
（7）负责做好向上级的重要要素凭证及印刷品的请领工作。

## 二、操作风险点及其控制制度体系

### （一）产品流程操作风险及其控制制度（见表 31-1 至表 31-11）

表 31-1 **产品流程（储蓄业务）操作风险及其控制制度**

| 环节 | 主要风险点 | 控制制度 | 责任人 |
|---|---|---|---|
| 1 | 客户有效身份证件的真实性审核，及实名制度规定的落实 | （1）客户提供的有效证件均需原件，审核的重点是该有效证件是否为储户本人，以及证件的真伪、有效期、发证机关、证件号码等，并应与凭证上所填写的相关内容核对一致。<br>（2）对可以代办的业务，代办时应同时提供代办人及储户本人的有效证件。<br>（3）柜员按照实名制的要求，认真核对存款人身份证件，并将正确的信息完整地录入系统。<br>（4）如有大额储蓄业务，主管授权时，除认真审核户名、币别、金额等内容的一致性外，还应重点加强对授权范围和额度的审核，不得违反相关政策的规定 | 综合柜员、有权授权人 |

续表

| 环节 | 主要风险点 | 控制制度 | 责任人 |
| --- | --- | --- | --- |
| 2 | 客户填写或确认的凭证的合规性、完整性、准确性审核 | 认真审核存（取）款凭证的要素是否完整、合规。重点审核凭证种类、户名、储种、存期、币别、金额等内容是否正确无误；免填单业务中打印凭条必须经客户签名确认；业务人员不得为客户代填凭条（尤其是户名和金额）或代签字。如有特殊情况需代填凭条的，应由客户按手印确认 | 综合柜员 |
| 3 | 大额存取款业务的复核授权 | 办理大额存取款业务时，柜员须熟知“大额款项”的界定标准，授权柜员应逐笔、逐项审核户名、账号、币别、金额是否一致。对5万元以上跨地区通存通兑业务必须执行知会制度，记录查询情况。对复核要求的，还需按规定登记“大额登记簿”和“反洗钱”报表，并按要求知会原存款开户行，大额取款执行预约制度 | 有权授权人、综合柜员 |
| 4 | 跨地区无折存款 | 需提供户名和账号 | 综合柜员 |
| 5 | 超前起息存款 | 必须审核业务的真实性和附有相关的交易凭证，并经主管授权 | 有权授权人、综合柜员 |
| 6 | 大额存款交易 | 必须经有权授权人授权，并且打印凭条，交客户签字确认后将回单交给客户 | 有权授权人、综合柜员 |
| 7 | 对同一账户频繁大额存款 | 根据反洗钱工作的有关规定，对当日以起存金额开户，24小时内即有大额资金转入，以及在短时间内有频繁大额存款进入的账户要予以密切关注，需登记大额存取款报表，如为可疑存款应及时上报大额可疑支付报表 | 会计助理、综合柜员 |
| 8 | 定期部分提前支取 | （1）在存单背面背书，主要包括：登记姓名、证件名称、证件号码、存款人地址、发证机关等。<br>（2）如果是存折，应审核是否在凭条上登记上述内容。<br>（3）如果是他人代办，同时提供代办人和存款人的有效身份证件并摘录有关信息 | 有权授权人、综合柜员 |
| 9 | 未到期定期存单的提前销户 | （1）对于不通兑类的定期存单，需输入开户时所用的身份证件的号码方可取款。<br>（2）如果是他人代办，同时提供代办人和存款人的有效身份证件并摘录有关信息 | 综合柜员 |

续表

| 环节 | 主要风险点 | 控制制度 | 责任人 |
|---|---|---|---|
| 10 | 当日在同一或不同网点多次取现，且金额控制在“大额”标准以下的，明显化整为零的交易 | 根据反洗钱工作的有关规定，对当日在同一或不同网点频繁取现，且金额控制在“大额”标准以下的，明显化整为零的，柜员、主管要引起高度重视，密切关注可疑状况，必要时要查询其存款余额、收入款项及历史交易的真实性，通兑的要落实知会制度，如有异常及时堵截，确保资金安全；必须对此类频繁支付严加关注，并加以监督检查，以便及时发现问题，及时上报大额可疑支付报表 | 会计助理、综合柜员 |
| 11 | 挂失人资格审查 | （1）存单（折）口头挂失，需通知客户必须在五天之内来银行办理正式挂失手续。办理正式挂失，必须由客户持本人有效身份证件到原开户行。代办挂失业务，还需出示代办人的有效身份证件，柜员应仔细审核证件的真实性、有效性。<br>（2）没有授权的密码挂失不得代办；大额密码挂失视同存单（折）挂失业务处理。<br>（3）储户要求挂失存款，经办柜员要先冻结账户，然后仔细审核账户资料与客户挂失内容是否一致；不一致时，应查明原因，核对客户资料无误，然后再办理挂失 | 综合柜员、有权授权人 |
| 12 | 大额挂失的真实性审核 | 大额挂失、大额密码挂失、代办挂失、有疑问存单挂失等，经办网点必须在七天内按照大额挂失的有关规定核实挂失的真实性；长期不动户挂失，应由授权主管负责核实；挂失申请人无论是本地还是异地，如有疑问必须做进一步核实（大额挂失按监管当局要求界定） | 有权授权人、综合柜员 |
| 13 | 解挂（解除冻结补发）条件的审核 | （1）解挂、撤销业务须由储户本人持有效身份证件及原挂失申请书的回单联到原开户行办理，他人不得代办。<br>（2）办理解挂、撤销业务均需经主管授权，并详细记录挂失止付登记簿，同时将相关单据附传票及时上交事后稽核进行审核。因其他原因冻结的存单、存折办理挂失补发后，仍保持冻结状态 | 有权授权人、综合柜员 |
| 14 | 客户资料及密码的变更 | （1）客户要求预留密码时，必须由客户本人在密码读写器输入，柜员不得代输密码。<br>（2）如果客户要求变更、挂失和取消密码或更改客户资料时，应要求客户本人填写特殊业务（挂失、密码挂失、提前取款、存款证明）申请凭条并严格按照规定，经主管授权及客户确认后方能办理，严禁办理非客户本人的密码变更、挂失、取消或资料修改业务。<br>（3）更新存折磁条时，必须由本人持存折和有效证件办理 | 有权授权人、综合柜员 |

续表

| 环节 | 主要风险点 | 控制制度 | 责任人 |
| --- | --- | --- | --- |
| 15 | 冲正交易 | （1）严格按相关规定分错误类别进行处理，所有冲正业务必须经主管授权，授权时应重点审核冲正交易的真实性、准确性与合规性。<br>（2）所有冲正交易，要在原存款或取款凭条和冲正凭条上注明原因，原则上要求客户签字确认（现金类冲正交易必须要求客户签字确认） | 有权授权人、综合柜员 |
| 16 | 结清交易 | “强制到期”或“不计息”必须在传票上注明相应的操作理由，授权人必须严格审核其交易的合法性。严禁办理无单、折取款及结清交易（法院扣划交易除外） | 有权授权人、综合柜员 |

表 31-2　　　**产品流程（对公结算）操作风险及其控制制度**

| 环节 | 主要风险点 | 控制制度 | 责任人 |
| --- | --- | --- | --- |
| 1 | 按规定对开户所需的正本材料真实性、完整性、合法性进行审核，并留存复印件 | （1）在办理开户业务中，应核对证明文件正本及复印件，并在每份复印件上加盖“与原件核对一致”戳记及审核人私章。<br>（2）会计助理在审核开户资料后在开户申请书上签署意见 | 综合柜员、会计助理 |
| 2 | 单位银行结算账户实行开户核准与备案制度 | （1）客户开立核准类账户时，必须在银行账户管理系统中录入相关信息，并将开户资料原件送中国人民银行审核同意开户。<br>（2）备案类账户必须提交其基本账户的开户许可证，在中国人民银行账户系统中备案。备案时必须核对客户提交资料与系统回显资料是否一致 | 综合柜员、会计助理 |
| 3 | 与客户签订《银行结算账户管理协议书》 | 客户在银行开立结算账户时必须与客户签订《银行结算账户管理协议书》，明确双方的权利与义务 | 综合柜员、会计助理 |
| 4 | 单位结算账户实行生效日制度 | 根据规定，单位存款人开立的银行结算账户必须自正式开立起3个工作日后方能办理支付业务，注册验资的临时存款账户转为基本存款账户和因借款转存开立的一般存款账户除外（其中核准类账户自中国人民银行核准3日后正式生效，备案类账户自各行开户后3日后正式生效） | 综合柜员、会计助理、事后稽核 |

续表

| 环节 | 主要风险点 | 控制制度 | 责任人 |
|---|---|---|---|
| 5 | 客户更换、遗失预留印鉴，提交书面申请和相关证明文件 | (1) 审核客户证明文件的真实性，客户更换后的印鉴必须与原印鉴有明显区别。<br>(2) 综合柜员必须将客户变更资料妥善保管于客户账户资料档案中 | 综合柜员、会计助理 |
| 6 | 开立注册验资临时存款账户凭企业名称预先核准通知书，注册验资期间该账户管理只收不付 | (1) 注册验资而开立的临时存款账户必须与企业名称预先核准通知书核准名称一致，期限一般为6个月以内。<br>(2) 注册验资成功转基本存款账户需按基本存款账户开立要求办理开户，验资不成功办理退款需凭验资不成功、出资入账证明办理退款，退款坚持按入账凭证退款 | 综合柜员、会计助理 |
| 7 | 印鉴卡的管理 | (1) 应做好综合柜员与客户的印鉴卡交接，综合柜员做到“人离册锁”，其保管应做好交接登记工作。<br>(2) 客户销户应收齐所有印鉴卡并加盖“作废”戳记 | 综合柜员、会计助理 |
| 8 | 银企对账 | 单位结算账户、定期存款账户、保证金账户、通知存款账户至少每月对账，11月30日向客户发送“余额证对单”并收回对账回执，确保回收率；对于未达账及时查询 | 综合柜员 |
| 9 | 销户 | 客户办理销户，必须认真核实销户原因，与客户确认账户余额核对是否一致，收回全部重要空白凭证、客户预留印鉴卡，结算证或IC卡、采用密码的撤销密码，确认不存在未了事项后（客户为基本存款账户还需收回开户许可证），经会计助理审核后方可办理销户 | 综合柜员、会计助理 |
| 10 | 长期不动产管理 | (1) 对于符合长期不动户转入条件的客户，应发出销户通知书并留下通知书底联，对于未来办理销户的账户，逐步销户转入“长期不动户”专户进行管理，会计结算部门根据清单按月核对账、卡。<br>(2) 长期不动户资金支取，需凭客户取款依据，并经业务部门、会计结算部门相关人员签字确认方可办理 | 综合柜员、会计助理、事后稽核 |

表 31-3 **产品流程（转账）操作风险及其控制制度**

| 环节 | 主要风险点 | 控制制度 | 责任人 |
| --- | --- | --- | --- |
| 1 | 转账凭证的审核 | 认真审核转账凭证的各个要素是否完整、合规 | 综合柜员 |
| 2 | 印鉴的核对 | 必须对印鉴的真伪进行鉴别 | 综合柜员 |

表 31-4 **产品流程（贷款）操作风险及其控制制度**

| 环节 | 主要风险点 | 控制制度 | 责任人 |
| --- | --- | --- | --- |
| 1 | 贷款合同传递过程中，合同的私自变更 | 必须由信贷部门把贷款合同及其他资料送总分柜员 | 综合柜员、信贷部门 |
| 2 | 贷款的专款专用原则 | 有关单据、凭证经信贷部门的签字同意，方可发放 | 综合柜员、信贷部门 |

表 31-5 **产品流程（银行承兑汇票）操作风险及其控制制度**

| 环节 | 主要风险点 | 控制制度 | 责任人 |
| --- | --- | --- | --- |
| 1 | 出售空白银行承兑汇票 | 业务部门必须凭公司业务部门与客户签订的承兑协议书向客户逐份出售空白银行承兑汇票（该业务开办后按此控制制度执行） | 综合柜员、会计助理 |
| 2 | 承兑银行承兑汇票 | 业务部门必须逐份审核客户签发的银行承兑汇票内容是否与承兑协议书一致，并按协议书约定比例收取保证金或设定保证、收取承兑手续费 | 综合柜员、会计助理 |
| 3 | 已承兑银行承兑汇票管理 | 定期核对已承兑银行承兑汇票账、卡是否相符，业务系统数据是否与会计数据核对一致；每日查看银行承兑汇票卡片联，对已到期银行承兑汇票及时办理扣款手续，账户余额不足时，是否办理逾期手续并扣付滞纳金 | 综合柜员、会计助理 |
| 4 | 办理到期银行承兑汇票付款 | （1）应认真审核票据真伪，谨防假票，审核委托收款凭证的记载事项是否与汇票记载事项相符；汇票专用章是否与印模相符，是否作成委托收款背书，背书转让的汇票其背书是否连续，签章是否符合规定，背书使用粘单的是否按规定在粘单处签章。<br>（2）对审核有误或其他不符合规定的原因，应填制拒付理由书连同银行承兑汇票、委托收款凭证退回持票人开户银行 | 综合柜员、会计助理 |

续表

| 环节 | 主要风险点 | 控制制度 | 责任人 |
| --- | --- | --- | --- |
| 5 | 银行承兑汇票贴现 | 银行承兑汇票贴现应认真审核真实性和有效性，执行先查后贴，查询必须有效真实，查询查复记录必须完整 | 会计助理、综合柜员 |
| 6 | 已承兑银行承兑汇票丧失 | 客户遗失已承兑银行承兑汇票，应到承兑人所在地人民法院办理公示催告，综合柜员必须凭法院的除权判决书办理付款手续 | 综合柜员、会计助理 |
| 7 | 已承兑未使用银行承兑汇票注销 | 对出票人提交的未使用银行承兑汇票，必须审核其真伪性，抽出专夹保管的汇票卡片和承兑协议副本核对相符 | 综合柜员、会计助理 |

表 31-6 **产品流程（托收承付）操作风险及其控制制度**

| 环节 | 主要风险点 | 控制制度 | 责任人 |
| --- | --- | --- | --- |
| 1 | 受理托收承付业务 | 申请人是否符合条件，托收款项是否符合规定的范围、条件、金额起点；是否有真实的商品交易及由此产生的劳务供应，代销、寄销、赊销商品不得办理；是否签订注明使用托收承付结算方式的购销合同；必须记载事项是否齐全，是否具有商品发运或其他有关证件，收款人签章是否符合规定 | 综合柜员、会计助理 |
| 2 | 托收承付业务的付款处理 | （1）收到收款人开户行寄来的托收承付单证，应立即登记托收登记簿、表外账，并与当日及时通知付款人，承付期从次日算起，不得擅自变相延长承付期。<br>（2）对于客户逾期付款、付款人无款支付或部分付款的银行应在期满二日内，向付款人索回单证，退回收款人开户行。<br>（3）综合柜员应每日核对托收登记簿、表外账是否一致，及时处理到期托收承付单据 | 综合柜员、会计助理 |
| 3 | 托收承付拒付 | 综合柜员应严格审查拒负理由，不得受理手续不全、依据不足、理由不符合规定，以及超过承付期拒付和应当部分拒付变为全部拒付的 | 综合柜员、会计助理 |

表 31-7 **产品流程（委托收款）操作风险及其控制制度**

| 环节 | 主要风险点 | 控制制度 | 责任人 |
| --- | --- | --- | --- |
| 1 | 受理委托收款业务 | 必须记载事项是否齐全，是否符合委托收款条件，委托收款凭证与附件内容（特别是承兑汇票委托收款）是否一致 | 综合柜员、会计助理 |

续表

| 环节 | 主要风险点 | 控制制度 | 责任人 |
|---|---|---|---|
| 2 | 同城特约委托收款业务 | 是否符合条件，收付款双方是否签订委托收款协议或合同，协议或合同是否在有效期内 | 综合柜员、会计助理 |
| 3 | 委托收款业务的付款处理 | （1）加强对委托收款所附凭证的审核，确保受理的委托收款业务有效、处理及时。<br>（2）银行在办理付款时，应及时通知付款人并交付有关单证，并办理签收手续。<br>（3）应每日核对委托收款账卡是否相符，监控到账情况 | 综合柜员、会计助理 |

表 31-8　　**产品流程（代理业务）操作风险及其控制制度**

| 环节 | 主要风险点 | 控制制度 | 责任人 |
|---|---|---|---|
| 1 | 各项代理业务的开办是否具备办理资格 | 各项代理业务的开办必须具备开办资格，会计主管需对已开办代理业务的合规性负责 | 会计主管 |
| 2 | 与委托单位是否签订代理协议 | 各分支机构在办理代理业务前需与委托单位签订协议，明确双方的责任和义务 | 会计助理 |
| 3 | 代理业务中客户的授权委托书是否确认由本人签订，委托资料保管是否按各代理业务产品要求进行保管，保管是否齐全 | 分支机构接受客户委托必须由客户本人签署授权书，客户本人账户进行委托。会计助理需对经办员录入的资料的齐全性、准确性负责，并妥善保管委托协议资料，不得缺失 | 综合柜员、会计助理 |
| 4 | 账务处理前后数据核对及对交易入账情况进行检查确认 | 会计助理需对每天代理业务的交易情况进行仔细核对 | 综合柜员、会计助理 |
| 5 | 现金收取电话费时，存在因柜员操作失误而误输电话号码 | 综合柜员需准确输入各项代理要素 | 综合柜员 |

表 31-9　　**产品流程（存款证明）操作风险及其控制制度**

| 环节 | 主要风险点 | 控制制度 | 责任人 |
|---|---|---|---|
| 1 | 存款证明开立的要求 | （1）存款证明正本和申请书（银行打印）部分必须为系统打印，不得手工填写。<br>（2）存款证明开立的内容必须与存款人提供的内容相符，不得虚开、增开存款，不得更名（直系亲属委托除外）；已做冻结的款项不得再开具存款证明；存款证明不能挂失。<br>（3）综合柜员要高度重视须冻结存款的有效性和真实性 | 综合柜员、会计助理 |

续表

| 环节 | 主要风险点 | 控制制度 | 责任人 |
|---|---|---|---|
| 2 | 按授权权限签发个人存款证明 | 严禁越权办理审批 | 会计助理 |
| 3 | 存款证明的特殊要求 | (1) 已开具存款证明的存款在规定期限内不得办理取现、转账及其他冻结业务，不能办理质押。<br>(2) 已开具存款证明的存款提前解冻需交回全部存款证明原件的前提下，在存款证明冻结行办理 | 综合柜员、会计助理 |

表 31-10　**产品流程（汇款）操作风险及其控制制度**

| 环节 | 主要风险点 | 控制制度 | 责任人 |
|---|---|---|---|
| 1 | 汇款业务的政策性规定 | 应特别注意审核：①账户的性质；②汇款单位或个人的身份证件（居民或非居民）；③客户提供资料的完整性；④汇款限额、币种等相关政策的规定 | 综合柜员 |
| 2 | 汇款申请 | 汇款申请必须由汇款人填写，柜员不得代填；在汇款方式的选择上由客户自主选择 | 综合柜员、会计助理 |
| 3 | 入账原则的掌握 | 坚持“随到随解”的原则，对不符合解付条件（如账号或户名不符）的汇款应做及时的查询处理 | 综合柜员、会计助理 |
| 4 | 对属于大额和可疑交易的个人汇款业务的报告 | 对大额和可疑交易应及时向总行上报 | 综合柜员、会计助理 |
| 5 | 个人现金汇款的现金差错风险 | 对于个人现金汇款业务，在业务经办单人临柜的情况下，有足额的现金或个人账款有足够存款余额并下账，方可办理 | 综合柜员 |
| 6 | 汇款信息完整性、合规性、清算线路正确性和授权的及时性 | 有权授权人对于汇款信息的完整性、合规性、清算线路的正确性和授权的及时性负有 100% 的责任 | 综合柜员、会计助理 |
| 7 | 票汇付款行的选择 | 应坚持票汇业务的“中心汇票”制度，汇票付款行必须是汇票所列货币清算中心的我行或是有往来账户的代理行，以保证头寸资金在付款时易于清算 | 综合柜员、会计助理、有权授权人 |

续表

| 环节 | 主要风险点 | 控制制度 | 责任人 |
|---|---|---|---|
| 8 | 利用大额支付系统进行汇款业务的，由于收款人的户名输入错误，造成退汇 | 会计助理应复核汇款的全部要素 | 综合柜员、会计助理 |
| 9 | 对于来账中，由于汇款的账号、户名不符而造成挂账的，综合柜员根据账号来入账 | 综合柜员在进行手工入账时，应由会计助理进行确认 | 综合柜员、会计助理 |

表 31-11 **产品流程（理财业务）操作风险及其控制制度**

| 环节 | 主要风险点 | 控制制度 | 责任人 |
|---|---|---|---|
| 1 | 各项理财业务的开办是否具备办理资格 | 各项理财业务的开办必须具备开办资格，会计主管需对已开办业务的合规性负责 | 会计主管 |
| 2 | 是否与客户和银行综合柜员签订相关服务协议和保密协议 | （1）与符合条件的理财客户签订服务协议。<br>（2）与银行理财经理签订保密协议 | 会计助理 |
| 3 | 客户资料保密 | 对客户的资料有保密义务，除法律规定外，禁止任何人以任何理由查询和泄露客户资料 | 综合柜员 |
| 4 | 是否存在误导客户 | 向客户推荐理财产品应充分提示风险，详细介绍产品，不能盲目推销，不能向客户承诺收益 | 综合柜员 |

## （二）管理流程操作风险及其控制制度（见表 31-12 至表 31-32）

贯彻执行国家有关财经法规和总行制定的财务、会计制度和各项业务规程。

表 31-12 **管理流程（会计）操作风险及其控制制度**

| 环节 | 主要风险点 | 控制制度 | 责任人 |
|---|---|---|---|
| 1 | 是否贯彻国家有关法规和会计制度，并严格执行总行制定的财务和业务流程 | （1）定期检查各项工作流程是否符合各项法规和规章制度。<br>（2）定期组织学习国家相关法律法规和总行制定的财务政策和业务流程，并考核学习成果 | 会计主管、会计助理 |

表 31-13　**管理流程（会计记账原则）操作风险及其控制制度**

| 环节 | 主要风险点 | 控制制度 | 责任人 |
|---|---|---|---|
| 1 | 办理现金业务时是否坚持现金收入先收款后记账，现金付出先记账后付款；发生现金调拨业务时是否通过核算并及时核销，每日会计助理是否与综合柜员进行对账，以保证账实相符 | 各项业务会计核算必须符合记账原则 | 会计主管、会计助理、综合柜员 |
| 2 | 办理转账业务时是否先借后贷；对于各项减值准备金和预计负债的提取与核算是否严格执行审慎原则；应收/应付利息计算是否完整，会计核算是否符合会计制度规定 | 办理转账业务先借后贷；对于各项减值准备金和预计负债的提取与核算符合审慎原则；应收/应付利息计算按规定与已实收/实付利息加以区别，没有发生混淆 | 综合柜员、会计助理、会计主管 |
| 3 | 会计凭证要素（特别是手工转账传票）是否齐全，摘要是否清晰明了；对于频繁冲账监控和更改交易的原因和处理上是否存在漏洞；对于大额冲账和同一柜员反复出现冲账和更改交易是否予以关注并进行核实 | （1）会计传票摘要内容应清晰、准确。<br>（2）对于频繁冲账和更改交易应加强监控，并认真检查冲账或更改的原因及在处理上是否存在漏洞；其中大额冲账交易和同一柜员项下反复出现冲账和更改交易，必须调阅原始资料予以核实 | 综合柜员、会计助理、会计主管 |
| 4 | 是否根据业务性质正确使用各种传票，对于内部传票（如特种转账传票）使用范围和方法是否予以规范和控制；传票在柜组，部门之间的内部传递环节是否进行监控；是否及时将传票封包交至事后稽核部门审核；有关人员在传票传递或交易时是否履行签字手续 | 各类传票必须根据业务性质正确使用，并注意规范和控制内部传票（如特种转账传票）的使用范围，必要时应要求会计主管签章确认，对传票在柜员部门之间的内部传递环节应进行监控；及时将传票封包交事后稽核部门审核，督促业务人员对于传票的传递和移交严格履行签收手续 | 综合柜员、会计助理、会计主管、会计稽核 |

表 31-14　**管理流程（会计计息）操作风险及其控制制度**

| 环节 | 主要风险点 | 控制制度 | 责任人 |
|---|---|---|---|
| 1 | 会计系统账户信息中，计息标志、计息周期、转息账户、利率码、利率值的设置是否正确 | 在会计系统开户时，会计助理应审核业务部门提交的开户申请资料中，账户的计息标志、计息周期、转息账户、利率码、利率值的设置是否正确 | 会计助理、综合柜员 |

续表

| 环节 | 主要风险点 | 控制制度 | 责任人 |
| --- | --- | --- | --- |
| 2 | 利息账户的管理是否正常 | (1) 每季结息前，应组织人员认真审核会计系统产生的计息和不计息账户清单各项内容，确保账户计息要素的准确。<br>(2) 每次系统结息后，应对会计系统产生的计息清单进行核对，审核是否存在计息不成功的情况，并及时进行处理。<br>(3) 每月应注意系统产生的计提的应收应付利息清单是否异常，是否按时转息；月初是否按时冲回，将自动转账传票和清单进行核对后，盖章确认入会计传票保管。<br>(4) 已办理销户的账户应及时在会计系统中做关户处理，以免造成系统多计付利息或多计提应收、应付利息。<br>(5) 综合报表人员应注意每月生息资产、负债的平均利率变动情况，与历史情况或全省平均水平对比，发现异常及时查找。<br>(6) 各明细核算部门应对各自系统产生的应收、应付利息的准确性进行核对，并检查是否准确入会计账；对于系统自动计提但需手工在会计系统入账的业务，应检查是否及时准确入账 | 会计主管 |
| 3 | 手工计息的传票是否确为系统无法自动计息的业务，财务处理是否正确，转息账户是否正确 | 对手工计息的业务，应审核该笔业务是否为电脑无法正常转息的业务，手工结息的手工计提应收应付利息是否附有清单，清单中计息账号、计息期、积数、利率、利息等要素是否正确，实收付利息业务中应注意利息是否转入客户的账户 | 会计主管、会计助理、综合柜员 |

表 31-15 **管理流程（会计错账冲正）操作风险及其控制制度**

| 环节 | 主要风险点 | 控制制度 | 责任人 |
| --- | --- | --- | --- |
| 1 | 错账冲正是否按规定审批，财务处理是否正确 | (1) 冲账应按规定程序审批，并注意核实签字授权的有效性。<br>(2) 错账冲正应使用专用的“冲正传票”或内部特种转账传票，并在原始传票上注明冲账日期及冲账原因，错账不得轧差冲正；并将原始传票的复印件作为冲正传票的附件。根据事后稽核部门“业务差错通知书”办理的冲账业务，应核实冲账传票与“业务差错通知书”是否相符。<br>(3) 错账冲正，涉及计息账户应做倒起息处理，应借助原始传票复印件，审核冲正传票的起息日是否正确 | 会计主管、会计助理、综合柜员 |
| 2 | 错账冲正是否实施重点审核，若同一柜员频繁出现冲正行为，在非营业时间办理非正常转账等异常交易，是否引起关注 | 会计助理应关注同一柜员频繁冲正、大额存款冲正成小额存款的情况及在非营业时间办理转账等异常交易 | 会计助理、综合柜员、会计稽核 |

表 31-16 管理流程（会计账户核对）操作风险及其控制制度

| 环节 | 主要风险点 | 控制制度 | 责任人 |
|---|---|---|---|
| 1 | 是否按规定的时间和程序与下级行核对内部资金账户情况；是否按规定的时间和程序与本行相关部门核对总分账户情况；对账过程是否存在书面记录及对账结果是否完整保存 | （1）以固定或约定的时间和方式向下级行发送内部资金对账单，并及时回收和完整保存对账结果，对于上下级行余额不符的，需及时查明原因并进行账务调整，账务调整时应按照有关操作程序和授权规定办理。<br>（2）与负责明细账的部门核对总分账户余额，如有不符应督促明细核算部门查明原因并进行账务调整，账务调整时应按照有关操作程序和授权规定办理 | 会计主管、综合柜员 |
| 2 | 是否按照外部开户行规定的时间和程序与开户行账务核对工作并及时将对账结果反馈开户行，并完整保存对账结果 | 外部开户银行规定的时间和程序与其对接账户余额，及时将对账结果反馈开户行，如有不符需及时查明原因并进行账务调整，对账结果应妥善保存 | 会计主管、综合柜员 |
| 3 | 根据财会部门制度规定对有关业务部门负责的与下级行内部资金往来账，与同业间的账务核对工作是否进行监督检查，对于有疑问的资金是否引起关注 | 其他业务部门负责的与下级行内部资金往来账，与同业间的账务核对工作，财会部门应根据相关制度规定定期或不定期进行监督检查 | 会计主管、综合柜员、会计稽核 |

表 31-17 管理流程（暂收暂付款项）操作风险及其控制制度

| 环节 | 主要风险点 | 控制制度 | 责任人 |
|---|---|---|---|
| 1 | 暂收暂付款项是否有明确的、独立的、符合条件的挂账事由 | 暂收暂付款项挂账应有明确的、符合规定条件的挂账事由，除本行有明确的规定外，不得随意挂账 | 会计主管、会计助理、综合柜员 |
| 2 | 暂付暂收款项的挂（销）账是否按程序、按权限审批 | （1）暂付暂收款项挂账应有明确的、符合规定条件的挂账事由；暂付暂收款项的挂（销）账应经三级审批签字程序办理。<br>（2）暂收暂付款项挂账应分客户逐笔建卡反映，不得合笔挂账 | 会计助理、综合柜员 |
| 3 | 暂付暂收款项的挂账是否分客户，逐笔建卡反映 | 暂付暂收款项的挂账是否分客户，逐笔建卡反映，不得合笔挂账 | 会计主管、会计助理、综合柜员 |

续表

| 环节 | 主要风险点 | 控制制度 | 责任人 |
|---|---|---|---|
| 4 | 暂付暂收款的挂（销）账核算码使用是否合规 | 会计主管应对每笔挂（销）账的原因、内容，审批权限、核算账户等进行认真审核；财务处理过程中，经办、复核、授权应相互制约；挂（销）账按照“全额挂账，全额结清”原则操作 | 会计助理、综合柜员 |
| 5 | 暂付暂收款项凭证使用、填写是否合规，挂账卡片是否清楚、完整、准确 | (1) 暂付暂收款项一律使用专用凭证；凭证要素不得漏填，传票摘要必须填写完整。<br>(2) 暂付暂收款项录入会计系统时，经办员必须准确输入卡片信息，不得简化；卡片保管人员与业务经办人员分离 | 会计助理、综合柜员 |
| 6 | 暂付暂收款的挂账是否及时对账 | 暂付暂收款实行账卡分离，对挂账核算码应及时对账，保证卡片账目与会计系统账目两者一致 | 会计主管、综合柜员 |
| 7 | 对挂账款项是否及时清理 | (1) 对超过合理结清期限的暂付暂收款项，应向有关业务部门发送催转通知，督促各业务部门及时清理，不得无故长期挂账，因特殊原因确实无法在规定期限内结清的，业务部门应向相关部门作出书面说明。<br>(2) 各行对挂账时间超过规定时间的暂付暂收款项以书面形式向上级行相应业务管理部门逐笔说明未结清原因，并提出具体清理计划。<br>(3) 对于外围系统数据导入会计系统过程中因未入账而产生的挂账，应加强管理及时查明原因，尽快处理，不得无故长期挂账 | 会计主管、会计助理 |

表 31-18　　　**管理流程（会计档案管理）操作风险及其控制制度**

| 环节 | 主要风险点 | 控制制度 | 责任人 |
|---|---|---|---|
| 1 | 会计档案是否按照规定的时间和方式及时办理移交，移交手续是否齐全 | 会计档案的移交时间，可依据不同的会计档案类别，定时进行移交归档；移交时由交出部门填制（会计档案移交清册）或（会计档案交接登记簿），填列内容至少应包括：序号、会计档案名称、档案起止日期、册（张）数、交接双方单位名称等，会计档案移交时，接收人员应进行认真的检查验收。确认无误后，交接双方在移交清册或交接登记簿上进行签章确认。对机构分立、合并下的会计档案移交还应有鉴交人签章确认 | 会计助理 |

续表

| 环节 | 主要风险点 | 控制制度 | 责任人 |
|---|---|---|---|
| 2 | 会计档案是否完整、齐全，装订是否规范，是否按照内容和时间分类索引 | 每日营业终了，柜员应将会计传票以及系统生成的流水清单核对无误后交网点专管员；专管员应对移交的传票与流水清单核对一致后交事后稽核部门签收，事后稽核部门审核完毕后交会计档案管理部门保管，由会计档案将会计传票按规定装订成册、编号、分类入库保管；档案管理部门负责人应对专管员保管的会计档案定期进行检查，及时记载检查情况 | 会计助理 |
| 3 | 电子档案是否按规定加密保管 | 电子会计档案应具备必要的加密或保护措施，以防止被篡改或删除，工作交接时应对加密方式同时进行交接 | 会计助理 |
| 4 | 双备份档案是否按规定异地存放 | 按规定需进行双备份的会计电子档案，应异地分别存放 | 会计助理 |
| 5 | 会计档案的拆封、销毁是否接规定程序办理 | (1) 会计档案原则上一律不得拆封，特殊情况会计档案确需拆封的，申请部门的书面申请上必须由负责人签字和加盖部门公章，经业务管理部门，档案管理部门负责人和分管行长审批签字同意后，由申请部门和档案管理部门的经办人员，负责人共同拆封，拆出的凭证复印件连同审批报告一同装订入拆出凭证原位，并在封底注明拆封情况，由拆封人员共同签字。<br>(2) 会计档案保管期满，由会计档案管理部门会同会计部门、稽核部门、保卫部门提出销毁意见，编制（会计档案销毁清册），列明销毁会计档案的名称、卷号、册数、起止年度和档案编号、应保管期限、已保管期限，销毁时间等内容，由本行行长在（会计档案销毁清册）上签署意见，二级分行及以下机构会计档案的销毁，需报经一级分行批准后，由二级分行负责集中销毁，国内一级分行会计档案的销毁，由其自行负责，并报总行备案。销毁会计档案，应将档案信息与其保存介质一同销毁，涉及未结清债权债务关系或其他未了事项、或工作上经常查用的原始会计资料以及涉及某项未了案件的原始凭证和有关报表不得销毁，应单独抽出立卷到未了事项完结为止，持债权债务结清，账已查清或案件结束后，再按规定清理或销毁，单独抽出立卷的会计档案，应当在会计档案销毁清册和会计档案保管登记簿中列明 | 会计助理 |
| 6 | 会计档案的查阅、借阅、复印档案资料是否按规定办理 | (1) 会计档案一律不准外借，切实防止丢失和泄密，公安、检察、司法等执法部门处理案件等需要查阅会计档案时，必须持有效证件和文件（国内需为县级以上主管部门的正式公文），经机构负责人或其授权人批准，由接待部门代为办理借阅手续并在我行专人陪同下借阅有关档案；其查阅会计档案检查需借阅会计档案原件时，应由接待部门代为办理借阅手续，并负责查询后提供，银行内部人员经本人申请，部门主管审查同意，档案管理部门负责人员及主管领导签字后方可借阅，借阅档案必须手借阅。 | 会计助理 |

续表

| 环节 | 主要风险点 | 控制制度 | 责任人 |
|---|---|---|---|
| | | (2) 会计档案管理部门应建立《会计档案查阅登记簿》档案管理员应对每次调阅情况进行登记，并由查阅人签字确认，(会计档案查阅登记簿) 应由会计档案保管人员签章，并专人保管，于年度终了按照登记簿的登记日期顺序装订成册。《会计档案查阅登记簿》应同时记录会计档案出入库情况，并详细记录档案查阅人员的出入库情况 | |
| 7 | 会计档案是否按照规定期限进行保管 | (1) 会计档案保管地点应具备的防盗、防火、防漏、防尘、防有害生物等条件，磁介质档案保管应具备防磁、隔热条件，严禁防明火、食物、尘土、水溃和易爆易燃品等带进档案室。<br>(2) 指定专人管理档案，出纳人员（包括各级行政出纳）不得兼管会计档案。<br>(3) 严格按照（本行会计基本制度）规定的期限，保管会计档案 | 会计助理 |

表 31-19　　**管理流程（会计专用章管理）操作风险及其控制制度**

| 环节 | 主要风险点 | 控制制度 | 责任人 |
|---|---|---|---|
| 1 | 会计专用印章是否按照“统一印模，分级刻制”的原则刻制和颁发，印章是否均为规定的部门刻制，基层机构不得自行刻制会计专用印章，备用章使用是否由支行负责人授权 | 各级机构的财会部门是会计专用印章的管理部门，对没有单设财会部门的机构，由综合管理部门履行会计专用印章的管理职能，备用章启用视同领用新印章办法 | 综合柜员、会计主管 |
| 2 | 是否专人保管，专人使用；是否使用合规；是否在其权限和规定业务范围进行签章；印章领用、交接是否合规；营业结束后印章保管是否合规 | (1) 会计专用章必须专人保管，专人使用，专人负责，严禁跨柜员、岗位使用。<br>(2) 会计专用章必须按规定范围使用，严禁错用，串用，提前或过期使用，严禁在空白会计凭证和票据上预盖印章，非业务经办人员严禁使用。<br>(3) 如果有多枚同类会计专用章，按顺序编号，按柜员依次发放，专人专用，明确责任。<br>(4) 使用会计专用章时必须专匣保管，固定存放；非营业时间必须印章入库或锁于保险箱柜中，不得私自授受会计专用章。<br>(5) 柜员岗位调换或临时离岗时，必须办理会计专用章交接手续，需第三人监督交接过程，并在登记簿上进行登记 | 综合柜员、会计主管 |

续表

| 环节 | 主要风险点 | 控制制度 | 责任人 |
|---|---|---|---|
| 3 | 已停用、废止或多余印章是否及时收回，逐级上缴 | （1）拟报废的会计专用章，由使用部门提出报废申请，经会计部门同意，将报废会计专业章逐级上缴，由上级行妥善保管。<br>（2）会计专用章停止使用后，应及时在登记簿登记，办理停用手续 | 综合柜员、会计主管 |

表 31-20　**管理流程（柜员管理）操作风险及其控制制度**

| 环节 | 主要风险点 | 控制制度 | 责任人 |
|---|---|---|---|
| 1 | 柜员建立、变更、删除申请是否指定专人办理，是否符合“科学分工、逐级授权、授权有限、相互制约”的原则；每个柜员是否只拥有一个会计系统柜员号码 | （1）应指定专人负责柜员建立、信息变更的申请和系统维护工作；柜员建立、信息变更需符合操作流程；柜员建立、信息变更等申请资料和系统维护结果应视同会计档案入库保管、备查。<br>（2）严格控制柜员的建立，加强柜员建立的审核，重点审核以下要点：柜员必须与真实员工相对应且只保留有一个业务系统柜员号码，柜员交易权限、柜员交易级别、交易类型，可执行交易功能设置应相互牵制且与柜员岗位职责相吻合。<br>（3）人事部门为调离人员办理离行手续时，调离人员必须出具柜员设置部门提供的书面证明，证明该人员在原系统中的柜员资料已全部删除，柜员卡已交接完成，避免人离卡未交或后台角色未清除，出现非法交易现象。<br>（4）与我行签订有劳动用工合同的人员方能设置柜员。<br>（5）每日营业前须对普通综合柜员的现金及空白重要凭证及相关凭证进行复核。<br>（6）必须对所授权业务进行认真审核后再授权，并在业务传票上签章确认 | 会计助理 |
| 2 | 柜员代码和柜员密码是否专人使用，是否合规，综合柜员是否一人一卡，卡随人走 | （1）规范柜员操作，严禁将密码，柜员卡交与他人使用。<br>（2）柜员离开工作岗位必须及时签退 | 会计助理 |
| 3 | 综合柜员是否根据岗位职责设定交易权限、交易级别、交易类型，可执行交易功能 | （1）综合柜员应使用柜员卡签到、签退、处理业务。<br>（2）综合柜员不得在自己柜台办理本人的存取款业务。<br>（3）综合柜员还要做到人离箱锁，人离章锁。<br>（4）综合柜员封包、交接、款包入库时，会计助理要在旁监督 | 会计助理、综合柜员 |

续表

| 环节 | 主要风险点 | 控制制度 | 责任人 |
|---|---|---|---|
| 4 | 复核员是否对普通柜员业务实施实时监管 | 会计助理每日实时负责对系统柜员业务进行监督，会计主管对会计助理的履责情况进行检查 | 会计助理 |
| 5 | 柜员密码管理是否合规，是否定期修改密码，记录是否完整 | 系统对柜员密码无法实现自动控制的，柜员每月至少更换一次密码，更换密码应及时登记，严禁柜员间互相借用柜员卡 | 会计助理 |

表 31-21　　**管理流程（财务管理）操作风险及其控制制度**

| 环节 | 主要风险点 | 控制制度 | 责任人 |
|---|---|---|---|
| 1 | 费用的列支是否按规定审批，账务处理是否正确，是否存在超权限列支情况 | （1）费用列支是否正确，审批手续是否齐全，是否遵循授权有限的原则。<br>（2）费用总额及其双控费用（工资、代办员工资、业务宣传费、业务招待费、广告费）有否超季度、年度指标列支。<br>（3）修理费、租赁费、外事费的列支是否合规，超权限是否按规定报批。<br>（4）审查发票等单据是否符合财务制度的要求，会议、培训、出境等费用报销是否提供相关文件依据作为附件。<br>（5）各部门、团体的负责人应对向财会提供的报销凭证、报销申请以及业务背景等重要财务资料的真实性和法律合规性负责 | 会计主管、会计助理、综合柜员 |
| 2 | 固定资料、无形资产，在建工程的列支手续是否完备 | （1）购置固定资产必须有核批指标，基建项目需有计委立项等手续，购置的营业用品需集中采购的必须集中采购，不得擅自购买，不得单独购买土地使用权。<br>（2）固定资产购置、领用、调拨、报废手续应按型号、数量、价格登记完整。<br>（3）固定资产的原值、净值的账务及账、卡应定期核对相符。<br>（4）定期或不定期对固定资产进行清查，每年至少盘点一次，由财会部门、实物管理等部门共同参与，做到账实相符；对于盘盈、盘亏的固定资产，应严格按规定程序处理。<br>（5）严禁反程序处理固定资产，严格按闲置固定资产处置管理办法规定的程序执行。<br>（6）固定资产购置严格按固定的程序进行，严禁反程序操作和越权审批 | 会计主管、会计助理、综合柜员 |

续表

| 环节 | 主要风险点 | 控制制度 | 责任人 |
|---|---|---|---|
| 3 | 计提非信贷减值准备的相关手续是否完备，财务处理是否正确，是否按规定的程序开展损失核销工作 | (1) 非信贷减值准备的计提是否有相关附件，财务处理是否正确，是否符合本行资产减值准备计提的有关规定。<br>(2) 损失款项的审核应按照本行损失款项管理办法规定的认定条件，认真进行核实，注意审核有关凭证及单据，确认损失金额是否准确，是否与会计数据一致，损失核销工作程序是否合规，有无超权限核销行为，对上级行批复的损失款项，是否及时入账 | 会计主管 |

表 31-22　　**管理流程（会计人员）操作风险及其控制制度**

| 环节 | 主要风险点 | 控制制度 | 责任人 |
|---|---|---|---|
| 1 | 会计人员是否具备会计专业相关资格或资历 | (1) 各级会计人员必须具备相应的会计资格，并取得资格证明。<br>(2) 人员的任免需要得到上级行的同意 | 会计主管 |
| 2 | 会计人员对外提供或泄露银行及客户商业秘密 | 会计人员需恪守职业操守，对于工作需要不得不对外提供信息时，应按规定程序报主管或上级行批准，对重点会计岗位采取定期轮换制度 | 会计主管 |
| 3 | 会计人员因工作调动或离职，是否办理交接手续 | 会计人员交接手续要明确、简便、及时，对重要文件、印押等应抄制清单，对账、簿、卡等采用核对后签章证明 | 会计主管 |

表 31-23　　**管理流程（交接管理）操作风险及其控制制度**

| 环节 | 主要风险点 | 控制制度 | 责任人 |
|---|---|---|---|
| 1 | 交接的现金箱数是否与要求相符，封品质量是否存在问题 | 严格点清现金箱数量，检查封品质量，与管库员办理交接登记手续 | 会计助理 |
| 2 | 是否按规定办理各种交接登记手续 | 与管库员、网点接箱款员办理登记交接登记手续；在完成任务后，负责办理各种交接登记手续 | 会计助理 |
| 3 | 是否严格审查缴款单、支票等凭证要素 | 严格审查缴款单、支票等凭证要素，点清现金 | 会计助理 |

表 31-24 **管理流程（库管员）操作风险及其控制制度**

| 环节 | 主要风险点 | 控制制度 | 责任人 |
|---|---|---|---|
| 1 | 是否按规定时间和程序回收企业单位存贷款对账单 | 以固定或约定时间回收对账单回收率是否达到95%以上 | 库管员、事后稽核 |
| 2 | 对账过程是否存有书面记录以及对账结果是否完整保存 | 核对账户余额，如有不符合应查明原因并进行财务调整 | 库管员、事后稽核 |
| 3 | 现金账实相符 | 金库实行限额管理，坚持每天两名库管员共同盘库并与会计账核对，会计人员签章确认。事后稽核应定期或不定期的核对现金尾箱内现金是否超限额，并登记查库登记簿 | 库管员、事后稽核 |
| 4 | 假币管理 | 实行簿实分管，丢失假钞比照丢失同等面值真钞对当事人进行处罚 | 事后稽核 |
| 5 | 会计凭证要素是否齐全，是否频繁出现冲账和更改交易 | （1）会计传票摘要内容需要清晰，准确。<br>（2）对于频繁冲账和更改交易加强监控，检查冲账和更改的原因及处理上的漏洞；其中大额冲账交易和同一柜员下反复出现冲账和更改交易，必须调阅原始资料予以核实 | 库管员、事后稽核 |
| 6 | 是否根据业务性质正确使用各种传票；是否及时将传票封包审核、签收 | 规范和控制内部传票使用范围，必要时需会计主管签章确认，对传票内部的传递环节进行监控；及时将传票封包交监督部门审核，督促对传票的移交履行签收手续 | 库管员、会计主管 |
| 7 | 各项会计核算是否符合记账原则 | 每日事后稽核应组织会计人员与出纳人员进行对账，保证账实相符 | 事后稽核 |
| 8 | 是否对可疑资金问题进行上报 | 事后稽核检查 | 事后稽核 |
| 9 | 重要空白凭证的管理制度是否执行 | （1）重要空白凭证按照“证账分管、证印分管、证押分管”的原则管理。<br>（2）管库人员应保持相对稳定，如管库人员工作变动或临时由他人代理时，必须逐捆、逐本清点交接，已拆捆的要逐本、逐号进行核对，交接时由会计助理监交，并登记交接簿。如未认真清点，发生重要空白凭证差错或短缺，由接收人承担责任 | 库管员、会计主管、会计助理 |

续表

| 环节 | 主要风险点 | 控制制度 | 责任人 |
| --- | --- | --- | --- |
| 10 | 有价单证的管理制度是否执行 | （1）有价单证实行“证、账分管”原则，加盖印章的有价单证的管理实行“证、印分管”原则。有价单证应视同现金，由专人管理、专库保管，必须与一般凭证分库存放、分开保管，必须双人管理、双人落锁，应建立有价单证保管登记簿。<br>（2）有价单证的使用人员与销号人员应严格分离，销号人员根据凭证的领用日期、品种、数量、起讫号码及时登记“有价单证销号登记簿”，每日进行账实核对；使用人员对已使用凭证，销号登记簿和登记情况进行检查，复核记载正确性。按顺序使用，不得跳号，对作废凭证须严格检查是否逐联加盖“作废”戳记，作为当日相关业务会计传票附件装订保留，作废凭证号码，剪贴在“销号登记簿”上 | 库管员、会计主管、综合柜员 |
| 11 | 有价单证和重要空白凭证的调运是否按照《中国银行出纳制度》中有关现金运送与调拨的规定办理；相关凭证的领用、交接、使用及会计核算是否按照有关制度执行 | （1）支行向上级行领用凭证，应保证双人请领，专车押送，并填制领用单，加盖预留印鉴，非业务人员不得领用。<br>（2）跨支行、分理处、部门不得自行互相调剂使用有价单证及重要空白凭证，支行内柜口之间互相调剂使用的，需会计主管签章同意后，填制重要空白凭证领用销号传票，并登记“销号登记簿” | 库管员、会计主管 |
| 12 | 有价单证及重要空白凭证的保管、销毁是否按有关规定执行 | （1）有价单证发售坚持先付款，后办理原则，并按顺序发售并销号，兑付有价单证时，经办人员必须仔细审查每一张单证的真实性和合法性，凡发现有意涂改、伪造、变造的有价单证，均应当场没收；对已经兑付、停止使用或注销作废的有价单证，应作出明显作废标记，填制上缴清单后缴送出纳库房登记保管；按规定上缴上级行时，应做到账实相符。<br>（2）开户单位销户时交回的重要空白凭证或填写错误的重要空白凭证，应做明显作废标记，作为该会计传票的附件保管。<br>（3）对不再使用的旧有价单证及时下发收缴通知并及时收缴；收缴入库的旧有价单证应及时加盖“作废”戳记 | 库管员 |
| 13 | 有价单证及重要空白凭证的保管及使用部门是否对库存、领用及保管情况进行账实核对 | 每日营业终了应进行账实核对，确保相符并由综合柜员、复核人员在有价单证领用销号登记簿上签章后方能封箱寄放于出纳库房；事后稽核应每月至少检查一次库存、保管情况和领用手续、核对账实，并登记查库登记簿，签章备查 | 会计助理、会计主管 |

续表

| 环节 | 主要风险点 | 控制制度 | 责任人 |
| --- | --- | --- | --- |
| 14 | 重要空白凭证的出售 | (1) 库管员需核实购买人的身份，销售重要空白凭证时应逐份加盖含“出款人账号”、“付款行行名”等内容的印章，未加盖印章的严禁出售，不得预先盖好印章备用。<br>(2) 空白银行承兑汇票在未签订承兑协议前不得出售；出售凭证时确保出售的承兑汇票份数与协议书注明份数一致 | 库管员 |
| 15 | 是否按规定进行库房钥匙的保管工作 | 实行双人双锁制度，钥匙专人专用，不得借予他人，钥匙随身携带 | 库管员、会计主管 |
| 16 | 现金、人员出入库是否符合规定 | 现金库房必须实行双人管库，坚持同开库、同进库、同在库、同操作、同出库、同锁库。对出入库的现金、物品坚持相互复核、相互监督。上级单位或其他部门的非库管人员确需入库检查或维修设备时，应办理有关出入库手续，经分管领导批准后，在相关部门陪同下出示证件并填好记录后方能入库 | 库管员、会计主管 |
| 17 | 库管员开启密码锁时是否符合要求 | 库管员在开启密码锁时，防止密码泄露，任何在场人员都要主动回避。密码必须定期更换 | 库管员 |
| 18 | 库管员交接是否符合规定 | 换人管库必须经过会计主管同意，在监交人监督下，库管员按照规定核对库内现金、实物无误后，办理交接手续 | 会计助理、会计主管 |
| 19 | 收缴假币 | 发现假币必须按照中国人民银行规定予以收缴，2人以上当场鉴定，当场出具收缴凭证。可疑假币，需向持票人出具待鉴定凭证后再拿离现场组织鉴定 | 库管员 |
| 20 | 回单发放是否符合规定的要求 | (1) 回单发放率应达到100%。<br>(2) 对有问题的款项是否及时上报给会计助理 | 库管员、事后稽核 |
| 21 | 登记簿的登记工作是否符合记账原则 | (1) 库管员应当及时记账。<br>(2) 事后稽核应当定期检查登记簿的登记情况，保证账实相符 | 库管员、事后稽核 |

表 31-25　**管理流程（交接员）操作风险及其控制制度**

| 环节 | 主要风险点 | 控制制度 | 责任人 |
| --- | --- | --- | --- |
| 1 | 交接的现金箱数是否与要求相符，封品质量是否存在问题 | 严格点清现金箱数量，检查封品质量，与管库员办理交接登记手续 | 交接业务员、库管员 |

续表

| 环节 | 主要风险点 | 控制制度 | 责任人 |
|---|---|---|---|
| 2 | 是否按规定办理各种交接登记手续 | 与管库员、网点接箱款员办理登记交接登记手续；在完成任务后，负责办埋各种交接登记手续 | 交接业务员 |
| 3 | 有价单证和重要空白凭证的调运是否按照《中国银行出纳制度》中有关现金运送与调拨的规定办理；相关凭证的领用、交接、使用及会计核算是否按照有关制度执行 | （1）支行向上级行领用凭证，应保证双人请领，专车押送，并填制领用单，加盖预留印鉴，非业务人员不得领用。<br>（2）跨支行、分理处、部门、内柜口之间不得自行互相调剂使用有价单证及重要空白凭证，确实需要互相调剂使用的，需会计主管签章同意后，填制重要空白凭证领用销号传票，由交接员押送传递，并登记“销号登记簿” | 交接业务员 |
| 4 | 是否严格审查缴款单、支票等凭证要素 | 严格审查缴款单、支票等凭证要素，点清现金 | 交接业务员 |
| 5 | 在途现金安全 | 现金在途，任何时候都不许处于单人和无人监控之下。注意保密、防火、防抢、防盗。保持通信畅通，送钞行的有关负责人要随时过问情况，收钞行在预定时间没收到现钞要及时询问，收到后要及时通报送钞行 | 交接业务员 |

## 三、操作风险的考评体系

评级一栏可以分为五级：一、二、三、四、五，表示很好、较好、好、中、差，对应评分可以自行设定。比重一栏根据主要风险点的重要程度进行设定。

### （一）会计主管岗操作风险考评体系（见表31-26）

表31-26　**会计主管岗操作风险考评体系**

| 序号 | 主要风险制度落实情况 | 比重 | 评级 | 评分 |
|---|---|---|---|---|
| 1 | 是否定期检查各项工作流程的合规性 | | 一、二、三、四、五 | |
| 2 | 是否定期组织学习国家相关法律法规和总行制定的财务政策和业务流程，并考核学习成果 | | 一、二、三、四、五 | |

续表

| 序号 | 主要风险制度落实情况 | 比重 | 评级 | 评分 |
|---|---|---|---|---|
| 3 | 办理现金业务时是否坚持现金收入先收款后记账，现金付出先记账后付款；发生现金调拨业务时是否通过核算并及时核销，每日会计助理是否与综合柜员进行对账，以保证账实相符 | | 一、二、三、四、五 | |
| 4 | 办理转账业务时是否先借后贷；对于各项减值准备金和预计负债的提取与核算是否严格执行审慎原则；应收/应付利息计算是否完整，会计核算是否符合会计制度规定 | | 一、二、三、四、五 | |
| 5 | 会计传票摘要内容是否清晰、准确 | | 一、二、三、四、五 | |
| 6 | 对于频繁冲账和更改交易是否加强监控，并认真检查冲账或更改的原因及在处理上是否存在漏洞；其中大额冲账交易和同一柜员项下反复出现冲账和更改交易，是否调阅原始资料予以核实 | | 一、二、三、四、五 | |
| 7 | 是否根据业务性质正确使用各种传票，对于内部传票（如特种转账传票）使用范围和方法是否予以规范和控制；传票在柜组，部门之间的内部传递环节是否进行监控；是否及时将传票封包交至事后稽核部门审核；有关人员在传票传递或交易时是否履行签字手续 | | 一、二、三、四、五 | |
| 8 | 每季结息前，是否组织人员认真审核会计系统产生的计息和不计息账户清单各项内容，确保账户计息要素的准确 | | 一、二、三、四、五 | |
| 9 | 每次系统结息后，是否对会计系统产生的计息清单进行核对，审核是否存在计息不成功的情况，并及时进行处理 | | 一、二、三、四、五 | |
| 10 | 每月是否注意系统产生的计提的应收应付利息清单的异常，是否按时转息；月初是否按时冲回，将自动转账传票和清单进行核对后，盖章确认入会计传票保管 | | 一、二、三、四、五 | |
| 11 | 已办理销户的账户是否及时在会计系统中做关户处理，以免造成系统多计付利息或多计提应收、应付利息 | | 一、二、三、四、五 | |
| 12 | 综合报表人员是否注意每月生息资产、负债的平均利率变动情况，与历史情况或全省平均水平对比，发现异常及时查找 | | 一、二、三、四、五 | |
| 13 | 各明细核算部门是否对各自系统产生的应收、应付利息的准确性进行核对，并检查是否准确入会计账；对于系统自动计提但需手工在会计系统入账的业务，是否检查是否及时准确入账 | | 一、二、三、四、五 | |

续表

| 序号 | 主要风险制度落实情况 | 比重 | 评级 | 评分 |
|---|---|---|---|---|
| 14 | 对手工计息的业务，是否审核该笔业务为电脑无法正常转息的业务，手工结息的手工计提应收应付利息是否附有清单，清单中计息账号、计息期、积数、利率、利息等要素是否正确，实收付利息业务中是否注意利息转入客户的账户 | | 一、二、三、四、五 | |
| 15 | 冲账是否按规定程序审批，并注意核实签字授权的有效性 | | 一、二、三、四、五 | |
| 16 | 错账冲正是否使用专用的“冲正传票”或内部特种转账传票，并在原始传票上注明冲账日期及冲账原因，错账不得轧差冲正；是否将原始传票的复印件作为冲正传票的附件。根据事后稽核部门“业务差错通知书”办理的冲账业务，是否核实冲账传票与“业务差错通知书”的一致性 | | 一、二、三、四、五 | |
| 17 | 错账冲正，涉及计息账户是否做倒起息处理，是否借助原始传票复印件，审核冲正传票的起息日是否正确 | | 一、二、三、四、五 | |
| 18 | 是否以固定或约定的时间和方式向下级行发送内部资金对账单，并及时回收和完整保存对账结果，对于上下级行余额不符的是否及时查明原因并进行账务调整，账务调整时是否按照有关操作程序和授权规定办理 | | 一、二、三、四、五 | |
| 19 | 是否与负责明细账的部门核对总分账户余额，如有不符是否督促明细核算部门查明原因并进行账务调整，账务调整时是否按照有关操作程序和授权规定办理 | | 一、二、三、四、五 | |
| 20 | 是否按照外部开户行规定的时间和程序与开户行账务核对工作并及时将对账结果反馈开户行，并完整保存对账结果 | | 一、二、三、四、五 | |
| 21 | 根据财会部门制度规定对有关业务部门负责的与下级行内部资金往来账，与同业间的账务核对工作是否进行监督检查，对于有疑问的资金是否引起关注 | | 一、二、三、四、五 | |
| 22 | 暂收暂付款项是否有明确的、独立的、符合条件的挂账事由 | | 一、二、三、四、五 | |
| 23 | 暂付暂收款是否实行账卡分离，对挂账核算码是否及时对账，是否保证卡片账目与会计系统账目两者一致 | | 一、二、三、四、五 | |

续表

| 序号 | 主要风险制度落实情况 | 比重 | 评级 | 评分 |
|---|---|---|---|---|
| 24 | 对超过合理结清期限的暂付暂收款项，是否向有关业务部门发送催转通知，督促各业务部门及时清理，是否做到不得无故长期挂账，由于特殊原因确实无法在规定期限内结清的，业务部门是否向相关部门作出书面说明 | | 一、二、三、四、五 | |
| 25 | 各行对挂账时间超过规定时间的暂付暂收款项是否以书面形式向上级行相应业务管理部门逐笔说明未结清原因，并提出具体清理计划 | | 一、二、三、四、五 | |
| 26 | 对于外围系统数据导入会计系统过程中因未入账而产生的挂账，是否加强管理及时查明原因，尽快处理，是否做到不得无故长期挂账 | | 一、二、三、四、五 | |
| 27 | 各级机构的财会部门是会计专用印章的管理部门，对没有单设财会部门的机构，是否由综合管理部门履行会计专用印章的管理职能，备用章启用视同领用新印章办法 | | 一、二、三、四、五 | |
| 28 | 会计专用章是否专人保管、专人使用、专人负责，严禁跨柜员、岗位使用 | | 一、二、三、四、五 | |
| 29 | 会计专用章是否按规定范围使用，严禁错用，串用，提前或过期使用，是否严禁在空白会计凭证和票据上预盖印章，非业务经办人员严禁使用 | | 一、二、三、四、五 | |
| 30 | 如果有多枚同类会计专用章，是否按顺序编号，按柜员依次发放，专人专用，明确责任 | | 一、二、三、四、五 | |
| 31 | 使用会计专用章时是否专匣保管，固定存放；非营业时间是否印章入库或锁于保险箱柜中，是否做到不得私自授受会计专用章 | | 一、二、三、四、五 | |
| 32 | 柜员岗位调换或临时离岗时，是否办理会计专用章交接手续，是否有第三人监督交接过程，并在登记簿上进行登记 | | 一、二、三、四、五 | |
| 33 | 拟报废的会计专用章，是否由使用部门提出报废申请，经会计部门同意，将报废会计专业章逐级上缴，由上级行妥善保管 | | 一、二、三、四、五 | |
| 34 | 会计专用章停止使用后，是否及时在登记簿登记，办理停用手续 | | 一、二、三、四、五 | |
| 35 | 能否有效监督会计助理保证费用列支正确，审批手续齐全，并遵循授权有限的原则 | | 一、二、三、四、五 | |

续表

| 序号 | 主要风险制度落实情况 | 比重 | 评级 | 评分 |
| --- | --- | --- | --- | --- |
| 36 | 能否有效监督会计助理保证费用总额及其双控费用（工资、代办员工资、业务宣传费、业务招待费、广告费）有否超季度、年度指标列支 | | 一、二、三、四、五 | |
| 37 | 能否有效监督会计助理做到修理费、租赁费、外事费的列支合规，超权限按规定报批 | | 一、二、三、四、五 | |
| 38 | 能否有效监督会计助理保证审查发票等单据符合财务制度的要求，会议、培训、出境等费用报销提供相关文件依据作为附件 | | 一、二、三、四、五 | |
| 39 | 能否有效监督会计助理做到各部门、团体的负责人对向财会提供的报销凭证、报销申请以及业务背景等重要财务资料的真实性和法律合规性负责 | | 一、二、三、四、五 | |
| 40 | 能否有效监督会计助理做到购置固定资产必须有核批指标，基建项目需有计委立项等手续，购置的营业用品需集中采购的必须集中采购，不擅自购买，不单独购买土地使用权 | | 一、二、三、四、五 | |
| 41 | 能否有效监督会计助理做到固定资产购置、领用、调拨、报废手续应按型号、数量、价格登记完整 | | 一、二、三、四、五 | |
| 42 | 能否有效监督会计助理保证固定资产的原值、净值的账务及账、卡应定期核对相符 | | 一、二、三、四、五 | |
| 43 | 能否有效监督会计助理做到定期或不定期对固定资产进行清查，每年至少盘点一次，由财会部门、实物管理等部门共同参与，做到账实相符；对于盘盈、盘亏的固定资产，应严格按规定程序处理 | | 一、二、三、四、五 | |
| 44 | 能否有效监督会计助理做到严禁反程序处理固定资产，严格按闲置固定资产处置管理办法规定的程序执行 | | 一、二、三、四、五 | |
| 45 | 能否做到固定资产购置严格按固定的程序进行，严禁反程序操作和越权审批 | | 一、二、三、四、五 | |
| 46 | 能否有效监督会计助理能保证非信贷减值准备的计提必须有相关附件，财务处理正确，并符合本行资产减值准备计提的有关规定 | | 一、二、三、四、五 | |

续表

| 序号 | 主要风险制度落实情况 | 比重 | 评级 | 评分 |
|---|---|---|---|---|
| 47 | 能否有效监督会计助理保证损失款项的审核一定按照本行损失款项管理办法规定的认定条件，认真进行核实，注意审核有关凭证及单据，确认损失金额准确，与会计数据一致，损失核销工作程序合规，无超权限核销行为，对上级行批复的损失款项，及时入账 | | 一、二、三、四、五 | |
| 48 | 是否制定有价单证实行“证、账分管”原则，加盖印章的有价单证的管理实行“证、印分管”原则，是否建立有价单证保管登记簿 | | 一、二、三、四、五 | |
| 49 | 是否实行双人双锁制度 | | 一、二、三、四、五 | |
| 50 | 批准库管员的工作交接手续完成情况 | | 一、二、三、四、五 | |
| 51 | 是否规范和控制内部传票使用范围，必要时需签章确认 | | 一、二、三、四、五 | |
| 52 | 是否按照重要空白凭证按照“证账分管、证印分管、证押分管”的原则管理 | | 一、二、三、四、五 | |
| 53 | 是否确保有价单证的使用人员与销号人员严格分离 | | 一、二、三、四、五 | |
| 54 | 保证支行向上级行领用凭证时，双人请领，专车押送，非业务人员不得领用 | | 一、二、三、四、五 | |
| 55 | 是否保证跨支行、分理处、部门不得自行互相调剂使用有价单证及重要空白凭证，支行内柜口之间互相调剂使用的，需会计主管签章同意 | | 一、二、三、四、五 | |
| 56 | 有价单证发售是否坚持先付款，后办理原则 | | 一、二、三、四、五 | |

## （二）会计助理岗操作风险考评体系（见表31-27）

表31-27　　会计助理岗操作风险考评体系

| 序号 | 主要风险控制落实 | 比重 | 评级 | 打分 |
|---|---|---|---|---|
| 1 | 根据反洗钱工作的有关规定，是否对当日以起存金额开户，24小时内即有大额资金转入，以及在短时间内有频繁大额存款进入的账户予以密切关注；登记大额存取款报表时，是否对可疑存款及时上报大额可疑支付报表 | | 一、二、三、四、五 | |

续表

| 序号 | 主要风险控制落实 | 比重 | 评级 | 打分 |
|---|---|---|---|---|
| 2 | 根据反洗钱工作的有关规定，对当日在同一或不同网点频繁取现，且金额控制在“大额”标准以下的，明显化整为零的，是否对其存款余额、收入款项及历史交易的真实性进行查询；通兑的，是否落实知会制度；如有异常，是否及时堵截，确保资金安全；是否及时上报大额可疑支付报表 | | 一、二、三、四、五 | |
| 3 | 对公结算业务，在办理开户时是否在审核开户资料后在开户申请书上签署意见 | | 一、二、三、四、五 | |
| 4 | 对公结算业务，是否已在中国人民银行账户系统中备案基本账户的开户许可证 | | 一、二、三、四、五 | |
| 5 | 客户在银行开立单位银行结算账户时，是否与客户签订《银行结算账户管理协议书》，明确双方的权利与义务 | | 一、二、三、四、五 | |
| 6 | 根据规定，单位存款人开立的银行结算账户是否自正式开立起3个工作日后办理支付业务，注册验资的临时存款账户转为基本存款账户和因借款转存开立的一般存款账户除外 | | 一、二、三、四、五 | |
| 7 | 客户更换、遗失预留印鉴，是否审核客户证明文件的真实性，客户更换后的印鉴是否与原印鉴有明显区别 | | 一、二、三、四、五 | |
| 8 | 注册验资而开立的临时存款账户是否与企业名称预先核准通知书核准名称一致，期限一般为6个月以内 | | 一、二、三、四、五 | |
| 9 | 注册验资成功转基本存款账户是否按基本存款账户开立要求办理开户，验资不成功办理退款是否凭验资不成功、出资入账证明办理退款，退款是否坚持按入账凭证退款 | | 一、二、三、四、五 | |
| 10 | 对印鉴卡的管理，是否做到“人离册锁”，其保管是否做到交接登记工作 | | 一、二、三、四、五 | |
| 11 | 客户销户时，是否收齐所有印鉴卡并加盖“作废”戳记 | | 一、二、三、四、五 | |
| 12 | 对公结算业务，客户办理销户时，确认不存在未了事项后（客户为基本存款账户还需收回开户许可证），是否经会计助理审核后办理销户 | | 一、二、三、四、五 | |
| 13 | 对于符合长期不动户转入条件的客户，是否发出销户通知书并留下通知书底联，对于未来办理销户的账户，是否逐步销户转入“长期不动户”专户进行管理，会计结算部门是否根据清单按月核对账、卡 | | 一、二、三、四、五 | |

续表

| 序号 | 主要风险控制落实 | 比重 | 评级 | 打分 |
|---|---|---|---|---|
| 14 | 长期不动户资金支取，是否凭客户取款依据，并经业务部门、会计结算部门相关人员签字确认办理 | | 一、二、三、四、五 | |
| 15 | 贷款合同传递过程中，是否由综合柜员亲自到信贷部取贷款合同，会计助理是否进行复核 | | 一、二、三、四、五 | |
| 16 | 对贷款账户资金的使用，是否采用转账方式（信贷员特批取现除外） | | 一、二、三、四、五 | |
| 17 | 是否能有效监督业务部门凭公司业务部门与客户签订的《承兑协议书》向客户逐份出售空白银行承兑汇票 | | 一、二、三、四、五 | |
| 18 | 是否能有效监督业务部门逐份审核客户签发的银行承兑汇票内容是否与“承兑协议书”一致，并按协议书约定比例收取保证金或设定保证、收取承兑手续费 | | 一、二、三、四、五 | |
| 19 | 是否能有效地定期核对已承兑银行承兑汇票账，卡是否相符，业务系统数据是否与会计数据核对一致；每日查看银行承兑汇票卡片联，对已到期银行承兑汇票及时办理扣款手续，账户余额不足时，是否办理逾期手续并扣付滞纳金 | | 一、二、三、四、五 | |
| 20 | 是否能有效监督综合柜员认真审核票据真伪，谨防假票，审核委托收款凭证的记载事项是否与汇票记载事项相符；汇票专用章是否与印模相符，是否作成委托收款背书，背书转让的汇票其背书是否连续，签章是否符合规定，背书使用粘单的是否按规定在粘单处签章 | | 一、二、三、四、五 | |
| 21 | 是否能有效监督综合柜员审核有误或其他不符合规定的原因来填制拒付理由书连同银行承兑汇票、委托收款凭证退回持票人开户银行 | | 一、二、三、四、五 | |
| 22 | 是否能有效监督综合柜员认真审核银行承兑汇票贴现的真实性和有效性，执行先查后贴，查询是否有效真实，查询查复记录是否完整 | | 一、二、三、四、五 | |
| 23 | 客户遗失已承兑银行承兑汇票，应到承兑人所在地人民法院办理公示催告，是否能有效监督综合柜员凭法院的除权判决书才能办理付款手续 | | 一、二、三、四、五 | |
| 24 | 对出票人提交的未使用银行承兑汇票，是否能有效监督综合柜员审核其真伪性，抽出专夹保管的汇票卡片和承兑协议副本核对相符 | | 一、二、三、四、五 | |

续表

| 序号 | 主要风险控制落实 | 比重 | 评级 | 打分 |
| --- | --- | --- | --- | --- |
| 25 | 是否能有效监督综合柜员来审核申请人是否符合条件，托收款项是否符合规定的范围、条件、金额起点；是否有真实的商品交易及由此产生的劳务供应，代销、寄销、赊销商品不得办理；是否签订注明使用托收承付结算方式的购销合同；必须记载事项是否齐全，是否具有商品发运或其他有关证件，收款人签章是否符合规定 | | 一、二、三、四、五 | |
| 26 | 是否能有效监督综合柜员收到收款人开户行寄来的托收承付单证，才立即登记托收登记簿、表外账，并与当日及时通知付款人，承付期从次日算起，不得擅自变相延长承付期 | | 一、二、三、四、五 | |
| 27 | 是否能有效监督综合柜员对于客户逾期付款、付款人无款支付或部分付款的，必须在期满二日内，才向付款人索回单证，退回收款人开户行 | | 一、二、三、四、五 | |
| 28 | 是否能有效监督综合柜员必须每日核对托收登记簿、表外账是否一致，及时处理到期托收承付单据 | | 一、二、三、四、五 | |
| 29 | 是否能有效监督综合柜员严格审查拒负理由，不得受理手续不全、依据不足、理由不符合规定，以及超过承付期拒付和应当部分拒付变为全部拒付的 | | 一、二、三、四、五 | |
| 30 | 能否有效监督综合柜员的记载事项是否齐全，是否符合委托收款条件，委托收款凭证与附件（特别是承兑汇票委托收款）是否内容一致 | | 一、二、三、四、五 | |
| 31 | 是否能有效监督综合柜员已充分检查收付款双方是否符合条件，是否签订委托收款协议或合同，协议或合同是否在有效期内 | | 一、二、三、四、五 | |
| 32 | 是否能有效监督综合柜员对委托收款所附凭证的审核，并确保受理的委托收款业务有效、处理及时 | | 一、二、三、四、五 | |
| 33 | 是否能有效监督综合柜员在办理委托收款业务的付款时，能及时通知付款人并交付有关单证，并办理签收手续 | | 一、二、三、四、五 | |
| 34 | 能否有效监督综合柜员每日核对委托收款账卡是否相符，监控到账情况 | | 一、二、三、四、五 | |
| 35 | 分支机构在办理代理业务时，是否能负责保证经办员录入的资料的齐全性、准确性 | | | |

续表

| 序号 | 主要风险控制落实 | 比重 | 评级 | 打分 |
|---|---|---|---|---|
| 36 | 各分支机构是否在办理代理业务前已与委托单位签订了协议，并明确了双方的责任和义务 | | 一、二、三、四、五 | |
| 37 | 分支机构在办理代理业务时，是否妥善保管好了委托协议资料，保证其不会缺失 | | 一、二、三、四、五 | |
| 38 | 是否仔细核对了每天代理业务的交易情况 | | 一、二、三、四、五 | |
| 39 | 现金收取电话费时，是否能有效监督综合柜员不会因柜员操作失误而误输电话号码 | | 一、二、三、四、五 | |
| 40 | 是否执行开立个人存款证明的政策性规定 | | 一、二、三、四、五 | |
| 41 | 按授权权限签发个人存款证明时，是否能做到决不越权办理审批 | | 一、二、三、四、五 | |
| 42 | 是否对客户存款证明提前支付的特殊要求进行有效的监督控制 | | 一、二、三、四、五 | |
| 43 | 是否能确保汇款申请一定是由汇款人填写，不会由柜员代填；且在汇款方式的选择上由客户自主选择 | | 一、二、三、四、五 | |
| 44 | 对大额和可疑的汇款交易是否能做到及时向总行上报 | | 一、二、三、四、五 | |
| 45 | 是否做到了汇款信息完整性、合规性、清算线路的正确性和授权的及时性 | | 一、二、三、四、五 | |
| 46 | 是否能在坚持“随到随解”的原则上，对不符合解付条件（如账号或户名不符）的汇款做到及时的查询处理 | | 一、二、三、四、五 | |
| 47 | 是否能坚持票汇业务的“中心汇票”制度，并确保汇票付款行是汇票所列货币清算中心的我行或是有往来账户的代理行，以及保证头寸资金在付款时易于清算 | | 一、二、三、四、五 | |
| 48 | 利用大额支付系统进行汇款业务的，能否有效监督综合柜员能做到可避免由于收款人的户名输入错误，而造成退汇 | | 一、二、三、四、五 | |
| 49 | 对于来账中，由于汇款的账号，户名不符而造成挂账的，能否有效监督并确认综合柜员必须根据账号来进行手工入账 | | 一、二、三、四、五 | |
| 50 | 是否能保证只与符合条件的理财客户签订服务协议 | | 一、二、三、四、五 | |

续表

| 序号 | 主要风险控制落实 | 比重 | 评级 | 打分 |
|---|---|---|---|---|
| 51 | 是否能保证已与银行理财经理签订了保密协议 | | 一、二、三、四、五 | |
| 52 | 是否定期检查各项工作流程的合规性 | | 一、二、三、四、五 | |
| 53 | 是否定期组织学习国家相关法律法规和总行制定的财务政策和业务流程，并考核学习成果 | | 一、二、三、四、五 | |
| 54 | 办理现金业务时是否坚持现金收入先收款后记账，现金付出先记账后付款；发生现金调拨业务时是否通过核算并及时核销，每日会计助理是否与综合柜员进行对账，以保证账实相符 | | 一、二、三、四、五 | |
| 55 | 办理转账业务时是否先借后贷；对于各项减值准备金和预计负债的提取与核算是否严格执行审慎原则；应收/应付利息计算是否完整，会计核算是否符合会计制度规定 | | 一、二、三、四、五 | |
| 56 | 会计传票摘要内容是否清晰、准确 | | 一、二、三、四、五 | |
| 57 | 对于频繁冲账和更改交易是否加强监控，并认真检查冲账或更改的原因及在处理上是否存在漏洞；其中大额冲账交易和同一柜员项下反复出现冲账和更改交易，是否调阅原始资料予以核实 | | 一、二、三、四、五 | |
| 58 | 是否根据业务性质正确使用各种传票，对于内部传票（如特种转账传票）使用范围和方法是否予以规范和控制；传票在柜组，部门之间的内部传递环节是否进行监控；是否及时将传票封包交至事后稽核部门审核；有关人员在传票传递或交易时是否履行签字手续 | | 一、二、三、四、五 | |
| 59 | 会计系统账户信息中，计息标志、计息周期、转息账户、利率码、利率值的设置是否正确 | | 一、二、三、四、五 | |
| 60 | 对手工计息的业务，是否审核该笔业务为电脑无法正常转息的业务，手工结息的手工计提应收应付利息是否附有清单，清单中计息账号、计息期、积数、利率、利息等要素是否正确，实收付利息业务中是否注意利息转入客户的账户 | | 一、二、三、四、五 | |
| 61 | 冲账是否按规定程序审批，并注意核实签字授权的有效性 | | 一、二、三、四、五 | |

续表

| 序号 | 主要风险控制落实 | 比重 | 评级 | 打分 |
| --- | --- | --- | --- | --- |
| 62 | 错账冲正是否使用专用的“冲正传票”或内部特种转账传票，并在原始传票上注明冲账日期及冲账原因，错账不得轧差冲正；是否将原始传票的复印件作为冲正传票的附件。根据事后稽核部门“业务差错通知书”办理的冲账业务，是否核实冲账传票与“业务差错通知书”的一致性 | | 一、二、三、四、五 | |
| 63 | 错账冲正，涉及计息账户是否做倒起息处理，是否借助原始传票复印件，审核冲正传票的起息日是否正确 | | 一、二、三、四、五 | |
| 64 | 会计助理是否对同一柜员频繁冲正、大额存款冲正成小额存款的情况及在非营业时间办理转账等异常交易引起关注 | | 一、二、三、四、五 | |
| 65 | 暂收暂付款项是否有明确的、独立的、符合条件的挂账事由 | | 一、二、三、四、五 | |
| 66 | 暂付暂收款项挂账是否有明确的、符合规定条件的挂账事由；暂付暂收款项的挂（销）账是否经三级审批签字程序办理 | | 一、二、三、四、五 | |
| 67 | 暂收暂付款项挂账是否分客户逐笔建卡反映，是否做到不合笔挂账 | | 一、二、三、四、五 | |
| 68 | 会计主管是否对每笔挂（销）账原因、内容，审批权限、核算账户等进行认真审核；财务处理过程中，经办、复核、授权是否相互制约；挂（销）账是否按照“全额挂账，全额结清”原则操作 | | 一、二、三、四、五 | |
| 69 | 暂付暂收款项是否一律使用专用凭证；凭证要素是否漏填，传票摘要是否填写完整 | | 一、二、三、四、五 | |
| 70 | 暂付暂收款项录入会计系统时，经办员是否准确输入卡片信息，是否做到不得简化；卡片保管人员与业务经办人员是否分离 | | 一、二、三、四、五 | |
| 71 | 对超过合理结清期限的暂付暂收款项，是否向有关业务部门发送催转通知，督促各业务部门及时清理，是否做到不得无故长期挂账，由于特殊原因确实无法在规定期限内结清的，业务部门是否向相关部门作出书面说明 | | 一、二、三、四、五 | |
| 72 | 各行对挂账时间超过规定时间的暂付暂收款项是否以书面形式向上级行相应业务管理部门逐笔说明未结清原因，并提出具体清理计划 | | 一、二、三、四、五 | |

续表

| 序号 | 主要风险控制落实 | 比重 | 评级 | 打分 |
|---|---|---|---|---|
| 73 | 对于外围系统数据导入会计系统过程中因未入账而产生的挂账，是否加强管理及时查明原因，尽快处理，是否做到不得无故长期挂账 | | 一、二、三、四、五 | |
| 74 | 会计档案的移交时间，是否依据不同的会计档案类别，定时进行移交归档；移交时是否由交出部门填制（会计档案移交清册）或（会计档案交接登记簿），填列内容至少应包括：序号、会计档案名称、档案起止日期、册（张）数、交接双方单位名称等，会计档案移交时，接收人员是否进行认真的检查验收。确认无误后，交接双方是否在移交清册或交接登记簿上进行签章确认。对机构分立、合并下的会计档案移交是否有鉴交人签章确认 | | 一、二、三、四、五 | |
| 75 | 会计档案是否完整、齐全，装订是否规范，是否按照内容和时间分类索引 | | 一、二、三、四、五 | |
| 76 | 电子会计档案是否具备必要的加密或保护措施，以防止被篡改或删除，工作交接时是否对加密方式同时进行交接 | | 一、二、三、四、五 | |
| 77 | 是否按规定将双备份的会计电子档案，异地分别存放 | | 一、二、三、四、五 | |
| 78 | 会计档案原则上一律不得拆封，特殊情况会计档案确需拆封的，申请部门的书面申请上是否由负责人签字和加盖部门公章，经业务管理部门，档案管理部门负责人和分管行长审批签字同意后，由申请部门和档案管理部门的经办人员，负责人共同拆封，拆出的凭证复印件连同审批报告是否一同装订入拆出凭证原位，并在封底注明拆封情况，由拆封人员共同签字 | | 一、二、三、四、五 | |
| 79 | 会计档案保管期满，是否由会计档案管理部门会同会计部门、稽核部门、保卫部门提出销毁意见，编制（会计档案销毁清册），列明销毁会计档案的名称、卷号、册数、起止年度和档案编号、应保管期限、已保管期限，销毁时间等内容，是否由本行行长在（会计档案销毁清册）上签署意见，二级分行及以下机构会计档案的销毁，需报经一级分行批准后，由二级分行负责集中销毁，国内一级分行会计档案的销毁，由其自行负责，并报总行备案。销毁会计档案，是否将档案信息与其保存介质一同销毁，涉及未结清债权债务关系或其他未了事项、或工作上经常查用的原始会计资料以及涉及某项未了案件的原始凭证和有关报表是否做到不销毁，是否单独抽出立卷到未了事项完结为止，持债权债务结清，账已查清或案件结束后，再按规定清理或销毁，单独抽出立卷的会计档案，是否在会计档案销毁清册和会计档案保管登记簿中列明 | | 一、二、三、四、五 | |

续表

| 序号 | 主要风险控制落实 | 比重 | 评级 | 打分 |
| --- | --- | --- | --- | --- |
| 80 | 会计档案是否一律不准外借，切实防止丢失和泄密，公安、检察、司法等执法部门处理案件等需要查阅会计档案时，是否持有效证件和文件（国内须为县级以上主管部门的正式公文），经机构负责人或其授权人批准，由接待部门代为办理借阅手续并在我行专人陪同下借阅有关档案；其查阅会计档案检查需借阅会计档案原件时，是否由接待部门代为办理借阅手续并负责查询后提供，银行内部人员是否经本人申请，部门主管审查同意，档案管理部门负责人员及主管领导签字后借阅，档案是否经手借阅 | | 一、二、三、四、五 | |
| 81 | 会计档案管理部门是否建立《会计档案查阅登记簿》，档案管理员是否对次调阅情况进行登记，并由查阅人签字确认，《会计档案查阅登记簿》应由会计档案保管人员签章，并专人保管，于年度终了按照登记簿的登记日期顺序装订成册。《会计档案查阅登记簿》是否同时记录会计档案出入库情况，并详细记录档案查阅人员的出入库情况 | | 一、二、三、四、五 | |
| 82 | 会计档案保管地点是否具备防盗、防火、防漏、防尘、防有害生物等条件，磁介质档案保管是否具备防磁、隔热条件，是否严禁防明火、食物、尘土、水溃和易爆易燃品等带进档案室 | | 一、二、三、四、五 | |
| 83 | 是否指定专人管理档案，出纳人员（包括各级行政出纳）不得兼管会计档案 | | 一、二、三、四、五 | |
| 84 | 是否严格按照（本行会计基本制度）规定的期限，保管会计档案 | | 一、二、三、四、五 | |
| 85 | 在柜员管理时，是否能做到指定专人负责柜员建立、信息变更的申请和系统维护工作；监督柜员建立、信息变更符合操作流程；监督柜员建立、信息变更等申请资料和系统维护结果应视同会计档案入库保管、备查 | | 一、二、三、四、五 | |
| 86 | 能否做到严格控制柜员的建立，加强柜员建立的审核，重点审核以下要点：柜员必须与真实员工相对应且只保留有一个业务系统柜员号码，柜员交易权限、柜员交易级别、交易类型，可执行交易功能设置应相互牵制且与柜员岗位职责相吻合 | | 一、二、三、四、五 | |
| 87 | 人事部门为调离人员办理离行手续时，是否能监督调离人员必须在出具柜员设置部门提供的书面证明，并证明该人员在原系统中的柜员资料已全部删除，柜员卡已交接完成的情况下，避免人离卡未交或后台角色未清除，出现非法交易现象 | | 一、二、三、四、五 | |

续表

| 序号 | 主要风险控制落实 | 比重 | 评级 | 打分 |
|---|---|---|---|---|
| 88 | 保证只有与我行签订有劳动用工合同的人员方能设置柜员 | | 一、二、三、四、五 | |
| 89 | 能否做到每日营业前对普通综合柜员的现金、空白重要凭证及相关凭证进行复核 | | 一、二、三、四、五 | |
| 90 | 能否做到对所授权业务进行认真审核后再授权，并在业务传票上签章确认 | | 一、二、三、四、五 | |
| 91 | 能否做到规范柜员操作，严禁将密码，柜员卡交予他人使用。能否做到柜员离开工作岗位必须及时签退 | | 一、二、三、四、五 | |
| 92 | 能否保证综合柜员必须使用柜员卡签到、签退、处理业务 | | 一、二、三、四、五 | |
| 93 | 能否有效监督综合柜员不得在自己柜台办理本人的存取款业务 | | 一、二、三、四、五 | |
| 94 | 能否有效监督综合柜员做到人离箱锁，人离章锁 | | 一、二、三、四、五 | |
| 95 | 综合柜员封包、交接、款包入库时，能否做到在旁监督 | | 一、二、三、四、五 | |
| 96 | 是否做到每日实时负责对系统柜员业务进行监督 | | 一、二、三、四、五 | |
| 97 | 系统对柜员密码无法实现自动控制的，是否能有效监督柜员每月至少更换一次密码，更换密码应及时登记，严禁柜员间互相借用柜员卡 | | 一、二、三、四、五 | |
| 98 | 能否保证费用列支正确，审批手续齐全，并遵循授权有限的原则 | | 一、二、三、四、五 | |
| 99 | 能否保证费用总额及其双控费用（工资、代办员工资、业务宣传费、业务招待费、广告费）有否超季度、年度指标列支 | | 一、二、三、四、五 | |
| 100 | 能否做到修理费、租赁费、外事费的列支合规，超权限按规定报批 | | 一、二、三、四、五 | |
| 101 | 能否保证审查发票等单据符合财务制度的要求，会议、培训、出境等费用报销提供相关文件依据作为附件 | | 一、二、三、四、五 | |
| 102 | 是否能做到各部门、团体的负责人对向财会提供的报销凭证、报销申请以及业务背景等重要财务资料的真实性和法律合规性负责 | | 一、二、三、四、五 | |

续表

| 序号 | 主要风险控制落实 | 比重 | 评级 | 打分 |
|---|---|---|---|---|
| 103 | 能否做到购置固定资产必须有核批指标，基建项目需有计委立项等手续，购置的营业用其需集中采购的必须集中采购，不擅自购买，不单独购买土地使用权 | | 一、二、三、四、五 | |
| 104 | 是否做到固定资产购置、领用、调拨、报废手续应按型号、数量、价格登记完整 | | 一、二、三、四、五 | |
| 105 | 能否保证固定资产的原值、净值的账务及账、卡应定期核对相符 | | 一、二、三、四、五 | |
| 106 | 能否做到定期或不定期对固定资产进行清查，每年至少盘点一次，由财会部门、实物管理等部门共同参与，做到账实相符；对于盘盈、盘亏的固定资产，应严格按规定程序处理 | | 一、二、三、四、五 | |
| 107 | 能否做到严禁反程序处理固定资产，严格按闲置固定资产处置管理办法规定的程序执行 | | 一、二、三、四、五 | |
| 108 | 是否能做到固定资产购置严格按固定的程序进行，严禁反程序操作和越权审批 | | 一、二、三、四、五 | |
| 109 | 上级单位或其他部门的非库管人员确需入库检查或维修设备时，应办理有关出入库手续，进行核实并决定批准与否 | | 一、二、三、四、五 | |
| 110 | 监督库管员按照规定核对库内现金、实物无误后，办理交接手续的完成情况 | | 一、二、三、四、五 | |

## （三）有权授权人岗操作风险考评体系（见表31-28）

表31-28　**有权授权人岗操作风险考评体系**

| 序号 | 主要风险控制落实 | 比重 | 评级 | 打分 |
|---|---|---|---|---|
| 1 | 对大额储蓄业务，是否对授权范围和额度重点审核，是否违反相关政策的规定 | | 一、二、三、四、五 | |
| 2 | 办理大额存取款业务时，是否逐笔、逐项审核户名、账号、币别、金额的一致性；对5万元以上跨地区通存通兑业务，是否执行知会制度、记录查询情况、登记大额登记簿和“反洗钱”报表，并按要求知会原存款开户行；大额取款是否执行预约制度 | | 一、二、三、四、五 | |
| 3 | 对超前起息存款业务，是否授权 | | 一、二、三、四、五 | |

续表

| 序号 | 主要风险控制落实 | 比重 | 评级 | 打分 |
|---|---|---|---|---|
| 4 | 对大额存款交易业务，是否授权 | | 一、二、三、四、五 | |
| 5 | 办理定期部分提前支取时，是否授权 | | 一、二、三、四、五 | |
| 6 | 挂失人资格的是否授权 | | 一、二、三、四、五 | |
| 7 | 对于长期不动户的挂失，是否进行核实 | | 一、二、三、四、五 | |
| 8 | 办理解挂、撤销业务时，是否授权 | | 一、二、三、四、五 | |
| 9 | 如果客户要求变更、挂失和取消密码或更改客户资料时，是否授权 | | 一、二、三、四、五 | |
| 10 | 对所有冲正业务，是否授权，是否严格按相关规定分错误类别进行处理，授权时是否重点审核冲正交易的真实性、准确性与合规性 | | 一、二、三、四、五 | |
| 11 | 办理结清交易时，对于“强制到期”或“不计息”是否严格审核其交易的合法性 | | 一、二、三、四、五 | |
| 12 | 是否能坚持票汇业务的“中心汇票”制度，并确保汇票付款行是汇票所列货币清算中心的我行或是有往来账户的代理行，以及保证头寸资金在付款时易于清算 | | 一、二、三、四、五 | |

### （四）综合柜员岗操作风险考评体系（见表31-29）

表31-29　**综合柜员岗操作风险考评体系**

| 序号 | 主要风险控制落实 | 比重 | 评级 | 打分 |
|---|---|---|---|---|
| 1 | 办理储蓄业务时，是否对客户有效身份证件的真实性进行审核 | | 一、二、三、四、五 | |
| 2 | 对储蓄业务中可以代办的业务，是否对代办人及储户本人的有效证件进行审核 | | 一、二、三、四、五 | |
| 3 | 是否按照实名制的要求，认真核对存款人身份证件，并将正确的信息完整的录入系统 | | 一、二、三、四、五 | |
| 4 | 对大额储蓄业务，是否对授权范围和额度重点审核，是否违反相关政策的规定 | | 一、二、三、四、五 | |

续表

| 序号 | 主要风险控制落实 | 比重 | 评级 | 打分 |
|---|---|---|---|---|
| 5 | 办理储蓄业务时，是否对客户填写或确认的存（取）款凭证的合规性、完整性、准确性进行审核 | | 一、二、三、四、五 | |
| 6 | 办理大额存取款业务时，是否熟知“大额款项”的界定标准；对5万元以上跨地区通存通兑业务，是否执行知会制度、记录查询情况、登记大额登记簿和“反洗钱”报表，并按要求知会原存款开户行；大额取款是否执行预约制度 | | 一、二、三、四、五 | |
| 7 | 办理跨地区无折存款业务时，是否审查户名和账号 | | 一、二、三、四、五 | |
| 8 | 对超前起息存款业务，是否审核业务的真实性和附有相关的交易凭证，并经授权柜员授权 | | 一、二、三、四、五 | |
| 9 | 对大额存款交易业务，是否经授权柜员授权，并且打印凭条，交客户签字确认后将回单交给客户 | | 一、二、三、四、五 | |
| 10 | 根据反洗钱工作的有关规定，是否对当日以起存金额开户，24小时内即有大额资金转入，以及在短时间内有频繁大额存款进入的账户予以密切关注；登记大额存取款报表时，是否对可疑存款及时上报大额可疑支付报表 | | 一、二、三、四、五 | |
| 11 | 办理定期部分提前支取时，是否在存单背面背书 | | 一、二、三、四、五 | |
| 12 | 办理定期部分提前支取时，如果是存折，是否对凭条上登记的姓名、证件名称、证件号码、存款人地址、发证机关等内容进行审核 | | 一、二、三、四、五 | |
| 13 | 办理定期部分提前支取时，如果是他人代办，是否对代办人和存款人的有效身份证件进行审核，是否摘录了有关信息 | | 一、二、三、四、五 | |
| 14 | 未到期定期存单的提前销户，对于不通兑类的定期存单，是否输入开户时所用的有效身份证件的号码 | | 一、二、三、四、五 | |
| 15 | 未到期定期存单的提前销户，对于不通兑类的定期存单，如果是他人代办，是否对代办人和存款人的有效身份证件进行审核，是否摘录了有关信息 | | 一、二、三、四、五 | |

续表

| 序号 | 主要风险控制落实 | 比重 | 评级 | 打分 |
|---|---|---|---|---|
| 16 | 根据反洗钱工作的有关规定，对当日在同一或不同网点频繁取现，且金额控制在“大额”标准以下的，明显化整为零的，是否对其存款余额、收入款项及历史交易的真实性进行查询；通兑的，是否落实知会制度；如有异常，是否及时堵截，确保资金安全；是否及时上报大额可疑支付报表 | | 一、二、三、四、五 | |
| 17 | 是否对挂失人的资格进行审查 | | 一、二、三、四、五 | |
| 18 | 大额挂失、大额密码挂失、代办挂失、有疑问存单挂失等，是否在七天内按照大额挂失的有关规定核实挂失的真实性；挂失申请人无论是本地或异地，有疑问时，是否做进一步核实 | | 一、二、三、四、五 | |
| 19 | 是否对解挂（解除冻结补发）条件进行审核 | | 一、二、三、四、五 | |
| 20 | 办理解挂、撤销业务时，是否经授权柜员授权，并详细记录挂失止付登记簿，同时将相关单据附传票及时上交事后稽核进行审核 | | 一、二、三、四、五 | |
| 21 | 客户要求预留密码时，是否由客户本人在密码读写器输入 | | 一、二、三、四、五 | |
| 22 | 更新存折磁条时，是否由客户本人持存折和有效证件办理 | | 一、二、三、四、五 | |
| 23 | 如果客户要求变更、挂失和取消密码或更改客户资料时，是否要求客户本人严格按照规定填写特殊业务申请凭条，是否经主管授权及客户确认后进行办理，是否禁止办理非客户本人的密码变更、挂失、取消或资料修改业务 | | 一、二、三、四、五 | |
| 24 | 所有冲正交易，是否在原存款或取款凭条和冲正凭条上注明原因，是否要求客户签字确认 | | 一、二、三、四、五 | |
| 25 | 办理结清交易时，对于“强制到期”或“不计息”是否在传票上注明相应的操作理由；是否禁止办理无单、折取款及结清交易（法院扣划交易除外） | | 一、二、三、四、五 | |
| 26 | 对公结算业务，在办理开户时，是否核对证明文件正本及复印件，并在每份复印件上加盖“与原件核对一致”戳记及审核人私章 | | 一、二、三、四、五 | |
| 27 | 对于单位银行结算账户，客户开立核准类账户时，是否在银行账户管理系统中录入相关信息，并将开户资料原件送中国人民银行审核同意开户 | | 一、二、三、四、五 | |

续表

| 序号 | 主要风险控制落实 | 比重 | 评级 | 打分 |
| --- | --- | --- | --- | --- |
| 28 | 对于单位银行结算账户，备案类账户是否提交其基本账户的开户许可证，在中国人民银行账户系统中备案。备案时是否核对客户提交资料与系统回显资料的一致性 | | 一、二、三、四、五 | |
| 29 | 客户在银行开立单位银行结算账户时，是否与客户签订《银行结算账户管理协议书》，明确双方的权利与义务 | | 一、二、三、四、五 | |
| 30 | 根据规定，单位存款人开立的银行结算账户是否自正式开立起3个工作日后办理支付业务，注册验资的临时存款账户转为基本存款账户和因借款转存开立的一般存款账户除外 | | 一、二、三、四、五 | |
| 31 | 客户更换、遗失预留印鉴，是否审核客户证明文件的真实性，客户更换后的印鉴是否与原印鉴有明显区别 | | 一、二、三、四、五 | |
| 32 | 客户更换、遗失预留印鉴，是否将客户变更资料妥善保管于客户账户资料档案中 | | 一、二、三、四、五 | |
| 33 | 注册验资而开立的临时存款账户是否与企业名称预先核准通知书核准名称一致，期限一般为6个月以内 | | 一、二、三、四、五 | |
| 34 | 注册验资成功转基本存款账户是否按基本存款账户开立要求办理开户，验资不成功办理退款是否凭验资不成功、出资人账证明办理退款，退款是否坚持按入账凭证退款 | | 一、二、三、四、五 | |
| 35 | 对印鉴卡的管理，是否做到“人离册锁”，其保管是否做到交接登记工作 | | 一、二、三、四、五 | |
| 36 | 客户销户时，是否收齐所有印鉴卡并加盖“作废”戳记 | | 一、二、三、四、五 | |
| 37 | 单位结算账户、定期存款账户、保证金账户、通知存款账户是否做到每月对账，11月30日是否向客户发送“余额证对单”并收回对账回执，确保回收率；是否对于未达账及时查询 | | 一、二、三、四、五 | |
| 38 | 对公结算业务，客户办理销户时，是否认真核实销户原因，与客户确认账户余额核对是否一致，是否收回全部重要空白凭证、客户预留印鉴卡，结算证或IC卡、采用密码的撤销密码，确认不存在未了事项后（客户为基本存款账户还需收回开户许可证），是否经会计助理审核后办理销户 | | 一、二、三、四、五 | |

续表

| 序号 | 主要风险控制落实 | 比重 | 评级 | 打分 |
|---|---|---|---|---|
| 39 | 对于符合长期不动户转入条件的客户，是否发出销户通知书并留下通知书底联，对于未来办理销户的账户，是否逐步销户转入“长期不动户”专户进行管理，会计结算部门是否根据清单按月核对账、卡 | | 一、二、三、四、五 | |
| 40 | 长期不动户资金支取，是否凭客户取款依据，并经业务部门、会计结算部门相关人员签字确认办理 | | 一、二、三、四、五 | |
| 41 | 转账时，是否认真审核转账凭证的各个要素的完整性、合规性 | | 一、二、三、四、五 | |
| 42 | 转账时，是否对印鉴的真伪进行鉴别 | | 一、二、三、四、五 | |
| 43 | 贷款合同传递过程中，是否由信贷部门把贷款合同及其他资料送综合柜员 | | 一、二、三、四、五 | |
| 44 | 对贷款账户资金的使用，有关单据、凭证是否经信贷部门签字同意才发放 | | 一、二、三、四、五 | |
| 45 | 业务部门是否凭公司业务部门与客户签订的承兑协议书向客户逐份出售空白银行承兑汇票 | | 一、二、三、四、五 | |
| 46 | 业务部门是否逐份审核客户签发的银行承兑汇票内容是否与承兑协议书一致，并按协议书约定比例收取保证金或设定保证、收取承兑手续费 | | 一、二、三、四、五 | |
| 47 | 定期核对已承兑银行承兑汇票账，卡是否相符，业务系统数据是否与会计数据核对一致；每日查看银行承兑汇票卡片联，对已到期银行承兑汇票及时办理扣款手续，账户余额不足时，是否办理逾期手续并扣付滞纳金 | | 一、二、三、四、五 | |
| 48 | 是否能定期核对已承兑银行承兑汇票账，卡是否相符，业务系统数据是否与会计数据核对一致；每日查看银行承兑汇票卡片联，对已到期银行承兑汇票及时办理扣款手续，账户余额不足时，是否办理逾期手续并扣付滞纳金 | | 一、二、三、四、五 | |
| 49 | 是否能认真审核票据真伪，谨防假票，审核委托收款凭证的记载事项是否与汇票记载事项相符；汇票专用章是否与印模相符，是否作成委托收款背书，背书转让的汇票其背书是否连续，签章是否符合规定，背书使用粘单的是否按规定在粘单处签章 | | 一、二、三、四、五 | |

续表

| 序号 | 主要风险控制落实 | 比重 | 评级 | 打分 |
|---|---|---|---|---|
| 50 | 是否能根据审核有误或其他不符合规定的原因来填制拒付理由书连同银行承兑汇票、委托收款凭证退回持票人开户银行 | | 一、二、三、四、五 | |
| 51 | 是否能认真审核银行承兑汇票贴现的真实性和有效性，执行先查后贴，查询是否有效真实，查询查复记录是否完整 | | 一、二、三、四、五 | |
| 52 | 客户遗失已承兑银行承兑汇票，应到承兑人所在地人民法院办理公示催告，综合柜员是否凭法院的除权判决书才为其办理付款手续 | | 一、二、三、四、五 | |
| 53 | 对出票人提交的未使用银行承兑汇票，是否能审核其真伪性，抽出专夹保管的汇票卡片和承兑协议副本核对相符 | | 一、二、三、四、五 | |
| 54 | 能否做到有效审核申请人是否符合条件，托收款项是否符合规定的范围、条件、金额起点；是否有真实的商品交易及由此产生的劳务供应，代销、寄销、赊销商品不得办理；是否签订注明使用托收承付结算方式的购销合同；必须记载事项是否齐全，是否具有商品发运或其他有关证件，收款人签章是否符合规定 | | 一、二、三、四、五 | |
| 55 | 是否能做到在收到收款人开户行寄来的托收承付单证，才立即登记托收登记簿、表外账，并与当日及时通知付款人，承付期从次日算起，不得擅自变相延长承付期 | | 一、二、三、四、五 | |
| 56 | 对于客户逾期付款、付款人无款支付或部分付款的，综合柜员是否能在期满两日内，向付款人索回单证，退回收款人开户行 | | 一、二、三、四、五 | |
| 57 | 综合柜员是否能做到每日核对托收登记簿、表外账是否一致，及时处理到期托收承付单据 | | 一、二、三、四、五 | |
| 58 | 综合柜员是否能严格审查拒负理由，不得受理手续不全、依据不足、理由不符合规定以及超过承付期拒付和应当部分拒付变为全部拒付的 | | 一、二、三、四、五 | |
| 59 | 是否能做到记载事项齐全，符合委托收款条件，委托收款凭证与附件（特别是承兑汇票委托收款）内容一致 | | 一、二、三、四、五 | |
| 60 | 是否充分检查收付款双方是否符合条件，是否签订委托收款协议或合同，协议或合同是否在有效期内 | | 一、二、三、四、五 | |

续表

| 序号 | 主要风险控制落实 | 比重 | 评级 | 打分 |
| --- | --- | --- | --- | --- |
| 61 | 是否能做到充分审核委托收款所附凭证，并确保受理的委托收款业务有效、处理及时 | | 一、二、三、四、五 | |
| 62 | 在办理付款时，是否能及时通知委托收款业务的付款人并交付有关单证，并办理签收手续 | | 一、二、三、四、五 | |
| 63 | 能否做到每日核对委托收款账卡是否相符，监控到账情况 | | 一、二、三、四、五 | |
| 64 | 分支机构在办理代理业务时，是否是在客户本人签署授权书以后，才接受客户委托，用客户本人账户进行委托 | | 一、二、三、四、五 | |
| 65 | 是否对代理业务中账务处理前后的数据及交易入账情况进行检查确认 | | 一、二、三、四、五 | |
| 66 | 现金收取电话费时，是否能做到能避免因柜员操作失误而误输电话号码 | | 一、二、三、四、五 | |
| 67 | 是否能保证存款证明正本和申请书（银行打印）部分为系统打印，不是手工填写 | | 一、二、三、四、五 | |
| 68 | 是否能确保存款证明开立的内容与存款人提供的内容相符，保证不会虚开、增开存款，不会更名（直系亲属委托除外）；是否能确保对已做冻结的款项不再开具存款证明；是否能确保不挂失存款证明 | | 一、二、三、四、五 | |
| 69 | 是否能做到对需冻结存款的有效性和真实性保持高度重视 | | 一、二、三、四、五 | |
| 70 | 是否能保证对于已开具存款证明的存款在规定期限内不得办理取现、转账及其他冻结业务，且不得办理质押 | | 一、二、三、四、五 | |
| 71 | 已开具存款证明的存款提前解冻需交回全部存款证明原件的前提下，是否能保证一定会在存款证明冻结行办理 | | 一、二、三、四、五 | |
| 72 | 在办理个人汇款业务时，是否能特别注意审核：①账户的性质；②汇款人的身份证件（居民或非居民）；③客户提供资料的完整性；④汇款限额、币种等相关政策的规定 | | 一、二、三、四、五 | |
| 73 | 是否能确保汇款申请一定是由汇款人填写，不会由柜员代填；且在汇款方式的选择上由客户自主选择 | | 一、二、三、四、五 | |
| 74 | 是否能在坚持“随到随解”的原则上，对不符合解付条件（如账号或户名不符）的汇款做到及时查询处理 | | 一、二、三、四、五 | |

续表

| 序号 | 主要风险控制落实 | 比重 | 评级 | 打分 |
| --- | --- | --- | --- | --- |
| 75 | 对大额和可疑的汇款交易是否能做到及时向总行上报 | | 一、二、三、四、五 | |
| 76 | 对于个人现金汇款业务，在业务经办单人临柜的情况下，是否在有足额的现金或个人贷款有足额的存款余额并下账的情形下，才可办理 | | 一、二、三、四、五 | |
| 77 | 在办理汇款业务时，综合柜员对于汇款信息的完整性、合规性、清算线路的正确性负有责任 | | 一、二、三、四、五 | |
| 78 | 是否能坚持票汇业务的“中心汇票”制度，并确保汇票付款行是汇票所列货币清算中心的我行或是有往来账户的代理行，以及保证头寸资金在付款时易于清算 | | 一、二、三、四、五 | |
| 79 | 利用大额支付系统进行汇款业务的，能否做到尽可能避免由于收款人的户名输入错误，而造成退汇 | | 一、二、三、四、五 | |
| 80 | 对于来账中，由于汇款的账号、户名不符而造成挂账的，能否做到一定根据账号来进行手工入账 | | 一、二、三、四、五 | |
| 81 | 对客户的资料是否做到保密，除法律规定外，是否禁止任何人以任何理由查询和泄露客户资料 | | 一、二、三、四、五 | |
| 82 | 向客户推荐理财产品是否充分提示风险，详细介绍产品；是否存在盲目推销，向客户承诺收益 | | 一、二、三、四、五 | |
| 83 | 是否对已使用凭证，销号登记簿和登记情况进行检查，复核记载正确性 | | 一、二、三、四、五 | |
| 84 | 办理现金业务时是否坚持现金收入先收款后记账，现金付出先记账后付款；发生现金调拨业务时是否通过核算并及时核销，每日会计助理是否与综合柜员进行对账，以保证账实相符 | | 一、二、三、四、五 | |
| 85 | 办理转账业务时是否先借后贷；对于各项减值准备金和预计负债的提取与核算是否严格执行审慎原则；应收/应付利息计算是否完整，会计核算是否符合会计制度规定 | | 一、二、三、四、五 | |
| 86 | 会计传票摘要内容是否清晰、准确 | | 一、二、三、四、五 | |
| 87 | 对于频繁冲账和更改交易是否加强监控，并认真检查冲账或更改的原因及在处理上是否存在漏洞；其中大额冲账交易和同一柜员项下反复出现冲账和更改交易，是否调阅原始资料予以核实 | | 一、二、三、四、五 | |

续表

| 序号 | 主要风险控制落实 | 比重 | 评级 | 打分 |
|---|---|---|---|---|
| 88 | 是否根据业务性质正确使用各种传票，对于内部传票（如特种转账传票）使用范围和方法是否予以规范和控制；传票在柜组，部门之间的内部传递环节是否进行监控；是否及时将传票封包交至事后稽核部门审核；有关人员在传票传递或交易时是否履行签字手续 | | 一、二、三、四、五 | |
| 89 | 会计系统账户信息中，计息标志、计息周期、转息账户、利率码、利率值的设置是否正确 | | 一、二、三、四、五 | |
| 90 | 对手工计息的业务，是否审核该笔业务为电脑无法正常转息的业务，手工结息的手工计提应收应付利息是否附有清单，清单中计息账号、计息期、积数、利率、利息等要素是否正确，实收付利息业务中是否注意利息转入客户的账户 | | 一、二、三、四、五 | |
| 91 | 冲账是否按规定程序审批，并注意核实签字授权的有效性 | | 一、二、三、四、五 | |
| 92 | 错账冲正是否使用专用的“冲正传票”或内部特种转账传票，并在原始传票上注明冲账日期及冲账原因，错账不得轧差冲正；是否将原始传票的复印件作为冲正传票的附件。根据事后稽核部门《业务差错通知书》办理的冲账业务，是否核实冲账传票与《业务差错通知书》的一致性 | | 一、二、三、四、五 | |
| 93 | 错账冲正，涉及计息账户是否做倒起息处理，是否借助原始传票复印件，审核冲正传票的起息日是否正确 | | 一、二、三、四、五 | |
| 94 | 会计助理是否对同一柜员频繁冲正、大额存款冲正成小额存款的情况及在非营业时间办理转账等异常交易引起关注 | | 一、二、三、四、五 | |
| 95 | 是否以固定或约定的时间和方式向下级行发送内部资金对账单，并及时回收和完整保存对账结果，对于上下级行余额不符的是否及时查明原因并进行账务调整，账务调整时是否按照有关操作程序和授权规定办理 | | 一、二、三、四、五 | |
| 96 | 是否与负责明细账的部门核对总分账户余额，如有不符是否督促明细核算部门查明原因并进行账务调整，账务调整时是否按照有关操作程序和授权规定办理 | | 一、二、三、四、五 | |
| 97 | 是否按照外部开户行规定的时间和程序与开户行账务核对工作并及时将对账结果反馈开户行，并完整保存对账结果 | | 一、二、三、四、五 | |

续表

| 序号 | 主要风险控制落实 | 比重 | 评级 | 打分 |
|---|---|---|---|---|
| 98 | 根据财会部门制度规定对有关业务部门负责的与下级行内部资金往来账，与同业间的账务核对工作是否进行监督检查，对于有疑问的资金是否引起关注 | | 一、二、三、四、五 | |
| 99 | 暂收暂付款项是否有明确的、独立的、符合条件的挂账事由 | | 一、二、三、四、五 | |
| 100 | 暂付暂收款项挂账是否有明确的、符合规定条件的挂账事由；暂付暂收款项的挂（销）账是否经三级审批签字程序办理 | | 一、二、三、四、五 | |
| 101 | 暂收暂付款项挂账是否分客户逐笔建卡反映，是否做到不得合笔挂账 | | 一、二、三、四、五 | |
| 102 | 会计主管是否对每笔挂（销）账原因、内容，审批权限、核算账户等进行认真审核；财务处理过程中，经办、复核、授权是否相互制约；挂（销）账是否按照“全额挂账，全额结清”原则操作 | | 一、二、三、四、五 | |
| 103 | 暂付暂收款项是否一律使用专用凭证；凭证要素是否漏填，传票摘要是否填写完整 | | 一、二、三、四、五 | |
| 104 | 暂付暂收款项录入会计系统时，经办员是否准确输入卡片信息，是否做到不得简化；卡片保管人员与业务经办人员是否分离 | | 一、二、三、四、五 | |
| 105 | 暂付暂收款是否实行账卡分离，对挂账核算码是否及时对账，是否保证卡片账目与会计系统账目两者一致 | | 一、二、三、四、五 | |
| 106 | 各级机构的财会部门是会计专用印章的管理部门，对没有单设财会部门的机构，是否由综合管理部门履行会计专用印章的管理职能，备用章启用视同领用新印章办法 | | 一、二、三、四、五 | |
| 107 | 会计专用章是否专人保管、专人使用、专人负责，严禁跨柜员、岗位使用 | | 一、二、三、四、五 | |
| 108 | 会计专用章是否按规定范围使用，严禁错用，串用，提前或过期使用，是否严禁在空白会计凭证和票据上预盖印章，非业务经办人员严禁使用 | | 一、二、三、四、五 | |
| 109 | 如果有多枚同类会计专用章，是否按顺序编号，按柜员依次发放，专人专用，明确责任 | | 一、二、三、四、五 | |

续表

| 序号 | 主要风险控制落实 | 比重 | 评级 | 打分 |
|---|---|---|---|---|
| 110 | 使用会计专用章时是否专匣保管，固定存放；非营业时间是否印章入库或锁于保险箱柜中，是否做到不得私自授受会计专用章 | | 一、二、三、四、五 | |
| 111 | 柜员岗位调换或临时离岗时，是否办理会计专用章交接手续，是否有第三人监督交接过程，并在登记簿上进行登记 | | 一、二、三、四、五 | |
| 112 | 拟报废的会计专用章，是否由使用部门提出报废申请，经会计部门同意，将报废会计专业章逐级上缴，由上级行妥善保管 | | 一、二、三、四、五 | |
| 113 | 会计专用章停止使用后，是否及时在登记簿登记，办理停用手续 | | 一、二、三、四、五 | |
| 114 | 是否能做到使用柜员卡签到、签退、处理业务 | | 一、二、三、四、五 | |
| 115 | 是否能做到不在自己柜台办理本人的存取款业务 | | 一、二、三、四、五 | |
| 116 | 是否能做到人离箱锁，人离章锁 | | 一、二、三、四、五 | |

### （五）库管员岗操作风险考评体系（见表31-30）

表31-30　**库管员岗操作风险考评体系**

| 序号 | 主要风险控制落实 | 比重 | 评级 | 打分 |
|---|---|---|---|---|
| 1 | 库管员需核实购买人的身份，销售重要空白凭证时应逐份加盖含“出款人账号”、“付款行行名”等内容的印章，未加盖印章的严禁出售，不得预先盖好印章备用 | | 一、二、三、四、五 | |
| 2 | 空白银行承兑汇票在未签订承兑协议前不得出售；出售凭证时确保出售的承兑汇票份数与协议书注明份数一致 | | 一、二、三、四、五 | |
| 3 | 钥匙专人专用，不得借予他人，钥匙随身携带 | | 一、二、三、四、五 | |
| 4 | 对金库管理坚持同开库、同进库、同在库、同操作、同出库、同锁库 | | 一、二、三、四、五 | |
| 5 | 对出入库的现金、物品坚持相互复核、相互监督 | | 一、二、三、四、五 | |

续表

| 序号 | 主要风险控制落实 | 比重 | 评级 | 打分 |
|---|---|---|---|---|
| 6 | 库管员在开启密码锁时，防止密码泄露，密码必须定期更换 | | 一、二、三、四、五 | |
| 7 | 库管员是否及时记账 | | 一、二、三、四、五 | |
| 8 | 对于频繁冲账和更改交易加强监控，检查冲账和更改的原因及处理上的漏洞；其中大额冲账交易和同一柜员下反复出现冲账和更改交易，必须调阅原始资料予以核实 | | 一、二、三、四、五 | |
| 9 | 是否每天两名库管员共同盘库并与会计账核对 | | 一、二、三、四、五 | |
| 10 | 对传票内部的传递环节进行监控；及时将传票封包交监督部门审核，督促对传票的移交履行签收手续 | | 一、二、三、四、五 | |
| 11 | 重要空白凭证和有价单证的使用是否要按顺序，不得跳号，对作废凭证须严格检查是否逐联加盖“作废”戳记，作为当日相关业务会计传票附件装订保留，作废凭证号码，剪贴在销号登记簿上，根据凭证的领用日期、品种、数量、起讫号码及时登记有价单证销号登记簿，每日进行账实核对 | | 一、二、三、四、五 | |
| 12 | 支行向上级行领用凭证时，是否填制领用单，加盖预留印鉴 | | 一、二、三、四、五 | |
| 13 | 兑付有价单证时，经办人员必须仔细审查每一张单证的真实性和合法性，凡发现有意涂改、伪造、变造的有价单证，均应当场没收；对已经兑付、停止使用或注销作废的有价单证，应作出明显作废标记，填制上缴清单后缴送出纳库房登记保管 | | 一、二、三、四、五 | |
| 14 | 开户单位销户时交回的重要空白凭证或填写错误的重要空白凭证，应做明显作废标记，作为该会计传票的附件保管 | | 一、二、三、四、五 | |
| 15 | 对不再使用的旧有价单证是否及时下发收缴通知并及时收缴；收缴入库的旧有价单证是否及时加盖“作废”戳记 | | 一、二、三、四、五 | |
| 16 | 发现假币是否按照中国人民银行规定予以收缴，2 人以上当场鉴定，当场出具收缴凭证。可疑假币，是否向持票人出具待鉴定凭证后再拿离现场组织鉴定 | | 一、二、三、四、五 | |
| 17 | 是否及时登记销号登记簿并每日进行账实核实 | | 一、二、三、四、五 | |

续表

| 序号 | 主要风险控制落实 | 比重 | 评级 | 打分 |
| --- | --- | --- | --- | --- |
| 18 | 对账单的回收率是否达到95%以上 | | 一、二、三、四、五 | |
| 19 | 核对账户余额，如有不符合，事后及时查明原因并进行财务调整 | | 一、二、三、四、五 | |
| 20 | 会计传票内容是否清晰、明确 | | 一、二、三、四、五 | |
| 21 | 管库人员工作变动或临时由他人代理时，是否逐捆、逐本清点交接，已拆捆的是否逐本、逐号进行核对并登记交接簿 | | 一、二、三、四、五 | |
| 22 | 库管员需核实购买人的身份，销售重要空白凭证时应逐份加盖含“出款人账号”、“付款行行名”等内容的印章，未加盖印章的严禁出售，不得预先盖好印章备用 | | 一、二、三、四、五 | |
| 23 | 空白银行承兑汇票在未签订承兑协议前不得出售；出售凭证时确保出售的承兑汇票份数与协议书注明份数一致 | | 一、二、三、四、五 | |
| 24 | 钥匙专人专用，不得借予他人，钥匙随身携带 | | 一、二、三、四、五 | |
| 25 | 对金库管理坚持同开库、同进库、同在库、同操作、同出库、同锁库 | | 一、二、三、四、五 | |
| 26 | 对出入库的现金、物品坚持相互复核、相互监督 | | 一、二、三、四、五 | |
| 27 | 库管员在开启密码锁时，防止密码泄露，密码必须定期更换 | | 一、二、三、四、五 | |
| 28 | 库管员是否及时记账 | | 一、二、三、四、五 | |
| 29 | 对于频繁冲账和更改交易加强监控，检查冲账和更改的原因及处理上的漏洞；其中大额冲账交易和同一柜员下反复出现冲账和更改交易，必须调阅原始资料予以核实 | | 一、二、三、四、五 | |
| 30 | 是否每天两名库管员共同盘库并与会计账核对 | | 一、二、三、四、五 | |
| 31 | 对传票内部的传递环节进行监控；及时将传票封包交监督部门审核，督促对传票的移交履行签收手续 | | 一、二、三、四、五 | |

续表

| 序号 | 主要风险控制落实 | 比重 | 评级 | 打分 |
|---|---|---|---|---|
| 32 | 重要空白凭证和有价单证的使用是否要按顺序，不得跳号，对作废凭证需严格检查是否逐联加盖“作废”戳记，作为当日相关业务会计传票附件装订保留，作废凭证号码，剪贴在销号登记簿上，根据凭证的领用日期、品种、数量、起讫号码及时登记有价单证销号登记簿，每日进行账实核对 | | 一、二、三、四、五 | |
| 33 | 支行向上级行领用凭证时，是否填制领用单，加盖预留印鉴 | | 一、二、三、四、五 | |
| 34 | 兑付有价单证时，经办人员必须仔细审查每一张单证的真实性和合法性，凡发现有意涂改、伪造、变造的有价单证，均应当场没收；对已经兑付、停止使用或注销作废的有价单证，应作出明显作废标记，填制上缴清单后缴送出纳库房登记保管 | | 一、二、三、四、五 | |
| 35 | 开户单位销户时交回的重要空白凭证或填写错误的重要空白凭证，应做明显作废标记，作为该会计传票的附件保管 | | 一、二、三、四、五 | |
| 36 | 对不再使用的旧有价单证是否及时下发收缴通知并及时收缴；收缴入库的旧有价单证是否及时加盖“作废”戳记 | | 一、二、三、四、五 | |

### （六）交接员岗操作风险考评体系（见表31-31）

表31-31 **交接员岗操作风险考评体系**

| 序号 | 主要风险制度落实情况 | 比重 | 评级 | 评分 |
|---|---|---|---|---|
| 1 | 交接的现金箱数是否与要求相符，封品质量是否存在问题 | | 一、二、三、四、五 | |
| 2 | 是否按规定办理各种交接登记手续 | | 一、二、三、四、五 | |
| 3 | 是否严格审查缴款单、支票等凭证要素 | | 一、二、三、四、五 | |
| 4 | 向上级行领用凭证，是否保证双人请领，专车押送，并填制领用单，加盖预留印鉴 | | 一、二、三、四、五 | |
| 5 | 长途押运是否按规定操作 | | 一、二、三、四、五 | |

## （七）事后稽核岗操作风险考评体系（见表31-32）

表31-32　**事后稽核岗操作风险考评体系**

| 序号 | 主要风险制度落实情况 | 比重 | 评级 | 评分 |
|---|---|---|---|---|
| 1 | 根据规定，单位存款人开立的银行结算账户是否自正式开立起3个工作日后办理支付业务，注册验资的临时存款账户转为基本存款账户和因借款转存开立的一般存款账户除外 | | 一、二、三、四、五 | |
| 2 | 对于符合长期不动户转入条件的客户，是否发出销户通知书并留下通知书底联，对于未来办理销户的账户，是否逐步销户转入“长期不动户”专户进行管理，会计结算部门是否根据清单按月核对账、卡 | | 一、二、三、四、五 | |
| 3 | 长期不动户资金支取，是否凭客户取款依据，并经业务部门、会计结算部门相关人员签字确认办理 | | 一、二、三、四、五 | |
| 4 | 是否定期检查登记簿的登记情况，保证账实相符 | | 一、二、三、四、五 | |
| 5 | 对有问题的可疑资金款项，库管员是否及时上报给会计助理 | | 一、二、三、四、五 | |
| 6 | 检查库管员是否以固定或约定时间回收对账单，回收率是否达到95%以上 | | 一、二、三、四、五 | |
| 7 | 检查回单发放率是否达到100% | | 一、二、三、四、五 | |
| 8 | 丢失假钞比照丢失同等面值真钞对当事人进行处罚是否做到 | | 一、二、三、四、五 | |
| 9 | 组织会计人员与出纳人员进行对账，保证账实相符 | | 一、二、三、四、五 | |
| 10 | 每日营业终了应进行账实核对，确保相符并由综合柜员、复核人员在有价单证领用销号登记簿上签章后方能封箱寄放于出纳库房；事后稽核应每月至少检查一次库存、保管情况和领用手续、核对账实，并登记查库登记簿，签章备查 | | 一、二、三、四、五 | |
| 11 | 是否根据业务性质正确使用各种传票，对于内部传票（如特种转账传票）使用范围和方法是否予以规范和控制；传票在柜组，部门之间的内部传递环节是否进行监控；是否及时将传票封包交至事后稽核部门审核；有关人员在传票传递或交易时是否履行签字手续 | | 一、二、三、四、五 | |

续表

| 序号 | 主要风险制度落实情况 | 比重 | 评级 | 评分 |
|---|---|---|---|---|
| 12 | 会计助理是否对同一柜员频繁冲正、大额存款冲正成小额存款的情况及在非营业时间办理转账等异常交易引起关注 | | 一、二、三、四、五 | |
| 13 | 根据财会部门制度规定对有关业务部门负责的与下级行内部资金往来账，与同业间的账务核对工作是否进行监督检查，对于有疑问的资金是否引起关注 | | 一、二、三、四、五 | |

# 第三十二章　支行联行清算部操作风险控制

## 一、支行联行清算部组织结构和岗位职责

### （一）支行联行清算部组织结构（见图32-1）

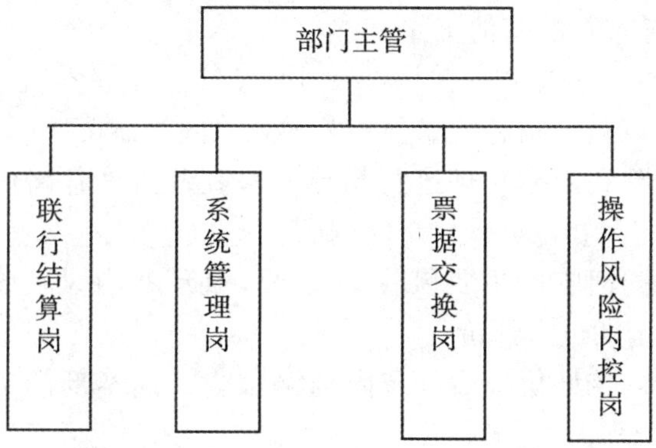


图32-1　支行联行清算部组织结构

### （二）支行联行清算部岗位职责

1. 系统管理岗。

（1）负责电脑设施及有关附属品的管理、维护和维修工作。

（2）负责每日开关机的工作。

（3）负责设立密码管理，并督促操作员定期更换密码。

（4）负责监督操作员故障恢复，并如实记录故障情况。

（5）负责打印各种电脑资料，并按规定要求进行核对、分类、盖章、整理、保管，按规定的时间把档案交档案部门。如发现问题，及时记录并报告。

（6）负责分管登记簿的登记和监督工作。

（7）完成上级领导布置的其他工作。

2. 票据交换岗

（1）遵守交换的各项规章制度，按规定的时间参加交换。

（2）负责保管所有交换凭证及软盘。

（3）负责支行信件的送、带工作。

（4）负责中国人民银行开户资料及划解凭证的送缴工作。

（5）完成上级领导布置的其他工作。

3. 联行结算岗

（1）负责签发汇票、支票，并编制市辖汇票密押。

（2）负责集体定期存款开户、转存工作。

（3）负责提出交换票据的输入工作。

（4）负责对收到的交换凭证、报单及时进行账务处理。

（5）负责市辖往来账务处理及对账工作。

（6）负责实时清算系统的录入、开户、销户、核对及购买支付密码器工作。

（7）负责银行承兑汇票的委托收款结算和查询查复工作。

（8）负责编制联行报单和行内往来报单。

（9）负责有关登记簿的登记及相关报表的打印工作。

（10）完成上级领导布置的其他工作。

4. 操作风险内控岗

（1）识别本部门的风险，制定并完善相关的风险内控制度。

（2）对本部门的风险和内控管理进行指导，检查，监督各岗位风险内控职责的落实情况。

（3）监测分析本部门面临的主要风险，收集，整理各内风险监测的指标数据，对本部门风险内控管理工作定期进行评价。

（4）撰写本部门的内控评价报告和风险监测报告，向本部门负责人和风险管理责任人报告风险监测情况。

## 二、操作风险点及控制制度

支行联行清算部操作风险点及控制制度如表 32-1 所示。

表 32-1 **支行联行清算部操作风险点及控制制度**

| 环节 | 风险点 | 控制制度 | 责任人 |
|---|---|---|---|
| 1 | 是否及时更新电脑设备，恢复故障定期更换密码，确保安全运行 | 加强保密意识，定期进行系统维护故障排除 | 系统管理员 |
| 2 | 各类资料的及时打印，保管，抄发 | 加强岗位责任意识，提高工作效率 | 系统管理员 |
| 3 | 分管登记簿的登记和监督 | 对每一凭证，登记簿严格按照相关规定管理，监督 | 系统管理员 |
| 4 | 票据的交换，支行的信件送、带是否及时 | 票据的交换，支行信件的送带按照其业务的要求在规定时间按时交换，不得拖延，积压 | 票据交换员 |

续表

| 环节 | 风险点 | 控制制度 | 责任人 |
|---|---|---|---|
| 5 | 交换凭证及软盘 | 按照凭证交换章程办理 | 票据交换员 |
| 6 | 人民银行开户资料及划解凭证的送缴是否合规 | 资料，划解凭证的送缴要及时，准确，发现问题及时记录上报处理 | 票据交换员 |
| 7 | 汇票、支票的签发是否无差错，市辖汇票密押的编制是否正确 | 汇票、支票在签发时要仔细认真，签发后要核对。编制市辖汇票密押要保证正确无误，编制后要核对 | 联行清算员 |
| 8 | 为客户进行定期存款的开户、转存是否仔细认真，是否无差错 | 加强业务水平，提高业务素质，减少疏忽大意带来的失误，保证开户和转存无差错。开户，转存后要进行核对 | 联行清算员 |
| 9 | 交换票据的输入过程中发生编码，金额等的输入错误 | 输入过程要仔细，输入后要进行核对 | 联行清算员 |
| 10 | 交换凭证、报单的账务处理是否及时，处理是否符合业务标准 | 对收到的交换凭证、报单等要及时进行账务处理，按章业务要求进行操作，处理后要进行核对工作，保障无差错发生 | 联行清算员 |
| 11 | 市辖往来账务的处理及对账是否符合业务标准，是否无差错 | 按业务标准对市辖往来账务进行处理及对账工作，出现差错要及时更正 | 联行清算员 |
| 12 | 清算系统的录入、开户、销户、核对工作是否按业务流程进行，是否无差错 | 严格按照业务流程进行，保障无差错 | 联行清算员 |
| 13 | 银行承兑汇票的委托收款结算是否按业务流程执行，结算是否符合会计标准，是否无差错。查询查复工作是否到位 | 严格按业务流程进行银行承兑汇票的委托收款结算，保障查询查复工作到位 | 联行清算员 |
| 14 | 报单的编制是否符合要求，编制是否合理 | 按要求合理编制报单 | 联行清算员 |
| 15 | 登记是否无差错 | 登记后要进行核对工作，保证无差错 | 联行清算员 |

续表

| 环节 | 风险点 | 控制制度 | 责任人 |
|---|---|---|---|
| 16 | 是否认真执行上级领导交办的其他工作 | 尽职尽责，及时并认真地执行上级领导交办地其他工作 | |
| 17 | 是否合理制定风险控制制度，是否严格按制度控制风险，对各岗位的风险的评估是否准确 | 识别本部门的风险，制定并完善相关的风险内控制度。严格按相关程序进行风险控制、评估 | 风险管理员 |
| 18 | 是否及时协助各岗位处理各类风险，对重大风险是否进行汇报、记录工作 | 适时监测各种操作风险，及时发现问题并解决问题 | 风险管理员 |

## 三、操作风险的考评体系

1. 系统管理岗操作风险考评体系（见表32-2）

表32-2 **系统管理岗操作风险考评体系**

| 序号 | 风险控制的落实 | 比重 | 评级 | 打分 |
|---|---|---|---|---|
| 1 | 是否及时更新电脑设备，恢复故障定期更换密码，确保安全运行 | | 一、二、三、四、五 | |
| 2 | 各类资料的及时打印，保管，抄发 | | 一、二、三、四、五 | |
| 3 | 分管登记簿的登记和监督 | | 一、二、三、四、五 | |

2. 票据交换岗操作风险考评体系（见表32-3）

表32-3 **票据交换岗操作风险考评体系**

| 序号 | 风险控制的落实 | 比重 | 评级 | 打分 |
|---|---|---|---|---|
| 1 | 票据的交换，支行的信件送、带是否及时 | | 一、二、三、四、五 | |
| 2 | 交换凭证及软盘 | | 一、二、三、四、五 | |
| 3 | 人民银行开户资料及划解凭证的送缴是否合规 | | 一、二、三、四、五 | |

3. 联行清算岗操作风险考评体系（见表32-4）

表 32-4　　　　**联行清算岗操作风险考评体系**

| 序号 | 风险控制的落实 | 比重 | 评级 | 打分 |
|---|---|---|---|---|
| 1 | 汇票、支票的签发是否无差错，市辖汇票密押的编制是否正确 | | 一、二、三、四、五 | |
| 2 | 为客户进行定期存款的开户、转存是否仔细认真，是否无差错 | | 一、二、三、四、五 | |
| 3 | 交换票据的输入过程中发生编码，金额等的输入错误 | | 一、二、三、四、五 | |
| 4 | 交换凭证、报单的账务处理是否及时，处理是否符合业务标准 | | 一、二、三、四、五 | |
| 5 | 市辖往来账务的处理及对账是否符合业务标准，是否无差错 | | 一、二、三、四、五 | |
| 6 | 清算系统的录入、开户、销户、核对工作是否按业务流程进行，是否无差错 | | 一、二、三、四、五 | |
| 7 | 银行承兑汇票的委托收款结算是否按业务流程执行，结算是否符合会计标准，是否无差错。查询查复工作是否到位 | | 一、二、三、四、五 | |
| 8 | 报单的编制是否符合要求，编制是否合理 | | 一、二、三、四、五 | |
| 9 | 登记是否无差错 | | 一、二、三、四、五 | |
| 10 | 是否认真执行上级领导交办的其他工作 | | 一、二、三、四、五 | |

4. 操作风险内控岗操作风险考评体系（见表 32-5）

表 32-5　　　　**操作风险内控岗操作风险考评体系**

| 序号 | 风险控制的落实 | 比重 | 评　级 | 打分 |
|---|---|---|---|---|
| 1 | 是否合理制定风险控制制度，是否严格按制度控制风险，对各岗位的风险的评估是否准确 | | 一、二、三、四、五 | |
| 2 | 是否及时协助各岗位处理各类风险，对重大风险是否进行汇报、记录工作 | | 一、二、三、四、五 | |

# 第三十三章　支行保卫部操作风险控制

## 一、支行保卫部组织结构和岗责体系

### （一）支行保卫部组织结构（见图 33-1）

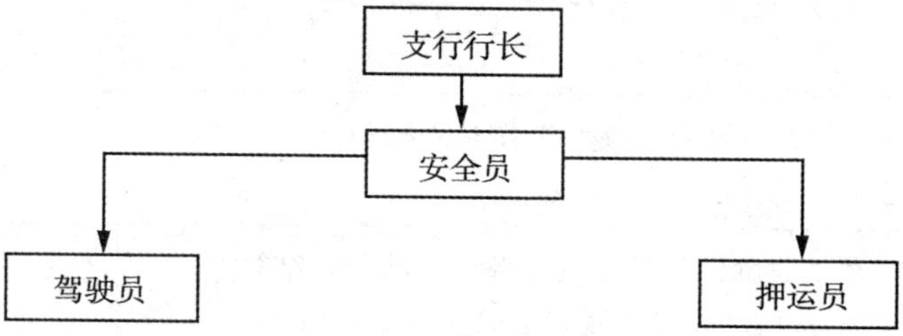


图 33-1　支行保卫部组织结构

### （二）支行保卫部各个岗位的操作风险岗责

1. 驾驶员岗

（1）担任运钞值班任务的驾驶员要在岗在位，执行日常押运任务时至少要提前 10 分钟到岗，如需执行特殊押运任务要随叫随到，与押运员共同完成押运任务。

（2）遵纪守法，严格遵守交通法规，不得以押运为由违反交通规则。

（3）对突发事件按银行应急预案执行。

（4）出车前对车况要进行全面、细致的检查，加足油料，让运钞车处于最佳运行状态，如发现不安全因素，应暂停执行任务并及时报告。

（5）努力钻研驾驶、维修技术，认真做好车辆例保工作，做到日擦、周清、小修自己动手，不带故障出车，如有问题应及时向上级报告。

（6）严守押运秘密，不得向外泄露押运时间、地点、数量、线路、人员、车型等情况。

（7）不得私自出车，非专职驾驶员不准驾驶运钞车。

（8）执行押运任务时，严格执行"一车四人"规定，严禁搭乘无关人员，不得擅自改变预定的行车线路，中途不得私自停车。

（9）运钞车到网点接送款箱时，应尽量将车停放在监控范围内的指定区域。

（10）负责使车上通信器材处于工作状态。

（11）运钞完毕，车辆停放在指定地点。

2. 押运员岗

（1）做好现金、有价单证、重要物品的安全押运工作。

（2）按规定检查防卫器械，熟练掌握对防卫器械的使用。

（3）熟知操作规程、报警电话和各种防范应急措施。

（4）机智防范各突发性事件，确保银行资金和职工人身安全。

（5）严格执行“双人”押运规定，做好押运前各项准备工作，做到押运规程到位。

（6）严守押运秘密，不得向外泄露押运时间、地点、数量、线路、人员、车型等情况。

3. 安全员岗

（1）协助行长做好安全保卫工作及安全保卫意识教育，抓好制度建设。

（2）做好安全保卫工作的检查，落实各网点防火、防盗、防抢、防暴预案的工作，并按要求登记台账，编制各类报表，如发现问题及时汇报，并提出处理意见。

（3）负责网点硬件设备维护、管理，确保正常运行。

（4）协助行长做好安全保卫分管工作，负责网点硬件设备维护，确保正常运行。

（5）维护银行自助设备的正常工作及安全。

（6）对防卫器械进行严格的管理。

（7）熟悉银行的安全保卫制度，掌握监控、报警及消防等设备的使用、管理方法。

（8）严守押运秘密，不得向外泄露押运时间、地点、数量、线路、人员、车型等情况。

（9）辅导、监督各网点的安全保卫工作。

## 二、操作风险及其控制制度

### （一）金库管理操作风险及其控制制度（见表 33-1）

表 33-1　　**金库管理操作风险及其控制制度**

| 环节 | 主要风险点 | 控制制度 | 责任人 |
|---|---|---|---|
| 1 | 金库库区各道门锁是否由不同人分别控制 | 交接室、金库门、金库栅栏门上各种锁具必须由不同管库及守库人员分别开启。严禁代开、代锁 | 安全员、管库员 |
| 2 | 尾箱出入库区域是否相对封闭；整个出入库过程是否全程监控 | 尾箱出入库应在相对封闭的区域中进行，且必须对整个出入库过程进行全程监控 | 安全员、支行领导 |

续表

| 环节 | 主要风险点 | 控制制度 | 责任人 |
| --- | --- | --- | --- |
| 3 | 守库室是否独立设置；是否实行封闭式管理 | 守库室应与外部隔离，内有接受报警和与外界联络的通信设备。守库室实行封闭式管理，设有卫生间及相应生活设施 | 安全员、支行领导 |
| 4 | 金库是否实行封闭式管理 | （1）机械锁、密码锁、掌形仪（或指纹锁）三种锁具并用。<br>（2）交接室、金库门、金库内栅栏门三道门互控。<br>（3）金库内110报警方式、金库内震动感应报警方式、库区（金库内、交接室、交接室门外）视频移动侦测录像报警方式形成三位一体报警系统。<br>（4）管库员、守库员和负责掌形（指纹）录入的技术人员三类人员相互制约 | 安全员、支行领导 |
| 5 | 金库报警、电视监控、手动报警按钮、消防灭火器材等安全防范设备是否安装到位，运行是否正常，是否按规定布防 | 金库（含清点间、交接间）必须安装电视监控报警设备，配置防潮、灭火设备，安装防爆灯，配备应急照明设备。在新建、改建金库前，安全部门要对安全防范设施的建设提出具体方案，并报上一级单位安全部门提出意见，经当地公安机关主管部门审核批准后方可施工。工程竣工后，经当地公安机关验收合格，由公安机关发给《安全防护设施合格证》后方可使用。必须定期对监控报警设备进行技术测试，确保监控报警装置运转正常 | 安全员、支行领导 |
| 6 | 金库电视监控图像是否按规定保存和查阅 | 金库安装的电视监控的图像信号应采用加密方式保存，不得在监控台上直接显示。查阅录像必须办理有关手续后方能进行 | 安全员 |

## （二）网点安全管理操作风险及其控制制度（见表33-2）

表33-2 **网点安全管理操作风险及其控制制度**

| 环节 | 主要风险点 | 控制制度 | 责任人 |
| --- | --- | --- | --- |
| 1 | 通勤门是否符合规定，管理是否严格 | 通勤门应采取全封闭的金属防盗门，且外门外开，内门内开，门锁具有防撞击、防撬功能。自动电控锁必须随时处在互锁状态。开启通勤门时，要在确认绝对安全的条件下进行，营业厅有客户或陌生人时，尽量不开启通勤门 | 安全员、支行行长、综合柜员 |
| 2 | 监控报警设施是否按规定安装与管理 | 营业网点的门窗、柜台、防弹玻璃灯防护材料以及监控报警等技防设施、设备必须是经有关部门检验合格的产品，达到国家和行业标准及公安部门的要求。监控报警装置必须制定专人负责管理 | 安全员、支行行长 |

续表

| 环节 | 主要风险点 | 控制制度 | 责任人 |
| --- | --- | --- | --- |
| 3 | 是否落实专人负责网点上下班时布撤防工作 | 网点上下班时的布撤防工作必须由专人负责 | 安全员、综合柜员 |
| 4 | 安全员是否熟悉各种应急备案 | 网点人员应熟悉防抢、火灾等各种应急备案，熟知自己的职责和任务，遇有突发事件，按照预案妥善处理 | 安全员、综合柜员 |
| 5 | 安全员是否掌握各种防卫器材、消防器材的正确使用 | 安全员必须定期进行培训和演练，确保安全员熟练掌握各种防卫器材、消防器材的使用方法 | 安全员、网点员工 |
| 6 | 营业前是否做好各项检查 | （1）门窗保险柜有无异常。<br>（2）护门、护栏是否牢固，拉（卷）闸门开启是否上闩落锁固定。<br>（3）检查报警器、电话是否良好；开启电视监控设备，并检查其是否运行正常。<br>（4）防卫器材有无丢失、损坏、变质，放置位置是否得当。<br>（5）昨日的安全情况是否详细记载，对发生的问题有无报告和处理。<br>（6）头寸箱的锁和封条有无启动 | 安全员、网点员工 |
| 7 | 营业时是否做到各项要求 | （1）每个临柜员工保持高度警惕，随时发现各种异常现象，并采取有效的控制、防范措施。<br>（2）严禁无关人员进入柜台，因公需要进入柜台内的必须按规定办理进入手续。<br>（3）通勤门必须随时处于锁牢状态，钥匙应由专人保管，存放在隐蔽固定的地方。<br>（4）柜台外的厅内严禁放置木棒、砖、石、铁器等便于犯罪分子作案的物品。<br>（5）临柜人员要熟记本单位和上级安全部门及就近公安机关的值班电话号码，会熟练使用报警设备。<br>（6）成捆的大额现金锁入保险柜，保险柜的钥匙要拔下，密码要打乱 | 安全员、综合柜员、支行行长 |
| 8 | 下班后是否做好各项检查 | （1）将抽屉、保险柜等全部落锁，钥匙随身携带。<br>（2）除一个留在柜台职守外，其余当班人员必须全部参与尾箱交接的护送、警戒。在未确认款车及押运、交接业务员真伪前，尾箱不得提出营业厅。<br>（3）切断电源、火源、熄灭火种，关好窗户。<br>（4）填好当日安全情况登记簿。<br>（5）将有关技防设施置于布防状态。<br>（6）锁好卷（拉）闸门 | 安全员、综合柜员、支行行长 |

## （三）押运钞管理操作风险及其控制制度（见表 33-3）

表 33-3 押运钞管理操作风险及其控制制度

| 环节 | 主要风险点 | 控制制度 | 责任人 |
|---|---|---|---|
| 1 | 是否对车辆经常进行保养和维修 | 精心保养车辆，做到日擦、周清、小修自己动手，不带故障出车 | 驾驶员 |
| 2 | 是否按规定使用运钞车 | 不得私自出车，非专职驾驶员不准驾驶运钞车；运钞车应做到专车专用 | 驾驶员、支行行长 |
| 3 | 是否实现双人武装押运；是否一车四人 | 必须实现双人武装押运 | 支行行长、押运员 |
| 4 | 是否使用制式运钞车；大额现金长途押运是否有护卫车 | 必须使用制式运钞车押运 | 安全员、主管行领导 |
| 5 | 驾驶员、押运员是否按规定着装 | 押运时必须实行双人武装押运。押运过程中，专职押运员对有运款箱的安全负责。执行押运任务时，押运员必须按规定佩戴武器，着统一服装，穿防弹背心，戴头盔。押运途中押运员不得擅自离岗 | 驾驶员、押运员 |
| 6 | 驾驶员执行押运任务时是否遵守交通规则 | 驾驶员在执行押运任务时应严格遵守交通法规 | 驾驶员 |
| 7 | 驾驶员是否准时上班；担任押运的驾驶员是否随叫随到 | 驾驶员应准时上班。担任运钞值班任务的驾驶员要在岗在位，执行日常押运任务时至少要提前 10 分钟到岗，如需执行特殊押运任务要随叫随到 | 驾驶员 |
| 8 | 运钞线路是否保密；是否经常改变运钞路线 | 运钞人员不得向无关人员泄露或谈论运钞事宜。运钞路线、时间和取送款箱地点的安排要隐蔽、灵活，防止被人察觉和掌握规律。运钞车在执行任务期间严禁搭乘无关人员，运钞途中严禁让无关人员上车 | 驾驶员、押运员、安全员 |

续表

| 环节 | 主要风险点 | 控制制度 | 责任人 |
| --- | --- | --- | --- |
| 9 | 运钞车在执行任务期间是否搭乘无关人员 | 运钞车在执行任务期间严禁搭乘无关人员，不准携带违禁物品和私人物品 | 驾驶员、押运员 |
| 10 | 接送款箱的运钞车是否定点停位；停车位置是否合理；运钞车是否熄火 | 运钞车到网点接送款箱时应尽量将车停放在监控范围内的指定区域；押运过程中运钞车驾驶员必须确保车辆不熄火，非特殊情况下不能下车 | 驾驶员、押运员、安全员 |
| 11 | 安全员是否熟悉押运、出纳员及本行运钞车 | 网点应有押运员、交接业务员的照片；运钞车及押运员更换应及时通知网点 | 安全员、综合柜员 |
| 12 | 安全员是否认真核对押运员身份 | 安全员应将运钞车及押运、交接业务员照片贴在内部墙上。运钞车及人员更换后要及时通知网点，以便安全员核实押运人员的真实身份 | 安全员 |
| 13 | 在途现金及重要物品的安全 | 现金在途，驾驶员和押运员分工明确，密切配合。注意保密，防火、防抢、防盗。保持通信畅通。送钞行的有关负责人要随时过问情况，收钞行在约定时间没有收到现钞要及时询问，收到后则要及时通报送钞行 | 押运员、驾驶员、综合柜员 |
| 14 | 接送款箱时，押运员是否按规定下车警戒 | 接送款箱时，押运员必须下车警戒，注意观察周围情况，并采取必要的警戒措施。严禁押运员搬运款箱、代交接业务员签收款箱、清点款项、单独掌管款箱或负担其他任务 | 押运员、安全员 |
| 15 | 运钞过程中是否保持无线电通信畅通 | 运钞过程中必须保持无线电通信畅通 | 押运员、驾驶员 |
| 16 | 长途押运是否按规定操作 | 异地或远程运钞，应合理选择运送方式和运输工具，以尽量缩短途中时间和最安全运送为原则。途中守护款箱的人员的任何情况下都不得少于 2 人。乘飞机、火车运钞时，押运员要随款箱看护，严禁托运找人代管 | 押运员、驾驶员、交接业务员、安全员 |

### （四）银行自助设备维护与安全管理操作风险及其控制制度（见表33-4）

表33-4 银行自助设备维护与安全管理操作风险及其控制制度

| 序号 | 主要风险点 | 控制制度 | 责任人 |
|---|---|---|---|
| 1 | ATM等自助设备是否按规定安装监控报警系统 | ATM机上应安装2台以上摄像机，在客户交易时分别对操作区和出钞口进行监视、录像，回放图像应能清晰辨别客户面部特征，但不应看到密码。对装填现金的操作区安装摄像机进行实时监视、记录 | 安全员、支行行长 |
| 2 | 是否落实人员定时对ATM机进行巡查 | 应定期、不定期组织对ATM等自助设备的安全检查、巡查 | 安全员、ATM机所属网点负责人 |
| 3 | ATM清机时是否按照规定进行，特别是大堂开放式ATM机清机时是否严格按照要求进行 | 依附式ATM机的清机工作，必须在当天营业前由双人封闭操作。为提高工效，防范风险，每台ATM机应按需求多配备钞箱若干，进行钞箱整体调换的清机处理 | 安全员、综合柜员 |
| 4 | ATM等监控系统摄像机是否符合规定 | 系统应针对ATM机设置全景摄像机对工作环境进行监视、记录，对全景摄像机应具有24小时实时录像功能。摄像机水平分辨率应不低于480线，信噪比不低于48db。对于ATM机上监控操作区、出钞口和装填现金区的摄像机，应采用触发方式来记录图像数据，但应记录交易过程前10秒至交易过程结束之间的完整的图像数据 | 安全员、支行行长 |
| 5 | 离行式ATM等自助设备是否安装报警装置 | 离行式ATM等自助设备，应安装报警装置，对撬窃事件进行探测报警。同时，报警应能与视频监控系统和其他防护装置联动，并具有报警联网功能 | 安全员、支行行长 |
| 6 | 录像资料是否按规定时间保存 | 记录图像数据的保存时间应不少于3个月 | 安全员、ATM机所属网点负责人 |
| 7 | 自助银行是否安装出入口控制装置 | 自助银行应安装出入口控制装置 | 安全员、支行行长 |

续表

| 序号 | 主要风险点 | 控制制度 | 责任人 |
|---|---|---|---|
| 8 | 自助银行监控系统是否具有远程网络监控功能 | 自助银行视频监控系统的图像和声音应具有远程传输监控功能 | 安全员、支行行长 |

### （五）枪弹安全管理操作风险及其控制制度（见表 33-5）

表 33-5　　枪弹安全管理操作风险及其控制制度

| 序号 | 主要风险点 | 控制制度 | 责任人 |
|---|---|---|---|
| 1 | 持枪人员是否具备持枪资格并熟练使用枪支 | 持枪人员必须经过专门培训，经过考核取得公安部门颁发的持枪证后方可上岗 | 安全员 |
| 2 | 持枪人员是否按规定佩戴枪支 | （1）动枪先验枪，验枪先验弹。<br>（2）枪不离身。<br>（3）持枪外出执行任务时，携带枪证、持枪证及持枪通行证。<br>（4）不准随意鸣枪、玩弄枪支、枪口对人和饮酒后持枪 | 安全员 |
| 3 | 持枪人员是否按规定使用枪支 | 遇到可以使用枪支的紧急情况时，一般应先鸣枪警告，如来不及警告或警告后可能导致更为严重的后果时，可以直接使用枪支 | 安全员 |
| 4 | 持枪人员是否按规定保管枪支弹药 | （1）配置专用枪柜。<br>（2）存放枪柜的区域必须安装监控报警设备。<br>（3）专人保管、枪弹分存、双人双锁。<br>（4）建立枪弹台账，严格交接登记 | 安全员 |
| 5 | 持枪人员是否按规定检查枪弹使用管理情况 | （1）用枪单位每周至少自查一次。<br>（2）支行每月至少组织检查一次。<br>（3）发现枪弹丢失或被盗，及时上报有关部门 | 安全员 |
| 6 | 枪柜和枪库是否符合规定 | 凡配置枪支弹药设置坚固安全的枪柜和枪库，枪柜必须同时安装密码锁和机械锁 | 安全员、支行行长 |

续表

| 序号 | 主要风险点 | 控制制度 | 责任人 |
|---|---|---|---|
| 7 | 备用枪弹是否按规定保存 | 备用枪弹必须由安全员和主管行长双人保管 | 安全员 |
| 8 | 持枪人员是否按规定做好枪弹安全检查工作 | 配枪的基层单位每月自查一次，一级分行安全部门每月抽查一次，每年普查一次 | 安全员 |
| 9 | 发生枪弹丢失、被盗是否按规定报告 | 发生枪弹丢失、被盗必须立即报告上级安全部门和当地公安机关 | 安全员、支行行长 |

## 三、操作风险的考评体系

评级一栏可以分为五级评价：一、二、三、四、五，表示很好、较好、好、中、差，对应评分可以自行设定。比重一栏根据主要风险点的重要程度进行设定。

1. 驾驶员岗操作风险考评体系（见表33-6）

表33-6 **驾驶员岗操作风险考评体系**

| 序号 | 主要风险制度落实情况 | 比重 | 评级 | 评分 |
|---|---|---|---|---|
| 1 | 是否对车辆经常进行保养和维修 | | 一、二、三、四、五 | |
| 2 | 是否按规定使用运钞车和公务车 | | 一、二、三、四、五 | |
| 3 | 驾驶员、押运员是否按规定着装 | | 一、二、三、四、五 | |
| 4 | 驾驶员执行押运任务时是否遵守交通规则 | | 一、二、三、四、五 | |
| 5 | 驾驶员是否准时上班；担任押运的驾驶员是否随叫随到 | | 一、二、三、四、五 | |
| 6 | 运钞线路是否保密；是否经常改变运钞路线 | | 一、二、三、四、五 | |
| 7 | 运钞车在执行任务期间严禁搭乘无关人员 | | 一、二、三、四、五 | |
| 8 | 接送款箱的运钞车是否定点停位；停车位置是否合理；运钞车是否熄火 | | 一、二、三、四、五 | |
| 9 | 在途现金及重要物品的安全 | | 一、二、三、四、五 | |
| 10 | 长途押运是否按规定操作 | | 一、二、三、四、五 | |
| 总分 | | | | |

2. 押运员岗操作风险考评体系（见表33-7）

表33-7　**押运员岗操作风险考评体系**

| 序号 | 主要风险制度落实情况 | 比重 | 评级 | 评分 |
|---|---|---|---|---|
| 1 | 驾驶员、押运员是否按规定着装 | | 一、二、三、四、五 | |
| 2 | 是否实现双人武装押运，是否一车四人 | | 一、二、三、四、五 | |
| 3 | 运钞线路是否保密；是否经常改变运钞路线 | | 一、二、三、四、五 | |
| 4 | 运钞车在执行任务期间严禁搭乘无关人员 | | 一、二、三、四、五 | |
| 5 | 接送款箱的运钞车是否定点停位；停车位置是否合理；运钞车是否熄火 | | 一、二、三、四、五 | |
| 6 | 在途现金及重要物品的安全 | | 一、二、三、四、五 | |
| 7 | 接送款箱时，押运员是否按规定下车警戒 | | 一、二、三、四、五 | |
| 8 | 运钞过程中是否保持无线电通信畅通 | | 一、二、三、四、五 | |
| 9 | 长途押运是否按规定操作 | | 一、二、三、四、五 | |
| 总分 | | | | |

3. 安全员岗操作风险考评体系（见表33-8）

表33-8　**安全员岗操作风险考评体系**

| 序号 | 主要风险制度落实情况 | 比重 | 评级 | 评分 |
|---|---|---|---|---|
| 1 | 金库库区各道门锁是否由不同人分别控制 | | 一、二、三、四、五 | |
| 2 | 尾箱出入库区域是否相对封闭；整个出入库过程是否全程监控 | | 一、二、三、四、五 | |
| 3 | 守库室是否独立设置；是否实行封闭式管理 | | 一、二、三、四、五 | |
| 4 | 金库是否实行封闭式管理 | | 一、二、三、四、五 | |
| 5 | 金库报警、电视监控、手动报警按钮、消防灭火器材等安全防范设备是否安装到位，运行是否正常，是否按规定布防 | | 一、二、三、四、五 | |

续表

| 序号 | 主要风险制度落实情况 | 比重 | 评级 | 评分 |
| --- | --- | --- | --- | --- |
| 6 | 金库电视监控图像是否按规定保存和查阅 | | 一、二、三、四、五 | |
| 7 | 通勤门是否符合规定，管理是否严格 | | 一、二、三、四、五 | |
| 8 | 监控报警设施是否按规定安装与管理 | | 一、二、三、四、五 | |
| 9 | 是否落实专人负责网点上下班时布撤防工作 | | 一、二、三、四、五 | |
| 10 | 安全员是否熟悉各种应急备案 | | 一、二、三、四、五 | |
| 11 | 安全员是否掌握各种防卫器材、消防器材的正确使用 | | 一、二、三、四、五 | |
| 12 | 营业前是否做好各项检查 | | 一、二、三、四、五 | |
| 14 | 营业时是否做到各项要求 | | 一、二、三、四、五 | |
| 15 | 下班后是否做好各项检查 | | 一、二、三、四、五 | |
| 16 | 是否使用制式运钞车；大额现金长途押运是否有护卫车 | | 一、二、三、四、五 | |
| 17 | 运钞线路是否保密；是否经常改变运钞路线 | | 一、二、三、四、五 | |
| 18 | 接送款箱的运钞车是否定点停位；停车位置是否合理；运钞车是否熄火 | | 一、二、三、四、五 | |
| 19 | 安全员是否熟悉押运、出纳员及本行运钞车 | | 一、二、三、四、五 | |
| 20 | 安全员是否认真核对押运员身份 | | 一、二、三、四、五 | |
| 21 | 接送款箱时，押运员是否按规定下车警戒 | | 一、二、三、四、五 | |
| 22 | 长途押运是否按规定操作 | | 一、二、三、四、五 | |
| 23 | ATM 等自助设备是否按规定安装监控报警系统 | | 一、二、三、四、五 | |
| 24 | 是否落实人员定时对 ATM 机进行巡查 | | 一、二、三、四、五 | |
| 25 | ATM 清机时是否按照规定进行，特别是大堂开放式 ATM 机清机时是否严格按照要求进行 | | 一、二、三、四、五 | |
| 26 | ATM 等监控系统摄像机是否符合规定 | | 一、二、三、四、五 | |

续表

| 序号 | 主要风险制度落实情况 | 比重 | 评级 | 评分 |
|---|---|---|---|---|
| 27 | 离行式ATM等自助设备是否安装报警装置 | | 一、二、三、四、五 | |
| 28 | 录像资料是否按规定时间保存 | | 一、二、三、四、五 | |
| 29 | 自助银行是否安装出入口控制装置 | | 一、二、三、四、五 | |
| 30 | 自助银行监控系统是否具有远程网络监控功能 | | 一、二、三、四、五 | |
| 31 | 持枪人员是否具备持枪资格并熟练使用枪支 | | 一、二、三、四、五 | |
| 32 | 持枪人员是否按规定佩戴枪支 | | 一、二、三、四、五 | |
| 33 | 持枪人员是否按规定使用枪支 | | 一、二、三、四、五 | |
| 34 | 持枪人员是否按规定保管枪支弹药 | | 一、二、三、四、五 | |
| 35 | 持枪人员是否按规定检查枪弹使用管理情况 | | 一、二、三、四、五 | |
| 36 | 枪柜和枪库是否符合规定 | | 一、二、三、四、五 | |
| 37 | 备用枪弹是否按规定保存 | | 一、二、三、四、五 | |
| 38 | 持枪人员是否按规定做好枪弹安全检查工作 | | 一、二、三、四、五 | |
| 39 | 发生枪弹丢失、被盗事件是否按规定报告 | | 一、二、三、四、五 | |
| 总分 | | | | |

# 参考文献

## 一、中文参考文献

[1] 巴曙松．巴塞尔新资本协议框架下的操作风险衡量与资本金约束．经济理论与经济管理，2003（2）．
[2] 陈思，贾天兵，纪乃方．商业银行操作风险的测度与防范．国际金融研究，2005（12）．
[3] 陈学华，杨辉耀，黄向阳．POT 模型在商业银行操作风险度量中的应用．管理科学，2003（2）．
[4] 樊欣，杨晓光．操作风险度量管理的方法与现状．证券市场导报，2003（6）．
[5] 樊欣，杨晓光．操作风险度量：国内两家股份制商业银行的实证分析．系统工程，2004（5）．
[6] 方芳，秦天保．商业银行操作风险评估．管理科学，2005（5）．
[7] 冯 刚，杨文化．风险、风险资本与风险偏好．国际金融研究，2005（2）．
[8] 胡燕．从委托代理视角看银行操作风险．经济管理，2005（23）．
[9] 胡燕，邵百权．控制权分离视角下的银行操作风险管理．投资研究，2006（3）．
[10] 黄聚河．论商业银行操作风险的产生与规避．商业研究，1999（9）．
[11] 黄宪，金鹏．商业银行全面风险管理体系及其在我国的构建．中国软科学，2004（11）．
[12] 黄宪，赵征，代军勋．银行管理学．武汉：武汉大学出版社，2004．
[13] 嵇尚洲，陈方正．金融风险中的新领域——操作风险的度量与管理．上海金融，2003（1）．
[14] ［美］杰克·金．运作风险度量与建模．陈剑，柳克俊，陈剑锋，译．北京：中国人民大学出版社，2005．
[15] ［英］卡罗尔·亚历山大．商业银行操作风险．陈林龙，等，译．北京：中国金融出版社，2005．
[16] ［美］科罗赫等．风险管理．曾刚，等，译．北京：中国财政经济出版社，2005．
[17] ［英］休伯纳．金融机构操作风险新论．李雪莲，万志宏，译．天津：南开大学出版社，2005．
[18] 李志辉，范洪波．商业银行操作风险损失数据分析．国际金融研究，2005（12）．
[19] 梁伟．银行全面风险管理及在我国实施的建议．投资研究，2005（2）．
[20] 梁伟．经济资本：商业银行全面风险管理的核心．经济问题，2005（9）．

[21] 刘超．基于作业的商业银行操作风险管理框架：实践者的视角．金融论坛，2005（4）．
[22] 刘睿，余建星，孙宏才，田平．基于 ANP 的超级决策软件介绍及其应用．系统工程理论与实践，2003（8）．
[23] 刘正良，刘厚俊．新巴塞尔协议下的操作风险与我国银行业改革．财经理论与实践，2005（3）．
[24] [英] 马克·洛尔，列夫·博罗多夫斯基．金融风险管理手册．陈斌，等，译．北京：机械工业出版社，2002．
[25] 全登华．利用极值理论计量银行操作风险．统计与决策，2002（3）．
[26] 石汉祥．国有商业银行委托代理风险分析．中国软科学，2004（10）．
[27] 唐国储，刘京军．损失分布模型在操作风险中的应用分析．金融论坛，2005（9）．
[28] 田玲，蔡秋杰．操作风险模型的选择与应用．中国软科学，2003（4）．
[29] 田玲，黄斌．保险在商业银行操作风险管理中的应用．科学进步与对策，2003（11）．
[30] 万杰，苗文龙．国内外商业银行操作风险现状比较及成因分析．国际金融研究，2005（7）．
[31] 王方宏．商业银行操作风险管理初探．海南金融，2004（3）．
[32] 王光升，赵昕，邵秀娟．商业银行操作风险量化的 LDA 与 EVT 综合方法研究．经济论坛，2005（22）．
[33] 王建伟，彭建刚．保险在商业银行操作风险管理中的应用研究．金融研究，2005（2）．
[34] 王莲芬．网络分析法的理论与算法．系统工程理论与实践，2001（3）．
[35] 王旭东．新巴塞尔资本协议与商业银行操作风险量化管理．金融论坛，2004（2）．
[36] 魏海港．商业银行操作风险的测度和监管方法．新金融，2002（8）．
[37] 谢济全．FSA 对操作风险管理的政策建议及给我国的启示．新金融，2003（7）．
[38] 叶永刚，顾金圃．中国商业银行内部控制体系．北京：中国金融出版社，2003．
[39] 叶永刚，胡燕．银行操作风险管理研究：委托代理理论视角．经济管理，2006（6）．
[40] 张宏毅．银行操作风险度量方法比较．经济理论与经济管理，2004（11）．
[41] 张吉光．商业银行操作风险识别与管理．北京：中国人民大学出版社，2005．
[42] 张黎．浅议商业银行基层营业机构前台业务操作风险的成因及防范措施．新金融，2003（9）．
[43] 张雪葳．商业银行操作风险保险．经济论坛，2005（19）．
[44] 张中朝，张丽坤．Basel 框架下 ORI 风险缓释效应的缺陷与修正．金融论坛，2005（11）．
[45] 赵家敏，张倩．银行操作风险计量与管理综合模型研究．国际金融研究，2004（8）．
[46] 赵志宏，金鹏．银行全面风险管理体系．北京：中国金融出版社，2005．

[47] 中国工商银行江苏省分行课题组．当前我国商业银行面临的主要操作风险及对策研究．金融论坛，2005（4）．
[48] 钟伟．论跨国银行操作风险管理模型的新近进展．学术月刊，2004（10）．
[49] 钟伟．新巴塞尔协议和操作风险高级衡量法框架．金融与经济，2005（5）．
[50] 钟伟，王元．略论新巴塞尔协议的操作风险管理框架．国际金融研究，2004（4）．
[51] 钟伟，沈闻一．新巴塞尔协议操作风险的损失分布法框架．上海金融，2004（7）．
[52] 钟伟，沈闻一．新巴塞尔协议和操作风险监管原则．财贸经济，2004（12）．
[53] 周好文，杨旭．银行操作风险保险研究．江西财经大学学报，2005（5）．
[54] 周效东，汤书昆．金融风险新领域：操作风险度量与管理研究．中国软科学，2003（12）．

## 二、英文参考文献

[55] F. Allen, A. M. Santomero. The Theory of Financial Intermediation. Journal of Bankingand Finance, 1997, 21(11/12).
[56] Arrow, Kenneth. Uncertainty and the Welfare Economics of Medical Care. American Economic Review, 1963, 53: 947-973.
[57] D. Babbel, A. M. Santomero. Risk Management by Insurers: An Analysis of the Process. Journal of Risk in Insurance, 1997.
[58] Basle Committee on Banking Supervision. Operational Risk Management, Basle, 1998.
[59] Basle Committee on Banking Supervision. Framework for Internal Control Systems in Banking Organisations, Basle, 1998.
[60] Basel Committee on Banking Supervision. A New Capital Adequacy Framework (Consultative Paper), Basel, 1999.
[61] Basel Committee on Banking Supervision. Enhancing Corporate Governance for Banking Organisations, Basel, 1999.
[62] Basel Committee on Banking Supervision. Update on Work on a New Capital Adequacy Framework, Basel, 1999.
[63] Basel Committee on Banking Supervision Risk Management Group. Other Risks Preliminary Survey, Basel, 2000.
[64] Basel Committee on Banking Supervision. Consultant Document: Operational Risk. Supporting Document for the New Basel Capital Accord, Basel, 2001.
[65] Basel Committee, Consultative Document. Operational Risk, http://www.bis.org/publ/bsbsca.htm, 2001.
[66] Basel Committee on Banking Supervision. Working Paper on the Regulatory Treatment of Operational Risk, Basel, 2001.
[67] Basel Committee on Banking Supervision. Sound Practices for the Management and Supervision of Operational Risk, Basel, 2002.
[68] Basel Committee on Banking Supervision. The 2002 Loss Data Collection Exercise for

Operational Risk: Summary of the Data Collected, Basel, 2003.

[69] BBA, ISDA and RMA. Operational Risk Management - The Next Frontier. The Journal of Lending & Risk Management, 2000(3): 38-44.

[70] Bessembinder, Hendrik. Forward Contracts and Firm Value: Investment Incentive and Contracting Effects, Journal of Financial and Quantitative Analysis, 1991, 26: 519-532.

[71] Black, F., Scholes, M.. The Pricing of Options and Corporate Liabilities. Journal of Political Economy, 1973, 81: 637-659.

[72] Breeden, D., S. Viswanathan. Why Do Firms Hedge? An Asymmetric Information Model. Working Paper, Fuqua School of Business, Duke University, 1998.

[73] Committee of Sponsoring Organizations of the Treadway Commission. Enterprise Risk Management Framework, http://www. erm. coso. org.

[74] Culp, C.. The Risk Management Process. John Wiley & Sons, 2001.

[75] Dadalt, Peter, Gay, Gerald D., Nam, Jouahn. Asymmetric Information and Corporate Derivatives Use. Journal of Futures Markets, 2002, 22(3): 241-268.

[76] DeMarzo, Peter M., Darrell Duffie. Corporate Financial Hedging with Proprietary Information. Journal of Economic Theory, 1991, 53: 261-286.

[77] DeMarzo, Peter M., Darrell Duffie. Corporate Incentives for Hedging and Hedge Accounting. Review of Financial Studies, 1995, 8: 743-771.

[78] Denault, M.. Coherent Allocation of Risk Capital. Journal of Risk, 2001, 4(1): 1-34.

[79] Embrechts, P., McNeil, A. M., Straumann, D.. Correlation and Dependence in Risk Management: Properties and Pitfalls. Cambridge University Press, 2002: 176-223.

[80] Fama, E. F.. The Effects of a Firm's Investment and Financing Decision on the Welfare of Its Security Holders. American Economic Review, 1978, 68(3): 272-284.

[81] Froot, Kenneth A., David S. Scharfstein, Jeremy C. Stein. Risk Management: Coordinating Corporate Investment and Financial Policies. Journal of Finance, 1993, 48: 1629-1658.

[82] Furash, E.. Organizing the Risk Management Process In Large Banks. Risk Management Planning Seminar, Federal Financial Institutions Examination Council, 1994.

[83] Géczy, C., Minton, B. A., Schrand, C.. Why Firms Use Currency Derivatives. Journal of Finance, 1997, 52(4): 1323-1354.

[84] Graham, John R., Daniel A. Rogers. Do Firms Hedge in Response to Tax Incentives. Journal of Finance, 2002, 57: 815-839.

[85] James, C.. RAROC Based Capital Budgeting and Performance Evaluation: A Case Study of Bank Capital Allocation. Wharton Financial Institutions Center, 1996.

[86] Jensen, M., W. Meckling. Theory of the Firm: Managerial Behavior Agency Costs and Ownership Structure. Journal of Financial Economics, 1976: 305-360.

[87] Joel Bessis. Risk Management in Banking. John Wiley & Sons, 1998.

[88] Leland, Hayne. Agency Costs, Risk Management, and Capital Structure. Journal of Finance, 1998, 53: 1213-1243.

[89] Levine, M., Hoffmann, D. G.. Enriching the Universe of Operational Risk Data: Getting Started on Risk Profiling. Operational Risk, 2000: 25 - 39.

[90] Merton, Robert C.. Continuous-Time Finance. Basil Blackwell, 1990.

[91] Merton, Robert C.. Operation and Regulation in Financial Intermediation: A Functional Perspective. Operation and Regulation of Financial Markets, 1993: 17-67.

[92] Michael J. Haubenstock, Charles A. Andrews. Implementing the New Basel Accord. The RMA Journal, 2001(12): 30-35.

[93] Michael Haubenstock. The Evolving Operational Risk Management framework. The RMA Journal, 2001(12): 18-21.

[94] Modigliani, Franco, Merton H. Miller. The Cost of Capital, Corporation Finance and the Theory of Investment. American Economic Review, 1958, 48: 261-297.

[95] Myers, Stewart C.. Determinants of Corporate Borrowing. Journal of Financial Economics, 1977, 5: 147-175.

[96] Myers, Stewart C., Nicholas S. Majluf. Corporate Financing and Investment Decisions when Firms Have Information that Investors do not Have. Journal of Financial Economics 1984, 13: 187-221.

[97] Nance, Deana R., Clifford W. Smith, Jr., Charles W. Smithson. On the Determinants of Corporate Hedging. Journal of Finance, 1993, 48: 267-284.

[98] Oldfield, G., A. Santomero. The Place of Risk Management in Financial Institutions. Sloan Management Review, 1997.

[99] Peter Tufano. Who Manages Risk? An Empirical Examination of Risk Management Practices in the Gold Mining Industry. Journal of Finance, 1996, 51: 1097-1137.

[100] Pezier, J.. Operational Risk Management. ISMA Centre, University of Reading, 2002.

[101] Pezier, J.. A Constructive Review of Basel's Proposals on Operational Risk. ISMA Centre, University of Reading, 2002.

[102] Roger Cole. Basel Committee Proposals for Operational Risk. Federal Reserve Board, 2001.

[103] Ross, Michael P.. Corporate Hedging: What, Why and How. University of California, Berkeley, 1997.

[104] Santomero, A. M.. Financial Risk Management: The Whys and Hows, Financial Markets. Institutions and Instruments, 1995, 4(5): 1-14.

[105] Santomero, A. M.. Commercial Bank Risk Management: An Analysis of the Process. Journal of Financial Services Research, 1997.

[106] Santomero, A. M.. J. Trester. Financial Innovation and Bank Risk Taking. Journal of Economic Behavior and Organizations, 1997.

[107] Saunders, Anthony. Financial Institutions Management: A Modern Perspective Second

Edition. Richard D. Irwin, Inc., Burr Ridge, IL, 1997.

[108] Schrand, C., Unal, H.. Hedging and Coordinated Risk Management: Evidence from Thrift Conversions. Journal of Finance, 1998, 53(3): 979-1013.

[109] Smith, Clifford W., Stulz, René M. The Determinants of Firms' Hedging Policies. Journal of Financial and Quantitative Analysis, 1985, 20: 391-405.

[110] Stulz, René M.. Optimal Hedging Policies. Journal of Financial and Quantitative Analysis, 1984, 19: 127-140.

[111] Stulz, René M.. Rethinking Risk Management. Journal of Applied Corporate Finance, 1996, 9: 8-24.

[112] Wee, L., Lee, J. RAROC and Risk Management—Quantifying the Risks of Business. Bankers Trust New York Corporation, 1995.